U0840538

中国一带一路年鉴

（2019）

商务部国际贸易经济合作研究院
《中国一带一路年鉴》编辑委员会 编

图书在版编目（CIP）数据

中国一带一路年鉴 · 2019／商务部国际贸易经济合作研究院，《中国一带一路年鉴》编辑委员会编. —北京：中国商务出版社，2019. 11

ISBN 978-7-5103-3118-3

Ⅰ. ①中…　Ⅱ. ①商…②中…　Ⅲ. ①“一带一路”—国际合作—中国—2019—年鉴　Ⅳ. ①F125. 5-54

中国版本图书馆 CIP 数据核字（2019）第 259766 号

中国一带一路年鉴（2019）

Yearbook of China's Belt and Road Initiative

商务部国际贸易经济合作研究院
《中国一带一路年鉴》编辑委员会　**编**

执行主编：张高平
出　　版：中国商务出版社
地　　址：北京市东城区安定门外大街东后巷 28 号　　**邮　　编**：100710
责任部门：国际经济贸易事业部（010-64269744）
责任编辑：张永生　何　昕　凌　婧
装祯设计：刘之君　翟艳玲
责任校对：龚利霞　卓文娟
广告发行：《中国一带一路年鉴》编辑部（010-64266119　88189596）
网　　址：http://www. cctpress. com
邮　　箱：bjys@ cctpress. com

印　　刷：廊坊市蓝海德彩印有限公司
开　　本：889 毫米×1194 毫米　1/16
印　　张：31. 25　　**字　　数**：838 千字
版　　次：2019 年 12 月第 1 版　　**印　　次**：2019 年 12 月第 1 次印刷
书　　号：ISBN 978-7-5103-3118-3
定　　价：480. 00 元

《中国一带一路年鉴》编辑委员会

编辑说明

习近平主席在第二届中国国际进口博览会开幕式上的主旨演讲中指出:“目前，中国已经同137个国家和30个国际组织签署197份共建‘一带一路’合作文件。中国将秉持共商共建共享原则，坚持开放、绿色、廉洁理念，努力实现高标准、惠民生、可持续目标，推动共建‘一带一路’高质量发展。”为贯彻落实党的十九大精神和习近平总书记有关“一带一路”建设系列讲话精神，我们继续与有关方面合作，编撰出版《中国一带一路年鉴2019》。2019年版主要内容包括：关键词、数据统计、规划方案、地方行动、专文、实践案例、重大项目、指数排名、大事记等。

《中国一带一路年鉴2019》统计数据主要源自中国商务部、海关总署、国家统计局等单位；有关专题文章由商务部相关司局、海关总署、商务部研究院及其他科研单位、商务系统商协会及经贸院校提供；地方商务和发展改革委部门一如既往地总结了本地推进“一带一路”的基本情况；国内外参与“一带一路”建设的知名企业分享了生动的实践案例。

在此，我们衷心感谢支持本年鉴编写出版的政府部门、科研院所、高校、企业、行业协会等单位领导及工作人员，感谢你们的无私奉献与鼎力相助。限于数据统计滞后、有关资料获取不易、编者能力水平有限，书中不足甚至差错难免。同时，感谢读者朋友的长期关注与不吝指正，我们将继续为“推动共建‘一带一路’高质量发展”贡献智力。

商务部研究院《中国一带一路年鉴》编辑部

2019年12月

（序一）

在“一带一路”区域合作发展论坛开幕式上的致辞（节选）

商务部副部长
钱克明

习近平主席在第二届“一带一路”国际合作高峰论坛上强调，中国人历来讲求“一诺千金”……经贸合作是“一带一路”建设的重要内容，未来我们将遵循习近平主席提出的原则、理念和目标，牢牢把握高质量共建“一带一路”的五个着力点，不断推进多双边经贸合作再上新台阶：

一是在开放合作上加大力度。当前，经济全球化遭遇波折，单边主义、保护主义抬头。“一带一路”建设始终坚持鲜明的开放导向，不断推动各国实现优势互补、互利共赢。中白工业园正是“一带一路”开放合作的范例。未来，中国将有越来越多的境外经贸合作区走上国际化发展之路，通过开放促进要素自由流动、资源高效配置、市场深度融合，为参与园区合作的各方提供广阔发展空间。

二是在政策对接上加大力度。“一带一路”建设是相关国家共同的事业。“一带一路”倡议提出以来，始终坚持大家的事大家商量着办，各方都是平等的参与者、贡献者、受益者。中白工业园的发展历程，为各方践行共商共建共享的合作理念，共同推进经贸政策顶层设计提供了有益尝试，未来我们将认真总结经验，在相互尊重、平等相待的基础上，加强与各国的战略对接、规划对接、产业对接，打造分享中国经验、共促合作发展的平台。

三是在创新驱动上加大力度。近年来，新一轮技术革命和产业变革加速演进，新旧动能转换加快。如何让更多发展中经济体把握数字化、网络化、智能化的发展机遇，创新增长方式，是时代赋予“一带一路”的使命……

四是在互利共赢上加大力度。发展不平衡是当今世界最大的不平衡。“一带一路”倡议提出以来，致力于缩小发展鸿沟，已成为促进共同发展的重要国际公共产品。中白工业园作为“一带一路”示范性国际合作平台，未来发展要突出包容性和均衡性，吸纳更多周边发展中国家的中小企业、初创企业入园，积极融入全球供应链、产业链、价值链，更好从国际贸易和投资中受益。

五是在可持续发展上加大力度。“一带一路”建设把绿色作为底色，倡导绿色、循环、可持续的生产生活方式。中白工业园的发展始终坚持以人为本，强化企业社会责任，努力帮助当地社区改善发展条件，保护园区绿化、完善生态环境。未来我们在“一带一路”建设中将继续秉持可持续发展理念，在项目选择、实施、管理等各方面做到善始善终、善作善成，帮助当地改善发展条件，增强民众获得感。

2019 年 7 月

（序二）

中国进入全面开放的关键30年（代序）

商务部国际贸易经济合作研究院
院长　顾学明

新中国70年的历程，贯穿着每一代领导集体的智慧和全体人民的伟大劳动，其中的经验值得总结。

中国共产党领导的政治优势。回顾70年的奋斗历程，能够带领中国完成这一场革命的，只有代表最广大人民利益的中国共产党。中国共产党始终将以人民为中心、实现人民幸福、造福于民作为根本价值取向。

集中力量办大事的组织优势。社会主义制度能够集中力量办大事，是我们事业成功的重要法宝。只有社会主义制度能将个体的利益、意志凝聚为社会合力，集中优势资源，做到全国一盘棋、上下一条心。

改革与开放相结合的道路优势。中国社会主义建设经验非常重要的一点是正确处理改革、发展、稳定的关系，做到改革和开放相互促进、良性互动。

马克思主义中国化的理论优势。中国的社会主义建设是创新事业，社会主义市场经济体制没有现成的教科书可供遵循。新中国成立以来，中国能取得如此大的成就，就是因为找到了一条把马克思主义普遍真理与中国实际相结合的道路。在改革实践中综合考虑了党情、国情和世情，真正做到了解放思想，与时俱进。

当前，我国正处于比较优势转换期，这既是实现“两个一百年”奋斗目标的历史交汇期，也是中国作为新兴大国崛起的关键阶段。从新中国成立70年的历史时点，到新中国成立百年，将是中华民族实现全面开放和民族复兴崛起的关键30年，展望未来，我们应该在以下几点引领全球发展。

联通全球产业的分工体系。顺应新一轮科技革命的浪潮，以更高水平的开放加快融入全球价值链，补齐核心技术短板，提升中国企业产品生产能力和价值创造能力。依托“一带一路”开放性平台，鼓励中国与沿线国家和地区产业分工协作和错位发展，深化与沿线国家的经贸合作。

引领世界经济的开放体制。主动提高服务业和制造业开放水平，进一步放宽外商投资准入领域，鼓励外资积极参与国有企业改造、转型升级和创新发展。进一步提高贸易投资自由化、便利化水平，促进国内外经济要素有序自由流动、资源高效配置和市场深度融合，在全球视野下推进开放型经济体系建设，推动以中国引领的经济全球化发展。

塑造全球治理的经济秩序，要维护世界贸易组织在全球贸易投资自由化中的主渠道地位，坚定反对各种形式的贸易保护主义，以更加开放的姿态加强国际协作，积极参与全球经济治理和公共产品供给，构建广泛的利益共同体。要在公平的基础上推进更加开放式的合作，推动全球经济治理的变革，主动参与国际多边治理机制改革，着力增强规则制定能力和议程设置能力。

构建世界文明的价值基石。中华文化历来赞同“和而不同”和“兼容共存”。既尊重文明的多元化，又尊重社会制度、意识形态和发展道路的多样性，尊重彼此核心利益和重大关切，以百花齐放、百家争鸣的全球视野推动世界实现包容性发展。

2019年10月

目　录

数据统计

规划方案

地方行动

专 文

实践案例

重大项目

指数排名

大事记

附 录

深化區域經濟合作

Aprofundamento da Cooperação Económica Regional

支援青年創業

Apoio ao Empreendedorismo Juvenil

推動產業適度多元

Promoção da Diversificação Adequada da Economia

支持中小企業及社區經濟發展

Apoio ao Crescimento das Pequenas e Médias Empresas e ao Desenvolvimento Económico de Bairros Comunitários

澳門特別行政區政府經濟局
Direcção dos Serviços de Economia
澳門南灣羅保博士街一至三號國際銀行大廈6樓
Rua Dr. Pedro Jose Lobo, 1-3, Luso International Bank Building, 6/F, MACAO

電話 Tel：(853) 2888 2088
傳真 Fax：(853) 2871 2552
電郵 Email：info@economia.gov.mo
網址 Website：www.economia.gov.mo

中国工商银行（ICBC）

是全球资产规模、一级资本、营业收入及品牌价值排名第一的商业银行。截至 2019 年 6 月末，ICBC 在中国境内拥有 16371 家分支机构，在境外 47 个国家和地区设立了 428 家分支机构，坚持金融服务实体经济本源，为 762.8 万公司客户和 6.27 亿个人客户提供全面优质的金融产品和服务。2019 年，ICBC 连续第七年荣登英国《银行家》杂志全球银行 1000 强、美国《福布斯》杂志全球企业 2000 强、美国《财富》杂志 500 强商业银行子榜单榜首。

【2019 年，ICBC 连续第三年蝉联英国 Brand Finance 全球银行品牌价值榜首。】

【2019 年 4 月，ICBC 成功发行全球首笔等值 22 亿美元多币种 BRBR 绿色债券，BRBR 机制 18 家成员机构参与承销。】

【2019 年 4 月，ICBC 在第二次“一带一路”银行家圆桌会上发布“一带一路”绿色金融（投资）指数报告框架。】

中白工业园区开发股份有限公司

CHINA-BELARUS INDUSTRIAL PARK DEVELOPMENT COMPANY

公司简介 COMPANY PROFILE

中白工业园区开发股份有限公司于2012年8月27日成立，是中白工业园的开发运营商，公司成立的主要目的为负责工业园土地的开发与经营、招商引资和物业管理。

公司的主要职能为园区基础设施建设，并完善园区生活、科研、医疗、旅游等配套功能，为入园企业提供项目用地及运营咨询服务。

公司目前股东注资额为1.5亿美元，由中外股东共同出资组建，其中中方股东包括:中国机械工业集团有限公司、招商局集团、中工国际工程股份有限公司、哈尔滨投资集团，总计股份比例为68%；外方股东包括：白俄罗斯共和国（管委会代持），股份比例为31.3%；德国杜伊斯堡港股份公司，股份比例为0.7%。

截至2019年9月，园区居民企业达到55家，企业协议投资总额逾11亿美元。

中白工业园区开发股份有限公司将逐渐融合世界各国的先进制造业和科技优势，把中白工业园打造成为“丝绸之路经济带”上的明珠和标志性工程，使园区成为现代化国际生态新城。

China-Belarus Industrial Park Development Company was founded on August 27, 2012. It is the development operator of China-Belarus Industrial Park.The main purposes of the establishment of the company are responsible for the development of industrial park,investment promotion and property management.

The joint-stock management company solves tasks connected withinfrastructure facilities in the park and improving the life, scientific research, medical, tour and other functions; land resources and real estate management; providing maintenance and consulting services.

Theregistered capital of the company is 150million U.S. dollars.Chinese shareholdersare: China National Machinery Industry Corporation Ltd., China Merchants Group,China CAMC Engineering Co., Ltd., Harbin Investment Group.The proportion of Chinese shareholders is 68%. Belarus shareholder: Republic of Belarus (held by China-Belarus Industrial Park Administration). The proportion of Belarus shareholder is 31.3%. German shareholder: Duisburger Hafen AG. The proportion of German shareholder is 0.7%.

By the end of September 2019, fifty-five companies have signed formal admission agreement with Park Administration. The total investment in corporate agreements is about $1.1 billion U.S. dollars.

China-Belarus Industrial Park Development Company gradually integrates new production technologies and scientific and technical advantages of all countries of the world and will make the China-Belarus Industrial Park a pearl and the model project of the Silk Road Economic Belt and also will create an international modern ecological city.

办 公 楼

中白商贸物流园

白俄罗斯明斯克
电话：+375 (17) 5911900
传真：+375 (17) 5911962

中国北京
电话：+86 10 82559029/9026
传真：+86 10 82688006
www.industrialpark.by

园区鸟瞰效果图

柬中综合投资开发试验区

中柬产能与投资合作重点项目 | 2019“一带一路”文化产业和旅游产业国际合作重点项目

【柬中综合投资开发试验区】即柬埔寨七星海滨海旅游度假特区地处东南亚的几何中心、柬埔寨国公省国家公园沿海、无自然灾害的泰国湾，占地360平方公里，坐拥90公里海岸线，拥有世界第二大红树林、4座附属珍稀岛屿等自然资源。2008年在柬埔寨政府的见证下试验区完成了土地移交。2015年9月，柬埔寨首相洪森同意将柬中综合投资开发试验区列为柬埔寨“一带一路”的重要项目，试验区作为柬埔寨国家“一带一路”发展倡议的重要组成部分正式启动；2016年10月和2019年4月，项目两次纳入由中国国家发改委和柬埔寨王国发展理事会共同签署的《“一带一路”产能与投资合作重点项目》清单。2019年9月，“柬埔寨七星海滨海旅游度假特区”已被正式纳入国家部委2019年“一带一路”文化产业和旅游产业国际合作重点项目。2019年10月，被列入2019中国（天津）自由贸易试验区创新发展行动方案。2017年—2019年，项目连续三年蝉联柬埔寨最佳旅游度假区奖。

根据地形、区位及资源特点，柬中综合投资开发试验区分为三大功能新区进行开发建设，其中包括：以金融中心、滨海景区建设和旅游产品开发为重点的“七星海国际新区”；以商务商业、产城融合发展为重点的“七星海世贸新区”；打造创新研发、高新技术产业园区，吸引国际精英的“七星海未来新区”。试验区内规划集群连接中国-柬埔寨“互联互通互融”友谊的桥梁，构建我国联接欧亚非“一带一路”倡议在东南亚（柬埔寨）的另一个重要节点，打造中国企业“走出去”战略在东南亚地区的优秀典范，是我国国际产能合作及技术管理服务输出于东南亚的一个重要战略平台，是“中国-东盟”合作机制成功实践范例，是“互通互联战略工程”在柬埔寨的大湄公河次区域经济走廊的一个成功支点。

随着中国“一带一路”国家倡议和柬埔寨“四角战略”的深入推进及实施，试验区将围绕“一带一路”倡议和柬埔寨《2015—2025工业发展战略》最大限度地搭建各类平台，综合开发，分步实施，将“一带一路”标杆示范落实到实处，回馈社会，回馈“一带一路”沿线人民。

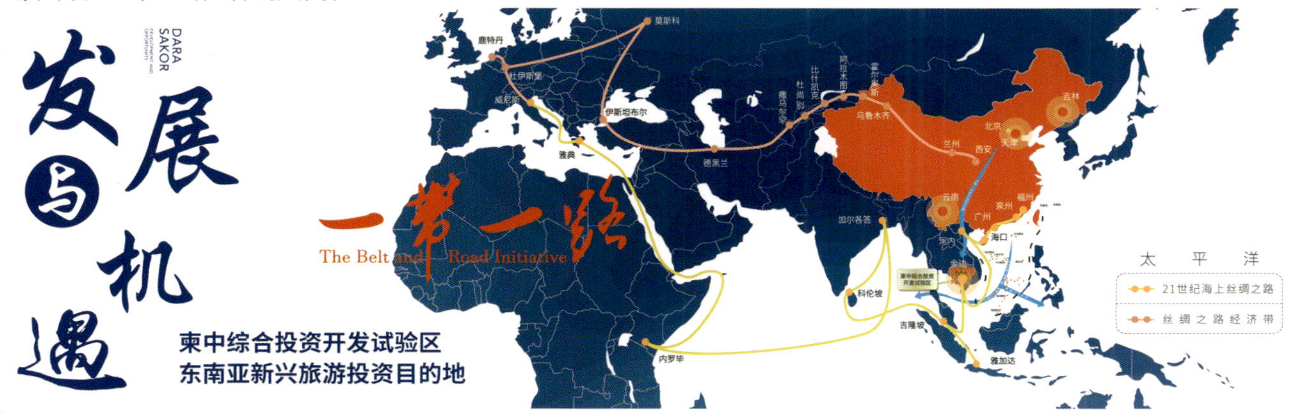

国内电话 +86（022）26721902 柬埔寨电话 +855（0）236266666 /975578295
国内展示中心地址：天津市河北区建国道100号优联1902国际文化交流中心 / 金边展示中心地址：柬埔寨金边市西哈努克大道P.G.C.T中心一楼
项目展示中心地址：柬埔寨国公省柬中综合投资开发试验区七星海高尔夫会所 / 项目地址：柬埔寨国公省波洞沙果国家公园沿海
电子邮箱地址：hq@union-groupcompany.com / 网址：www.union-groupcompany.com

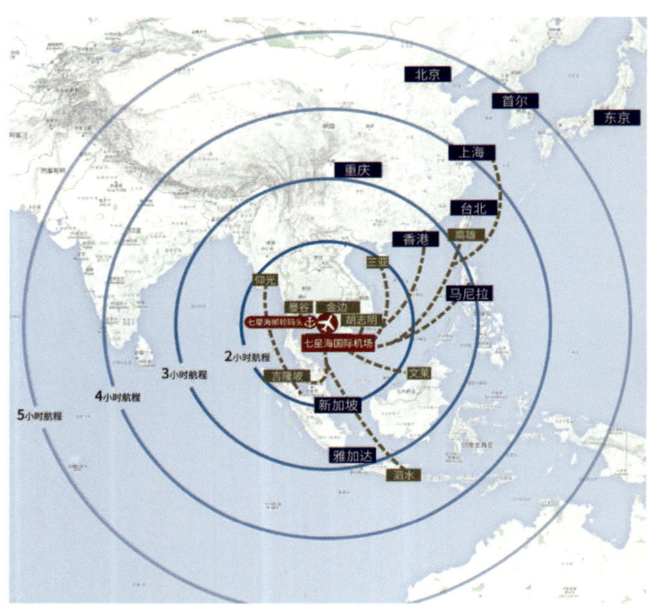

海陆空合纵 拉近与世界的距离

依托多元立体交通枢纽，以连通全球的便捷网络，帷幄世界千万风华。

快捷空路：

4E级国际机场（2020年底具备通航条件），2小时直飞东南亚各国，5小时直飞北京及亚洲大部分国家，直升机50分钟抵达金边。

便捷海路：

游艇码头，50分钟直达西港；已获批建设两座10万吨综合性港口，一座2万吨邮轮港口主体已完工。

快速陆路：

68公里赛蒲桐大道快速连接48号公路、4号公路，直达金边；未来，金边-西港高速公路通车后，七星海至金边仅需2小时。

打造全球滨海旅游度假目的地 360平方公里 90公里海岸线 99年产权

七星海三大区域规划，分三期开发，未来将成为吸纳约130万常住人口、每年到访686万人次游客、提供100万就业岗位的旅游度假特区。

根据区位、地形和自然条件，规划分为三大功能区：以七星海国际新区作为中心，向东延伸打造七星海世贸新区，向北延伸打造七星海未来新区。

- 柬埔寨全新综合旅游目的地——国际新区
- 东南亚新兴商贸金融中心——世贸新区
- 未来智能科技新城发展——未来新区

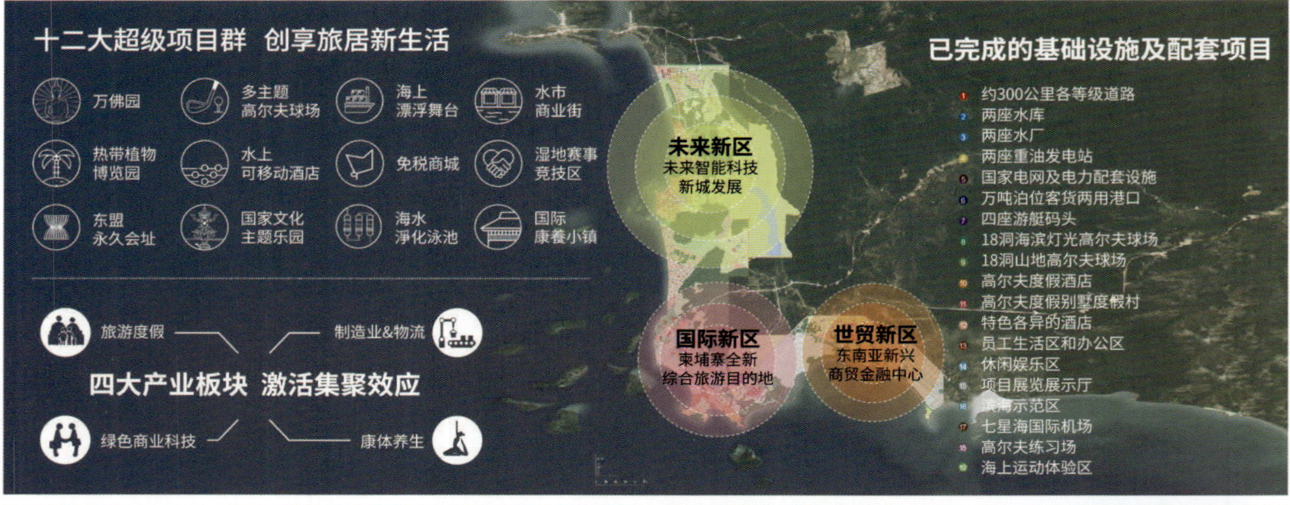

世界第二大红树林

项目内游艇码头

项目内别墅群

项目内特色酒店

中柬经济走廊 | 柬埔寨新型城市引跑者 | 柬中文化产业领跑者 | 柬埔寨旅游示范者

企业简介

天瑞投资公司专注于世界海洋资源的整合，以海洋可持续发展为经营理念，投资国内外海洋经济产业。公司将在世界渔业行业大变局中收购兼并世界大型渔业产业，整合优势渔业资源。建立养殖产品可追溯系统，取得绿色有机海产品认证及世界养殖认证。保证绿色无污染原生态产品投放市场，以品牌建设为导向，打造新型全产业链渔业航空母舰。公司获得法属波利尼西亚80多个泻湖的独家养殖专营权及全免税优惠政策，天瑞投资坚定以面向未来消费者的姿态来打造未来绿色海洋健康食品产业园。

大溪地泻湖养殖的优势

- 法属波利尼西亚位于太平洋的中心，法波海洋专属经济区为550万平方公里，相当于整个欧洲面积。
- 法波海域纯净无污染，海洋资源丰富，是世界少有的优质海洋环境之一。法波岛屿主要为环礁泻湖，是世界最大的环礁泻湖区之一，而泻湖内风浪较小，是海水养殖的天然基地。
- 位于豪岛的海洋产业园首个基地陆地面积近30公顷，泻湖内海域面积超过720平方公里。产业园的基础设施完备，拥有完善的码头和机场。

大溪地海洋产业园建设内容

- 项目目标：打造南太平洋地区最大的海洋产业园。
- 项目面积：建设初期陆地基地面积为30公顷的海洋产业园区，并最终覆盖法波所有环礁泻湖内海域的海水养殖。
- 项目投资总额：15亿美元以上。
- 养殖品种：以石斑鱼类为主，包括贝类、海参、鲍鱼、龙虾及藻类等。
- 产能规模：初期年产海产品20万吨以上。
- 产业链环节：科研开发、人工育苗、饲料加工、陆基养殖、网箱养殖、精深加工、冷链物流、包装销售。

大溪地产业园符合海上丝绸之路南线规划，是南南合作典范

- 中国政府推动海上丝绸之路建设，法波将是海上丝绸之路南太平洋路线的重要一环。大溪地海洋产业园不仅是中法波经济合作的体现，更是中法波友谊的见证。
- 中国既是南南合作的积极倡导者，也是重要参与者。大溪地海洋产业园将推动中国资金，技术，人才和管理与法波海洋经济建设深层合作。
- 全国渔业发展“十三五”规划：积极开展水产养殖国际合作。发挥我国水产养殖的技术优势，引导产业化龙头企业、远洋渔业企业，通过租赁水域、援建水产养殖设施、开展渔业技术合作等方式，加强与东南亚、中南美、非洲等地区及“一带一路”沿线国家的合作，建设水产养殖基地。

重庆两江新区

LIANGJIANG NEW AREA, CHONGQING

司琪 摄

《数字经济产业园全景图》—张坤琨 摄

2010年5月，国家批复成立重庆两江新区，是继上海浦东新区、天津滨海新区之后，国家批准的中国第三个、内陆第一个国家级开发开放新区。规划面积1200平方公里，可开发面积550平方公里，包括江北区、渝北区、北碚区三个行政区部分区域，常住人口260万人。直管区面积638平方公里，其中两江新区党工委管委会负责8个街道（130平方公里）的党务行政管理工作和经济社会发展事务，负责7个镇街（444平方公里）和4个市属国企所在区域（64平方公里）的经济发展、开发建设等事务，常住人口约80万人。

国家赋予两江新区“统筹城乡综合配套改革试验的先行区，内陆重要的先进制造业和现代服务业基地，长江上游地区的金融中心和创新中心，内陆地区对外开放的重要门户，科学发展的示范窗口”的战略定位。重庆市要求两江新区强化“领跑”西部开放开发的担当，在重庆推进西部大开发形成新格局中打头阵作先锋，“新区要有新作为，大区要有大担当”，努力成为全市扩大开放排头兵、全面体现新发展理念的先行示范区。

近年来，两江新区全面贯彻总书记对重庆提出的“两点”定位、“两地”“两高”目标、发挥“三个作用”和营造良好政治生态的重要指示要求，按照党中央决策部署和重庆市委市政府工作安排，坚持打基础、建平台、育产业、促开放，经济社会发展取得了一系列重大进步。2018年，两江新区主要经济指标在重庆市占比呈现“一二三四五六”的格局，即：以不到重庆市1.5%的面积贡献了近15%的经济总量、20%以上的规上工业产值、近30%的实际利用外资总额、近40%的进出口总额、50%以上的世界500强企业、60%以上的汽车产量，经济规模在19个国家级新区中排名第4位。

2018年，两江新区实现地区生产总值2933亿元，增长4.2%；一般公共预算收入338亿元，增长9.2%；固定资产投资1992亿元，增长12.4%；社会消费品零售总额1220亿元，增长6.6%；城镇常住居民人均可支配收入39702元，增长8.8%。2019年1季度，两江新区实现地区生产总值681亿元，一般公共预算收入88亿元，固定资产投资418亿元，社会消费品零售总额331亿元。

《航拍果园港》—张锦辉 摄

《城市江山画卷》—陈勇 摄

《两江新区美如画》—陈勇 摄

《商务区的暮色》—胡大伟 摄

《黄昏城下》—司棋 摄

宜昌自贸片区

YICHANG FREE TRADE ZONE

宜昌自贸片区于2017年4月挂牌,实施范围27.97平方公里，涉及宜昌高新区、西陵区、伍家岗区和夷陵区，分海关特殊监管区域和非海关特殊监管区域。

挂牌两年多来，宜昌自贸片区认真贯彻落实国家及省委、省政府关于自贸区建设的决策部署，坚持“为国家试制度、为地方谋发展”定位，统筹推进改革创新、产业培育、开放发展各项工作，努力打造三峡区域高水平开放“引领区”和对外开放“桥头堡”，取得了阶段性成效，主要有以下特点。

一是改革创新有影响。我们按照“大胆试、大胆闯、自主改”的要求，紧扣企业需求，大胆改革，形成了200多项制度创新成果，其中在全国全省复制推广分别为3项、22项，领先国内同等片区。因改革创新成效好，国家部委上周在宜昌举办全国自贸试验区改革试点经验复制推广培训班，宜昌成为地级市中首个承办此类活动的城市。2019年宜昌片区制度创新指数（2018—2019年度中国自贸区制度创新指数）位居全国同等片区第三。

二是营商环境有优势。以“六多合一”为统领的“放管服”改革经验被国家审改办推介，“一窗通办”“集成服务”“全程电子化”“区域综合评估”“24小时自助政务服务”等一大批改革举措从宜昌片区走向全省乃至全国，特别是“网上金融服务平台”被国务院自由贸易试验区工作部际联席会议简报刊发推介，并入选2019年“新华信用杯”全国百佳信用典型案例。率先开通商标受理服务，提供马德里国际商标在内的24项商标注册业务，推出午间错时、免费刻制印章、企业现场银行开户等服务，企业开办时间压缩到1.5个工作日，居全国领先水平。

三是双向开放有载体。在全国第三批自贸区地级市中率先开通“宜汉欧”“宜新欧”国际班列，打通中部地区始发的首条南向通道（“宜昌-钦州-马来西亚”国际铁海联运货运班列），开通宜蓉班列，东西互通，南北相联，实现向北连接丝绸之路经济带与向南连接21世纪海上丝绸之路和中南半岛经济走廊的无缝连接。其中，“宜汉欧”到达德国汉堡时间较原江海联运方式节约时间30天，“宜新欧”节约时间22天，南向通道节约时间20天。

四是产业培育有成效。截至10月，新签约产业项目81个，协议投资245.11亿元，其中百事可乐年产50万吨的百事系列饮料项目将建成百事可乐在亚太地区产能最大、设备最先进、生产效率最高的生产基地，三峡明珠平行进口汽车项目将实现天津港、上海港、宜昌港“三港同质同价”。同时，以改革创新助推高质量发展，片区已培育一批在国际国内产业细分领域处于领先地位的单项冠军，拥有5个“全球第一”，4个“亚洲第一”，3个“全国第一”。由企业和研究所起草修订的各种国家技术标准、行业规范达60项，转化科技成果1000多项。

挂牌以来，宜昌片区新增市场主体8000多家，其中新增企业4525家，以全市0.13%的国土面积吸引了全市近15%的新增企业。

下一阶段，我们坚持全球视野引进优质项目，大力推进对外开放平台建设，全力推动外资外贸特别是“四新经济”相关企业聚集，着力培育

中国（四川）自由贸易试验区川南临港片区

SOUTH SICHUAN PORT AREA CHINA (SICHUAN) PILOT FREE TRADE ZONE

保税物流中心

广州-泸州铁海联运班列

南向东向开放

中国（四川）自由贸易试验区川南临港片区（以下简称川南临港片区）于2017年4月1日揭牌运行。片区规划面积19.99平方公里（含泸州港保税物流中心〔B型〕0.21平方公里），全部位于泸州市龙马潭区境内。

川南临港片区坚持以制度创新为核心，以可复制可推广为基本要求，以“依托长江、承东启西、协同开放、面向全球”为总体定位，努力建设连接“一带一路”和长江经济带的西部航运枢纽、内陆与沿海沿边沿江协同开放示范区、沿江开放型经济新高地，探索建设内陆自由贸易港先行区。

川南临港片区自挂牌以来，本着“为国家试制度、为四川建窗口、为地方谋发展、为群众增福祉”的原则，大胆试、大胆闯、自主改，全面落实国家自贸区发展战略和省委、省政府关于推进自贸区建设的各项要求。坚持以问题为导向，以打造营商环境为主线，全面推进投资便利化、贸易便利化、金融国际化、监管法治化、内陆与沿海沿边沿江协同开放等领域制度创新，片区对外开放功能日益增强、区域经济聚集效应逐步显现。《总体方案》中涉及川南临港片区的141项试验任务已推进实施139项，形成创新成果194项，22项制度系全国首创；新增注册企业5747家、注册资本582亿元，新增注册企业数是原存量企业数的8.2倍。

川南临港片区将继续依托“水公铁空”多式联运优势，大力发展航运物流、港口贸易、教育医疗等现代服务业，装备制造、现代医药等特色优势产业，力争建成营商环境优化、投资贸易便利、综合枢纽畅通、保障体系健全、协同开放效果显著的高水平高标准自由贸易园区，成为推动川滇黔渝结合部改革开放、创新发展的新引擎，成为连接“一带一路”和长江经济带的重要枢纽节点。

吉布提国际自贸区

DJIBOUTI INTERNATIONAL FREE TRADE ZONE

在中国政府和吉布提政府的大力支持下，吉布提港口和自贸区管理局、招商局集团、大连港集团强强联手，战略性布局吉布提国际自贸区，发挥“百年招商”在金融、工业园区及交通基建的优势，复制国内园区成功经验，践行“前港－中区－后城”的PPC综合开发模式，努力将吉布提打造成东非的航运、商贸和金融中心，使其成为中国企业向东非市场发展的承接平台。园区通过建设国际标准的软硬环境，为全球企业提供一站式服务和全方位支持。

吉布提国际自贸区于2017年7月开工建设，规划总面积48.2平方公里，将成为“非洲最大自贸区”。一期工程2.4平方公里起步区已经竣工，并于2018年7月5日举行了隆重的开园仪式，目前已经有20多家来自中国、非洲和中东地区的企业签署了入园意向书。

凭借得天独厚的地理区位，安全稳定的政局环境，灵活高效的金融服务，自由流通的外汇政策，吉布提正聚焦着世界的目光。它享有东南非共同市场、美国AGOA、欧盟EBA等多项优惠政策，产品出口到这些国家和地区享受免关税、免配额政策。它拥有埃塞俄比亚重要腹地资源和便利交通，是该国唯一出海口。作为东非最大、非洲第四大经济体，埃塞俄比亚政局稳定，拥有近一亿人口和丰富自然资源，工业化进程发展势头良好，与中国经贸往来密切。

作为吉布提国际自贸区运营管理商，吉布提国际工业园区运营有限公司担负着土地开发、企业服务、物业管理、招商引资的使命职责，并致力于为客户提供报关、注册、社保、签证等一站式综合服务。吉布提国际自贸区内的企业享受多项零税优惠，劳工政策宽松。

伴随着吉布提国际战略地位的不断提升，吉布提国际自贸区必将成为各国企业集聚发展的共赢平台，在“一带一路”倡议下，谱写中国海外园区新的篇章。

吉布提总统盖莱、埃塞俄比亚总理阿比•艾哈迈德、卢旺达总统保罗•卡加梅、索马里总统穆罕默德•阿卜杜拉希•穆罕默德、苏丹总统奥马尔•巴希尔、非洲联盟委员会主席穆萨•法基•穆罕默德、吉布提港口与自贸区管理局主席阿布贝克、中国驻吉布提大使符华强、招商局集团副总经理胡建华、招商蛇口董事长孙承铭以及众多中外嘉宾出席了开园仪式

招商局集团副总经理胡建华在开园仪式上发表讲话

开园仪式前，招商局集团副总经理胡建华向五国领导人介绍自贸区规划

自贸区航拍图

自贸区大闸口

中铁二局（原铁道部第二工程局）成立于1950年6月12日，是邓小平、贺龙等老一辈革命家亲手缔造并授予"开路先锋"旗号的新中国第一家铁路施工企业。1998年成功改制，1999年设立股份公司，2001年5月28日中铁二局股票上市（股票代码600528），是第一家建立现代企业制度和股票上市的铁路施工企业，也是世界500强企业之一中国中铁旗下的核心成员企业。

为贯彻落实国家深化国有企业改革的总体要求，中国中铁与二局股份开展了资产置换及发行股份购买资产的重大资产重组事项，于2015年11月设立中铁二局工程有限公司，整体承接二局股份名下的全部资产、负债、业务、人员及相关证照、资质及业务许可、权证、业绩、荣誉及资格。2018年3月29日，根据中国中铁股份有限公司《关于中铁二局工程有限公司更名有关事宜的批复》要求，并经国家工商行政管理总局核准，原"中铁二局工程有限公司"于2018年9月28日正式更名为"中铁二局集团有限公司"。

60多年来，中铁二局始终秉承"干一项工程，树一座丰碑"的信条，转战南北，东进西移，从修建新中国第一条铁路成渝铁路开始，先后参加宝成、成昆、南昆、京九、青藏、京广、京津、京沪、哈大、京福、兰渝、贵广、西成、杭黄、成蒲、成雅等300多条重点铁路建设，累计里程16000余公里，为中国铁路建设作出了重要贡献。同时，参建200多条高速公路、40余项水利水电、20多个机场港口、数千项市政以及国内大部分城市轨道交通等工程，足迹遍布中国大陆及海外50多个国家。

经过二局几代人的奋勇开拓，中铁二局已从单一的铁路施工劲旅，发展成为拥有各类人才近2万人，全资及控股子公司64个，总资产达700亿元，年营业收入800余亿元，年综合生产能力1000亿元以上，集工程施工、基础设施建设管理、房地产开发、国际业务、勘察设计咨询、商贸物流、商业物业等业务于一体的大型现代产业集团。先后荣获鲁班奖31项、国家优质工程奖34项、詹天佑土木工程奖21项，全国市政金杯示范工程奖14项、中国建筑工程装饰奖18项、省部级优质工程奖400余项，荣获包括国家科学技术进步特等奖在内的国家、省部级以上科技进步奖76项，取得国家、省部级工法成果319项，获得国家专利384项，主编及参编国家、行业规范、标准71项。创中国企业新纪录19项，5项工程被评为新中国成立60周年百项经典暨精品工程，6项工程被评为改革开放36年百项经典暨精品工程。荣获创建鲁班奖工程突出贡献单位称号、广东省建设工程质量创优特别贡献奖。荣膺"全国抗震救灾英雄集体""全国五一劳动奖状""全国优秀施工企业""中国施工企业协会技术创新先进企业""中国中铁股份有限公司科技创新先进企业""中国工程建设诚信典型企业"等称号。公司进入"上市公司投资者管理关系百强"企业，位居"中国国有上市企业社会责任榜"第52位。同时被中国企业联合会评为全国20家"最具影响力企业"之一。

迈进新时代，创造新辉煌。企业发展的宏伟蓝图已经绘就，中铁二局带着厚积薄发的集成优势，沿着建筑业价值链的大纵深进发，致力成为中国领先的、提供全方位建筑服务的、具有国际竞争力的企业集团。

全线首个制梁场
万象制梁场整体俯瞰图

老挝首都万象市境内的
万象北站与楠科内河特大桥

中老铁路成型路基和涵洞

中老铁路全线最长桥
楠科内河特大桥墩群

埃塞俄比亚国家铁路

中铁二局承建的埃塞俄比亚首都亚的
斯亚贝巴轻轨开通运营

埃塞俄比亚东方工业园

THE BRIEF INTRODUCTION OF ETHIOPIAN EASTERN INDUSTRY ZONE

埃塞俄比亚东方工业园（以下简称“工业园”），是江苏永元投资有限公司在非洲投资兴建的苏州市唯一的一个国家级境外经贸合作区，是中国民营企业在埃塞俄比亚创办的唯一一家国家级境外经贸合作区，是埃塞境内首个建成且已正式运营的工业园区。工业园于2007年11月通过国家部委的境外经贸合作区招投标，在两国政府及地方各级的热忱指导和大力扶持下，2008年成立东方工业园有限公司，开始规模性开发，2015年4月通过国家部委确认考核。

东方工业园所具优势明显。埃塞处于“一带一路”重要节点上，是非洲的政治中心，是中国产品进军非洲、中东和欧美市场的有效跳板。东方工业园规划总面积5平方公里，已取得土地权证4平方公里，其中一期工程2.33平方公里，二期工程1.67平方公里。目前，总投资2.5亿美元的一期工程已全部完成。

目前，入区企业103家，主要涉及建材、鞋帽、纺织服装、汽车组装和金属加工等行业，协议投资9亿美元，实际投资6.4亿美元，总产值11亿美元，上缴东道国税费总额9100万美元，为东道国解决就业18000人。二期工程建设即将开工，已有30多家企业等待入园。

东方工业园积极参与中非合作高峰论坛提出的“八大行动”计划，进步一扩大对埃塞的投资，升级东方工业园区，启动二期工程建设，用两年时间完成建设和招商。完成后，再利用10年左右时间打造一个占地75平方公里左右的东方工业新城。

CHINA-SAUDI CAPACITY COOPERATION PROJECT

中国-沙特吉赞经济城产能合作项目

中国-沙特吉赞经济城产能合作项目（以下简称“中沙产能合作项目”）是于2016年1月19日在两国元首见证下而设立的项目，由广州、银川的国资平台以及沙特阿美石油公司共同签署了战略合作谅解备忘录，商定中沙双方组建合资公司合作建设沙特吉赞基础工业和下游产业城中国企业特别发展区，重点发展石油化工、机电装备、家电、食品加工、汽车零部件、橡胶、造纸、建筑以及装修材料等产业。一方面，中国拥有完整的产业链，世界1/3的产品生产来自中国，有代表和引领国际社会产业发展的潜力；“一带一路”倡议鼓励实现产能输出和加强沿线互联互通伙伴关系，让中国品牌、产品走出去。另一方面，沙特位于亚洲西南部阿拉伯半岛，东濒海湾，西临红海，地处亚、非、欧三大洲交汇处，是我国“一带一路”倡议的交汇地带，是阿拉伯世界“领头国家”，拥有全球最大的石油储备、全球第四的天然气储备、全球第三的外汇储备，是隐形国际金融中心；沙特“2030愿景”也规划将沙特打造成一个不再过度依赖石油产业的多元化国家。在两个伟大战略高度吻合的背景下，两国将利用中沙产能合作项目实现双赢，通过“世界能源经济中心”对接“世界工厂”，共同引领世界产业发展。

为推进中沙产能合作项目，广州高新区投资集团有限公司与银川育成投资发展有限公司合资组建了广银国际投资发展有限公司，该公司作为项目的中方公司，与沙特阿美石油发展公司、沙特朱拜勒以及延布皇家委员会共同组建了中沙合资公司（命名为“沙特丝路产业服务有限责任公司”），推动沙特招商引资、投资服务和工业供应链贸易，协助沙特产业多元化，并在合作过程中为中国政府以及企业带来利益。项目团队与沙特各级政府机构和当地的大型企业建立了稳定的沟通对接以及合作机制，定期召开对接工作和商谈会议，共同推进中沙专题投资推介以及重点项目落地等工作。工作团队面向全国，积极参加各种展会、论坛，开拓招商资源，发掘潜在项目，在谈储备项目40个以上，首个化工聚酯类产能项目于2019年1月于吉赞园区正式落地，陆续新增多家企业有意赴沙投资，重点项目如中沙电商平台项目、中鼎汽车零部件项目、沙特水产项目、双边产业园、港口运营合作、沙特3D打印中心等在中沙双方合力下稳步推进。

2018年10月9日，在沙特投资总局公证处，广银国际投资发展有限公司、沙特朱拜勒和延布皇家委员会、沙特阿美公司三方股东授权律师代表正式完成了中沙合资公司（“沙特丝路产业服务有限责任公司”）章程的签署。

2017年8月24日，在沙特召开的中沙高委会会议期间，广银国际投资发展有限公司董事长代表中方，与沙特朱拜勒和延布皇家委员会CEO、沙特阿美发展公司董事长签署了中沙合资公司（“沙特丝路产业服务有限责任公司”）股东协议。

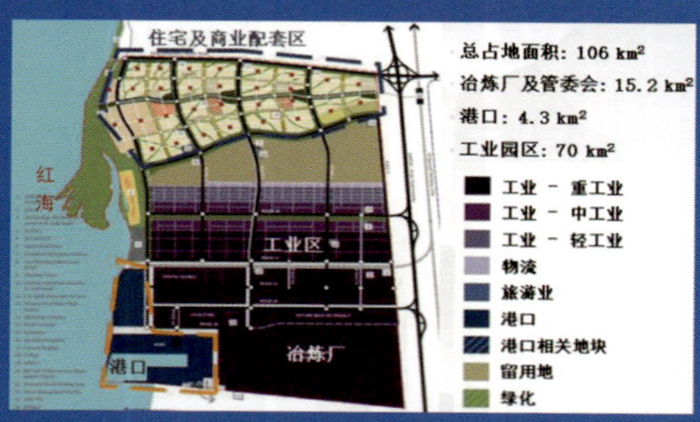

吉赞基础工业与下游产业城（吉赞经济城）位于沙特阿拉伯西部，距吉赞市区约60公里，拥有年产2000万吨的大型油田（沙特十大油田之一）。由南向北依次规划有重工业区、制造业、轻工业物流区、预留用地和生活区。沙特阿美公司负责一期开发建设，延布皇家委员会负责园区运营，且园区已基本完成“七通一平”。中沙合资公司将辅助中国企业落户园区并提供投资服务，包括选址、企业注册、融资、税务、法务、清关、维护政府关系等。

联系方式（contact）
项目联系人：李哲 Jim Li　　邮箱：lizhe0219@Hotmail.com
项目联系人：马伊娜　　邮箱：kimicurse@outlook.com

香港-布达佩斯航空货运—开通空中货运丝路走廊
Hong Kong-Budapest air freight—open a silk corridor for air freight.

中欧商贸物流合作园区简况

CENTRAL-EUROPEAN TRADE AND LOGISTICS COOPERATION ZONE

中欧商贸物流合作园区是山东帝豪国际投资有限公司在欧洲投资建设，通过国家部委确认的首个商贸物流型国家级境外经济贸易合作区，属山东省“一带一路”重点建设项目。

合作区主园区位于匈牙利首都布达佩斯市，园区项目规划总投资2亿欧元,占地面积0.75平方公里，建筑面积47.95万平方米。园区以“一区多园、两地展示、双向代理、内外联动”的建设理念，通过并购和建设相结合的方式，已完成投资11293万美元，建成 “中国商品交易展示中心” “切佩尔港物流园” “不莱梅港物流园”，开发面积12.7万平方米。合作园区目前入区企业达到172家，物流强度达到161万吨/平方公里•年。2018年区内贸易额达到5.7亿美元，解决当地就业1400余人。园区完备的基础设施和完善的功能服务以及国际物流运营管理经验，为企业在欧洲搭建营销展示、品牌推广、加工装配、物流配送等功能一体的商品和服务贸易平台。

中欧商贸物流合作园区“公共服务供应商”的运作创新模式，创新“以展会友”，“展前配对、展中洽谈、展后拓展”等境外展览展示模式；通过“海外仓公共服务平台”创新“企业海外仓” “跨境电商海外仓”等海外仓建设理念；通过开行中欧班列、中欧海铁联运、空运包机形成国内至园区的丝路陆海空立体式货运网络。这些经营理念和模式的创新，为企业沿 “一带一路” “走出去”发展提供了新的支点，为入驻企业投资和营销提供全方位的功能服务。

Central European Trade and Logistics Cooperation Zone is the first national-level overseas economic and trade cooperation zone established by Shandong Dihao International Investment Co., Ltd. in Europe and confirmed by the Ministry of Commerce and the Ministry of Finance, which belongs to the key construction projects of "The Belt and Road" in Shandong province.

The cooperation zone is located in Budapest, Hungary. The zone has a total planned investment of 200 million euros, covers an area of 0.75 square kilometers and a building area of 479,500 square meters. With the construction concept of "one district multi garden, two places display, two-way agency, internal and external linkage", t In addition, "China Commodity Exchange Exhibition Center", "Csepel Port Logistics Park" and "Port of Bremen Logistics Park" have been built with an area of 127000 square meters. The cooperative zone currently has 172 enterprises in the zone, including 50 Chinese-funded enterprises. The logistics intensity of the cooperation zone annually reached 1.61 million tons/square kilometer, and the trade volume in the region reached 570 million US dollars in 2018, solving more than 1,400 local employment. With complete infrastructure and perfect functional services as well as international logistics operation management experience, the zone has established a product sales channel and European trading platform for enterprises to display and sell enterprise products, marketing orders, brand promotion, processing services, logistics and distribution in Europe.

The operational innovation mode of "public service supplier" in Central European Trade and Logistics Cooperation Zone, innovate the overseas exhibition modes such as "bringing friend together through exhibitions", "making a pair before the exhibition, negotiating during the exhibition, expanding after the exhibition"; innovate "enterprise oversea location", "cross-border e-commerce oversea location" and other oversea location construction concept through the "oversea location public service platform"; The Three-dimensional Freight Transport Network of Silk Road, Land, Sea and Air from China to the Cooperation Zone is formed through the opening of China Railway Express, China-Europe sea-rail combined transport and air charter flights. The innovation of these management concepts and models provides a new fulcrum for the development of enterprises along "The Belt and Road" and the "Go globally" strategy, and provides a full range of functional services for the investment and marketing of the enterprises in residence.

园区展览展示中心，提供高效优质服务
The exhibition center of the corporation zone, will provide you with efficient and high-quality service.

开通中欧班列新通道，共筑“一带一路”新篇章
Open a new route for China-EU trains .
Work together to build a new chapter in "The Belt and Road".

切佩尔港物流园，国际物流货物运输
Csepel Port Logistics Park, International logistics cargo transportation

举办品牌推广活动 宣传培育中国品牌
Organize brand promotion activities, promote and cultivate Chinese Brands.

中欧商贸物流合作园区—中国首家国家级商贸物流平台
Central European trade & logistic cooperation zone Co.,Ltd-China's first national level bussiness logistics platform in Europe.

园区地址：匈牙利布达佩斯市H-1152区圣米哈伊路171号
总 经 理：田红兵
电子信箱：tianhongbing@cecz.org
公司网址：www.cecz.org

Address: 171 St. Mihai Road, H-1152, Budapest, Hungary
General Manager: Tian Hongbing
E-mail: tianhongbing@cecz.org
Company website: www.cecz.org

老挝万象赛色塔综合开发区

Laos Vientiane Sai TowerComprehensive development zone

老挝万象赛色塔综合开发区

新希望老挝有限公司

老挝联合药业集团有限公司

园区大门

老挝通讯技术有限公司

老挝石化

老挝万象赛色塔综合开发区（以下简称“开发区”）位于老挝首都万象市主城区东北方向17公里处，占地11.49平方公里。开发区是中老两国政府共同确定的合作项目，是中国有关部委与老挝政府共同批准设立的老挝经济特区，是中国在境外经有关部委考核认可的20个境外经贸合作区之一，也是中国在老挝唯一的国家级境外经贸合作区。现已被列入“一带一路”倡议优先推进项目、《中老命运共同体行动计划》和中老经济走廊框架协议，对推动中老产能合作、促进老挝国家工业化进程有重大意义。开发区遵循分步实施、滚动开发的原则分三期开发。一期4平方公里土地主要发展工业产业，建设国际产能合作产业承载区。二期面积约6平方公里，确立了“以产促城、以城带产、产城融合”的开发思路，秉承低碳经济、生态人居的规划建设理念，将打造成为绿色休闲之城、生态发展之城、宁静社区之城、现代典范之城的“万象新城”。三期1.49平方公里作为调控储备用地，计划2030年前完成对开发区的全部开发，总投资50亿美元。

开发区一期项目累计完成基础设施及产业投资超过10亿美元，水、电、道路、通讯等基础设施能满足入驻企业生产生活需求，客服中心和一站式服务大厅可为入园企业提供便利条件。现已启动项目二期工程，将为企业入驻开发区提供全面保障。

截至2019年8月31日，已有74家企业签约入驻，入驻企业预计总投资额约12亿美元，全部投产后每年预计总产值超过18亿美元，就业人口超过1万人。入园企业分别来自中国、泰国、日本等7个国家和地区，企业投资涵盖电子产品制造、电力装备制造、生物医药、清洁能源、农产品加工、纺织品加工、物流仓储、五金建材和大健康九大产业。

老挝万象赛色塔综合开发区是东盟腹地的投资热土。热忱期待各国企业入驻园区，携手发展，合作共赢，开创未来。

INDONESIA MOROWALI INDUSTRIAL PARK

中国印尼综合产业园区青山园区

中国印尼综合产业园区青山园区（以下简称“青园区”），由上海鼎信投资（集团）有限公司控、印尼八星投资有限公司参股在印尼合资组建的T. Indonesia Morowali Industrial Park具体实施发。青山园区是2013年10月国家领导人出访印尼证签约项目之一，是中印尼两国经贸合作的示范园，2016年8月被国家部委联合确认为境外经济贸易作区，2018年8月，印尼中央政府将其列为保税区。

青山园区的产业定位是就地将镍资源优势转化成经济优势，逐步构建镍铁和不锈钢生产、加工、销售的产业链。目，园区内已经建成镍铁年产能200万吨、不锈钢冶炼、热轧年产能300万吨，使得印尼实现不锈钢产量从几乎为零上到和印度、日本并列全球第二。

青山园区通过招股引资的方式吸引中国大陆民企、国企、日本、法国、澳大利亚、中国香港等的优秀企业合作，优势互补，入园企业已达20家，总投资逾80亿美元。作为国际产能合作的样板，园区开发已带动中国机电设备出口近50.1亿美元，项目建设安装得到中国施工企业的大力支持。青山园区2018年实现销售收入近60亿美元，为当地贡献税收6.4亿美元，为当地创造直接就业岗位逾3万个、间接就业逾5万人，并通过赠物、送电、捐资、助学、助医等多种方式积极践行企业社会责任，实现多方互利共赢。

园区内发电厂装机容量总和2910兆瓦

2019年码头吞吐量将超过3500万吨

毛里求斯晋非经济贸易合作区

MAURITIUS JINFEI ECONOMIC AND TRADE COOPERATION ZONE

毛里求斯晋非经济贸易合作区始建于2006年8月，是国家部委首批批准的境外合作区之一。晋非经贸合作区投资主体为山西省文旅集团、山西省投资集团旗下山西晋非投资有限公司，实施企业为毛里求斯晋非经济贸易合作区有限公司。晋非经贸合作区占地面积211公顷，位于毛里求斯首都路易港附近的Riche Terre地区距港口3.5公里。其中，山西晋非自主开发73.85公顷，与毛里求斯政府合作开发137.15公顷，计划总投资约10亿美元。

晋非经贸合作区的规划定位为高端现代服务业园区，同时积极响应毛里求斯政府的号召，按照智慧城市的标准进行规划，规划以园区内现有道路管网为基础，重新布局了文化休闲区、金融商务区、临港产业区等三大区域。晋非智慧城市一期开发31.65公顷沿海土地，重点发展文化旅游。建设项目主要有伊甸园文化娱乐广场、高档商务公寓、悬崖餐厅、购物美食街、中式俱乐部，亚非欧艺术品交易中心等。晋非智慧城市二期开发42.2公顷沿海土地，重点发展金融商务。建设项目主要有金融CBD、IDC互联网数据中心、中非金融服务中心、Cyan Villa康养基地等。

目前入园企业已达40余家，80%以上来自英国、法国、南非、印度、马达加斯加等国，国际化程度在中国海外园区中首屈一指。智慧城市一期项目伊甸园文化娱乐广场已实现边建设边招商，与法国AEA艺术品投资公司签约，打造亚非欧艺术品交易中心，2019年9月已投入使用。高档商务公寓项目也将于今年内开工，还有悬崖餐厅、中式会所等项目建设也已提上日程；智慧城市二期土地42.2公顷已全部出租，加上晋非自建、自用14.7公顷，共计56.9公顷，现如今园区已租面积占园区土地80%以上，是刚接手园区时的二十多倍。

如今，晋非合作区踏上了良性发展的道路，现代化、智能化的园区吸引了当地媒体的高度关注，产生了良好的社会效益，也为当地经济发展做出了突出贡献。作为山西省对外建设的第一个智慧型园区，是毛里求斯目前建设速度最快、规模较大的智慧城市。晋非智慧城市将充分发挥其地处“一带一路”节点的独特优势，紧紧依托毛里求斯稳定开放的金融市场，良好健全的法律体系，建设国际仲裁院，发展金融产业，打造企业总部，未来将建成“工作生活幸福、休闲娱乐一体、产业高端健康、环境生态宜居”的海外智慧城市，为构建山西对外开放新高地，打造“一带一路”特色海外园区，推动中非全面战略合作伙伴关系做出应有的贡献。

The Mauritius Jinfei Economic Trade & Cooperation Zone was established in August 2006 and is one of the first overseas cooperation zone approved by the Ministry of Commerce. The investment main body of Jinfei Economic Trade & Cooperation Zone is Shanxi Province Culture Tourism Investment Holding Group and Shanxi Jinfei Investment Co., Ltd. under the Shanxi Province Investment Group Co., Ltd. The implementation enterpris is Mauritius Jinfei Economic Trade & Cooperation Zone Co., Ltd. The Jinfei Economic Trade & Cooperation Zone covers an area of 211 hectares an is located in the Riche Terre area, 3.5 kilometers from the Port Louis, the capital of Mauritius. Among them, Shanxi Jinfei independently develope 73.85 hectares, and cooperated with the Mauritius government to develop 137.15 hectares. The total planned investment is about 1 billion USD.

The planning of the Jinfei Economic Trade & Cooperation Zone is positioned as a high-end modern service industry zone. At the same time, it active responds to the call of the Mauritius government and plans according to the standards of the Smart City. Based on the existing road network in the zone, th plan is to re-deploy the cultural and leisure district, financial business district, industrial district. The Phase I of Jinfei Smart City developed 31.65 hectare of coastal land, focusing on the development of cultural tourism. The construction projects mainly include the Eden Garden, luxury business apartments, cli restaurants, shopping streets, Chinese clubs and Asian, Europe and African art trade center, etc. The Phase II of Jinfei Smart City developed 42.2 hectare of coastal land, focusing on the development of financial commerce. The construction projects mainly include financial CBD, IDC Internet data cente China-Africa Financial Service Center, and Cyan Villa Health Care Base.

At present, there are more than 40 enterprises entering the zone, more than 80% of them from the United Kingdom, France, South Africa, India Madagascar and other countries. The Eden Garden of the first phase of the Smart City project has been engaged in construction and investment, an signed a contract with the French AEA Art Investment Company to create an Asian-African-European Art Exchange Center, which was put into us in September 2019. The luxury business apartment project will also start construction this year, and the construction of cliff restaurants and Chines clubs has also been put on the agenda; 42.2 hectares of the second phase of Smart City has been rented, plus 14.7 hectares for self-construction an self-use for Jinfei. Now the rent area is 56.9 hectares occupied more than 80% of the zone's land.

Nowadays, the Jinfei cooperation zone has embarked on a path of sound development. The Smart City Project has attracted the attention of the loca media and made outstanding contributions to the local economic development. As the first Smart City for the external construction of Shanxi Province, is the zone with the fastest construction and large scale in Mauritius. Jinfei Smart City will give full play to its unique advantages in the "Belt and Road node, relying on Mauritius's stable and open financial market, a sound legal system, will build an international arbitration institution, develop the financia industry, and build a corporate headquarters. Our aim is to build an overseas Smart City with "work and life happiness, leisure and entertainment integratio sustainable high-end industrial health, ecological friendly environment". In the future, the Jinfei zone will continuously contribute to Shanxi's opening up create a "Belt and Road" characteristic overseas zone, and to promote China-Africa comprehensive strategic partnership.

招商局汉班托塔港

HIPG

汉班托塔港（以下简称“汉港”），位于斯里兰卡南部省汉班托塔区首府。汉港距离印度洋国际海运主航线约10海里，全球50%以上的集装箱货运、1/3散货海运及2/3石油运输要取道印度洋。位于亚洲通往非洲、欧洲海上丝绸之路的战略要冲，地理位置十分优越，是“一带一路”重要的海上支点。2013年7月31日，斯里兰卡财政部正式宣布将科伦坡港、汉班托塔港两大港口升级为自由港，同时把临近两大自由港的出口加工区也被列为保税区。斯里兰卡希望借助其位于欧亚、太平洋、印度洋地区的重要地理位置，吸引外国投资者，促进本国经济的发展。

汉港项目现已建成10万吨级集装箱泊位2个、10万吨级通用泊位4个、10万吨级油码头2个、1万吨级支线泊位2个及配套堆场、进港航道疏浚至-17米；油罐区共分为3个区域，包括船用燃油罐区、航空煤油罐区、LPG罐区等。目前汉港一、二期项目共已投入约14亿美元，还将继续投资约7亿美元。

招商局是我国“一带一路”倡议的重要参与者和推动者。招商局在改革开放之初落子深圳，缔造了当年的“蛇口模式”，并在长期发展过程中，逐渐形成了成熟的“前港-中区-后城”综合发展模式，并开始在海外落地生根。

未来，汉班托塔港也将因地制宜，复制深圳蛇口的发展模式，以自由港为先导、港口服务业为核心主业，大力发展集装箱和油气业务，同时兼顾汽车滚装业务和散杂货的发展。在汉班托塔港临港产业园区的发展上将利用招商局港口在港口经营管理和国际业务网络上的优势，推动“区港联动”，创造区港一体的价值洼地，汉班托塔临港产业园区有4平方公里土地用于打造以家用电器、电子产品、食品加工、新能源、新材料、纺织服装以及其他产业客户落地汉港，形成“6+N”的产业模式。使汉港成为南亚区域重要的营商创业中心及国际物流分拨中心。同时以区港联动带动该区域的全面发展，使汉班托塔成为斯里兰卡国家经济发展的重要推动力。

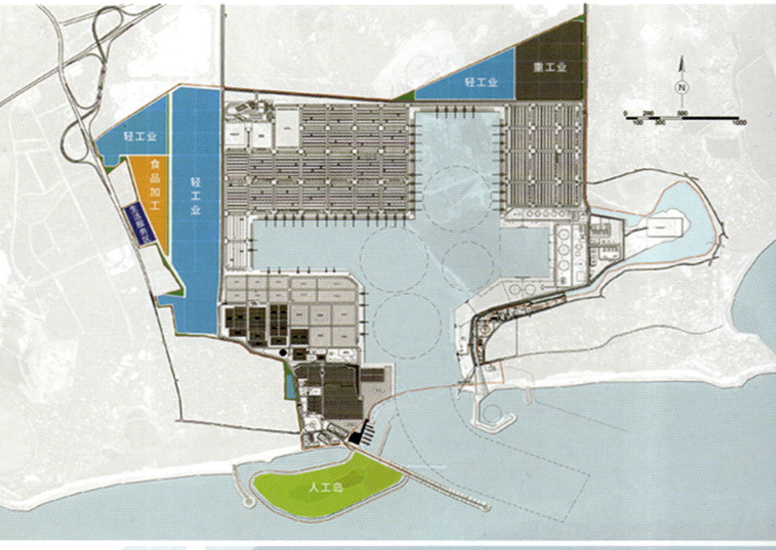

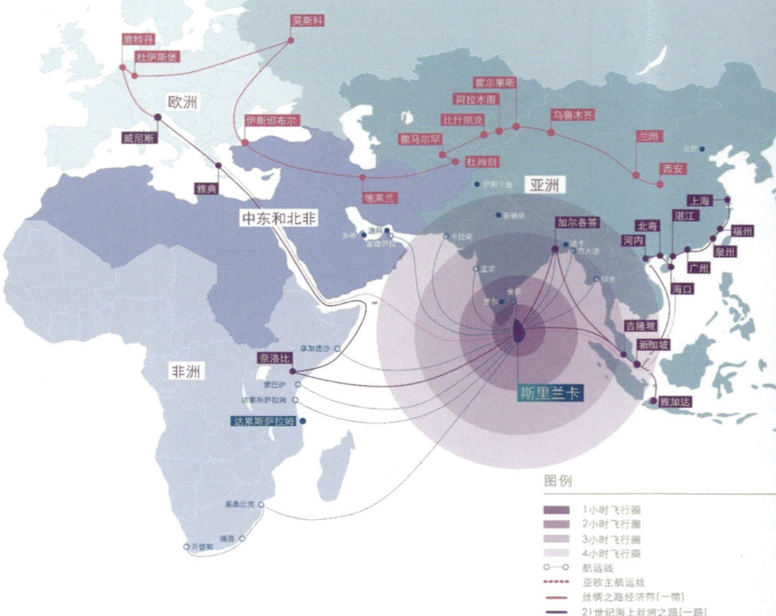

广西义信渔业开发有限公司(Guangxi Yixin Fishery Development Co.,LTD)，是一家专业从事大型专业市场开发投资、码头开发建设与投资、进出口贸易等业务的综合性开发投资公司。

公司成立于2015年6月，注册资金5000万元。公司以创建现代化企业集团 为发展宗旨，在巩固以及开发渔业项目和贸易项目的基础上，开始全面进军水产企业的物流贸易、市场产业园开发和水产品深加工、技工贸易领域。

经过努力奋斗，公司在"一带一路"的引领下，现有资产超过3.5亿元人民币，现有各类科技人员 110 多人。为了扩大再生产，公司在市场调查、分析、预测的基础上，决定采取扩大再生产的方式进军海洋水产产业，以投资东帝汶 MANATUTO 省 LALEIA县，建设面积为63公顷的安南渔业港水产园区为基础，从渔港码头修建一条长约 2 公里、宽约 30 米的进港大道同滨海公路连接，利用滨海公路旁长岭深沟土地开发，建设成高科技配套设施完善，且面向东盟等国际市场的现代化新型海洋水产产业园。

项目解决了什么问题

东帝汶：授人以渔

东帝汶，是位于努沙登加拉群岛东端的岛国，包括帝汶岛东部和西部北海岸的欧库西地区以及附近的阿陶罗岛和东端的雅库岛。西与印尼西帝汶相接，南与澳大利亚隔海相望。

东帝汶曾经被葡萄牙殖民统治，1975年后爆发内战，之后被印度尼西亚吞并。1999年8月，公民投票决定脱离印尼独立，2002年5月20日正式独立。目前，政治局面稳定，社会关系较为和谐。

东帝汶是世界上较贫穷的国家，大部分物资都要靠外国援助。农业还大量采用刀耕火种方式，导致森林砍伐和水土流失，破坏当地生态环境。近年来，东帝汶近海的石油天然气开发极大地补充了政府的收入，天然气通过管道被输送到澳大利亚。

自然环境——人类尚未开发的处女地，自然景观优美，旅游资源丰富，常年无台风。国土面积14,874平方公里，海岸线全长735公里。

自然资源——主要矿藏有金、锰、铬、锡、铜等，帝汶海有储量丰富的石油和天然气资源。海洋渔业受制于工业水平的发展，几乎没有开发，一片空白。

行政区划——东帝汶有13个省，地区以下有65个县，全国人口大约129万。首都帝力（Dili），面积达48.3平方公里，是帝汶岛东北海岸的深水港，80%以上的经济活动在此进行，是全国政治、经济和文化中心。

经济状况——经济处于重建阶段。当地没有工业体系和制造业基础，生活物资以及工业用品依赖进口；经济以农业为主，基础设施落后，粮食不能自给。

公司战略目标

高瞻远瞩 制胜未来

企业使命

无论是一小步还是一大步
都要带动渔业食材健康的进步

企业宗旨

同耕耘　共发展　幸福收成同分享

核心价值

合作共赢　务实创新

经营理念

诚信　务实　敬业　创新

上海鼎信投资（集团）有限公司

Shanghai Decent Investment (Group) Co.,Ltd.

上海鼎信投资（集团）有限公司（简称“鼎信集团”）系青山实业董事局旗下的五大集团公司之一，为中国印尼综合产业园区青山园区建区企业。鼎信集团注册资金为 22 亿元人民币。2007 年以来，作为青山实业推行国际化经营的主力方阵，鼎信集团已形成了围绕不锈钢行业的从上游原材料开发投资、全球采购、海运物流，到不锈钢制品加工、国际贸易等完整的不锈钢生产供应链，以及与之配套的生产服务体系，主要负责境外投资项目管理、机电产品及其他建设设备出口至印尼青山园区、大宗原材料进口等业务。2017 年被上海市浦东新区商务委员会、上海市浦东新区财政局联合认定为“浦东新区大企业总部”，2018 年居外贸 500 强第 376 位、外贸民营 500 强第 90 位。

中华人民共和国商务部
中华人民共和国财政部

境外经济贸易合作区确认函

上海鼎信投资（集团）有限公司：

根据《商务部 财政部关于印发〈境外经济贸易合作区确认考核办法〉的通知》（商合发〔2015〕296 号），你单位投资建设的中国印尼综合产业园区青山园区符合境外经济贸易合作区确认考核要求，现予以确认。

请你公司按照中国与印度尼西亚相关法律法规的规定，督促建区企业切实做好合作区各项建设工作。

2016 年 8 月 4 日

国家级境外经济贸易合作区确认函

2013 年 10 月 3 日，印尼青山工业园区设立暨首个入园项目签约仪式举行。

2019 年 7 月 9 日，印尼总统佐科在总统府亲切会见青山实业董事局主席项光达一行。

地址 /ADD：中国（上海）自由贸易试验区金桥开发区金海路 1255 号
电话 /Tel：+ 86-21-38618086
邮编 /P.C：201206
Http://www.decent-china.com
E-mail：public@decent-china.com

印尼青山园区

印尼青山园区夜景

关键词

“一带一路”倡议五周年

2013年9月7日，中国国家主席习近平在哈萨克斯坦纳扎尔巴耶夫大学作重要演讲，提出共同建设“丝绸之路经济带”；同年10月3日，习近平主席在印度尼西亚国会发表重要演讲，提出共同建设“21世纪海上丝绸之路”。这二者共同构成了“一带一路”重大倡议。2018年6月7日，习近平主席在同哈萨克斯坦总统纳扎尔巴耶夫举行会谈时指出：“5年前，我第一次访问哈萨克斯坦时，正是在总统先生陪同下，在纳扎尔巴耶夫大学首次提出丝绸之路经济带倡议。5年来，‘一带一路’倡议得到国际社会积极响应。‘一带一路’倡议之所以能取得积极成果，关键在于顺应了世界和平与发展的潮流，符合沿线国家发展合作的现实需求。‘一带一路’倡议已成为推动构建人类命运共同体的重要实践。”

国家发展改革委指出，“一带一路”倡议提出五年来，“一带一路”建设各方面工作取得了显著成效，有力促进了我国经济社会发展和对外开放，增强了我国国际影响力和感召力。具体有以下六个方面：

“一带一路”国际合作高峰论坛成功举办。2017年5月举行的“一带一路”国际合作高峰论坛是新中国成立以来由我国首倡和主办的层级最高、规模最大的多边外交平台，在国内外引起巨大反响。高峰论坛形成了五大类279项成果。截至目前，其中绝大部分已完成或可转为常态化工作，其余成果也在有序推进落实。

战略对接和政策沟通不断强化。我国已与100多个国家和国际组织签署了共建“一带一路”合作文件。共建“一带一路”倡议及其核心理念被纳入联合国、二十国集团、亚太经合组织、上合组织等重要国际机制成果文件。“一带一路”倡议持续凝聚国际合作共识，在国际社会形成了共建“一带一路”的良好氛围。

基础设施互联互通建设加快推进。设施联通是“一带一路”建设的核心内容和优先领域。五年来，高效畅通的国际大通道加快建设。中老铁路、中泰铁路、匈塞铁路建设稳步推进，雅万高铁全面开工建设。汉班托塔港二期工程竣工，科伦坡港口城项目施工进度过半，比雷埃夫斯港建成重要中转枢纽。中缅原油管道投用，实现了原油通过管道从印度洋进入我国。中俄原油管道复线正式投入使用，中俄东线天然气管道建设按计划推进。2018年8月26日，中欧班列累计开行数量达到10000列。在开行范围上，实现了由国内48个城市开行，到达欧洲14个国家、40余个城市。

经贸投资合作成效明显。我国与沿线国家的贸易和投资合作不断扩大，形成了互利共赢的良好局面。2018年上半年，我国与沿线国家货物贸易进出口额达6050.2亿美元，增长18.8%；对沿线国家非金融类直接投资达74亿美元，增长12%。目前，我国与沿线国家已建设80多个境外经贸合作区，为当地创造了24.4万个就业岗位。中白工业园等成为双边合作的典范，中国—老挝跨境经济合作区、中哈霍尔果斯国际边境合作中心等一大批合作园区也在加快建设。

民心相通不断深入。实施“丝绸之路”中国政府奖学金。发起成立“一带一路”绿色发展国际联盟倡议。正式开通“一带一路”官方网站，已实现联合国6种官方语言版本同步运行。多层次、多领域的人文交流合作为沿线各国民众友好交往和商贸、文化、教育、旅游等活动带来了便利和机遇，不断推动文明互学互鉴和文化融合创新。

金融服务体系不断完善。通过加强金融合作，促进货币流通和资金融通，为“一带一路”建设创造稳定的融资环境，积极引导各类资本参与实体经济发展和价值链创造，推动世界经济健康发展。截至2018年6月，我国在7个沿线国家建立了人民币清算安排。已有11家中资银行在27个沿线国家设立了71家一级机构。

海上合作设想

2017年6月，国家发展改革委和国家海洋局联合发布《“一带一路”建设海上合作设想》(以下简称《设想》)。这是自2015年3月28日发布《推动共建丝绸之路经济带和21世纪海上丝绸之路的愿景与行动》以来，中国政府首次就推进“一带一路”建设海上合作提出中国方案，也是“一带一路”国际合作高峰论坛的领导人成果之一。

作为中国政府对与沿线国开展海上合作的顶层设计和路线图,《设想》首次系统提出中国政府推进“一带一路”建设海上合作的思路和蓝图，围绕一个愿景、遵循一条主线、共建三个通道、共走五条道路。即围绕构建包容、共赢、和平、创新、可持续发展的蓝色伙伴关系这个愿景，以共享蓝色空间、发展蓝色经济为主线，共同建设中国—印度洋—非洲—地中海、中国—大洋洲—南太平洋，以及中国—北冰洋—欧洲三大蓝色经济通道，全方位推动与沿线国在各领域的务实合作，携手共走绿色发展之路、共创依海繁荣之路、共筑安全保障之路、共建智慧创新之路、共谋合作治理之路，实现人海和谐，共同发展。为实现这个美好蓝图，《设想》进一步提出了围绕海洋生态保护、蓝色经济发展、海洋安全维护、海洋科技创新、国际海洋治理等重点领域开展合作的具体设想和行动计划。

《设想》是中国政府推动联合国《2030年可持续发展议程》在海洋领域落实的纲领性文件，对促进就业、消除贫困、保护和可持续利用海洋和海洋资源作出了务实承诺。《设想》提出，中国政府将秉持和平合作、开放包容、互学互鉴、互利共赢的丝绸之路精神，遵循“求同存异，凝聚共识；开放合作，包容发展；市场运作，多方参与；共商共建，利益共享”的原则，致力于推动联合国制定的《2030年可持续发展议程》在海洋领域的落实，与21世纪海上丝绸之路沿线各国开展全方位、多领域的海上合作，共同打造开放、包容的合作平台，建立积极务实的蓝色伙伴关系，铸造可持续发展的“蓝色引擎”。

空中丝绸之路

2017年6月14日，中国国家主席习近平在会见卢森堡首相贝泰尔时，提到“空中丝绸之路”的概念。习近平强调，要深化双方在“一带一路”建设框架内金融和产能等合作，中方支持建设郑州—卢森堡“空中丝绸之路”。

“一带一路”包括“丝绸之路经济带”和“21世纪海上丝绸之路”。而“空中丝绸之路”，让“一带一路”建设覆盖的维度更加广泛，不仅连接大陆、沟通海洋，还在浩瀚的天空中构架起合作桥梁。

建设“空中丝绸之路”，自然离不开航空运输的发展。习主席在谈到中国和卢森堡合作增长点时，提出了加快培育航空运输、高新技术等领域的要求，实现更高水平的互利共赢。卢森堡经济高度发达、基础设施完备，拥有世界一流的运输体系，是重要的国际物流中心。欧洲最大、世界第九大全货运航空公司——卢森堡国际货运航空公司就坐落于此。2014年，河南民航发展投资有限公司入股卢森堡国际货运航空公司，架起了一条横贯中欧的货运“空中丝绸之路”。作为构成双枢纽战略的第一块基石，从卢森堡飞向郑州的这条国际货运航线，为古老的丝绸之路注入了新的活力。货运航线开通4年来，两地货运量不断突破、连年创新高，目前已拥有卢森堡—郑州、卢森堡—郑州—芝加哥、米兰—郑州等航线。

“空中丝绸之路”的发展，促进的不仅是贸易畅通，也是民心相通。贝泰尔表示，开通郑州至卢森堡之间的直达客运航线非常必要：“我认为发展郑州和卢森堡之间的客运业务，可以给两地人民的生活带来很大的改变和改善，欢迎更多人到卢森堡去访问，希望有机会可以跟他们说‘你好’，直航将使两国人民之间的联系更加紧密。”

亚洲基础设施投资银行

亚洲基础设施投资银行（Asian Infrastructure Investment Bank，简称亚投行，AIIB）是一个政府间性质的亚洲区域多边开发机构，重点支持基础设施建设，成立宗旨是为了促进亚洲区域的建设互联互通化和经济一体化的进程，加强中国及其他亚洲国家和地区的合作，是全球首个由中国倡议设立的多边金融机构，总部设在北京，法定资本1000亿美元。截至2018年6月26日，亚投行的成员总数已达到87个。

2013年10月2日，中国国家主席习近平在雅加达同印度尼西亚总统苏西洛举行会谈，习近平倡议筹建亚洲基础设施投资银行，促进本地区互联互通建设和经济一体化进程，向包括东盟国家在内的本地区发展中国家基础设施建设提供资金支持。新的亚洲基础设施投资银行将同域外现有多边开发银行合作，相互补充，共同促进亚洲经济持续稳定发展。同月，中国国家总理李克强出访东南亚时，再次提出了筹建亚投行的倡议。

2014年10月24日，包括中国、印度、新加坡等在内21个首批意向创始成员国的财长和授权代表在北京正式签署《筹建亚投行备忘录》，共同决定成立亚洲基础设施投资银行，标志着这一中国倡议设立的亚洲区域新多边开发机构的筹建工作进入新阶段。2015年12月25日，亚洲基础设施投资银行正式成立。2016年1月16日至18日，亚投行开业仪式暨理事会和董事会成立大会在北京举行。亚投行的治理结构分理事会、董事会、管理层三层。理事会是最高决策机构，每个成员在亚投行有正副理事各一名。董事会有12名董事，其中域内9名，域外3名。管理层由行长和5位副行长组成。

2017年5月，亚投行会同世界银行等6家多边开发银行，与中国政府共同签署了《关于加强“一带一路”倡议下相关领域合作的谅解备忘录》，目前正同中国财政部、世界银行、欧洲复兴开发银行等签署各方落实多边开发银行融资合作中心事宜，加快推进中心在“一带一路”沿线国家的信息交换、项目对接、能力建设等方面的工作。

2017年12月11日，亚投行公布首个对华项目，批准2.5亿美元贷款用于“北京空气质量改善和煤改气”项目。亚投行表示，该项目覆盖大约510个村，连接大约21.7万户家庭的天然气输送管网等工程，能有效降低北京地区的空气可悬浮细颗粒物浓度、减少碳排放、减少煤炭消耗，从而改善北京地区空气质量和环境质量。

亚投行运营两年半以来，积极支持“一带一路”倡议，目前所有投资项目均在“一带一路”沿线国家和地区。截至2018年7月，亚投行共在13个国家开展了28个项目，项目总投资53.4亿美元。国际三大信用评级机构先后给予亚投行以3A最高信用评级，巴塞尔银行监管委员会给予亚投行零风险权重。

亚投行的成立具有重要意义。首先，有利

于加快推进亚洲基础设施建设和互联互通建设。亚洲国家特别是新兴市场和发展中国家的基础设施建设融资需求巨大，特别是近来面临经济下行风险增大和金融市场动荡等严峻挑战，要动员更多资金进行基础设施建设，以保持经济持续稳定增长，促进区域互联互通和经济一体化。据亚洲开发银行估算，2010—2020 年 10 年间，亚洲需要新投入 8 万亿美元用于基础设施建设，每年需要 7500 亿美元用于国家和地区间的基础设施建设才能支撑目前经济增长的水平。

其次，有利于共同应对国际金融危机、经济转型升级和经济稳定增长。成立亚洲基础设施投资银行可以增强中国与亚洲各国之间区域经济发展的内生动力，维护区域金融的稳定，维护亚洲地区金融和经济稳定。

最后，有利于加速亚洲经济一体化进程。有利于推动以亚欧大陆桥、泛亚铁路和公路等重点基础设施项目为龙头的区域互联互通建设，推进南新经济走廊、孟中印缅经济走廊、中巴经济走廊建设，加快 GMS 合作、东北亚合作、东盟一体化建设、上海合作组织等区域合作发展，加快亚洲经济一体化进程。

中欧班列

中欧班列（英文名称 China Railway Express，缩写 CR Express）是由中国铁路总公司组织，按照固定车次、线路、班期和全程运行时刻开行，运行于中国与欧洲以及“一带一路”沿线国家间的集装箱等铁路国际联运列车，是深化我国与沿线国家经贸合作的重要载体和推进“一带一路”建设的重要抓手。

中欧班列通道不仅连通欧洲及沿线国家，也连通东亚、东南亚及其他地区；不仅是铁路通道，也是多式联运走廊。

中欧班列自 2011 年 3 月 19 日开始运行，首列中欧班列由重庆开往德国杜伊斯堡，当时称作“渝新欧”国际铁路。2016 年 6 月 8 日，中国铁路正式启用“中欧班列”品牌，按照“六统一”（统一品牌标志、统一运输组织、统一全程价格、统一服务标准、统一经营团队、统一协调平台）的机制运行，集合各地力量，增强市场竞争力。

《中欧班列建设发展规划（2016—2020）》对中欧班列 2016—2020 年的建设发展任务进行部署，提出完善国际贸易通道、加强物流枢纽建设、加大资源整合力度、创新运输服务模式、建立完善价格机制、构建信息服务平台、推进便利化大通关等 7 项重点工作任务。其中，重点提出推进集宁—二连浩特铁路扩能改造，提高“中通道”境内段路网运能。

目前，中欧班列铺划了西中东三条通道：

——西通道。一是由新疆阿拉山口（霍尔果斯）口岸出境，经哈萨克斯坦与俄罗斯西伯利亚铁路相连，途经白俄罗斯、波兰、德国等，通达欧洲其他各国。二是由霍尔果斯（阿拉山口）口岸出境，经哈萨克斯坦、土库曼斯坦、伊朗、土耳其等国，通达欧洲各国；或经哈萨克斯坦跨里海，进入阿塞拜疆、格鲁吉亚、保加利亚等国，通达欧洲各国。三是由吐尔尕特（伊尔克什坦），与规划中的中吉乌铁路等连接，通向吉尔吉斯斯坦、乌兹别克斯坦、土库曼斯坦、伊朗、土耳其等国，通达欧洲各国。

——中通道。由内蒙古二连浩特口岸出境，途经蒙古国与俄罗斯西伯利亚铁路相连，通达欧洲各国。

——东通道。由内蒙古满洲里（黑龙江绥芬河）口岸出境，接入俄罗斯西伯利亚铁路，通达欧洲各国。

中欧班列运行线分为中欧班列直达线和中欧班列中转线。中欧班列直达线是指内陆主要货源地节点、沿海重要港口节点与国外城市之间开行的点对点班列线；中欧班列中转线是指经主要铁路枢纽节点集结本地区及其他城市零散货源开行的班列线。

截至2018年8月26日，中欧班列累计开行已突破10000列，运送货物82万标箱，国内开行城市48个，到达欧洲14个国家40多个城市。

《标准联通共建“一带一路”行动计划（2018—2020年）》

标准是人类文明进步的成果，是世界通用语言，标准促进世界互联互通。在推进“一带一路”建设中，标准与政策、规则相辅相成、共同推进，为互联互通提供重要的机制保障。2017年12月，推进“一带一路”建设工作领导小组办公室印发《标准联通共建“一带一路”行动计划（2018—2020年）》（以下简称“《行动计划》”）。同月22日，国家标准委专门召开《行动计划》新闻发布会。

《行动计划》指出，要主动加强与沿线国家标准化战略对接和标准体系相互兼容，大力推动中国标准国际化，强化标准与政策、规则的有机衔接，以标准“软联通”打造合作“硬机制”，努力提高标准体系兼容性，支撑基础设施互联互通建设，促进国际产能与装备制造合作，服务投资贸易便利化和人文交流深入化，为推进“一带一路”建设提供坚实技术支撑和有力机制保障。

《行动计划》部署了九大重点任务：一是对接战略规划，凝聚标准联通共建“一带一路”国际共识；二是深化基础设施标准化合作，支撑设施联通网络建设；三是推进国际产能和装备制造标准化合作，推动实体经济更好更快发展；四是拓展对外贸易标准化合作，推动对外贸易发展；五是加强节能环保标准化合作，服务绿色“一带一路”建设；六是推动人文领域标准化合作，促进文明交流互鉴；七是强化健康服务领域标准化合作，增进民心相通；八是开展金融领域标准化合作，服务构建稳定公平的国际金融体系；九是加强海洋领域标准化合作，助力畅通21世纪海上丝绸之路。

《行动计划》安排了九个专项行动。聚焦重点领域、重点国家、重要平台和重要基础，统筹全国标准化资源，充分发挥企业、行业和地方作用，集中开展国家间标准互换互认行动、中国标准国际影响力提升行动、重点消费品对标行动、海外标准化示范推广行动、中国标准外文版翻译行动、标准信息服务能力提升行动、企业标准国际化能力提升行动、标准国际化创新服务行动和标准化助推国际减贫扶贫共享等九个专项行动。

《行动计划》提出了如下目标：到2020年，基本形成交流互鉴、开放包容、互联互通、成果共享的标准国际化发展新局面，基本建成政府推动、市场主导、多方参与、协同推进的标准国际化工作新格局，中国标准与国际和各国标准体系兼容水平不断提高，标准化在推进“一带一路”建设中的基础性和战略性作用充分发挥。具体来说，一是标准化开放合作不断深化，基本实现全面建成与“一带一路”沿线重点国家畅通的标准化合作机制；二是标准“走出去”步伐更加坚实，推动与沿线国家新发布一批互认标准，在工业、农业和服务业等领域打造一批海外标准化示范项目，实施一批援外标准化培训项目；三是标准互认领域不断扩大，成体系部署中国标准外文版制定计划或任务不少于1000项，开展重点领域标准中关键技术指标比对数量力争达到2000个；四是中国标准品牌效应明显提升，持续提升中国标准与国际标准体系一致化程度，制定推进“一带一路”建设相关领域中国标准名录，推动中国标准在“一带一路”建设中的应用。

“一带一路”法治合作

2018年7月2日至3日，由中国外交部和中国法学会联合举办的“一带一路”法治合作国际论坛在北京举行。这是中国首次就“一带一路”法治合作举办高规格论坛。

国务委员兼外交部部长王毅出席开幕式并作演讲。王毅表示，习近平主席提出共建“一带一路”倡议五年来，合作成果丰硕，进展超出预期，国际社会广泛欢迎。这是因为“一带一路”坚持以平等互利为原则，以合作共赢为目标，以开放包容为宗旨，以对接发展为途径，以规则法治为基础。我们认为，规则法治既是“一带一路”走向世界的通行证，也是应对风险挑战的安全阀。我们既要推进“一带一路”基础设施的“硬联通”，也要加强“一带一路”规则、标准的“软联通”，不断完善“一带一路”法治保障体系，深化“一带一路”法治交流与国际合作。中国将出资实施“‘一带一路’法治合作研修项目”，支持“一带一路”沿线国法治能力建设和国际法律人才培养

本次论坛以“共建‘一带一路’：规则与协调”为主题，围绕“一带一路”理念与国际法治、“一带一路”规则体系与条约法律保障、“一带一路”与国际争端解决、“一带一路”法律交流与合作四项分议题展开深入讨论。

作为会议重要成果，论坛发表《“一带一路”法治合作国际论坛共同主席声明》。该声明提出，要在共商、共建、共享原则基础上开展法治合作，为“一带一路”建设夯实法治之基；要遵守和完善有关国际规则体系，推进贸易、投资、金融、税收、知识产权、环境保护等各领域的法律协调与合作，为“一带一路”构建稳定、公正、透明、非歧视的规则和制度框架；要积极预防和妥善解决贸易、投资等有关争端，包括利用现有争端解决机制和探索建立新机制，为“一带一路”营造稳定公平透明、可预期的法治化营商环境；要深化“一带一路”法治交流，推进法律制度、法律文化、法律教育和法律服务等领域合作，加强法律信息和实践交流机制建设，促进法治能力建设和人才培养。

国际丝绸之路科学院

国际丝绸之路科学院源于习近平主席2013年提出的“丝绸之路经济带”和“21世纪海上丝绸之路”的伟大倡议。2015年秋天，哈萨克斯坦国家自然科学院和俄罗斯自然科学院相继致信国际欧亚科学院中国科学中心，建议由国际欧亚科学院中国科学中心领衔发起成立“国际丝绸之路科学院”，共同凝聚“一带一路”参与国家乃至全球的科技力量，以科技力量建设“一带一路”。

对哈萨克斯坦和俄罗斯科技界的建议，国际欧亚科学院中国科学中心格外重视，综合各方面意见，经反复论证向中共中央和国务院报告，获得高度肯定。2017年9月24日，由国际欧亚科学院中国科学中心领衔发起的国际丝绸之路科学院在京成立。来自“一带一路”25个沿线国家的科技组织加盟成为第一批成员，并派代表出席了在京举行的“国际丝绸之路科学院科技创新国际会议”暨“国际丝绸之路科学院”启动大会。与会各方一致高度评价中国对筹建国际丝绸之路科学院的重要贡献，一致同意国际丝绸之路科学院正式启动，其总部和秘书处设在北京。

国际丝绸之路科学院的成立宗旨为：针对“一带一路”共建过程中各国发展不平衡、发展战略不协调、信息不对称、文化差异性等问题，在参与国发展战略对接、资源开发利用、经济转型升级、生态环境安全、文化交流与融汇等方面开展合作研究、科技交流与咨询。

国际丝绸之路科学院是高层次的国际性非政府、非营利学术机构，是“一带一路”科技界、企业界、金融界，以及管理领域专家学者等合作交流的重要平台，是推动“一带一路”共建的国际高端咨询中心和新型高端智库。

国际丝绸之路科学院是团结参与国家广大科学工作者，发挥自然科学、社会科学交叉融合以及科学家、企业家、社会活动家和管理学者相结合的综合优势，加强交流、协作与联合，在推进“一带一路”共建中发挥不可替代的独

特作用。

“一带一路”贸易合作大数据

2018年5月6日，在第二届“京陵大数据高峰论坛”上，国家信息中心正式发布《“一带一路”贸易合作大数据报告2018》。这是该机构第二次发布“一带一路”贸易合作年度大数据报告。该报告以反映“一带一路”贸易合作现状和趋势预测为重点，全面深入地展现了中国与“一带一路”各区域合作、国内各省市与“一带一路”沿线国家合作、“一带一路”贸易商品结构等方面的最新特征与趋势。报告指出：

从总体看，中国与“一带一路”国家进出口总额实现较快增长，进口增速首超出口。2017年，中国与“一带一路”国家的进出口总额扭转连续两年负增长局面，达到14403.2亿美元，同比增长13.4%，高于我国整体外贸增速5.9个百分点，占中国进出口贸易总额的36.2%，“一带一路”国家重要性愈发凸显。其中，中国向“一带一路”国家出口7742.6亿美元，同比增长8.5%，占中国出口总额的34.1%；进口6660.5亿美元，同比增长19.8%，占中国进口总额的39.0%，近五年来进口额增速首次超过出口。

从国别区域看，亚洲和大洋洲地区与中国贸易额比重占五成以上，与中亚地区贸易额增速最快，韩国、越南、马来西亚、印度、俄罗斯是主要贸易合作伙伴。2017年，亚洲和大洋洲地区是中国在“一带一路”的第一大贸易合作区域，进出口总额达8178.6亿美元，占中国与“一带一路”国家进出口总额的56.8%。其次为西亚地区。从区域贸易额增速看，2017年，中国对中亚地区贸易额增速最快，较2016年增长19.8%，其次是东欧地区（17.8%）。2017年前10位贸易伙伴分别是韩国、越南、马来西亚、印度、俄罗斯、泰国、新加坡、印度尼西亚、菲律宾和沙特阿拉伯，中国与这些国家的进出口总额占中国与“一带一路”国家的比重合计达68.9%。进出口总额增长最快的贸易伙伴为卡塔尔、黑山、蒙古国和哈萨克斯坦，其增速均在35%以上。

从国内地区看，东部地区贸易占比近80%，西部、东北地区表现亮眼，广东、江苏、浙江、山东、上海分列前五。2017年，东部地区与“一带一路”国家的进出口总额为11494.1亿美元，占中国与“一带一路”国家进出口总额的比重达79.8%；西部地区与“一带一路”国家进出口总额占该地区外贸总额的比重最高，2017年达到48.1%，东北地区为41.7%；东北地区与“一带一路”国家的进出口总额增速最快，较2016年增长22.0%，其次为西部地区（15.6%），特别是在进口额增速方面，这两个地区表现突出，西部地区进口额同比增长53.3%，东北地区同比增长33.9%。具体来看，广东、江苏、浙江、山东和上海与“一带一路”国家的进出口总额排名前五，贸易额比重合计达67.8%，其中山东首次进入前五。进出口总额增长最快的是新疆、河北、四川和山东，其增速均在35%以上。

从商品结构看，锅炉机器和电机电气设备是我对“一带一路”国家最主要的出口商品，矿物燃料和电机电气设备是我自“一带一路”国家最主要的进口商品。2017年中国对“一带一路”国家出口商品主要集中于锅炉机器和电机电器设备，二者合计占中国对“一带一路”国家出口额的38.2%，其中电机电器设备出口额1798.8亿美元，较2016年增长15.8%。而中国自“一带一路”国家进口商品主要集中于矿物燃料和电机电气设备，二者合计占中国自“一带一路”国家进口额的50.3%，其中矿物燃料进口额1573.3亿美元，较2016年增长34.1%。

从贸易主体看，民营企业成主力军，国有

企业增幅显著。民营企业与“一带一路”国家的进出口总额占比最大，2017年为6199.8亿美元，占中国与“一带一路”国家贸易总额的43.0%，其次为外商投资企业（36.6%）、国有企业（19.4%）、其他企业（1.0%）。而国有企业进出口总额增速最快，2017年国有企业与“一带一路”国家进出口总额为2795.9亿美元，较2016年增长24.5%，其次为民营企业（12.1%）、外商投资企业（10.2%）、其他企业（1.2%）。

从贸易方式看，一般贸易进出口总额占比近6成，一般贸易与边境小额贸易进口增幅显著。2017年，一般贸易进出口8407.6亿美元，占中国与“一带一路”国家贸易额的58.4%，从增速看，边境小额贸易进出口增速最快，2017年，边境小额贸易进出口总额达379.5亿美元，较2016年增长17.3%，其次为一般贸易（16.1%），一般贸易和边境小额贸易在进口增速方面表现突出，分别同比增长28.7%和27.7%。

（商务部研究院副研究员、博士　刘建颖）

数据统计

2018年中国对“一带一路”沿线国家/地区贸易统计

（单位：万美元）

序号	国家/地区	进出口总额	进口总额	出口总额
1	阿尔巴尼亚	64794	10804	53991
2	阿富汗	69167	2408	66759
3	阿联酋	4588902	1623777	2965125
4	阿曼	2176312	1889851	286461
5	阿塞拜疆	89795	38202	51593
6	埃及	1382973	184252	1198721
7	埃塞俄比亚	287617	34530	253087
8	爱沙尼亚	127670	24519	103151
9	巴基斯坦	1910540	217209	1693332
10	巴勒斯坦	7381	44	7336
11	巴林	128565	15013	113552
12	白俄罗斯	171264	57105	114159
13	保加利亚	258668	114643	144025
14	波黑	18712	7740	10972
15	波兰	2452158	364537	2087621
16	不丹	1284	1	1283
17	东帝汶	13540	301	13239
18	俄罗斯	10710745	5914218	4796527
19	菲律宾	5564824	2061160	3503664
20	格鲁吉亚	114943	5389	109554
21	哈萨克斯坦	1987814	852661	1135153
22	韩国	31339955	20464340	10875614
23	黑山	21983	4174	17810
24	吉尔吉斯斯坦	561112	5433	555679
25	柬埔寨	738418	137666	600752
26	捷克	1630863	439905	1190958
27	卡塔尔	1162880	914639	248241
28	科威特	1865651	1534387	331265
29	克罗地亚	153916	21200	132716
30	拉脱维亚	137914	21305	116609
31	老挝	347215	201815	145400

续 表

序号	国家/地区	进出口总额	进口总额	出口总额
32	黎巴嫩	201827	4898	196928
33	立陶宛	209299	33004	176296
34	罗马尼亚	667496	216785	450711
35	马尔代夫	39721	103	39617
36	马来西亚	10858103	6320505	4537599
37	马其顿	15409	4834	10574
38	蒙古国	798900	634411	164489
39	孟加拉国	1873748	98442	1775306
40	缅甸	1523211	468434	1054777
41	摩尔多瓦	14708	3839	10870
42	南非	4353587	2728749	1624838
43	尼泊尔	109937	2200	107737
44	塞尔维亚	95217	22387	72830
45	沙特阿拉伯	6328242	4585438	1742804
46	斯里兰卡	457679	32175	425505
47	斯洛伐克	778148	524563	253585
48	斯洛文尼亚	501526	59102	442423
49	塔吉克斯坦	150593	7684	142908
50	泰国	8750835	4462964	4287872
51	土耳其	2154546	375686	1778860
52	土库曼斯坦	843630	811937	31693
53	文莱	183946	24751	159195
54	乌克兰	966353	264503	701850
55	乌兹别克斯坦	626919	232446	394473
56	新加坡	8276440	3372777	4903663
57	新西兰	1685803	1108333	577470
58	匈牙利	1088229	434207	654021
59	叙利亚	127364	87	127277
60	亚美尼亚	51533	30214	21318
61	也门	259454	71993	187461
62	伊拉克	3039860	2249527	790332
63	伊朗	3504201	2110228	1393973
64	以色列	1391557	464116	927442
65	印度	9550900	1883335	7667566
66	印度尼西亚	7734118	3414978	4319141
67	约旦	318367	21418	296949
68	越南	14783304	6395635	8387669

数据来源：中国海关总署、国家统计局

2018年中国与“一带一路”沿线国家/地区进出口总额排名

（单位：万美元）

序号	国家/地区	进出口总额	进口总额	出口总额
1	韩国	31339955	20464340	10875614
2	越南	14783304	6395635	8387669
3	马来西亚	10858103	6320505	4537599
4	俄罗斯联邦	10710745	5914218	4796527
5	印度	9550900	1883335	7667566
6	泰国	8750835	4462964	4287872
7	新加坡	8276440	3372777	4903663
8	印度尼西亚	7734118	3414978	4319141
9	沙特阿拉伯	6328242	4585438	1742804
10	菲律宾	5564824	2061160	3503664
11	阿联酋	4588902	1623777	2965125
12	南非	4353587	2728749	1624838
13	伊朗	3504201	2110228	1393973
14	伊拉克	3039860	2249527	790332
15	波兰	2452158	364537	2087621
16	阿曼	2176312	1889851	286461
17	土耳其	2154546	375686	1778860
18	哈萨克斯坦	1987814	852661	1135153
19	巴基斯坦	1910540	217209	1693332
20	孟加拉国	1873748	98442	1775306
21	科威特	1865651	1534387	331265
22	新西兰	1685803	1108333	577470
23	捷克	1630863	439905	1190958
24	缅甸	1523211	468434	1054777
25	以色列	1391557	464116	927442
26	埃及	1382973	184252	1198721
27	卡塔尔	1162880	914639	248241
28	匈牙利	1088229	434207	654021
29	乌克兰	966353	264503	701850
30	土库曼斯坦	843630	811937	31693
31	蒙古国	798900	634411	164489

续 表

序号	国家/地区	进出口总额	进口总额	出口总额
32	斯洛伐克	778148	524563	253585
33	柬埔寨	738418	137666	600752
34	罗马尼亚	667496	216785	450711
35	乌兹别克斯坦	626919	232446	394473
36	吉尔吉斯斯坦	561112	5433	555679
37	斯洛文尼亚	501526	59102	442423
38	斯里兰卡	457679	32175	425505
39	老挝	347215	201815	145400
40	约旦	318367	21418	296949
41	埃塞俄比亚	287617	34530	253087
42	也门	259454	71993	187461
43	保加利亚	258668	114643	144025
44	立陶宛	209299	33004	176296
45	黎巴嫩	201827	4898	196928
46	文莱	183946	24751	159195
47	白俄罗斯	171264	57105	114159
48	克罗地亚	153916	21200	132716
49	塔吉克斯坦	150593	7684	142908
50	拉脱维亚	137914	21305	116609
51	巴林	128565	15013	113552
52	爱沙尼亚	127670	24519	103151
53	叙利亚	127364	87	127277
54	格鲁吉亚	114943	5389	109554
55	尼泊尔	109937	2200	107737
56	塞尔维亚	95217	22387	72830
57	阿塞拜疆	89795	38202	51593
58	阿富汗	69167	2408	66759
59	阿尔巴尼亚	64794	10804	53991
60	亚美尼亚	51533	30214	21318
61	马尔代夫	39721	103	39617
62	黑山	21983	4174	17810
63	波黑	18712	7740	10972
64	马其顿	15409	4834	10574
65	摩尔多瓦	14708	3839	10870
66	东帝汶	13540	301	13239
67	巴勒斯坦	7381	44	7336
68	不丹	1284	1	1283

数据来源：中国海关总署、国家统计局

2018年与中国出口最大30个“一带一路”沿线国家/地区进出口统计

（单位：万美元）

序号	国家/地区	进出口总额	进口总额	出口总额
1	韩国	31339955	20464340	10875614
2	越南	14783304	6395635	8387669
3	印度	9550900	1883335	7667566
4	新加坡	8276440	3372777	4903663
5	俄罗斯联邦	10710745	5914218	4796527
6	马来西亚	10858103	6320505	4537599
7	印度尼西亚	7734118	3414978	4319141
8	泰国	8750835	4462964	4287872
9	菲律宾	5564824	2061160	3503664
10	阿联酋	4588902	1623777	2965125
11	波兰	2452158	364537	2087621
12	土耳其	2154546	375686	1778860
13	孟加拉国	1873748	98442	1775306
14	沙特阿拉伯	6328242	4585438	1742804
15	巴基斯坦	1910540	217209	1693332
16	南非	4353587	2728749	1624838
17	伊朗	3504201	2110228	1393973
18	埃及	1382973	184252	1198721
19	捷克	1630863	439905	1190958
20	哈萨克斯坦	1987814	852661	1135153
21	缅甸	1523211	468434	1054777
22	以色列	1391557	464116	927442
23	伊拉克	3039860	2249527	790332
24	乌克兰	966353	264503	701850
25	匈牙利	1088229	434207	654021
26	柬埔寨	738418	137666	600752
27	新西兰	1685803	1108333	577470
28	吉尔吉斯斯坦	561112	5433	555679
29	罗马尼亚	667496	216785	450711
30	斯洛文尼亚	501526	59102	442423

资料来源：中国海关总署、国家统计局

2018 年与中国进口最大 30 个“一带一路”沿线国家/地区进出口统计

（单位：万美元）

序号	国家/地区	进出口总额	进口总额	出口总额
1	韩国	31339955	20464340	10875614
2	越南	14783304	6395635	8387669
3	马来西亚	10858103	6320505	4537599
4	俄罗斯	10710745	5914218	4796527
5	沙特阿拉伯	6328242	4585438	1742804
6	泰国	8750835	4462964	4287872
7	印度尼西亚	7734118	3414978	4319141
8	新加坡	8276440	3372777	4903663
9	南非	4353587	2728749	1624838
10	伊拉克	3039860	2249527	790332
11	伊朗	3504201	2110228	1393973
12	菲律宾	5564824	2061160	3503664
13	阿曼	2176312	1889851	286461
14	印度	9550900	1883335	7667566
15	阿联酋	4588902	1623777	2965125
16	科威特	1865651	1534387	331265
17	新西兰	1685803	1108333	577470
18	卡塔尔	1162880	914639	248241
19	哈萨克斯坦	1987814	852661	1135153
20	土库曼斯坦	843630	811937	31693
21	蒙古国	798900	634411	164489
22	斯洛伐克	778148	524563	253585
23	缅甸	1523211	468434	1054777
24	以色列	1391557	464116	927442
25	捷克	1630863	439905	1190958
26	匈牙利	1088229	434207	654021
27	土耳其	2154546	375686	1778860
28	波兰	2452158	364537	2087621
29	乌克兰	966353	264503	701850
30	乌兹别克斯坦	626919	232446	394473

资料来源：中国海关总署、国家统计局

2018年中国对“一带一路”沿线国家/地区投资统计

（单位：万美元）

序号	国家（地区）	2018年流量	2018年底存量
1	阿尔巴尼亚	172	642
2	阿富汗	−16	40444
3	阿拉伯联合酋长国	108101	643606
4	阿曼	5191	15068
5	阿塞拜疆	−105	918
6	埃及	22197	107926
7	埃塞俄比亚		
8	爱沙尼亚	5322	5684
9	巴基斯坦	−19873	424682
10	巴勒斯坦	0	4
11	巴林	−235	7196
12	白俄罗斯	6773	50378
13	保加利亚	−168	17109
14	波黑	0	434
15	波兰	11783	52373
16	不丹		
17	东帝汶	−1032	16668
18	俄罗斯联邦	72524	1420822
19	菲律宾	5882	83002
20	格鲁吉亚	8023	63970
21	哈萨克斯坦	11835	734108
22	黑山	1272	6286
23	韩国	103366	671011
24	吉尔吉斯斯坦	10016	139308
25	柬埔寨	77834	597368
26	捷克	11302	27923
27	卡塔尔	−36810	43598
28	科威特	19208	109184
29	克罗地亚	2239	6908
30	拉脱维亚	1068	1170
31	老挝	124179	830976

续 表

序号	国家（地区）	2018年流量	2018年底存量
32	黎巴嫩	0	222
33	立陶宛	-447	1289
34	罗马尼亚	157	30462
35	马尔代夫	-155	7477
36	马来西亚	166270	838724
37	马其顿	183	3630
38	蒙古	-45713	336507
39	孟加拉	54365	87023
40	缅甸	-19724	468006
41	摩尔多瓦	0	387
42	南非	64206	653168
43	尼泊尔	5122	37919
44	塞尔维亚	15341	27141
45	沙特阿拉伯	38307	259456
46	斯里兰卡	783	46893
47	斯洛伐克	1462	9929
48	斯洛文尼亚	1328	4009
49	塔吉克斯坦	38824	194483
50	泰国	73729	594670
51	土耳其	35282	173368
52	土库曼斯坦	-3830	31193
53	文莱	-1509	22045
54	乌克兰	2745	9048
55	乌兹别克斯坦	9901	368988
56	新加坡	641126	5009383
57	新西兰	25746	259120
58	匈牙利	9495	32069
59	叙利亚	-1	87
60	亚美尼亚	1964	4961
61	也门	1045	62300
62	伊拉克	773	59854
63	伊朗	-56733	323429
64	以色列	41057	461998
65	印度	20620	466280
66	印度尼西亚	186482	1281128
67	约旦	8562	14198
68	越南	115083	560543

资料来源：中国商务部

2015—2018年中国对“一带一路”沿线国家/地区对外承包工程统计

（单位：亿美元,%）

年度	新签合同数（个）	新签合同额			完成营业额		
		金额	同比	占比	金额	同比	占比
2015	3987	926.4	7.4	44.10	692.6	7.5	45.0
2016	8158	1260.3	36.0	51.60	759.7	9.7	47.7
2017	7217	1443.2	14.5	54.40	855.3	12.6	50.7
2018	7721	1257.8	−12.8	52.0	893.3	4.4	52.8

数据来源：中国商务部

2015—2018年中国对“一带一路”沿线国家/地区非金融类直接投资统计

（单位：亿美元,%）

年度	中国非金融类对外直接投资金额	中国对“一带一路”沿线国家/地区投资	
		金额	占比
2015	1180.2	148.2	12.6
2016	1701.1	145.3	8.5
2017	1200.8	143.6	12.0
2018	1213.2	178.9	14.7

资料来源：中国商务部

2015—2018年“一带一路”沿线国家/地区对华直接投资统计

（单位：万美元）

国家/地区	2015年	2016年	2017年	2018年
阿富汗	50	35	73	233
阿联酋	3899	3933	1357	2568
埃及	50	269	75	88
巴基斯坦	65	65	99	67
巴林	0	0	30	0
白俄罗斯	0	4	824	1820
波兰	8277	585	289	247
俄罗斯联邦	1312	499	2384	5677
菲律宾	3867	7760	500	4986
韩国	403401	475112	367253	466688
哈萨克斯坦	953	275	561	1968
捷克	1627	1148	797	421
柬埔寨	1000	0	1505	199
卡塔尔	90	0	0	5
科威特	220	152	1474	443
黎巴嫩	1114	160	19	167
立陶宛	22	1554	2372	20
罗马尼亚	0	204	711	272
马来西亚	48048	22113	10836	21162
蒙古国	0	0	308	41
孟加拉国	24	7	10	7
缅甸	0	2	170	822
南非	198	382	6518	4185
塞浦路斯	195	216	1192	975
沙特阿拉伯	27774	1345	1493	8694
斯洛伐克	1071	66	44	2877
斯洛文尼亚	3	55	37	421
泰国	4438	5615	11023	4574
土耳其	2701	3205	674	87
文莱	7258	6567	2573	1872

续表

国家/地区	2015 年	2016 年	2017 年	2018 年
乌克兰	50	172	2707	80
希腊	7	9	85	126
新加坡	690407	604668	476318	521021
匈牙利	317	325	148	131
叙利亚	55	105	934	898
伊拉克	36	182	223	102
伊朗	246	382	0	10
以色列	523	5008	773	1131
意大利	24519	22317	19482	23260
也门	249	251	33	1536
印度	8080	5181	15772	4754
印度尼西亚	10754	6399	4076	3246
约旦	5	155	19	394
越南	0	0	353	13883

资料来源：国家统计局

规划方案

关于工业通信业标准化工作服务于“一带一路”建设的实施意见

工业和信息化部

各省、自治区、直辖市及计划单列市、新疆生产建设兵团工业和信息化主管部门，有关行业协会（联合会）、中央管理企业、标准化协会和标准化专业机构：

为全面落实《标准联通共建“一带一路”行动计划（2018—2020年）》要求，提升工业通信业标准化工作服务于“一带一路”建设的能力和水平，提出如下实施意见。

一、总体要求

（一）指导思想

以习近平新时代中国特色社会主义思想为指导，深入贯彻落实党的十九大精神，立足工业通信业领域“一带一路”建设及标准化工作实际，以提高国际产能和装备制造合作、信息互通共享的质量与效益为重点，强化标准联通顶层设计，加大与“一带一路”沿线国家的标准化交流合作力度，促进我国与沿线重点国家标准体系的有机衔接与协同发展，为“一带一路”建设提供基础保障和技术支撑。

（二）基本原则

企业主体、政府引导。发挥市场在资源配置中的决定性作用，强化企业在标准实施应用中的主体作用，激发企业内生动力，推动实现标准合作共赢。政府加强政策引导，优化创新机制，营造标准化对接合作良好环境。

需求导向、工程牵引。聚焦“一带一路”建设发展需求，多方协作，保障国际产能和装备制造合作、信息互通共享有序推进。依托重大工程，提升标准化合作层次和水平，促进沿线国家产业共同提升。

整体推进，突出重点。深入开展“一带一路”沿线国家标准体系分析，加快推动标准体系对接，运用实施标准外文版、标准互认等手段，提升标准服务“一带一路”建设的保障能力。

（三）主要目标

到2020年，基本形成开放包容、互联互通、成果共享的“一带一路”标准化合作新局面，中国标准与国际标准和各国标准体系兼容水平不断提高，中国标准品牌效益明显提升。与“一带一路”沿线国家共同制定国际标准80项以上，成体系部署标准外文版研制计划400项以上；标准互认领域不断扩大，形成一批互认标准；一批先进中国标准在“一带一路”建设中得到应用；与“一带一路”沿线重点国家的标准体系对接合作机制基本建立。

二、加强顶层设计，找准合作契机

（一）健全合作机制

积极推动将标准化工作纳入中非、中欧、中俄、中日韩、中国—东盟、中国—中亚等工业通信业领域双多边合作机制中，建立更加紧密的标准化合作机制，促进标准化战略、政策、措施和项目的全方位对接。支持行业协会、标准化专业机构等面向“一带一路”沿线重点国家搭建联系双边政府与企业的标准化合作平台，组织引导企业链条式转移、集群式发展，推动标准有机衔接。鼓励领军企业联合“一带一路”沿线国家合作伙伴，探索以区域标准化创新联盟形式打通产业链上下游，推动先进技术标准国际化应用与推广。

（二）对接标准体系

围绕工业通信业领域的经贸往来与项目合作，支持相关行业协会、企业等针对“一带一路”沿线重点国家以及国际、区域标准化组织，组织开展国际国外技术法规、标准体系及标准的比对分析，积极采用国际标准和国外先进标准，提高我国与沿线重点国家和区域之间标准体系的协调性。鼓励领军企业联合标准化专业机构参与沿线国家相关重点领域技术标准体系建设，推动先进技术标准在沿线国家实施应用。

三、聚焦重点领域，深化国际合作

（一）推进制造业标准化合作

在优势产能与装备制造合作重点领域，鼓励国内领军企业与行业骨干企业加强标准化顶层设计，开展标准翻译、比对和适用性验证工作，在合作项目的设计研发、原料采购、生产加工、检验检测和售后服务等各环节积极采用中国先进标准，提高国际产能和装备制造合作的质量和效益。

——钢铁领域，重点加强先进钢铁材料、高端金属制品、铁矿石等领域国际标准制修订；鼓励我国冶金企业在哈萨克斯坦、印度尼西亚、马来西亚、越南、印度等国家投资建厂和海外工程项目中，积极与沿线国家合作开展相关先进钢铁材料的标准研制，推动工程建设、产品生产、配套设备，以及节能降耗与“三废”治理等中国标准的本土化应用；充分发挥国内钢铁产能和技术优势，鼓励企业在钢铁产品出口合同中采用中国标准。

——有色金属领域，重点加强稀土、铜、铅、锌、铝、镁及镁合金、钛及钛合金等领域的国际标准制定，促进我国相关有色金属产品在“一带一路”沿线国家贸易畅通；推动与沿线国家合作开展相关新材料标准研制，推动《新材料技术成熟度等级划分及定义》国家标准的海外应用，提升企业间合作实效。

——石油化工领域，结合“一带一路”沿线国家国际产能合作需求，以承接中亚、中东等区域海外石化园区建设为契机，积极推动石油化工工程数字化交付等相关标准有机衔接，支撑石化智能工程、石化工业互联网平台海外推广应用。

——建材领域，结合我国在“一带一路”沿线国家的水泥、玻璃、陶瓷和墙材等行业生产线建设现状，推动我国该领域先进工程设计、技术装备和产品等方面标准成套、成体系“走出去”；加强玻璃纤维、工业陶瓷、绝热材料等行业的国际标准制定，促进产能合作和贸易畅通；探索建立“互联网交易平台+海外仓”与“互联网+全球化运营管理”服务标准体系，支撑建材行业“网上丝绸之路”建设。

——农业机械领域，联合“一带一路”沿线国家共同制定和实施农业机械标准；加快推进我国拖拉机、植保机械、水稻插秧机、播种机、水稻收获机等产品标准的外文版研制工作，服务农业机械产品“走出去”和沿线国家农业机械工业园建设。

——工程机械领域，加强与欧美日等工程机械发达国家和地区在标准方面的交流合作，积极转化国际先进标准；输出符合国际认证标准的工程机械装备，逐步扩展我国工程机械在“一带一路”沿线国家基础设施建设中的应用份额；推动我国工程机械制造业数字化、网络化、智能化、成套化发展方面的先进标准实现海外应用。

——船舶领域，重点围绕绿色船舶和智能船舶技术，深化中国—丹麦绿色海事技术和造船领域的务实合作，进一步拓展与欧洲海事发达国家的标准化合作；加强与东盟国家、中东地区国家间的区域标准化合作，通过产品和服务标准的转化与示范应用，提升产品质量和服务水平；进一步加大参与国际标准化工作力度，加快推进船舶行业重点标准的外文版工作，主动与国际接轨，助力船舶装备“走出去”。

——航空领域，强化中俄民机标准互换互认工作机制，深化推进中俄远程宽体客机标准比对及互换互认工作全面开展，发布标准互认目录；结合航空技术国际化合作需求，探索推进民用飞机、旋翼飞行器和无人驾驶航空器相关国际标准或中外联合标准的制定工作，加快航空领域标准的国际化进程。

——纺织领域，抓住中国—东盟、中巴经济走廊、孟中印缅通道、中国—中亚、中国—非洲的生产力布局合作机遇，支持中国纺织企业利用海外投资、并购与合作，加大国际先进标准转化与我国先进标准海外应用力度，对全球优质资源进行产业链垂直延伸，提高整个产业的附加值。

——家电领域，加强与“一带一路”沿线国家在家电标准化领域的合作，重点推进越南电压力锅、俄罗斯及中亚热水器等标准对接项目，推动侧吸式油烟机、家用机器人、空气净化器等创新技术产品成为国际标准，促进贸易畅通。

——太阳能光伏领域，结合光伏产品出口、海外设厂及海外电站投资建设情况，推动我国光伏电池和组件等标准海外应用；联合重点沿线国家，共同制定和实施适用于工业园区、经济开发区、大型工矿企业以及商场学校医院等公共建筑屋顶的分布式光伏产品标准。

——节能环保领域，深化与“一带一路”沿线国家绿色发展和清洁生产合作，推动我国重要工业节能与绿色标准在海外工业园区与工厂实施推广；推动节能环保产业“南南合作”，加快先进节能环保相关技术和装备标准推广应用；推动与东盟、阿拉伯地区等区域重点国家节能标准的协调，开展制冷空调、照明产品等节能标准化合作研究。

——民用爆炸物品领域，推进民爆产品技术标准、工程设计标准、先进管理标准、一体化服务标准等重点标准在“一带一路”沿线国家应用，促进我国民爆行业先进生产技术、设备、产品、服务“走出去”。

（二）推进信息通信领域标准化合作

充分发挥我国在“互联网+”领域的技术先发优势和产业实力，加强我国与“一带一路”沿线国家信息通信领域标准化合作，支持我国通信运营企业与制造企业、互联网企业以及相关标准化机构推动信息通信领域重要标准在沿线国家应用，更好服务“一带一路”沿线国家信息和数据基础设施互联互通建设。

——新一代信息技术领域，紧跟第五代移动通信（5G）、物联网、云计算、信息技术服务、大数据、人工智能、虚拟现实/增强现实、超高清视频等技术发展，加强与“一带一路”沿线国家合作，在国际标准化组织（ISO）、国际电工委员会（IEC）、国际电信联盟（ITU）等国际标准化组织共同开展相关国际标准制定；加快智能可穿戴设备等智能硬件标准的国际化进程；推动共建信息通信设备及产品的检测实验室，促进信息通信技术和服务、网络设备、智能硬件等标准应用。

——智慧城市领域，在逐步完善我国智慧城市相关顶层设计及智慧成熟度分级分类评价标准体系的基础上，推动建立面向“一带一路”沿线国家的智慧城市建设标准对接合作沟通机制；加强与东盟、中亚、海湾等沿线重点国家和地区的标准化合作，推进智慧城市建设标准互认；加强基于云计算、大数据环境下的电子商务领域标准化合作，推动电子数据交换协议标准研制与互认，加快电子商务领域追溯体系标准建设，实现追溯数据共享交换。

——北斗卫星导航领域，推动终端模块化、

低功耗、高集成度芯片设计标准的制定与实施；深化中俄北斗/格洛纳斯双模车载卫星导航终端研发合作与澜湄流域北斗卫星定位导航服务系统建设及民生领域应用合作，推动北斗应用终端标准“走出去”。

——通信工程建设领域，鼓励我国通信运营企业和建设工程企业协助“一带一路”沿线国家建立涉及跨境陆缆和国际海缆、通信管道、光纤到户、宽带网络、新一代移动通信基站、数据中心和室内分布系统等通信工程建设标准体系以及配套设施与产品标准体系；积极推动我国通信工程设计、施工、验收、监理、设施及产品等标准海外应用。

——网络互联互通领域，加强下一代移动通信、车联网、物联网、工业互联网等领域频率资源规划和使用标准的协调和统一；加强与各国开展长期演进语音承载（VoLTE）、嵌入式用户身份识别卡（eSIM）等新技术、新业务网间互联和业务互通标准的协商；加强与相关国际标准化组织、“一带一路”沿线重点国家合作，推动跨国陆地光缆转接电路结算等国际标准研制，加快推进构建陆上信息大通道。

——电信业务服务领域，鼓励我国通信运营企业积极参与“一带一路”沿线国家信息通信网络建设与运营，共同开展“互联网+”环境下电信新兴业务开发和应用规范、电信业务能力开放技术标准等研究；加强电信监管机构合作，逐步推广我国电信业务服务标准和质量标准。

（三）深化“互联网+先进制造业”领域标准化合作

抓住新一轮科技变革和产业革命机遇，聚合制造业与信息通信等领域标准化技术力量，加快推动与“一带一路”沿线国家开展融合创新产业领域标准化合作，共同制定“互联网+先进制造业”领域相关技术、产品、管理和服务的国际标准，支撑打造产业创新价值链。

——两化融合管理体系领域，建立两化融合管理体系市场化贯标模式、机制和质量保障体系，加快形成管理体系标准市场化采信机制；探索在我国海外工业园区与新建工厂推进两化融合管理体系标准试点。

——智能制造领域，进一步完善智能制造标准体系，重点制定并推广识别与传感、控制系统、工业机器人等智能装备标准和智能工厂设计、交付、生产、集成等标准；探索开展面向“一带一路”沿线重点制造行业和区域的“云计算+大数据+人工智能”的智能制造建设标准化示范工程，逐步构建智能制造生态圈。

——工业互联网领域，鼓励相关产业联盟、标准化技术组织加强与“一带一路”沿线国家产业组织、国际组织的合作对接，共同研制工业互联网的网络基础设施、标识解析、平台建设、评估测试、公共服务、安全保障等方面国际标准；在沿线国家工业互联网建设过程中，推动实施相关标准。

——车联网领域，建立能够支撑驾驶辅助及低级别自动驾驶的智能网联汽车标准体系；联合开展车联网关键技术、产品和应用服务的国际标准研制，共同推进车联网技术与标准应用示范工作，提升汽车智能化网联化水平。

四、推动标准联通共建，拓展产业发展空间

（一）加强国际标准制定

鼓励行业领军企业或骨干企业围绕航天、航空、船舶、通信、信息化、化工、家电、建材、冶金、有色金属等优势领域，结合海外工程实施与项目合作，联合“一带一路”沿线有关国家共同制定国际标准。结合团体标准应用示范项目实施情况，支持具备相应基础条件的行业协会、产业技术联盟等社会团体，将先进团体标准转化为国际标准。

（二）加快标准外文版制定

发挥行业协会、标准化技术组织的平台作用，深化面向“一带一路”沿线国家的标准

“走出去”需求分析，围绕化工、机械、钢铁、有色金属、建材、船舶、纺织、信息通信、新能源汽车等优势重点领域，梳理形成急需标准外文版制定项目储备目录。支持地方行业主管部门、有关行业协会和领军企业等根据实际工作需要，成套成体系研制相关行业、产品领域的标准外文版。

（三）推进标准的海外应用

围绕家用电器、车联网、太阳能光伏、北斗卫星导航、新一代移动通信等领域，推动领军企业在“一带一路”沿线国家开展标准海外应用示范。围绕起重机、挖掘机、农业机械、水泥装备、超级电容器等重要装备，在白俄罗斯、印度、巴西、乌兹别克斯坦、蒙古国及马来西亚等国家开展先进标准海外应用示范。推进中国数字电视技术标准在巴基斯坦、老挝、柬埔寨等国家开展海外应用。

（四）提供综合性信息服务

支持相关行业协会、标准化专业机构，分行业和专业领域建设“一带一路”标准信息服务平台，为企业“走出去”提供国外标准化政策、标准文本、产品认证、世界贸易组织贸易技术壁垒协议（WTO/TBT）通报咨询及预警等标准信息服务。聚焦国际产能和装备制造合作、信息互通共享等典型领域，适时发布标准化工作服务于“一带一路”建设舆情报告。

五、保障措施

（一）加强组织保障

工业和信息化部将加强对国际标准和标准外文版研制，以及标准海外应用示范等工作的组织协调，持续完善工作机制。鼓励地方行业主管部门、有关行业协会等为本地区、本行业内的企业开展标准海外应用工作营造有利环境，支持相关企事业单位做好国际标准和标准外文版研制，并向工业和信息化部推荐标准“走出去”成效好的项目。

（二）加大资金支持

工业和信息化部加大对标准化工作服务于“一带一路”建设工作的投入，对国际标准与标准外文版研制工作给予一定经费支持，对标准海外应用示范工作给予适当的培育和扶持。引导社会各方资源，建立多元投入机制，加大对标准在“一带一路”建设应用的支持力度。鼓励地方行业主管部门设立专项资金，支持标准海外应用示范工作。

（三）加大培训力度

围绕“一带一路”建设对标准化的需求，有针对性地开展面向企业特别是中小企业的标准化专题培训，提升企业国际标准化工作水平。在涉外培训中强化标准培训，支持相关行业协会、集团公司、标准化专业机构开展相关培训，培养一批熟悉相关国家标准化政策法规、宗教文化、民风民俗和语言，懂技术、精通标准化业务的人才队伍。

（四）强化宣传引导

多渠道、多层次宣传工业通信业标准化工作服务于“一带一路”建设的成功经验，增进沿线国家对中国标准的认知度与认可度。鼓励地方行业主管部门、有关行业协会等单位，积极灵活运用多种形式，对相关工作政策、信息、成功案例开展全方位、多层次宣传推介工作，营造社会各界积极参与工业通信业标准化工作服务于“一带一路”建设的良好氛围。

关于支持澳门全面参与和助力“一带一路”建设的安排

国家发展和改革委员会　澳门特别行政区政府

充分发挥澳门特别行政区（以下简称“澳门”）的优势，支持其参与和助力“一带一路”建设，国家发展和改革委员会与澳门特别行政区政府（以下简称“双方”）经协商一致并报国务院审批同意，现签署《国家发展和改革委员会与澳门特别行政区政府关于支持澳门全面参与和助力“一带一路”建设的安排》。

一、原则和目标

全面准确贯彻“一国两制”方针，在宪法和澳门基本法框架下，双方愿以《推动共建丝绸之路经济带和21世纪海上丝绸之路的愿景与行动》为指导，遵循政府引导、市场运作的原则，围绕实现“五通”加强沟通协商，为澳门在世界旅游休闲中心、中葡商贸合作服务平台、会展、特色金融、中医药及文化创意等方面发挥积极作用，参与和助力“一带一路”建设作出适当安排，实现内地与澳门互利共赢、协调发展。

二、重点领域

（一）金融领域合作

1. 支持澳门以适当方式与亚洲基础设施投资银行、丝路基金和中非发展基金、中非产能合作基金、中拉产能合作投资基金、亚洲金融合作协会等开展合作。发挥澳门联系内地与欧盟、东盟等地区和葡语国家的资源优势，推动双多边投资，为企业开展国际投资、并购提供投融资服务。

2. 支持参与和助力“一带一路”建设的金融机构进一步加强与澳门的合作，根据业务需要在澳门设立分支机构，加强金融市场合作。

3. 支持澳门打造中国与葡语国家商贸合作金融服务平台，开展葡语国家人民币清算业务，支持澳门建立出口信用保险制度，充分发挥中葡合作发展基金的作用，促进中国与葡语国家经济合作。

4. 支持澳门发展融资租赁和财富管理等特色金融业务，支持澳门研究建设绿色金融平台和以人民币计价的证券市场。

（二）经贸交流与合作

5. 支持两地业界加强合作，联合参与重大项目建设，共同开拓“一带一路”建设市场。支持澳门有条件的企业和机构以市场化的方式与内地企业合作拓展海外投资项目，以及为促进内地与“一带一路”相关国家和地区产能合作提供专业化服务。

6. 支持澳门利用区位优势和自由港地位，在“一带一路”建设相关经贸规则制定方面发挥独特作用，打造“21世纪海上丝绸之路”重要的交通枢纽和贸易物流中心。

7. 提升澳门在国家对外开放中的地位与功能，支持澳门参与区域贸易协定和其它非主权性质的国际专业组织。

8. 支持澳门发挥与葡语国家的传统联系优势，充分发挥“中葡中小企业商贸服务中心”、“葡语国家食品集散中心”、“中葡经贸合作会展中心”的作用，促进世界旅游休闲中心建设、中葡商贸合作服务平台建设与“一带一路”建设的有机结合。

9. 支持在澳门举办高层次的“一带一路”建设主题论坛和国际性展览，以及澳门各界参与内地“一带一路”建设主题论坛和国际性展览。重点支持“国际基础设施投资与建设高峰论坛”等大型国际会议和展览会。支持举办“中国与葡语国家企业经贸合作洽谈会”，继续支持澳门举办高层次的中葡会展活动。

10. 加大内地对澳门开放力度，推动《内地与澳门关于建立更紧密经贸关系的安排》升级，进一步促进与相关国家和地区的贸易及投资。

11. 鼓励内地企业根据需要在澳门成立葡语国家业务总部，并支持葡语国家企业在澳门成立中国业务总部，发挥澳门在“走出去”和“引进来”中的重要作用，促进双向投资合作。

（三）民心相通

12. 支持澳门发挥归侨侨眷众多的优势，以多种形式加强与相关国家和地区的交流合作。利用特区政府和澳门民间在东南亚等地的人脉及商业网络优势，发挥澳门精准联系的功能，协助内地企业开拓东南亚市场。

13. 支持澳门与“一带一路”相关国家和地区的城市建立友好城市关系，开展地区交流，发挥民间组织力量，加强文化交流互动，打造文化交流平台，为“一带一路”建设培育有利的人文环境。

14. 推动澳门文化发展和交流，建设中国与葡语国家文化交流中心，促进国际文化合作。支持澳门打造以中华文化为主流、多元文化共存的交流合作基地，促进中华文化传播交流，辐射“一带一路”相关国家和地区。

15. 充分利用澳门在教育资源方面的优势，以多种形式加强与相关国家和地区的人才交流，支持澳门设立奖学金等优惠政策，吸引澳门学生与相关国家和地区的学生双向交流学习。支持澳门打造成为中葡双语人才培养基地，为助力国家“一带一路”建设和“粤港澳大湾区”发展规划提供所需人才。

16. 鼓励澳门发挥区位优势，与相关国家和地区合作开发“一程多站”旅游产品，探讨联合开发21世纪海上丝绸之路有关旅游产品的可行性。发挥澳门的专业优势，支持澳门打造成为旅游教育培训基地。支持澳门加入内地建立的有关“一带一路”旅游信息平台，共享“一带一路”旅游资源、发展机遇等旅游信息。

17. 支持澳门与“一带一路”相关国家和地区的青年开展交流和联谊，增进彼此之间的了解。支持澳门青年在相关国家和地区中资企业汲取工作实习经验。

（四）与粤港澳大湾区其他城市合作

18. 支持澳门积极参与和推动粤港澳大湾区建设，拓展自身经济社会发展空间，与大湾区其他城市优势互补，发挥协同效应，并作为双向开放平台，与大湾区城市共同“走出去”，建设带动内地中南、西南地区发展，辐射东南亚、南亚的重要经济支撑带。

19. 支持澳门把握粤港澳大湾区建设的机遇，推动深化澳门与大湾区其他城市在基础设施、投资贸易、金融服务、科技教育、文化和旅游发展、生态环保、社会服务等领域的合作，推进粤港澳大湾区形成多层次、全方位的合作格局，打造推进“一带一路”建设的重要支撑区。支持澳门加入内地建立的有关“一带一路”相关国家和地区科技创新合作的平台，支持澳门深度参与粤港澳大湾区国际科技创新中心建设，加强科技人才的培养和交流。推进澳门与珠海横琴新区深入合作，打造合作示范区。更好发挥港珠澳大桥作用，提升澳门与大湾区其他城市互联互通水平。

20. 支持澳门重点发展中医药产业，与内地合作加强中医药科研、人才培养和成果转化，支持粤澳合作中医药科技产业园建设，支持产业园开展中医药相关的贸易与推广工作，促进中医药相关产品和技术进入葡语国家以及“一带一路”相关国家和地区，推动中医药国际化发展。

三、机制

建立联席会议制度，由国家发展和改革委员会、国务院港澳事务办公室等相关部门负责同志和澳门特别行政区政府高层代表组成，作为推动落实《安排》的协调对接平台。

联席会议每年至少召开一次例会，围绕澳门参与和助力“一带一路”建设中的重大问题和合作事项进行沟通协商，总结工作进展，研究年度工作重点，协调解决《安排》实施中遇到的新情况新问题。

《安排》自双方代表正式签署之日起生效。

“一带一路”国家关于加强会计准则合作的倡议

2019年4月

“一带一路”建设旨在加强“一带一路”国家之间的政策沟通、设施联通、贸易畅通、资金融通、民心相通，促进经济要素有序自由流动、资源高效配置和市场深入融合，共同打造开放、包容、均衡、普惠的区域经济合作架构。

作为国际通用商业语言，会计是现代社会经济活动开展的重要基础，是推动国际经贸往来的重要保障。为此，我们，中国财政部、老挝财政部、蒙古注册会计师协会、尼泊尔会

计准则理事会、新西兰外部报告委员会、巴基斯坦特许会计师公会、俄罗斯联邦财政部、沙特注册会计师协会、叙利亚注册会计师协会和越南财政部呼吁“一带一路”国家的会计准则制定机构共同行动，本着“共商、共建、共享”的原则，发出本倡议。

本倡议不具有约束性，由相关国家会计准则制定机构在自愿基础上参与，并对未来参与保持开放。本倡议的构想如下：

1. 我们充分认识到，建立全球统一高质量会计准则意义重大，有利于促进全球经贸往来和资本流动。我们支持会计准则国际趋同和建立全球统一高质量会计准则的目标。

2. 我们重视开展“一带一路”国家会计准则建设和国际趋同的系统研究，这是各方增进了解、寻求共识的重要技术基础。我们建议重点对“一带一路”国家会计准则法规体系、会计准则建设、实施及监管等领域进行研究。

3. 我们强调加强沟通、分享经验、交流信息在会计准则制定领域的重要性。我们鼓励各国会计准则制定机构通过多渠道交流会计准则建设经验和推动国际趋同，加强政策沟通，探索推动“一带一路”国家会计准则国际趋同的最佳路径，维护“一带一路”国家的利益。

4. 我们建议加强会计准则的有效执行，及时有效解决会计实务问题，提升能力，加强相关领域的交流合作，充分发挥会计准则作为国际通用商业语言的作用，为促进“一带一路”国家的经贸往来和资金融通创造良好的会计环境。

5. 我们呼吁建立“一带一路”国家会计准则合作机制。鼓励各方积极探索建立会计准则合作的常态化交流机制，支持以首届“一带一路”高峰论坛倡议设立的“一带一路”财经发展研究中心为依托，筹划开展“一带一路”国家会计准则合作论坛/研讨会。

廉洁丝绸之路北京倡议

2019 年 4 月

2013 年秋，中国国家主席习近平提出“一带一路”重大倡议。6 年来，“一带一路”从理念转化为行动，连点成线到面，为完善全球发展模式和全球治理提供了新路径，成为推动构建人类命运共同体的重要实践平台。

古丝绸之路绵亘万里，延续千年，跨越埃及文明、巴比伦文明、印度文明、中华文明的发祥地，崇尚廉洁、鄙弃贪腐，是这些古老文明共同的价值追求。当今世界，腐败破坏社会公平和正义，阻碍经济合作和发展，影响政府公信力和法治，腐败问题有组织、跨国境趋势愈加显现。加强廉洁建设和反腐败国际合作，是深化反腐败国际治理的重要内容，也是“一带一路”走深走实、行稳致远的重要保障。

我们，第二届“一带一路”国际合作高峰论坛廉洁丝绸之路分论坛会议代表，在此郑重呼吁：

根据《联合国反腐败公约》精神，依照现行国际规则和法律框架，在尊重国家主权、文化差异和现实国情的基础上，秉持“和平合作、开放包容、互学互鉴、互利共赢”的丝路精神，携手共商、共建、共享廉洁丝绸之路，持续为“一带一路”建设保驾护航。

——倡议各方增强政府信息公开透明，积极预防和妥善解决贸易、投资中的有关争端，推进金融、税收、知识产权、环境保护等领域合作，为共建“一带一路”构建稳定、公平、透明的规则和治理框架。

——呼吁各方加强对“一带一路”合作项目的监督管理，规范公共资源交易，在项目招投标、施工建设、运营管理等过程中严格遵守相关法律法规，努力消除权力寻租空间，打造规范化、法治化营商环境。

——呼吁加强企业自律意识、法律意识和责任意识，构建企业合规管理体系，防控廉洁风险，培育廉洁文化，制定廉洁准则，坚决抵制商业贿赂行为，积极打造和共同维护“亲、清”新型政商关系。

——倡导以有关国际公约和双边条约为基础，鼓励缔结双边引渡条约和司法协助协定，构筑更加紧密便捷的司法执法合作网络，为“一带一路”参与方开展反腐败合作创造坚实的法律基础和制度保障。

——鼓励各方加强反腐败相关机构人员交流、信息沟通和经验分享，促进能力建设和人才培养，在反腐败追逃追赃、反贿赂等领域开展全天候、多层次、高效能的合作，拒绝成为腐败人员和腐败资产的避风港。

——支持各方加强共建“一带一路”学术交流和研究，推进政府治理、企业经营、法律制度等领域合作研究，分享廉洁和法治建设有益经验和成功实践，建立有效沟通交流机制，共同推动廉洁丝绸之路建设。

新时代推动“一带一路”沿线海关实现“智慧海关、智能边境、智享联通”的愿景与路径

海关总署

在习近平新时代中国特色社会主义外交思想和党的十九大精神指引下，中国新海关积极参与共建“一带一路”高质量发展，从国内国际两个方面，推动互联互通，服务经贸发展，取得丰硕成果。“一带一路”建设的深入推进及新海关职能的不断拓展，对海关维护国门安全、促进互联互通、提升贸易便利化水平提出了新的更高要求。同时，信息技术的跨越式发展为中国海关提升监管能力、引领合作共赢提出新的解决思路。“新时代、新海关、新定位”迎来新机遇和新挑战。为适应全球贸易发展新变化，把握全球海关发展新趋势，中国海关推出了以智能化海关建设为核心的“智慧海关、智能边境、智享联通”（简称“三智”）国际合作新理念，将以负责任大国海关的全新定位推动中国海关与其他国家（地区）的海关检验检疫合作再上新台阶、再创新辉煌。

一、时代背景

当今世界正处于新一轮大发展大变革大调整时期。一方面，国际经贸形势复杂严峻，保护主义、单边主义持续抬头，贸易和投资争端加剧，全球产业格局和金融稳定受到冲击，世界经济发展的风险和不确定性显著上升；另一方面，以智能化、信息化为核心的新一轮科技革命和以共享为基础的全球产业链新布局给世界各国应对当前挑战带来了新机遇。与此同时，由中国引领的“一带一路”建设正从谋篇布局的“大写意”转入精耕细作的“工笔画”，开启了高质量发展的新征程，推动全球治理体系向着更加公正合理、包容普惠的方向发展。

第二届“一带一路”国际合作高峰论坛将“推动构建全球互联互通伙伴关系”写入《联合公报》，受到沿线各国积极响应，大家呼吁共同加强国际发展合作，促进互联互通，推动合作共赢，提振全球贸易。中国海关在国际合作新理念方面的积极探索正是响应和落实高峰论坛成果的具体行动，是落实“创新、协调、绿色、开放、共享”新发展理念、高质量贡献“一带一路”建设的务实举措。

随着全球化、信息化和网络化深入发展，创新要素的开放性、流动性显著增强，科学技术在全球加速普及与扩散，推动世界经济成为一个更加紧密的整体。互联互通是贯穿“一带一路”的血脉，是“一带一路”建设的核心，科技创新将成为共建“一带一路”、引领合作发展的第一动力。海关作为服务“一带一路”建设的重要部门，长期以来在加强沿线国家（地区）互联互通，促进经济要素有序自由流动、资源高效配置和市场深度融合等方面，积极履行职责，发挥了重要作用。但是，各国海关仍然普遍面临着监管资源不足、信息不对称、监管手段相对滞后等问题，有限的人力资源与繁重的监管任务之间矛盾凸显、维护贸易安全与促进贸易便利面临新挑战。各国海关亟需开拓新思路、运用新技术，有效应对挑战，寻求新

的解决方案。世界海关组织（WCO）积极倡导建设数字海关，打造智能边境，探索建立全球海关网络（Globally Networked Customs）。部分国家海关也积极创新机制体制，引入先进管理理念，探索应用现代信息技术，通过构建智慧海关，开展智能合作，进一步强化海关监管效能，提升治理能力。

中国是世界第一大货物贸易国，第二大经济体，正在努力实现从贸易大国向贸易强国的转变。海关作为国际贸易链条上的重要一环，在促进贸易安全与便利方面肩负着义不容辞的责任和义务。2018 年中国海关在机构改革后，职能得到了进一步加强。在原有的监管、征税、缉私、统计职责外，增加了维护口岸公共卫生安全、国门生物安全、进出口商品质量安全和进出口食品安全等新职责，口岸监管范围扩大，监管链条更长，监管任务更多，新海关维护国门安全、促进贸易便利化的任务比历史上任何时候都要艰巨繁重。

过去几年来，以“信息互换、监管互认、执法互助”为内容的海关“三互”合作取得积极进展，以应用新科技为核心的“智慧海关”建设深入推进，以“优化流程、提升效能”为重要内容的海关检验检疫业务改革持续发力，这些都为中国海关推出新的国际合作理念奠定了坚实的基础。中国新海关有责任也有条件积极开展“三智”合作的理论研究与实践探索。“三智”合作将对标国际先进水平，加大高新技术应用力度，进一步提升监管服务水平，统领我海关对外国际合作项目，成为中国海关服务“一带一路”建设的新品牌、新理念。

二、内涵特征

“智慧海关、智能边境、智享联通”作为海关国际合作的新理念，聚焦于世界创新潮流和科技前沿，以新一代信息技术为支撑，引入新思维、新方法、新制度、新技术、新系统、新装备，提升海关等边境管理部门服务经贸发展的质量和水平，实现管理格局从“条块分割”向“纵横一体”转变，管理模式从“单打独斗”向“多元治理”转变，管理手段从“人工经验”向“数据驱动”转变，促进国际海关间及与全球供应链相关各方之间的互联互通，最终实现全球贸易的安全畅通。

（一）智慧海关

“智慧海关”是指一个国家（地区）海关充分运用新思维和新技术，特别是在创新思维驱动下，广泛应用智能化自动化设备，在监管过程中通过实施数字化处理、网络化传输、智能化判别等手段，使海关治理在智能化、自动化和集约化等方面不断提升的形态和过程。其内涵特征包括：

一是多源信息协同共享。通过系统对接、终端互联、平台搭建等方式，海关集成内部各作业系统数据、外部国际贸易供应链和物流链数据，并与所有联网用户协同共享软硬件和数据资源，实现口岸通关和政府信息开放共享，将监管贯穿于跨境贸易活动的全流程各环节，为海关掌握全貌、识别风险、科学决策奠定基础。同时，应用大数据分析方法，对多源信息相互补充印证，既有效防控各类风险又最大程度减少流通成本。

二是通关管理智能高效。在货物通关管理过程中，计算机从大数据池中实时采集和抓取海关内外部相关数据信息，自动完成清洗匹配、校验比对、分析运算、风险识别、预警处置等流程，并对以往的变化规律和未来发展趋势进行全景展示描述，做到“让数据说话”。机器自动跟踪采集海关管理对象的行为信息，将预期监控、检测、查验等海关实际监管嵌入货物、物品及人员自由流动中，对异常情况计算机会自动触发执行指令，真正实现“寓严密监管于无形”，使作业手续大幅精简，管理资源配置不断优化，工作效率持续提升，企业减负、降本、增效的获得感更强。

三是分析决策精准科学。随着底层数据的日益积累增多，计算机系统数据挖掘、自主学习和自我完善的能力迭代提升，具有更快、更精准的洞察力和预见力，将助力海关关员在口岸边境上第一时间对高风险货物进行布控拦截，严厉打击走私和各种商业瞒骗，确保将危害国家安全、社会稳定和人民生命健康的威胁拒于国门之外，同时降低合法合规进出口货物的查验率，使货物享受“到港即放、船边即提”等通关便利。在此基础上，海关对进出口企业进行“精准画像”，推动建立“诚信便利、失信惩戒”的社会信用管理体系，引导更多企业守法自律。

“智慧海关”建设的主要内容：

一是基础设施智能化建设。构建纵向到底、横向到边、内外互通的大数据管理平台，做到互联互通共享、实时动态监控、统一集成管理。基于智能传感、视频再识别、地理信息识别、3D透视扫描、AR（现实增强）、VR（灵境技术）等新一代信息技术应用，研发智能审图系统、产品信息溯源平台、人脸识别仪、气体感应器、智能单兵作业装备、无人机、机器人等智能化软、硬件设施，为海关现场查检、远程交互、执法存证等提供支撑。建立健全信息资源归集、开放、传输、应用、安全等技术标准，满足在线作业要求，规范统一跨部门、跨层级、跨系统数据共建共享共用的实现方式，为网络化、电子化、信息化管理服务提供制度保障，更好地满足市场和社会多样化的需求。

二是行政管理智能化建设。以现代知识管理和电子政务为载体，高效配置人财物等资源，优化内部风险控制，确保决策、运行管理、绩效评估等科学规范，将智能化管理贯穿到整个海关决策系统当中，提高政务运转效能，实现分析决策的精准与科学，为政府机关进行决策提供有力的智能支持。

三是监管业务智能化建设。加快统计学和数据库系统、数据挖掘、机器学习、人工智能等大数据算法技术的学习应用，在计算机系统中植入专家经验，建立相应比对规则和风险预测模型。拓展可视化分析、预测性分析、语义引擎、智能归类、数据质量管理等大数据平台功能，实现贸易链数据全流程、多维度展示和动态预警。同步推进海关监管模式创新，将风险研判结果作用于事前单证验核、事中布控和事后稽查核查等环节，形成通关环节“前推后移”闭合管理回路。研发运用智能单兵作业、物流监管智能预警、风险准入智能研判、企业信用智能分析、产品信息智能溯源等系统，逐步实现海关监管智能化。

（二）智能边境

“智能边境”是指一个国家（地区）海关与负责边境事务的其他相关部门之间、边境相邻各方海关或相关部门之间，在智慧海关建设或相关领域智能化管理均取得一定进展的基础上，合作创新边境治理的理念、制度和手段，合力打造各方信息互通共享、风险联防联控格局的边境治理新形态。其内涵特征包括：

一是线上行政互助。海关及其他边境管理部门通过网络联通、系统对接、数据共享等方式实现线上的互助；同时，有关边境管理部门以合作文件为载体，建立相对稳定、可操作的边境部门线下合作机制，以此形成线上线下目标一致、边境管理责任共担、边境风险联防联控的管理格局。

二是执法无缝衔接。边境部门通过系统兼容、相互联通最终实现平台的对接和融合。在对正常货物实行全天候、自动化通关的同时，对平台数据分析或其他方式研判有风险的货物，自动作出风险预警处置、布控查验等指令，由涉及的国家（地区）海关及部门负责执行反馈，促使边境安全和便利实现更高水平的有机统一。

三是立体安全防控。各国（地区）海关及

相关部门智能防控系统采集应用多源监控数据，形成人防物防技防相结合的立体边境防控格局。

"智能边境"建设的主要内容：

一是完善智能边境设施建设。以共享服务模式，推动边境监管基础设施及软件应用系统的共建共维。必要时通过签订合作备忘录，促进边境部门间搭建可兼容的信息化系统，实现各部门间信息互联，推动实现边境业务集中、智能、标准化管理。

二是优化边境管控流程设计。深化国际贸易"单一窗口"应用，推动边境管理部门间信息共享，完善数据标准设置和数据库建设，优化边境管控流程设计，实现对风险的智能评估、精准研判与高效处置，提升边境监管水平和通关效率。

三是开展智能边境跨境合作。围绕货物快速通关、边境监管结果互认、贸易统计数据比对分析等共同需求开展边境合作，统一数据传输标准，通过联合监管、远程监控、安全认证、案件协查等措施，推进跨境执法智能化互助。

（三）智享联通

"智享联通"是指在推进智慧海关和智能边境建设的基础上，不同国家（地区）海关及其他监管部门之间，全方位集成应用新技术新设备，实现网络互联、信息共享、智能判别、作业自动，全力推进全球海关网络建设，合力促进全球贸易安全与便利的新局面。其内涵特征包括：

一是包容性。既能促进智能化应用水平相对落后的国家（地区）海关加强自身能力建设、提升现代化水平，又能向世界海关贡献成功经验做法、推动共同发展。

二是普惠性。智慧海关和智能边境适用于"一带一路"以及更广领域的国家（地区），具有规模效应，可达到通关监管实时、智能、无感的整体效果，使海关、其他部门、企业的获得感普遍增强。

三是规范性。通过推行国际标准代码应用，推动相关技术标准和规范在全球或区域范围内实现接口统一，相互兼容。

"智享联通"建设的主要内容：

一是智能互联。以世界海关组织全球海关网络建设倡议为基础，积极建设"一带一路"海关信息交换共享平台，推动沿线国家（地区）海关参与信息数据交换，实现网络互联。

二是治理对接。加大海关智能协同治理研究力度，对接各国海关制度、政策及标准，形成全球海关在智能化条件下开展合作的共识，共同推动海关治理现代化。

三是供应链合作。依托全球海关网络和全球智能供应链，共同加强全链条海关监管，积极落实世界贸易组织《贸易便利化协定》《实施卫生与植物卫生措施协定》和《技术性贸易壁垒协定》等相关多边协定，深入开展供应链相关各方在贸易安全与便利方面的合作。

（四）"三智"的内在联系

"智慧海关"打通了各通关环节，是一个国家（地区）海关的自身建设，可以说是单边纵向的关系，即同自身发展的不同阶段相比，相对于人工海关、电子海关、网络海关而言，智慧海关是海关信息化发展的更高阶段。

"智能边境"打通了边境各部门，强调海关与边境相关的其他部门，一个国家（地区）海关与其他国家（地区）海关及其他部门之间的合作关系。

"智享联通"打通了各国（地区）之间的通道，强调多个国家（地区）或全球范围内的海关、其他部门及各方的紧密合作、相互交织关系。

"智慧海关"、"智能边境"、"智享联通"是智能化水平和应用范围逐步提升的三个层次，智慧海关是基础，智能边境是延伸，智享联通是愿景。三者是逐步发展的递进关系，构成点、线、面的合作格局。

（五）“三智”与“三互”的关系

“三互”是中国海关提出的国际海关之间开展“信息互换、监管互认、执法互助”合作的理念。该理念得到了国际海关高度认可，对于中国海关开展国际合作发挥了重要作用。

从理念看，“三智”是“三互”成功实践基础上的继承。二者都是中国海关提出的推进国际合作的理念，都是为了使各国海关及边境管理相关部门合作关系更紧密、执法更高效、贸易更安全更便利。

从内容看，“三智”是“三互”在新时代背景下的发展。“三互”着眼于不同国家（地区）海关之间建立协作关系，多数以双边为主。“三智”则既包括海关自身建设，也包括多、双边合作的远期愿景，是在新的历史时期、新的技术条件、新的职能定位、新的目标愿景下的全面拓展升级，推动全球海关共同发展。

从手段看，“三智”是“三互”在新技术支撑下的创新。“三互”以纸质信息为基础，以人工联络、手工操作为主要实现方式，因技术条件限制一定程度上影响了作用发挥。“三智”是海关治理体系的重大变革，重在体现科技创新在海关自身建设、相互合作中的优势，具有明显的时代特征，是信息技术发展到新的历史阶段的必然产物。

综上，“三智”与“三互”不是相互对立、相互取代的关系。“三智”传承了“三互”的合作精神，融合了“三互”平台优势与技术优势，在此基础上力图创新和丰富原有合作理念，夯实已有合作基础，充实新的合作内容，因此是“三互”的继承、发展、创新、升级。

三、框架思路

（一）总体目标

以“三智”合作理念为核心，倡导全球海关特别是“一带一路”沿线国家和地区海关及其他部门建立共同美好愿景，以智能化建设为基础开展务实合作，促进监管与服务、安全与便利的有机统一；推动海关及国际贸易链条相关各方在高新技术应用、信息共享及智能化管理等方面的能力得到大幅提升；合作关系更加紧密，合作互信更加深入，互联互通达到新水平；国际贸易安全形势可控，贸易便利化水平大幅提升，共同促进经济全球化朝着更加开放、包容、普惠、平衡、共赢方向发展。

（二）基本原则

坚持共建共享、开放包容。“一带一路”沿线海关基于但不限于“一带一路”的范围，全球海关及相关部门、组织和企业均可参与，让共建成果惠及更广泛的区域。坚持分类施策、循序渐进。“一带一路”沿线各国资源禀赋各异，经济互补性较强，彼此合作潜力和空间很大。应根据不同时期、不同国家和地区、不同海关的特点和发展状况，分类、分阶段开展重点项目合作。坚持市场运作、遵守规则。遵循市场规律和国际贸易通行规则，充分发挥市场在资源配置中的决定性作用和更好发挥政府作用，促进监管与服务、安全与便利的有机统一，让市场主体有更大的获得感。坚持中国倡议、各国贡献。兼顾各方利益和关切，寻求利益契合点和合作最大公约数，各施所长，各尽所能，以互助的思维、共赢的方式，凝聚“一带一路”乃至全球智慧和力量共建“三智”，共享“三智”成果。

（三）实现路径

“三智”理念是全球海关、边境主管部门及各类相关企业共同合作、提升政府治理能力、促进跨境贸易健康发展的宏伟愿景，既要结合各国（地区）的具体情况，循序渐进，先完成、再完善；又要发挥负责任大国的先行示范作用，带动区域乃至全球海关共同发展。具体分为早期收获、中期突破、远期完善三个阶段逐步实施：

早期收获阶段，在加强中国海关自身智能

化建设的基础上，以重点国际合作项目为依托，积极推广“三智”合作，与“一带一路”重要节点国家（地区）海关开展试点，选择重点合作项目先行先试，获得国际海关界的初步认可。中期突破阶段，进一步扩大重点合作项目的试点范围，逐步形成可复制、可推广的合作模式，丰富完善“三智”理论体系，更大范围推动“三智”理念实践。远期完善阶段，对“三智”合作推进成效开展阶段性评估，在更大范围、更宽领域、更深层次与“一带一路”沿线国家（地区）海关及相关部门开展多双边合作，带动全球国家（地区）参与“三智”建设，共享“三智”合作成果。

四、有关考虑

（一）加强“三智”理念与实践的梳理总结，做好理念宣传准备

首先，对“三智”理念的理论和实践基础进行深度研究，注重规范标准建设，进一步完善和丰富“三智”内涵外延。立足管理相对人、其他政府部门和社会机构、相关国家（地区）的关注度和感受度，进一步换位思考，科学分析评估“三智”理念的合理性、可行性和获益性。

其次，主动对接“三智”合作与中国海关新一代信息系统建设、未来海关“十四五”规划方案制定，对标世界海关组织（WCO）《全球贸易安全与便利标准框架》、世界贸易组织（WTO）《贸易便利化协定》等国际贸易规则，总结中国海关推进“智慧海关、“智能边境”建设经验和成功范例，用国内外各方能够听懂、接受、认同的语境及方式筹划宣传内容、做好对外宣传。

再次，从提供国际公共服务产品的角度考虑，对中国“智慧海关”软、硬件系统设施的建设成果进行相应调整，使之适用其他国家（地区）海关及有关部门，特别是“一带一路”沿线国家（地区）。

（二）利用多双边合作机制，逐步推介“三智”理念

根据国内外政治经济形势、中国与相关国家（地区）的合作关系，以及推进“一带一路”建设的需要，充分考虑各国国情及海关建设的差异性，分类施策、分步实施，积极稳妥地探索国际海关“三智”合作。在与其他国家（地区）的海关检验检疫多双边机制性合作中，宣传倡导“三智”理念，推动签署“三智”合作文件，建设一批示范合作项目，制定相关路线图，协调推动项目落地。

以中俄、中哈、中美、中欧等政府间高层合作机制为落脚点，推广实施“三智”合作，作为海关服务“一带一路”建设的重要内容，助推国际贸易安全畅通。

充分发挥海关在世界海关组织、亚太经合组织、世界贸易组织、世界卫生组织、金砖国家、亚欧会议、上海合作组织等多双边及区域合作机制中的作用，在各种场合宣传倡导“三智”理念。在多双边及区域合作框架下组织“三智”专题研讨，使更多国家（地区）海关及其他部门了解和参与“三智”。以WCO中国基金开展“三智”能力建设活动为契机，使相关国家进一步理解并认同“三智”理念并从中受益。

（三）以早期收获项目为抓手，提升“三智”合作的影响

“三智”合作具有较强的包容性，已开展的大部分海关国际合作项目均可纳入。现阶段，应加快“一带一路”海关信息交换共享平台建设，提供“云计算+区块链”智能化服务，推动中国海关与“一带一路”沿线国家（地区）海关参与信息数据交换，实现互联互通。以国际贸易“单一窗口”建设为重点，促进与有关国家（地区）“单一窗口”对接，全面提升边境治理数字化、网络化、智能化和现代化。扎实

推进“关铁通”合作项目，与“一带一路”沿线国家（地区）海关逐步实现基于舱单数据、机检图像、查验结果等数据交换和互认，支持中欧班列发展；完善检验检疫电子证书国际联网核查机制，实现电子证书数据实时交换；与“一带一路”相关国家（地区）开展“经认证的经营者”互认合作，加快互认企业在相关国家的货物通关速度。

（四）制定中长期发展规划，逐步充实丰富“三智”合作框架内容

制定“三智”中长期发展规划，突出智能化特色和技术中性特点，将更多合作项目纳入“三智”框架。突出创新驱动，积极引入运用新技术手段拓展监管内涵外延的合作项目。突出数据驱动，注重引入应用大数据管理理念和方法对海关风险管理、贸易统计、业务运行等各类数据进行分析研判，并通过各领域信息化系统联网实现数据交换的项目。突出边境协调，着力吸收涉及边境相关部门间协调配合，特别是以技术手段加强信息共享与突发事件应对的合作项目。通过纳入和实施这些重点项目，不断充实和完善“三智”框架与合作内容，突显合作效果。

“三智”合作是对长期以来，中国海关国际合作实践的总结与升华，是对国际海关界共同关注和主张的高度凝练。推广实施“三智”合作将为“一带一路”沿线国家（地区）海关提升监管能力找准发力点，为深化海关国际合作指明方向，必将有助于解决国际贸易安全与便利的瓶颈问题，进一步提升中国海关的国际话语权，为服务“一带一路”建设高质量发展、推动形成全面开放新格局作出海关新贡献。

乌镇行动计划（2019—2021 年）

第一届“一带一路”税收征管合作论坛

为落实第一届“一带一路”税收征管合作论坛（以下简称“论坛”）成果，围绕“构建增长友好型税收环境”这一主题，规划未来两年“一带一路”国家（地区）在税收征管领域的友好互利合作，我们共同制定并一致通过了《乌镇行动计划（2019—2021)》。我们将在第一届论坛结束至第三届论坛开始前实施该行动计划。

一、推进论坛相关工作

1. 我们将每年举办论坛，为“一带一路”税收征管合作机制（以下简称“机制”）成员税务部门（以下简称“理事会成员”）、观察员和其他各相关方提供永久性对话平台，分享最佳实践，识别需要共同应对的新兴税收问题，并通过税收征管合作寻求创新解决方案。

2. 我们也将于每年论坛期间举办工商业税收对话，收集工商界关切的税收相关问题和建议以及税收征管的最佳实践，帮助理事会成员了解当前和新兴的商业模式与交易背后隐含的基本商业原理。

二、坚持依法治税与提高税收确定性

3. 我们将把机制官方网站打造成知识共享平台，向投资者提供“一带一路”国家（地区）税法解释和执行的信息。

4. 我们将开展税收确定性研究，旨在提升税法适用和税收征管实践的可预期性和一致性。

5. 新税法生效后，我们将定期为纳税人提供培训，确保纳税人能够更好地适应新的税收环境。

三、加快税收争议解决

6. 我们将致力于为纳税人提供有效的税收争议解决途径，包括税收行政复议、法律救济、税收协定项下的相互协商程序或其他必要的补充救济措施。

7. 我们将开展问卷调查，更好地了解“一带一路”国家（地区）的跨境税收争议，具体包括进一步收集税收争议的类型和成因；评估现行税收争议解决程序，识别其优势和主要不足；了解已有的最佳实践。

8. 鉴于税务部门面临资源和其他限制，我们希望采取下述分阶段推进措施，最大限度减少和解决税收争议。我们将在未来两年在以下方面进行改进：

——建立清晰的国内征管程序，确保对法律、法规解释的清晰性和一致性；

——配备专职人员强化相互协商程序作用；

——拟定“一带一路”国家（地区）税务部门相互协商程序联系人名单，并在机制官方网站发布；

——确保相互协商程序便于纳税人申请和及时受理；

——拓展税收协定网络；

——举办研讨会，以促进双边税收协定谈判和协定解释；

——根据“一带一路”国家（地区）具体情况，完善相互协商程序并改进相关程序；

——支持税基侵蚀与利润转移第十四项行动计划最低标准的实施

四、加强税收征管能力建设

9. 为提升税务部门处理“一带一路”国家（地区）复杂国际税收问题的能力，我们建立了“一带一路”国家（地区）培训机构网络。我们欢迎哈萨克斯坦、中国澳门和中国内地成立“一带一路”税务学院（以下简称“学院”），并期待更多国家（地区）建立类似学院。学院网络为多边环境下税务官员培训奠定了坚实基础，在适当情况下也将面向企业提供培训。

10. 我们将通过问卷调查确定能力建设的重点领域，充分考虑“一带一路”国家（地区）税务部门的需求以及国际及区域组织正在开展的工作，制定能力建设的短期计划和长远蓝图。

11. 我们将充分利用“一带一路”税收征管能力促进联盟（以下简称“联盟”）这一能力建设平台。学院、其他理事会成员或者观察员的培训机构将提供一定数量的现场教学培训项目。每个学院每年将在联盟主席和秘书处的协调下，至少组织 2 次研讨会或者类似活动。中国内地学院每年将组织 12 期培训项目，聚焦共同关心的主要税收议题。

12. 我们将通过举办研讨会及其他形式的讨论和学习活动，分享观点并交流意见，就共性问题寻求在“一带一路”环境下行之有效的解决方案。

五、简化税收遵从

13. 我们将评估现行对纳税人提出的涉税信息和资料报送要求，以期在未来减少不必要的信息和资料报送。

14. 我们将致力于满足纳税人的涉税辅导请求，帮助纳税人理解其权利和义务。在税收征管中对纳税人的涉税事项处理一旦出现错误，我们将尽快纠正。

15. 我们将对纳税人提供的信息予以保密，建立程序以降低潜在的隐私风险，并仅在法律允许的范围内与第三方共享信息。

六、税收征管数字化

16. 我们将对理事会成员开展问卷调查，包括：（1）理事会成员所在国家（地区）所处数字化发展阶段；（2）识别法律、行政和文化障碍，充分挖掘新兴技术潜力，以降低税收遵从和征管成本；（3）采取进一步行动的可能性。

17. 我们将根据自身需要，并与企业展开对话，致力于设计与改进税收征管数字化的战略和方法。

18. 我们将结合自身特定需要及迫切需求，研究实施税收征管数字化试点改革项目的可行性。

19. 我们将在信息系统升级和员工培训方面相互提供帮助。

七、实施框架

20. 考虑到所有“一带一路”国家（地区）税务部门的立场和相关各方的整体利益，为确保行动计划以包容且务实的方式实施，建立强有力的实施架构至关重要。为此，我们将成立相关工作组，监督本行动计划的落实，即：（1）提高税收确定性；（2）加快税收争议解决；（3）加强税收征管能力建设；（4）简化税收遵从；（5）税收征管数字化。

为确保工作组的包容性和代表性，每个理事会成员都将加入一个或者多个工作组，并特别鼓励观察员加入一个或者多个工作组，提高机制建设参与度。工作组还将吸收来自机制专家咨询委员会、世界知名研究机构和国际组织的专业意见。

工作组将采取线上交流与线下讨论的工作方式，并保持与企业的密切合作。工作组主席将在秘书处的协助下，负责协调、组织和监督行动计划的实施。为此，理事会成员需选派相应资格的工作人员参加秘书处工作，确保秘书处有足够的人员来提供必要协助。也鼓励观察员选派人员到秘书处工作。

上述工作组将于 2019 年 6 月底前成立。各工作组应制定工作计划，于 2019 年 11 月 1 日前提交秘书处。工作组将起草关于行动计划第一年实施情况的中期评估报告，于 2020 年提交第二届论坛；关于行动计划全面实施情况的最终评估报告，将于 2021 年提交第三届论坛。

推进共建“一带一路”三年行动计划（2018—2020年）

北京市推进“一带一路”建设工作领导小组

推进共建“一带一路”是新时代全面对外开放的重大举措，是满足人民日益增长的美好生活需要、构建人类命运共同体的重要依托。为贯彻落实党中央、国务院决策部署，进一步强化首都核心功能，发挥开放引领、辐射带动、交流互鉴、保障有力的服务平台作用，当好国家“一带一路”建设排头兵，推动共建“一带一路”高质量发展，特制定本行动计划。

一、总体思路

以习近平新时代中国特色社会主义思想为指导，深入贯彻党的十九大精神，坚持稳中求进工作总基调，贯彻新发展理念，牢牢把握首都城市战略定位，以服务国家对外开放大局、服务京津冀协同发展、服务首都高质量发展为基本出发点，发挥“四个中心”功能优势，提高“四个服务”水平，坚持引进来和走出去并重，以加强创新能力开放合作为先导，以深入推进服务业扩大开放为突破，以对外交往平台、科技支撑平台、人文交流平台、服务支持平台建设为重点，提升国际合作和竞争新优势，加快构建全面开放新格局，为共建和平、繁荣、开放、创新、文明之路作出积极贡献。

二、主要原则

突出优势，服务大局。坚持首善标准，立足首都科技、文化、金融、人才等综合优势，全方位强化“四个服务”能力建设，主动承担“一带一路”建设重点任务，更好服务国家对外开放大局，推动共建“一带一路”走深走实。

市场主导，政府引导。用好国际国内两个市场、两种资源，充分发挥市场在资源配置中的决定性作用，强化企业主体作用，更好发挥政府作用，强化宏观谋划、机制建设、平台搭建和服务保障，调动民间组织、行业协会等社会力量的积极性，共同参与“一带一路”建设。

统筹推进，合作共赢。强化部门联动、集中力量、聚焦重点、整合资源，协同推进引进来和走出去，坚持共商共建共享，鼓励企业稳妥有序海外发展，实施好一批具有首都特色和枢纽作用的国家品牌项目，增添共同发展新动力。

三、主要目标

到2020年，北京全面深度融入国家“一带一路”建设，“四个中心”功能进一步强化，“四个服务”能力进一步提高，首都国际化水平显著提升，更高层次开放型经济加快发展，服务国家“一带一路”建设的作用更加凸显。

——对外交往平台优化完善。圆满完成一批国家重大外事外交活动服务保障工作，国际交往服务的软硬件环境持续完善，国际交往空间布局进一步优化，努力打造国际交往活跃、国际化服务完善、国际影响力凸显的重大国际活动聚集之都。

——科技支撑平台能级提升。中关村国家

自主创新示范区辐射带动能力明显增强，国际高端创新资源加速汇聚流动，初步建成具有全球影响力的科技创新中心，在国家构建“一带一路”创新共同体中发挥重要支撑作用。

——人文交流平台深化拓展。首都文化软实力和国际影响力明显增强，与“一带一路”相关国家人文交流合作不断深化，形成一批具有国际影响力的品牌性活动，成为展示中华文化的重要窗口和荟萃世界文化的重要舞台。

——服务支持平台动力增强。服务业扩大开放示范引领作用明显，双向投资和服务贸易保持全国领先，建成全球领先的服务贸易枢纽城市，为国家构建更高层次的开放型经济提供有益经验。

四、重点任务

(一) 优化提升国际交往中心功能，服务和平之路建设

着力强化国际交往中心功能建设，拓展共建“一带一路”对外交往新空间，全面提升软硬件水平，建设保障有力、服务到位、特色鲜明的国家外交主场地和国际交往活动的核心承载地。

1. 高质量服务保障国家主场外交。不断完善专业化、国际化、市场化、常态化的运行服务保障机制，培育国际一流的高质量服务团队，规划建设好雁栖湖国际会都扩容、国家会议中心二期等重点工程，高质量服务保障“一带一路”重大国际会议等重要外事活动。

2. 高标准规划建设国际交往新空间。推进北京大兴国际机场建设，增开国际航线，进一步拓展和完善全球航线网络布局，构建“一带一路”空中走廊，打造国际交往中心功能承载区，成为国际交往新门户。积极配合推进第四使馆区规划建设，做好二环内疏解腾退空间利用，为国事外交活动提供更多具有优美环境和文化品位的场所，不断拓展和优化国际交往空间布局。

3. 高水平筹办举办重大国际活动。坚持开放办奥理念，发挥京津冀区域重大活动联合承办保障机制作用，全力筹办2022年北京冬奥会冬残奥会。坚持世界眼光、国际标准、中国元素，精心办好2019年中国北京世界园艺博览会，深化与相关国家在体育、园艺、文化、科技、旅游等多领域交流合作，集中展示改革开放新成果和美丽中国新形象。

4. 着力构建“一带一路”城市合作网络。积极推进地区间友好交流，稳步扩大“朋友圈”。围绕科技、文化、经贸等重点领域，深化与友好城市间的务实合作。重点办好中国—中东欧国家（16+1）首都市长论坛等重大活动，发挥好北京首尔混委会、世界城市和地方政府联合组织亚太区“一带一路”地方合作委员会、城市气候领导联盟等城市合作机制作用。落实国家支持香港全面参与和助力“一带一路”建设的有关安排，健全和完善京港两地常态化务实合作机制，发挥各自优势，拓展广度深度，办好北京香港合作会议及北京？香港经济合作研讨洽谈会。做实“京澳合作伙伴行动”。进一步挖掘侨务资源，凝聚侨智，发挥侨力，共同参与“一带一路”建设。

5. 积极吸引符合首都功能定位的国际高端资源。依托首都优势，加强与重点国际组织交流合作，积极吸引各类国际组织总部落户，建设好联合国教科文组织国际创意与可持续发展中心。聚焦价值链高端环节，积极吸引跨国公司地区总部在京发展。加快朝阳望京、中关村大街、未来科学城和新首钢国际人才社区建设，优化国际优秀人才发展环境。进一步发挥北京侨梦苑和海外院士专家北京工作站作用，引导海外华侨华人来京创新发展。发挥首都高端智库集聚优势，进一步加强与“一带一路”相关国家重点大学、研究院所、国际学术组织等智库资源合作，发挥好北京市市长国际企业家顾

问会议等平台作用，联合开展共建“一带一路”问题研究和研讨活动，为推动高水平对外开放提供智力支撑。

（二）大力加强国际科技合作，服务创新之路建设

立足具有全球影响力的全国科技创新中心建设，落实国家“一带一路”科技创新合作行动计划，以“三城一区”为主平台，主动推进科技园区合作、共建联合试验室、技术转移和科技人文交流，深度融入国际创新体系，成为推进共建“一带一路”创新合作网络的重要枢纽。

6. 推进“一带一路”科技园区建设。发挥中关村国家自主创新示范区品牌优势和辐射带动作用，打造“一带一路”上的中关村。发挥国际科技园区协会作用，支持企业联合各类创新资源，在“一带一路”相关国家重点城市建设一批特色鲜明的科技园区，成为国内科技企业海外集聚的重要载体。优化布局中关村海外联络处，建设中关村海外孵化器等离岸服务机构，建设面向海外的创新创业中心和跨境创新孵化平台，推动国际国内创新资源双向流动。

7. 构建“一带一路”协作创新网络。广泛开展国际科技合作，推动怀柔科学城重大科技基础设施向全球开放共享，成为全球科学家联合研发的重要支撑平台。支持重点科研机构与“一带一路”相关国家有特色和优势的科研机构建立联合实验室，搭建长期稳定的科研合作平台。鼓励企业与科研机构和高校合作，在相关国家建设研发中心，开展关键核心技术研发和产业化应用研究。完善政府间科技创新合作机制和渠道，充分发挥重大项目对创新合作的引导作用，围绕关键技术领域开展研发合作。

8. 积极促进技术成果转移转化。提升中国（北京）跨国技术转移大会国际影响力，深化与东盟、中亚、南亚、阿拉伯国家等技术转移中心合作，发挥中国国际技术转移中心、亚欧科技创新中心等平台作用，推进国际技术转移和成果转化。鼓励有实力的科技企业孵化器全球布局设立海外分支机构，形成一批跨境创新孵化平台。促进国内外企业、高校院所、金融机构、知识产权机构以及其他技术转移服务机构之间的务实合作。积极推进“绿色丝绸之路”建设，鼓励科研机构、企业与“一带一路”相关国家开展节能环保、清洁能源、循环经济等方面技术研发和产业合作，积极应用推广先进国家成熟适用绿色技术、绿色材料和绿色装备。

9. 集聚国际科技创新人才。借助“千人计划”“海聚工程”“高聚工程”等国际人才引进渠道，引进全球顶尖科学家及其创新团队，打造科技创新人才高地。办好中国北京国际科技产业博览会、“北京国际学术交流季”和“中关村论坛”，发挥市科协、首都创新大联盟、中关村“一带一路”产业促进会等桥梁作用，汇聚国际优秀人才，共享科技智慧成果，促进国内外创新资源对接，积极营造良好国际科技交流合作环境。

10. 创建知识产权保护首善之区。发挥本市知识产权创造优势，深化与世界知识产权组织合作，举办“一带一路”知识产权高级别会议，建设中关村知识产权国际注册政策和法律服务中心，探索建立与“一带一路”相关国家优质知识产权服务资源对接机制，提升本市知识产权国际服务水平和国际影响力。依托国家知识产权运营公共服务平台，促进本市创新主体与“一带一路”相关国家的技术合作。编写沿线国家知识产权工作指引，加强海外知识产权预警与海外知识产权维权援助。

（三）全面开展人文交流合作，服务文明之路建设

切实发挥全国文化中心示范引领作用，推进文化、旅游、教育、体育、卫生等多领域国际人文交流合作，统筹设计和集中打造首都北京城市形象，拓宽中华文化传播渠道，增进民

间交往，架好民心连通桥。

11. 打造具有国际影响力的文化交流品牌。汇聚全球优秀文化，将国家大剧院、北京人艺、首都博物馆等打造成面向世界的国家级文化展示重要平台。办好北京国际电影节、北京国际音乐节、北京国际图书节、北京文博会、北京国际青少年文化艺术交流周、北京国际设计周等各类文化活动，以“一带一路”国家和地区为重点，进一步提升首都文化品牌效应和国际影响力。充分发挥历史文化名城和文化资源优势，建设运营好雅典中国文化中心，积极参与丝路书香、丝绸之路影视桥等工程，推动北京表演艺术、视觉艺术、文学影视等优秀作品在海外展播展销，展现中华文化魅力。加快推进国家对外文化贸易基地（北京）、中国（北京）影视译制基地、北京国家数字出版基地和多语种图书出口基地建设，成为共建“一带一路”文化产品交流的重要渠道。

12. 加强国际体育交流合作。围绕举办冬奥会、冬残奥会等重大国际体育赛事的全过程，加强与“一带一路”相关国家和国际体育组织在运动训练、赛事组织、场馆管理运行等方面开展全方位合作，培育引进一批国际顶尖的体育管理和运营团队，提高国际赛事策划和市场化运作水平。以新首钢国家体育产业示范区建设为重点，集聚一批国际知名体育科技文化企业，加强体育装备设计研发等领域国际合作，促进体育产业高质量发展。加快奥林匹克中心区建设，全力推进国家速滑馆、冬奥村等重大场馆设施落地。办好2019年国际篮联篮球世界杯，提升中国网球公开赛、北京马拉松赛、世界斯诺克中国公开赛、沸雪北京世界单板滑雪赛、国际马术大师赛等重大赛事的国际影响力，培育更多新兴国际体育赛事，广泛吸引相关国家参与，以赛事活动促进文化交融。

13. 共建“一带一路”国际旅游走廊。发挥世界旅游城市联合会的纽带作用，继续在世界各地办好香山旅游峰会，广泛推介北京旅游品牌。以中国北京世界园艺博览会、平谷世界休闲大会、通州环球主题公园为新载体，打造以北京为重要节点的“一带一路”国际精品旅游线路。加大144小时过境免签政策和配套旅游产品的推广力度，落实好境外旅客购物离境退税政策，进一步优化旅游环境，建设国际一流旅游城市。

14. 实施“一带一路”人才培养计划。深化与“一带一路”相关国家城市的教育合作，支持在京院校与相关国家的学校组建联盟，缔结友好学校。重点建设一批“一带一路”国家人才培养基地，支持相关国家教育管理、技术技能等专业人才来京学习。积极培育“留学北京”品牌，继续发挥北京市外国留学生“一带一路”专项奖学金等政策的引导支持作用，努力打造全球主要留学中心和世界杰出青年向往的留学目的地。实施“一带一路”国际人才交流培养计划，开展双向博士后人才交流培养。积极参与相关国家孔子学院建设，鼓励有条件的学校开展境外办学。推进中法经济贸易合作区海外教育培训基地、巴黎国际大学城中国之家建设，推进国际教育合作交流。

15. 着力推动“健康丝绸之路”建设。推动本市医疗卫生机构和世界卫生组织在京合作中心参与“一带一路”相关国家多双边合作机制，加强卫生发展经验交流互鉴。深化与泰国、捷克、法国等国家在卫生健康重点领域的交流合作。积极做好几内亚等非洲国家国际医疗援助，帮助完善卫生服务体系，探索中非友好医院合作新模式。加强专业人才培养合作，实施“一带一路”国家神经外科医师培训班等一批合作交流项目，帮助相关国家提高公共卫生管理和疾病防控能力。积极推动中医药“走出去”，鼓励本市中医医疗机构与相关国家加强合作，参与国家中医药海外中心建设，推进实施欧洲中医药发展促进中心、北京中医医院新加坡明医馆、乌兰巴托中医儿童脑瘫康复研究中心等重点项目，鼓励中医智库发展，打造“北京中医”国际品牌，广泛地惠及当地人民。

（四）不断深化投融资合作，服务繁荣之路建设

以基础设施互联互通和国际产能合作为重点，以重大项目和园区建设为抓手，加强优势领域对外投资合作；优化金融发展环境，构建多层次的金融服务保障体系，成为服务“一带一路”建设资金融通重要枢纽。

16. 扎实推进基础设施互联互通。聚焦周边国家和中蒙俄经济走廊，充分发挥本市在基础设施技术研发、咨询设计、投资建设和运营管理等方面优势，在能源、市政、环保、轨道交通等领域开展一批示范项目。依托本市信息产业、卫星导航产业发展优势，加强信息基础设施投资，支持大数据、云计算等国际合作项目，积极推动“数字丝绸之路”建设，办好中国国际软件博览会、世界机器人大会、世界智能网联汽车大会。

17. 统筹推进国际产能合作。落实本市推进国际产能和装备制造合作实施方案，在电子通信、汽车、轨道交通等重点领域加强合作，创新对外投资方式，支持本市拥有自主知识产权和品牌的领军企业与“一带一路”相关国家开展合作，培育以技术、标准、品牌、质量和服务为核心的竞争优势，推动新技术、新产业、新业态加快成长。鼓励和支持央地企业开展项目合作，参与和推进中白工业园、中柬金边经济特区、南非汽车工业园等产业园区建设，引导企业海外集群化发展。

18. 提升首都金融国际化水平。积极承接国家金融改革开放任务，加快出台并实施首都金融改革系列政策，构建首都绿色金融体系，加快培育发展首都现代金融服务业，积极吸引银行、证券、保险等领域的外资金融总部及支付清算、信用评级等国际金融机构落户。推进北京金融科技和专业服务创新示范区建设，继续办好金融街论坛系列活动，提升国际金融论坛和北京国际金融博览会影响力。加快中关村国家科技金融创新中心建设，大力发展天使投资、创业投资、股权投资，深化中关村境外并购、外债便利化试点，推动实施资本项目便利化政策。

19. 建立多层次金融服务保障体系。充分发挥亚洲基础设施投资银行、丝路基金、中非基金、中拉基金等国际金融组织集聚效应，积极推动开发性和政策性金融机构加大专项贷款投放力度，争取更加优惠的企业融资支持。做实“政金企”信息对接平台，建立联席会议制度，提升本市共建“一带一路”金融一体化服务水平。发挥对外经贸资金作用，建立本市企业海外投资保险统一投保平台，加强企业走出去信用保险服务，增强企业风险防范能力。

20. 创新金融支持方式。发挥国家金融管理中心功能，有序推动人民币国际化，依托北京金融资产交易所等机构，打造共建“一带一路”的全国性综合金融资产交易平台，支持“一带一路”相关国家发行熊猫债等人民币证券产品；加快推进设立人民币国际投贷基金，争取跨境投融资优惠政策，为企业海外投资并购提供市场化、专业化的投融资服务。

（五）积极促进国际经济贸易往来，服务开放之路建设

紧抓国家扩大对外开放新机遇，全面推进服务业扩大开放，充分利用好城市副中心、北京大兴国际机场、“三城一区”等重要载体，推进国际化进程，发展更高层次的开放型经济。

21. 打造重点区域开放联动发展格局。推动服务业扩大开放政策在城市副中心先行先试，加速引导国际高端资源集聚，加快承接中心城区功能疏解，提升区域对外开放承载能力。聚焦高端商务、金融服务、文化创意、科技创新等重点领域，深化与香港、澳门等地区间合作，

吸引国际知名商务服务企业、国际金融总部、国内外智库机构入驻，将城市副中心打造成为本市服务业扩大开放先导区，促进城市副中心与雄安新区两翼联动。立足首都国际机场和北京大兴国际机场大型国际航空枢纽功能定位，探索“航空+保税+贸易”的开放模式，实施更加开放的投资、贸易、金融政策，构建开放型产业体系，将临空经济区及综合保税区打造成为服务贸易创新、国际商务交往、航空产业服务、展览展示的开放发展示范引领区。充分发挥外资技术溢出和产业升级效应，引导全球高端创新要素资源向“三城一区”集聚，打造经济发展新高地。发挥 CBD 国际资源集聚优势，打造高水平国际化商务通道和枢纽平台。

22. 纵深推进服务业扩大开放。制定本市全面推进服务业扩大开放工作方案，对标“一带一路”建设国际规则和标准，大力推进服务业扩大开放综合试点体制机制工作，积极争取国家扩大开放政策在京先行先试，加快培育金融服务、科学技术服务、互联网和信息服务、文化教育服务、商务和旅游服务、健康医疗服务等现代服务业高质量、国际化发展，促进投资贸易和产业发展深度融合，培育服务业核心竞争优势，打响“北京服务”品牌，推动本市成为全面开放型现代化服务业发展先行区。

23. 促进服务贸易创新发展。大力推进国家服务贸易创新发展试点工作，不断提升中国（北京）国际服务贸易交易会国际影响力和示范带动效应，积极参与中国国际进口博览会、中国对外投资合作洽谈会等重大国际展会，充分展示“北京服务”创新成果。实施服务贸易竞争力提升工程，提升技术、文化、中医药等服务贸易国际竞争力。扎实推进中国（北京）跨境电子商务综合试验区建设，着力在跨境电子商务技术标准、业务流程、监管模式和信息化建设等方面先行先试，建设一批跨境电子商务产业园区，培育一批骨干企业，拓宽国际营销渠道，打造国际贸易合作新的增长点。发挥全国服务外包示范城市的作用，积极开拓亚非拉、中东欧等新兴市场，大力发展软件和信息技术、金融、生物医药等领域服务外包业务。

24. 打造国际一流营商环境高地。扎实落实本市优化营商环境三年行动计划，以法治化、国际化、便利化为导向，全面实施负面清单管理制度，放宽市场准入限制，依法依规给予内外资企业同等待遇；大幅取消和下放审批事项，简化审批流程、压缩审批时限，推进国际贸易“单一窗口”建设，提高行政审批效率和服务水平；加强公平竞争审查和反垄断执法，加快构建以信用为核心的监管机制，努力把北京打造成为国际一流的营商环境高地。

五、保障措施

25. 强化组织领导。充分发挥本市推进“一带一路”建设工作领导小组的统筹协调作用，认真落实国家推进“一带一路”建设各项决策部署和市委市政府要求，制定本市共建“一带一路”年度工作安排，加强对各项任务落实情况的督查考核，确保实施效果。推进成员单位贯彻落实好国家专项领域规划，积极承接国家重点任务，制定共建“一带一路”专项实施方案。建立本市国际产能合作联席会议机制和全市共建“一带一路”重大项目库，建立重点项目会商机制，统筹相关政策和资金优先支持入库项目建设。研究推进共建“一带一路”统计监测工作，加强对本市利用外资和境外投资情况统计分析。探索建立北京市共建“一带一路”专家咨询委员会。

26. 加强服务企业平台建设。进一步改革优化服务企业平台运行机制，鼓励企业和社会力量积极参与，建设专业化、市场化、国际化的“一带一路”双向投资平台，加强北京国际经贸合作网络建设，充分发挥“一带一路”城市商会联盟作用，推进境外服务中心和非公经济（境外）发展服务基地建设，为引进来和走出去企业提供投资政策、法律咨询、风险评估、安全防范和信息共享等全方位综合性服务。发挥本市科技创新基金和外经贸发展引导基金等政府投资基金作用，鼓励企业发起设立共建“一带一路”基金，支持“一带一路”重点项目。加强税收政策服务，定期开展涉外税收政策宣传培训。

27. 强化风险防范和安全保障。落实本市参与“一带一路”建设境外安全保障工作实施方案，完善安全风险评估、监测预警、应急处置“三位一体”的海外安全保障体系。加强涉外突发事件应急指挥机制建设，有效发挥本市境外安全服务平台作用，组建涉外应急救援队伍，鼓励引导有实力的安保企业在“一带一路”相关国家、地区提供专业化服务。建立和深化与上海合作组织成员国、周边重点国家首都警方的双边合作，共同构建“一带一路”安全屏障。引导企业有序参与“一带一路”建设，规范企业投资行为，加强国有企业境外投资监管。加强国际商事纠纷解决能力建设，促进完善“一带一路”争端解决机制，发挥北京仲裁委员会/北京国际仲裁中心作用，加强中非联合仲裁中心建设，探索跨国仲裁合作联结机制；发挥“一带一路”国际商事调解中心等社会服务机构的作用，多元化解企业矛盾纠纷。

28. 加强新闻宣传工作。借助国家共建“一带一路”网站、北京市政府外文门户网站等媒体资源，积极宣传本市共建“一带一路”各项成果，重点介绍规划政策、合作平台、海外园区、重大项目，引导社会力量广泛参与。加强与“一带一路”相关国家、友好城市等的主流媒体合作，建立互联互通、共享互惠的丝路媒体“朋友圈”，用国际化、本土化语言有效传播新时代共建“一带一路”中国声音，讲好北京故事，凝聚国际共识，营造和平合作、开放包容、互学互鉴、互利共赢的国际舆论氛围。

关于高质量推进“一带一路”交汇点建设的意见

中共江苏省委　江苏省人民政府

2014 年 12 月，习近平总书记在视察江苏时指出，江苏处于丝绸之路经济带和 21 世纪海上丝绸之路的交汇点上，要按照统一规划和部署，主动参与“一带一路”建设，放大向东开放优势，做好向西开放文章，拓展对内对外开放新空间。2018 年 8 月，习近平总书记在推进“一带一路”建设工作 5 周年座谈会上强调，要在保持健康良性发展势头的基础上，推动共建“一带一路”向高质量发展转变，以此作为今后一个时期工作的基本要求。为深入贯彻习近平总书记关于“一带一路”建设的一系列重要指示要求，扎实做好中央巡视反馈意见整改落实工作，高质量推进“一带一路”交汇点建设，确保我省参与“一带一路”建设走在全国前列，特制定本意见。

一、充分认识高质量推进“一带一路”交汇点建设的重大意义

（一）切实担当“一带一路”交汇点建设的责任和使命

江苏对外开放起步早，开放型经济发达，拥有较好的区位优势和基础设施条件，与“一带一路”沿线许多国家的经贸往来和人文交流具有良好的基础。高质量推进“一带一路”交汇点建设，既是江苏高质量发展走在前列的题中之义，也是江苏为全国发展探路的重要内容。必须进一步强化责任意识、担当意识，深刻领会肩负的重大使命，深挖交汇点建设的内涵，突破关键节点，探索新的路子，在“一带一路”建设大局中贡献江苏力量。

（二）清醒看到“一带一路”交汇点建设的差距和不足

我省参与“一带一路”建设，取得了一定进展。但要清醒看到，对照中央要求，对照交汇点的定位，我省参与“一带一路”建设的总体设计与系统谋划有待提升，战略支撑、关键平台和标志性工程建设亟需加强，有的地方和部门重视程度不够，推进成效不明显。必须强化问题导向、目标导向，聚焦薄弱环节和带动效应明显的领域，拿出务实管用、有力度的对策举措，推动“一带一路”交汇点建设取得明显突破、实现大的提升。

（三）牢牢把握“一带一路”交汇点建设的空间和机遇

当今世界正处于大发展大变革大调整时期，江苏既面临要素成本上升、资源环境约束加剧等内在制约，也面临国际贸易摩擦和贸易保护主义等诸多不稳定不确定性的外部因素，既有的比较优势、竞争优势在弱化。必须抓住用好“一带一路”交汇点建设的重大机遇，推动“一带一路”建设、长江经济带发展、长三角区域一体化发展等国家战略在我省叠加融合，更大范围整合配置资源要素，更深层次融入世界经济大循环，加快培育对外开放新优势。

二、明确高质量推进“一带一路”交汇点建设的总体要求和目标

今后一个时期我省“一带一路”交汇点建设的总体要求是：全面贯彻党的十九大和十九届二中、三中全会精神，以习近平新时代中国特色社会主义思想为指导，认真贯彻习近平总

书记在“一带一路”建设工作5周年座谈会的重要讲话精神，坚持对话协商、共建共享、合作共赢、交流互鉴，践行新发展理念，遵循市场经济规律和国际通行规则，以基础设施联通为先导，以产能合作为重点，以合作园区建设为载体，突出项目建设、市场开拓、服务保障、规范企业投资经营行为、防范境外风险等重点工作，高质量推进“一带一路”交汇点建设，加快打造衔接陆海空交通的综合枢纽、集聚优质要素的开放门户、推动国际产能合作的示范区域、开展对外人文交流的特色品牌，在参与“一带一路”建设中走在全国前列。

到2020年，江苏“一带一路”交汇点优势基本确立，形成更多可视性成果，在“一带一路”建设大局中先行一步、彰显特色，高水平对外开放格局初步形成。

——标志工程建设取得突破。形成一批标杆项目，新亚欧陆海联运通道标杆示范建设取得明显进展，中哈（连云港）物流合作基地、上合组织（连云港）国际物流园建设水平明显提升，上合组织出海基地功能基本形成。中阿（联酋）产能合作示范园成为“一带一路”产能合作、互利共赢的典范项目，柬埔寨西哈努克港经济特区成为“一带一路”务实合作、民心相通的样板园区。中欧班列提质增效，建成一体化运营的品牌线路，走在全国前列。

——国际运输通道更加便捷。连云港港的功能进一步完善，南京综合交通枢纽地位提升，无锡硕放区域性国际机场辐射带动能力增强，南通新机场和通州湾出海口建设取得突破，贯通向东向西开放的国际交通运输通道基本形成，国际海陆联运网络和航空运输网络进一步健全，主要节点和重要枢纽的支撑带动能力大幅提升，初步形成与“一带一路”交汇点战略地位相匹配的综合交通运输体系。

——国际产能合作显著加强。与重点国家建立产能合作机制，重点企业、重点产业、重点园区、重点区域对外合作取得重大进展，打造一批国际化、高标准的产能合作载体平台。建成8~10个国家级或省级境外合作园区，培育一批跨国大企业大集团。确保与“一带一路”沿线国家投资贸易结构优化、水平提升，在全国的份额增加。双边贸易在全覆盖的基础上开拓市场、提高质量，双向投资进一步拓宽领域、扩大规模。“一带一路”科技创新合作不断深化，共同实施一批重大项目，联合建设一批实验室、研究中心、国际技术转移中心以及科技合作园区。市场多元化格局进一步打开，投资贸易便利化水平进一步提升，政策保障体系和协调机制进一步完善。

——人文交流交往更趋活跃。多领域多层次开展对外交流，根据国家布局要求和国际产能合作需要，缔结一批友好城市及友好交流地区，友城交往实效性进一步提升，在教育医疗、体育文化、旅游侨务、媒体合作等领域打造若干具有较强影响力的活动品牌，形成交流机制完善、合作不断深化的良好格局。

到2025年，与“一带一路”沿线国家和地区合作全面走向深入，重点城市、重要枢纽支撑带动作用进一步增强，重大项目建设和国际产能合作进一步拓展，以技术、品牌、质量、服务为核心的竞争优势进一步提升，科教人文交流进一步活跃，陆海内外联动、东西双向互济的开放新格局进一步确立，在全国开放大局中地位凸显，成为具有全球影响力的“一带一路”交汇点。

三、以“五大计划”高质量推进“一带一路”交汇点建设

坚持“共商、共建、共享”原则，聚焦“政策沟通、设施联通、贸易畅通、资金融通、民心相通”重点，紧扣“和平之路、繁荣之路、开放之路、创新之路、文明之路”方向，积极抢抓发展机遇，充分发挥自身优势，高质量建设

"一带一路"交汇点。重点实施好"五大计划"：

（一）国际综合交通体系拓展计划

加快交通网络建设。立足陆海联运、江海联运、海河联运发展需要，推进沿海、沿江、沿新亚欧陆海联运三大通道基础设施互联互通，着力构建综合性立体化通道网络。铁路方面，全力推进沿海铁路大通道建设，确保"十四五"初全线贯通，加快构建对接上海、联通中西部地区的沿江铁路大通道，南沿江铁路力争2022年前建成，北沿江高铁力争"十三五"期间开工，2025年前建成；加快连徐高铁建设，力争2021年前建成，推动陆桥沿线地区高效联通。港口方面，加快连云港港30万吨级航道二期工程及码头工程建设，鼓励联合航运企业拓展远洋航线、加密日韩等近洋航线，推进宿连航道建设，推进上合组织（连云港）国际物流园铁路专用线建设，加快连云港港集装箱铁水联运、海河联运发展，建设连接"一带一路"的综合交通枢纽和物流中心。发挥长江12.5米深水航道优势，加快南京区域性航运物流中心建设。大力推进通州湾港区建设，加快航道、码头、集疏运体系建设，积极开辟远洋航线，强化与太仓港联动发展、一体化经营，重点推进太仓港铁路支线、通海港区专用铁路线等工程建设，主动承接长江经济带运输需求，促进江海联动，着力打造江海联动国际物流中心和江海直达运输集散基地。航空方面，以东部机场集团组建为契机，优化全省航空网络布局，加强省内机场航空资源整合，在开辟"一带一路"沿线国家和地区航线、加强与国外航空公司合作等方面取得更大进展。大力推进南京禄口机场国际航空枢纽、无锡硕放区域性国际机场、南通新机场、淮安淮河生态经济带货运机场等建设。同时，提升服务"一带一路"的信息基础设施互联互通水平，加快"数字丝路"建设。

（二）国际产能合作深化计划

分类推进国际产能合作。抢抓国际产业分工深度调整机遇，有序推动有实力、有意愿的企业"走出去"拓展海外发展空间。引导工程机械、轨道交通、新型电力、船舶和海洋工程等装备制造企业，积极参与非洲、拉美等地基础设施建设，多渠道承揽重大工程项目，开展产业合作试点。引导轻纺、石化、冶金、建材、新能源装备等企业，到东南亚、中亚、非洲等国家和区域建设生产基地，开拓新的市场空间，有效释放优势产能。支持优势能源企业开展境外合作，引导优势建筑企业通过股份合作、项目合作、组建联合体等方式承包国外大中型项目，推动项目建设运营一体化，形成智力、技术、资金、装备、管理、标准和劳动力联动输出。引导水产、花卉、林果、种植业、畜牧业等优势农业龙头企业到"一带一路"沿线农业资源丰富国家，以多种方式共建现代农业示范园区，发展从种植、养殖到加工的全产业链经营体系。

培育壮大跨境产业链。聚焦国家鼓励的境外投资方向，支持企业整合国际优质要素资源，积极参与境外并购，建立境外生产基地，设立境外研发机构、设计中心和高新技术企业，融入全球研发设计、生产制造、营销服务链条，提升核心竞争力和跨国经营能力。鼓励企业建立境外营销网络和服务体系，推动跨境物流支撑体系建设，鼓励有条件的物流企业开展国际化经营，建设海外仓、边境仓等物流设施。鼓励我省有自主知识产权和自主品牌企业在"一带一路"沿线交通枢纽和节点建立自主营销网络、售后服务中心、仓储物流基地和分拨中心，构建集生产制造、营销推广、物流配送、售后服务等于一体的跨境产业链体系，推进我省标准、品牌和服务走出去，支持行业骨干企业主导和参与国际标准制定。

加强科技国际合作。深化与重点国家的重点领域合作，不断完善我省"一带一路"产业技术创新合作伙伴网络。办好"中国·江苏国际产学研合作论坛暨跨国技术转移大会”等品牌活动，建好“中国—中东欧国家技术转移中心”“一带一路”创新合作与技术转移联盟等载体，打造江苏参与推动“一带一路”科技创新合作的服务交流平台。支持省产业技术研究院加快建设全球创新资源集聚平台，促进省内企业与国际知名高校院所加强产学研合作。鼓励高校、科研机构、企业等拓展对外合作联系，建设一批国际联合实验室、研究中心及海外研发、孵化基地等合作载体平台。

（三）“丝路贸易”促进计划

多元化开拓国际市场。深化与“一带一路”沿线国家商会、协会和会展机构等交流合作，鼓励我省企业积极参与沿线国家举办的展览会、博览会等经贸交流活动。积极邀请“一带一路”沿线国家企业参加世界物联网博览会、世界智能制造大会、中国（南京）软博会、中国（连云港）丝绸之路国际物流博览会、中国（泰州）国际医药博览会等展会，有效汇聚优质资源要素。主动融入国家自贸区战略，引导企业借助中国—东盟等自贸协定优惠政策扩大进出口，提高优惠贸易协定受惠率。鼓励企业展开符合沿线国家民族、宗教、文化特色的出口认证，加强商标国际注册与保护，扩大特色产品出口。积极拓展沿线国家进口来源地，适度增加适应消费升级需求的特色优质产品进口，稳步扩大我省紧缺资源、原材料和大宗商品进口，促进贸易平衡。支持外贸综合服务企业为中小微企业提供“一站式”服务，降低中小经营主体开拓沿线市场的门槛和风险。

加快跨境电商综合平台建设。大力培育跨境电子商务等新业态新模式，积极发展“丝路电商”。加快推进苏州、南京、无锡等国家级跨境电子商务综合试验区建设，鼓励跨境电商企业面向“一带一路”沿线国家和地区拓展业务，推进跨境电商综合试验区和跨境电商试点城市建设，打造一批跨境电商产业园和公共海外仓，形成一批知名度高、影响力强的跨境电商综合平台和龙头企业，积极推进跨境电商综合服务体系建设。

推动中欧班列优化整合。按照“打造特色、分类集中、巩固中亚、拓展中欧”的发展思路，整合国际班列资源，统筹优化线路，探索组建省级运营主体，在开行计划、回程组货、信息平台等方面加强统筹。探索在中欧班列沿线重要节点布局加工组装基地、物流枢纽等，放大中欧班列集聚辐射效应。

着力优化贸易环境。持续推进跨境贸易便利化，优化口岸营商环境，推动口岸提效降费，到2020年底，相比2017年集装箱进出口环节合规成本降低一半，到2021年底，整体通关时间比2017年压缩一半。全面推广应用国际贸易“单一窗口”标准版，不断深化拓展应用范围，积极参与国家“一带一路”沿线大通关合作行动计划。发挥政策性出口信用保险机构、省级“走出去”统保平台作用，帮助企业规避风险，拓展市场。

（四）重点合作园区提升计划

做大做强境外合作园区。把江苏产能优势、园区经验与“一带一路”沿线国家的资源禀赋、市场要素相结合，积极探索境外合作园区“重资产投资运营”和“轻资产管理输出”有效模式，在打造特色产业集群、健全综合服务体系、推动友好合作交流等方面下功夫，不断提升园区发展质态和效益。支持中阿（联酋）产能合作示范园建设，加大增资扩股、项目落地、模式创新、人才支撑等关键事项的推进力度，促进园区服务、企业成长、金融支持三位一体发展，打造江苏参与“一带一路”建设的示范项目。支持以柬埔寨西港特区、埃塞俄比亚东方工业园为代表的民营企业境外园区建设发展，推进模式升级。加强政府间沟通交流，务实支持“霍尔果斯—东门特区”建设。支持江苏—新阳嘎农工贸现代产业园等省级境外农业合作示范区建设，支持金昇集团乌兹别克斯坦江苏纺织服装产业园规划建设。鼓励我省更多有实力的园区或企业与境外投资主体联合，在“一带一路”沿线重点国家和地区主动布局共建境外园区，引导关联企业入驻境外园区。支持更多境外合作园区上升到国家层面，建设更多国家级境外经贸合作区和“一带一路”产能合作园区，争取更多国家级项目落地。支持先进园区输出园区管理模式，形成可复制推广的做法。研究制定《江苏省境外经贸合作区考核激励办法》，引导我省企业高水平、高层次建设境外经贸合作区。引导省内高校为境外园区定制培养翻译人才、海外营销策划人才、国际经贸和法律人才，支持我省职业技术院校到境外园区开设技能、语言短训班，为境外园区发展提供人才保障。定期选派机关企事业单位人员到境外园区挂职锻炼。

做特做精省内合作园区。坚持“引进来”和“走出去”并重，围绕优化区域开放布局、产业转型升级、体制机制创新，着力在省内发展壮大一批对“一带一路”交汇点建设具有重要支撑作用的合作示范园区。支持中以常州创新园聚焦重点产业，提升合作层次，打造中以创新合作的标杆项目。加快推进中韩（盐城）产业园、中德（太仓）中小企业合作示范区、中意海安生态园、中奥苏通生态园、中瑞镇江生态产业园、苏澳合作园区、连云港农业对外开放合作试验区等合作园区建设，培育一批地标性企业。推动自由贸易试验区可复制经验在我省全面落地，推广苏州工业园区运作模式和开放创新综合试验成功经验，不断提升辐射效应和示范带动作用。

（五）人文交流品牌塑造计划

打造特色品牌。坚持“一国一策”，突出地方定位和民间性质，多层次、宽领域推动人文科教领域交流蓬勃开展，提高合作档次和实效。打造“留学江苏”教育品牌，深化拓展“人才地图”工程，推进建立高校联盟、职业教育联盟等合作平台。打造“精彩江苏”文化品牌，进一步拓展文化对外合作交流，依托南京历史文化名城博览会、世界运河城市论坛，举办“一带一路”原创文化展示交流活动，扩大江苏对外文化交流活动影响力，鼓励与“一带一路”沿线国家开展文艺演出、交流互访等活动，推出“符号江苏”系列出版物和主题推介会，提升江苏文化影响力。打造“健康江苏”医疗品牌，常态开展医疗队赴“一带一路”沿线国家义诊活动，推进中以医疗产业、中柬及中泰中医药、重大疾病防治技术等合作项目。打造“水韵江苏”旅游品牌，加强与“一带一路”沿线国家和地区旅游宣传推广合作，以东南亚、南亚、中亚等地区为重点，扩大“水韵江苏”等特色活动覆盖范围。打造“赛事江苏”体育品牌，推动国际重大体育赛事落户江苏，支持与“一带一路”沿线国家优秀教练员、运动员互派互聘，继续办好“一带一路”国际赛事活动。打造“友好江苏”侨务品牌，挖掘和整理郑和下西洋相关资源，在“一带一路”沿线华侨华人集聚主要城市建立“海外江苏之友”区域联络中心、海外引智工作联络站，继续发展壮大海外江苏商会、协会，在引进科技领军人才、关键核心技术和支持国内企业“走出去”中积极作为。打造“丝路青年行”等外事活动品牌，加快创建“龙城质检”等特色援外培训品牌。

完善交流机制。推动高层对话、部门对口、智库对接，支持社会团体、民间组织等开展多种形式的人文交流活动，加快建立完善全社会共同参与的交流合作机制。进一步发挥友城作用，推动完善优化“一带一路”沿线友城布局，加强双多边友城合作机制建设，进一步建设和发挥好援助援建、遗产保护等各类合作平台的作用，推动高层对话，促进行业对接，更好服务经济合作与人文交流。

四、构建各地协力推进“一带一路”交汇点建设的新格局

（一）支持连云港建成战略支点

以连云港港为突破口，推动航运与铁路、公路、航空协同发展，构建海河江、铁公水的高效多式联动体系，强化全国性综合交通枢纽优势，提升上合组织出海基地功能，打造“一带一路”新亚欧陆海联运通道标杆示范。突出特色产业集聚，打造特色创新集群，加快上合组织（连云港）国际物流园、中哈（连云港）物流合作基地建设。做好临港产业、特色产业和港产城融合发展文章，高标准推进石化、钢铁产业发展，积极争取自由贸易港试点，提高中国（连云港）丝绸之路国际物流博览会、江苏农业国际合作洽谈会等重大品牌活动影响力，推动连云港成为“一带一路”交汇点建设的强支点。

（二）支持徐州建成重要节点城市

支持徐州建设新亚欧大陆桥经济走廊东端重要枢纽城市和淮海经济区中心城市，做大做强现代装备制造业和新能源产业，大力发展现代商贸物流业，深化国际产能合作，加快徐工欧洲研发中心等开放平台载体建设，推动资源要素向西开放和经贸往来，建成“一带一路”交汇点上高水平的产业集聚区、经贸合作高地和江苏向西开放门户。

（三）支持南京建成重要枢纽城市

发挥南京作为东部地区重要中心城市、特大城市综合优势，推进“一带一路”、长江经济带交汇点重要枢纽城市建设，完善基础设施建设，集聚“一带一路”创新资源，实施“创新名城”战略，大力发展枢纽经济，优化升级产业体系，打造重大文化交流平台和活动，在继续巩固、加强与“一带一路”沿线友好城市友好往来的基础上，更好发挥南京与文莱斯里巴加湾市等新友城平台作用，提升南京在对外交往交流中的国际影响力，加快汇聚信息流、资金流、人才流，进一步提升城市经济、创新、文化、交通枢纽等核心功能和资源配置能力。

（四）支持南通建成重要出海门户

加快南通长三角北翼经济中心建设，以国际先进标准推进通州湾海港建设，统筹港口、机场、铁路建设，打造江海联运枢纽，尽早建成出海新通道，加快推动优势产业“走出去”，当好“一带一路”交汇点重要出海门户。

（五）支持苏州、无锡、常州建成国际产能合作示范城市

抢抓长三角区域一体化发展上升为国家战略和上海自贸区增设新片区的机遇，发挥苏锡常产业基础雄厚优势，有重点、有选择地支持企业“走出去”，在国际产能合作上取得更大突破。苏州要充分发挥在开放载体、国际制造、科技创新等方面的示范带动作用，突出产业引领和开放创新，加快构建一批高水平、国际化开放载体平台，对外输出园区建设经验，带动本地优势产能海外布局，进一步扩大对外开放优势；无锡要发挥重点企业引领作用，加强境外园区建设，带动更多企业“抱团出海”、集群发展；常州要着力打造中以创新园、苏澳合作园区，积极拓展国际产能合作空间。

（六）支持其他地方建成特色合作基地

全省其他地方要因地制宜搞合作、突出重点创特色，沿江地区要依托长江黄金水道和沿江沿河综合交通走廊，重点打造船舶产业、航运物流、工程承包等合作基地；沿海地区要积极开展临港制造业、特色农渔业、港航物流业合作，提升海洋经济发展能级；淮安、宿迁要选准参与“一带一路”建设切入点，重点打造绿色经济合作基地。

五、建立健全“一带一路”交汇点建设的组织保障体系

（一）强化组织领导

完善“一带一路”建设工作领导机制，根据“五大计划”进一步调整优化省各专项小组，

明确牵头部门和责任单位。各专项小组要于两个月内制订出台专项方案，加强统筹指导，细化分解任务，推进工作落实。加快建立考核评价机制，强化对重大事项的跟踪督促和目标考核，加强“一带一路”交汇点建设数据统计、信息报送等基础性工作。各设区市市委要加强领导，建立健全领导机制和工作协调机制，统筹谋划参与“一带一路”交汇点建设的思路举措，市政府要抓好任务落实，调动各方面力量，形成推进合力。

（二）强化项目推进

按照“建设一批、推进一批、储备一批”的思路，围绕“五大计划”建立完善全省参与“一带一路”建设重点项目库，强化重大项目示范带动作用。加强项目跟踪服务，明确责任单位、责任人，制定时间表、路线图，予以重点支持，打造精品项目。项目库实行动态管理，对优质项目要在推荐纳入国家“一带一路”重点项目库、信贷保险、政策资金等方面给予倾斜。省有关部门定期摸排梳理重大项目推进过程中存在的共性问题，提交省推进“一带一路”建设工作领导小组研究解决。

（三）强化综合服务

建立与“一带一路”沿线国家地方政府的沟通协调机制，以高层互访为引领，促进对话协商，加强政府间合作。建立政府与海外投资企业联络机制，由商务厅牵头，构建由商务、发改、外事、宣传、财税、金融、海关、统计、公安、司法、海事等部门组成的企业“走出去”综合服务平台，强化手续办理、政策咨询、信息发布等功能。依托新华丝路网、“走出去”公共服务平台等国家级平台，搭载建设我省服务体系。整合我省现有驻外机构和企业、民间商会海外力量，提升境外综合服务能力和水平。积极争取在南京设立国家“一带一路”相关法律机构。加强企业境外经营活动金融服务，多渠道、多形式发展金融服务机构和平台，支持企业申请国家“一带一路”产能合作专项贷款，省“一带一路”基金更多支持相关项目建设。加快培育面向境外投资和跨国经营的中介服务机构，为企业提供知识产权保护、国际专利申请、境外法律、国别风险、信用咨询、标准制定、检测认证、人员培训等服务，建立市场化、社会化、国际化的服务体系。

（四）强化风险防范

积极融入国家救援响应体系，建立健全我省境外投资项目应急反应机制和财产、人身安全保障机制，支持信用保险机构为对外投资企业提供国别、项目风险咨询和保险服务。推广使用“平安丝路网”和“平安丝路”移动客户端。深化对重点国别的研究。加强政策解读和宣传教育，开展“江苏省领事保护宣传周”活动。进一步规范企业投资经营行为，加强境外企业经营投资监测，引导企业遵守当地法律法规，尊重当地风俗习惯，保护生态环境，履行社会责任。

（五）强化宣传推介

建立“一带一路”交汇点建设官方网站，开展“一带一路”江苏风等大型新闻行动，总结推广实践中的新亮点新成效，提振发展信心，增强带动效应。深化与重点国别主流媒体和华文媒体合作，开展“同乐江苏”“洋眼看江苏”等活动，组织海外媒体来苏采访、国际摄影采风等特色外宣活动，鼓励支持文艺创作精品和文化遗产项目赴“一带一路”沿线国家巡演巡展，讲好江苏故事，传播好江苏声音。

河南省标准联通参与建设“一带一路”行动计划（2018—2020年）

标准是人类文明进步的成果，是世界通用语言，标准促进世界互联互通。在推进“一带一路”建设中，标准与政策、规则相辅相成、共同推进，为互联互通提供重要的机制保障。为贯彻落实推进“一带一路”建设工作领导小组办公室《标准联通共建“一带一路”行动计划（2018—2020年）》（第36号）精神，结合我省参与“一带一路”建设及标准化工作实际，制定本行动计划。

一、总体要求

认真学习全面贯彻党的十九大精神，深刻领会习近平总书记关于推进“一带一路”建设的系列重要讲话精神，认真落实习近平总书记在第39届国际标准化组织（ISO）大会对标准化工作的指示要求，坚持需求导向、标准引领、创新合作、互利共赢、滚动实施原则，主动加强与沿线国家标准化战略对接，大力推动我省标准国际化，强化标准与政策、规则的有机衔接，以标准“软联通”打造合作“硬机制”，深化河南对外开放，努力提高标准体系兼容性，支撑基础设施互联互通建设，促进国际产能与装备制造合作，服务投资贸易便利化和人文交流深入化，为推进我省参与“一带一路”建设提供坚实技术支撑。

二、主要目标

到2020年，基本建成“政府推动、市场主导、多方参与、协同推进”的标准国际化工作新格局，我省标准国际化工作水平不断提高，标准化在推进我省参与“一带一路”建设中的基础性和战略性作用充分发挥。

——标准化开放合作不断深化。提高与欧洲、东盟、金砖国家、东北亚、北美、非洲、大洋洲等区域国家标准化合作水平，拓展延伸与中东欧、中亚、西亚、阿拉伯国家等区域标准化合作渠道，积极参与“一带一路”沿线重点国家标准化合作。

——标准“走出去”步伐更加坚实。努力推动我省企业采用与沿线国家，特别是郑欧班列、空中丝绸之路沿线等主要贸易国家标准的互认工作，积极参与工业、农业和服务业等领域海外标准化示范项目。

——参与国际标准化工作更加广泛。建立以企业为主体、相关方协同参与国际标准化活动的工作机制，鼓励我省社会组织和产业技术联盟、大中型企业积极参与国际标准化活动，鼓励承办有影响力的国际标准化活动。

——河南品牌效应明显提升。完善激励机制和优惠政策，引导我省企业采用国际先进标准，持续推动企业实施“同线同质同标”活动，推动我省企业在参与“一带一路”中应用中国标准。

三、重点任务

1. 推进国际产能和装备制造标准化合作，推动实体经济更好更快发展。依托对外投资工程和项目，深化工程项目设计研发、原料采购，生产加工、检验检测和售后服务等领域标准化合作，推动我省中高端客车、现代农机、电气设备、工程装备、食品制造等优势产业技术标准国际应用，助推国际产能合作项目落地。依托具有优势的技术标准，帮助沿线重点国家完善重点领域标准体系，提高标准化信息服务能力，共同推动制定国际标准。

2. 拓展对外贸易标准化合作，推动对外贸易发展。加快建设郑州—卢森堡“空中丝绸之路”，推进多式联运模式创新和标准对接，研究探索空铁联运统一运输箱体、统一安检标准、统一操作流程、统一管理体制等标准对接。开展公路联运、海铁联运服务规则和标准研究，参与国际多式联运规则的修订，加强与中欧班列沿线国际物流服务、托盘、国际货运代理等标准化合作。探索制定空陆联运的单据、转载单元、服务质量等标准，推广应用国际物流数据标准。完善跨境电子商务贸易“郑州方案”，加快建设中欧冷链综合服务信息平台，积极参与跨境电商物流、监管创新、数据服务、追溯体系等标准制定。

3. 加强节能环保标准化合作，服务绿色“一带一路”建设。大力开展“绿色制造进企业”活动，推进绿色基础设施的标准化建设，以标准提升基础设施运营、管理和维护过程中的绿色化、低碳化水平，强化生态环境质量保障。深化节能领域标准化合作，推动与区域重点国家节能标准的合作。

4. 推动人文领域标准化合作，促进文明交流互鉴。强化标准化人员交流，推动标准化专家、技术人员交流互访，开展沿线国家标准化人员培训，夯实合作基础。促进人文领域标准制定合作，在新闻出版广播影视、文物修复和展览、博物馆、世界文化遗产管理等领域，与沿线国家合作开展标准制定研究。加强与沿线国家的旅游标准化合作交流，大力推介具有河南特色的旅游产品走出去。

5. 强化健康服务领域标准化合作，增进民心相通。推动中医药国际标准制修订合作。促进养老、积极辅助生活、家政标准化合作，组织国家级服务业标准化示范单位和有关机构，对有需求的沿线国家开展养老、家政人员标准化技能培训等。加强口岸公共卫生体系建设领域的合作，促进监管互认、执法互助。

6. 开展金融领域标准化合作。积极推进金融标准推广应用，加强金融标准宣传与培训，以重要标准为纽带，引导和支持若干重点领域金融标准的实施；以系统建设为源头，探索和构建优势互补和灵性互动的发展模式；建设和完善金融标准实施检验认证机制，加强对金融标准实施中的检验和评定，形成应用金融标准的良好环境。

四、专项行动

1. 重点消费品对标行动。深入推进消费品“增品种、提品质、创品牌”，组织开展重点领域消费品标准与国际国外标准、技术法规的对比和示范项目推广活动，完善消费品标准体系，在通用指标上与国际、国内先进标准接轨。推动企业发展个性定制、规模定制、高端定制，推行组合化、模块化等先进标准化生产模式，更好地满足消费者个性化、差异化需求。推动我省知名消费品企业积极参与消费品国际标准制修订。

2. 河南优势产业海外标准化示范推广行动。开展国际产能标准合作示范，围绕工程机械、农业机械等装备，建设标准海外应用示范项目。在粮食、茶叶、果蔬等大宗、特色农产品领域，示范推广种子种苗、植物品种保护、种植（养殖）管理、农产品质量分级、农产品流通、农业投入品、农机装备等标准。

3. 河南标准外文版翻译行动。积极做好“翻译河南”工作，建设“高级翻译人才库”，打造河南省高级翻译人才库和翻译智库。配合对外文化交流，做好河南重要涉外文件、社会经济统计数据、大型国际活动对外信息发布翻译和审定，将中医药、少林武术、太极拳、瓷器、豫剧、杂技，豫菜等代表性文化产品，通过遍布各地的孔子学院、文化中心、友好城市等渠道送到“一带一路”沿线国家。

4. 标准信息服务能力提升行动。积极推进与沿线国家开展标准信息交换，以标准信息交换带动标准互认。加强政府、智库、企业、社会组织和公众共同参与的多元标准信息服务，为企业走出去提供专业的标准信息服务。加强区域标准研究中心信息服务，加强沿线国家标准信息资源共享。

5. 企业标准国际化能力提升行动。支持我省企业按照国际标准组织生产和质量检验、开展国际标准认证，依托行业龙头企业健全先进技术标准公关与集成研究，积极创建国际标准化创新基地。鼓励我省企业参与行业标准、国家标准及国际标准的制修订工作，承担国际标准化组织专业技术委员会工作，参与相关专业性国家、区域组织的标准化活动，建立企业参与国际标准化活动直通车制度。开展面向企业标准化人才的专题培训，提升企业标准化人才的专业水准和综合素质，提升企业参与国际标准化活动能力和水平。

五、保障措施

1. 政策法规保障。推动将标准联通共建“一带一路”行动计划要素纳入与沿线国家多双边合作机制。加快推进标准化法以及我省相关配套法规规章的制修订，为标准联通共建“一带一路”工作提供法制保障。

2. 机制经费保障。发挥省标准化协调推进厅际联席会议办公室协调机制，加强政府部门之间、政府与企业之间的沟通交流与良性互动。在充分利用现有资金渠道，盘活存量资金的基础上，加大对初见成效的标准化项目的资金投入，探索建立市场化、多元化的经费投入机制，做好有关项目的经费保障工作。

3. 评估落实。各单位要按照推进“一带一路”建设工作领导小组办公室《标准联通共建“一带一路”行动计划（2018—2020 年）》（第 36 号）工作部署和部门分工，进一步梳理重点任务，做好与上级对口部门的配合和衔接，特别是做好标准制修订调研、立项建议、标准宣贯、组织实施、监督检查和效果评估等工作。加强对行动计划实施情况的跟踪评估，及时提出调整计划、完善政策的意见和建议。

4. 宣传引导。通过多双边交流活动等形式，加大对相关工作政策和信息的宣传力度，发挥政府部门在信息引导、政策扶持、沟通协调等方面的作用，调动相关协会、学会、商会、产业联盟的积极性，开展全方位、多层次宣传和推介工作，营造社会各界积极参与标准联通“一带一路”建设的良好氛围。

广西参与“一带一路”科技创新行动计划实施方案（2018—2020年）

为深入贯彻落实习近平总书记2017年5月在“一带一路”国际合作高峰论坛上提出的启动“一带一路”科技创新行动计划，以及党的十九大报告中提出加强创新能力开放合作的有关精神，深入实施创新驱动发展战略，切实发挥科技创新在“一带一路”建设中的支撑和引领作用，加快落实中央赋予广西开放发展“三大定位”新使命，在更高层次上参与国际合作与竞争，形成广西创新发展新优势，推动广西构建全面开放新格局，结合广西实际，特制定本实施方案。

一、指导思想

充分利用广西与东盟国家的区位优势及良好合作基础，主动参与“一带一路”建设，深化同以东盟为重点的“一带一路”相关国家科技合作交流，坚持“引进来”和“走出去”并重，加强创新能力开放合作，全面发挥科技合作对共建“一带一路”的支撑引领作用，通过深化科技人文交流、共建联合实验室（或研究中心）、支持科技园区合作发展、实施技术转移转化四项重点任务，探索打造创新发展理念相同、要素流动畅通、科技设施联通、创新链条融通、人才交流顺通的创新共同体新模式，为构建全方位、宽领域、多层次的广西开放发展新格局、推动建成面向东盟的区域性创新中心提供有力支撑。

二、基本原则

共商共建，互利共赢。充分尊重“一带一路”相关国家发展需求，积极对接相关国家科技发展战略，共同参与“一带一路”科技创新合作，共享科技成果和科技发展经验，深入参与区域科技治理，为区域创新发展贡献智慧与方案。

政府引导，多方参与。强化政府在创新合作中的引领作用，以全球视野优化创新资源配置，充分发动企业、高等院校和科研机构广泛参与，形成合力。

机制创新，内外统筹。加快推动科技对外开放，构筑互利共赢合作新机制，统筹利用国内国际两个市场、两种资源，形成东西互济、内外联动的区域创新合作新格局。

因国施策，有的放矢。根据不同国家的特点，突出问题导向，增强针对性，提高精准度，统筹有序推进，集中力量取得突破，形成示范带动效应。

以人为本，增进互信。突出科技人才在支撑“一带一路”建设中的关键核心作用，以深化科技人才交流促进科技创新合作，构建彼此信赖的科技人脉关系，为深化合作奠定坚实的智力基础。

三、工作目标

积极加强与“一带一路”有关国家的产学研合作，共同开展科学家合作交流、人才联合培养、科研联合攻关、技术转移与示范推广等活动，深化与东盟为重点的科技创新合作，共建创新合作载体，推动广西创新能力开放合作。积极对接国内外科技发达地区，充分汇聚创新资源，争取重大创新项目、重要创新平台落户广西，集聚国内外创新人才、创新企业、创新服务机构、创新资金等要素，推动广西创新能力快速提升。争取到2020年，实现“六个一百”的工作目标。

1. 深化科技人文交流。深化与“一带一路”有关国家的科技人文交流，促进科技人力资源互联互通，合作培养青年科技领军人才，构建长期合作关系，强化合作研究，共同解决面临的共性关键技术问题，为相互发展提供有利的技术和智力支持。实施“百名杰出青年科学家来华入桂工作计划”，引进东盟及“一带一路”相关国家100名杰出青年科学家进入广西参与科研工作。

2. 建设创新合作载体。围绕广西产业经济和社会发展需求，吸引“一带一路”有关国家高端创新机构、跨国公司研发中心、国际科技组织，以及我国国内的重要创新资源与广西共同搭建联合研究、成果转化、技术转移、创新创业服务等创新活动工作平台，形成长期稳固的科技合作关系。在境内和境外合作建设100家创新载体，提升对区域创新资源的集聚力和辐射力。

3. 引进创新成果入桂转化。围绕打造在全国具有竞争力和影响力的九张产业创新名片，在传统优势产业、先进制造业、信息技术、互联网经济、高性能新材料、生态环保产业、优势特色农业、海洋资源开发利用保护和大健康产业等领域加强与国内外创新合作，引进广西亟需的100项创新技术成果，着力突破产业发展关键技术瓶颈。

4. 输出先进适用技术成果。选择适应“一带一路”沿线国家需求，与社会民生和国家经济发展息息相关的科技领域，向相关国家输出100项先进适用技术成果，进一步拓展广西乃至我国优势产能“走出去”开展国际科技合作范围，提升合作层次和水平，惠及相关国家民生福祉。

5. 培育中国—东盟技术转移网络核心成员。在中国—东盟技术转移网络成员中遴选具备拓展本行业领域创新合作的机构和企业进行培育，发展100家中国—东盟技术转移网络核心成员，形成多方参与、共同推动的中国—东盟技术转移与创新合作工作新格局。

6. 培育高层次科技合作专家团队。遴选100个具备科技合作经验和能力、能发挥引领作用的高层次科技合作专家团队进行培育，鼓励和支持团队科研人员在国际学术组织担任重要职务，积极参与国际重大科学计划、科学工程和专业学术交流，实现国际协同创新，提升我国科技对外影响力。

四、重点任务

（一）实施“一带一路”科技人文交流行动

吸引“一带一路”相关国家杰出青年科学家进入广西，与广西企业、高校和科研院所的科研人员开展科研工作。做好科技部“发展中国家杰出青年科学家来华工作计划”在广西的实施，积极发挥“百名东盟国家杰出青年科学家来华入桂工作计划”的作用，以东盟国家为重点，加强青年科技人员之间交流合作。

加强面向东盟国家的科技人才培训。针对东盟国家急需科技人才，共同开展科技人才资源开发，为东盟国家培养科技管理干部、技术经理人以及专业技术人才，提升东盟国家科技人力资源开发合作水平。

（二）实施“一带一路”创新载体共建行动

吸引国内大院大所大企创新资源入桂合作。充分发挥广西面向东盟的区位优势、自然资源禀赋优势，吸引国家级科研机构在广西建立分院分所分中心、联合实验室（或联合研究中心）、创新中心等研发和成果转化机构；吸引国内知名企业、高校与科研院所到广西共建产业技术研究院等新型研发机构，以及共建创新创业服务机构。对接粤港澳大湾区、“珠三角”、“长三角”以及创新资源富集省区市，共建创新合作平台，促进先进发达地区创新资源集聚广西，并通过广西辐射延伸至东盟国家。

加大对接配置全球创新资源力度，扩大与欧美、日韩、以色列等科技发达国家科技合作交流，鼓励和支持国际高端创新机构、跨国公司研究机构、国际科技组织与广西重要创新资源在桂设立研发中心、总部或分支机构、联合实验室（或联合研究中心）、技术转移中心、国际科技产业园区等创新创业平台，打造面向东盟的区域创新中心，组建产业创新国际合作联盟，汇聚全球创新资源为我所用。

支持广西企业、高校、科研院所与“一带一路”相关国家相关机构以独资新建、收购兼并、合资合作等方式，建立联合实验室（或联合研究中心）、创新中心、科技示范基地、技术转移中心等海外研发机构或创新平台，输出先进适用技术成果。

（三）实施“一带一路”科技园区合作行动

共建科技合作园区。推动广西在东盟及“一带一路”相关国家的各类产业园区提升为科技合作园区；鼓励和支持广西有能力的科技园区，在相关国家合作共建科技园区，探索在境外开展科技成果转化的新模式和新途径。

加强科技园区合作交流。支持中马钦州产业园创建国家级国际创新园，与马来西亚关丹产业园发挥两国双园合作优势，加强园区之间科技合作交流；支持广西科技园区各类创新主体与相关国家科技园区的创新主体开展对接合作。

（四）实施“一带一路”技术转移推进行动

加快建设中国—东盟技术转移中心，与东盟国家完善双边技术转移中心和区域技术转移中心工作机制，发展“一带一路”相关国家重点是东盟国家的核心网络成员，培育我国在东盟各国开展科技创新合作的核心群体，建设广西（东盟）技术交易平台，促进中国与东盟创新要素互联互通。

组织举办科技展会、技术对接会、技术研讨会等活动，引领我国自主优势技术和产品与“一带一路”相关国家开展需求对接；推动我国高端技术、产品、标准和工程服务“走出去”，带动沿线国家产业结构升级；在电子信息、新能源、新材料、医药大健康、海水养殖、现代农业等领域与东盟各国共享科技创新成果。

（五）实施“一带一路”科技合作专家团队培育行动

培育科技创新合作专家团队。选择广西各行业领域具备专业能力、外语水平、国际视野和合作经验的科技合作专家团队，将其培育成为广西参与实施“一带一路”科技创新行动计划的骨干力量。

开展面向“一带一路”相关国家派遣科技特派员试点工作。根据“一带一路”相关国家合作需求，依托广西科技计划项目，探索向“一带一路”有关国家派遣科技特派员，开展国际技术服务，构建与“一带一路”有关国家长期稳定科技合作关系，扩大我国科技对外影响力。

五、保障措施

（一）组织领导

自治区科技厅成立广西参与实施“一带一路”科技创新行动计划领导小组，在合作工作职能处室设立联络办公室，统筹全区层面的推进实施。自治区科技厅与各市科技局、高校、科研院所、企业等部门与单位形成广西参与实施“一带一路”科技创新行动计划定期和不定期沟通交流和培训机制。以年度为时间节点，自治区科技厅对推进情况形成年度报告。

（二）推进实施

各市科技局，全区有关企业、高校和科研院所应将参与实施“一带一路”科技创新行动计划统筹纳入本地区、本部门和单位的整体工作计划。

各市科技局根据本方案牵头编制本地区的

工作方案，确定目标任务，组织力量实施，安排人员与经费进行统筹推进落实，形成区市联动、共同参与的协作机制。

全区有关企业、高校和科研院所根据实际合作需求，制定本部门与单位的工作方案，认真参与实施，组织推进落实。

（三）支持措施

自治区科技厅统筹安排支持参与实施“一带一路”科技创新行动计划经费。一是在自治区创新驱动发展专项资金和自治区本级财政科技计划中支持重大联合研发、成果转化与技术转移示范推广；二是自治区科技厅设立广西参与实施“一带一路”科技创新行动计划专项工作经费，专项支持开展“一带一路”相关国家杰出青年科学家引进、各类创新合作载体建设、中国—东盟技术转移协作网络核心成员和高层次科技合作专家团队的培育等。

各市科技局、全区有关企业、高校和研究院所应将参与实施“一带一路”科技创新行动计划所需经费纳入年度预算给予支持。

自治区科技厅鼓励开展参与实施“一带一路”科技创新行动计划相关的创新论坛、技术对接活动、学术和人员交流、培训、国际科技组织任职等活动，对特别重大活动给予支持。

（四）宣传引导

加大对广西参与实施“一带一路”科技创新行动计划的宣传力度，各地区、各部门和单位要主动宣传实施中的做法和成效，加大力度调动相关协会、学会、商会、产业联盟等社会组织的积极性，开展多渠道、多层次的宣传与推介工作，营造广西各界积极参与实施“一带一路”科技创新行动计划的良好氛围。

贵州省推动企业沿着“一带一路”方向“走出去”行动计划（2018—2020年）

为贯彻落实党的十九大关于“推动形成全面开放新格局，以‘一带一路’建设为重点，坚持引进来和走出去并重”的部署，用好国际国内“两个市场、两种资源”，促进投资与贸易融合发展，推进国际产能和装备制造合作，推动我省企业沿着“一带一路”方向“走出去”，进一步扩大对外开放，特制定本行动计划。

一、总体要求

（一）主要目标

到2020年，以对外承揽工程和制造业对外投资为重点，与“一带一路”沿线国家经贸合作取得新成果，力争新增有实绩“走出去”企业主体达到40家，对外经济技术合作营业额突破15亿美元，每年推动1~2个国（境）外重大项目开工建设。

（二）基本原则

——坚持政府引导和企业主体相结合，充分发挥政府宏观规划、政策引导和指导服务作用，尊重市场规律，推动沿着“一带一路”方向“走出去”企业又好又快可持续发展。

——坚持结构调整与转型升级相结合，深入推进供给侧结构性改革，加强国际合作，带动装备和原材料进出口，做大产业、做强企业，推动我省产业转型升级。

——坚持三外互助与内外联动相结合，以外资外贸促外经，以外经反哺外资外贸，推进三外互助发展，加快推进“黔货出海”，促进国内外市场互联互通，促进我省产业发展。

二、主要任务

（一）组建一批联合体

以承揽境外重大工程、对外投资为目的，鼓励我省企业根据项目需要，组建各类联合体，发挥各自比较优势“抱团出海”，降低企业境外投资、合作风险和经营成本，增强竞争力。同时力争以我省“走出去”龙头企业为主体，尊重企业意愿，从我省能源电力、基础设施、装备制造、矿山勘探开采、茶叶、服务贸易等领域各选择1~2家代表企业为发起人，争取基金公司、政策性金融机构等单位支持，由发起人以货币资金等方式出资，共同组建涵盖投资建设、装备制造、设计咨询、运营管理、金融服务的“投融建管”联合体，带动更多企业沿着“一带一路”方向“走出去”。（牵头单位：省商务厅，责任单位：省工商局、省国资委、省发展改革委、省交通运输厅、省住房城乡建设厅、省农委、省财政厅、省政府金融办、人行贵阳中心支行，各市〔州〕人民政府、贵安新区管委会）

（二）树立两大品牌

1. 树立“贵州工匠”品牌。按照“承包一个工程，树立一个典范”工作要求，鼓励我省企业在对外承包工程施建过程中，坚持高标准、严要求，实施境外工程承包现场标准化，加强施工规范化，落实文明工地标准，加强施工现场管理，努力做到监理满意工程质量、业主满意工程进度、企业满意经营效益。充分发挥贵州工程建筑企业在桥梁、隧道、公路、水利、能源、电力等领域的比较优势，通过联合体积极推动企业拓展设计、采购、施工等国际市场。企业主管部门每年要推动1~2家有条件、有开拓精神的贵州企业“走出去”，集全省之力扶持3~5个在国际上叫得响、立得住的“贵州工匠”工程企业品牌。（牵头单位：省商务厅、省交通运输厅、省住房城乡建设厅，责任单位：省国资委、省经济和信息化委，各市〔州〕人民政府、贵安新区管委会）

2. 培育“贵州制造”品牌。充分发挥我省已经“走出去”的“贵州制造”品牌示范引领作用，将“十二五”以来获得省名牌称号的“贵州制造”企业纳入“走出去”培育计划，每年孵化培育1~2个贵州名牌企业“走出去”，扶持企业扩大经营规模、做强做大，不断提升品牌附加值，提高贵州本土“走出去”知名品牌产品市场占有率，让“贵州制造”走出国门，让贵州名片“风行天下”。（牵头单位：省商务厅、省质监局，责任单位：省经济和信息化委、省国资委、省发展改革委，各市〔州〕人民政府、贵安新区管委会）

（三）聚焦三大区域

1. 东南亚和南亚。面向印度尼西亚、柬埔寨、越南、老挝、缅甸、新加坡、马来西亚、印度、斯里兰卡、巴基斯坦等国家，开展包括基础设施建设、轮胎橡胶、水泥、造纸、化肥、农药、煤化工、有色金属、大数据、新材料、农业等产业“走出去”和贸易在内的全方位合作。（牵头单位：省商务厅，责任单位：省发展改革委、省国资委、省经济和信息化委、省外事办，各市〔州〕人民政府、贵安新区管委会）

2. 东欧和中东欧。面向俄罗斯、白俄罗斯、乌克兰、捷克、匈牙利、波兰等国家，通过基础设施建设、农业、制造业合作、设立创新中心等方式，学习借鉴先进技术和管理经验，获取品牌和营销渠道，提高我省企业的技术创新能力和国际竞争力，开展双向投资和贸易在内的全方位合作。（牵头单位：省商务厅，责任单位：省科技厅、省发展改革委、省人力资源社会保障厅、省外事办，各市〔州〕人民政府、贵安新区管委会）

3. 中亚和非洲。面向哈萨克斯坦、吉尔吉斯斯坦、塔吉克斯坦、肯尼亚、加纳、乌干达、埃塞俄比亚、纳米比亚等国家，进行基础设施建设、能矿资源开发，推动贵州工程、能矿和制造企业到中亚和非洲国家开展基础设施建设和双向投资、贸易等全方位合作。（牵头单位：省商务厅，责任单位：省发展改革委、省外事办，各市〔州〕人民政府、贵安新区管委会）

（四）实施四项行动

1. 实施“走出去”主体培育行动。省有关部门和各（市）州人民政府、贵安新区管委会要推动我省国有企业深化改革、转变机制，鼓励符合条件的国有企业建立符合国际市场要求的研发、生产、营销服务体系，增强“走出去”的内在动力和竞争能力。要为我省民营企业“走出去”提供便利的条件和周到的服务，积极帮助其寻找对外经济合作的机会，建立进入国际市场的便捷通道。要深入挖掘本地区、本行业有实力、有意向“走出去”企业，并帮助协调解决企业“走出去”面临的困难和问题，每年新增1~2家有实绩“走出去”主体。（牵头单位：省商务厅，各市〔州〕人民政府、贵安新区管委会，责任单位：省国资委、省发展改革委、省经济和信息化委、省住房城乡建设厅、省交通运输厅、省工商联）

2. 实施外经三大板块共同发展行动。一是支持我省企业参与“一带一路”工程承包。鼓励企业发挥贵州优势产业的比较优势，以工程总承包（EPC）、项目管理承包（PMC）、公私合营（PPP）、建设—运营—转让（BOT）等方式扩大境外项目合作，构建以总承包为龙头、专业承包为依托、劳务分包为基础的承包商体系，实现对外承包工程向国际产业链高端延伸。

引导我省企业主动适应国际工程承包新趋势，加快市场拓展和结构调整，加强与央企、国内500强企业和其他知名企业合作，积极参与“一带一路”基础设施建设，重点承揽境外公路、铁路、桥梁、水利、能源、电力、机场、港口等领域工程。（牵头单位：省商务厅，责任单位：省发展改革委、省交通运输厅、省住房城乡建设厅、省国资委、省工商联，各市〔州〕人民政府、贵安新区管委会）

二是鼓励优势企业到国（境）外投资。支持我省有实力、有信誉的企业通过绿地投资、并购投资、联合投资等形式，在“一带一路”沿线国家投资布局一批项目。支持我省企业在中东、北非等磷矿资源富集地区建立磷化工生产基地，带动产业链上下游企业“走出去”发展壮大。支持我省企业积极参与境外煤炭、有色金属等领域资源勘探、开发和加工，拓展新的发展空间。支持我省企业建立境外生产加工基地，设立境外研发机构、设计中心和高新技术企业，提升自主创新能力。鼓励我省优势农业企业在东南亚等沿线国家建设农产品种养加工基地。（牵头单位：省商务厅、省发展改革委，责任单位：省国资委、省工商联、省农委，各市〔州〕人民政府、贵安新区管委会）

三是拓展劳务扶贫。发挥“贵州省出国劳务培训基地”、贵州省“一带一路”校企联盟和省内外对外劳务合作企业作用，扩大我省外派劳务规模，在巩固日本、新加坡、中国澳门等传统市场的基础上，积极拓展中亚、中东、东盟、南亚等市场。改善外派劳务结构，在巩固建筑、餐饮等传统行业劳务合作的基础上，扩大在农业技术、产业技术及其他服务行业的劳务输出合作，将外派劳务作为突破口，积极组织建档立卡的贫困户出国务工，助推“脱贫攻坚”。（牵头单位：省商务厅、省人力资源社会保障厅、省扶贫办、省教育厅、团省委，责任单位：各市〔州〕人民政府、贵安新区管委会）

四是探索建立我省境外产业园区。积极组织我省有条件的企业向商务部申报境外产业园区，协助企业接受评估和考核验收，力争实现我省境外产业园区零突破。积极推进有实力的贵州企业在东盟国家建立商贸物流工业园，为我省企业进入东盟投资兴业搭建平台。按照贵州省对外经济技术合作资金管理规定，对园区企业每年累计实际对外直接投资给予一定比例的一次性补助，每个企业最高支持限额为200万元。（牵头单位：省商务厅，责任单位：省发展改革委、省财政厅、省外事办、人行贵阳中心支行，各市〔州〕人民政府、贵安新区管委会）

3. 实施“三外”互助发展行动。实现对外贸易、利用外资和对外经济技术合作互助发展，不断扩大“三外”联动的综合效应。

一是以外贸促外经。重点利用我省企业现有设备、原材料、零部件和成熟技术，从散件组装及加工生产起步，推动企业开展境外加工贸易，不断提高企业开拓国际市场的能力。鼓励有一定出口实绩、具有涉外经验的外贸企业实行国际贸易与境外办厂、对外劳务相结合，更好利用国际国内两个市场、两种资源，扩大在国际竞争中的回旋余地，推动企业“走出去”。（牵头单位：省商务厅，责任单位：省发展改革委、贵阳海关，各市〔州〕人民政府、贵安新区管委会）

二是以外资促外经。以贵州产业大招商行动为契机，在吸引外资中重点引进高新产品、出口创汇型和加工贸易型外商投资企业，提高我省产品竞争力，在扩大利用外资规模的同时，不断拉长产业链，在各个结点上形成新的外贸增长点，促进设备进口、产品出口，带动一批我省本土配套企业开展国际业务。（牵头单位：省商务厅，责任单位：省发展改革委、省工商局，各市〔州〕人民政府、贵安新区管委会）

三是以外经推动外贸外资。通过境外投资和承包工程大力推动我省技术、装备设备、原材料和零部件出口，形成我省外贸出口新的增长点。利用外经企业资源获取国（境）外客商信息和销售渠道，邀请技术含量高、引领性强的企业来黔投资考察，促成我省新的利用外资项目。（牵头单位：省商务厅，责任单位：省发展改革委、贵阳海关，各市〔州〕人民政府、贵安新区管委会）

四是以外经助推“黔货出海”。根据“一带一路”沿线国家市场需求和消费特点，加快在越南、缅甸等国家设立贵州农产品分销中心，建立稳定销售渠道。培育壮大重点产业出口企业，建立标准化、质量安全溯源等体系，更好地适应海外市场需求。精心组织我省农产品企业有针对性地参加海外目标市场的各类展示展销活动，推动贵州茶叶、辣椒、薏仁米、马铃薯、猕猴桃、李子等农产品及贵州民族工艺品等特色产品“走出去”。（牵头单位：省商务厅、省农委，责任单位：贵阳海关，省经济和信息化委，各市〔州〕人民政府、贵安新区管委会）

4. 实施“平台构筑”行动。一是扩大我省境外商务代表处布局半径。按照“设立一个境外商务代表处，辐射一个区域”的原则，发挥我省现有肯尼亚、瑞士、柬埔寨、印度、马来西亚、意大利、吉尔吉斯斯坦等商务代表处“窗口、协调、桥梁、服务”作用，每年有计划在东欧、西非、南美等地区建设1~2个境外商务代表处，为我省各级政府、商会、企业提供经贸信息收集、境外投资指南、法律服务、融资保险咨询等服务，实现资源交流和共享。（牵头单位：省商务厅，责任单位：省外事办，各市〔州〕人民政府、贵安新区管委会）

二是拓展多层次的对外合作交流平台。把友城作为推动我省企业“走出去”的重要平台，不断扩大我省与“一带一路”沿线国家友城规模，创新合作模式，加快发展一批经济合作伙伴城市，定期或不定期组织双边经贸交流活动。以中国—东盟教育交流周、酒博会、贵洽会、数博会、生态文明论坛、民博会、澜湄合作、妥乐论坛等国际论坛、合作机制为依托，举办面向“一带一路”沿线国家的经贸活动。支持我省企业、行业协会参加境外国际性展会等市场拓展活动。（牵头单位：省外事办、省贸促会（博览局）、省商务厅、省教育厅、省经济和信息化委，责任单位：各市〔州〕人民政府、贵安新区管委会）

三是推进跨境电子商务平台建设。针对我省企业“走出去”需求，加强与京东、阿里巴巴、苏宁等国内知名电商的战略合作，推进跨境电子商务平台建设，将“走出去”业务向价值链后端延伸，支持企业通过“大数据”分析提高业务响应速度，实现产品和服务差异化，提高“走出去”国际竞争力。（牵头单位：省商务厅、省大数据局、贵阳海关，责任单位：各市〔州〕人民政府、贵安新区管委会）

四是推进境外营销平台建设。充分利用我省老干妈、茅台集团、詹阳重工等企业已有的国（境）外销售（代理）商渠道，实现国（境）外信息、资源共享。大力拓展国际航空客货运输，不断增加国际航线和班次，增进我省与“一带一路”沿线国家的人员交往和贸易往来。推动具备条件的综合性贸易企业、国际物流企业和大型电商企业到境外设立物流配送中心、在区域销售集中地区搭建展示展览中心和公共海外仓、开设品牌连锁店、设立售后服务站，提高贵州产品国际市场销售份额，在境外形成产、供、销、物流、服务等配套发展体系，带动省内产品出口。（牵头单位：省商务厅，责任单位：省发展改革委、省经济和信息化委，各市〔州〕人民政府、贵安新区管委会）

（五）开展四类服务

1. 优化政务服务。持续深化对外投资合作领域“放管服”改革，将企业在省商务主管部门办理的境外投资备案权限依法下放至各市（州）及贵安新区，推进境外投资便利化，实现线上线下同步办理。严格执行对外承包工程项目备案制，取消对外承包工程资格和投（议）标核准，实行网上办理、网上审批，3个工作日内“一站式”办结，确保透明、高效、公平。对开展“一带一路”项目洽谈等因公出国（境）手续予以优先办理，限时办结。对因项目需要拟派的国有企业出（国）境人员，经申请可办理“一次审批、年内多次有效”的出国（境）任务批件、长期签证或多次往返签证。不断推进人员、货物出入境和通关便利化。（牵头单位：省商务厅、省外事办、贵阳海关，责任单位：省发展改革委、人行贵阳中心支行，各市〔州〕人民政府、贵安新区管委会）

2. 强化跟踪服务。按照“建设一批、推进一批、储备一批”的思路，建立省、市联动“走出去”重点项目库，及时为企业提供政策、信息、要素保障、风险安全评估、国际法律服务、会计税务咨询、金融、外汇、税收、保险等“一对一”服务。省发展改革委、省商务厅根据“走出去”备案项目，每年联合确定10个重点“走出去”企业和10个重大“走出去”项目，加强跟踪服务并孵化培育3~5个“走出去”项目。省经济和信息化委、省住房城乡建设厅、省交通运输厅、省农委、省大数据局、省国资委等行业、企业主管部门结合本部门职责做好项目的跟踪服务工作。各市（州）人民政府、贵安新区管委会要建立“走出去”重点项目库，每年孵化培育2~3个“走出去”项目。（牵头单位：省商务厅、省发展改革委，各市〔州〕人民政府、贵安新区管委会，责任单位：省经济和信息化委、省住房城乡建设厅、省交通运输厅、省农委、省大数据局、省国资委，省外事办、省税务局、省财政厅、省贸促会（博览局）、人行贵阳中心支行、中国证监会贵州监管局、中国保监会贵州监管局）

3. 加强信息服务。加强与我驻外使领馆、华商社团、外国商协会、我省友城的对接联系，依托“中国一带一路网”和商务部“走出去公共服务平台”，实时追踪和汇总所在国及周边地区各类外经贸发展项目信息。通过贵州省境外商务代表处门户网站、贵州省“走出去”QQ交流群、微信群与企业实时共享，为企业“走出去”牵线搭桥，提供产业导向等信息咨询服务。建立信息共享机制，通过定期通报或其他信息互通方式，将我省“走出去”企业、项目共享各有关单位，各相关单位及时做好跟踪并提供针对性服务。（牵头单位：省商务厅、省外事办，责任单位：省发展改革委、省国资委、省工商联，各市〔州〕人民政府、贵安新区管委会）

4. 强化风险防控服务。依托中国出口信用保险公司每年定期发布的《国家风险分析报告》，引导企业强化境外投资和承包工程前期风险分析和论证，提高决策的科学性。积极融入国家救援响应机制，完善境外投资突发事件应急处置预案，维护我省“走出去”企业合法权益。落实以省“一带一路”建设境外安全保障工作协调小组为基础的中央、地方、驻外使（领）馆和企业、个人“五位一体”的境外安全保护工作机制，积极对接外交部领事服务信息平台（领事直通车），健全财产、人身安全保障机制，鼓励“走出去”企业为出国外派人员购买人身意外伤害保险。严格规范企业海外安全经营行为，加强境外企业经营投资监测，对我省“走出去”企业开展“双随机、一公开”抽查，加强对企业事中事后监管。（牵头单位：省发展改革委、省外事办、省商务厅，责任单位：省国资委、省安全监管局、人行贵阳中心支行、中国证监会贵州监管局、中国保监会贵州监管局，各市〔州〕人民政府、贵安新区管委会）

三、保障措施

（一）强化组织领导

省内陆开放型经济试验区建设领导小组负责统筹组织协调我省沿着“一带一路”方向“走出去”工作，协调解决“走出去”项目实施过程中遇到的困难和问题。在省内陆开放型经济试验区建设领导小组办公室下成立“走出去”工作专班，工作专班设在省商务厅，省发展改革委、省经济和信息化委、省住房城乡建设厅、省交通运输厅、省农委、省外事办、省国资委、省政府金融办、人行贵阳中心支行安排专人配合，负责“走出去”工作的日常联络、情况汇总、问题梳理、信息报送、督促检查等工作，推动各项工作落到实处。（牵头单位：省商务厅、省发展改革委，责任单位：各市〔州〕人民政府、贵安新区管委会）

（二）强化人才培养

通过定期举办讲座、培训班等形式，加强对企业“走出去”政策、法律法规、保函、外汇、金融、税收、保险、风险防控等知识培训。深入实施高层次人才引进计划，积极引进海外高层次跨国经营管理人才、研发团队，建立国际经贸人才库。积极支持我省相关单位申报各类外国专家引智项目，并为符合要求的海外高层次人才开辟绿色通道，优先办理人才签证或工作许可。以中国—东盟教育交流周为契机，支持鼓励我省高校、职业院校与“一带一路”国家合作办学，优化专业配置，加强涉外事务管理专业的研究生教育，扩大相互间留学生规模，加大技术技能培训力度。深化学术交流和科研合作，加强智库团队建设，支持贵州省高校、科研院所与东盟国家联合设立研究中心。支持企业通过与院校或机构合作办班、专业培训等多种方式，培育一批通晓国际经济运行规则和法律法规、具有国际市场开拓能力的复合型跨国经营管理人才队伍，逐步推进企业经营管理人才“本地化”。（牵头单位：省商务厅、省人力资源社会保障厅、省教育厅、省外事办，责任单位：各市〔州〕人民政府、贵安新区管委会）

（三）强化政策扶持

对我省“走出去”企业境外厂房建设费、保函费、安全保障费、人员保费、设备物流费、贷款利息费、境外仓储等费用符合贵州省对外经济技术合作资金申报管理规定的，每年给予不少于1000万元的资金支持，各市（州）、贵安新区参照省级资金支持方向，安排专项资金进行相应比例支持。鼓励“贵州省商务发展基金”等股权投资基金和风险投资基金以“股权投资”方式参与我省“走出去”项目，帮助企业解决融资难题。加强与国家开发银行、中国进出口银行、中国出口信用保险公司等对接，在合规经营、风险可控的情况下，通过提高授信额度、放宽贷款条件、降低贷款利率、开具保函、提供政策性保险等措施为我省企业创造“走出去”便利条件。加强对境外投资合作企业的税收政策宣传、培训和境外税务指导，对境外投资企业用于境外投资的出口货物，按规定享受相关税收优惠政策。（牵头单位：省商务厅、省财政厅、省税务局，各市〔州〕人民政府、贵安新区管委会，责任单位：省政府金融办、人行贵阳中心支行、贵阳海关、中国银监会贵州监管局、中国证监会贵州监管局、中国保监会贵州监管局）

（四）强化舆论引导

通过境内外主流媒体、展会、推介会、文化旅游交流活动等多渠道、多形式宣传国家、省对企业“走出去”的支持政策和法律法规，营造我省企业、产品、文化、旅游、服务、装备、技术“走出去”良好舆论氛围。各地要认真总结和大力宣传“走出去”好的经验和做法，挖掘一批“走出去”典型，宣传示范企业、示范项目，为全省“走出去”工作提供可复制、可推广的先进经验。（责任单位：省直有关部门，各市〔州〕人民政府、贵安新区管委会）

陕西省标准联通共建“一带一路”行动计划（2018—2020年）

为积极参与“一带一路”建设，不断发挥标准引领作用，有效促进互联互通，以标准“走出去”促进陕西省与“一带一路”沿线各国技术交流和产能合作，充分服务陕西企业“引进来”和“走出去”，根据《标准联通共建“一带一路”行动计划（2018—2020年）》，结合陕西省标准化工作实际，制定以下行动计划。

一、推动中国标准海外应用

1. 加速中国标准“走出去”。在沿线国家积极推广中国绿色农产品、绿色家电、绿色能源等先进标准，支持西安电炉研究所借助现有平台加快节能降耗和绿色产品评价标准的制定，依据中国标准对沿线国家绿色产品开展认证，以标准提升基础设施运营、管理和维护过程中的绿色化、低碳化水平。

2. 促进中国标准转化应用。在大宗、特色农产品领域，支持西安爱菊粮油工业集团、海升集团加大宣传推介小麦、苹果等中国种子种苗、种植管理、农产品质量分级、农产品流通等标准，开展中国农业标准在哈萨克斯坦等沿线国家适用性研究，将中国标准转化为当地标准并实施推广应用。

3. 提升中国标准国际影响力。在装备制造、通信、有色金属等领域，加强技术标准研制，加速工业电热等科技成果转化，提升标准先进性和系统性，形成一批有利于中国标准推广的引领性标准。

4. 引领沿线国家标准化共同发展。在农业、有色金属、纺织等优势产能领域，帮助沿线国家特别是中亚国家完善标准体系，提供标准化信息服务，以中国优势标准引领沿线国家标准化共同发展。

二、促进国际产能合作

5. 助力国际合作产业园建设。在农业、工程建设等领域打造一批海外标准化示范工程，将海升集团中哈友谊苹果园（阿拉木图）、西安爱菊粮油工业集团哈萨克斯坦粮油加工产业园、尼泊尔加德满都佛祖机场等建设成为境外合作项目标准化示范高地。为陕西煤业化工集团吉尔吉斯斯坦石油炼化工业园、咸阳纺织集团有限公司哈萨克斯坦纺织工业园等项目建设做好标准化咨询的跟踪服务。

6. 助推重点合作项目落地。以我省煤炭、石油天然气、电力产业为重点、在海外承包项目和对外援建项目的工程设计研发、原料采购、生产加工、检验检测和售后服务等环节引导推荐使用中国标准。

7. 加强企业标准化合作。与沿线企业开展多领域国际标准化合作，分析研究沿线国家装备制造、工程建设、电力设备检测等标准，促进隆基绿能科技股份有限公司、西北民航机场建设集团、宝鸡石油机械有限责任公司、石油管工程技术研究院、西安高压电器研究院等企业科研院所与沿线企业在项目合作中开展光伏产品制造、机场建设、石油钻采装备生产、输配电设备检测等方面标准互认。在与俄罗斯天然气公司开展标准互认谈判中，助推宝鸡石油机械有限责任公司建立标准互认协商机制。推动茯茶标准在我省企业与欧美、中亚、东北亚等地区企业间互认。促进西安轻工业钟表研究所中法钟表产品标准交流与互认。支持西安爱菊粮油工业集团与西北农林科技大学及哈萨克斯坦高校联合开展有机小麦、葵籽、菜籽种植技术规范制定的合作。

8. 促进铁路跨境电商物流业务。完善物流服务、托盘、国际货运代理等标准化合作，在西安国际港务区建设中，不断促进中、俄、欧铁路跨境电商物流业务发展标准合作，提高运行品质。

三、提高科技创新能力

9. 加强基础研究建立创新基地。逐步开展沿线国家标准化战略规划研究，主要围绕标准化战略规划、法律法规、标准体系等，初步形成《中亚国家标准化概况研究》。开展沿线国家文物保护修复相关政策、法规、技术标准的收集研究。开展我国油气管道标准走出去适用性技术研究。在西安西电捷通无线网络通信股份有限公司、西安高压电器研究院建立标准创新基地，推进在杨凌设立国家农业技术标准创新基地。

10. 推动联合制定国际标准。推动实施联合制定100项国际标准计划。在现代农业、装备制造、能源、轻工业、电力电子等领域，发挥我省企业承担国际标准组织技术机构秘书处优势，助力隆基绿能科技股份有限公司、西安高压电器研究院、西安轻工业钟表研究所等开展电池EL测试方法、铁道电力系统用金属氧化物、接触网用绝缘子、钟表产品等国际标准制定项目的申报，加大小麦粉、智慧城市建设等国际标准研究，推动西安庆安制冷设备股份有限公司与意大利卡乐公司联合开展EN相关标准的制定。强化沿线国家对我国企业主导制定的WAPI、TRAIS、NEAU等国际标准的认同，促进国际标准的实施。

11. 开展关键技术指标比对。围绕机电产品、农产品、轻工产品等我省出口沿线地区主要贸易产品，开展标准的翻译、关键技术指标比对和适用性分析验证工作。深入开展我国油气管道标准走出去适用性技术研究，比对中外标准差异性，探索我国标准境外转化路径和方法。

12. 开展中国标准外文版翻译。推动实施100项中国标准外文版翻译计划。围绕我省企业在“走出去”中对中国标准外文版科学性、规范性的需求，依托丝绸之路语言服务协同创新中心，在交通运输、石油化工、电力、信息技术等领域，重点开展国家标准外文版制定，在机械制造、有色金属、纺织、茶叶、光伏产品、钟表产品、电炉产品、输变电设备、油气管道、机场建设、海外承包工程等领域，配合经贸往来、项目合作、海外示范等方面，加强所涉及产品、检测、管理等急需标准外文版翻译。

四、助力文化旅游发展

13. 促进文物保护领域标准制定合作。研究制定我国文物保护修复技术标准，推动陕西省文物保护研究院、秦始皇兵马俑博物馆等在文物修复和展览、博物馆、世界文化遗产管理等领域，与沿线国家合作开展标准制定研究，推动我国标准在中亚、东南亚等地区文物保护修复项目中实施。

14. 加强艺术品质量管理标准化建设。促进艺术品鉴证质量溯源、交易、流通和展示标准化应用合作。支持大唐西市文化产业投资集团开展自身标准体系建设，积极申报艺术品鉴定、评估和仲裁领域国家标准。

15. 开展旅游演艺标准化交流合作。加快制定《陕西旅游演艺标准体系建设规划（2018—2020年）》，优化标准管理体系，创新完善旅游演艺标准化。推介旅游业标准，推动人文领域标准在沿线国家推广应用，在意大利威尼斯打造大型实景演出《马可波罗》，在柬埔寨金边打造大型实景演出《吴哥》，促进陕西《长恨歌》等实景演出标准被沿线国家采用或使用。

五、提升标准化服务发展能力

16. 加强标准信息服务能力建设。依托陕西一带一路网、中亚标准化信息平台、西安科技大市场标准资源共享服务平台、陕西省“一带一路”语言服务及大数据平台，提供“一带一路”建设标准信息服务，在发布“一带一路”沿线国家标准化动态的同时，实现中亚国家标准信息查询，为政府部门、企业、社会团体、消费者提供全面的“一带一路”沿线国家标准信息服务。

17. 畅通技术转移渠道。依托西安科技大市场技术转移项目数据库建设，建立技术转移服务平台，广泛收集沿线国家标准化信息，提供技术转移的沟通和交易服务，发挥标准作为经济社会活动的技术依据作用，为沿线国家技术交流构建标准信息资源池。

18. 开展健康服务领域合作。促进养老、积极辅助生活、家政标准化合作，组织省级服务业标准化示范单位和有关机构开展相关标准宣传培训应用，对有需求的沿线国家开展养老、家政人员标准化技能培训。

19. 引领酵素产业发展。支持渭南市质监局加快陕西省酵素标准化技术委员会的建设，健全酵素标准体系，填补酵素领域国际标准空白。

20. 完善土地地质标准体系建设。申请形成一批土地工程、浅层地热、矿山地质等领域地方标准，积极转化一批土地整治、地质灾害等领域标准为国家标准，联合制定一批污损土地改良改造、矿山环境治理恢复等国际标准。联系沿线各国相关机构，推动开展土地工程技术标准研究中心、地质工程技术标准研究中心的创建工作。

21. 开展专题培训鼓励参与标准化活动。组织10次专题培训或企业研讨。杨凌示范区质监局开展沿线国家农业标准化合作系列培训、西安电炉研究所开展工业电加热设备标准的专题培训、西北民航机场建设集团开展东南亚等国家援外标准化培训，提升企业标准化人才的专业水准和综合素质，提升企业参与国际标准化活动能力和水平。

22. 加大对外影响拓展对外合作。继续打造并提升“丝绸之路质量标准国际论坛”，依托中亚标准化（陕西）研究中心适时举办中亚国家标准化国际论坛，在杨凌农高会期间组织标准化合作交流论坛。进一步拓展延伸与中东欧、中亚、西亚、阿拉伯国家等区域标准化合作渠道。

六、强化政策保障

23. 加强沟通协调。建立政府部门之间、政府与企业之间的沟通交流与协调互动机制。推动标准联通共建“一带一路”行动计划要素纳入我省“一带一路”建设各年度行动计划。

24. 落实经费保障。在充分利用现有资金渠道，盘活存量资金的基础上，探索建立市场化、多元化的经费投入机制，加大对初见成效的标准化项目的资金投入，做好相关项目的经费保障。

25. 加大政策支持。积极贯彻落实《科技部 财政部 国家税务总局关于印发<科技型中小企业评价办法>的通知》（国科发政〔2017〕115号），对符合该文件第六条第（一）~（四）项条件的企业，若同时符合“企业近五年内主导制定过国际标准、国家标准或行业标准”，可直接确认符合科技型中小企业条件。按照《财政部 税务总局 科技部关于提高科技型中小企业研究开发费用税前加计扣除比例的通知》（财税〔2017〕34号）等文件，科技型中小企业研发费用税前加记扣除比例提高至75%，激励企业研发积极性。

26. 营造良好氛围。通过多种交流活动形式，加大对相关工作政策和信息的宣传力度，发挥政府部门在信息引导、政策扶持、沟通协调等方面的作用，调动企业、社会团体和科研院所的积极性，开展全方位、多层次宣传和推介工作，营造社会各界积极参与标准联通共建“一带一路”的良好氛围。

《行动计划任务分解表》（略）

陕西省“一带一路”建设2019年行动计划

陕西省人民政府办公厅

为深入贯彻落实习近平总书记在推进“一带一路”建设工作5周年座谈会上的重要讲话精神，绘好“一带一路”建设“工笔画”，打造内陆改革开放新高地，大力发展枢纽经济、门户经济、流动经济，持续推进“一带一路”五大中心建设，特制订本行动计划。

一、着力构建交通商贸物流中心

1. 力争西安咸阳国际机场三期工程早日开工建设。积极开展“一带一路”国家航权自由化试点研究，加快推进临空经济示范区建设，充分利用第五航权，吸引外国航空公司经停西安。力争开通西安至乌克兰、波兰等中东欧国家的航线。（省发展改革委、民航西北地区管理局、西安海关负责，排在第一位的部门为牵头部门，下同）

2. 加快宝鸡至坪坎、凤翔至旬邑、合阳至铜川、平利至镇坪、安康至岚皋、绥德至延川等高速公路项目建设进度，全年建设规模超过1400公里。（省交通运输厅、省发展改革委负责）

3. 加快推进银西高铁建设，确保西延、西十、西康高铁开工建设，力争延榆高铁年内开工。加快汉巴渝快速铁路北上通道项目前期工作。（省发展改革委、省交通运输厅、中铁西安局集团公司、各有关市政府负责）

4. 持续抓好中欧班列长安号新线路开拓，加大货源组织力度，全年计划开行1800列。（西安市政府、中铁西安局集团公司、省发展改革委、省财政厅、省商务厅、西安海关负责）

5. 加快海关特殊监管区域整合优化，确保西安航空基地综合保税区按期通过验收。推进西咸空港综合保税区、杨凌综合保税区、宝鸡综合保税区申报建设工作。积极申报空港进境肉类、进境种苗指定口岸，力争年内获批。（省发展改革委、省商务厅、西安市政府、宝鸡市政府、杨凌示范区管委会、西咸新区管委会、西安海关负责）

6. 支持西安建设国家进口商品展示交易分拨中心、跨境电子商务国际合作中心、加工贸易转移承接中心，制订配套实施方案。支持西安国际港务区、西咸新区空港新城、西安曲江新区建设中国（西安）跨境电子商务综合试验区先行区。（省商务厅、西安市政府、西咸新区管委会、西安海关负责）

7. 加强与国家相关部委的汇报沟通，积极申办2021年“一带一路”国际合作高峰论坛，全力做好场馆建设、配套提升和前期筹备工作。（省政府外事办、省发展改革委、西安市政府负责）

8. 组织参加第二届中国国际进口博览会，继续办好丝博会、欧亚经济论坛、杨凌农高会、陕粤港澳经济合作周、中国西部跨采会、“一带一路”（陕西）特色商品展览会、“一带一路”国际商协会投资与贸易洽谈会、省政府国际高级经济顾问会议、全球秦商大会等重大会议和投资促进活动。（省商务厅、省发展改革委、省政府外事办、省贸促会、西安市政府、杨凌示范区管委会负责）

9. 办好“一带一路”创新创业高峰会议、中国西部国际物流产业博览会、全球硬科技创新大会、世界西商大会和“一带一路”商事法律服务（培训）论坛等大型会议会展活动，不断提升陕西国际影响力。（西安市政府负责）

二、着力构建国际产能合作中心

1. 鼓励省内各级开发区建设国际产业合作园区，持续推进中欧国际合作产业园、中韩产业园、中哈苹果友谊园、中俄丝路创新园、中吉宝鸡工业园、中哈农业创新园等国际合作产业园区建设。力争中国—南非延安产业园轨道交通生产基地开工建设。（省商务厅、省发展改革委、各有关市政府负责）

2. 推动陕煤集团吉尔吉斯斯坦中大石油炼油项目全面达产，确保陕汽集团巴基斯坦 CKD 组装项目顺利投产。加快推进陕煤塔吉克斯坦煤电一体化项目和印尼煤、电、钢、建材一体化工业园区项目。加快陕西有色集团印度尼西亚年产 200 万吨氧化铝项目前期工作。积极跟踪服务陕西建工集团在马来西亚、阿联酋、南非、巴基斯坦、斯里兰卡等国家工程承包建设项目。（省国资委、省发展改革委、省商务厅负责）

3. 在“一带一路”沿线国家和地区新增 1 ~2 个“海外仓”或陕西商品展示中心。以“一带一路”沿线国家和地区市场为重点，支持并组织企业参加 24 个重点境外知名展会，积极开拓国际市场。（省商务厅负责）

4. 研究制定我省境外经贸合作区建设标准，编制境外投资合作指南。（省商务厅负责）

5. 抓好欧亚经济综合园区核心区、中国西部科技创新港、西安丝路国际会议会展中心、丝路国际金融中心核心区、杨凌国际现代农业创新港、杨凌综合物流园等重大项目推进。（西安市政府、杨凌示范区管委会负责）

三、着力构建科技教育中心

1. 围绕我省重点产业和技术领域，建设省级国际科技合作基地 10 个以上，依托基地设立海外研发机构 2~3 个。（省科技厅负责）

2. 积极参与实施政府间科技合作交流项目，组织推荐申报国家国际科技合作交流项目 20 项以上，安排省级国际科技合作与交流计划项目 80 项以上。（省科技厅负责）

3. 组织实施各类科技合作交流活动，支持省内产学研机构举办和参与各种学术交流会、论坛、科技展等 10 场（次）以上。（省科技厅负责）

4. 积极研究推动在杨凌示范区设立上海合作组织农业技术交流培训示范基地有关工作。争取并组织实施商务部 2019 年农业援外培训项目 10 期以上。（杨凌示范区管委会、省政府外事办、省农业农村厅、省商务厅负责）

5. 组织省内高校办好丝绸之路教育合作交流会和首届来华留学生国际艺术节。发挥丝绸之路大学联盟和“一带一路”职教联盟影响力，加强与“一带一路”沿线国家和地区的教育交流合作。（省教育厅负责）

四、着力构建国际文化旅游中心

1. 办好 2019 西安丝绸之路国际旅游博览会。承办 2019 年“中国—新西兰旅游年”重点活动“新西兰千人游陕西暨仿唐迎宾盛典”。（省文化和旅游厅、省政府外事办负责）

2. 办好第六届丝绸之路国际艺术节，持续深化拓展文化和旅游部海外“欢乐春节”活动，促进与“一带一路”沿线国家和地区的文化交流。加强与白俄罗斯明斯克中国文化中心合作，重点做好中国文创周、中秋传统文化展演等活动。（省文化和旅游厅、省政府外事办负责）

3. 办好第三届中德历史文化名城对话会，形成机制化人文交流项目。举办朱鹮国际论坛、陕西美食文化节、“一带一路”青年友好交流等活动，促进民心相通。打造“鎏金铜蚕 · 丝路之源”文化品牌。（省政府外事办、安康市政府负责）

4. 围绕“一带一路”建设需要，推进重点方向、重点地区、重点国别、重点项目交流合作，争取更多国家在陕设立领事机构，推动国际友好城市建设重点向“一带一路”沿线国家

和地区延伸。(省政府外事办负责)

5. 持续做好援外医疗合作，完成第35批援助苏丹和第7批援助马拉维医疗队的派遣工作。(省卫生健康委负责)

五、着力构建丝绸之路金融中心

1. 加强与国家相关部委的沟通汇报，积极推进陕西自由贸易试验区知识产权证券化交易所申报设立工作。(省商务厅、省版权局、省地方金融监管局、省知识产权局、人民银行西安分行负责)

2. 加快丝路金融中心建设的顶层设计，制订出台《西安丝路国际金融中心建设中长期规划》及行动计划。(西安市政府、省地方金融监管局、人民银行西安分行、陕西银保监局、陕西证监局、省发展改革委负责)

3. 争取金融产品和服务创新试点优先落户陕西自由贸易试验区，努力培育可复制、可推广的金融创新案例。(人民银行西安分行负责)

4. 积极推进关税保证保险在我省落地实施。大力发展出口信用保险、货物运输保险、工程建设保险等业务，为企业海外投资、产品技术输出、承接“一带一路”沿线国家和地区重大工程提供综合保险服务。(陕西银保监局负责)

5. 鼓励和支持在“一带一路”沿线国家和地区开拓市场的省内企业通过上市融资、并购重组、发行公司债券等方式，扩大直接融资规模。(陕西证监局、省地方金融监管局负责)

6. 紧抓金融业对外开放机遇，创建国家级金融改革创新实验区。支持境内外各类金融机构在西安设立分支机构。加快推进丝绸之路经济带跨境资金结算功能建设。(人民银行西安分行、省地方金融监管局、各有关市政府负责)

六、持续优化发展环境

1. 优化境外商务代表处设置，重点面向“一带一路”沿线国家和地区新增设3个境外商务代表处。建立境外国家和地区在华商务机构常态化联络机制，继续办好丝绸之路商务合作（西安）圆桌会。(省商务厅负责)

2. 不断拓展多双边合作机制，新增双边合作协议4~6个。积极组织我省企业参加国际重点展会和论坛活动。(省贸促会负责)

3. 推进陕西省“一带一路”知识产权语言服务人才培养中心建设。开设专利翻译人才试验班，开展相关领域科研立项及教材编写，加快知识产权语言服务人才培养体系建设。(省知识产权局负责)

4. 积极推进中亚标准化（陕西）研究中心验收挂牌工作，加强中亚国家标准化概况研究。(省市场监管局负责)

5. 加强环境保护国际交流合作，加强与韩国环境部的互访交流，积极参加中日节能环保综合论坛，举办西安（国际）环保产业博览会。推动落实中国—丹麦区域能源及节能改造综合示范项目。(省生态环境厅、省发展改革委负责)

6. 收集“一带一路”沿线国家和国内重点省份经济数据，对2018年度经济数据进行整理分析。(省统计局负责)

7. 完善陕西“一带一路”网、“一带一路”语言服务及大数据平台综合性服务功能，建设中亚标准研究信息平台、“一带一路”国家计量测试研究中心（陕西）信息发布平台和“一带一路”投资贸易公共服务平台，为企业提供法规、政策服务和支持。(省发展改革委、省政府外事办、省市场监管局、省贸促会负责)

8. 提升企业跨境贸易和投资自由化便利化水平，将陕西自由贸易试验区范围内所有涉企行政审批事项纳入“证照分离”改革。(省发展改革委、省商务厅、省市场监管局负责)

七、强化组织协调

1. 各成员单位按月向省推进“一带一路”

建设工作领导小组办公室（以下简称省“一带一路”办）报送建设成果、反馈重大问题，省“一带一路”办按季度向省政府报告工作进展。（省推进“一带一路”建设工作领导小组各成员单位负责）

2. 积极发挥我省“一带一路”建设境外安全保障工作体系和机制作用，提高境外安全保障能力和水平。加强“一带一路”境外企业安全培训，构建境外风险评估和预警机制。（省政府外事办、省商务厅、省公安厅负责）

3. 加强和规范我省“一带一路”对外交流平台审核工作，维护“一带一路”倡议严肃性和权威性，防止“一带一路”概念泛化，防范借用“一带一路”概念聚财敛财。（省“一带一路”办会同各成员单位负责）

关于支持丝绸之路信息港建设的意见

甘肃省人民政府办公厅

各市、自治州人民政府，兰州新区管委会，省政府各部门，中央在甘有关单位：

为进一步贯彻落实《丝绸之路信息港总体规划（2018—2025年）》，加快网络强省战略实施，推动互联网、大数据、人工智能和实体经济深度融合，推进丝绸之路信息港建设，推动数字甘肃发展，经省政府同意，制定本意见。

一、加快建设大数据中心集群

充分发挥我省区位、资源、气候等优势，适度超前布局数据中心，统筹在兰州、金昌、酒泉、庆阳、兰州新区等地部署支持甘肃服务全国的云计算、大数据中心布局，建设物理分散、逻辑统一的信息港绿色云数据中心集群。发挥电信运营企业、大型互联网公司、第三方IDC运营商等多种市场主体作用，推出面向不同市场需求的数据中心服务，促进数据中心高质量发展。省直各单位、省内各高校、中央在甘单位和各相关企业要主动对接，吸引国家部委、电信运营企业、大型互联网企业、金融机构等在我省落地建设区域数据中心，大力争取国家级、行业级数据中心和容灾、备灾数据中心落户甘肃。（牵头部门：领导小组成员单位；配合部门：各市州政府，兰州新区管委会）

二、加快数据资源汇聚共享和开发利用

各级政府部门和省属企业要结合业务流程，制定各地政务数据迁移方案，推进存量数据资源逻辑迁移、存储和增量业务数据存储汇聚在丝绸之路信息港云数据中心，搭建全省统一、多级互联的政务数据共享交换体系，实现全省政务大数据的集中建设、调度和综合服务。在保障数据资源安全的前提下，加快推进各级部门数据交换共享，优先开放社会公众、市场主体关注度和需求度较高的公共数据，鼓励企业、专业机构采集并向社会开放数据资源，推进不同平台之间数据信息资源的比对、交换与共享。开展政务数据分析利用，发挥数据规模优势，通过数据脱敏、清洗、加工等环节发掘和释放数据资源的潜在价值，推进数据资源资产化、数据资产服务化、数据服务价值化。（牵头部门：领导小组成员单位；配合部门：各市州政府，兰州新区管委会）

三、全面推动综合应用服务平台建设

按照资源促应用、应用带产业原则，全面推进数字惠民、便民政务、社会治理、产业升级、电商物流等领域应用平台建设。加快推进工业互联网标识解析二级节点（兰州）、“一带一路”特色农产品多语言电子商务平台、国际陆海贸易新通道（甘肃）物流大数据平台、“陇政钉”移动办公平台、农民工实名制及工资支付管理公共服务平台、省级工程建设项目审批管理平台、省国资监督管理信息平台、甘肃智慧农业大数据平台、省级大健康云平台和中国文化资源云平台等重点项目建设。（牵头部门：领导小组成员单位；配合部门：各市州政府，兰州新区管委会）

四、深化标准研究

鼓励支持重点行业大数据应用领域开展基于数据链的数据导入接口规范、元数据管理、

主数据管理、数据质量评价、敏感数据使用规则等技术标准和数据规范编制，引导和支持丝绸之路信息港相关企业加大研发投入，加强原始创新和知识产权保护利用，优先向国家推荐申报相关标准和项目，纳入国家标准的在省级工业转型升级和信息产业发展专项中给予支持。（牵头部门：省科技厅、省市场监管局、省工信厅、省发展改革委、省财政厅；配合部门：各市州政府，兰州新区管委会）

五、推动产学研深度融合

鼓励支持有条件的大数据龙头企业与高等院校、科研院所合作建立大数据暨人工智能学院、数字经济实训基地，设立重点实验室和企业技术中心，组建科技企业孵化器，加强技术创新中心建设，共建创新研发平台，奖励政策按照《甘肃支持科技创新若干措施》执行。（牵头部门：省科技厅、省教育厅、省工信厅、省财政厅、省金融监管局）

六、加大土地、用电及产业扶持力度

入驻我省参与丝绸之路信息港建设的企业，根据《产业用地政策实施工作指引（2019年版）》，用地可采取长期租赁、先租后让、租让结合和弹性年期等差别化供地方式，降低企业初始用地成本。对纳入丝绸之路信息港建设确定引进的大数据落地投产企业，依法依规给予电价优惠。针对参与丝绸之路信息港建设的数据信息企业和引进国内外行业龙头企业在甘肃省内建立的研发中心和子公司，综合考虑年投资额、主营收入金额等要素，制定丝绸之路信息港产业扶持奖励实施细则。（牵头部门：省自然资源厅、省发展改革委、省工信厅、省财政厅，配合部门：各市州政府，兰州新区管委会、国网甘肃电力公司）

七、加大人才引进力度

鼓励丝绸之路信息港参建企业与国内外知名企业、高等院校、国家智库建立高端人才战略合作平台，围绕商贸物流、产能升级、人文交流等方面，通过政策优惠、学习培训、项目合作等模式，吸引和培养一批信息化领域高端人才。将大数据产业高端人才引进纳入全省急需紧缺人才引进目录，并根据全省人才引进计划给予重点支持。鼓励校企合作培养实用人才、支持省内高校和职业院校开设与数字经济相关专业，鼓励高等院校和中等职业学校、社会培训机构定向为全省企业培养数字经济复合型、应用型人才。加大人才奖励范围，对丝绸之路信息港区域大数据中心及大数据开发从业人员中年收入20万元以上的，纳入省级人才奖励范围，依法按有关规定予以奖励。（牵头部门：省工信厅、省教育厅、省科技厅、省人社厅、省财政厅，配合部门：各市州政府，兰州新区管委会）

八、建立多元化投融资机制

积极争取国家部委相关专项财政资金，与各地信息化财政预算配合，编制信息产业、信息化项目等投资指南，以财政资金为杠杆，鼓励开发性金融机构等社会资本发起设立或参股投资甘肃省数据信息产业基金，形成政府投入为引导，银行、社会资本、民间资本、外资广泛的多元化投资格局。（牵头部门：省直相关部门，配合部门：各市州政府，兰州新区管委会）

九、加强统筹协调

省政府部门新建信息化软硬件基础设施项目、现有设施升级改造项目、涉及公益类、公共服务类的信息化项目和各级财政资金支持建设的重大信息化项目，原则上整体纳入丝绸之路信息港建设范围，统一规划、统一建设、统一标准。鼓励省直部门增量数据依靠信息港存储，存量数据逐步迁移，由丝绸之路信息港建设主体提供云计算服务或承接新建，政府购买服务，加快业务数据向信息港云数据中心汇聚。省级财政信息化专项资金统筹集中用于丝绸之路信息港建设，丝绸之路信息港建设主体主动衔接各级政府部门信息化建设需求，坚持统建、统管、分用的集约化建设思路。涉及各级财政资金支持建设的重大信息化项目，由各级政府业务主管部门申请提出，各级信息化建设管理部门负责审核，丝绸之路信息港建设主体主动对接实施，在完成可行性研究及财政支撑能力评估的基础上，形成信息化项目建设方案，统筹推进项目落地实施。政府业务主管部门负责项目建设阶段的过程管理、竣工收尾阶段的项目验收。(牵头部门：领导小组成员单位；配合部门：各市州政府，兰州新区管委会)

本意见自印发之日起施行，有效期5年。

自治区推进“一带一路”和内陆开放型经济试验区建设2019年工作计划

宁夏自治区推进“一带一路”暨宁夏内陆开放型经济试验区建设领导小组

为全面贯彻习近平总书记在推进“一带一路”建设工作5周年座谈会上的重要讲话精神，落实自治区第十二次党代会和十二届六次全会安排部署，坚定不移推进高水平开放，结合自治区政府工作报告等对内陆开放工作的要求，重点围绕先行先试、通道建设、经贸平台、开放载体和开放环境等领域取得新突破，制定自治区推进“一带一路”和试验区建设2019年工作计划。

一、开展先行先试

1. 学习借鉴自贸区和其他省市开发区做法经验，以银川综合保税区和银川、石嘴山经济技术开发区为突破口，聚焦能突破、可操作的领域，开展首创性、差异化改革探索。（牵头单位：自治区发展改革委、商务厅，银川市和石嘴山市人民政府；配合单位：各相关部门）

2. 争取国家支持设立中国（银川）跨境电子商务综合试验区，推动跨境电子商务发展。（牵头单位：自治区商务厅、银川市人民政府；配合单位：银川海关，宁夏邮政管理局）

3. 推动银川综合保税区内加工制造企业承接境内外委托加工。（牵头单位：银川海关；配合单位：自治区商务厅，银川综合保税区管委会）

4. 争取在石嘴山保税物流中心（B型）试点实施进口非特殊用途化妆品备案管理。（牵头单位：自治区药品监督管理局；配合单位：石嘴山市人民政府）

二、加快通道建设

5. 加快推进国内空中快线和准快线建设，落实与东航、南航合作协议，重点打造银川至北京、上海、西安等重要城市空中快线，新开、加密和拉直银川至京津冀、长三角、珠三角等城市干线航线。培育和发展国际航空航线，稳定运营至香港等直达航线航班。（牵头单位：自治区商务厅；配合单位：宁夏机场有限公司，民航宁夏监管局，民航宁夏空管分局）。

6. 完善银川国际航空港物流配套服务设施，推进银川河东机场与综合保税区融合发展，在河东机场开展保税航油等业务。（牵头单位：银川市人民政府，银川综合保税区管委会；配合单位：自治区商务厅，宁夏机场有限公司，中航油宁夏分公司）

7. 稳定运行银川至中亚、西亚国际货运班列，抓紧申请设立铁路口岸，不断提升我区货源比重，争取开通直达威海港等沿海港口的五定特需班列，推动开行宁夏至蒙古、俄罗斯的国际货运班列。积极参与“中新互联互通项目”，与其他省区共商共建共享“陆海新通道”，在共建综合运营平台、协同创新支持政策、提升通关便利化水平、加快基础设施互联互通等方面开展交流合作。（牵头单位：自治区商务厅，银川市人民政府；配合单位：银川海关，自治区发展改革委、交通运输厅，五市人民政府）

8. 加快实施网上丝绸之路宁夏枢纽工程，进一步优化提高网络基础能力，在信息服务国际合作、跨境电商等领域取得突破。（牵头单位：自治区发展改革委，自治区党委网信办；配合单位：宁夏通信管理局，银川市、中卫市人民政府）加快国际技术转移中心建设，优化完善技术转移综合信息服务平台和技术转移协作网络，推进海外分中心、联合实验室等平台建设。（牵头单位：自治区科技厅、农业农村厅；配合单位：自治区商务厅）

三、建设经贸合作平台

9. 务实办好2019中国—阿拉伯国家博览会，聚焦经贸技术合作，创新办会模式，完善办会机制，深入开展对接洽谈，推进一批合作项目落地。（牵头单位：自治区博览局；配合单位：各相关单位）推进2019“一带一路”国际葡萄酒大赛、2019中国国际商标品牌节等国际性会展在我区举办。（牵头单位：银川市人民政府）组织我区企业积极参加2019中国国际进口博览会。（牵头单位：自治区商务厅）

10. 加快银川公铁物流园建设，建成银川国际公铁物流港一期，加快二期、三期项目建设进程。（牵头单位：银川市人民政府；配合单位：自治区商务厅、交通运输厅，银川海关）加快中卫工业园区公铁物流园建设，完善中宁铁路口岸多式联动、中转集散、分拨配送功能，实现陆港联动发展。（牵头单位：中卫市人民政府；配合单位：自治区商务厅、交通运输厅）

11. 加大境外园区招商推介力度，积极引入有实力的企业，以市场化运作方式推动境外园区项目建设。（牵头单位：自治区商务厅；配合单位：自治区博览局，银川市人民政府，自治区发展改革委）推进中国—沙特（吉赞）产业园招商引资工作，推动广州泛亚聚酯沙特石油化工化纤一体化等项目建设。（牵头单位：银川市人民政府；配合单位：自治区发展改革委、商务厅、工业和信息化厅）

四、创新开放载体建设

12. 争取出台《银川综合保税区管理条例》。（牵头单位：自治区司法厅、自然资源厅；配合单位：自治区商务厅，银川市人民政府，银川综合保税区管委会）修订发布《银川综合保税区优惠政策》。（牵头单位：自治区商务厅，银川综合保税区管委会；配合单位：自治区财政厅，银川市人民政府）划定银川综合保税区配套区，明确行政管理主体，编制银川综合保税区网外发展规划。（牵头单位：银川市人民政府，银川综合保税区管委会；配合单位：自治区自然资源厅、商务厅）争取建成进口肉类、种苗、水果口岸，启动建设国际快件海关监管中心项目。（牵头单位：银川市人民政府，银川综合保税区管委会；配合单位：银川海关，宁夏邮政管理局）

13. 推进审批制度改革，将银川经济技术开发区与自治区政府、银川市政府统一入口，实现内网三级通畅，大幅提高工作效率。（牵头单位：银川市人民政府）银川市按照有关规定将产业发展、投资管理、规划建设等方面的行政审批权通过赋权或委托的方式赋予银川经济技术开发区。（牵头单位：银川市人民政府）支持银川经济技术开发区扩区，增加商业、居住配套服务用地面积。（牵头单位：自治区商务厅；配合单位：自治区工业和信息化厅、自然资源厅，银川市人民政府）推进与北京经济技术开发区共建“一带一路”国际产业园。（牵头单位：银川市人民政府；配合单位：自治区工业和信息化厅、自然资源厅）

14. 支持石嘴山保税物流中心（B型）享受自治区赋予银川综合保税区的相应优惠政策。（牵头单位：自治区商务厅；配合单位：自治区财政厅，银川海关，石嘴山市人民政府）落实支持开发区整合优化和创新发展财政政策，增强石嘴山经济技术开发区“造血”功能和内生动力。（牵头单位：石嘴山市人民政府；配合单

位：自治区商务厅、财政厅）

五、优化开放环境

15. 持续优化涉税事项办理，大力推行网上办税、就近办税，简化涉税资料报送、发票业务及纳税人迁移手续，审核办理出口企业正常退税的平均时间压缩至10个工作日。对境外投资者从中国境内居民企业分配的利润，用于境内直接投资暂不征收预提所得税政策的适用范围，由外商投资鼓励类项目扩大至所有非禁止类外商投资的项目和领域。（牵头单位：宁夏税务局；配合单位：自治区财政厅）

16. 完善外商投资管理服务体系，加快制定宁夏外商投资促进政策，推进准入前国民待遇加负面清单管理制度，扩大鼓励外商投资范围。打造外商投资企业服务"绿色通道"，依法简化外商投资项目管理程序和外商投资企业设立变更、备案等程序，对负面清单以外的领域实行外商投资企业商务备案与工商登记"一口办理"。发挥外商投资企业投诉联席会议制度作用，加大外资项目服务力度。（牵头单位：自治区发展改革委、商务厅；配合单位：各相关部门）

17. 推进关税保证保险改革，实现货物"先放行后缴税"；深化国际贸易"单一窗口"建设，及时更新推广国际贸易"单一窗口"新增功能；定期对口岸进出口环节收费进行清理检查，依法查处各类违法违规收费行为。加强与东部沿海港口特别是深圳、珠海等口岸机构合作，推动实现供港澳蔬菜等产品出口直放。（牵头单位：自治区商务厅；配合单位：银川海关）

18. 建立招商引资工作联席会议制度，出台加强招商引资工作意见，扎实开展"高质高效招商引资年"活动，创新招商引资方式，优化招商引资环境，推动科学精准招商，加大项目签约和跟踪落实力度。（牵头单位：自治区商务厅；配合单位：五市人民政府、宁东管委会，各相关部门）

19. 加强内陆开放工作考核，把推进"一带一路"和试验区建设工作纳入自治区效能目标管理考核，适时开展评估。（牵头单位：自治区考核办、发展改革委；配合单位：各相关部门）

青海省2019年度推进“一带一路”建设重点工作分工方案

青海省参与丝绸之路经济带和21世纪海上丝绸之路建设协调领导小组办公室

为贯彻落实《青海省参与建设丝绸之路经济带和21世纪海上丝绸之路实施方案》(青发〔2015〕21号)和推动《青海省深入推进“一带一路”建设高质量发展实施意见》(青办字〔2018〕124号)具体化，按照各地区、各部门工作职责，现提出2019年度重点工作及分工方案。

一、积极开展政策沟通

1. 加快完善沟通协调机制。以高层互访为引领，促进对话协商，加强政府间合作，推动国际友好城市建设重点向“一带一路”沿线国家和地区延伸，不断拓展合作机制，落实好政府、高校、科研机构和企业等签订的双边合作协议。进一步加强与国家部委的沟通对接，开展“十四五”融入国家“一带一路”发展思路研究，探索与“一带一路”沿线国家经济合作和人文交流新模式，全面落实国家部署的各项建设任务，凝聚合力推进“一带一路”建设。

牵头单位：省发展改革委、省商务厅、省外事办

责任单位：省工业和信息化厅、省教育厅、省科技厅，省交通运输厅、省文化和旅游厅、省农业农村厅、省卫生健康委、省体育局，三江源国家公园管理局，相关市州政府

2. 积极落实对口援建工作。强化工作对接、完善工作机制，切实推动与援青六省市和深圳市政府间“6+1”战略合作协议落地见效，促进观念互通、思路互动、技术互学、作风互鉴，推动教育、卫生、就业、人才、产业和生态等领域的深度合作。

牵头单位：省发展改革委

责任单位：省教育厅、省卫生健康委、省人力资源社会保障厅、省工业和信息化厅、省生态环境厅，三江源国家公园管理局，省人才办

3. 深入推动国际陆海贸易新通道合作。贯彻落实《青海省加入共建中新互联互通项目南向通道工作机制备忘录》和《合作共建中新互联互通项目“陆海新通道”框架协议》，根据自身条件，与周边地区加强区域联动，建立紧密的区域合作工作机制，积极推动西部陆海新通道向纵深发展，加快向南开放。

牵头单位：省商务厅

责任单位：省工业和信息化厅，相关市州政府

二、全力促进设施联通

4. 不断完善铁路交通网络。继续推进“1288”铁路网络建设格局，打通我省向西、向南两个方向铁路网络，格尔木至敦煌、格尔木至库尔勒铁路建成投运，开工建设西宁至成都铁路，加快推进格尔木至成都、西宁至玉树至昌都铁路前期工作。

牵头单位：省发展改革委

责任单位：省自然资源厅、省生态环境厅，中国铁路青藏集团公司，甘青铁路有限公司，国开行青海省分行，相关市州政府

5. 加快推动民航基础设施建设。按照“一主八辅”民用机场网络布局，年内推动西宁机场三期建设工程取得可行性研究报告行业审查意见、玉树机场取得初步设计批复、青海湖机场完成总体规划和可行性研究报告编制。

牵头单位：省发展改革委

责任单位：青海机场公司，省自然资源厅、省生态环境厅，国开行青海省分行，相关市州政府

6. 全面推进空中廊道建设。在巩固原有国际航线的基础上，继续开通其他国际航线，积极拓展青海至“一带一路”沿线重要国家和地区的航线航班，搭建青海融入“一带一路”的空中通道。

牵头单位：省商务厅、省发展改革委

责任单位：省财政厅，青海机场公司，西宁海关，青海出入境边防检查总站

7. 继续完善公路网络建设。持续推进G0611扁都口（甘青界）至门源（克图）、同仁至西卜沙、G0612西海至察汉诺、G341加定至西海等高等级公路建设，力争建成G569曼德拉至大通公路克图至大通段，开工建设格尔木至老茫崖改扩建工程和老茫崖至油砂山叉口改建工程，提高向北、向西交通大通道的运输服务能力。

牵头单位：省交通运输厅

责任单位：省发展改革委，相关市州政府

8. 不断提高综合交通客货运输能力。加快推进曹家堡综合交通枢纽和格尔木综合客运枢纽建设，开展“无车承运人”“多式联运”等基于信息化手段的先进货运组织方式试点，以更加便捷、服务品质更高、运输成本更低的综合运输服务支持我省融入国家“一带一路”建设。

牵头单位：省交通运输厅

责任单位：省发展改革委、省工业和信息化厅、省商务厅，相关市州政府

9. 扎实推进网络强省建设。持续加大建设投入力度，不断完善信息通信基础设施建设，促进宽带网络骨干网优化，整合行业资源，对全省通信线缆、铁塔等设施设备统筹规划、统建共享。充分履行社会责任，全面发挥中央扶持资金引导作用，加快完成第四批普遍服务试点建设，不断改善全省农牧区宽带网络基础和应用。抓好重点项目的规划推进，筹划5G网络试验与推广等新业务、新技术发展。

牵头单位：省通信管理局

责任单位：省发展改革委，各市州政府

10. 奋力打造能源输送基地。全面创建国家能源革命综合试点省，加快构建清洁低碳高效的能源体系，建设水、风、光互补的国家清洁能源基地，加快核能供热和核电项目前期工作。加快推进清洁能源输送通道建设，推进海西至塔拉、塔拉至海南至西宁750千伏输变电项目，打造清洁能源输出大省，力争在“一带一路”沿线地区和国家掀起能源革命。

牵头单位：省能源局

责任单位：省发展改革委、省工业和信息化厅，国网青海省电力公司，相关市州政府

三、深入推进贸易畅通

11. 加快对外贸易通道建设。紧抓国家将格尔木作为陆港型物流枢纽承载城市、西宁作为商贸服务型物流枢纽承载城市的机遇，着力打造贯通俄罗斯—欧洲、中亚—西亚、南亚三条青海绿色贸易通道，逐步扩大中欧班列常态化运营规模和质量效益。同时以融入国际陆海贸易新通道为契机，推动我省与渝桂黔陇新滇宁等省市的共建协作和物流一体化建设，采取铁海联运方式，积极融入“21世纪海上丝绸之路”。

牵头单位：省商务厅

责任单位：省发展改革委、西宁海关，中国铁路青藏集团公司，相关市州政府

12. 不断优化外贸结构。围绕“双育计划”重点企业，加强对百万美元以上出口企业和千

万美元以上进口企业的跟踪服务和重点监测，逐户逐单落实进出口业务，力争重点企业进出口业务取得新突破。加大对高科技高附加值产业、战略性新兴产业及高端服务出口的支持力度，挖掘新的外贸增长点。

牵头单位：省商务厅

责任单位：省工业信息化厅，西宁海关

13. 加大外贸企业扶持力度。采取“一企一策”的方式，重点保障有色金属、盐湖化工、农产品、藏毯等领域骨干企业进出口总量保持稳定增长。积极引导铜精粉等生产原料和机电设备进口业务回流，加快培育外贸新增长点。

牵头单位：省商务厅

责任单位：省工业和信息化厅，西宁海关

14. 提升外贸便利化服务水平。积极促进对外贸易新业态发展，充分利用引进的贸融通综合服务公司，以西宁为中心、辐射海东、海西等地区，为全省中小微外贸企业提供“一站式”外贸综合服务。落实跨境电商进口监管政策，培育和引进相结合，积极推进省内跨境电商平台、境内服务商建设工作，学习借鉴兄弟省区先进经验，积极申报中国（海东）跨境电子商务综合试验区，推进全省跨境电商业务发展。

牵头单位：省商务厅

责任单位：省工业和信息化厅，省通信管理局，相关市州政府

15. 继续推进贸易网络建设。坚持完善服务功能，突出外贸转型升级基地、贸易促进平台、国际营销网络“三项建设”，力争认定1个国家级外贸转型升级专业型示范基地；积极推进境外营销网络建设，重点在欧洲、南亚等地建设2个国际营销网点；做好进口商品直销平台拓展工作，引导进口商品直销平台向民族地区布局发展。

牵头单位：省商务厅

责任单位：西宁海关

16. 持续开展综合保税区建设。强化曹家堡保税物流中心（B型）开发利用，力争建成西宁综合保税区，加快申建航空货运海关监管场所，填补我省没有海关特殊监管区域的空白，促进外向型经济发展。

牵头单位：西宁市政府

责任单位：西宁海关，省商务厅、省发展改革委、省财政厅、省市场监管局、省税务局、省交通运输厅

17. 加强口岸综合功能建设。依托西宁、海东、格尔木3个对外开放节点城市，申报建设进境肉类、水果指定口岸/查验场和进境木材监管区。建设支撑国际贸易的信息化平台，推动贸易、海关、税务、金融等部门信息共享，实现电子口岸、物流、贸易、信用、金融等信息交换，实现电子口岸、综保区、跨境电商的联动，打造内陆智慧口岸。推动口岸提效降费，持续推升通关便利化水平，全力压缩货物通关时间。强化与省外口岸的联系与合作，建立“一带一路”沿线统一口岸平台，实现电子口岸互联互通，加强区域间共同防范与打击走私、口岸疫情疫病、恐怖活动等国门风险联防联控工作。

牵头单位：省商务厅，西宁海关

责任单位：相关市州政府

18. 积极创新招商引资模式。坚持招大引强和招新引高相结合，挖掘投资意向，实施精准招商。狠抓专业队伍，突出专业招商。充分利用相关专业机构及落户我省重点企业资源信息，推进以商招商。加大资本招商力度，探索政府引导资金、大型产业基金招商模式，注重引导外来资金投向新一代信息技术、新材料、新能源、盐湖资源循环利用、生物医药等高新技术产业，争取在引进“一带一路”国家地区资金方面取得突破。

牵头单位：省工业和信息化厅

责任单位：省商务厅、省发展改革委、省

市场监管局、省卫生健康委，各市州政府

19. 积极办好各类商贸展会。立足青海生态和资源优势，以高原绿色产品和生态、民族、文化、旅游等产品为主导，精心做好第20届“青洽会”和首届青海国际生态产业博览会筹备组织工作，按照“一主多专”的展会新模式，打造具有国际化、品牌化、特色化的高水平展会，使其成为我省融入“一带一路”、长江经济带以及黄河生态经济带建设的重要平台和窗口。

牵头单位：省工业和信息化厅、省商务厅

责任单位：省发展改革委、省文化和旅游厅、省民宗委

20. 提升国际产能合作水平。坚持“走出去”开拓市场，对接“一带一路”沿线国家基础设施建设和市场消费需求，支持电力、光伏、盐湖化工等产业开展国际产能合作，鼓励省内企业在俄罗斯等地区拓展农业种植、加工领域业务。大力推进水电四局、齐鑫矿业等骨干企业积极参与塔吉克斯坦、安哥拉、埃塞俄比亚、玻利维亚等国家电力、交通、高速公路建设和矿产开发。以西宁、海西、海南地区为重点，推进太阳能、风能发电装备制造业发展，带动光伏电池、风电机组等配套组件出口。

牵头单位：省商务厅

责任单位：省工业和信息化厅、省发展改革委、省外事办、省自然资源厅，省能源局，各市州政府

21. 切实提高中藏医药服务能力。召开全省中藏医药发展大会，组织实施扶持和促进中藏药发展若干措施，加强中藏医重点专科建设，将省中医院、省藏医院打造成区域中藏医诊疗中心。加大中藏医药科研创新力度，围绕中藏医药治疗优势或特色病种，积极开展临床应用和防治研究。推进藏医药标准化建设，研究制定藏医临床诊疗指南等技术标准。

牵头单位：省卫生健康委

责任单位：省科技厅、省工业和信息化厅，各市州政府

22. 全力抓好文化旅游产业重点项目建设。持续推动特色文化产业发展工程、藏羌彝文化产业走廊、丝绸之路文化产业带等重点项目建设。督促指导全省“十三五”文化旅游规划确定的重点项目实施，促进特色文化旅游产业发展。大力培育文化旅游产业龙头企业，多渠道争取资金，争取年内培育1~2个省级文化旅游产业品牌。全面总结黄南州文化旅游消费试点工作经验，在全省有条件的地区适时进行推广，有效促进文化和旅游消费。

牵头单位：省文化和旅游厅

责任单位：省发展改革委、省工业和信息化厅、省民宗委，相关市州政府

四、务实推动资金融通

23. 加大金融支持力度。加快推动人民币跨境使用，争取在民族文化等具有竞争优势的进出口传统主导产业，以及曹家堡保税物流中心（B型）从事进出口活动的企业推动跨境贸易人民币结算业务。积极争取国家丝路基金重点支持我省符合国家战略、地方发展实际的优质“走出去”投资合作项目，通过股权债权形式帮助企业提高融资能力，增强企业涉外业务经营管理能力。

牵头单位：人行西宁中心支行

责任单位：省地方金融监管局、省商务厅，西宁海关

24. 持续推进普惠金融综合示范区试点。积极稳妥推动惠农金融服务点综合化、规范化建设，持续推进青海省移动支付便民示范工程。落实农村信用体系建设第二个五年规划和中小微企业信用体系建设意见及各项配套制度，加快中小微企业和农村信用信息“库+网”建设进程，助推信用普惠和精准扶贫向纵深发展。加大青海绿色金融发展的支持力度，积极引导金融机构按照《绿色贷款专项统计制度》中的

绿色项目范围调整信贷方向，压控“两高一剩”项目贷款。推动“四大普惠”综合发力，构建良好金融生态环境，提升金融服务能力，服务“一带一路”金融需求。

牵头单位：人行西宁中心支行

责任单位：省地方金融监管局、省工业和信息化厅、省通信管理局

25. 继续做好金融风险监测。进一步做好日常金融风险监测，密切关注银行业、证券业、保险业、大型有问题企业等的风险状况。开展地方法人银行机构压力测试工作，实现地方法人银行机构全覆盖。及时准确收缴地方法人投保机构存款保险保费，加强对高风险金融机构的监测，做好风险处置工作。

牵头单位：人行西宁中心支行

责任单位：省地方金融监管局，青海银保监局、青海证监局，省国资委

五、持续深化民心相通

26. 持续深化对外文化交流合作。继续开展文化和旅游部“部省合作”项目，积极与曼谷中国文化中心沟通，创新策划在泰国举办“大美青海”系列活动。组织参加对外、对港澳台和省外交流合作，积极做好民族舞剧《唐卡》在香港、澳门的巡演工作。办好“一带一路中的青海”首博展和赴对口援青省市举办的“大美青海感恩京津鲁”宣传周活动，做好外交部青海全球推介活动、2019 年北京世界园艺博览会“青海日”活动。

牵头单位：省文化和旅游厅

责任单位：省外事办、省发展改革委，省委宣传部，三江源国家公园管理局，各市州政府

27. 充分发挥文化旅游产业交流平台作用。继续组织各市州相关部门，组团参加义乌、深圳等文化旅游博览会展。全力办好 2019 青海文化旅游节暨 2019 年西北旅游营销大会特色文化产品展，为省内文化企业提供展示、推介、寻找商机与合作伙伴服务。

牵头单位：省文化和旅游厅

责任单位：省商务厅、省工业和信息化厅，相关市州政府

28. 持续做好文化遗产保护工作。出台并实施好全省《文物保护利用改革的实施办法》《革命文物保护工程的实施办法》《文物安全管理办法》，统筹推进重大文物保护、可移动文物保护、文物平安工程，完成第八批全国重点文化保护申报和第十批省级重点文物保护单位公布工作，推动热水墓群国家考古研究基地建设。加强非遗传承体系建设，扶持壮大 100 个非遗传习中心（所），实施“非遗传承人人群研修研习培训计划”，完善四级非遗名录体系。做好青海文化记忆工程和传承人抢救性记录工程，年内对瞿昙寺花儿会等 7 个项目的传承人进行抢救性记录工作。广泛开展非遗主题传播活动，重点打造“青绣”文化品牌，举办好“青海非遗展”“青海刺绣大赛”等精品展示展演活动。

牵头单位：省文化和旅游厅

责任单位：相关市州政府

29. 继续开展“一带一路”国家旅游宣传推广活动。全力做好国家文化和旅游部组织的各项国际旅游交易会、国际旅游展的手续办理、筹备及参展等工作，积极筹备 2019 中国国际旅交会参展工作。继续组织省内旅行社、旅游商品等企业赴“一带一路”沿线国家及国内各省市开展大美青海推介活动，全面提升青海旅游在“一带一路”沿线国家和地区的知名度和美誉度。

牵头单位：省文化和旅游厅

责任单位：各市州政府

30. 积极开展教育交流合作。全面贯彻落实《关于做好新时期教育对外开放工作的实施意见》，发挥好现有教育对外交流合作平台和资源，积极走出去拓宽新的交流合作渠道，支持和鼓励

省属高校招收“一带一路”沿线国家留学生，并继续做好与土库曼斯坦互派留学生工作。

牵头单位：省教育厅

责任单位：省外事办

31. 全力推动体育赛事品牌提档升级。继续全力办好环青海湖国际公路自行车赛、国际冰壶精英赛、岗什卡高海拔世界滑雪登山大师赛等十大国际体育品牌赛事，主动将青海国际体育品牌赛事融入“一带一路”建设，进一步提升赛事国际化、专业化、市场化水平。

牵头单位：省体育局

责任单位：省外事办、省文化和旅游厅，相关市州政府

32. 加快促进“一带一路”体育人才交流互动。积极面向“一带一路”沿线国家引进高水平教练人才，补齐我省在越野滑雪、高山滑雪、冰壶、冬季两项等项目高水平教练缺乏的短板，不断充实冰雪项目人才队伍。以自行车运动为媒介，引进世界高水平自行车选手加入车队，助推我省优秀自行车运动员前往世界自行车运动发达国家学习深造，同时立足于我省优势体育项目向“一带一路”国家输送人才。

牵头单位：省体育局

责任单位：省外事办、省教育厅、省科技厅，省人才办

33. 着力加强医疗交流合作。全方位推动我省与“一带一路”沿线国家在高原医学、中藏药领域的交流合作，加大我省中藏医药人才培养力度，实施好中医药传承创新“百千万”人才工作，做好国医大师、全国知名老中医药专家传承工作，同时鼓励我省有实力的医疗机构走出国门，提升我省高原医学和中藏药在国外的竞争力和影响力。

牵头单位：省卫生健康委

责任单位：省外事办、省文化和旅游厅，相关市州政府

34. 深化生态文明建设交流合作。积极宣传展示我省生态文明先行示范区建设成果，继续办好中国生态环保大会等生态交流合作论坛，适时举办国家公园国际论坛，全力助推我省以国家公园为主体的自然保护地体系示范省建设，充分引导各方面力量共建绿色丝绸之路。

牵头单位：三江源国家公园管理局，省林草局，西宁市政府

责任单位：省发展改革委、省文化和旅游厅、省生态环境厅

地方行动

北　京

北京市商务局

一、货物贸易

2018年，北京与“一带一路”沿线国家或地区双边贸易额1730.4亿美元，同比增长37.4%，占进出口总额的42%。其中，出口341.7亿美元，同比增长35%，占出口总额的46.1%；进口1388.7亿美元，同比增长38%，占进口总额的41.1%。与“一带一路”沿线国家或地区进出口、出口和进口增幅分别高于全市10.1个、8.4个和10.6个百分点。

二、服务贸易

2018年，北京市服务外包企业与“一带一路”的27个国家承接国际服务外包业务，离岸执行金额3.66亿美元，其中前五位的国别分别是新加坡、印度、马来西亚、阿拉伯联合酋长国、泰国。与“一带一路”国家登记技术进出口合同116份，合同金额17.07亿美元，其中技术进口合同14份，合同金额1.71亿美元，技术出口合同102份，合同金额15.36亿美元。

三、使用外资

2018年，“一带一路”国家或地区在京投资1.1亿美元，同比下降4.2%，占全市实际使用外资的0.6%。

四、对外投资

2018年，北京市企业在“一带一路”沿线25个国家新增直接投资2.82亿美元，同比增长45%，年度投资国别数创历史最高。2018年，北京市企业在“一带一路”沿线33个国家开展了对外承包工程业务，完成营业额19.03亿美元，新签合同额45.75亿美元，其中5000万美元以上对外承包工程项目共17个。

五、第五届中国（北京）国际服务贸易交易会有关情况

第五届中国（北京）国际服务贸易交易会（简称“京交会”）于2018年5月28日至6月1日在北京成功举办。本届京交会以“开放、创新、融合”为主题，积极拓展“一带一路”合作空间，吸引了46个“一带一路”沿线国家或地区参展参会，其中23个国家组团办展办会。期间先后举办了“一带一路”服务贸易合作论坛、促进“一带一路”人工智能服务创新大会等10余场主题活动，形成了一批合作成果。联合国贸易和发展会议与中国服务贸易协会签署了《推动“一带一路”服务贸易合作备忘录》，旨在用新的合作理念、合作机制、商业模式助力“一带一路”建设。

六、涉及“一带一路”境内外主要展览会组织情况

2018年，组织相关企业参加第十五届亚洲国际贸易工业博览会、东盟（曼谷）中国进出口商品博览会、俄罗斯通信技术展、俄罗斯成衣时尚博览会、中东实验仪器分析检测设备博览会、印尼国际通讯广播展等境外展览会；组织相关企业参加中国（重庆）国际投资暨全球采购会、中国—南亚博览会、中国—亚欧博览会、中国—东盟博览会、中国西部国际博览会等境内展览会。

（撰稿：周凯）

河　北

河北省商务厅

2018年以来，河北省进一步完善相关政策措施，结合全省发展实际，以实现转型升级、绿色崛起为目标，调整产业结构为主线，以全面扩大开放合作为抓手，创新合作模式，夯实开放平台，着力推进全省与“一带一路”沿线国家和地区的经贸合作，融入“一带一路”建设取得了新的进展。

一、取得的成效

通过深入贯彻落实中央、国务院和省委、省政府各项决策部署，全省推进“一带一路”建设工作不断深化，在经贸合作、国际产能和装备制造合作、搭建综合服务保障平台等方面取得了明显成效。

1. 对外投资稳步发展。2018年，全省对“一带一路”沿线24个国家和地区新增投资企业42家，中方对外投资额14.5亿美元，占全部中方对外投资额的33%。截至2018年底，全省对“一带一路”沿线累计备案对外投资企业237家，中方对外投资额54.3亿美元，占全部中方对外投资额的30%。投资领域涉及钢铁、水泥、玻璃、装备制造、新能源、纺织服装等10多个行业。

2. 对外贸易增势明显。2018年，全省对“一带一路”国家进出口164.0亿美元，同比增长12.8%。其中，出口133.6亿美元，增长9.1%；进口30.4亿美元，增长32.0%。全省对“一带一路”国家的主要出口商品为纺织服装、机电以及钢材产品，2018年分别出口额为40.2亿美元（下降0.7%）、32.6亿美元（增长31.1%）、24.1亿美元（下降6.0%）；对“一带一路”国家的主要进口商品为矿产品、轻工产品以及农产品，2018年分别进口额为13.1亿美元（增长45.3%）、4.4亿美元（增长10.9%）、4.2亿美元（增长17.1%）。

3. 对外承包工程取得新进展。2018年，全省共在“一带一路”沿线29个国家和地区实施了对外承包工程业务，新签合同157份，合同额29.6亿美元，占全省新签合同总量的70%；完成营业额18.5亿美元，占全省总量的67%，同比增长20%。对阿拉伯国家联盟、海湾合作委员会、东南亚国家联盟、亚太经合组织等市场均有明显增长。

4. 国际产能合作稳步推进。2018年，全省备案国际产能合作投资项目34个，中方对外投资额20亿美元，占全省中方对外投资额的45.8%。河钢塞钢成为共建“一带一路”的样板工程，河北省被国家列为首个国际产能合作示范省，长城汽车有限公司图拉州SUV整车厂、德龙钢铁有限公司印尼350吨钢厂等一批产能合作项目顺利实施。

二、主要工作措施

1. 制定出台政策措施。2018年以来，省委、省政府先后制发了《关于进一步推进新时代对外开放的意见》《关于新时代进一步深化改革开放的指导意见》《关于深入融入“一带一路”建设的实施意见》《关于积极参与“一带一路”建设推进国际产能合作的实施方案》《关于推进新时代外贸高质量发展的实施方案》《河北省钢铁企业国际产能合作实施方案》《河北省加强“一带一路”建设境外安全保障工作实施方案》《关于加快推进我省优势产业龙头企业与国际知名企业进行对接合作的意见》等一系列政策文件，为推动融入“一带一路”建设提供了政策保障。

2. 积极争取国家部委支持。切实落实河北省政府与国家发展改革委共同签署的《关于建立推进国际产能和装备制造合作部省协同机制的合作框架协议》，积极争取商务部等相关部委在政策指导和项目协调上给予河北支持，营造对外开放有利环境和外部条件，带动相关产业共同“走出去”。省工业和信息化厅与国家工业和信息化部对接，推动沧州中欧产业园成功申报中欧（沧州）中小企业合作园。2018 年 11 月 12 日，由工业和信息化部、河北省政府共同主办的首届中国—中东欧中小企业合作论坛在河北省沧州市中捷产业园区举行，来自中东欧国家的 50 余家中小企业和近 200 家国内中小企业参加论坛，就通用航空、高端制造、商贸服务等领域的合作展开深入交流。论坛现场举行了项目签约仪式，包括斯洛伐克 VRM 飞行模拟培训中心、海捷教学设备国际合作第二工厂等 16 个项目集中签约。

3. 健全部门协调机制。完善了以省政府主管领导为组长的境外投资工作领导小组，健全了由发改、商务、财政、金融、外事、海关等部门参加的联席会议机制。针对国际产能合作新形势，省政府强化了河北省优势产能国际合作领导小组职能，统筹全省国际产能和装备制造合作工作，协调重点项目和重大问题，明确了工作任务和责任分工。各设区市和省直管县（市）政府也加强了对国际产能合作工作的领导和统筹协调。

4. 加快建设境外产业园区。华夏幸福基业印尼卡拉旺产业园完成“三通一平”建设，产业园边建设、边招商，目前意向入园企业已达 10 家，签约入园企业 6 家。华夏幸福基业印尼唐格朗产业园已完成备案手续，启动实质性建设。中塞友好（河北）工业园区规划建设加快推进。按照省政府与塞尔维亚经济部签署的《关于建设中塞友好（河北）工业园区之合作谅解备忘录》，河钢集团已与塞尔维亚经济部就共同建设中塞友好（河北）工业园区签署《谅解议定书》，双方就园区规划和拟入园项目达成合作意向，目前已发展意向入园项目 9 个。其中，唐山钢源冶金炉料有限公司在塞尔维亚从事石灰生产项目已完成备案手续。

5. 搭建经贸合作平台。积极搭建对外合作平台，开展多种形式的产能推介和项目对接，帮助企业寻找对外合作商机。充分利用 5·18 廊洽会、博鳌论坛、广交会、厦洽会、中国—东盟博览会、中国—亚欧博览会、中阿博览会等贸易合作平台，组织了中东欧合作项目专题对接会、捷克投资合作项目专场洽谈会、俄罗斯沃洛格达州合作项目对接会、“一带一路”合作论坛、“一带一路”国际产能合作推介洽谈会等多场项目对接活动，为全省企业与“一带一路”沿线国家和地区企业精准对接合作搭建了优质平台，促成了一大批合作项目。

6. 推进港口和国际班列建设。对唐山港、秦皇岛港、黄骅港三大港口开辟国际航线加大支持力度，加快构建“五大海空港龙头带动、四大国际通道辐射拉动、各类园区和功能区多点多极支撑”的开放区域布局。石家庄、邢台、保定等市陆续开通中欧集装箱班列，黄骅港开通从新疆阿拉山口出境，再经哈萨克斯坦、俄罗斯、白俄罗斯和波兰，最终到达德国杜伊斯堡的集装箱班列。2018 年，河北省相继开通唐山港曹妃甸港区至蒙古国首都乌兰巴托、秦皇岛港至蒙古国首都乌兰巴托、唐山港京唐港区至比利时安特卫普的中欧集装箱班列。集装箱国际班列的开通密切了河北与中亚、欧洲等国家和地区的友好交流，也为河北港口开拓向西陆路提供了新的动力和空间。

7. 深化“政银信企”合作对接。通过举办多种形式的“政银信企”合作对接活动，提升金融服务河北省企业“走出去”效率。进出口银行河北分行与省商务厅以及40余家省内重点开放型企业召开了基金投资与贷款联动支持河北开放型经济发展座谈会和支持美丽河北开放型经济建设银政企对接洽谈会，为企业“走出去”提供融资融智服务。中信保河北省分公司联合省商务厅、省发展改革委举办了河北省企业“走出去”银行合作暨项目对接会，现场进行了项目对接，取得了良好成效。

8. 搭建公共信息服务平台。针对企业“走出去”过程中获取信息资源渠道较少，对外合作“往哪走”“怎么走”等问题，河北加快了国际产能和装备制造合作信息服务平台的建设步伐。建立了境外投资合作专题网站，编纂了全省境外投资国别指南并以光盘形式向企业免费提供。与外国驻华使馆、招商机构、中国驻外使领馆、华人社团和国外商会等机构建立了多种形式的沟通渠道，及时更新重点合作国家的招商、投资政策变化和风险防控信息，为企业开展产能合作提供更全面的信息支持。积极动员企业走出去“找项目”，组团到产业互补性较强的重点国家考察，寻求合作商机。充分利用国外经贸代表团来河北访问机会，组织有境外投资意愿的企业进行对接洽谈。

9. 完善境外风险防范体系。为加强“一带一路”建设境外安全保障工作，组织召开了“一带一路”境外企业信息服务平台建设工作会议。组织企业参加了中国企业走出去风险发布会暨全球投资贸易服务论坛，强化了企业的国家产能合作风险管理意识和实务操作经验。开展法律服务，指导省律师协会加强同俄罗斯、马来西亚等国家律师行业的交往，建立起河北与“一带一路”沿线国家和地区律师界长效稳定的合作机制。设立了涉外业务委员会和“一带一路”法律服务中心，重点培养“一带一路”跨境经贸合作、跨国投资并购、反倾销、反垄断、国际商事争端解决等方面需要的涉外律师队伍，为企业“走出去”提供法律服务保障。

（撰稿：李彦哲）

内蒙古

内蒙古自治区发展和改革委员会

内蒙古自古就是草原丝绸之路的重要通道，以满洲里、二连浩特为节点的大陆桥联通欧亚，是我国北开南联、东进西出的重要枢纽；毗邻地区煤炭、石油、天然气等资源富集，是我国陆上能源资源的重要安全支撑；中蒙俄三国蒙古族同宗同源，是友好交往的重要纽带，在国家“一带一路”建设全局中具有十分重要的地位。2013年，习近平总书记提出共建“一带一路”倡议，赋予古丝绸之路全新的时代内涵。自治区党委、政府时刻牢记习近平总书记“完善同俄罗斯、蒙古合作机制，深化各领域合作，把内蒙古建成我国向北开放的重要桥头堡”的指示要求，主动服务全国发展大局，积极打造中蒙俄经济走廊，推进“一带一路”美好愿景落地生根，化为生动实践。

一、加强政策相通

创新同俄罗斯、蒙古国多层次合作机制，切实巩固与毗邻地区友好合作关系。2018年7月，李纪恒书记带队出访蒙古国，积极推动“一带一路”倡议同蒙古国“发展之路”倡议同频共振，共同推进基础设施、跨境经济合作区、产业合作、荒漠化治理等13项重点任务。布小林主席参加2018年内蒙古国际能源大会、“全球文明对话与人类命运共同体”阿尔山论坛、第十届包头稀土产业论坛，积极推动我区全面融入“一带一路”建设。自治区与蒙古国戈壁阿尔泰省等20个地区及俄罗斯外贝加尔边疆区等10个地区建立了友好关系；锡林郭勒盟、赤峰市、通辽市与蒙古国东部三省建立了中蒙地方合作“3+3”论坛；自治区与俄罗斯外贝加尔边疆区政府间、二连浩特市与蒙古国扎门乌德自由经济区建立定期会晤和协调机制。成立中蒙俄智库合作联盟，成功举办四届论坛。

二、加强设施联通

满洲里—俄罗斯赤塔铁路赤塔至博尔贾段电气化改造竣工。推动与蒙古国确定策克—西伯库伦、珠恩嘎达布其—毕其格图口岸跨境铁路过境点坐标。满洲里、二连浩特、策克口岸连接线实现一级公路贯通，黑山头、阿尔山等口岸实现一级一幅或二级公路贯通。北京—满洲里、呼和浩特—满洲里航线实现截弯取直、跨国飞行。满洲里机场首条第五航权航线正式开通。中俄原油管道二线投产运营，年输送原油3000万吨。建成7条对蒙古国电力外送通道，年均供电超过10亿千瓦时。

三、加强贸易畅通

2018年，全区实现进出口总值1034.35亿元，同比增长9.9%。新设对外投资企业46家，中方协议投资总额7.9亿美元。打造满洲里、二连浩特等18个对外开放口岸，进出境货运量9133.56万吨，满洲里口岸继续保持全国最大沿边陆路口岸地位。服务“苏满欧”“郑连欧”等中欧班列运行线路78条，2018年经满洲里、二连浩特口岸进出境中欧班列达2853列，同比增长52%；运送集装箱19.2万标箱，增长40.2%。自治区组织开行中欧班列216列，同比增长1.4倍；发运标箱17464箱，增长1.2倍。中欧班列已成为自治区实施“一带一路”倡议的重要抓手。依托中欧班列开行，带动卫浴、洁具等出口加工型企业和粮油、木材进口加工型企业落地投产。莫斯科境内外物流园区正式运营，为境外组织回程班列和出口产品境外组装提供平台。上线运营对俄、蒙跨境电子商务平台12个，呼和浩特跨境电子商务综合试验区获批。内蒙古中俄国际邮路重新开通，已实现一周五班次常态化运营，到2018年底，满洲里国际邮件互换局发运共进行42次，成功转运发往俄罗斯及德国路向的邮件约447吨。建成呼和浩特市国际快件监管中心，全区5家从事国际业务的快递企业都已进驻呼和浩特白塔机场国际快件监管中心。二连浩特—扎门乌德中蒙经济合作区建设进展顺利，中方一侧9平方公里核心区基础设施开工建设，蒙方一侧9平方公里基础设施建设基本完成，50余家企业中标入驻。满洲里综合保税区顺利运营，协议引进项目17项，总投资28亿元。鄂尔多斯综合保税区通过国家验收，签约引进项目29个，协议总投资95亿元。满洲里、二连浩特边民互市贸易区商品交易品种不断扩大，2018年分别实现进口2.07亿元和1.8亿元。

四、加强资金融通

自治区与“一带一路”沿线65个国家基本全部建立贸易关系，跨境收支程序呈现逐步增长态势。2018年，与“一带一路”沿线国家或地区跨境收支75.17亿美元，同比增长24.19%。境外投资资金投向行业进一步拓宽，除自治区传统境外投资优势行业外，逐步向新兴高附加值行业拓展，境外投资行业结构进一步优化。与“一带一路”沿线30个国家进行了跨境人民币结算。2018年，自治区与“一带一路”沿线国家或地区跨境人民币结算166.5亿元，同比增长7.9%。不断扩大与俄蒙双边本币结算规模，2000余家企业参与跨境人民币结算，各商业银行已与俄蒙两国商业银行建立账户关系67个，开立金融同业往来账户165个，其中，人民币账户94个，蒙方人民币境外参加行已覆盖蒙古国所有商业银行。

五、加强人文相通

与俄罗斯、蒙古国学校合作建立孔子学院2个和孔子课堂1个。有来自60个国家的5000多名国际学生在自治区求学。与蒙古国开展加强传染性疾病防控合作交流，组织医疗队、志愿者赴蒙古国开展义诊。二连浩特设立蒙古国患者接诊处，对前来就医的蒙古国患者实行减免20%医疗费政策，年均接诊蒙古国患者5000多人次。建立中俄蒙三国旅游联席会议机制，积极打造满洲里边境旅游试验区。形成中蒙俄国际青少年运动会由三国轮流承办的机制，成功举办八届中俄蒙国际青少年运动会。与俄罗斯、蒙古国、韩国等国建立了交流合作关系，每年举办2~3次青少年足球夏令营、冬令营活动或互邀到对方国家参加足球系列比赛。内蒙古蒙语卫视、蒙语文化生活频道在蒙古国落地，实现了在蒙古国广播、电视、报刊、出版物等全覆盖。创新文化交流形式，举办索伦噶·2018中蒙网络春节晚会、第五届“中蒙友好林”留学生植树活动等。举办中蒙俄“茶叶之路”和平之旅等系列活动，开通“万里茶道号”中俄蒙跨境旅游专列，以及呼和浩特—伊尔库茨克、二连浩特—伊尔库茨克等旅游包机。

在日益密切的经贸、文化、旅游等领域交流合作中，内蒙古自治区充分体会到“一带一路”是一条和平、繁荣、开放、创新和文明之路，体会到“一带一路”沿线国家或地区和平发展的强烈愿望。自治区将继续按照习近平总书记“登高望远”“跳出内蒙古，有宽广的世界眼光”“通过扩大开放促进改革发展”的要求，秉承“和平合作、开放包容、互学互鉴、互利共赢”的理念，集结各方智慧和力量，深度融入、积极参与“一带一路”建设，主动对接蒙古国“草原之路”倡议和俄罗斯欧亚经济联盟战略，推动“一带一路”建设从“大写意”向“工笔画”转变。一是以政策沟通为保障，营造向北开放新环境。加强同蒙俄在“一带一路”规划、标准、进度方面的衔接，争取同步规划、同步建设、同步运营；加强与有关国家在执法监管等领域对接合作，进一步提高投资、贸易、运输等便利化水平。二是以设施联通为先导，开创向北开放新局面。以中蒙俄经济走廊建设为引领，聚焦关键通道、关键项目，推进铁路、公路、航空、通信、电力等重大工程建设，构建多领域的基础设施联通网络。三是以深化经贸合作为重点，实现向北开放新发展。按照高质量发展要求，实施贸易多元化战略，推进对外贸易优进优出，进一步扩大煤炭、原油、铁矿石、木材等资源能源类产品进口规模。落实鼓励开行中欧班列的政策措施，支持始发中欧班列提质扩容，着力解决“酒肉穿肠过”问题。积极开展国际产能合作，推动自治区电力、煤炭、农畜产品加工、建材等企业在境外合作办厂。四是以合作交流平台为载体，拓展向北开放新空间。扎实推进满洲里、二连浩特国家开发开放试验区，打造二连浩特—扎门乌德中蒙跨境经济合作区。五是以拓展人文合作为抓手，形成向北开放新优势。进一步健全多层次人文交流机制，全方位开展教育、科技、文化、体育、旅游、卫生、考古等领域的交流活动，广泛开展多领域的文化周、旅游年、艺术节、智库论坛等活动。

（撰稿：李馨）

辽　宁

辽宁省商务厅

2018年，辽宁省参与建设“一带一路”的总体思路为：以习近平新时代中国特色社会主义思想为指导，深度融入以共建“一带一路”为主线、以构建“东北亚经济圈”为重点、以大连东北亚航运中心建设为龙头、以探索创建大连自由贸易港为引擎，统筹国内国外两个大局、两种资源、两个市场，大力推动辽宁“一带一路”综合试验区和中国—中东欧“16+1”经贸合作示范区建设，高水平建设辽宁自由贸易区，充分发挥辽宁作为中国北方地区对外开放大门户的核心优势，构建内外联动、陆海互济的全面开放新格局，在建设开放合作新高地中打头阵、当先锋，把辽宁打造成为我国向北开放的重要窗口和东北亚地区合作的中心枢纽，以全面开放引领全面振兴。

2018年，辽宁省对“一带一路”沿线国家或地区出口716.7亿元，下降5.32%，进口1288.8亿，增长30.5%。我省共备案（核准）“一带一路”沿线国家或地区对外直接投资非金融类企业54家，协议投资总额11.9亿美元，中方投资额8.60亿美元。主要投资领域涉及运输业、制造业、农业。签订承包工程项目合同额6.87亿美元，同比下降14.1%，完成营业额7.48亿美元，同比下降8.6%。

全省商务系统紧紧抓住国家实施“一带一路”倡议的发展机遇，按照省委、省政府的工作要求，结合辽宁实际，把握战略定位，在推进“一带一路”建设工作中，突出做好以下工作：

一、全面推进辽宁“16+1”经贸合作示范区创建工作

2018年以来，辽宁以创建“16+1”经贸合作示范区为抓手，打造参与建设“一带一路”合作开放新高地。

1. 推动第五次中国—中东欧国家地方领导人会议落地我省。在省政府领导的强力推动下，我省积极争取的第五次中国—中东欧国家地方领导人会议经外交部同意正式落地辽宁，将于2020年在我省举办。同时，作为第五次中国—中东欧国家地方领导人会议的筹备会议，第六次中国—中东欧国家地方省州长联合会工作会议于2019年在我省举行。这是我省创建“16+1”经贸合作示范区工作在平台载体建设方面取得的重要进展。

2.《中国—中东欧国家合作索菲亚纲要》明确支持沈阳设立中东欧16国国家馆。2018年7月7日，第七次中国—中东欧国家领导人会晤在保加利亚索菲亚举行。会后，中国同中东欧16国共同发表《中国—中东欧国家合作索菲亚纲要》(以下简称《纲要》)。《纲要》涉及经贸投资领域的内容中明确提出，“赞赏在上海自由贸易试验区设立中东欧16国国家馆，支持沈阳等中国城市搭建类似平台”。这是我省城市首次被列入中国—中东欧国家合作纲要。

3. 李克强总理在第七次中国—中东欧国家领导人会晤上的讲话中明确支持辽宁建立“16+1”经贸合作示范区。2018年7月7日，李克强总理在出席第七次中国—中东欧国家领导人会晤时发表重要讲话。李克强总理在讲话中对开启与中东欧国家合作第二个黄金五年提出了五点建议，其中第二点建议是深入挖掘园区建设和创新合作潜力。在这点建议中，明确提到中方支持

辽宁等更多省市建立“16+1”经贸合作示范区，为扩大贸易和投资合作搭建更多平台。总理的讲话明确提到辽宁，是对我省创建沿海经济带“16+1”工作的充分肯定，是对做好今后工作的巨大鼓舞，可以说具有里程碑式的意义。

4. 初步建立省市工作推进协调机制。根据陈绿平副省长提议，建立了由省商务厅牵头，省直有关部门和相关市组成的创建辽宁“16+1”经贸合作示范区工作协调机制。2018 年，共组织召开了 2 次推进工作协调会，与各成员单位共同研究制定如何对标宁波经验、争取国家部委支持、创新平台载体等各项工作举措，初步实现了工作联动。

5. 推进辽宁创建中国中东欧“16+1”经贸合作示范区总体方案编制工作。2018 年 5 月中旬，商务部研究院崔卫杰所长率团队赴辽宁相关城市及自贸区，就深入推进辽宁创建“16+1”经贸合作示范区建设进行了为期一周的调研。2018 年底，辽宁“16+1”经贸合作示范区的可行性研究报告和总体方案初稿完成。

6. 组织“中国辽宁—中东欧国家经贸友好合作推介会”。2018 年 6 月，辽宁省人民政府和中国人民对外友好协会共同在沈阳举办了中国辽宁—中东欧国家经贸友好合作推介会。陈绿平副省长出席会议并致辞，宋彦麟厅长全方位介绍了辽宁对外开放的情况以及对中东欧合作的发展优势和巨大商机。来自省直机关、各市人民政府、国家机关驻辽机构、省级金融机构、省内科研院校、相关企业等中外代表 350 余人参加活动。该推介会得到国家、省级近 20 家媒体的宣传报道。

二、积极推动装备制造及国际产能合作

1. 会同发改委、中信保共同召开“国际产能和装备制造合作工作会议”。2018 年 4 月，由省发改委、省商务厅、中信保辽宁分公司共同主办的“转身向海，辽宁启航”央企地方企业与辽宁领军企业共建“一带一路”工作会议成功召开。来自国家发改委、中信集团、中国金融股份有限公司、葛洲坝国际工程有限公司等央企以及辽宁企业代表近 400 人参会。辽宁省商务厅、中国信用保险公司辽宁分公司共同签订《关于协同推进辽宁省“一带一路”建设国际产能和装备制造合作战略协议》。

2. 积极跟进落实对外经济合作重大项目。2018 年初，省商务厅选定匈塞铁路、孟加拉大型电站、赞比亚医院等 10 个大型项目作为重点跟踪服务对象。目前，我厅已与中国信用保险辽宁分公司、国开行辽宁分行建立信息交互机制，以项目为抓手，积极推动对外承包工程订单落户我省企业并得到有效落实。5 月份，接待中国进出口银行国际信贷部的领导来访，帮助中铁九局推进匈塞铁路项目贷款。

3. 积极推进境外经贸合作区建设、海外并购以及重大“走出去”项目。2018 年，我省持续推进罗马尼亚辽宁工业园、中捷大连天呈工业园、柬埔寨辽宁工业园等辽宁省境外经贸合作园区建设，取得有效进展。2018 年 6 月，省委书记陈求发访问罗马尼亚期间，率团到罗马尼亚辽宁工业园调研考察，并出席罗马尼亚辽宁工业园与新能源汽车项目签约仪式。

（撰稿：纪凤钟、马宁）

黑龙江

黑龙江省发展和改革委员会

2018年，黑龙江省深入贯彻落实中央关于推进“一带一路”建设的决策部署，全面学习贯彻习近平总书记在深入推进东北振兴座谈会上的重要讲话精神和考察我省时的重要指示精神，围绕落实“打造一个窗口，建设四个区”发展定位，深度融入共建“一带一路”，发挥对俄合作“排头兵”作用，加快构建全方位开放新格局。

一、以地方合作为桥梁，对外交往取得务实成果

中俄地方合作理事会民间交往主渠道作用有效发挥。黑龙江省作为中俄地方合作理事会中方主席单位，通过了理事会《章程》和会徽，新吸纳广东等9个省（市、区）成为中方成员单位，将双方成员扩至16个省（市、区）和70个俄联邦主体。

中俄地方合作交流年承办活动和黑龙江全球推介活动圆满完成。承办了中俄地方合作交流年开幕式及53项框架内活动。我省与外交部联合举办的“新时代的中国：黑龙江走振兴新路约世界同行”黑龙江全球推介活动取得圆满成功。

二、以政策沟通为基础，规划对接积极推进

中国（黑龙江）自由贸易试验区申建工作有序推进，编制《中国（黑龙江）自由贸易试验区方案》并上报国家审批，复制推广了4批自贸区试点经验，复制推广率88%。

沿边重点开发开放试验区建设取得新成效。完成了《绥芬河——东宁重点开发开放试验区建设总体规划》编制工作。试验区在全省率先推行国际贸易“单一窗口”制度，减少企业报关量94.3%。外国人注册登记制度实现破题，71个外资企业、106名俄罗斯自然人在试验区注册。

跨境经济合作示范区建设中俄地方间形成共识。启动《跨境经济合作示范区规划》编制工作。我省与俄有关州区已就设立跨境经济合作区达成共识并签署了合作意向书。

面向欧亚物流枢纽区建设扎实推进。编制了《面向欧亚物流枢纽区建设规划》。《国家物流枢纽布局和建设规划》将哈尔滨、大庆、牡丹江（绥东试验区）、黑河纳入国家物流枢纽承载城市。

三、以设施联通为突破，开放通道建设形成新格局

跨境运输通道建设加快推进。同江铁路大桥中俄双方已实现合龙，黑河黑龙江公路大桥进展顺利，预计2019年按期交工。中俄东宁界河公路桥建桥协定草签工作已经完成。中俄原油管道二线工程投入运营。中俄东线天然气管道项目加快推进。

口岸优化整合和对外开放扎实推进。中俄双方就黑瞎子岛公路、同江大桥铁路、黑河索道三个新增口岸补充纳入中俄边境口岸协定。全省口岸货运量实现4142.3万吨，同比增长37.1%；进出境人员360.1万人次，同比增长4%。

跨境集疏运体系初步建立。我省中欧班列、“哈绥俄亚”陆海联运稳步运营，截至2018年12月底，中欧班列累计发运800列，46742标

箱，进出口货值 17 亿美元；“哈绥俄亚”陆海联运累计开行 144 列，16002 标箱，货值 14.4 亿元人民币。

四、以贸易畅通为依托，对外经贸合作质量进一步提高

对外贸易投资不断扩大。全省进出口 1747.7 亿元人民币，同比增长 36.4%，与“一带一路”沿线 61 个国家和地区实现贸易往来，进出口 1420 亿元人民币，增长 59%，占全省进出口总额的 81%。全省对俄进出口实现 1221 亿元人民币，同比增长 64.8%，高于全国对俄贸易增幅 43 个百分点，占全国对俄贸易总额的 17.3%。“一带一路”沿线国家或地区在我省新设项目 43 个，实际利用外资 6.6 亿美元，增长 92.2%。我省对“一带一路”沿线国家或地区的境外企业实际投资 2.1 亿美元，增长 47%。

经贸合作平台进一步拓展。成功举办第 29 届哈洽会，签署各类合同、协议 268 项，金额约 591.56 亿元。第 5 届中俄博览会期间，我省企业达成各类协议 64 项，金额 66.85 亿元。

跨境产业合作日益紧密。建立境外经贸合作区 19 个，其中 16 个在俄罗斯，3 个被国家商务部、财政部确认为国家级合作区。16 个在俄境外园区入区企业 147 家，总投资额 30.54 亿美元，总产值 32.05 亿美元。

对外农业合作加快发展。在俄远东地区农业开发合作面积 900 万亩（新增 30 万亩）。全年进口俄粮 90.3 万吨，增长 76.2%，其中，进口大豆 80.3 万吨，增长 60.1%。

国际产能和装备制造业合作稳步拓展。全省有 170 余户装备制造企业进入“走出去”行列，参与国际市场竞争，海外市场拓展到 170 个国家和地区。

跨境电商迅速发展。国务院批复设立中国（哈尔滨）跨境电商综合试验区。哈尔滨市对俄邮政小包累计发运 5235 万件，货运包机累计发运 505 个航班，货运量 10488 吨。全省新增自建电商平台 15 个，总数达 350 个。累计自建跨境电商平台 18 个，设立边境仓 6 个，海外仓 20 个。

通关便利化水平显著提高。简化检验流程，优化监管模式，推行目录外确认直接放行，实施强制性产品入境验证无纸化、原产地签证“一体化”，给予强制性产品认证通关便利。2018 年 12 月份，全省口岸整体通关时间 0.60 小时，比 2017 年压缩 80.1%，排名全国第一位。

五、以资金融通为支撑，金融保障能力稳步提升

对俄金融合作扎实推进。中俄金融联盟成功合作 4 项跨境融资业务，金额 126 亿元人民币。联盟中方成员对俄罗斯同业总授信额近 200 亿元人民币，累计签署 40 多项合作协议。

跨境人民币业务发展迅速。中俄双方银行共设代理行账户 97 户。我省与 92 个国家和地区开展了跨境人民币业务，其中涉及“一带一路”沿线国家或地区 36 个。跨境人民币实际收付 394.6 亿元人民币，同比增长 1.4 倍。

跨境投融资成效显著。全年共为 17 家企业成功办理跨境融资外汇登记业务，签约备案金额 4.5 亿美元，实现跨境融资流入额 2.8 亿美元。与俄罗斯银行签订总额为 340 亿元人民币融资协议，实际融资 316 亿元人民币。

六、以民心相通为纽带，合作民意基础更加巩固

文化交融日益加深。全省各地市开展各类对俄文化交流活动 113 项。成功举办第九届中俄文化大集、2018 东亚文化之都·哈尔滨活动年、第三十四届“哈尔滨之夏”音乐会、第五届中俄博览会文艺演出等活动。组建中俄交响乐团，全年举办交流及驻场演出 27 场。

教育合作机制不断健全。揭牌成立哈尔滨工业大学—圣彼得堡国立大学中俄法学联合研

究中心、黑龙江大学—圣彼得堡国立大学联合俄语测试中心和中俄中学联盟。哈师大与莫斯科国立苏里科夫美术学院合作建立哈师大国际美术学院。

旅游、体育合作健康发展。全年开展国际旅游交流合作项目23个。在中俄地方合作交流年框架内，举办“中国·俄罗斯欢乐畅快游”，重点加强与我省毗邻地区旅游合作。与加拿大、泰国、柬埔寨、老挝、韩国、日本等国积极组织参加国家级旅游推广活动。举办中俄体育交流周、中俄界江冰球友谊赛、中俄城际冰球联赛、2018年穿越大小兴安岭中俄亲子徒步大会等体育活动，打造了一批对俄体育交流的精品赛事。

科技交流合作进一步加强。中俄科技合作联盟正式成立。成功举办第四次对俄工业与技术合作洽谈会、第七届哈科会、对俄科技合作基地联盟第十一次年会等交流活动，形成合作线索97个，签订合作协议84个。中国船舶重工集团公司第七零三研究所国际科技合作基地与俄罗斯积极开展燃气轮机联合研制。中国—俄罗斯—乌克兰国际焊接技术研发中心与俄罗斯、乌克兰等多家科研单位建立了长期合作关系。

医疗卫生、环保等领域交流不断拓展。开展了纪念派遣援毛里塔尼亚医疗队50周年活动，举办了2018第二届哈尔滨儿童康复国际论坛。开展中俄跨界水体水质联合监测和大气环境质量监测数据的交换工作。选派专业技术人员赴日本山形县进行环保业务交流培训。整理完成《俄罗斯航空领域标准目录》，筛选翻译20项《俄罗斯食品国家标准文本》。

（撰稿：李丹）

上　海

上海市发展和改革委员会

在国家推进“一带一路”建设工作领导小组办公室指导下，2018年，上海市围绕推进落实《上海服务国家“一带一路”建设发挥桥头堡作用行动方案》，制定实施年度工作计划，推进落实70项重点工作，各项工作进展顺利，上海服务国家“一带一路”建设的桥头堡功能优势逐步凸显。

一、把经贸投资作为全面提升对外开放水平的主攻方向，经贸合作水平不断提高

2018年，上海与“一带一路”沿线国家或地区进出口总额6993.2亿元，同比增长6%，占全市比重约20%。对沿线国家非金融类直接投资中方备案额为29.3亿美元，同比增长近130%，占比17.4%。沿线国家来沪投资实到外资10.3亿美元，同比增长16.2%，占比6%。与沿线国家新签对外承包工程合同额87.3亿美元，同比增长20.4%，占全市总额73.4%。

1. 国际会展平台建设取得重要进展。一是成功举办首届中国国际进口博览会。支持“一带一路”国家参展企业开展进口商品展示交易，共有来自58个沿线国家的1000多家企业参展，占参展企业总数近三分之一。搭建进口博览会“6+365天”常年展示交易平台，为境外优质商品和服务持续进入中国市场提供全方位、多渠道、多模式的服务。二是组织和支持各类境内外展会活动服务“一带一路”建设。在上海、重庆两地举办“‘一带一路’名品展”。上交会邀请日本横滨市、挪威奥斯陆市、希腊伊拉克利翁市担任境外主宾城市参展，赴拉脱维亚举办海外展。积极参加联合国工业发展组织举办的第三届“一带一路：发展绿色经济，搭建城市可持续发展之桥”大会。

2. 国际产能合作加快推进。一是不断探索完善国际产能合作新模式。聚焦“服务+制造”，持续推进本市优势产业和龙头企业加快全球布局，鼓励本市企业带动上下游产业链集群式“走出去”。“服务+制造”的“一带一路”国际产能合作模式实现了在设计、建设、融资、投资和风险管理等方面的有效合作。二是对外投资亮点不断涌现。如上港集团投资2亿美元获以色列海法新港25年特许经营权，拟将其打造成地中海枢纽港。三是境外工程承包量质齐升。如上海电气签约迪拜700兆瓦光热电站项目，投资金额为38.6亿美元，将建设成为世界上单体容量最大、技术最先进的光热电站。四是境外园区建设深耕发展。由上海鼎信投资建设的境外经贸合作区印尼青山产业园，园区及入园企业已完成总投资额超过40亿美元，带动当地就业逾2.4万人，为当地创造税收超过3.76亿美元。

3. 专业服务能力不断增强。一是成立上海市企业“走出去”综合服务中心，围绕信息资讯、会展及海外推广、商事法律、海外网络建设、贸易投资便利化、金融支持六大领域为企业“走出去”提供一站式、全方位、综合性服务。二是加强面向“一带一路”的国际商事争端解决机制建设。上海国际争议解决中心通过全部设立审批程序，将借鉴中国香港、新加坡、韩国首尔等亚洲商事仲裁中心城市的相关运作模式，形成“本地仲裁机构为主+本地政府支持+境外机构办事处集聚”的发展模式。同时，积极加强涉“一带一路”仲裁员队伍建设，深化

与“一带一路”区域国家仲裁合作，加强“一带一路”重大法律问题研究。

4. 能力建设平台积极推进。一是实施“一带一路”经贸投资人才千人培训计划，2018 年共承办援外培训项目 53 个，为 107 个发展中国家政府机构和企事业单位培训人才 1661 人，其中近三成来自“一带一路”沿线国家或地区。二是开展本土跨国经营人才培训，在商务谈判、国际税务、国际融资、跨境并购等方面新开设 15 个不同专题 75 个班次的培训项目，累计培训超过 2 万人次。

二、加强“一带一路”建设与国际金融中心建设联动，金融合作水平不断提高

1. 依托自贸区跨境金融服务优势促进“一带一路”资金融通。一是自由贸易账户适用范围进一步拓展。适用主体拓展至全市有实际需求的企业，包括服务“一带一路”建设的有国际贸易结算和融资需求的实体企业。截至 2018 年末，各类主体通过自由贸易账户与 57 个“一带一路”沿线经济体发生跨境人民币收支 4807.5 亿元。二是跨境支付清算体系不断完善。人民币跨境支付系统（CIPS）二期全面投产，实现对全球各时区金融市场的全覆盖。截至 2018 年末，CIPS 共有 818 家间接参与者，其中境外间接参与者占比 57%。中国银联在“一带一路”沿线 60 多个国家和地区实现银联卡受理，累计发行银联卡超过 3500 万张。三是人民币对外币交易机制不断完善。中国外汇交易中心完成人民币对泰铢交易由区域交易转为直接交易。银行间外汇市场共挂牌 27 个币种，多数为“一带一路”沿线国家或地区货币。

2. 金融市场体系不断完善。一是进一步支持境外主体参与上海债券市场。阿联酋沙迦酋长国、菲律宾分别发行中东地区和东盟地区的首支主权“熊猫债”，目前“熊猫债”累计发行近 3000 亿元。上海证券交易所推出“一带一路”债券试点，截至 2018 年末，发行规模超过 150 亿元。二是不断深化与沿线金融市场互联互通。上海期货交易所上市原油期货，其中，现有 7 种可交割油种中有 6 种来自中东地区；上市纸浆期货，已完成俄罗斯“乌针”“布针”等品牌交割商品认证工作。上海黄金交易所授权迪拜黄金和商品交易所继续使用“上海金”，与莫斯科交易所签署谅解备忘录。三是支持交易所“走出去”。上海证券交易所与深圳证券交易所联合收购孟加拉国达卡证券交易所 25% 的股权。上海证券交易所参与筹建并持股的阿斯塔纳国际交易所正式开业。中欧国际交易所加快发展。

3. 金融机构集聚效应进一步扩大。一是积极推动对外开放，先后上报三批 31 个金融业对外开放项目，涵盖摩洛哥、约旦、韩国等“一带一路”沿线国家或地区。其中，摩洛哥外贸银行上海分行已获批开业；约旦阿拉伯银行上海分行已获批筹建。目前共有 14 个“一带一路”沿线国家或地区的外资银行在沪设立了 14 家分行和 8 家代表处。二是发挥开发性、政策性金融引领作用。截至 2018 年末，国家开发银行上海分行“一带一路”贷款余额 8.21 亿美元、境外人民币 70 亿元；进出口银行上海分行“一带一路”贷款余额 444 亿元，占全部贷款余额的 31.55%，在执行项目共计 107 个，分布于 20 多个沿线国家。三是引导中外资金融机构加强境内外联动，为企业“走出去”提供金融服务。银行机构加快海外布局，浦发银行伦敦分行于 2018 年 2 月正式开业。进出口银行在沪设立“一带一路”金融研究院。

4. 加强风险保障。一是上海保险业支持“一带一路”建设的规模及覆盖面持续扩大。2018 年，中信保上海分公司为“走出去”企业的“一带一路”出口和投资项目提供风险保障 64.6 亿美元，覆盖“一带一路”沿线 63 个国家。加大工程保险再保险联合体、大件货物运

输及延迟开工保险再保险联合体对“一带一路”项目的承保支持，新增政治风险再保险联合体。二是完善保险行业基础设施和综合服务平台。上海保险交易所上线国际再保险平台，依托自由贸易账户体系为境内外再保险参与机构提供跨境资金结算服务。

三、发挥国家门户枢纽作用，基础设施服务“一带一路”功能持续提升

2018 年，上海港完成与“一带一路”沿线国家或地区相关航线集装箱吞吐量 2045 万 TEU，占外贸集装箱吞吐量的 66.6%。与“一带一路”通航国家 26 个、通航点 54 个，平均每周 1366 个航班，航线联结亚欧大陆，通达非洲。2018 年，服务“一带一路”航空旅客量共 1182 万人次，同比增长 10.86%，货运吞吐量 98 万吨，同比小幅下降 1.07%，分别占上海国际航线客货运输总量的 37%和 33%。

1. 加强基础设施“硬联通”。一是举办“21 世纪海上丝绸之路”港航合作会议。上港集团、中远海运集团与沿线 30 多个国家逾百家港航企业和机构举行“21 世纪海上丝绸之路”港航合作会议，发布《“21 世纪海上丝绸之路”港航合作倡议》。二是加大对外基础设施投资力度。中远海运集团在沿线国家布局 17 个码头，包括希腊比雷埃夫斯港、土耳其伊斯坦布尔库姆港码头等。在阿联酋阿布扎比开工建设 27 万平方米集装箱场站，在迪拜开发龙城仓储项目。三是不断强化海空枢纽航线布局。截至 2018 年末，中远海运集团在“一带一路”投入 172 万标准箱运力，涉及航线 162 条；开通巴拿马航线，开启国际航运发展新的里程碑；开启冰上丝绸之路，完成 11 艘次北极航道航行。东航集团开通 18 个“一带一路”国家 36 个城市航线，经营“一带一路”国家航线 124 条，年投入航班近 4.4 万班，同比增长 8.1%。四是打通“沪欧通”精品中欧班列。中铁上海局集团开通上海地区中欧班列（上海—莫斯科）。中远海运集团加大对亚欧国际海铁联运的投入，推动哈萨克斯坦无水港项目，开设中哈亚欧跨境货运班列，积极推进“中欧陆海快线”建设。

2. 加快推进规则标准技术“软联通”。一是拓展亚洲海事技术业务合作。深入推进上海亚洲海事技术合作中心建设，与 30 多个“一带一路”国家建立合作，成立柬埔寨、缅甸 2 个分中心。二是深化计量技术交流和资质互认。促进国际计量互认进程，举办长三角地区国际法制计量组织（OIML）证书制度培训。与南非、罗马尼亚等国的技术机构建立计量技术合作机制，开展中韩两国法制计量交流。三是依托国家产业计量测试中心对标国际，引领产业测量技术进步。推动商用大飞机、核电仪器仪表、智能网联汽车 3 个国家产业计量测试中心凝聚技术资源推动产业计量技术合作，为中俄宽体客机项目合作提供有效支撑，为“一带一路”沿线国家或地区的有关产业提供计量服务和保障。四是完成本市首个标准国际化试点。通过“中国—白罗斯超级电容公交车标准国际化试点”项目合作，将“上海标准”转化为白罗斯行业标准，并积极推动相关标准的实施应用。五是在本市优势产业领域增强国际标准制定话语权。建成国内首个国际标准化上海协作平台，在中医药、船舶、化肥、家具、内燃机、材料等领域主导及参与国际标准制定上取得丰硕成果，由上海主导制定的国际标准达 50 项，参与国际标准制修订 100 余项，在研国际标准近 60 项。六是推进“一带一路”检验检测认证服务，成立上海自贸试验区“一带一路”技术交流国际合作中心和中东海外分中心。

四、结合科技创新中心建设，推进“一带一路”科技创新交流合作

主动对接落实国家“一带一路”国际科技合作任务，突出重点国家、重点领域，深入开展科技合作项目，完善科技合作交流平台，探

索和创新科技合作的机制和模式。

1. 积极布局科技合作交流项目。在科技交流、联合研究、技术转移等领域积极开展科技合作，支持“一带一路”国际科技合作项目及对以色列合作专项共 79 项。一是持续深化科技交流。继续资助“一带一路”沿线国家或地区优秀青年科学家来沪与上海科研机构、高校合作开展为期一年的全职科研工作。2018 年支持 60 名外籍青年科学家来沪从事科研工作。支持上海科技馆与乌兹别克斯坦塔什干市合作组织“一带一路”科技文化展之“青出于蓝——青花瓷的起源、发展与交流”特展。二是深化推动联合研究。2018 年支持上海航天控制技术研究所、第二军医大学、东华大学等单位与“一带一路”沿线国家或地区开展智能无人系统控制技术、泌尿生殖系统疾病、先进纤维与低维材料等 7 个联合实验室项目建设。同时积极抓好 2017 年已有项目的跟踪指导。三是探索技术转移转化国际合作。首次发布《“一带一路”技术转移服务领域合作项目指南》，重点以共建实体化、市场化运作的技术转移服务机构与科技园区为支撑，形成促进实用技术转移与成果转化的服务平台。全年共支持“一带一路”技术转移服务项目 5 项。四是进一步深化“一带一路”园区合作。探索与白俄罗斯开展园区合作，在上海张江科学城举办白俄罗斯暨中白工业园“一带一路”投资机遇推介会，促进中国企业与白俄罗斯中白工业园合作。

2. 全面加强上海与以色列的创新合作。一是与以色列科技部签订科技合作备忘录，双方将在生命科学（特别是脑科学）、农业技术、能源与环保技术等领域开展包括联合实验室、共同资助、政策咨询、交流研讨等多种形式合作。二是推出上海—以色列企业间科技创新合作专项，支持双方在燃料电池、无人机、农业智能控制等领域开展了 7 个合作项目，支持金额 700 万元。三是将中以创新园建设纳入国家层面计划框架。积极争取科技部（中以创新合作联委会中方牵头部门）支持，中以（上海）创新园建设纳入《中以创新合作行动计划（2018—2021)》框架中，标志着上海与以色列的科技创新合作迈上一个新台阶。

3. 推进“一带一路”创新联盟建设和水文科学合作交流。一是鼓励支持“一带一路”创新联盟建设，组织技术转移、创新企业路演、开展技术和政策培训班等系列活动 30 余次。举办第二届“一带一路”科技创新国际论坛，来自泰国、塞尔维亚、波兰、俄罗斯等十余个沿线国家的嘉宾参加论坛和举办合作签约活动。召开 2018“一带一路”科技创新联盟峰会“上海—中亚科技创新研讨会”。二是推进水文领域交流合作。创新区域水文领域合作机制，召开东南亚和太平洋地区水文合作国际大会，来自沿线国家及联合国教科文组织雅加达办公室的 40 多位国际水文专家参加，围绕“水安全——应对地方、区域、全球挑战”开展深入交流、实地考察和互惠合作，共享全球水文科学研究与发展成果。

五、发挥国际大都市人文优势，与沿线国家人文交流互动持续加强

依托上海国际文化大都市建设，发挥重要“节、赛、会”作用，打造上海文化品牌，稳步推进与“一带一路”沿线国家或地区的教育、医疗、旅游、文化交流与合作。截至 2018 年末，上海 42 所高校（科研机构）外国留学生共计 6 万余名，其中 50%来自“一带一路”相关国家。

1. 深化“一带一路”人文合作交流机制建设。一是成立“一带一路”电影节联盟。来自 29 个国家的 31 个电影节机构代表在上海签署“一带一路”电影节联盟备忘录，正式成立“一带一路”电影节联盟。2018 年上海国际电影节共有 49 个“一带一路”沿线国家或地区的

1369部影片报名参赛参展，“一带一路”电影展映成为影迷热捧活动之一。二是召开首届丝绸之路国际艺术节联盟年会，举办“一带一路”国际艺术节发展论坛，共有41个国家与地区157家艺术机构加入联盟，共筑艺术节联盟共同体。三是拓展博物馆领域合作。上海博物馆“一带一路”研究发展中心揭牌，与斯里兰卡中央文化基金会联合对斯里兰卡北方重要港口城市贾夫纳进行为期40天的全面调查与重点发掘。四是加强青少年互动交流。举办“2018上海国际友好城市青少年夏令营”，来自五大洲、25个国家、28个上海国际友好城市的140名外国师生参加，近30%为“一带一路”沿线国家或地区师生。五是不断扩大城市国际朋友圈，2018年与塞尔维亚贝尔格莱德市、秘鲁利马市先后正式建立友好城市关系，目前本市已与59个国家的89个市建立了市级或区级友好城市关系。同时加强与“一带一路”沿线国家或地区警务合作。

2. 务实推进社会领域国际交流合作。一是教育培训交流有序开展。推进联合国教科文组织“二类机构”教师教育中心（上海）建设，积极开展各类培训、研修、研讨活动。中国—上海合作组织国际司法交流合作培训基地（上海政法学院）深耕国际司法培训，2018年培训144名高级官员。中—阿改革发展研究中心（上海外国语大学）举办5期阿拉伯国家官员研修班，举办中国—阿拉伯国家改革发展论坛，设立中阿改革发展研究中心扬州基地。上海交通大学与国家发改委培训（宣传）中心联合共建的“一带一路”研究院揭牌成立。实施“2018留学上海‘一带一路’高级研修培训项目”，资助40个“一带一路”沿线国家或地区的500余名政府官员、行业学科领军人物和创新人才等来沪研修。二是海外中医药中心建设不断推进。中国—捷克中医中心累计诊治患者超过28000人次，中国—泰国中医药中心揭牌成立，中国—摩洛哥中医药中心、中国—毛里求斯中医药中心正式立项。在德国汉堡、阿联酋迪拜等地建立的“海上中医”海外中心投入使用。三是积极推进旅游体育合作，参加相关国际旅游展，举办上海旅游推介会，编制实施《建设国际体育赛事之都三年行动计划（2018—2020）》。

3. 积极加强“一带一路”对外宣传工作。一是积极打造“一带一路”对外宣传阵地。上海日报在融媒体平台开辟“一带一路”专栏，2018年发布报道50余篇；向“一带一路”国家输出版面近360个，向通讯社输出稿件超过600条，海外媒体引用转载3600条左右。澎湃新闻旗下第六声策划的多媒体项目WheelsofFortune（财富之轮）聚焦“一带一路”做深专题报道。东方网设立“一带一路”频道、中东频道“一带一路”栏目等宣传平台。二是加快“一带一路”媒体合作交流，上海报业集团与俄罗斯国际通讯社等积极开展合作。三是加强新闻宣传引导。全年接待以色列主流媒体代表团、中国—东盟共建21世纪海上丝绸之路中外媒体联合采访活动等新闻采访团9批次146人。与“一带一路”沿线国家或地区记者加强交流，服务安排采访报道。四是推动优秀民俗文化、动漫文化、当代影视作品、图书出版等一批文化交流项目走进“一带一路”国家民众生活。

六、加强智库建设统筹，依托智库资源服务“一带一路”

1. “一带一路”研究性平台加快建设。支持在沪高校、科研机构打造一批具有高端引领效应的“一带一路”研究平台。复旦大学“一带一路”及全球治理研究院积极开展“中巴经济走廊”等重大项目研究，形成一批高质量研究成果。上海全球治理与国别区域研究院依托上海外国语大学学科优势，深入开展区域国别研究，取得一系列丰硕成果。上海交通大学中国城市治理研究院加强对城市治理典型案例和模式的研究，举办首届全球华人城市治理研讨会，吸引国内外70余所著名高校和研究机构的诸多专家学者参加。上海财经大学、华东师范大学、上海对外经贸大学、上海国际问题研究院等依托各自优势学科积极开展相关专题研究。

2. 积极推进“一带一路”数据库建设。上海社科院启动丝路信息网2.0版技术升级，重点开发中国国策库、丝路国家库、丝路城市库、文献数据库、统计数据库、投资项目库等特色专题子库，截至2018年末，共入库信息87.2万条，全年新增77.9万条。华东师范大学推进“一带一路”地理信息系统及决策支持系统、中国海外园区数据库、城市公共安全地理大数据库、周边国家对华档案数据库等8大数据库建设，积极为“一带一路”研究与决策提供基础支撑。

3. 智库国际合作深入开展。复旦大学积极参与中联部牵头的“一带一路”智库合作联盟，举办第二届“一带一路”与全球治理国际论坛。上海社科院已与东南亚、南亚、西亚、中亚、中东欧等区域30多家智库与学术机构签署合作协议、开展项目合作或建立机制化研讨合作机制；发起举办首届“一带一路”上海论坛，20多个“一带一路”相关国家的专家应邀参加研讨。中国社科院—上海市人民政府上海研究院举办“一带一路”沿线国家或地区社会发展高端学术对话会和“‘一带一路’建设上海媒体的作用”专题聚智会。

（撰稿：黄超明）

江 苏

江苏省商务厅

2018年，江苏深入学习贯彻中央“一带一路”倡议，根据省委、省政府统一部署，聚焦重点方向、重点领域、重点国别、重点项目，以产能合作为核心，以境外园区建设为载体，不断优化开放布局，创新合作模式，强化政策支持，积极拓展与沿线国家的投资经贸合作，进一步加快新时代江苏“一带一路”交汇点建设。现将有关情况介绍如下：

一、与“一带一路”沿线国家或地区经贸合作情况

2018年，我省与“一带一路”沿线国家或地区进出口1476.7亿美元，同比增长14.5%，占全国的11.6%，占全省的比重22.2%，对全省进出口增长的贡献率达25.5%。沿线国家在我省新增投资278个项目，占全省比重8.3%，合同外资30.6亿美元，实际使用外资15.7亿美元，分别占全省比重5.1%和6.1%。我省在沿线国家新增投资项目235个，协议投资额23.1亿美元，占全省总量的30%和24%。我省在沿线国家新签对外承包工程合同额32.8亿美元，占比49.8%，完成营业额47.8亿美元，占比57.4%。

二、对接“一带一路”建设的主要工作

1. 抓政策对接。2014年，我省出台了《关于抢抓“一带一路”建设机遇进一步做好境外投资工作的意见》；2015年，启动了“‘一带一路’商务创新引领”工程。与省发改委、省外办联合起草并经省委省政府同意印发了《江苏省参与“一带一路”建设的实施意见》和《江苏省开展国际产能和装备制造合作行动计划》。2018年，会同省财政厅出台了《江苏省境外经贸合作区考核激励办法》，引导我省企业高水平、高层次建设境外经贸合作区。进一步规范企业海外经营行为，代拟了省政府《江苏省规范企业海外经营行为实施意见》，并经省委深改组审议通过施行。研究制定“丝路贸易”促进计划、重点合作园区提升计划。省商务发展资金政策对企业参与“一带一路”建设、开展国际产能和装备制造合作的项目，支持比例上浮30%。出台对哈萨克斯坦“霍尔果斯—东门”经济特区、中阿（联酋）产能合作示范园的专项扶持政策。2018年，国家和省级专项资金支持“一带一路”沿线项目占比达42%。

2. 抓宣传对接。2017年以来，举办了“携手江苏共赢发展——‘一带一路’沿线国家投资说明交流会”“中白工业园、中阿（联酋）产能合作示范园、哈萨克斯坦东门特区联合推介会”等20多场经贸推介活动；组织近200家企业赴乌兹别克斯坦、哈萨克斯坦、阿联酋、柬埔寨等10余个沿线国家开展投资促进活动，对接当地企业500余家，达成初步意向100余个。每年更新《“一带一路”投资合作指南》等宣传材料。通过省政府专题新闻发布会和新华社、江苏电视台等省内主要媒体，定期向社会通报工作进展情况，协助江苏卫视完成了《一带一路江苏风》第三季专题片的拍摄工作。

3. 抓服务对接。在全国率先将境外投资1亿美元以下项目备案权限下放，并实现全过程网上办公，与省发改委共同推进境外投资备案“单一窗口”试点。不断优化境外经贸代表处布

局，我省17个境外经贸代表处中“一带一路”沿线已达到5个。集聚21个省级部门和政策性金融机构的服务资源，着力打造“江苏走出去综合服务平台”，提供企业“走出去”所需的各类信息和服务。截至目前，省内近千家企业在“走出去”综合服务平台网站正式注册。推进海外江苏商会建设，2018年，在马来西亚、印度尼西亚建立了江苏商会，为“走出去”企业提供境外服务支撑，并为事中事后监管提供保障。举办“一带一路”法治发展智库研讨会，为企业提供法律支持服务。

4. 抓人才对接。会同教育厅在全国首创“走出去人才地图”工程，“走出去”企业和来苏留学生可以通过访问该工程网站实现招聘对接。2018年5月，我厅与省教育厅共同举办“人才地图”工作推进会和首届“走出去”企业留学生招聘会，达成签约意向411人。7月，我厅邀请哈国铁、哈投资发展部官员11人来我省参加为期9天的“中哈开发区建设发展及招商引资中高层官员培训班”，哈国铁专此向省政府致函感谢。公开招标社会培训机构举办系列江苏企业“走出去”培训班，2018年按计划完成了30场次的培训，培训3000人次。

5. 抓项目对接。切实摸清家底，建立“一带一路”重点项目库、重点企业库、境外产业园区库以及企业国际化专家库。着力推介促进，向商务部和通过省发改委向国家发改委推荐我省重点项目，推进永鼎股份“孟加拉全国输配电网升级、扩建、改造”等重点项目。以色列建筑劳务外派项目成为我省对外劳务合作新的增长点。截至2018年底，我省企业已向以色列派出2298名劳务人员。

6. 抓风控对接。全力打造“走出去”人身和财产保障平台。一是打造好全国首创的“出国外派境外工作人员人身意外伤害保险全覆盖”项目，省财政承担保费80%，截至2018年底，共有68420人受益。二是联合中信保打造“江苏企业‘走出去’统保平台”。截至2018年底，统保平台共承保项目483个，总保额135.5亿美元。三是在前两个保障平台基础上，不断创新保障方式，于2018年11月，采取竞争性磋商的方式，确定2家保险机构为“省对外投资合作外派人员绑架勒索险项目”服务。

7. 抓贸易对接。支持企业参加中国消费品（俄罗斯）品牌展等沿线国家知名展会，借助广交会等优质境内展会平台，扩大与沿线国家贸易规模。2018年，全省货物贸易139个境外重点展会中，“一带一路”沿线国家或地区展会65个，占比达47%。

三、下一步主要工作

我厅将根据全省对外开放大会的部署，深化“一带一路”经贸合作，加快推进“丝路贸易”促进计划和重点境外合作区提升计划，进一步完善工作机制，强化服务监管，搭建更多合作平台，在项目建设、拓展市场、金融保障、规范企业海外经营行为、提高境外安全保障和应对风险能力上下更大工夫。

1. 加快推进江苏“一带一路”交汇点建设。严格落实省委省政府《中共江苏省委江苏省人民政府关于高质量推动“一带一路”交汇点建设的意见》，实施“丝路贸易”促进计划、重点合作园区提升计划。把握“一带一路”交汇点建设的空间和机遇，推动更大范围整合配置资源要素，更深层次融入世界经济发展，更快培育对外开放新优势。

2. 加大本土跨国公司培育力度。建立我省本土跨国公司指标体系，对于跨国指数达到国际通行标准、具备一定规模的本土企业，给予授牌以及培育奖励（政策支持）。加快培育一批具备全球视野和全球资源整合能力的本土跨国公司，提高国际化经营水平。

3. 鼓励引导“走出去”企业建设境外园区。落实《江苏省境外经贸合作区考核激励办法》，鼓励各类经济主体在境外设立包括加工制造型园区、资源利用型园区、农业产业型园区、科技研发型园区、商贸物流型园区在内的境外园区，对通过确认的园区给予政策支持。加大对柬埔寨西港特区等国家级境外经贸合作区以及中阿（联酋）产能合作示范园等双边合作园区的支持力度，加快引导“走出去”企业以境外经贸合作区为支点，在海外抱团发展。

4. 鼓励“走出去”企业与高校开展合作。推进“走出去人才地图”工程建设，扩大注册量和受益面，举办专场招聘对接会，为我省“走出去”企业和来苏外国留学生提供对接平台。鼓励招收留学生的高校开设国际产能合作相关专业，强化留学生汉语教学，鼓励“走出去”企业与高校合作定制培养。以我省院校培养的海外人才队伍支持我省企业“走出去”发展，创建我省“走出去”企业与海外人才队伍相互促进、融合发展的新机制。

5. 不断完善风险防范体系。开展出境人员绑架勒索险等保障平台建设工作，为各类出国外派人员提供更加完善的风险防范体系。

6. 不断完善监管服务体系。贯彻落实省政府《江苏省规范企业海外经营行为实施意见》，进一步完善事中事后监管体系，完成境外投资合作企业视频监测服务平台建设，继续推进对外投资合作企业“双随机、一公开”检查。

7. 积极对接国家平台。联系亚投行、丝路基金、中非基金、国开行、进出口银行等国家平台，争取中央金融机构对江苏“走出去”的支持。强化内部协作共同开拓市场，推动我省工程企业联合承揽海外工程，主动对接央企，借船出海。

（撰稿：徐刚）

连云港

连云港市商务局

2018年，连云港市全面贯彻落实国家、省市有关精神，加快开放载体平台建设，不断深化与“一带一路”沿线国家和地区的经贸合作往来，积极推动优势产业、优势企业“走出去”，在全面融入“一带一路”大格局中不断取得新的进展。

一、连云港市与“一带一路”沿线国家地区经贸合作情况

自“一带一路”合作倡议提出以来，连云港与“一带一路”沿线国家和地区经贸交流合作日趋活跃，双向投资与贸易规模不断扩大，成效越发明显。

双边贸易方面。截至2018年底，连云港市与“一带一路”沿线65个国家之间的贸易额累计突破百亿美元，达103.2亿美元，占连云港市进出口总额的26.1%。主要贸易产品有甲醇、氧化铝、木薯干、工业用脂肪酸油等。

引进外资方面。截至2018年底（2013年以来），“一带一路”沿线国家在连云港市共投资设立企业40个，协议注册外资3.14亿美元，实际利用外资2.52亿美元，约占连云港市实际利用外资总额的7%，投资主要来自新加坡、哈萨克斯坦、菲律宾、印度、俄罗斯等国家，主要涉及食品加工、精细化工、纺织服装、国际物流等行业。

企业“走出去”方面，截至2018年底，连云港市在“一带一路”沿线国家投资项目19个，中方投资额累计2.58亿美元，目前正常运营项目14个，中方投资额累计1.55亿美元。投资国别地区主要有马来西亚、印度尼西亚、老挝、哈萨克斯坦、乌兹别克斯坦、卡塔尔等；投资产业集中在有色金属矿采选业、商务服务业、房地产业、农业等领域。

二、连云港市“一带一路”建设工作举措和成效

全面贯彻落实习近平总书记在推进“一带一路”建设工作5周年座谈会重要讲话精神，紧紧围绕标杆和示范项目、战略支点建设，坚持以拓展经贸交流为核心，以“港航路园”合作为抓手，以载体平台建设为支撑，深化互联互通，提升开放层次，为江苏省推进“一带一路”交汇点建设发挥积极作用。

（一）经贸交流合作创造新成果

2018年，连云港市与“一带一路”沿线国家和地区进出口规模再上新台阶，与“一带一路”沿线国家进出口贸易额达27.3亿美元，同比增长13.2%，进出口总额占连云港市进出口总额的28.6%。“一带一路”沿线国家在连云港市共投资设立企业5个，协议注册外资2.59亿美元，实际利用外资8950万美元，占连云港市实际利用外资总额的14.8%，投资主要来自新加坡和叙利亚，主要涉及农产品种植和加工行业。连云港市新批复“一带一路”沿线国家和地区投资项目3个，中方协议出资额9963.5万美元，其中赴卡塔尔投资项目1个，中方协议出资额9800万美元，投资马来西亚项目2个，中方协议出资额163.5万美元。“一带一路”沿线投资项目中方协议出资额占全部新批项目中方协议出资额的24.9%。海通建设承建的巴基斯坦隧道工程

实现贯通。

（二）开放平台建设实现新突破

连云港综合保税区获国务院正式批复，市开发区新医药、东海县硅材料成功创建国家级出口基地，两基地建设加快推进；中哈物流基地二期粮食筒仓项目投产运营，进出货量和集装箱吞吐量分别增长32%、82%；上合物流园区完成固定资产投资27亿元，智慧物流中心建成运行。农产品出口稳健提升，连云港市入选国家首批农业对外开放合作试验区，成为江浙沪唯一获批的试点城市。“三互三个一”改革试点通过省专家组验收，多式联运监管中心挂牌运行，国际贸易“单一窗口”基本建成，贸易便利化水平显著提升。我局应邀参加上合组织贸易便利化第三次会议，宣传推介连云港开放合作成果。

（三）特色品牌打造取得新进展

中哈两国元首共同出席亚欧跨境运输视频连线，习近平总书记明确指示“将连云港—霍尔果斯串联起的新亚欧陆海联运通道打造为‘一带一路’合作倡议的标杆和示范项目，共同建设和平之路、繁荣之路、开放之路、创新之路、文明之路”。加强与有关智库和研究机构合作，完成《江苏（连云港）自由贸易港申报方案》，经省政府同意并报国务院审议。成功举办第五届中国（连云港）丝绸之路国际物流博览会，共有来自27个国家和地区的420家企业参展，连博会被省委、省政府确定为全省重点打造的品牌展会。

（四）重点领域合作迈上新台阶

在江苏省商务厅、江苏省财政厅的大力支持下，连云港国际班列稳定运营、快速发展，2018年以来，已落实到账省级专项扶持资金4630万元，班列开通以来累计到位扶持资金2.23亿元，有力保障了国际货运班列稳定运行。由连云港发出的国际班列实现中亚五国主要站点全覆盖，并延伸形成至土耳其伊斯坦布尔和德国杜伊斯堡的两条通道，哈萨克斯坦出口小麦、乌兹别克斯坦通用汽车等整车过境专列开通运营。连云港港口控股集团分别与跨里海国际运输线路协会、拉脱维亚里加自由港签署战略合作协议，为发展国际货物铁路运输、推进亚欧大陆铁运贯通和海运互通创造了良好条件。

（五）推进沿线合作取得新成果

积极落实江苏省商务厅与连云港市政府中哈合作项目推进工作联席会议制度，于2016年3月11日、2017年3月6日召开省市联席会议2次。连云港港口控股集团和中远海运集团联合收购哈萨克斯坦“霍尔果斯—东门”经济特区无水港49%的股权，目前已到资1126万美元，我局为港口集团收购无水港项目向省商务厅争取资金补助147万元，并向商务部推荐港口集团的无水港项目为“丝路明珠”候选项目。加强政策支持引导项目投资，在连云港市商务发展资金中拨出专项，对连云港市企业赴“一带一路”沿线投资项目给予财政支持，对其项目实施、投资前发生的投资环境考察、可行性研究等前期费用给予补贴。

表 1　2018 年全市前 10 位货物贸易国家（地区）

（金额单位：万美元）

进出口				出　口			进　口		
排序	国别（地区）	累计	同比（±%）	国别（地区）	累计	同比（±%）	国别（地区）	累计	同比（±%）
	全市合计	954782	16.2	全市合计	415946	6.1	全市合计	538836	25.4
1	巴西	160037	62.5	美国	63667	1.2	巴西	155459	62.7
2	美国	82321	-10.7	日本	52295	2.5	韩国	42086	-1.1
3	日本	78895	4.5	韩国	31050	3.1	伊朗	36993	136.9
4	韩国	73136	0.7	香港	30555	25.1	日本	26600	8.7
5	伊朗	39164	98.3	印度	23493	12.6	印度尼西亚	26519	15.0
6	印度尼西亚	38518	18.5	越南	17582	11.8	秘鲁	25829	35.4
7	印度	30816	11.0	马来西亚	13125	-35.7	美国	18654	-36.2
8	香港	30758	23.9	菲律宾	12183	10.2	新西兰	17885	326.7
9	秘鲁	26651	34.8	印度尼西亚	11999	26.9	澳大利亚	13917	84.7
10	马来西亚	26107	-19.0	泰国	10533	-4.0	马来西亚	12982	9.9

（撰稿：董峰）

浙 江

浙江省商务研究院

2018年以来，世界经济下行风险加大，地缘政治和安全不确定性增加，经济稳定增长和高质量发展面临巨大压力，积极参与融入“一带一路”建设，有利于保持温和回落态势下的相对快速增长。浙江始终坚持以“八八战略”为指引，以“干在实处、走在前列、勇立潮头”为使命，按照省委省政府以“一带一路”建设为统领，构建全面开放新格局的决策部署，将中央目标与浙江特色优势紧密结合起来，不断提升“一带一路”建设的参与度、连接度和影响力，取得了明显成效。

一、政策沟通

近年来，从理念到蓝图，从方案到实践，浙江“一带一路”建设工作迈上新台阶，“一带一路”建设机制不断完善，工作基础不断夯实。浙江出台了《浙江参与“一带一路”建设实施方案》《浙江省参与“一带一路”建设经贸合作实施方案》《义甬舟开放大通道开放平台建设和投资贸易便利化政策争取行动方案》《“一带一路”捷克站建设推进方案》等一系列方案，组建了由省政府出资引导，地方国企、民企联合参与的浙江丝路产业基金，评估发布了首批“一带一路”示范企业和重点项目20个，组织开展了多次“一带一路”重点项目对接活动。此外，为进一步发挥标准互联互通作用，加速培育新市场、配置新资源，助力打造“一带一路”枢纽，浙江出台了《中共浙江省委浙江省人民政府关于以“一带一路”建设为统领构建全面开放新格局的意见》和《浙江省打造“一带一路”枢纽行动计划》。全面推进宁波“一带一路”建设综合试验区、义乌国际贸易综合改革试验区、杭州、宁波、义乌跨境电商试验区建设，同时启动温州全球华商、金华中非文化、青田华侨经济等开放试验窗口建设，打造对外开放新高地，塑造“一带一路”开放合作共赢的浙江样板。

二、设施联通

浙江充分利用“一带一路”枢纽区位优势，物流服务基础设施不断完善，形成了集散功能健全的江海联运、海铁联运网络，具备构筑海陆统筹、东西互济、面向全球、全方位参与“一带一路”建设的基础和条件。

在海上，宁波舟山港成为全球第一大港，联结全球100多个国家和地区的600多个港口，航线总数增至249条，“一带一路”航线增至93条。2018年，宁波舟山港年集装箱吞吐量首次突破2500万标准箱，港口累计完成货物吞吐量再次超10亿吨，连续10年位居全球港口第一。其中，“一带一路”沿线航线增至5000条，航班数量超过90班次，集装箱吞吐量突破1000万标箱，通往“一带一路”沿线欧洲和东南亚国家集装箱的航线航班加大加密。

在陆上，被习近平总书记称为亚欧大陆互通互联重要桥梁和“一带一路”建设早期成果的“义新欧”中欧班列，先后开通至中亚、西班牙等9条线路，沿线设立了4个分支机构、8个海外仓和5个物流分拨中心，打通了中国东部至欧洲、中亚、东盟的物流运输通道。2018年全年开行班列320列，累计发运25060个标箱，较上年增长68.8%，实现进出口货物总值77.7亿元，同比增长71.9%，实现了每周“四去二返”的双向常态化运行。“义新欧”中欧班列已成为全国运行线路最多、市场化程度最高、运行效率领先的中欧班列。

此外，浙江积极布局建设境外服务站点，“一带一路”捷克站物流园正式开仓运营。在网上，跨境电商成为浙江省与“一带一路”沿线国家或地区开展经贸往来的重要方式，目前已获批杭州、宁波、义乌3个国家级试点，杭州“两平台、六体系”试点经验在全国复制推广，宁波跨境电商进口量跃居全国首位。在探索跨境运输新模式方面，浙江与吉林省携手开通了珲春—扎鲁比诺港—宁波舟山港内贸货物跨境运输航线，开创了中俄跨境运输合作的新模式。

三、贸易畅通

浙江充分发挥开放强省、贸易强省的优势，扎实与境外地区对外投资合作的基础，始终努力推进与“一带一路”沿线国家或地区的贸易畅通，经贸往来不断加强。

平台建设方面，在宁波、舟山、义乌等地，浙江正重点打造一批“一带一路”标志性项目，推动全省参与“一带一路”建设再上新台阶。浙江正积极争取自贸试验区赋权扩区，探索设置自贸试验区联动创新区，做好“自贸区+开放大平台”文章；作为全省“一带一路”枢纽建设的关键，宁波“一带一路”建设综合试验区正在积极创建。在境外，中印尼区域综合经济走廊产业园区合作全面展开，成立了产业园区建设推进小组和前期工作专班，提出产业园区建设方案；境外经贸合作区建设不断推进，企业跨国并购、省内企业在境外设立研发中心和境外营销网络加速推进；“一带一路”捷克站建设加快，捷克站商贸服务园项目启动，逐步完善“义新欧”货运场和物流园运营建设。

贸易方面，浙江充分发挥体制机制优势，义乌国际贸易综合改革试点、中国中东欧“16+1”经贸合作示范区等取得了一批体制创新、模式创新成果。6年来，浙江与“一带一路”沿线国家和地区进出口总额达到43388亿元。仅2018年，浙江与“一带一路”沿线国家或地区的进出口总额约8966.6亿元，同比增长12.3%，占全省进出口总值31.4%，占全国对“一带一路”沿线国家或地区进出口总值10.7%，其中出口6821.8亿元，进口2144.9亿元，均位居全国前列。

双向投资方面，2018年，“一带一路”沿线外商在浙江投资项目1022个，同比增长12.3%，引进实际外资7.0亿美元，同比增长47.3%；浙江在“一带一路”沿线国家或地区境外投资项目数达202个，全年累计境外投资金额37.2亿美元，对外承包工程合作累计金额22.3亿美元，同比下降0.4%。6年来，浙江吸引“一带一路”国家和地区实际外资33.9亿美元，浙企对沿线国家直接投资额超过280亿美元，年均增长31.1%，高出全国年均增长率26个百分点。

四、资金融通

近年来，由浙江省商务厅指导，浙江民营企业联合投资股份有限公司作为主发起方，国有企业、国有银行、民营龙头企业、政府产业基金共同参与投资的浙江省内专业从事海外业务的投资平台——浙江丝路产业投资基金落地，首期规模50亿元人民币，为“一带一路”沿线涉及国计民生的关键性社会服务及优质资产提供有力保障。中国人民银行杭州中心支行也出台了《关于金融支持中国（浙江）自由贸易试验区建设的指导意见》，重点聚焦促进贸易、投资与融资便利化，提升资金运用效率与规避汇率波动风险，支持油品全产业链建设，推进人民币国际化战略，防范金融风险等五大方面，提出了33条意见与举措。

针对“一带一路”沿线的投资合作现状，浙江编制了两批重点合作项目清单，共包括83个项目、304亿美元投资合作额，多次组织国开行、进出口银行、中信保等金融机构举办“浙江省丝路沿线合作项目对接交流会”，为推进重点项目落实提供资金支持和信息对接服务。浙江支持移动支付等加快海外布局，阿里巴巴集团旗下支付宝已接入40个国家和地区线下商户。

浙江与“一带一路”沿线国家或地区资金流加速流动，2018年，浙江共完成对外直接投资备案额183.8亿美元，较上年增长90.6%，有力带动了当地就业和税收的发展。截至目前，浙江企业在“一带一路”沿线国家或地区已建设有10个境外经贸合作区，累计投资超过55亿美元，带动东道国就业超6万人。“一带一路”沿线国家或地区人口总数预计达34.4亿人，占全球总人口比重的47.6%，市场合作潜力巨大，将给浙江开拓海外市场、创新经济发展提供广阔空间。

五、民心相通

浙江在推进民心相通方面不断凝聚发展合力，与“一带一路”沿线国家或地区人文交流日趋频繁。民相亲在于心相通，浙江如今的“一带一路”朋友圈一再拓展，朋友们也频频在浙江聚首。目前，浙江已与80多个国家建立了423对友城合作关系，甚至在巴黎、约翰内斯堡等地还建起了跨境远程“最多跑一次”侨民服务中心。“一带一路”沿线浙籍华侨数量庞大，全省现有海外侨胞和港澳同胞200万，其中在欧洲的占54.2%，在亚洲的占20.8%，拥有资产规模超过7000亿美元。

文化交流方面，浙江出版的四大名著落地马来西亚，一批浙产影视剧在哈萨克斯坦等国深受欢迎，浙江遂昌举办了汤显祖—莎士比亚逝世周年纪念活动等系列文化节。浙江高校在“一带一路”沿线国家或地区合作开办数家孔子学院，温州医科大学在波兰开办了华佗学院，宁波外事学校在罗马尼亚设立了中罗国际艺术学校。浙江鼓励企业扩大文化贸易出口，在捷克等国家举办教育展，积极开拓“一带一路”中医药市场，有效促进了文化、教育、医疗等方面的交流与合作。

科技合作方面，浙江科研机构与以色列、新加坡、俄罗斯、捷克等国在清洁能源、机械装备、化工材料、杂交水稻等领域取得了丰硕成果，并在全国省级层面率先设立了“一带一路”科技创新合作项目，全省与沿线国家科研机构已共建科技创新平台8家，平均资助强度达130万元/家。

六、其他

浙江跨境电商迅猛发展，外贸新业态新模式活力显现。2018年，义乌获批中国跨境电子商务综合试验区，温州鹿城获批全国市场采购贸易方式试点，eWTP秘书处落户杭州，中国（杭州、宁波）跨境电商综试区深入推进，全年跨境电商进出口总值同比增长44.3%，全省实现跨境电商网络零售额840.9亿元，增长39%。

浙江民营企业飞速发展，亮点突出。阿里巴巴通过推动跨境电商、普惠金融、云计算和eWTP倡议等数字经济领域的发展，促进“一带一路”沿线国家或地区贸易畅通、数字基础设施完备；吉利控股集团实现了从单一产品贸易“走出去”到深度参与当地工业化“走进来”的思维转换；正泰集团与80%以上的“一带一路”沿线国家或地区建立了合作关系；由华立集团投资开发的泰中罗勇工业园开辟了中国企业“走出去”的新模式，成为中国和东盟产能合作的重要平台、国家“一带一路”建设的金名片之一。

“最多跑一次”改革方面，浙江全面规范各类办事事项，优化办事流程，推行“一窗受理、集成服务、一证通办”。积极推进政务服务“一张网”互联互通，省级部门打破信息孤岛取得实质性突破。积极推进事项网上办理、证照快递送达，省市县50%以上的事项开通了网上办理。省级“最多跑一次”事项达到665项，设区市本级平均达到755项，县（市、区）平均达到656项，全省“最多跑一次”实现率达到87.9%，办事群众满意率达到94.7%。

参与“一带一路”建设是浙江省的大使命、大机遇，在省委省政府的领导下，浙江将聚焦聚力高质量、竞争力、现代化，实施打造“一带一路”枢纽行动计划，建好“一区”，即中国（浙江）自由贸易试验区，加快推进自贸试验区扩权扩区；筑好“一港”，即国际枢纽港，打造辐射全球的国际现代物流体系；联好“一网”，即数字贸易网，先人一步打造新型贸易中心和“数字丝绸之路”门户枢纽；布好“一站”，即境外服务站，精心打造“一带一路”建设节点网络；造好“一园”，即国际合作园，聚精会神打造高水平开放平台和“一带一路”国际科创产业合作高地；架好“一桥”，即民心连通桥，打造最具吸引力和影响力的国际人文交流基地。浙江始终努力争当高质量参与“一带一路”建设的排头兵，争取形成更多可视性和标志性成果。

表1　2018年浙江省与“一带一路”沿线国家或地区货物进出口统计表

（单位：亿元）

区域	进出口（本年累计）	同比增减（%）	比重（%）
“一带一路”沿线国家（64国）	8966.6	12.3	100.0
蒙古俄罗斯及中亚5国	856.4	14.7	9.6
东南亚11国	3161.5	22.5	35.3
南亚8国	1509.9	8.8	16.8
中东欧16国	808.1	20.5	9.0
独联体其他6国	198.8	24.2	2.2
西亚北非16国	2431.9	-0.4	27.1
区域	出口（本年累计）	同比增减（%）	比重（%）
“一带一路”沿线国家（64国）	6821.8	8.3	100.0
蒙古俄罗斯及中亚5国	712.6	14.6	10.4
东南亚11国	2024.3	16.1	29.7
南亚8国	1360.3	6.8	19.9
中东欧16国	748.1	20.3	11.0
独联体其他6国	183.9	23.5	2.7
西亚北非16国	1792.5	-5.1	26.3
区域	进口（本年累计）	同比增减（%）	比重（%）
“一带一路”沿线国家（64国）	2144.9	27.0	100.0
蒙古俄罗斯及中亚5国	143.8	15.3	6.7
东南亚11国	1137.2	35.8	53.0
南亚8国	149.5	30.9	7.0
中东欧16国	60.1	23.0	2.8
独联体其他6国	14.9	33.6	0.7
西亚北非16国	639.4	15.8	29.8

表 2　2018 年“一带一路”沿线国家或地区外商在浙江投资统计表

项目	本年累计金额（亿美元）	同比增减（%）
项目数	1022	12. 3
实际外资	7. 0	47. 3

表 3　2018 年浙江省与“一带一路”沿线国家或地区经济合作统计表

项目	本年累计金额（亿美元）	同比增减（%）
境外投资项目（202 个）	37. 2	22. 3
对外承包工程合作	29. 2	-0. 4

（撰稿：丁武兴）

福 建

福建省发展和改革委员会

2018年福建省认真贯彻落实习近平总书记在推进“一带一路”建设工作5周年座谈会上的重要讲话精神，坚持“走出去”与“引进来”并举，扎实推进21世纪海上丝绸之路核心区建设朝着高质量发展方向走深走实，取得了积极成效。

一、设施联通建设持续加快

1. 持续加密空中航线和推进空港通道建设。福州机场第二轮扩能改造工程完成，福州机场的“海丝”门户枢纽机场功能得到强化，开通直飞纽约、巴黎航线。武夷山机场开通至曼谷的首条国际航线。加密空中航线，截至2018年底，福建共开辟空中国际航线55条，通达东南亚、欧洲、美国、澳大利亚、日本、韩国等世界各地；港澳台航线18条；国内航线314条。

2. 加大力度加密海上航线和加强港口投资合作。新开辟13条集装箱国际航线，全省集装箱国际航线已达到134条，通达50多个国家和地区的140个港口。开行“丝路海运”。加强港口合作，福建交通集团与招商局港口公司签署了“一带一路”沿线港口投资合作协议；福州港务集团分别与新加坡PSA国际港务集团、马来西亚关丹港口共同体有限公司签署战略合作备忘录；福州港、厦门港已与马来西亚巴生港、美国迈阿密港等港口缔结了国际友好港口。

3. 运行中欧、中亚班列。开行中欧、中亚班列176列，通达杜伊斯堡、波兹南、布达佩斯等十余个欧亚大陆城市。

4. 积极拓展多式联运。福州港海铁联运、水水中转业务不断拓展。新开通福州港江阴至成都的海铁联运班列、湄洲湾港莆田至江西的铁矿石海铁联运班列。

5. 拓宽信息通道。“数字福建”建设稳步推进，“海丝”卫星数据服务中心启动建设。

二、21世纪海上丝绸之路博览会成功举办

1. 海上丝绸之路博览会成为“一带一路”重要博览会。2018年5月，在福州成功举办了经中央批准正式更名的21世纪海上丝绸之路博览会，吸引了77个国家和地区的224个重点来宾团组、1559家企业参展参会。

2. 海上丝绸之路博览会成果明显。签约290个项目，总投资额超过2200亿元，项目涉及大数据、人工智能、健康医疗、生物医药、节能环保、新能源、新材料等战略性新兴产业。举办了29场系列活动，安排展览面积12万平方米，分设10个展厅，共4630个展位。举办了国际资本投资福建对接会，仅福州就征集对接项目116项，总投资621.1亿元，利用外资283.7亿元，其中，2亿元以上项目30项，总投资351亿元，拟利用外资169亿元。中国智能骨干网、福州世界贸易中心、六和机械扩建、建筑废弃物回收利用、兰天包装增资扩产等5个项目现场签约，总投资69.6亿元，拟利用外资36.9亿元。

3. 海上丝绸之路博览会凸显“海丝”特色。举办多场“海丝”特色对接会，其中，中国（福建）消费品全球采购交易会吸引了国内的近百家企业与来自“海丝”沿线国家的60多家采购商。博览会展现出海上丝绸之路沿线国家特色的还有：21世纪海上丝绸之路主题展

区、海上丝绸之路博览会主宾国——泰国展区，以及“海丝”沿线国家和地区商品展区，不仅有“海丝”特色展出，还有传统民族服饰、表演等特色文化展示。到海上丝绸之路沿线国家“走出去”的福州市远洋渔业企业已在毛里塔尼亚、印尼等国投资兴建了5个境外远洋渔业综合基地，数量和规模均居全国首位。印尼雅加达特区副省长苏坦托·索霍多表示，雅加达与福州都是港口城市，希望未来双方能开展基于海洋经济的合作，“期待和福州这样发展迅速、历史悠久的城市建立进一步的合作关系”。

4. 召开21世纪海上合作委员会成立国际大会。来自五大洲、近百名创始会员代表参加了成立国际会议，大会围绕习近平总书记提出的构建人类命运共同体目标，积极对接“一带一路”倡议，创建立足亚太区、面向全世界的海上合作平台，共建包容、共赢、可持续发展的蓝色伙伴关系，进一步促进世界沿海城市和地区组织深化交流合作，实现互利互惠。海上合作委员会国际大会一致通过了《21世纪海上合作委员会章程》，确定了委员会主席、秘书长的任职人选，表决通过了联合主席名单，宣布了创始会员名单，达成了《福州宣言》。已有五大洲25个国家的52个城市和地区组织加入委员会。海上合作委员会将搭建‘一带一路’海上合作重要交流平台，构建有效的对话机制和协调联动机制，集聚亚太地区乃至全世界沿海城市和地方资源，统筹规划实施一批各方共同参与的重大合作项目；深化亚太地区乃至全世界沿海城市和地区在海洋经济、海洋环保、航道安全、港口、防灾减灾等领域的合作；通过加强海上合作课题的研究，为亚太地区乃至全世界城市和地方政府提供政策咨询。海上合作委员会设常务委员会和秘书处，至少每年召开一次常委会议，秘书处会址永久设在福州，增强“海丝”核心区的凝聚力、辐射力、引领力。先期依托福州现有的丝路国际电影节、海丝国际旅游节等国际活动，有针对性地邀请会员参加，配合举办主题鲜明的研讨会，并通过“5·18”、海峡（福州）渔业周暨渔博会等大型商贸活动平台，拓展相关城市在海洋产业、海洋生态保护等领域的互动交流和合作。

三、贸易畅通水平进一步提升

1. 引导有条件的企业积极稳妥开展境外投资。2018年，全省备案对外投资企业246家，对外投资额55.2亿美元，增长57%。恒申控股集团收购荷兰CAP IV B. V. 100%股权，新增约70万吨（荷兰30万吨、南京40万吨）己内酰胺产能并直接掌握己内酰胺的制造技术，提升在锦纶行业的核心竞争力；宁德时代投资2.4亿欧元在德国设立电池生产基地及智能制造研发中心；中国武夷建设的中武电商肯尼亚内罗毕建材家装卖场成为东非最大的建材家装卖场。

2. 推动福建企业境外投资抱团发展。新增马来西亚森美兰州工业园、越南西宁省福东工业园、科特迪瓦阿比让商贸物流园3个境外经贸合作园区并纳入商务部统计。

3. 持续拓展双向贸易。深入实施“百展万企”和“福建品牌海丝行”行动计划，促进我省优势产品出口，同时积极组织企业参加首届进博会，主动扩大进口。与“一带一路”沿线国家和地区进出口贸易额3946.2亿元，增长10.7%。

4. 进一步加强海洋合作。成功举办了第13届中国（福州）渔业博览会、2018厦门国际海洋周等国际性活动，中国—东盟（福州）海产品产业合作交易平台启动运行。福建远洋渔业企业达30家，外派远洋渔船603艘，在境外建立了9个境外远洋渔业综合基地，境外水产养殖面积超20万亩，远洋渔业和境外水产养殖规模以及综合实力均居全国首位。

四、资金融通环境不断改善

1. 推动跨境融资。2018年，仅福建建行就累计为在闽企业提供国际贸易结算服务超过200亿美元，提供跨境人民币结算服务近千亿元，提供跨境贸易融资逾70亿美元。

2. 开展资本项目管理便利化改革试点。经国家外汇管理局批准，福建自贸试验区福州和平潭片区、泉州金改区、漳州台商投资区实行台资企业资本项目管理便利化改革试点。

3. 推进银行业对外开放。东京日联银行福州分行推进银行与实体经济开放合作，支持对日招商工作，主动联络客户，邀请节能环保、科技创新、高端制造、财政金融、共享经济、医疗养老领域的日本行业龙头企业参加中国（福建）—日本经贸合作对接会，推动更多日本跨国企业赴闽投资。菲律宾首都银行在厦门设立分行。

五、政策沟通力度加大

1. 密切高层往来。福建省领导先后会见了来闽访问的马尔代夫、俄罗斯、中非、塞尔维亚、印度尼西亚、越南、新加坡等国政要，推动与这些国家在共建“一带一路”倡议框架下的合作；率团访问港澳，与香港、澳门特首就闽港、闽澳携手推进“一带一路”建设，“并船出海”共同拓展国际市场达成重要共识；访问菲律宾、印度尼西亚和马来西亚，推动福建与相关国家的“海丝”合作。

2. 深化共建合作。福建与菲律宾宿务省签署了共同推进“海丝”建设的备忘录；进一步深化了与日本、捷克、新西兰等国的相关部门和省州的友好合作。

六、民心相通深入推进

1. 加强文化旅游合作。由部、省、澳门特别行政区共同主办的第三届世界妈祖文化论坛暨第二十届中国湄洲妈祖文化旅游节，成为民间文化交流和发扬海洋精神的重要载体。尤溪联合梯田入选“全球重要农业文化遗产”，平潭建成国内首个国际性南岛语族考古研究基地。

2. 加强教育合作。在福州建设天津大学国际校区、天津大学—新加坡国立大学福州国际联合学院。福州大学联手中国社科院、晋江市政府组建了福建海上丝绸之路发展智库。选派79名教师赴菲律宾、印度尼西亚任教。厦门大学与16个国家和地区的60多所高校发起成立“21世纪海上丝绸之路大学联盟”，搭建了“海丝”沿线国家大学之间交流合作的新平台。福建网龙公司协助尼日利亚建设国家教育资源公共服务平台、国家教学设区网络平台、国家数字人才培养平台及国家未来教育体验中心。

3. 加强卫生合作。福建中医药大学在菲律宾建设福建首个海外中医药中心。闽泰、闽法、闽英、闽德卫生合作进一步深化。

4. 加强科技合作。出台了开展“海丝”核心区创新驱动发展试验实施方案。借助“6·18”、数字中国建设峰会等创新平台举办了“一带一路”知识产权国际合作论坛、数字海丝分论坛等活动。

5. 加强友城合作。福建与菲律宾宿务省，福州市与菲律宾马尼拉市、毛里塔尼亚努瓦迪布市、比利时列日省列日市，泉州市与俄罗斯迈科普市，晋江市与菲律宾达沃市分别缔结了友城（友省）关系，全省国际友城（省）关系达到105对，其中省级友城27对。

6. 凝聚侨心侨力。举办了“一带一路”闽籍侨领纪念改革开放40周年座谈会、“一带一路闽商勇于担当”主题论坛暨福建省中外企业家联谊会成立30周年大会、第二届21世纪海上丝绸之路青年发展论坛暨闽港青年精英座谈会等活动。建立了“一带一路”闽商协作网，打造海内外闽籍社团和企业参与“一带一路”合作交流的重要平台。

七、推动“海丝”核心区建设行稳致远

站在新的历史起点上，福建将整合资源，推动“海丝”核心区建设从“大写意”迈向

“工笔画”，推动共建“一带一路”向高质量发展转变，开辟“一带一路”建设新空间，形成更多可视性成果。

1. 加大设施联通推进力度。拓展空中航线，完善空港通道，加快“海丝”门户枢纽机场建设，增开共建“一带一路”国家航线，重点完善福建至东南亚和欧美澳枢纽城市的空中航线。支持福州航空申请国际航线运行资质，支持航空公司来闽设立基地公司。加密海上航线，完善港区通道，培育客货运海上航线，集聚航运物流要素，加快核心港区大型集装箱码头、深水航道建设，支持福州国际深水大港、厦门东南航运中心建设，加强福州港、厦门港与“海丝”沿线支点港口合作，加密现有东南亚、中东等近洋航运航线，延伸拓展欧美、非洲和拉美地区远洋海运航线。完善联运通道，加快兴泉铁路、福厦高铁、福平铁路、衢宁铁路建设，开工建设双龙铁路，推进漳汕高铁、温福高铁、温武吉铁路等项目前期工作。推进多式联运，推动海铁、公铁、空铁多式联运，支持福州港海铁联运，增开联运班列。提升信息通道，建设信息高速路，推动福建与东盟信息走廊建设，打造互联互通网络枢纽。

2. 加强经贸产业合作。深化国际产能合作，引导和支持福建钢铁、有色金属、建材、轻纺、机械装备、农渔业等优势产业到境外合理布局，持续开辟新的国际产能合作平台；鼓励福建企业参与央企牵头的“一带一路”共建国家港口、铁路、公路、能源等重大基础设施项目和产业合作园区建设。拓展双向贸易，建设跨境电商综合实验区，鼓励有条件的企业到“一带一路”共建国家建设福建商品海外仓、境外商品展示营销中心和境外组装转口基地，推动建立覆盖全球主要市场的营销和服务网络；扩大先进技术装备、紧缺资源和优质消费品进口，打造跨区域大宗商品分拨中心、消费品集散中心。鼓励双向投资，稳妥开展境外投资，推动建立根植福建、拓展国际的产业链体系，鼓励企业在“一带一路”共建国家投资建设生产基地、营运中心，推动紫金、华隆源、鼎信、恒兴等一批矿业和冶金企业走出去发展。推动数字经济“走出去”，加快数字丝绸之路建设。支持我省优势农业技术境外推广，推动企业建设一批境外农业技术示范区，投资开发杂交水稻制种、生物技术组培、特色农产品精深加工等现代农业高新项目。加大力度“引进来”，大力引进世界500强、台湾百大企业和全球行业龙头企业；实施“闽商回归工程”，发挥“一带一路”闽商协作网作用，完善信息共享、项目互助机制，吸引更多海外闽商参与“海丝”核心区建设。

3. 拓展海洋领域合作。有序发展远洋渔业，鼓励企业在东南亚、非洲等地建设远洋渔业综合基地和产业园区，促进宏东毛里塔尼亚远洋渔业基地、宏龙水产东帝汶渔业基地、东山远德胜马来西亚远洋渔业境外基地等项目可持续发展。完善海洋合作平台，持续办好中国（福州）国际渔业博览会·亚太水产养殖展、平潭国际海岛论坛等海洋国际交流活动。深化福建与东盟海洋合作。深化“智慧海洋”建设，推进“一带一路”合作与应用智能服务、海洋新装备开发与产业化应用、“智慧海洋”支撑体系等项目建设。支持国家海洋局海岛研究中心（平潭）等创新平台建设和海洋科技平台发展。

4. 深化人文交流合作。强化文化旅游合作，开展“美丽中国—海上丝绸之路”旅游联合推广活动，推进与“海丝”沿线国家的旅游线路对接和客源共享，持续办好“闽茶海丝行”等活动，做强“海丝之旅”“万里茶道”国际旅游品牌。推出一批具有福建特色的“海丝”艺术作品，组织做好《丝海梦寻》《锡兰王子》《平潭印象》等“海丝”精品赴“海丝”沿线国家演展工作。办好闽侨书屋、福建文化海外驿站和海外旅游推广中心。培育马尾船政文化域、刺桐古港文旅综合体等一批“海丝”文化旅游项目。继续开展中医海外义诊活动。筹建福建华侨博物馆。加强文化遗产保护和合理利用，推进“海丝”文献资源数字化工作。建设平潭海坛海峡水下考古遗址公园和国际南岛语族考古基地，筹备举办中国·平潭南岛语族国际论坛福建史前与太平洋考古国际学术研讨会，深化福州茉莉花与茶文化系统、尤溪联合梯田农业文化申遗成果。深化教育国际合作，鼓励与国际知名院校开展中外合作办学，建设天津大学新加坡国立大学福州联合学院，支持福州大学与爱尔兰合作成立梅努斯国际工程学院，支持福建师范大学与英国哈德斯菲尔德大学开办本科教育。加快厦门大学、华侨大学等高校的海外“反哺”办学进程，支持厦门大学马来西亚分校二期建设。扩大汉语、中医药、武术、民俗及其他中华优秀文化在世界的传播。支持新大陆科技集团与澳门大学共建智慧城市联合实验室、雪人股份与加拿大水吉能合作开发燃料电池系统。拓展医疗卫生合作，引导有实力的企业参与在“一带一路”共建国家建设经营医院，开办特色医疗诊所。加大中医药海外推广力度，借鉴福建中医药大学中国—菲律宾中医药中心建设经验，加快向东南亚国家推广中医药产品和技术标准，提升中医药影响力。深化闽—泰、闽—法、闽—英等医疗卫生合作。办好海上丝绸之路（福州）国际旅游节、丝绸之路福州国际电影节、海上丝绸之路国际艺术节、世界妈祖文化论坛等活动，扩大与“海丝”沿线国家文化交流。支持泉州举办“东亚文化之都”系列活动。办好福州国际马拉松赛、厦门国际马拉松赛、平潭国际自行车赛、环泉州湾国际公路自行车赛、妈祖杯海上丝绸之路国际羽毛球挑战赛。

5. 推进资金融通。优化境外投资项目融资服务，争取世界银行、亚洲基础设施投资银行、亚洲开发银行、金砖国家新开发银行、国家开发银行、进出口银行、丝路基金、中非发展基金、中国—东盟海上合作基金等金融机构支持，鼓励兴业银行、兴业证券等地方金融机构在新加坡等“海丝”沿线国家和地区设立分支机构，拓宽融资渠道，提供“融资、融智、融商”服务。发挥福州华侨母基金、福州城投京东方基金、泉港石化产业园基金等“海丝”核心区建设相关基金作用，加大对“海丝”核心区重点产业和基础设施项目的融资支持。加强与“一带一路”共建国家和地区的金融交流，在离岸金融、资金结算、同业业务等方面加大合作力度。推进金融业开放创新，引导金融机构主动对接“海丝”核心区建设项目，在跨境贷款、离岸业务、跨境投资基金、跨境人民币支付结算等领域先行先试。

6. 推进体制机制创新。建立创新驱动发展机制，以数字经济、跨境电商、跨境支付与结算为代表发展新经济新业态，为“一带一路”建设创造新的需求和合作机遇。紧盯国际投资贸易新规则，推动海关监管制度创新。健全常态交流机制，完善在投资保护、金融、税收、海关、人员往来等方面的合作机制，争取在闽新设领事馆和签证中心。完善友城合作机制，在闽侨聚集区、产能合作区和海外利益集中区缔结友城，拓展朋友圈。完善闽港、闽澳政府沟通交流机制，深化金融、航运、会展、科技、旅游等领域合作，共同拓展“海丝”沿线国家和地区市场，实现“并船出海”。强化政府间交流机制，加强与“一带一路”共建国家特别是东盟国家的高层互访，推动签订“海丝”合作备忘录。扩大菌草技术对外合作等品牌效应，加强福建与东盟在体育、中医药等方面交流合作。构建风险防范机制，及时传导国家部委发布的国别投资指导文件，引导企业有序合规“走出去”，鼓励企业开展境外项目安全风险评估，提高安全保障水平。

（撰稿：叶飞文）

厦　门

厦门市商务局

2018年，我市认真贯彻落实习总书记在推进“一带一路”建设工作5周年座谈会上的重要讲话精神和福建省建设21世纪海上丝绸之路核心区的工作部署要求，稳步推进“海丝”战略支点建设。进展情况如下：

一、加强互联互通枢纽建设

（一）海上通道拓展完善

“一带一路”航线57条，到达22个国家、39个港口，较2017年增加13条，完成集装箱吞吐量126.61万标箱，占全港箱量比重11.83%，较2017年同期增长21.5%。永久友好港口达13个。打造“丝路海运”品牌，开行首批12条外贸集装箱班轮航线，成立“丝路海运”运营平台，搭建带动沿海、辐射内陆、拓展台港澳、联通“海丝”沿线国家和地区的国际航运服务新平台。

（二）“海丝”门户枢纽机场加快建设

2018年厦航新增厦门—金边、厦门—普吉等航线。“一带一路”航线达20条，包括2条澳洲航线及18条东南亚航线。2018年全年厦航在厦门机场共承运国际、地区旅客达214.4万人次。

（三）陆上通道内外联通

我市稳定运行厦门至汉堡、阿拉木图、莫斯科三条中欧班列线路，2018年新开通直达布达佩斯的班列，首次拓展韩国釜山的货源。2018年全年中欧（厦门）班列累计开行176列，14714标箱，货值5.03亿美元。积极打通进港铁路，将港四道铁路延伸至海润码头内部，打通集装箱海铁联运的“最后一公里”，增强厦门港对内陆的辐射能力。

二、加强经贸合作枢纽建设

（一）双向投资贸易保持平稳

2018年，厦门市与“海丝”沿线国家贸易额1497.0亿元，较2017年同期下降0.3%，其中出口825.9亿元，下降4.4%，进口671.1亿元，增长5.3%。“海丝”沿线国家对我市投资项目66个，合同利用外资42.7亿元，增长79.4%；我市对“海丝”沿线国家投资备案项目32个，增长68.4%。11月发起成立“海丝”城市商会联盟并审议通过联盟备忘录，成员单位包括澳门东盟国际商会、马来西亚中国总商会、德国福建商会等22家。5月获批跨境电商综合试验区资质，推动亚马逊、华强等跨境电商品牌营销中心落地。累计完成飞机租赁101架（2018年50架）、租赁金额70亿美元，与东航一次性完成中国民航史上规模最大、共计28架在役飞机售后回租。

（二）深化沿线大通关合作

厦门海关出台落实总署“一带一路”沿线大通关合作行动计划19项重点举措。编制“单一窗口”3.0建设规划，2018年，累计开户数1000家，单证处理量6621.24万票，比增13.7%。2018年帮助企业获国外关税减免超过1亿美元。实现厦门（空港、海港）53国人员144小时过境免签政策。港口竞争力持续提升，进出口整体通关时间压缩1/3，口岸政府性收费降至大陆最低。

（三）加强科技创新合作

聚焦我市特色优势及产业需求，推动创新

模式和创新资本“引进来”和“走出去”。打造创新创业双向离岸孵化平台，5月在我市承办国家发改委和中国科协主办的“一带一路”创新大会，被国家列为2018年“创响中国”的6项重点活动之一，选拔12个海外优胜项目进入“一带一路”创业加速器，成功在厦进行4个月的“离岸”孵化，于11月底举办闭营项目路演大会。打造中以协同创新中心，推动人工智能、纳米技术、生物医药等先进技术的应用，已与200多家以色列顶级科技企业及创新机构签订伙伴协议，累计孵化近100个项目。

（四）创新金融服务

设立全国首支地方政府主导的“海丝”投资基金，首期基金规模1.5亿元。国家开发银行厦门分行累计为印尼发放境外人民币贷款75.04亿元、外币贷款84.32亿美元。招商银行、交通银行、浦发银行、平安银行等均在厦设立离岸银行业务中心，开展面向“一带一路”的国际金融业务。

三、加强海洋合作枢纽建设

（一）加强海洋合作载体平台建设

举办厦门国际海洋周，来自30多个国家（地区）上千名代表参会，参加人次超过25万。继续推进中国—东盟海洋合作中心建设和厦门南方海洋研究中心基地建设。依托PNLG秘书处、APEC海洋可持续发展中心、厦门南方海洋研究中心秘书处等单位，继续推进中国—东盟海上合作基金项目实施。

（二）大力发展邮轮经济

打造综合型邮轮船供物流中心，重点发展邮轮食品及物料供应，开通全国首例邮轮物资“整进散出”业务。打造“邮轮+文化”的“一带一路”特色航线产品，全国85%的“一带一路”邮轮航次均由厦门出发。2018年3月开通国内首条连接菲律宾、马来西亚、文莱、新加坡、柬埔寨、越南东南亚六国的歌诗达“新浪漫号”邮轮航线。2018年，厦门港共接待“一带一路”航次12个，旅客吞吐量5.42万人次。

四、加强人文交流合作枢纽建设

（一）拓展文化交流活动

举办第二届嘉庚论坛，邀请来自“一带一路”沿线32个国家（地区）151位海外华侨华人参加。举办第二届东南亚中国图书巡展，达成版权输出368项、进口10项。2018年为来自8个国家的203名海外华侨华人学生颁发陈嘉庚奖学金。举办东盟国家政府官员研修班、“海丝”高端人才培训班、中泰战略研讨会等培训及研讨。承办2018海外华商中国投资峰会、华侨华人专业人士回国创业研习班，举办厦门国际友好音乐会、菲华学生学中文夏令营、厦门国际青少年足球邀请赛等一系列文体交流活动。

（二）积极拓展教育合作

厦门大学马来西亚分校已开设汉语言文学、海洋技术、中医学等15个本科专业，截至2018年，在校学生累计达4100余名。10月在厦门大学成立由17个国家（地区）60多所高校组成的“海丝”大学联盟，并发表《厦门宣言》，将开展“海丝”创新行动、游学计划、培训基地、联合基金等合作项目。

（三）加强“海丝”智库平台建设

加强“一带一路”财经发展研究中心、厦门市丝路国家战略研究中心、厦门大学“一带一路”研究院、21世纪海上丝绸之路与厦门发展研究中心等9个智库的建设。“一带一路”财经发展研究中心于12月举办第三届“一带一路”财经发展论坛暨推动福建经济高质量发展论坛。华侨大学“海丝”研究院连续三年入围国家发改委发布的“一带一路”高校智库影响力榜单，2018年排名第二，出版《海丝蓝皮书：21世纪海上丝绸之路研究报告（2017）》

等辑刊。

（四）对外联系取得新突破

6月，全国首创设立海外华侨华人社团厦门联络总部，已有来自35个国家（地区）的59家侨团申请入驻。我市与土耳其伊兹密尔市新结为友城，友城总数达到20个。

（撰稿：陈见锦）

江　西

江西省商务经济发展研究院

2018 年来，在江西省委、省政府的正确领导和高位推进下，我省参与“一带一路”建设的频度、力度、广度不断加大，在国际交往、设施联通、经贸合作等方面取得积极成效。

一、参与“一带一路”建设工作情况

1. 加强高位引领，深入拓展国际交往。一是推动高层往来，促进“一带一路”企业合作。发挥省领导高位出访作用，2018 年，共组派 13 批次省级领导出访，推动与俄罗斯、格鲁吉亚、哈萨克斯坦、匈牙利、巴基斯坦、黎巴嫩、捷克、德国、波兰、挪威、瑞典、日本、韩国以及东南亚各国在基础设施建设、航空、中医药、生物科技、旅游文化、新能源新材料、家具制造及现代金融等领域的合作。积极邀请“一带一路”沿线国家或地区高层代表团到我省访问，共邀请博茨瓦纳总统马西西、赞比亚总统伦古、巴基斯坦前副议长费萨尔·卡里姆·昆迪三批副国级以上国外政要以及俄罗斯巴斯科尔托斯坦共和国总理马尔丹诺夫等十余批次省部级外国代表团访赣，促成赞比亚江西工业园等一系列友好合作项目。二是借助国家平台，带动企业“走出去”。主动对接外交部（江西）全球推介会、中非论坛、中国进口博览会、中国—东盟博览会、中国国际投资贸易博览会等国家重大外交活动或重大展会，组织我省企业参加，重点拓展与沿线俄罗斯、土耳其、匈牙利、泰国、柬埔寨、乌克兰等国友好合作关系，推动双方产业、教育、文化、医疗等领域的合作。三是开展重大活动，搭建企业对外合作桥梁。通过举办首届世界赣商大会、世界 VR 产业大会等我省重大对外经贸文化交流活动，组织实施赣港会、赣台会等招商活动，积极为企业“搭台唱戏”，帮助企业不断拓展“一带一路”沿线项目合作。

2. 深化对外联通，持续完善对外通道。一是加快陆上通道建设。武九、九景衢铁路建成投运，安九铁路开工建设，昌吉赣建设顺利推进，12 条铁海联运稳定运行。二是拓展空中通道建设。成功开通南昌—莫斯科首条洲际航线和南昌—新加坡定期国际航线，新增南昌—比利时的洲际全货机航线和南昌—香港的全货机航线。昌北国际机场全年完成旅客吞吐量 1352 万人次，增长 23.7%，再创历史新高；货邮吞吐量 8.3 万吨，增长 58.1%。三是中欧班列快速增长。全年共开行赣欧班列 202 列（其中出境 164 列，进境 38 列），是 2017 年开行总量（26 列）的 7.7 倍。

3. 强化贸易主导，不断拓展海外市场。一是不断壮大出口。组织实施“千企百展”工程，组织 200 余家企业参加“一带一路”沿线国家或地区重要展会，帮助优势产业、优势企业开拓“一带一路”国家市场，扩大出口规模。二是培育外贸新业态。扶持外贸综合服务企业发展，首批 3 家省级外贸综合服务企业均实现了高速增长，有力带动了江西产品对“一带一路”沿线国家或地区出口。推动南康家具、新干箱包等特色优势产业与跨境电商平台开展合作，开拓国际市场。三是积极扩大进口。发挥国家及省级进口贴息资金的促进作用，进一步扩大自“一带一路”沿线国家或地区的先进设备、关键零部件和技术进口，推动进口与出口平衡发展。2018 年，我省与“一带一路”沿线国家或地区贸易往来全覆盖，对“一带一路”沿线国家和地区进出口139亿美元，增长19.5%，占全省比重31.3%，比重提升2.3个百分点，其中出口121.6亿美元，增长17.5%，占全省比重35.8%，比重提升4.2个百分点。

4. 坚持产业先行，推动国际产能合作。一是促进优势产能转移。江西首个境外经贸合作区——赞比亚江西多功能经济区项目于2018年11月破土动工，鼓励优势企业参与国际合作，加快推进江西建工集团60亿人民币孟加拉国500兆瓦太阳能发电站项目、汉腾汽车巴基斯坦汽车生产项目建设，支持晶能光电公司积极参与国家发改委、联合国开发计划署、全球环境基金联合发起的启动“绿色照明”四期国际合作项目，鼓励江中集团拓展中东欧、葡萄牙、捷克中医药市场。二是推动先进制造业合作。支持汉腾汽车与俄罗斯德尔维斯（DERWAYS）汽车公司合作、江西远洋威力实业有限公司利用技术优势在俄罗斯投资1000万美元建设规模年产600万平方米节能硅酸盐板生产线，促成汪氏集团与巴斯科尔托斯坦共和国政府投资2.6亿元的拖拉机项目签约。三是推动海外投资并购。推动南昌矿山机械有限公司在巴基斯坦卡拉奇430万美元铁矿项目续建、蒙古170万美元铁矿项目合作、澳大利亚700万美元矿山项目合作、赣州腾远钴业新材料股份有限公司在刚果金3554万美元铜钴湿法冶炼项目、赣州虔东稀土集团股份公司在泰国1500吨稀土金属460万美元项目产能建设。2018年，我省对外投资中方协议投资额7.3亿美元，完成对外直接投资额5457.11万美元。截至目前，我省已在马来西亚、阿联酋、蒙古、泰国、新西兰、澳大利亚、土耳其、俄罗斯等20多个“一带一路”沿线国家或地区开展投资合作，投资领域已扩展至能源资源开发、加工制造、农业、技术研发及服务业等。

5. 开展人文交流，促进双边友好往来。一是拓展了国际旅游市场。大力开发入境游市场，2017年接待入境旅客206万人次，同比增长9.2%。二是推动了留学教育。目前我省外籍留学生中来自“一带一路”沿线国家或地区的有4800余人，占比超过70%。三是加大了文化交流。组织赴哈萨克斯坦、法国、美国等国家开展多场文化交流和文艺演出，展示江西文化的独特魅力。四是促进了医疗卫生合作。成功举办了世界中医药大会第四届夏季峰会等，国家中医药教育国际化（南昌）试验区揭牌，江中集团、江西中医药大学、中国—葡萄牙中医药中心三方共建的欧洲（葡萄牙）中医文化体验中心项目正式签约。五是推进了经贸交流。组织企业赴“一带一路”沿线国家和非洲等重点市场开展业务对接洽谈等活动，以及参加中国—东盟博览会、“9.8”厦洽会、澳门国际基建高峰论坛等经贸活动。

6. 深化平台搭建，夯实对外合作支撑。一是打造企业抱团发展平台。江西省“走出去”战略联盟、海外能源资源开发联盟、海外农业投资联盟等产业联盟平稳运行，筹备举办“江西走出去企业战略合作联盟2018大会”，成立了LED企业“走出去”合作联盟。与全球20多个国家和地区的江西商会及有关华人商（协）会建立了联系。二是打造对外合作促进平台。借助中国中小企业中心（德国），搭建江西工业对外战略合作平台。举办了“开发性金融助江西企业‘走进非洲’投资推介会”、外国政府来赣培训官员与江西企业对接座谈会等专题活动，为企业参与国际合作牵线搭桥。三是打造投融资合作平台。推动国家开发银行江西省分行、进出口银行江西省分行、中国信保江西分公司等金融保险机构加大对企业信贷保险扶持，2018年，全省银行业支持“一带一路”建设融资余额达219.05亿元，同比增加85.2亿元，同比增长63.65%。为全省外贸出口52.8亿美元提供风险保障服务，同比增长26.2%，服务出口企业1400余家，其中小微出口企业1126家，其中中国信保江西分公司累计支持全省企业“一带一路”项目金额达16.5亿美元，同比增长14.1%。联合省内金融保险机构举办政银保共同推动江西企业参与“一带一路”建设对接座谈会，帮助企业解决国际工程和投资项目融资需求。

7. 突出重点引领，加快推进节点城市建设。一是积极支持南昌扩大开放。推进南昌铁路口岸建设，已开通4条铁海联运出口线路、3条国际直达班列；向塘铁路物流基地加快建设，成功获批设立跨境电子商务综合试验区，昌北机场成功获批实施境外旅客购物离境退税政策，国际邮件快件监管中心开工建设，国际贸易“单一窗口”国家标准版加快推广运用。昌北国际机场完成国际货运吞吐量0.93万吨，同比增长37.78%，货值53.44亿元人民币。二是大力支持赣州国际陆港建设。加快打造赣州国际陆港承载大物流集散的区域性物流中心和国际货物集散地，出台实施了支持赣州国际陆港建设运营、口岸物流发展等系列政策举措，成功争取获批肉类、汽车整车进口指定口岸，成为全国功能最齐全的内陆口岸之一。成功争取赣州国际陆港经满洲里、霍尔果斯出境的两条精品线路列入国家铁路运行图，成为全省唯一纳入国家海关总署和中铁总中欧班列运行线路图的国际陆港。开通19条中欧班列线路，全年共开行中欧班列150列，同比增长5.52倍；常态化运行19条内贸和公铁海多式联运线路，开行公铁海多式联运班列650多列。物流基地加快建设，新增国家标准A级物流企业6家，增速和总量连续三年居全省首位。顺丰集团旗下江西丰羽顺途科技有限公司成为全国第一家经民航监管部门审定同意开展无人机运营的物流企业。三是积极支持景德镇文化节点城市建设。大力支持景德镇创建高层次平台，景德镇国家陶瓷文化传承创新试验区成功获批，成为全国首个文化类国家级试验区。“中欧城市实验室”落户景德镇，成为中欧可持续城镇化合作首个项目，助推景德镇城市转型经验向世界推广。文化交流成效显著，在南非举办了“感知中国·丝路瓷行”中国陶瓷文化展，在德国举办了“遇见中国——纪念马克思诞辰200周年系列文化展”、在荷兰举办了“故宫瓷器—皇帝御用”暨“景德镇御窑陶瓷特展”，景德镇陶瓷大学与全世界40多所高校建立友好学校关系，陶瓷文化影响力、城市知名度显著提升。

8. 狠抓服务为要，强化企业对外合作保障。一是加强政策指引。印发《江西省2018年参与“一带一路”建设工作要点》《2018年全省“走出去”工作要点》等文件，帮助企业妥善应对风险挑战，推动全省“走出去”工作实现高质量发展。出台《江西省2018年参与“一带一路”建设重点项目清单》，建立全省国际产能合作重大专项项目库，加强对我省“一带一路”重点项目的调度，及时掌握项目推进过程中存在的困难与问题，推动项目取得积极进展。二是强化综合服务。强化项目协调与调度，通过“一对一”服务机制、政银保企合作机制等，务实推动项目实施。完善信息及安全预警服务，通过微信群、微信公众号等及时发布市场和项目信息、安全预警信息等，加强对企业参与“一带一路”建设的引导，帮助企业提高风险防范能力。三是加强项目监管。开展企业境外投资项目真实性、合规性审核、对外投资合作“双随机、一公开”行政执法检查和规范外派劳务市场秩序专项行动，启动境外企业和对外投资联络服务平台省级分平台建设，加强企业境外经营行为的事中事后监管，进一步规范我省企业海外经营行为，有效防范各类风险。

二、存在的主要困难与问题

1. 对外联系沟通渠道不足。“一带一路”沿线国家或地区政治环境、经济体制、文化历史等比较复杂，我省政府部门和企业总体来说了解还不足，信息渠道还不够。

2. 企业海外投资风险过高。“一带一路”沿线国家或地区以发展中国家为主，多数国家的政治风险和商业风险很高，企业拓展对外合作的积极性还不强。

3. 海外合作抓手不够。中央层面支持“一带一路”建设的平台还不多，地方争取中央支持的渠道容易受限；我省目前成立的一些平台资金规模还比较小，难以满足我省企业参与“一带一路”建设的资金需求，对“一带一路”有关资金的投入有必要加强。

三、2019 年工作打算

下一步，我们将全面贯彻落实习近平总书记关于“一带一路”建设的系列重要讲话精神，统筹推进好全省“一带一路”建设。

1. 着力完善基础设施，加快建设联江达海通道。一是完善铁路通道。开工建设昌景黄铁路，加快昌吉赣、赣深、安九等铁路建设，推进渝长厦、常岳昌、昌九、瑞梅等铁路项目前期工作。二是完善物流体系。加快赣州国际港、向塘铁路物流基地等重点物流枢纽建设，推进昌北国际机场航空物流港建设，稳定开行赣欧班列，促进班列开行与产业联动发展。三是完善空中走廊。积极争取国家第五航权开放试点，积极引进基地航空，探索打造临空经济区进出口贸易电子商务集中（结算）平台。拓展我省至俄罗斯、新加坡等国家的航线航班。

2. 着力优化国际产能合作，促进产业转型升级。一是聚焦境外园区建设。重点实施好赞比亚江西工业园、马来西亚现代农业产业园等项目，组织好省内相关企业入园，打造江西产业海外集聚区。二是聚焦产业双向合作。鼓励制造业、农业、矿产、服务业等领域合作，带动我省装备出口和产能合作。同时，积极引进国外高端装备、航空制造、生物医药等企业入驻我省，促进产业转型升级、提质增效。三是聚焦对外投资并购。支持省内企业通过股权并购等方式，拓展海外市场；鼓励通过并购海外品牌企业，引进先进技术和企业管理经验，提升企业发展水平。

3. 着力强化对外人文交流，打造“一带一路”江西品牌。一是做优生态文明品牌。实施好第五届绿发会，组织开展生态文明国际交流活动，推进国际生态合作。二是建设文化品牌。加快打造景德镇“一带一路”文化节点城市，开展“江西文化年”、江西文化遗产国际巡展、中俄青少年国际文化节等活动，持续提升江西品牌影响力。三是推介中医药品牌。持续向海外推广热敏灸技术，建设中医药海外中心，依托世界中医药大会打造江西中医药发展产业论坛。

4. 着力加强平台建设，夯实开放平台支撑。一是推进节点城市建设。支持南昌、赣州打造连接“一带一路”节点城市，推进景德镇“一带一路”文化节点城市建设，不断提升进出口贸易、产业双向投资、口岸平台建设等综合优势。二是完善口岸服务平台。持续推进赣州、南昌铁路口岸建设，推动九江等地出口加工区转型为综合保税区。三是加强经贸平台建设。筹办好赣港、赣台等重大招商活动，围绕智能制造、现代服务业开展专题招商活动，引进一批优质外资项目。

5. 着力健全工作机制，强化对接国家战略合力。一是完善对外联络机制。完善友城联系工作机制和全球商协会合作网络，做大做强赣商联合总会。推动建立北京、上海等经济联络和招商中心。二是强化政银企合作机制。持续推动政银企对接活动和企业洽谈会，推进项目合作，引导进出口银行、中国信保等金融保险部门强化项目金融保障。三是加强项目监管和风险防控。健全完善项目监管机制，引导企业稳健有序开展对外投资合作。依托企业“走出去”联盟，推动省内企业抱团发展，加强企业对外投资的风险防控。

2018江西“一带一路”建设情况表

<table>
<tr><td colspan="4">对“一带一路”沿线国家和地区出口情况</td></tr>
<tr><td></td><td>金额（亿美元）</td><td>增速</td><td>占全省比重</td></tr>
<tr><td>对“一带一路”沿线国家和地区进出口</td><td>139</td><td>19.5%</td><td>31.3%</td></tr>
<tr><td>出口</td><td>121.6</td><td>17.5%</td><td>35.8%</td></tr>
<tr><td>吉尔吉斯斯坦</td><td>1.45</td><td>6.3倍</td><td>—</td></tr>
<tr><td>塔吉克斯坦</td><td>0.2</td><td>4.5倍</td><td>—</td></tr>
<tr><td>俄罗斯联邦</td><td>0.21</td><td>1.9倍</td><td>—</td></tr>
<tr><td colspan="4">与“一带一路”沿线国家和地区投资合作情况</td></tr>
<tr><td></td><td>在赣投资项目数</td><td colspan="2">实际利用外资（亿美元）</td></tr>
<tr><td>巴基斯坦、新加坡、缅甸等“一带一路”沿线11个国家或地区在赣投资</td><td>19</td><td colspan="2">1.65</td></tr>
<tr><td rowspan="2">在“一带一路”沿线的孟加拉国、斯里兰卡、波黑等23个国家</td><td>新签对外承包工程项目数</td><td>完成对外承包工程营业额（亿美元）</td><td>完成对外直接投资额</td></tr>
<tr><td>30</td><td>12.7（增长26.4%）</td><td>5457.11万美元</td></tr>
</table>

（撰稿：李家强）

河　南

河南省发展和改革委员会

一、河南省参与“一带一路”建设总体情况

“一带一路”倡议提出近6年来，河南省委、省政府深入贯彻落实习近平总书记关于“河南要建成连通境内外、辐射东中西的物流通道枢纽，为丝绸之路经济带建设多作贡献”和“支持建设郑州—卢森堡‘空中丝绸之路’”重要指示，以及在推进“一带一路”建设工作5周年座谈会上的重要讲话精神，把提升交通物流枢纽功能作为突破口，以郑州—卢森堡“空中丝绸之路”建设为统领，统筹推进空中、陆上、网上、海上“丝绸之路”“四路协同”发展，高质量建设开放载体平台，河南与“一带一路”沿线国家或地区的外贸进出口额增速超过全省增速近一倍，带动全省进出口总额进入全国前十、中部首位，走出了一条内陆地区开放型经济发展的新路子。在国家信息中心2018年“一带一路”大数据报告中，河南“一带一路”省区市参与度排名位居全国第8位。

（一）着力加快郑州—卢森堡“空中丝绸之路”建设，提升内陆地区开放品牌优势

按照郑卢“空中丝绸之路”建设《专项规划》和《工作方案》确定的双枢纽、多节点、多线路、广覆盖的发展思路，推动“空中丝绸之路”重点任务取得积极进展。2018年7月，河南省委书记王国生率团访问卢森堡等国，举办多场大型推介洽谈活动，签署涵盖多个领域的合作项目。郑州机场积极开辟加密航线，实现客货运量连年跃位升级，目前已开通郑州至温哥华、墨尔本、悉尼、莫斯科4条洲际客运航线，国际客货运航线达到56条（客运27条，货运29条），在全球前20位货运枢纽机场中开通15个航点，初步形成了横跨欧美亚三大经济区、覆盖全球主要经济体的国际枢纽航线网络。客货运量从航空港2013年批复设立之初的1314万人次、25.6万吨分别增长至2018年的2733.5万人次、51.5万吨，位次分别由第18位、第12位上升至2018年的第12位、第7位，货运吞吐量跻身全球机场50强，国际货运量稳居全国第4位。卢森堡货航周航班量加密至每周18班，年货运吞吐量占郑州机场四分之一，带动卢货航全球排名从第九位上升至全球第六位。

同时，河南和卢森堡合作机制加快建立，合作领域不断拓展。2017年和2018年，“一带一路”经济合作论坛先后在郑州和卢森堡举办，形成双年交替举办机制；卢森堡旅游签证（郑州）便捷服务平台揭牌运营，打通了中原及周边地区与26个欧盟申根国家人员交往的便捷通道；“华夏文明之源——河南文物珍宝展”赴卢森堡开展交流，“妇好”方斝、金缕玉衣等145件河南文物通过“空中丝绸之路”飞赴卢森堡国家历史与艺术博物馆展出，卢森堡文物也计划2019年来豫展出，豫卢两地多元化开放合作平台逐步建立。2019年3月27日，在博鳌亚洲论坛2019年年会上，李克强总理和卢森堡首相贝泰尔共同见证了中国和卢森堡共建“一带一路”合作谅解备忘录以及金融合作文件的签署，卢森堡成为继意大利之后第二个加入“一带一路”倡议的欧盟创始成员国。

（二）着力推动“四路协同”发展，形成创新集聚发展态势

以“空中丝绸之路”为引领，统筹推进陆

上、网上、海上“丝绸之路”建设，形成“四路协同”发展格局。

1.“陆上丝绸之路”方面。不断拓展延伸中欧班列（郑州）物流网络，带动国际贸易、科技信息、跨境电商、口岸经济等新兴业务快速发展。在常态开行郑州—德国汉堡、慕尼黑的基础上，新增比利时列日目的站。2018 年全年累计开行 752 班（去程 416 班，回程 336 班）；截至 2018 年底，总累计开行 1760 班（去程 1007 班，回程 753 班）。目前，已初步形成以郑州为枢纽中心的“1+3”国际物流大通道（“1”指中欧物流通道，“3”指东向亚太通道、西向中亚枢纽和南向东盟通道），中欧班列（郑州）网络遍布欧盟、俄罗斯及中亚地区 24 个国家 126 个城市，实现了欧洲方向每周“去程九班、回程九班”往返满载运行。特别是 2019 年一季度，开行班列数量、货运量大幅增长，共开行 233 班，同比 2018 年第一季度开行班次增加 106 班，增长 83.5%，于 4 月 3 日开行班次累计达 2000 班。中欧班列（郑州）是国内唯一实现多口岸、多线路、高频次、常态化往返均衡对开、长运距（10000 公里以上）国际冷链业务常态化运行的“数字化班列”。创新“郑欧班列+跨境电商”，2019 年 3 月 2 日，开行首条跨境电商专线“菜鸟号”，成为全国中欧班列首家“9610”监管方式的班列线路。

2.“网上丝绸之路”方面。按照“一平台两网六中心”的发展思路（“一平台”指郑州 EWTO 核心功能集聚区，“两网”指全球互联网和国际贸易单一窗口，“六中心”指物流发展中心、国际产业示范中心、金融结算中心、大数据服务中心、创新中心和标准规范发布中心），不断创新监管和服务模式，首创“网购保税 1210”监管服务模式并向卢森堡等国复制推广，连续两年举办全球跨境电商大会，规划建设 EWTO（电子世界贸易组织）核心功能集聚区，跨境电商零售进口量位居全国前列。

3. 对接“海上丝绸之路”方面。以铁海联运、内河航运为主要依托，有效连接连云港、黄岛港、上海港等港口，2015 年开通铁海联运班列以来累计开行超过 500 班。2019 年 4 月 12 日，“郑州—连云港—东南亚”铁海联运铁路箱在郑州开行首发，实现铁路箱内外贸货物全程多式联运的物流新模式。

（三）着力加快开放载体平台建设，不断增强支撑保障能力

1. 开放平台方面。高质量建设郑州航空港实验区、河南自贸试验区、郑州跨境电商综试区等国家级开放创新载体平台。郑州航空港实验区地区生产总值突破 800 亿元，基本建成全球重要的智能终端（手机）生产制造基地和国际货物集散分拨中心，合晶单晶硅、华锐液晶面板、光力科技等一大批新产业项目投产或开工，填补了全省空白。河南自贸试验区新入驻企业数超过 5 万家，企业投资项目承诺制、区域整体评勘经验、跨境电商零售进口正面监管模式在全国通报推广。跨境电商综试区综合指标稳居全国第一方阵，2018 年全省跨境电商进出口（含快递包裹）增长 25.8%。

2. 口岸和通关保障方面。全省建成 5 个海关特殊监管区域和 9 个功能性口岸，河南和郑州机场分别成为内陆地区指定口岸数量最多、功能最全的省份和机场。药品进口口岸申建顺利通过国家部委现场评估。新郑综保区进出口总额实现封关运行以来“七连增”，居全国综保区第 2 位，占全省外贸总值的 62%。2019 年 4 月 1 日，郑州航空口岸已全面实施 7×24 小时客货运通关保障。

（四）着力统筹国内国际资源，推动经贸交流合作提质扩容

按照比较优势和资源禀赋推动产业国际化布局，不断扩大电子、汽车装备制造出口规模，积极进口先进设备和能源资源，构建“优进优出”发展格局。“一带一路”沿线国家或地区在

全省新设外商投资企业25家，在豫投资世界500强企业达到129家，在全国较早建立政策性出口信用保险“走出去”风险统保平台，中信重工、宇通客车、中铁隧道集团等企业海外合作项目取得实质性进展。目前，全省累计设立和规划建设境外经贸合作园区达15个，其中纳入商务部2018年境外经贸合作区统计范围的园区达到8家，排名全国第4，商丘贵友吉尔吉斯亚洲之星产业园被确定为全国20个国家级境外经贸合作区之一。

（五）突出地方特色优势，人文交流往来日益密切

成功举办外交部河南全球推介活动，与“一带一路”沿线国家或地区的科技、教育、卫生、文化、旅游、考古合作全面开展。与49个国家建立118对友好城市关系，友城数量持续稳居中西部第一、全国第五。先后派出50多个文化艺术团组赴70多个国家和地区举办各类文化活动400余场，与哈萨克斯坦、吉尔吉斯斯坦联合申报丝绸之路世界文化遗产工作取得突破性进展。成功举办了六届中国（郑州）国际旅游城市市长论坛，实施“留学河南计划”，全省累计资助外国留学生近3000人，华北水利水电大学乌拉尔学院获教育部审批设立，郑州亚欧交通职业学院成为河南第一所具有法人资格的中外合作办学机构，全省高校来华留学生人数超过6000人，先后向泰国、菲律宾、印尼、缅甸等“一带一路”沿线国家或地区派遣400余名汉语教师志愿者。加快六大区域医疗中心对接世界一流的医学高校、医疗和科研机构，承办国家2018年“一带一路”沿线国家或地区医院管理研修班，中赞腔镜中心8月在赞比亚建成投用，援埃塞俄比亚中国中医中心运营良好，中医药“走出去”步伐进一步加快。

二、下一步工作考虑

下一步，河南参与“一带一路”建设的初步考虑是：深入贯彻落实习近平总书记在第二届“一带一路”国际合作高峰论坛上的系列重要讲话精神，抢抓新一轮扩大开放重大历史机遇，加强研究谋划，聚焦关键领域，巩固先发优势，狠抓工作落实，统筹丝绸之路“四路办同”，全面提升开放通道和开放平台优势，推动参与“一带一路”建设工作走深走实，构建河南在国家改革开放创新大局中的新优势，在引领带动全省高质量发展、实现中原更加出彩的伟大征程中迈出坚实步伐。一是加大重点项目建设力度，进一步完善项目推进机制，加强项目管理，推动重点项目取得突破。二是积极开拓国际市场，坚持“走出去”和“引进来”并重，加快构建“优进优出”贸易格局。三是完善金融保障措施，加大政府及金融机构协调推动力度，形成政府、金融机构和企业协同发展的金融服务体系。四是推动科技人文交流蓬勃开展，发挥河南根亲文化、武术文化优势，密切与沿线国家的人文交流活动。五是建设高水平开放载体平台，充分发挥国家战略平台叠加优势，开展系统整合与集成创新，构建开放集成新优势。

（撰稿：王利飞）

广　东

广东省商务厅

一、经贸合作数据

2018年，广东与“一带一路”沿线国家（按照64国统计）进出口额16152.7亿元人民币，同比增长7.4%，占全省的22.5%。其中，出口9810.1亿元人民币，增加1.6%，占全省的23%；进口6342.6亿元人民币，增加17.9%，占全省的21.9%。沿线国家在我省设立项目1236个，实际利用外资36.58亿元人民币，增加17.0%。我省在沿线国家设立企业（机构）207家，实际投资额4.85亿美元，增长64.2%，占全省的3.5%，资金主要流向东盟和印度。在沿线43个国家完成对外承包工程营业额88.1亿美元，占总额的50.1%。

二、主要工作措施

1. 加强政策措施引导。制订出台《广东省推进“一带一路”建设高质量发展三年行动方案（2019—2021年）》《广东省稳外贸若干政策措施》，以及与相关区域及国家加强经贸合作的工作计划并积极推进落实。

2. 推进重点境外园区建设。我省纳入商务部统计的5家境外经贸合作区，2018年新增投资1.7亿美元，创造产值2.3亿美元，上缴东道国税费292万美元，创造就业岗位6000多个。研究制订广东省境外经贸合作区扶持政策，引导企业积极稳妥开展境外园区建设。其中，中国·越南（深圳—海防）经贸合作区基础设施建设较为完善，全面开展招商工作，入驻企业达14家；尼日利亚广东经贸合作区建设运营良好，入驻企业超过50家；三家入驻中白工业园的广东企业完成入园手续，一家正式投产；广州泛亚聚酯有限公司预计总投资32亿美元的石化化纤一体化项目入驻中国—沙特吉赞经济城并开工建设；肯尼亚珠江经济特区启动园区基础设施建设。境外园区成为我省企业布局海外市场、开展国际产能与装备制造合作的重要载体。

3. 联手港澳参与“一带一路”建设。紧抓粤港澳大湾区携手打造推进“一带一路”建设的重要支撑区这个主题，推动广东制造业优势和港澳资金、现代服务业、国际经贸网络等优势相结合，促进企业“拼船出海”。三地政府在法国举办大湾区投资营商环境推介会，粤港相关部门在英国、意大利举办“走进沿线国家”系列经贸活动。粤港相关部门合办“一带一路共创新思路”投资推广座谈会、“聚力粤港澳大湾区，开拓一带一路全新机遇”论坛，组织广东企业参加香港“一带一路”高峰论坛、澳门国际基础设施投资与建设高峰论坛等，共同谋划与沿线国家加强经贸合作。用好粤港经济技术贸易合作交流会这个平台，组织粤港两地政府与全球500强企业代表圆桌会、粤港澳大湾区物流合作发展论坛及金融合作发展论坛等。共建“投资大湾区”线上线下平台，搭建信息共享、投资促进互动联络机制。

4. 构建全球经贸工作网络。我省驻欧洲（慕尼黑）、北美（洛杉矶）、东南亚（吉隆坡）三个经贸办事处统筹协调省有关单位与各地市驻海外代表机构，实现资源共享，在促进广东与驻在区域经贸合作上取得阶段性成效。与广州南沙开发区管委会签署引资引智引技合作框架协议，推动办事处开展省市（区）共建。推进境外广东名优商品展销中心建设，引导企业以整体营销方式开拓新兴市场，认定阿联酋富商展销中心、东莞商品南非展销中心、中山美居产品南非中南展贸展示展销中心和领尚环球品牌建材澳洲直营中心等为境外广东名优商品展销中心培育项目。

5. 推动中欧班列发展。目前，广州大朗、东莞石龙至欧洲、中亚方向每周3列，并按市场化组织货源实现常态化运作，满载率及通关效率明显提升。2018年，中欧班列共发运187列，同比增长23.84%；发送集装箱17418标箱，增长23.95%；出口货值9.6亿美元，增长15.94%。发挥财政资金支持作用，按照《广东中欧班列运费补贴资金实施细则》以0.5美元/40尺集装箱·公里为货运价的计算依据对中欧班列进行补贴。

6. 拓展与沿线国家经贸合作。在省主要领导出访期间，分别在欧洲、澳洲及南太岛国拜会世界500强企业及相关机构，推进广东与沿线国家经贸合作。实地调研中国·越南（深圳—海防）经贸合作区、中白工业园广东入驻投产企业、省能源集团约旦油页岩项目、广州泛亚聚酯有限公司在中国—沙特吉赞经济城石化项目等建设进展情况，推动我省境外园区及国际产能合作项目规范有序发展。发挥广交会、广东海丝博览会等平台作用，2018年，广交会对沿线国家出口成交额占总成交额32%以上；广东海丝博览会有57个国家和地区企业参展，境外企业占70%，国际影响力进一步提升。组织我省优势产业企业赴沿线国家参展开拓市场，在阿联酋、俄罗斯、印度、巴西等国有针对性地组织企业参展36场。支持沿线国家来粤举办推介活动，2018年，配合肯尼亚、巴布亚新几内亚、英国、泰国东部经济走廊等来粤举办经贸活动，推动我省企业赴沿线国家投资发展。

7. 完善对外投资公共服务体系。支持有条件的企业与省内产业链上下游企业、优势互补企业组建“走出去”合作联盟，推动境外园区建设和国际产能合作。指导广东省“走出去”能源基础设施产业联盟、广东省“走出去”照明产业联盟实现信息共享、项目配对、对外合作。支持粤港澳有条件的企业组建境外园区合作联盟。针对企业在“走出去”过程中对投资目的地政治经济社会环境了解不足、事前准备不充分，导致投资风险等问题，建设运营了集政策宣讲、国别指南、资讯发布、项目商机、专业服务、业务办理等功能为一体的广东省商务厅“走出去”公共服务平台以及“走出去新干线”微信公众号，及时向企业发布市场需求、项目合作、全球风险预警等信息，为企业“走出去”提供较为全面的公共服务。制订出台《广东省改进境外企业和对外投资安全工作的实施方案》，落实安全生产、防范风险维稳工作责任。面对企业持续开展“走出去”公共政策、跨国经营实务咨询与专题辅导、对外投资安全等培训工作。

8. 将广东自贸试验区打造为“一带一路”建设重要支撑区。发挥各自优势推进“一带一路”建设，南沙片区依托南沙港口优势，加快建设国际枢纽港；前海蛇口片区推进构建“海上丝绸之路”国际港口链，携手港澳建设“深港+一带一路”跨境投资与贸易综合服务平台；横琴片区稳步推进与拉美国家合作。推进大型项目建设，前海蛇口片区打造中国—东盟自贸园区；横琴片区推进粤澳合作产业园建设，17个项目开工建设；中拉经贸合作园建成启动。

（撰稿：刘德增）

广　西

广西壮族自治区商务厅

广西地处祖国南疆，具有沿海、沿边、沿江的区位优势，处在我国大陆东、中、西三个地带的交汇点，是我国唯一与东盟既有陆地接壤又有海上通道的省区，是华南经济圈、西南经济圈与东盟经济圈的结合部，是中国通往东盟最便捷的国际大通道，是西南地区最便捷的出海口，是联结粤港澳与西部地区的重要通道，是“一带一路”交汇对接和陆海统筹的重要节点、关键区域，在我国沿边开发开放、推进“一带一路”建设、扩大西部地区开放中具有独特的战略地位，在中国对外开放格局中地位突出。

一、战略定位

广西作为中国—东盟开放合作的前沿和窗口，连接多区域的交流桥梁、合作平台、国际通道，充分发挥自身优势，积极落实好中央赋予的战略定位和任务，围绕“建设壮美广西、共圆复兴梦想”的总目标要求，深入落实“三大定位”新使命，加快构建“南向、北联、东融、西合”全方位开放发展新格局，着力走活开放发展这盘棋。在中央的大力支持下，广西发挥与东盟国家陆海相邻的独特优势，全力构建连接“一带一路”有机衔接的门户，着力打造国际一流营商环境，深化与“一带一路”沿线国家贸易、产业和金融合作，加快构建更为开放的体制机制。加快建设西部陆海新通道，打造西南中南地区开放发展新的战略支点。大力发展以海铁联运为主的多式联运体系，积极推进通关便利化，打造高品质陆海联动经济走廊。创新推动“五跨”，着力探索边境经济发展新路径，在跨境贸易、跨境物流、跨境金融、跨境旅游和跨境劳务合作等方面深入探索。构建稳定边贸发展的新机制，大力发展边境口岸加工业，打造边境地区跨境合作示范区。

二、对外开放情况

2018 年，广西外贸进出口 4106.7 亿元，增长 5%。其中：出口 2176.1 亿元，增长 14.6%；进口 1930.6 亿元，下降 4.1%。全区进出口总额在全国排第 14 位，在西部地区排第 3 位，进出口首次突破 4000 亿元。

2018 年，全区新设外商投资企业 194 家，同比增长 6%；合同外资额 44.41 亿美元，同比下降 14.48%，实际利用外资 5.07 亿美元，同比下降 38.42%。

2018 年，全区中方协议对外投资 12.26 亿美元；实际对外投资 8.97 亿美元。对外承包工程完成营业额 7.24 亿美元，同比增长 5.1%。

三、建设“一带一路”重点工作及成效

（一）在“一带一路”框架下形成以东盟为重点的“走出去”格局

广西对“一带一路”沿线国家的投资占全部对外投资的 75%左右，其中对东盟的投资又占沿线国家的 74%左右。2018 年，广西对外承包工程最大市场由传统的非洲转向以东盟为重点的“一带一路”沿线国家。形成了制造业、农林渔牧业、服务业、矿业和对外承包工程“五位一体”的行业格局。

（二）陆海新通道建设取得新进展

一是跨区域跨领域合作机制不断拓展。2018 年 11 月，中新两国政府签署中新互联互通

项目“国际陆海贸易新通道”建设合作谅解备忘录，正式建立国家级合作机制，并首次明确广西在陆海新通道中的重要定位。渝桂黔陇青等各地牵头部门先后与驻地海关、铁路和金融部门签署合作备忘录，形成关检、铁路、金融三个跨领域工作机制，共同整合资源支持通道建设。“陆海新通道之机遇·桂新企业对接会”、陆海新通道国际供应链合作圆桌会、“扩大进口贸易·构建陆海新通道”政策说明会等成功举办，陆海新通道品牌影响力进一步扩大。二是陆海两大主干线实现稳定规模化运行。北部湾港海铁联运主干线从渝桂班列1条线路拓展至连通西部6省区市的5条线路。全年北部湾港海铁联运班列累计开行1154列，到发57871标箱，并通过“渝新欧”“蓉欧”等中欧班列实现“一带一路”的无缝连接。北部湾港国际集装箱班轮航线加密，开通外贸航线24条，并成功开通至南非的第一条外贸远洋集装箱航线。中越（南宁、凭祥—河内）跨境直通班列全年共运行59班，重庆、成都、青岛、苏州、郑州、武汉等地相继开行经广西凭祥到河内的跨境班列。三是重大基础设施项目建设全力推进。钦州港东站集装箱办理站一期工程于2018年7月16日开工建设。中新南宁国际物流园项目引进了万纬物流、复星国药、太古冷链等一批知名企业，保税仓、保税加工厂房、冷链物流仓储等基础设施全面开工建设。四是通道市场竞争力有效提升。渝桂班列实行“一口价”，整体运价从8000元/标箱降至5000元/标箱，与传统江海联运基本持平。持续开展北部湾港降费优服专项行动，港口进口、出口集装箱常规收费分别下降80%和40%。

（三）中马“两国双园”建设积极推进

2018年8月，马来西亚总理马哈蒂尔访华期间，中马两国政府发表联合声明，明确“双方同意发挥好‘两国双园’联合协调理事会机制作用，共同推进中马钦州产业园区和马中关丹产业园区建设”。2018年，钦州园启动区7.87平方公里“七通一平一绿”和城市配套功能初步形成，园区产业和城市配套项目超100个，协议总投资超900亿元，固定资产投资达130余亿元；关丹园园区入口立交桥、水、电、外围4公里园区环路等外围基础设施投入使用，一期基础设施建设全部完工，联合钢铁项目全面试投产，11个项目签约入园，为关丹园配套的关丹港第一个15万吨级深水码头正式投产。

（四）中越跨境经济合作区建设稳步推进

中国商务部与越南工贸部就《中越跨境经济合作区建设框架协议》有关核心问题积极沟通。第15届东博会期间成功举办中越东兴—芒街跨境经济合作区专场推介会，加大园区招商引资力度。2018年，跨合区东兴园区注册企业10家，意向入驻企业近50家，首个高新技术产业项目——广利通“高新科技园”进场装修，国内纺织行业排名前三的天虹纺织集团在园区注册运营。

（五）文莱—广西经济走廊取得重大突破

2018年11月，国家主席习近平出访文莱期间，中文两国发布的联合声明提出，同意“进一步推进‘广西—文莱经济走廊’建设，加强在农业、清真食品、水产养殖等领域的交流与技术合作”。走廊项下项目进展顺利，摩拉港港区实现集装箱操作系统的信息化管理；清真香料加工项目在文莱国内已获建设用地批准，在广西区内的原材料生产加工基地加快建设，中国—东盟香料交易市场一期已建成并投入营运；海世通文莱渔业公司网箱养殖已顺利投产，产量达540多吨，产值达1620多万元，投放文莱当地、澳大利亚、新加坡、中国内地和香港等地市场。

（六）口岸开放建设和通关便利化合作有序推进

推进口岸对外开放。2018年，爱店口岸升格、梧州港口岸扩大开放先后通过国家验收并正式启用，钦州港口岸（大榄坪南6#~8#泊位和北1#~3#泊位）完成验收。防城港口岸扩大开放、柳州白莲机场临时对外开放获得国家批复，积极推动东兴口岸北仑河二桥临时对外开放、龙邦口岸升格为国际性口岸并扩大开放。广西实现了国家一类口岸在边境县（市、区）的全覆盖。

加强口岸基础设施建设。重点推动友谊关口岸、东兴口岸北仑河二桥、水口口岸、峒中口岸、硕龙口岸等口岸基础设施建设，边境口岸通关条件进一步改善。

稳步推进广西国际贸易“单一窗口”建设。2018年，广西国际贸易“单一窗口”实现全区开放口岸全覆盖，实现中央标准版与地方特色两级应用；实现商务、海关、边检、海事、交通等多部门的数据交换共享，加快推动口岸大通关的信息互换、监管互认、执法互助，为企业提供更加便捷高效的通关服务。国际贸易“单一窗口”关检融合统一申报率和海港口岸运输工具申报率都达到了100%，货物申报、运输工具申报及舱单申报等主要业务覆盖率超过80%。在全国先行先试建设的公路口岸“单一窗口”，已开展行车许可申报、公路舱单申报、跨境运输车辆以及驾驶员备案等业务。广西国际贸易“单一窗口”服务热线95198于2018年9月底开通。

优化口岸通关环境。凭祥友谊关口岸自2018年6月1日起实现节假日和周末正常通关。广西海事部门已在全部水运口岸实行双休日及节假日船舶正常通关。2018年12月，广西口岸进口、出口整体通关时间分别为22.31、1.48小时，较2017年分别压缩60.58%、89.48%。持续开展免除查验没有问题外贸企业吊装移位仓储费工作。2018年，共免除查验没有问题的外贸集装箱（车辆）相关费用5829箱（辆），惠及外贸企业956家，进一步降低了企业经营成本。全面落实口岸收费公开公示制度，规范清理口岸收费，切实加强口岸收费管理。

表1　2018年广西对“一带一路”沿线国家贸易情况

序号	国家	进出口总额		出口总额		进口总额	
		人民币（万）	美元（万）	人民币（万）	美元（万）	人民币（万）	美元（万）
1	越南	17493673	2673972	11421329	1725736	6072344	948235
2	泰国	913692	137935	184504	27818	729188	110117
3	马来西亚	701948	105910	259062	38697	442885	67214
4	印度尼西亚	673996	102827	239123	36404	434873	66423
5	新加坡	439863	65762	342707	51093	97156	14669
6	沙特阿拉伯	400453	60652	59555	8878	340898	51775
7	印度	279398	41828	233402	34928	45996	6900
8	菲律宾	256607	38584	81776	12346	174831	26238
9	阿联酋	233418	35077	117890	17431	115529	17646
10	乌克兰	102789	15575	21460	3246	81329	12329
11	俄罗斯联邦	87167	13193	73609	11152	13558	2041
12	土耳其	83243	12593	53605	8067	29638	4526
13	伊朗	72734	10824	71186	10589	1548	235
14	埃及	71087	10666	70767	10616	319	50

续表

序号	国家	进出口总额		出口总额		进口总额	
		人民币（万）	美元（万）	人民币（万）	美元（万）	人民币（万）	美元（万）
15	波兰	63071	9452	60014	8992	3056	460
16	老挝	61735	9360	10704	1638	51031	7722
17	科威特	60891	9163	5275	801	55617	8362
18	巴基斯坦	50203	7525	41795	6228	8408	1297
19	罗马尼亚	48742	7358	48589	7334	153	24
20	亚美尼亚	44959	6716	462	69	44497	6647
21	孟加拉国	39779	6000	37987	5725	1791	275
22	柬埔寨	38167	5780	29463	4448	8704	1332
23	缅甸	33533	5072	27705	4189	5828	884
24	以色列	27485	4121	26149	3918	1336	203
25	卡塔尔	22290	3272	4567	691	17723	2582
26	捷克	12316	1862	8303	1244	4013	617
27	阿曼	11903	1781	6911	1043	4993	738
28	斯里兰卡	11712	1763	11441	1722	270	41
29	伊拉克	11088	1682	10982	1665	106	16
30	保加利亚	10601	1571	1438	215	9164	1356
31	黎巴嫩	7345	1103	7345	1103	0	0
32	约旦	7321	1114	7275	1107	46	7
33	斯洛文尼亚	7118	1072	6804	1026	314	46
34	哈萨克斯坦	6697	996	6697	996	0	0
35	白俄罗斯	6162	892	660	99	5501	792
36	乌兹别克斯坦	5051	748	5051	748	0	0
37	克罗地亚	4817	735	4425	675	392	60
38	蒙古	4394	660	3212	489	1182	171
39	阿富汗	3125	489	3125	489	0	0
40	匈牙利	2769	420	2012	306	757	114
41	塞尔维亚	2735	401	1212	181	1523	219
42	拉脱维亚	2668	405	2602	394	66	10
43	阿尔巴尼亚	2455	378	1357	210	1098	168
44	叙利亚	2335	351	2335	351	0	0
45	也门	2068	309	2068	309	0	0
46	阿塞拜疆	2050	309	2050	309	0	0
47	立陶宛	2008	302	2004	301	4	1
48	巴林	1937	294	1937	294	0	0
49	斯洛伐克	1857	282	703	108	1154	175

续 表

序号	国家	进出口总额		出口总额		进口总额	
		人民币（万）	美元（万）	人民币（万）	美元（万）	人民币（万）	美元（万）
50	塔吉克斯坦	1738	261	1738	261	0	0
51	文莱	1678	249	1626	241	52	8
52	吉尔吉斯斯坦	1446	216	1446	216	0	0
53	格鲁吉亚	1421	213	1401	210	20	3
54	爱沙尼亚	1248	189	1129	170	119	18
55	尼泊尔联邦民主共和国	1117	169	1117	169	0	0
56	马尔代夫	687	103	686	103	1	0
57	巴勒斯坦	491	75	491	75	0	0
58	波黑	327	49	327	49	0	0
59	土库曼斯坦	277	42	277	42	0	0
60	东帝汶	116	17	116	17	0	0
61	摩尔多瓦	116	18	116	18	0	0
62	前南马其顿	84	13	35	5	49	8
63	黑山	39	6	39	6	0	0
64	不丹	0	0	0	0	0	0

表 2　2018 年广西企业在“一带一路”国家投资和承包工程情况

（单位：万美元）

序号	国别	对外投资	对外承包工程
		中方协议投资额	完成营业额
1	越南	6129	4306
2	泰国	9804	19385
3	老挝	—	195
4	缅甸	505	1949
5	柬埔寨	5585	1494
6	马来西亚	61106	3641
7	印度尼西亚	335	237
8	菲律宾	—	1251
9	文莱	7510	—
10	俄罗斯联邦	—	77
11	尼泊尔	—	787
12	沙特阿拉伯	—	231
13	埃及	—	1381
14	东帝汶	—	3585

续 表

序号	国别	对外投资	对外承包工程
		中方协议投资额	完成营业额
15	土耳其	—	41
16	印度	959	128
17	斯里兰卡	90	—
18	乌兹别克斯坦	441	—
19	塞尔维亚	—	2
	合计	92465	38689

表3 2018年广西利用“一带一路”国家外资情况

（单位：万美元）

序号	国别	合同外资额	实际外资额
1	新加坡	815	1770
2	泰国	1564	1119
3	马来西亚	100679	93
4	菲律宾	0	3
5	印度	19	0
6	印度尼西亚	−780	0
7	以色列	180	0
8	巴基斯坦	262	0
9	越南	295	0
	合计	103034	2985

（撰稿：陈翔）

重　庆

重庆市商务委员会

一、政策沟通

按照中央推进“一带一路”建设总体部署，重庆市聚焦政策沟通、设施联通、贸易畅通、资金融通、民心相通，先后制订了《重庆市推进“一带一路”建设2018年重点工作任务》《2018年重庆与“一带一路”国家合作工作方案》等文件，大力实施内陆开放高地建设行动计划，深度融入“一带一路”建设，切实把习近平总书记的重要讲话精神、党中央的决策部署转化为推进“一带一路”建设的政治责任和自觉行动。

二、设施联通

（一）拓展开放通道

立足于发挥“一带一路”和长江经济带联结点的区位优势，坚持铁公水空并进，全力打造内陆国际物流枢纽。我市已形成“一枢纽十干线”2371公里铁路网、“三环十二射”3093公里高速公路网、“一干两支”1400公里高等级航运网和295条空中航线网，构建起贯穿东西、连接南北的“Y”字形立体通道体系：向东依托长江黄金水道，与上海、宁波等港口合作运行“五定”快班轮，2018年，重庆水运港国际物流量743.8万吨、45万标箱，外贸进出口货值2475.6亿元；向西不断提升中欧班列（重庆）国际物流大通道营运水平，2018年，中欧班列（重庆）开行1442列（去程714列，回程728列）。开行频率达30班/周左右；向南开拓国际陆海贸易新通道，辐射东盟、中东等区域，形成了国际铁海联运、国际铁路联运、跨境公路运输等复合型物流组织方式，累计开行950余班、货值30多亿元；加速形成“一大四小”机场格局，江北国际机场T3A航站楼和第三跑道建成投用，年吞吐旅客能力达5000万人次，居全球第54位、全国第9位，可以起降目前最大的飞机。加快提升铁水、铁公等多式联运水平，推动各通道有效融合，实现了“一带一路”和长江经济带的有机衔接。

（二）构建开放平台

夯实“一带一路”合作的承接载体。目前，重庆已经形成了“1+2+7+9”的国家级开放平台体系，在推动“一带一路”合作方面发挥了重要作用。两江新区加快中以产业园等国别产业园建设，实际利用外资占全市比重接近30%。自贸试验区积极探索陆上贸易规则，为“一带一路”贸易畅通提供制度保障，总体方案151项改革任务已落地129项，推出创新举措141项，复制推广自贸试验区改革试点经验和案例127项，21项制度创新成果从自贸试验区推广到全市。2018年，重庆自贸试验区范围内新增注册企业12768户，占全市比重9.4%，注册资本总额1280.28亿元人民币，占全市比重18.2%；其中，新增注册外资企业221户，占全市比重22.8%，注册资本9.04亿美元，占全市比重6.9%。依托中新互联互通项目加强与21世纪海上丝绸之路的联系，以制度创新为引领，成立千亿级中新互联互通股权投资基金，重点合作领域不断创新突破，签约重点项目118个，总金额逾214亿美元。

（三）做强中欧班列（重庆）

加强与欧洲、中西亚等国家合作，不断提升中欧班列（重庆）国际物流大通道营运水平。

新开通明斯克、曼海姆等班列，建设涵盖亚欧11个国家30多个城市境外集结点和分拨点，货源拓展到电子智能终端产品、汽车整车及零配件、机械产品、咖啡豆、药品、木材等商品，实现首趟国际邮包铁路运输。积极探索陆上贸易规则，开立全球第一份跨境铁路联运提单及跟单国际信用证。累计已开行3354班，总箱量27.5万箱，总货值近1340亿元，为全国开行时间最早、班次最多、运行最稳定的中欧班列。2018年10月16日，全国中欧班列建设现场会在我市召开，中欧班列（重庆）建设成果得到高度肯定。

（四）开拓国际陆海贸易新通道

在中新互联互通项目框架下，以铁海联运班列、跨境公路班车和国际铁路联运班列三种运输方式为载体，联动西部有关省区探索建立陆海新通道建设“1+3+1”合作机制，扩大与东盟、中东、澳新等区域的经贸合作。渝黔桂新铁海联运班列从重庆出发以铁路运输方式至广西钦州港，再衔接海运至新加坡、中国香港等港口，进而连通国际海运网，其中铁路运输距离1400公里，平均运行时效40小时以内，比经长江水运出海节约10天以上。2018年开行609班（去程307班，回程302班），总箱量3万多箱，货值40.2亿元，实现“天天班”双向对开，目的地覆盖全球66个国家、131个港口。国际铁路联运（重庆—河内）班列完成双向测试，累计开行25班。重庆—东盟跨境公路班车，从重庆出发以公路运输方式经广西沿边口岸出境，已开通东线、东复线、中线、亚欧线等多条线路，可通往越南、老挝、缅甸等国，进而辐射中南半岛国家，2018年开行505班（去程484班，回程21班），累计开行661班，总货值7.4亿元。2018年11月12日，李克强总理与新加坡总理李显龙共同见证两国签署《“国际陆海贸易新通道”建设合作谅解备忘录》，陆海新通道战略作用进一步提升。

三、贸易畅通

2018年，全市实现外贸进出口总值突破5200亿元，增长15.9%。经受住了外部风险，保持了强劲增长势头。

（一）加强产能合作

坚持“引进来”“走出去”并重，全面实施智能制造、工业强基、绿色制造等专项行动，加强与沿线国家产业分工合作。我市与全球224个国家和地区开展经贸往来，建设中德、中意、中韩等12个国际合作产业园，引进5大国际知名品牌商、6大代工商和900多家零部件配套厂商，形成了世界级的电子信息产业集群，在渝世界500强企业达到279家。大力支持本土企业“走出去”，长安、力帆、小康、海装风电等126家本土企业在海外布局，带动5000多家企业产品实现出口。积极参与东南亚、非洲、东欧等地区产业并购，每年双向带动产品进出口近30亿美元。自国家推动共建“一带一路”愿景与行动发布以来，我市已与沿线国家和地区开展了606个合作项目，双边投资总额超过260亿美元。

（二）突出项目支撑

“引进来”方面，在第21届西洽会新设“一带一路”沿线国家或地区展，吸引35个“一带一路”沿线国家或地区参展参会，共计签约项目13个，投资总额13.2亿美元。在第5届中俄博览会上，重庆作为主宾市积极参展参会，签约16个项目，意向合作金额超过18.4亿元。组织“上海台商‘一带一路’重庆行”对接交流会，现场签订合作项目13个，投资总额15.9亿元。“走出去”方面，通过举办重庆与“一带一路”沿线国家或地区投资合作交流会等方式，支持市内企业境外投资。目前，我市在“一带一路”沿线投资的企业达到121家，目的国家达到26个，涉及19大行业。同时，重庆对外劳务合作和工程承包70%以上集中在“一带一路”沿线国家或地区。

（三）完善口岸建设

我市已建成7个对外开放口岸、11个口岸功能场所和9类进口特殊商品指定口岸，成为"一带一路"沿线合作的重要窗口，建成重庆国际贸易"单一窗口"，实现口岸7×24小时通关全覆盖和国内关区通关一体化，与20多个欧洲国家实现海关关检互认、信息共享、执法互助。牵头建立丝绸之路认证监管联动机制，成功争取重庆机场口岸成为金伯利进程国际证书制度实施口岸。

四、民心相通

围绕推动构建新型国际关系和人类命运共同体目标，深化与"一带一路"沿线国家和地区多层次全方位交流与合作。举办首届中国国际智能产业博览会，吸引30个国家（地区）的202名国外重要嘉宾、537家国内外知名企业参会，签约项目501个，总额6120亿元。国际友城增加到44个，开展国际友城友好交流活动270余场次，外国驻渝领事机构达到10家，对53个国家实行"72小时过境免签"。推动成立中泰职业教育联盟，实施重庆市外国留学生市长奖学金"丝路"项目，设立重庆大学等5所高校校级"丝绸之路"奖学金，吸引4000余名沿线国家学生到渝留学。承派中国援巴布亚新几内亚和巴巴多斯两支医疗队任务，开展巴布亚新几内亚莫尔兹比港总医院"微创外科治疗中心"项目。举办"白俄罗斯旅游年"、重庆全球旅行商大会等活动，邀请上百名旅行商和游客来渝踩线考察，不断增进文旅合作与交流。举办第十三届重庆高交会、中国—匈牙利创新合作论坛等活动，吸引德国、匈牙利等20余个沿线国家和地区参会，达成科技项目合作意向18个。

五、下一步工作重点

（一）发挥国际陆海贸易新通道战略作用

加大力度争取国家有关部委支持，推动在重庆设立中新互联互通项目国际陆海贸易新通道运营中心。进一步加强省际合作，多措并举降低线路运行和站场费用，在货量、运价、信息、通关等方面形成竞争优势。完善沿线多式联运物流设施布局和功能，建设重庆内陆国际物流分拨中心，构建智能化高效率低成本的现代多式联运物流体系。组建运营平台公司，参与通道设计，优化物流组织，提供信息和金融服务。依托第二届"一带一路"国际合作高峰论坛，筹备"陆海新通道"国际合作论坛或圆桌会，扩大陆海新通道响力。

（二）增强中欧班列（重庆）辐射能力

推动欧洲、中亚、东南亚等地区货物分拨中心建设，打造境内外集采平台，拓展跨国邮包运输功能，增强对跨境电商、装备制造业高端零部件等供应链货物的货源组织能力，提升沿线贸易和物流企业对中欧班列（重庆）使用的频率。加强与俄罗斯、哈萨克斯坦、波兰、德国等地的友好交往，争取对中欧班列（重庆）的大力支持，共同提升班列运行质量，进一步降低运输成本、提高运输时效。拓展中欧班列（重庆）在土库曼斯坦、土耳其、以色列等新线建设，确保中欧班列（重庆）开行量保持全国中欧班列前列，货值占中欧班列货值总量比重保持在40%以上。

（三）进一步建立良好国际合作关系

主动融入中国—中东欧、中俄"两河流域"、中国—东盟等国家多双边合作战略，依托中新互联互通项目、中欧区域合作、陆海新通道、中欧班列（重庆）等平台，深化与"一带一路"沿线国家或地区务实合作。办好2019上合组织地方领导人合作论坛、智博会、西洽会、市长国际经济顾问团年会等展会论坛，持续提升重庆知名度和美誉度，培育一批"一带一路"互利合作示范项目。深化国际友城交流合作内涵，加强与新加坡、德国、瑞士、以色列等国家高层互访，不断扩大"朋友圈"，实现优势互补，共同发展。坚持以义为先、义利相兼，支持马来西亚、坦桑尼亚、乌干达等“一带一路”沿线友好国家基础设施建设。

（四）积极促进经济贸易往来

积极应对中美贸易摩擦，在巩固传统贸易伙伴基础上，拓展“一带一路”沿线国家和地区外贸份额，进一步释放对欧洲、东盟等地区的贸易潜力。引导外贸主体实施优进优出战略，扩大“重庆造”优质产品出口比重，优化进口商品结构。发展贸易新业态新模式，培育一批保税维修、保税研发、外贸综合服务试点企业，建设跨境电商、服务贸易、总部经济集聚区，打造进口汽车产业链，推动自贸试验区离岸贸易，积极争取国家市场采购贸易试点。建设内陆口岸高地，持续推进口岸开放和功能完善，深入推进国际贸易“单一窗口”建设，加快智能口岸建设。创新口岸通关模式，进一步简化监管作业环节，压缩通关时间，降低集装箱合规成本。深化中欧、中新经认证的经营者（AEO）互认、中欧“安智贸”协定等合作项目，探索国际海关和检验检疫机构间信息互换、监管互认、执法互助“三互”合作机制。

（五）有序开展国际产能合作

以东盟、中东欧、东非为布局重点，用好用活自贸试验区、中新互联互通项目、保税（港）区等各项政策，推动汽车、摩托车、机电等领域优势产品进一步“走出去”，引导龙头企业和配套企业抱团出海，完善全球产业链布局。联合新加坡等发达国家企业，推进在越南、老挝等国进行第三方市场合作。加强地区、国别研究，高水平办好外事资讯服务，依托出访来访团组广泛收集信息，动态管理“重庆企业对外投资意向项目库”，引导企业参与沿线国家迫切需要、当地民众普遍受益的“小而美”民生工程。推广重点项目“投资主体+国际知名投行+会计师事务所+律师事务所+信用保险”的“1+4”保障模式，提高“走出去”项目成功率。指导企业合法合规经营，树立正确的义利观，坚持互利共赢原则，加强与投资所在国（地区）社会各界公共关系建设，积极履行社会责任，注重跨文化融合，营造良好的外部环境。

（六）完善金融服务保障体系

打造跨境融资多样化、便利化通道，引导和推动更多的中外资金融机构把我市作为区域性运营中心，设立区域总部、功能性金融机构、创新性金融类子公司，完善“本外币、境内外、离在岸”一体化跨境金融服务体系。对接丝路基金、亚洲基础设施投资银行、中非发展基金、中拉产能合作投资基金，合作探索共同出资、共同受益的资本运作模式，在自贸试验区建立市场化的合作基金，为开展国际产能合作提供资金支持。扩大中新金融峰会影响力，带动“一带一路”沿线国家或地区深度参与，引导更多的合作项目、金融资源汇聚重庆，通过跨境直贷、境外发债、内保外贷等方式，满足企业各类资金需求，降低企业融资成本。探索创新陆海联运物流金融产品和服务模式，协同推进陆上贸易新规则和陆海贸易规则融合，支持设立国际多式联运物流专业保险机构，强化物流金融服务功能。创新跨境人民币业务，开展与多种贸易业态相适应的金融结算服务，进一步扩大与“一带一路”沿线国家和地区跨境人民币结算规模。加大对金融机构和涉外企业的政策宣传及业务指导，防范利率、汇率、通货膨胀等金融风险。

（七）不断深化全域交流合作

教育领域。推动签署《教育部重庆市人民政府开展“一带一路”教育行动国际合作备忘录》，举办高水平中外合作办学机构及项目。用好重庆市外国留学生市长奖学金“丝路”项目，扩大沿线国家来渝留学生规模，更好实现提质增效。

科技领域。积极引进俄罗斯、新加坡等“一带一路”国家知名科研院所来渝设立研发机构、组建高端智库、共建联合研发基地等科技合作平台，重点建设中匈（重庆）技术转移中心、中德（重庆）技术转移中心，畅通国际先进技术的对接与转移渠道。

文化领域。发挥孔子学院（课堂）的平台和窗口作用，做好海外华文教师选派、培训和管理。发挥重庆川剧院等机构优势，将一批重要艺术家作为我市文化宣传的形象代言人，围绕“一带一路”沿线国家或地区开展“重庆文化周”等文化交流活动，增强文化认同、发展认同和国家认同。

旅游领域。争取 144 小时过境免签等政策，提升旅游配套设施与环境国际化水平，以历史文化名城、“两江四岸”美景的独特魅力吸引游客、留住外商。建立重庆旅游宣传推广体系，精选境内外 100 个重点城市宣传推介，形成文旅宣传热点，促进入境旅游提质增量。

卫生领域。继续承接好中国援巴布亚新几内亚和巴巴多斯两支医疗队任务，增强援巴布亚新几内亚莫尔兹比港总医院“微创外科治疗中心”项目对南太平洋地区辐射力。

（八）加强境外安全风险防范

建立境外安全信息发布机制，积极收集有关国家的政局变化、经济形势等信息，及时向有关出访人员做好安全信息推送，做好预警预防，强化涉外安全风险的报送服务。建立“一带一路”重点项目安全台账，动态跟踪反映重大项目、对外交往以及人员往来的重要信息，针对出现的敏感情况，加强部门间的信息共享。开展参与“一带一路”建设企业境外安全巡查督导，积极争取我国驻外使领馆的支持，妥善处置涉及我市的海外领事保护案（事）件，确保驻外企业、人员的生命财产安全。

（撰稿：李娟）

四　川

四川省商务厅

2018年，四川省大力实施全面开放合作战略，深入推进“251行动”，精心组织“千企行丝路”活动，大力开展国际产能合作“111工程”，四川与“一带一路”沿线国家经贸合作主要指标呈现“规模持续扩大、占比不断提升”的积极态势，推动全省开放型经济发展取得重要进展。

一、经贸合作持续向好

依托市场拓展“三大活动”“千企行丝路”等品牌活动，分区域开展经贸促进活动，推动四川产品、服务、技术开拓“一带一路”市场。2018年，四川与沿线国家和地区实现货物进出口1652.2亿元人民币，增长24.4%，高于全国11.1个百分点；对沙特、印尼等13个国家出口翻倍增长，对沿线国家和地区服务出口总值占全省1/3以上。推动出台《关于改进境外企业和对外投资安全工作的实施意见》，组织开展和参加中俄经贸合作论坛、银企推介会、川港澳合作周——走进香港”经贸合作论坛。四川天翔、域上和美等项目在“一带一路”国际合作高峰论坛期间签约；成都新筑路桥项目成为中白工业园首个建成投产的制造业项目；开元集团开发老挝甘蒙钾盐矿成为该国钾盐矿领域最具影响力的企业之一。2018年，全省在“一带一路”沿线国家新签工程承包合同额达43.9亿美元，占全省总额的42.7%；投向沿线国家的企业新增31家，累计达269家，近80%投向东南亚和南亚。研究制定《关于积极有效利用外资推动经济高质量发展工作方案》，全面实施“准入前国民待遇+负面清单”管理模式，外商投资企业备案设立数达99%以上。2018年，沿线国家在川设立企业71家，同比增长5.97%；合同外资8.21亿美元，增长7.29%，外商直接投资1.87亿美元。

二、开放平台有力支撑

自贸试验区引领示范持续增强，中央赋予的159项改革任务实施率达到95%，开展“魅力自贸·开放四川”链动全球活动，加快产业集聚，累计新增企业5.3万家、注册资本7600亿元，外商投资企业628家，进出口947亿元。国别合作园区建设加快推进，中德创新产业合作平台引进德国DJM智能康复医疗器械、深圳景田百岁山矿泉水等24个项目，协议总投资117.9亿元；中法成都生态园围绕打造“中法经贸合作中节能减排和绿色低碳发展典范”，成功引进四川能投集团与法国苏伊士环能集团合作建设的投资27亿元的天然气分布式能源项目；中国—欧洲中心启动运行以来，已有来自英国、法国、德国等国家的50余家企业入驻，成为对欧开放的重点载体。在9个重点国家和地区设立了境外商务代表（处），在马来西亚、法国、德国创建4家四川“海外贸易中心”，与境外领事机构、政府对口部门或商协会建立合作机制16个。

三、便利化水平持续提升

创新推出国际会展检验检疫监管新模式，展品通关时间平均缩短50%。川南临港片区首创的为企业开办“小时清单制”，获得国务院第五次大督查的表扬通报。扩大推广国际贸易

"单一窗口"，注册企业达到1125家，企业报关报检实现全免费，报关率达到100%。首创海关注册"互联网+"平台上线营运，探索共同查验、"信任通关"模式。创新出口退税服务前置，出口退税从申报到资金到账最快5天办结。出台支持自贸试验区外籍人士、商务人员出入境"15项便利化措施"，外籍高层次人才办理签证时限由7个工作日缩短为3个工作日，办理居留证时限由15个工作日缩短为3个工作日。

四、国际物流通道加快建设

积极参与国际陆海贸易新通道建设，探索多式联运"一单制"，探索构建国际物流与国际贸易新规则。大力实施"蓉欧+"战略，中欧班列（成都）累计开行量突破3000列，连续三年领跑全国；境外站点数拓展至24个，国内14个站点覆盖沿海、沿边城市；打造7条国际铁路通道和5条国际铁海联运通道，构建以成都为枢纽、联系太平洋和大西洋的新亚欧大陆桥。依托"三临"优势大力提升互联互通水平，双流国际机场国际航线达到111条，跨境旅客流量突破500万人次；成都国际铁路港开行国际班列1859列、强势增长1.6倍，与22个境外城市及14个国内城市互通，省内实现长江水运与蓉欧快铁无缝连接，南向铁海联运班列开行178列，泸州港集装箱吞吐量增长16%。

五、南向拓展深入推进

按照省委、省政府《关于畅通南向通道深化南向开放合作的实施意见》的部署，把突出南向开放作为融入"一带一路"建设的重要方向，全面对接粤港澳大湾区、珠三角经济区等发达地区，充分利用广西、云南等沿海沿边开放口岸，深化与东南亚、南亚、澳新等南向国家开放合作，积极融入中国—中南半岛经济走廊和孟中印缅经济走廊。截至目前，蓉欧快铁已开行从成都到北部湾港（钦州港）的南向班列，自贡—北部湾铁海联运班列也已开通，川桂两省（区）人民政府已签署深化川桂合作共同推进南向开放通道建设框架协议，四川南向出海主动脉已初步形成，通过北部湾港拓展南向开放通道的各项合作已在大力推进之中。

（撰稿：莫非）

贵　州

贵州省商务厅

2018年，贵州深入贯彻落实“一带一路”发展和建设的思想，充分发挥贵州作为中国西部陆上丝绸之路与海上丝绸之路的重要连接点和中国国家战略布局中的长江经济带与珠江—西江经济带的中间带的区位优势，进一步完善对外开放体制机制，以政策沟通、设施联通、贸易畅通、资金融通、民心相通“五通”为基础，以建设国家内陆开放型经济试验区为抓手，务实推进“一带一路”建设取得新进展。

一、与“一带一路”国家经贸合作情况

（一）对“一带一路”投资和经济技术合作

2018年，我省对“一带一路”国家直接投资654万美元，同比增长588.42%，占对外直接投资总额的14.06%，仅涉及老挝一个国家。2018年，我省在“一带一路”国家承包工程完成营业额5.46亿美元，同比增长7.90%，占对外承包工程完成营业总额的54.50%，主要涉及科威特、老挝、塔吉克斯坦、斯里兰卡等16个国家。

（二）对“一带一路”沿线国家或地区进出口情况

2018年，对“一带一路”沿线国家或地区进出口额18.2亿美元，同比下降7.2%，占全省进出口总额23.95%。涉及泰国、印度、印度尼西亚、越南、巴基斯坦、新加坡等55个国家。其中，出口额14亿美元，同比下降5.2%，占全省出口总额27.34%，出口商品涉及肥料，电机、电气、音像设备，无机化学品、贵金属等，饮料、酒及醋，橡胶及其制品，核反应堆、锅炉、机械器，铝及其制品，钢铁等。进口额4.1亿美元，同比下降13.5%，占全省进口总额16.54%，进口商品涉及盐、硫黄、土及石料，橡胶及其制品，电机、电气、音像设备等。

二、政策支持

为推动贵州省企业沿着“一带一路”方向“走出去”，进一步扩大对外开放，2018年10月26日，贵州省人民政府印发了《贵州省推动企业沿着“一带一路”方向“走出去”行动计划（2018—2020年）》（黔府办发〔2018〕36号）。明确了贵州省推动企业沿着“一带一路”方向“走出去”的总体要求和主要任务，通过一系列重要措施保障贯彻落实，重点围绕组织保障、金融支持、政策扶持、平台搭建、业务培训5方面为我省“走出去”企业创造有利条件和提供便利服务，加快企业“走出去”步伐。

三、“一带一路”建设情况

一是渝桂黔陇合作共建的中新互联互通项目“陆海新通道”加快推进，贵州省与“一带一路”沿线国家或地区的便捷大通道加快构建，贵州作为西部地区“一带一路”重要连接线作用日益体现。

二是境外投资方面，以习近平总书记亲自见证签约的贵州轮胎股份有限公司越南轮胎生产项目为代表的重大境外投资项目正在稳步推进中。

三是对外承包工程方面，七冶建设集团有限公司承接了目前哈萨克斯坦最大的世界级选矿项目——哈萨克斯坦阿克托盖铜选矿项目；中国电建集团贵州工程有限公司承建了白俄罗

斯130兆瓦光伏项目，成为在白俄罗斯最大的工程公司；中国电建集团水利水电第九工程局有限公司承建了在白俄罗斯素有“白俄罗斯三峡”之称的最大水电站维捷布斯克水电站项目；中铁五局集团有限公司在科威特7环路改造工程中仅用28小时，拆除了既有立交桥并恢复通车，创下了在科威特同类工程的最快纪录。

表1　2018年贵州省对“一带一路”沿线国家或地区进出口情况表

（单位：万美元）

序号	国别地区	出口	同比	进口	同比	进出口	同比
0	一带一路	140382	-5.20%	41356	-13.47%	181738	-7.22%
1	蒙古	310	73.33%	0		310	73.33%
2	俄罗斯	6604	-3.83%	1499	12.67%	8103	-1.15%
3	印度尼西亚	16371	19.62%	161	424.43%	16532	20.53%
4	泰国	12725	-8.25%	12269	7.05%	24994	-1.33%
5	马来西亚	3714	-59.96%	2618	-51.99%	6332	-57.01%
6	越南	13377	13.75%	1276	-45.54%	14653	3.90%
7	新加坡	5238	-45.94%	6121	10.21%	11359	-25.48%
8	菲律宾	6828	-18.26%	1200	78.72%	8028	-11.05%
9	缅甸	2401	-18.48%	0	-100.00%	2401	-19.23%
10	柬埔寨	521	-23.89%	0		521	-23.87%
11	老挝	3881	-11.70%	55		3936	-10.45%
12	文莱	13	-89.96%	0		13	-89.96%
13	未命名	0	-100.00%	0		0	-100.00%
14	乌克兰	1170	34.32%	0		1170	34.32%
15	白俄罗斯	441	120.53%	0		441	120.53%
16	格鲁吉亚	235	87.29%	6		242	92.33%
17	阿塞拜疆	88	-20.03%	0		88	-20.03%
18	亚美尼亚	2	-33.84%	0		2	-33.84%
19	印度	22638	-10.45%	289	-22.29%	22926	-10.62%
20	巴基斯坦	13504	110.65%	0	-99.84%	13505	109.08%
21	孟加拉国	1943	35.62%	68	9.70%	2011	34.55%
22	斯里兰卡	1089	19.18%	0	-100.00%	1089	18.88%
23	阿富汗	0	-100.00%	0		0	-100.00%
24	尼泊尔	45	-51.27%	0		45	-51.27%
25	马尔代夫	9	117.60%	0		9	117.60%
26	沙特阿拉伯	1612	-70.04%	7146	-27.49%	8758	-42.51%

续表

序号	国别地区	出口	同比	进口	同比	进出口	同比
27	阿联酋	4416	-23.96%	5397	11.03%	9813	-8.02%
28	阿曼	482	47.53%	0		482	47.53%
29	伊朗	2398	-56.97%	0	-100.00%	2398	-57.03%
30	土耳其	2309	23.78%	0	-91.59%	2309	23.65%
31	以色列	821	-29.75%	70	-51.37%	892	-32.12%
32	埃及	1237	15.72%	0	-100.00%	1237	15.72%
33	科威特	125	63.37%	311	14.42%	436	25.20%
34	伊拉克	1525	40.38%	0		1525	40.38%
35	卡塔尔	200	-70.01%	2210	-55.17%	2410	-56.94%
36	约旦	599	52.21%	0		599	52.21%
37	黎巴嫩	262	-25.50%	0		262	-25.50%
38	巴林	17	-45.35%	479	189.00%	496	151.83%
39	也门共和国	153	-42.37%	0		153	-42.37%
40	叙利亚	211	58.78%	0		211	58.78%
41	巴勒斯坦	12		0		12	
42	波兰	2396	37.83%	32	-69.81%	2428	31.69%
43	罗马尼亚	514	104.71%	0	48.15%	514	104.71%
44	捷克共和国	1232	131.08%	14	-73.83%	1246	112.47%
45	斯洛伐克	30	2353.97%	51	428.14%	81	647.77%
46	保加利亚	593	148.84%	0	-89.02%	593	146.61%
47	匈牙利	125	119.37%	44	348.54%	168	152.78%
48	拉脱维亚	475	130.61%	0	-100.00%	475	110.80%
49	立陶宛	477	-22.25%	0		477	-22.25%
50	斯洛文尼亚	340	24.08%	0	-100.00%	340	22.13%
51	爱沙尼亚	338	32.07%	0		338	32.07%
52	克罗地亚	39	-62.58%	41		80	-23.07%
53	阿尔巴尼亚	102	1580.00%	0		102	1580.44%
54	波黑	1	-62.73%	0		1	-62.73%
55	黑山	125	25.37%	0		125	25.37%
56	未命名	1030	83.90%	0		1030	83.90%
57	乌兹别克斯坦	228	-48.25%	0		228	-48.25%

表2　2018年贵州省对“一带一路”沿线国家或地区承包工程情况表

（单位：万美元）

国家（地区）	新签合同额	完成营业额
合计	38670.28	54603.78
柬埔寨	0	638
伊拉克	0	139.57
马来西亚	12975.69	3605.23
斯里兰卡	1334.09	828.56
阿拉伯联合酋长国	0	488.09
伊朗	0	2705.67
沙特阿拉伯	0	82.05
哈萨克斯坦	0	3128.48
印度	0	120.99
土耳其	0	1.51
老挝	0	140.11
吉尔吉斯斯坦	0	123
科威特	23000	14583.96
老挝	0	14267.92
新加坡	0	2946
斯里兰卡	0	5265
吉尔吉斯斯坦	0	901
塔吉克斯坦	0	3878
越南	0	403.66
印度	1360.5	356.99

（撰稿：张峰）

云　南

云南省商务厅

近年来，云南坚持深入贯彻落实习近平总书记系列重要讲话和考察云南重要讲话精神，以习近平新时代中国特色社会主义思想为指导，全面贯彻党的十九大精神，按照陈豪书记“站位更高、视野更宽”的重要指示和阮成发省长“发挥沿边优势，坚持机制先行，在推动‘两廊’建设、参与澜沧江—湄公河合作机制等国家重大使命中发挥更大作用，承担更大责任”的重要要求，积极服务和融入“一带一路”发展倡议，继续以开放促改革、促发展，构建云南全面对外开放合作新格局、打造多元合作新平台、完善对外交流新机制、培育产业竞争新优势。

云南在“一带一路”建设中具有独特的区位优势，从陆上辐射南亚东南亚，通过中东连接欧洲、非洲，是陆上丝绸之路经济带与海上丝绸之路经济带的交汇点，也是“一带一路”建设中的重要战略结点。随着云南改革开放不断深化发展，云南综合经济实力在不断提升，西南开放大通道建设逐渐形成。自国家“一带一路”倡议提出以来，云南省委、省政府积极参与“一带一路”建设，本着共商、共建、共享原则，着力推进政策沟通、设施联通、贸易畅通、资金融通和民心相通，全面展现出“一带一路”建设中的云南作为。在“一带一路”国际合作框架下，云南省不断扩大与南亚东南亚国家的互利合作，在服务和平、开放、繁荣、创新、文明之路建设中取得积极成效。

一、主动服务，多方取得明显实效

1. 主动服务和融入和平之路建设，扩大周边合作“朋友圈”。云南省不断建立完善国际多双边合作机制，成为澜湄合作、大湄公河次区域合作（GMS）、孟中印缅地区合作的重要参与方和推动者，与湄公河5国全面建立了双边合作机制。连续举办5届中国—南亚博览会，2018年举办首届中国—南亚合作论坛。

2. 主动服务和融入开放之路建设，推进基础设施互联互通。云南省中越、中老、中缅（瑞丽方向）高速公路境内段全部建成通车；中越铁路境内段建成通车，中老铁路全线开工建设，中缅铁路境内段加快建设；全省开通81条国际和地区航线。中缅油气管道全面贯通投运，与越南、老挝、缅甸实现局部电力联网贸易，国际通信服务范围覆盖周边8个国家。

3. 主动服务和融入繁荣之路建设，深化多领域经贸合作。云南省聚焦发展这个根本性问题，寻求和扩大与周边国家利益汇合点，一批重点合作项目建设成效显著，与南亚东南亚国家经贸往来不断扩大，2018年全省完成进出口总额298.9亿美元。截至2018年，我省在全球58个国家和地区投资设立了788个企业和机构，直接投资总额达104.21亿美元。2018年，云南与“一带一路”沿线国家（地区）贸易保持较快增长，进出口195.7亿美元，增长30.3%，占全省外贸市场份额67.5%。

4. 主动服务和融入创新之路建设，激发共同发展新动力。云南省沿边金融综合改革试验区建设成效明显，积极开展跨境人民币试点，在全国首批试点个人经常项下跨境人民币业务，业务范围已覆盖43个国家和地区；强化与周边国家金融合作交流，富滇银行与老挝大众外贸银行合资成立老中银行；与周边国家科技创新合作也不断加强。

5. 主动服务和融入文明之路建设，提升教育文化卫生交流水平。云南省打造“留学云南”品牌，来滇留学生规模达到1.88万人；“光明行”公益医疗活动成为我国对周边卫生合作的典范；组织各种大型会展、节庆活动，全方位展示“七彩云南·旅游天堂”的形象；部省合作共建和运营管理柬埔寨金边、缅甸仰光中国文化中心，搭建了海外国家级文化展示平台。

二、持续发力，发挥云南区位优势

1. 互联道路更宽阔。云南作为中国面向南亚东南亚开放的前沿省份，一直以来都把推动与周边国家的互联互通作为一项重要的工作。

目前，中越铁路境内段已投入运营，境外段越南老街—海防正在开展准轨铁路改造可行性研究；中老泰铁路境内段玉溪—磨憨铁路、境外段老挝磨丁—万象铁路正在加快建设。此外，中缅铁路境内大理—瑞丽段建设加快推进，临沧—清水河铁路、芒市—猴桥铁路启动前期工作，境外段缅甸木姐—曼德勒铁路工程也正开展可行性研究。

云南与越南、老挝、缅甸连接的昆河、昆磨、昆瑞高速公路已经全线贯通，老挝万象—磨丁口岸高速公路万象—万荣段正在建设，预计将于2020年建成通车。连接缅甸的第二条高速公路（墨江—临沧—清水河）正在加快建设，经缅甸连接印度的腾冲—猴桥高速公路计划2020年前建成通车。

2. 能源合作更多元。目前，云南正全力打造世界一流的“绿色能源”牌，与周边国家的能源合作也蕴含着巨大潜力。云南将积极加强与周边国家能源发展战略、发展规划的对接，建设区域性国际能源互联网，完善与周边国家多双边、多层级的能源合作机制，不断深化合作。云南将加快推进与周边国家的高等级电力联网工程，积极扩大电力国际贸易范围和规模。推动中越、中缅500千伏电力联网项目尽快开工建设，加快中老、中缅孟500千伏电力联网项目前期工作。

云南也将加强与相关国家在区域电网建设和升级改造方面的合作，重点推进老挝500千伏骨干电网、老挝万象城市电网、缅甸仰光城市电网等合作项目。尽快开工建设缅甸达克鞳燃气电厂二期项目，缓解仰光电力紧张局面，推动完成中缅输油管道二期扩容工程等。

3. 产业合作面更广。产业合作是“一带一路”建设合作的重点，也是最能让各国普通民众受益的合作。云南将依托中国—中南半岛经济走廊、孟中印缅经济走廊，以及中缅、中老经济走廊建设，重点在冶金、电力、装备制造、化工、建材、轻工、农业及物流等领域，深化与南亚东南亚国家的产业合作，打造国际产业合作示范区。

云南将加强与周边国家农业开发合作，合作建设甘蔗、水稻、玉米等原料基地，合作构建跨境天然橡胶和蔗糖全产业链发展体系。云南将鼓励省内企业与周边国家合作开展家畜水产等标准化规模化生态化养殖和加工基地建设，培育5至10家开放型农业“小巨人”，合作建设农业技术示范园区、资源型农产品生产加工基地，加快形成生产、进口、深加工、销售一体化和规模化的产业链，推动跨境动物疫病区域化管理试点项目尽快落地实施。

云南将与有关方面共商共建缅甸皎漂工业园区、缅甸曼德勒缪达工业园区云南产业园、缅甸密支那经济开发区和孟加拉钢铁产能合作示范园区等境外园区，加大招商引资力度，提升老挝万象赛色塔综合开发区管理运营水平。着力推进中老磨憨—磨丁经济合作区建设，积极共商共建中缅、中越边境经济合作区。云南与周边国家产业发展联系将更加紧密，合作将更加深入。

4. 合作平台更丰富。平台是开放的基础和载体。云南将进一步发挥好瑞丽、勐腊（磨憨）重点开发开放试验区沿边开放综合平台功能，加快昆明、红河综合保税区建设，支持临沧、腾冲等边境经济合作区加快发展。

进一步发挥南博会、昆交会、商洽会等大型国际展会功能，继续办好各类边交会、民族节庆展演等活动，加快形成以中国—南亚博览会、中国国际旅交会等区域性国际展会为窗口，滇中新区为腹地，各重点开发开放试验区、边（跨）境经济合作区、边交会为前沿的开放合作平台体系，着力打造中国—南亚合作论坛新平台。

此外，云南还将加强口岸基础设施建设，持续推进通关便利化，为跨境贸易提供集成一体化通关、便捷化运输等综合性物流服务。

5. 民心之桥更坚固。国之交在于民相亲，在各国人民之间积累的了解与信任，会转化为相互合作的坚实基础。

未来，云南将进一步扩大教育跨境合作。通过提升“留学云南”品牌影响力，继续扩大来滇留学生规模。探索中外合作办学新机制，推进学分互认、学科共建等深度合作。推进周边国家孔子学院（课堂）建设，把“汉语桥”世界中学生中文比赛打造成为汉语国际推广的精品赛事。

在卫生跨境合作领域，云南将加快建设昆明区域性国际诊疗保健中心，为周边国家提供高质量的医疗保健服务。建设昆明区域性国际疾病预防控制中心，承担面向南亚东南亚国家的疾病预防控制、突发公共卫生事件应急处置等工作。深入推进澜沧江—湄公河跨境传染病联防联控合作。持续推进“光明行”“爱心行”等国际公益医疗活动。

在文化合作领域方面，继续深入实施国门文化建设、“边境之窗”工程。发挥好缅甸仰光、柬埔寨金边中国文化中心作用，推进中柬文化创意园建设，支持在周边国家建设华文书局、中华乡愁书院。

深入推进与湄公河流域国家媒体交流互访、“一带一路”媒体采访交流等活动。办好昆明上合马拉松等一批国际赛事，建设集国际体育健身文化交流、高原训练科研为一体的昆明高原体育健身训练基地。

旅游跨境合作方面，云南将以“一部手机游云南”为抓手，推进旅游产业全面转型升级。积极探索建设边境旅游试验区和跨境旅游合作区，在旅游资源保护利用、线路开发、标识标牌建设、市场推广、安全和服务保障等方面加强跨境合作，打通连接多国的旅游环线，形成我国与南亚东南亚国家黄金旅游圈。推动建设澜沧江—湄公河旅游城市合作联盟。

除此之外，云南还将积极扩大环保、智库跨境合作。进一步密切全省各地与世界的广泛联系与沟通，不断深化与有关国家地方政府和民间组织的务实交流合作，积极探索边境友好交往的新模式。

表1　2018年云南省与东盟分国别贸易总值表

（单位：万美元）

国家（地区）	进出口	比重（%）	出口	进口	贸易差额	同比（%）		
						进出口	出口	进口
东盟合计	1378578.00	100.00	706524.00	672054.00	34470.00	5.40	5.10	5.60
文莱	252.00	0.02	50.00	202.00	-152.00	-17.60	-83.70	—
缅甸	658615.00	47.77	301346.00	357269.00	-55923.00	5.30	14.00	-1.00
柬埔寨	4236.00	0.31	4158.00	78.00	4080.00	-30.80	-32.10	—

续表

国家（地区）	进出口	比重（%）	出口	进口	贸易差额	同比（%）		
						进出口	出口	进口
印度尼西亚	35770.00	2.59	35323.00	447.00	34876.00	-34.30	-32.00	-82.50
老挝	106121.00	7.70	28775.00	77346.00	-48571.00	5.80	21.50	0.90
马来西亚	25311.00	1.84	21676.00	3635.00	18041.00	-7.30	-0.90	-32.90
菲律宾	8548.00	0.62	7568.00	980.00	6588.00	-15.80	-10.50	-42.20
新加坡	21088.00	1.53	16695.00	4393.00	12302.00	31.60	25.60	60.90
泰国	103260.00	7.49	65480.00	37780.00	27700.00	5.10	-19.20	119.00
越南	415377.00	30.13	225453.00	189924.00	35529.00	12.20	12.20	12.20

表2　2018年云南省与南亚分国别贸易总值表

（单位：万美元）

国家（地区）	进出口	比重（%）	出口	进口	贸易差额	同比（%）		
						进出口	出口	进口
南亚合计	97070.00	100.00	92457.00	4613.00	87844.00	14.00	20.30	-32.70
阿富汗	211.00	0.22	211.00	—	211.00	21000.00	21000.00	—
孟加拉国	15502.00	15.97	14876.00	626.00	14250.00	172.90	198.40	-10.10
不丹	3.00	0.00	3.00	—	3.00	-80.00	-80.00	—
印度	72881.00	75.08	69027.00	3854.00	65173.00	66.60	80.90	-30.90
马尔代夫	13.00	0.01	13.00	—	13.00	-7.10	-7.10	—
尼泊尔	1002.00	1.03	885.00	117.00	768.00	341.40	1911.40	-35.50
巴基斯坦	5664.00	5.83	5662.00	2.00	5660.00	-21.80	-21.50	-93.30
斯里兰卡	1794.00	1.85	1780.00	14.00	1766.00	0.30	-0.10	150.00

表3　云南省十大贸易伙伴进出口情况表

（单位：万美元）

排序	国家（地区）	进出口	比重（%）	出口	进口	贸易差额	同比（%）		
							进出口	出口	进口
	全省合计	2989473.00	1.00	1281208.00	1708265.00	-427057.00	27.50	11.70	42.50
	十大贸易伙伴小计	2090141.00	0.70	932040.00	1158101.00	-226061.00	34.92	9.70	46.90
1	缅甸	658615.00	0.22	301346.00	357269.00	-55923.00	5.30	14.00	-1.00
2	越南	415377.00	0.14	225453.00	189924.00	35529.00	12.20	12.20	12.20
3	沙特阿拉伯	317372.00	0.11	1443.00	315929.00	-314486.00	235.80	-73.70	254.90
4	香港	177155.00	0.06	176466.00	689.00	175777.00	-6.50	-6.80	1502.30
5	老挝	106121.00	0.03	28775.00	77346.00	-48571.00	5.80	21.50	0.90
6	泰国	103260.00	0.03	65480.00	37780.00	27700.00	5.10	-19.20	119.00

续表

排序	国家（地区）	进出口	比重（%）	出口	进口	贸易差额	同比（%）		
							进出口	出口	进口
7	伊朗	92999.00	0.03	5276.00	87723.00	-82447.00	183.10	546.60	173.80
8	美国	74954.00	0.03	58658.00	16296.00	42362.00	17.00	29.00	-12.30
9	印度	72881.00	0.03	69027.00	3854.00	65173.00	66.60	80.90	-30.90
10	阿曼	71407.00	0.02	116.00	71291.00	-71175.00	273.80	-59.20	278.80

（撰稿：魏浩然）

西 藏

西藏自治区商务厅

2018年，西藏自治区高举习近平新时代中国特色社会主义思想伟大旗帜，牢固树立“四个意识”，全面贯彻党的十九大精神，坚持以人民为中心的发展思想，坚持新发展理念，坚持稳中求进、进中求好、补齐短板的工作总基调，统筹推进“五位一体”总体布局和协调推进“四个全面”战略布局，积极融入国家“一带一路”倡议，抢抓战略机遇，全力做好面向南亚开放重要通道的基础性工作，稳步推进与尼泊尔等周边国家的经贸合作，努力扩大市场开放，提高便利化水平，扎实开展各项工作。

一、2018年西藏自治区推进“一带一路”建设情况

西藏自治区积极参与“一带一路”建设，着力推进政策沟通、设施联通、贸易畅通、资金融通和民心相通，积极推进面向南亚开放重要通道的建设。

（一）完善保障体系，加强政策沟通

完善保障体系，加强政策沟通，一直以来是西藏自治区推动全区深度融入国家“一带一路”倡议，建设面向南亚开放重要通道的重要抓手。为深入贯彻落实十九大精神，认真落实全国商务工作会议以及自治区党委九届三次、四次、五次全会和全区经济工作会议部署，自治区政府发布了《西藏自治区扩大进口促进对外贸易平衡发展实施意见》，坚持稳中求进工作总基调，牢固树立新发展理念，坚持以供给侧结构性改革为主线，以“一带一路”建设为统领，以提高发展质量和效益为中心，坚持深化改革创新、进口出口并重、统筹规划发展、互利共赢战略的基本原则，统筹国内国际两个市场、两种资源，加快实施创新驱动发展战略，促进供给体系质量提升，满足人民群众消费升级需求，实现优进优出，积极优化营商环境，促进全区扩大进口和对外贸易平衡发展。

以行业关注问题为导向，切实发挥“税贸”“关贸”“银贸”等横向协作机制作用，提高责任意识和服务意识，积极为我区外贸发展保驾护航。积极推进建设出口退税电子服务平台、实施“次日办结”惠企举措，务实优化出口退税业务流程。研究推动出口信用保险和边贸企业能力建设两项惠企政策，有效弥补我区惠企政策短板。

（二）加大建设力度，促进设施联通

1. 加强顶层设计，做好发展规划。《西藏自治区综合交通运输“十三五”发展规划》中将加强对南亚开放通道的交通建设纳为建设重点，打造以高等级公路、干线公路和航空为主，加强进出藏综合交通运输网络建设；印发实施了《西藏自治区口岸发展“十三五”规划》《西藏自治区日屋—陈塘口岸发展规划（2016—2025）》和《西藏自治区里孜口岸发展规划（2016—2025）》，使得我区从整体口岸规划到吉隆、樟木、普兰、陈塘（日屋）、里孜等分项口岸子规划全部出台，为我区对外开放整体布局和口岸建设发展提供强有力的指导依据，确保口岸建设和发展做到统筹推进、规划先行，确保有序高效发展。

2. 加大推进力度，完善交通网络布局。加快推进中尼跨境铁路，已完成预可研报告；积极推动实施尼泊尔“两路”（即沙拉公路、阿尼

哥公路升级改造)“两桥”(樟木和热索口岸界河桥)和“两边检站”(吉隆、樟木口岸尼方一侧梯姆雷和塔托帕尼货物边检站)等项目,加强我区对尼互联互通,立足长远构建我区“依托内地、面向南亚”的综合立体交通走廊。

3. 优化口岸布局,提高通关效率。吉隆口岸进一步发挥国际性公路口岸功能承担中尼陆路贸易主要任务,国际贸易“单一窗口”在吉隆口岸不断深化推广,口岸通关效率和质量得到大幅提升;樟木口岸货运通道恢复工作稳妥推进,将在2019年5月底前恢复货运通道功能;里孜口岸基础设施建设不断加强,有望在2019年获得国务院批准开放;陈塘、日屋、阿里昆莎机场口岸对外开放已提上议事日程;普兰口岸、拉萨航空口岸功能不断完善提升。同时2018年初,吉隆口岸、普兰口岸成功获批中药材进口指定口岸,口岸功能进一步拓展。全面对外开放的新格局正在逐步形成,我区口岸道路、水电、通信等基础设施条件显著改善,为落实中央“一带一路”倡议和将我区打造成为面向南亚开放的重要通道创造了有利条件。

(三)扩大内外开放,推进贸易畅通

1. 以开放型经济园区为重点,务实推进“两带六线”开放布局。坚决贯彻落实自治区党委政府关于推进面向南亚开放重要通道建设、融入国家“一带一路”各项决策部署,坚持货物贸易和服务贸易双轮驱动,借助开放要素、开放资源和开放市场,依托开放型园区建设,务实推进我区“两带六线”开放布局。2018年初,商务部会同中宣部、文化旅游部、广播电视总局下发公告,认定我区西藏文化旅游创意园区为国家文化出口基地。结合“大通道”建设和“大旅游”发展,依托文化出口基地,积极推进“大商务”创新,逐步培育新模式新业态。务实推进贸易便利化政策落地,打造开发开放发展新局面,积极推进拉萨综合保税区、吉隆边合区、中尼跨境经济合作区建设工作,积极探索更加灵活高效的政策体系和监管模式,带动相关设备、产品进出口,进一步促进外贸发展。

2. 以市场竞争主体为依托,促进开放发展动能转换。实施培育外贸经营主体综合竞争新优势的工作方案,加强外贸示范基地、综合服务企业等新型外贸主体的培育,积极培育一批“西藏自治区外贸综合服务试点企业”“西藏自治区跨境电子商务试点企业”,依据企业自身情况,在政策指导、学习调研和展会及交流平台等方面给予指导支持,促进企业发展、自产产品出口,推动我区特色优势产业实现开放发展动能转换。打造面向南亚信息港,积极发展服务贸易新模式,提升通道经济发展水平。

3. 以经贸合作平台为承载,扩大开发开放水平。积极参加首届中国国际进口博览会、尼泊尔国际博览会、尼泊尔商会展会等,进一步扩大与尼泊尔等国贸易合作;在第四届藏博会期间,邀请尼泊尔企业参展,扩大自尼产品进口,促成我区跨境电商企业与尼方企业签订合作协议。2018年7月,成功召开了中国西藏与尼泊尔经贸协调会委员会第八次会议,会上双方就贸易、通关便利化、金融、投资等领域进行了磋商,达成20项共识,并签署备忘录。

4. 以互市贸易为抓手,规范互市贸易发展。研究起草《西藏自治区边民互市贸易管理暂行规定》,继续推动全区互市贸易规范化发展;经自治区政府批准,在吉隆、亚东、普兰建立边民互市贸易区,推动边民互市贸易规范化、差异化发展,盘活边境地区商贸业;加强边贸市场和边民互市贸易通道规划布局,为边境群众增收致富创造条件;草拟了《关于推动对尼泊尔边民互市贸易加快发展的实施意见》,立足中尼政府联合声明有关要求,加强双方互市贸易合作。2018年,全区边民互市贸易货物总值9995万元,同比增长1.69倍。

（四）提升投资水平，促进资金融通

1. 积极引进外资。推进商务备案与工商登记“一口办理”，制定《西藏自治区关于积极有效利用外资推动经济高质量发展的实施方案》，我区引资政策环境逐步向好。2018 年全年，我区新设外资企业 26 家，实际利用外资 0.6 亿美元。外商投资领域主要为：现代农业、食饮品加工及销售、投资管理、信息技术、民族手工艺加工等，投资领域进一步拓宽。投资者主要来自中国香港、新加坡、尼泊尔等国家和地区。

2. 进一步拓展海外投资。2018 年，我区积极鼓励优秀企业参与国际产能和装备制造合作，赴尼泊尔等南亚国家开展投资项目。2018 年，我区共备案境外投资企业 10 家，中方投资总额 4.8 亿美元。主要投资领域涉及矿产开发、商贸、电子商务、医药等，目的地主要集中在塔吉克斯坦、加拿大、美国、中国香港等国家和地区。截至 18 年底，我区涉及“一带一路”沿线国家或地区开展对外投资的企业有 12 家，其中尼泊尔 9 家、缅甸 1 家、塔吉克斯坦 2 家，投资金额累计 2.92 亿美元，涉及航空运输、矿产开发、零售业、纺织、服务业等领域。

（五）深化交流合作，促进民心相通

1. 交流合作平台影响力提升。“中国西藏旅游文化国际博览会”已经成为西藏旅游文化的一张名片，全面提升了西藏旅游文化的认知度，增强了西藏旅游文化的吸引力、竞争力和影响力，促进了旅游业与文化产业及其他领域的融合。尼泊尔举办的“尼泊尔国际博览会”以及中尼双方共同举办的“中国西藏—尼泊尔经贸洽谈会”已经成为中尼双方交流合作的重要平台。

2. 交流合作内容不断深化。2018 年 6 月，尼泊尔总理奥利访华期间，中尼两国政府发布《中尼联合声明》，进一步扩大人文领域交流和合作，促进两国人民之间的相互理解和友谊；进一步加强在贸易、投资、信息技术、交通、农业、基础设施建设和扶贫等领域合作。

3. 交流合作工作务实开展。自治区在国家商务部等部委支持下，积极支持尼泊尔北部地区经济社会发展，合作项目涉及交通、教育、农业、人力资源开发等领域，并取得重要进展。巴拉维、拉特纳中学项目于 2018 年 8 月完成主体工程施工；沙拉公路、梯姆雷边检站等项目将有效改善当地的交通状况，提高中尼互联互通水平；农业技术合作、妇女生活技能改善培训、生产生活物资等项目稳妥实施，有效支持当地民生事业。中尼友谊工业园、中国西藏·旅游文化产业园建设稳步推进，园区建成后将有力促进当地产业发展、就业、税收、旅游等事业。

二、存在的困难和问题

在取得上述成绩的同时，西藏自治区在推进“一带一路”，建设面向南亚开放重要通道的工作中还存在以下困难和问题。

1. 基础设施建设薄弱。西藏自治区地处祖国西南边陲，交通、通信、电力等基础设施相较而言较为薄弱，物流方式较为单一，物流成本较高，物流通行能力较差，通关能力较弱。基础设施互联互通滞后严重制约了西藏推进“一带一路”和国家面向南亚开放重要通道建设进度。

2. 产业发展基础薄弱。西藏外贸企业中，中小企业占绝大多数，规模偏小，特色优势不明显。近年来虽有改观，但整体来看，外贸内生动力不足，企业运用两种资源、两个市场的能力亟待提高，外向型产业整体发展水平有限，产业链条短，产品附加值低，进出口总额量少、结构不合理，竞争力较弱。

3. 产业结构较为单一。西藏制造业对外贸出口的支撑能力不足，出口产品较为单一，尚未形成完整高效的产业链经济，外贸企业在转变经营方式、拓展业务新领域方面能力不强、办法不多。

4. 专业人才紧缺。西藏地处青藏高原，工作、生活条件较差，外经贸人才、企业管理人才、金融人才等专业人才较少，人才资源相对短缺，而符合开放发展需要的高端复合型人才更为稀缺。

5. 政策体系有待进一步优化。西藏开放型政策体系距离“精准施策”尚有距离，对企业的激励力度不够，需要进一步完善政策体系，促进企业自主创新，优化产业结构，促进产业升级发展。健全与西藏外经贸发展相适应的开放型政策体系，更好地把“走出去”与“引进来”结合起来，加快形成安全高效、多元平衡、互利共赢的开放型经济体系。

三、下一步工作打算

1. 进一步加强顶层设计，完善政策体系。结合西藏发展的阶段性特点，充分利用国家层面、政府层面以及企业层面的沟通交流平台和交流机制，加强顶层设计，促进我区开放型经济有序、高效、高质量发展；解决企业关注，将惠企政策落到实处，优化产业结构，增强企业竞争力。

2. 进一步优化物流网络，扩大开发开放。研究探讨与西部物流商圈对接的可能性，加快建成多维度、全方位的区域物流网络，拓展我区物流通道、降低物流成本、提高物流效率，以物流发展带动贸易发展，进一步扩大我区区域对内开发开放，高质量融入西部大开发，务实融入内地经济圈，形成区域开放发展共同体。

3. 进一步完善转型升级，培育外贸竞争新优势。依托外贸转型升级示范基地建设，以高原特色农产品、纺织品、医疗保健品、机电和高新技术产品等为重点，培育我区外贸品牌，打造外贸竞争新优势。依托拉萨综合保税区、吉隆边合区和中尼跨境经济合作区等园区建设，以贸易带动产业发展，进一步提高产品附加值，打造产业链经济，提高通道经济“附加值”，形成区域经济发展共同体。

4. 进一步深化双向投资，推动国际产能合作。进一步支持西藏企业在尼泊尔投资建设和运营工业、产业园区，进一步支持西藏企业在“一带一路”沿线国家或地区投资矿产开发、商贸、电子商务、医药等领域。充分发挥“银贸”“保贸”“税贸”等沟通协作机制的作用，进一步优化营商环境，深化双向投资，聚焦延伸产业链，拓宽业务领域，推动国际产能合作，提升国际化经营能力。

（撰稿：王鹰鹏）

陕 西

陕西省发展和改革委员会

自“一带一路”倡议提出以来，在省委、省政府的高度重视和正确领导下，全省上下认真贯彻落实习近平总书记系列重要讲话要求，积极践行“五个扎实”和“五通”要求，全面落实“五新”战略，大力发展枢纽经济、门户经济、流动经济，搭平台、建机制，科学制定年度行动计划，领导小组各成员单位通力协作、狠抓落实，各方面工作取得明显成效，全方位开放格局初步形成。

一、2019 年推进“一带一路”建设进展情况

1. 开放通道加快建设。国际航空枢纽和“中国最佳中转机场”加快建设，已成为全国第7个单日航班起降突破千架次的机场；国际（地区）航线累计达 78 条，通达全球 32 个国家、64 个枢纽和著名旅游城市，其中包括 17 个“一带一路”相关国家的 35 个城市；新开西安至莫斯科、西安至曼谷和首尔—西安—河内全货运航线，实现西北地区第五航权航线突破，累计开通全货运航线 25 条，货邮增速位列全国十大机场首位。中欧班列集结中心加快推进，相继开行襄西欧、徐西欧、蚌西欧、冀西欧等国际货运班列，日照港在西安港设立内陆港，与天津、青岛、宁波、上海、深圳等沿海港口城市合作开行了陆海联运班列；1—10 月，中欧班列（长安号）共开行 1703 列，是 2018 年同期的 1.6 倍，运送货物总重约 135.9 万吨，是 2018 年同期的 1.3 倍。西安正式加入“陆海新通道”共建合作机制，并入选 2019 年国家物流枢纽建设名单，目前来自全国 29 个省市的货源在西安港集散分拨至全国，超过七成的进出港货物在西安集结运往欧洲和中亚。1—10 月，对“一带一路”沿线国家或地区进出口 389.85 亿元，增长 20.68%。其中，出口 313.7 亿元，增长 11.13%，进口 76.15 亿元，增长 86.84%。

2. 国际产能合作持续推进。陕煤中大石油炼化项目运行平稳，陕煤印尼综合产业园、陕煤塔吉克斯坦煤电一体化、陕西有色印尼氧化铝、陕汽巴基斯塔 CKD 组装等项目进展顺利。博世力士乐二期项目开工建设，中德国际科创中心“平行园区”在西咸新区设立。法士特集团加快海外布局，自动变速器、液力缓速器首次大批量出口非洲市场；与壳牌公司成立联合实验室，加快变速箱油品技术创新与产品开发；继泰国建厂后，法士特马兹公司在中国—白俄罗斯巨石工业园奠基。施耐德电气全球低压成套设备设计中心、全球绿色节能设计中心正式落地陕西。陕柴重工陆电业务叩开欧洲高端市场大门，一举拿下俄罗斯北极液化天然气二期工程应急电站项目合同。第四届丝博会取得丰硕成果，共签订利用外资项目合同总投资额 115.27 亿美元，土耳其“一带一路”进口商品展示交易中心、西安—努尔苏丹双创园丝路驿站等一批重大项目顺利签约。成功举办陕西省“一带一路”国际经贸合作企业联盟成立大会、西安中德技术合作论坛、新西兰·中国（陕西）经贸论坛等活动。1—10 月，在“一带一路”沿线 12 个国家（地区）投资 1.58 亿美元，同比增长 49.1%；对“一带一路”沿线国家或地区承包工程完成营业额 11.92 亿美元，占全省总额的 53.4%；新签合同额 9.06 亿美元，占全省总额的 66.7%。

3. 人文交流丰富多彩。成功举办2019欧亚经济论坛，中共中央政治局委员、国务院副总理胡春华出席开幕式并发表主旨演讲，共吸引来自58个国家和地区的1000多名嘉宾参与。第六届丝绸之路国际艺术节由首届的30个国家和地区参与扩充到本届的116个，规模效应不断扩大、品牌价值日益提升、国际美誉度不断提高。丝博会期间，16所省内高校与12个国家（地区）的25所高校共签订31项校际合作协议。相继举办丝绸之路大学联盟校长论坛、第四届“丝绸之路青年学者论坛”西北大学分论坛等学术活动。在莫斯科举办中国（陕西）高等教育展，进一步加强与俄罗斯高校间的合作交流。成功举办2019“东亚文化之都”中国西安活动年开幕式、“国风秦韵”陕西旅游文化周、中新旅游年“千人游陕西暨西安仿唐入城式”等活动。“秦兵马俑展”首次在泰国举办。“西安年·最中国”品牌效应持续升温，西安市荣登“十大国内热门旅游目的地城市”第一名，西安丝绸之路国际旅游博览会影响力持续扩大。“一带一路”文化遗产国际合作联盟成立，中吉联合考古工作取得重要阶段性成果。杨凌示范区加快建设上合组织农业技术交流培训示范基地，加强同地区国家现代农业领域合作。举办中日改善大气环境城市间协作项目成果交流会。组建第35批援苏丹医疗队，顺利派出第7批援马拉维医疗队。

4. 金融支撑能力不断提升。印发《关于深化“放管服”落实“本币优先”促进陕西贸易投资便利化的实施意见》和《陕西省金融系统“四扩大两可控”跨境金融创新专项行动实施方案（2019—2021）》，积极促进对外贸易投融资便利化。支持跨国企业集团开展跨境双向人民币资金池业务，壮大跨国集团总部经济规模。创新涉外重点企业服务方式，切实帮助企业用足用好现有金融外汇政策。全国首单商业保理公司美元融资业务落地陕西，有针对性地解决了中小型出口企业融资难题。人民银行西安分行牵头陕西24家承包工程龙头企业打造了“陕西走出去企业人民币跨境使用服务联盟”，助力陕西企业“走出去”拓展海外市场。“通丝路”平台创新“互联网+跨境人民币+精准扶贫”模式，打造陕西跨境电子商务人民币业务服务平台，获评商务部第三批全国自由贸易试验区最佳实践案例，被毕马威评为“具有鲜明陕西特色和自贸试验区金融开发属性，全国首创型创新举措”。西安港启动全国首批“央行·长安号票运通”供应链金融新模式，解决了民营小微企业融资成本、风险、授信等关键问题，创造了票据市场新格局。稳步推进人民币跨境结算，截至10月末，陕西跨境人民币结算金额累计2229.16亿元，辐射122个国家和地区。其中，覆盖“一带一路”沿线46个国家和地区，累计实现跨境人民币结算金额1761.71亿元。

5. 保障服务体系逐步完善。继续落实好外商投资的各项优惠政策，我省35项产业条目列入《中西部地区外商投资优势产业目录》。积极推进市场多元化发展，鼓励和引导企业在“一带一路”及中欧班列沿线节点建设海外营销服务店、海外仓和陕西商品展示中心。进一步加大政策支持力度，支持西安建设进口商品展示分拨交易中心、跨境电子商务国际合作中心、加工贸易产业转移承接中心。着力做好对重点行业、重点领域的跟踪服务，对全省外贸进出口前100家重点企业实行“一对一”跟踪服务。举行中国国际投资仲裁常设论坛首届年会“投资者—国家争端解决机制的多边改革：不同方案的对话”国际高端研讨会，促进国际投资争端解决机制的完善与“一带一路”多元纠纷解决机制的建设发展。编印中、英、俄、日、韩五个版本《2019陕西省投资环境白皮书》，制作中、英两个版本《陕西商务形象宣传册》。中亚标准化（陕西）研究中心验收挂牌工作稳步推进，“一带一路”语言服务及大数据平台建设取得突破性进展，陕西省“一带一路”投资贸易大数据系统项目加快建设。知识产权语言服务人才培养体系建设稳步推进，《知识产权语言服务市场概论》成功获批西安外国语大学通识课程，已正式上线。探索开展“丝绸之路”经济带沿线省份统计监测和“一带一路”统计分析研究工作。国际贸易“单一窗口”主要业务应用覆盖率已达100%。西安航空口岸“一带一路”专用通道正式启用，为共建“一带一路”创造更便捷、更高效的出入境环境；获批实施外国人过境144小时免办签证政策，将更加方便外国人从事经贸商务、人文交流活动，提升对外开放平台的知名度和影响力。

二、2020年工作设想

2020年，我们将积极贯彻落实党中央、国务院和推进“一带一路”建设工作领导小组的各项决策部署，会同各成员单位积极贯彻落实习近平总书记在第二届“一带一路”国际合作高峰论坛上的重要讲话精神，扎实推动相关成果落地；积极谋划“十四五”期间推进“一带一路”建设基本思路、主要任务和阶段目标，聚焦重点、精雕细琢，推动共建“一带一路”向高质量发展转变；持续推进《陕西省推进建设丝绸之路经济带和21世纪海上丝绸之路实施方案（2015—2020年）》明确的阶段性目标和重点任务，总结经验、寻找不足，力求在“十四五”期间补短板、强弱项、扬优势，画好具有陕西特色的“工笔画”。此外，还将着力推动以下四方面工作：

1. 建好杨凌上合组织农业技术交流培训示范基地。发挥“丝绸之路农业教育科技创新联盟”作用，建设面向干旱半干旱地区农业科技创新的科研平台，增强技术辐射能力。聚焦“一带一路”沿线国家或地区农业发展技术需求，优化培训资源和培训体系，建立优秀农业科研人员中短期互访交流机制。联合涉农龙头企业在沿线国家（地区）建设一批农业技术示范园区，在更大范围深化同上合组织国家农业交流合作。

2. 推进西安“一带一路”综合试验区建设。充分发挥第六巡回法庭和第二国际商事法庭作用，探索建设“一带一路”法律服务与法治创新示范区，建立专项法律人才培养机制和交流平台。争取国家支持，积极创建国家消费中心城市，开展“一带一路”国家航权自由化试点，开展递延纳税等税收优惠政策试点和资本项目收入支付便利化试点。

3. 提高中欧班列（长安号）运营水平。积极融入“西部陆海新通道”，推进与广西凭祥口岸、防城港的合作，构建东南亚各国间的陆海多式联运新通道。推动中欧班列（长安号）国际货运扩大使用人民币计价、结算，创新应用跨境人民币供应链融资金融产品，推广“央行·长安号票运通”供应链金融新模式。争取国家支持，将中欧班列（长安号）纳入中欧班列快件运输试点范围。

4. 加快国际航空枢纽建设。推进西安咸阳机场三期扩建工程建设，力争完成总投资的50%。以打造西向开放通道为重点，加密与欧洲重要航空枢纽的航线航班，计划新开中东欧匈牙利布达佩斯航线。探索建立第五航权谈判协调和宣传推介机制，争取开通新航线。积极申报国家级空港型物流枢纽，计划新开5条货运航线，年货邮吞吐量达到42万吨。

（撰稿：王鹏）

甘　肃

甘肃省商务厅

近年来，我省积极融入和服务国家“一带一路”倡议，不断深化与“一带一路”沿线国家或地区经贸合作，全力打造“一带一路”物流大通道、大枢纽，持续扩大对外开放，努力把我省建设成我国向西开放的重要门户和次区域合作战略基地。

一、对外开放政策体系进一步完善

制定印发了《关于加快发展现代商贸物流业的意见》(甘政发〔2018〕37号)、《通道物流产业发展专项行动计划》(甘政办发〔2018〕87号)、《特色农产品冷链物流体系建设实施方案》(甘政办发〔2018〕108号)、《市县乡农产品物流体系建设实施方案》(甘政办发〔2018〕109号)、《加快发展口岸经济的意见》(甘政办发〔2018〕193号）等文件，形成了较为完整的政策支撑体系。

二、开放平台搭建取得重大进展

一是推动口岸对外开放。助推三大国际陆港和三大国际空港建设，2013年，兰州中川机场国际航空口岸正式对外开放，结束了全国唯一一个省会城市没有口岸的历史。2015年，敦煌空运口岸获批临时对外开放，成为办好丝绸之路（敦煌）国际文化博览会的重要窗口。嘉峪关航空口岸已列入国家口岸发展“十三五”规划。2016年，兰州铁路口岸获准对外开放，成为我省历史上第一个铁路口岸。2016年以来，我省先后获批在兰州中川国际机场筹建进口冰鲜水产品及水果指定口岸，在兰州新区综合保税区及武威保税物流中心筹建进口肉类指定查验场，在武威保税物流中心筹建进境木材监管区。2018年，我省获批建设兰州汽车整车进口指定口岸。2019年2月，敦煌空运口岸验收通过，正式对外开放。

二是推进海关特殊监管区建设。2014年1月，武威保税物流中心（B型）获批设立，10月正式封关运营。2014年7月，兰州新区综合保税区获批设立，2015年8月正式封关运营。目前，共有270多家各类企业在兰州新区综合保税区内注册。

三是积极打造展会节会平台。敦煌文博会、兰洽会、药博会、丝绸之路国际旅游节等成为重要国际展会节会平台。第23届兰洽会突出“一带一路”主题，首次邀请尼泊尔、马来西亚2个国家担任主宾国，境外参会宾客数量较上届增长30%以上，展会平台国际化水平明显提高。第24届兰洽会邀请新加坡、韩国作为主宾国，广东省担任主题省。27个国家、17个省区市、1400多家企业参展。经过各市州和省发改、环保、商务、经合机构筛选审核，符合条件的471个项目在会期成功签约。引进了上海宝钢化工、正威国际、广汽新能源等世界500强，广药集团、中国宝桥集团、新奥集团等中国500强和广州宝供、康美药业、天士力等民营500强企业入驻我省。成功策划举办了甘肃省生态产业项目对接洽谈会、“一带一路”粮食安全高峰论坛、2018国际采购商大会暨中国（甘肃）供销对接活动、丝绸之路经济带生态农业发展研讨会、2018中国西部创客节、“一带一路”物流、基础设施和金融研讨会、兰州·中新互联互通南向通道合作对话会、聚焦“一带一路”500强企业高峰论坛等对接活动。

三、国际物流大通道建设取得突破

一是南向通道破题开局。积极融入中新互联互通示范项目南向通道建设，认真落实省政府与渝桂黔六省市（区）签订的合作共建中新互联互通南向通道框架协议。制定了《2108年中新南向通道国际货运班列常态化运营工作方案》，出台了《甘肃省南向通道货运班列物流补贴资金管理办法（试行)》。国际货运班列在2017年试运行基础上，新增了回程班列，2018年底实现每周一班稳定运行。国际陆海贸易新通道推动作用明显，通过兰州局发往成都局、昆明局、南宁局三局的货物达28.55万车，货量1640万吨，三局发往兰州局货物达5.24万车，货量207万吨。

二是国际货运班列持续加密。加大“兰州号”等中欧、中亚、南亚国际货运班列开行密度并实现常态化，白银市也开行了至阿拉木图中欧国际货运班列。2018年，中欧国际货运班列共发运171列（7644车），货量12.3万吨，货值3.69亿美元。通道物流产业成为我省发展十大生态产业和构建“五个制高点”的有力支撑。

三是实施通道物流产业行动计划。省政府召开通道物流产业建设推进会，建立通道物流产业项目库，征集项目633个，确定3个重大带动性项目。兰州国际港务区多式联运综合体已投资51亿元，兰州高原夏菜副食品采购中心已投资31.1亿元，天水国际陆港建设正在加快推进。通道物流基金已批准设立，首期规模14.3亿元，目标规模200亿元。已初步筛选确定20个重点项目，总投资318亿元。

四、对外贸易日益活跃

2018年全省实现进出口总值394.7亿元人民币，同比增长21.2%，高于全国平均水平。其中，出口145.9亿元，增长26.8%；进口248.8亿元，增长18.1%。

一是大力开拓国际市场。组织实施外贸新突破行动计划，加强对外联络和向西开放，落实外经贸多项促进政策，对重点龙头企业实行一对一联系帮扶措施，指导企业应对复杂的国际市场。组织企业参加境内外展会39个。组建全省外贸企业联盟，推动外贸发展进入龙头带动、骨干支撑、新兴成长、抱团开拓的新阶段。2018年，我省与“一带一路”国家地区实现进出口172.9亿元，增长18.6%，占全省进出口总额的43.8%。

二是成功组织参加首届进口博览会。唐仁健省长亲自率团，有514户企业1400多人参加首届进口博览会，我省在展会现场成交4.05亿美元，场外成交意向21.13亿美元，总计32.18亿美元。

三是积极应对中美经贸摩擦。密切跟踪进展情况，及时组织召开应对中美经贸摩擦座谈会，加强分析研判和政策宣讲，帮助企业提高应对汇率、通关、合同履约等风险的能力，实现了年度内平稳运行。

四是合力推动跨境电商迈出实质性步伐。经多方争取，兰州获批全国跨境电子商务综合试验区，兰州跨境电商公共服务平台、兰州海关地方数据分节点、兰州新区综合保税区网购保税场地和兰州铁路口岸跨境电商监管中心等跨境电商支撑项目建成并投入运营。2018年4月，我省跨境电商零售进口首单业务完成通关放行，实现零突破。进出口持续快速增长，扭转了被动局面，提振了各方做好外贸工作的信心。

五、国际产能合作有序推进

经多方努力，2018年全省对外投资实际投资额6.87亿美元，同比增长42%；对外承包工程完成营业额3.13亿美元，同比增长33.3%；外派劳务4052人，同比增长32.7%。

一是协调推动对外投资合作大项目建设加快进度。酒钢集团牙买加氧化铝厂投料生产氧化铝70万吨，实现销售收入3.55亿美元。金川公司印度尼西亚红土镍矿冶炼项目加速建设，2019年一季度可实现投料试生产。白银公司秘鲁年产1360万吨金属尾矿综合利用项目开始二期建设。

二是深入推动与“一带一路”沿线国家或地区投资合作。全省对“一带一路”沿线国家或地区实际投资项目17个，实际投资额3.3亿美元，同比增长3.7倍。

三是民营企业对外投资实现新突破。天水华天科技出资3.45亿美元收购马来西亚友尼森公司58.85%的股权。兰州广通新能源汽车有限公司并购塞尔维亚一家汽车公司。甘肃机械化建设工程公司投资的白俄罗斯“甘肃特色商品展览中心”正式营业。省内企业大胆“走出去”开拓国际市场，参与国际竞争，实现了合作多赢，取得明显突破。

六、营商环境逐步改善

一是建设国际贸易“单一窗口”。加快复制推广上海等自贸试验区改革试点经验，落实全国通关一体化，积极推进大通关建设。全面实现报关、报检无纸化；加快推进中国（甘肃）国际贸易“单一窗口”正式上线运行，2018年，国际贸易“单一窗口”标准版得到广泛应用，实现申报3万票，是2017年的12倍，主要业务覆盖率达到100%。与海关等部门联动，开展口岸提效降费工作，通关时间压缩明显，收费进一步规范。随着口岸经济不断发展，推动我省逐步从内陆腹地向开放前沿迈进。

二是优化营商环境。制定了《甘肃省商务厅关于推动构建新型政商关系的若干措施（试行）》。积极开展作风建设年活动，建立并联审批、联席会商、项目包抓、督查通报、约谈问责机制，推进招商引资项目“招的进、落的下、实施好”。省商务厅、省发改委、省财政厅联合印发了《甘肃省招商引资项目省级奖励办法》，持续优化营商环境，推动招商引资项目落地。

（撰稿：于清）

宁 夏

宁夏回族自治区商务厅

2018年，我区积极融入和服务“一带一路”建设，坚持整体推进与重点突破相结合，坚持机制创新与政策引领相结合，在更大范围、更高层次上实现高水平对外开放，推动我区建设具有鲜明区域特点、准确发展定位、统筹协调有序的向西开放战略高地，参与“一带一路”建设取得了阶段性成效。

一、搭建合作平台，擦亮中阿博览会金字招牌

中国—阿拉伯国家博览会是经中国国务院批准，由中国商务部、中国国际贸易促进委员会、宁夏回族自治区人民政府共同主办的国家级、国际性综合博览会，其前身是中阿经贸论坛。自2010年以来，在宁夏已经成功举办了三届中阿经贸论坛和四届中阿博览会，共有90多个国家、地区和国际机构，140多家大型商协会，7732家大中型企业和金融机构代表，5.7万多名参展商、采购商参会参展，对促进中国与包括阿拉伯国家在内的“一带一路”沿线国家和地区的经贸交流合作发挥了积极作用。2016年1月，国家主席习近平在阿拉伯国家联盟总部演讲时指出，中阿博览会已成为中阿共建“一带一路”的重要平台。2019年第四届中阿博览会共吸引来自世界各地的89个国家，2900多家区域组织、商协会、机构和企业的12600多名代表参会参展，共计签约项目362个，计划投资和贸易总额达到1854.2亿元。

二、深挖贸易潜力，推动与“一带一路”沿线国家或地区贸易往来

2018年，我区对“一带一路”国家实现进出口73.39亿元，同比下降11.4%。其中，出口65.1亿元，同比下降2.1%，进口8.28亿元，同比下降49%。对“一带一路”国家出口占比达36.1%。对印度、马来西亚、阿拉伯联合酋长国分别出口12.4亿元、8.8亿元、6.5亿元，增长5.5%、60.3%和95.9%。从贸易市场看，我区与俄罗斯、印度、马来西亚、沙特等59个“一带一路”沿线国家或地区开展了经贸往来，市场多元化格局逐步形成。从贸易商品看，主要出口商品为生物医药和精细化工产品，分别是抗生素、双氰胺、氨基酸及盐赖氨酸酯等；主要进口商品为大宗工业原材料，分别是石油、铬矿砂、木浆、机床和橡胶等。

三、改善投资环境，吸引“一带一路”沿线国家或地区投资

2018年，全区实际利用外资2.14亿美元。其中，来自马来西亚、新加坡、阿联酋、哈萨克斯坦、罗马尼亚等“一带一路”沿线国家或地区的投资1338万美元，在我区新设7家企业。2019年1—9月，实际利用外资2.51亿美元，同比增长27.5%。目前全区正常运营的外商投资企业183家。外资主要来源于中国香港、美国、新加坡、挪威、日本、韩国、马来西亚、中国台湾等50多个国家和地区，主要投向装备制造、煤化工、新能源、现代农业、商贸服务、金融等行业。美国亚马逊、星巴克，法国路易威登轩尼诗、保乐力加，德国舍弗勒、麦德龙，挪威埃肯，新加坡斯伦贝谢，丹麦嘉士伯等一批世界500强和跨国知名企业先后来宁投资建厂。其中新加坡、马来西亚、阿联酋、伊朗等

"一带一路"沿线国家或地区在我区分别设立企业，投资额3800万美元，主要涉及旅游、咨询、互联网和饮料的生产加工等领域。

四、完善政策支撑，推动区内企业参与"一带一路"建设

不断完善政策支撑体系。印发出台《自治区商务厅关于主动融入和服务"一带一路"建设实施方案》(宁商发〔2019〕67号)，指导全区商务系统提高思想认识，突出工作重点，形成工作合力，共同推动我区"一带一路"建设取得新突破。加快推进国际产能合作，支持区内优势产业、技术、标准、服务进入"一带一路"国家。2018年境外投资额4.48亿美元，其中在沿线国家投资2378万美元。目前，我区企业在全球30多个国家和地区设立了150多家境外投资企业，其中，48家设在蒙古、俄罗斯、哈萨克斯坦、吉尔吉斯斯坦、沙特、阿联酋、约旦、埃及、马来西亚、泰国、阿曼、新加坡、中国香港等"一带一路"沿线国家和地区，投资方式也由单纯的设立贸易联络处向农业、畜牧业、化工、矿产资源开采等行业发展。

五、打造合作载体，境外产业园区建设初具规模

中国—沙特（吉赞）产业园、中国—阿曼（杜库姆）产业园、中国—埃及（曼凯）纺织产业园等境外产业园区建设稳步推进。目前中国—沙特（吉赞）产业园已完成园区基础设施建设，广州泛亚聚酯有限公司在园区内投资建设石油化工化纤一体化项目。该项目建设PTA/PET生产装置，占地面积约100万平方米，总投资32亿美元。该项目已获得国家商务部颁发的企业境外投资批准证书和沙特投资总局颁发的投资许可，并于2019年1月29日举行了奠基仪式，计划2021年上半年正式投产。

中国—阿曼（杜库姆）产业园于2017年4月举行了奠基典礼和签约仪式，已有10家企业签订入园协议，意向投资金额超过30亿美元。水、电、道路等基础设施工程预计2020年6月投入使用，阿曼万方公司商住楼项目2019年底陆续投产使用。第一批阿曼留学生39名已毕业回国，第二批30名已于2018年9月份在宁夏职业技术学院入学，为今后入驻企业提供人才保障。杜库姆建材城项目总面积约24万平方米，可容纳上千个商铺。威海鸿通管材股份有限公司投资的非金属柔性高压管道项目已完成项目备案注册手续，该项目总投资600万美元。

中国—埃及（曼凯）纺织产业园已完成投资额4.8亿元，已建成141栋标准厂房，首批设备已安装调试完成并投入生产。已有中纺集团、美国MK国际集团等70家企业拟采取购买或租赁厂房方式参与园区建设。园区已完成萨达特城市主干道至园区的道路建设及一期路网建设；建成2000平方米客户服务中心，为客户提供项目展览、注册登记、银行开户等多项服务，为企业入园发展提供全方位支持。厂房全部具备道路、水、电、通讯、网络、有线电视等基础设施，满足入园企业的需要。

六、畅通对外通道，助力宁夏外向型经济高质量发展

航空通道方面，截至2019年9月底，银川河东国际机场已开通82个通航城市的105条航线，其中，国内航线97条，国际航线8条，省会城市直飞率达到100%。形成了以银川机场为中心，辐射全国省会和主要经济、旅游城市，面向中东、连接东亚和东南亚的航空运输格局。2019年1—10月，银川河东国际机场旅客吞吐量达905.15万人次，同比增长19.3%。其中，出入境旅客吞吐量12.62万人次；货邮吞吐量4.83万吨，同比增长20%。

陆路通道方面，一是稳定运行宁夏至中亚、

西亚国际货运班列，成功开通石嘴山—蒙古—俄罗斯国际货运班列。二是主动与重庆、广西、甘肃等西部省区市建立紧密合作联络渠道，就共建陆海新通道，强化互联互通，铁路口岸建设，争取国家政策支持等方面达成一致意见。三是引进香港嘉里集团，成立宁夏嘉里互通国际物流公司。截至 2019 年 10 月，宁夏国际货运班列共计发运出口班列 188 列 7957 车，货重约 38.65 万吨，货值约 2.865 亿美元。其中，2019 年 1—10 月，宁夏国际货运班列共计发运 54 列 2485 车，货重约 14.2 万吨，货值约 1.1635 亿美元，出口班列发运国家扩展至哈萨克斯坦、乌兹别克斯、土库曼斯坦、吉尔吉斯斯坦、塔吉克斯坦以及蒙古、俄罗斯等国，主要出口货物为钢材、蛋氨酸、轮胎、锰硅合金，主要进口货物为木材、亚麻籽油。

（撰稿：朱晓东）

青　海

青海省商务厅

2018年，青海紧紧抓住国家实施“一带一路”倡议的历史机遇，发挥“一带一路”重要节点优势，在省委省政府的正确领导和强势推动下，主动参与、深入对接、积极作为，全省对外开放步伐明显加快，开放空间进一步拓展，对外交流合作取得阶段性成果，“一带一路”建设取得积极进展。

一、主要工作及成效

1. 对外贸易稳中向好，外贸发展迈上新台阶。大力实施“千万美元潜力企业培育计划”和“出口自主品牌培育计划”，2018年全省实现进出口总额48.2亿元，同比增长8.4%。其中，出口31.1亿元，同比增长8.1%；进口17.1亿元，同比增长8.9%。扣除2017年同期市场采购贸易数据，全省自营商品进出口额同比增长16.5%，其中自营商品出口同比增长21%，进口同比增长8.9%。积极参加首届进口博览会，组织全省医疗、工业、商贸、农牧等行业的170多家企业参会采购，参会人员400余人，现场实现意向成交金额1.25亿美元。引进外贸综合服务企业，加快外贸平台建设步伐，2018年完成南川藏毯、生物园区浆果及制品2个国家级基地认定工作和生物园区特色轻工、南川工业园区新能源新材料省级基地认定工作。截至目前，全省国家级外贸转型升级示范基地2个，省级外贸转型升级专业型示范基地7个。主动优化全省已有进口商品直销平台网点布局，引导进口商品直销平台向海东、海西等重点地区布局发展。截至2018年底，全省共建立12家进口商品直销平台，不断丰富和满足省内群众个性化、多元化、差异化消费需求。在土库曼斯坦、尼泊尔、沙特阿拉伯等国家和地区建立18个境外营销网点，加快推动青海特色优势产品“走出去”。

2. 积极推进产业对接，对外合作有了新提升。进一步规范全省对外投资合作企业经营行为和对外投资安全，出台了《青海省规范企业境外经营行为和改进对外投资安全工作实施细则》。会同天津市商务委员会共同举办中埃·泰达苏伊士经贸合作区青海投资专场推介会，近百家外向型企业及西宁（国家级）经济技术开发区、柴达木循环经济试验区、海东工业园区管委会和相关商协会参加推介会，为企业和苏伊士合作区建立了合作联系。利用丝路基金、新加坡发展局等来青调研机会，组织对外投资合作企业座谈交流，为外向型企业搭建合作平台，解决企业“走出去”问题。组织国家电投集团黄河上游水电开发有限责任公司、中国水利水电第四工程局有限公司等企业赴埃塞俄比亚、摩洛哥、赞比亚开展对外投资合作交流活动，推进企业项目落地，为青海省外向型企业拓展境外发展空间。2018年，全省新备案境外投资项目11个，中方协议投资额为7092.57万美元，同比增长53.26%，投资国别为俄罗斯、加拿大、沙特阿拉伯、尼泊尔、南非、马来西亚和中国香港等国家和地区，投资项目涉及农作物种植、牛羊养殖、矿产品加工及销售、青海特色产品销售、投资贸易等领域。全年累计接受国际多双边无偿援助项目15个，受援金额535.28万美元。

3. 持续优化营商环境，吸引外资取得新成效。认真贯彻落实国家关于促进外商投资稳定增长、营造良好外商投资环境的相关政策措施，出台了《青海省贯彻落实国务院促进外资增长若干措施的实施意见》。全面实施外商投资企业商务备案与工商登记“一口办理”受理工作，进一步优化了外商投资企业申请设立程序、降低了申请成本、减少了办理时间。截至2018年底，青海省新设立外商投资项目10个，已受理企业设立及变更备案事项31件，投资总额7121.21万美元，注册资本7036.21万美元，合同外资4589.83万美元。其中：新批准外商独资项目7个，合同外资3548.75万美元；新批准中外合资项目3个，合同外资1041.08万美元。投资项目涉及融资租赁、风电、道路普通货物运输、盐湖资源的综合开发利用及产品研发、体育运动咨询、探险运动的组织策划、摄影摄像服务、餐饮和批发零售业等领域。积极组织企业参加京交会、东盟会、高交会、广交会、投洽会等国内重要展会，借助展会舞台，全面宣传“大美青海”丰富的自然资源和良好的投资环境，吸引更多的境内外客商聚焦青海、了解青海、投资青海。

4. 搭建经贸交流平台，通道建设实现新突破。连续成功举办（青海）藏毯国际展览会，国内31个省区市和港澳台地区的206家企业参展参会，国外共有34个国家和地区223家企业参展，其中“一带一路”国家27个，较上届展会增长108%，参展国家、企业不断增加，展会现货交易合同订单和意向签约额达1.96亿美元，实现线上交易额95.3万元，成交额不断攀升。组织召开青海与“一带一路”沿线国家或地区地毯产业发展与经贸合作论坛。积极推动中国国际贸易“单一窗口”（标准版）的运用，截至2018年底，已在中国国际贸易“单一窗口”（标准版）上完成2736票业务申报。主动融入南向通道合作省区，召开渝桂黔陇青“五省区市南向通道牵头部门座谈会”，共同签订《青海省加入共建中新互联互通项目南向通道合作机制的备忘录》。启动了海西州察尔汗至印度蒙德拉港南向通道铁海联运班列，首次开行海西州德令哈至俄罗斯巴尔瑙尔中欧班列，同时与兄弟省区开展散货联运，开辟了盐湖化工产品“走出去”的新路径。全年成功开行2列中欧班列和1列国际陆海贸易新通道铁海联运班列，实现了青海省中欧班列开行常态化。

二、存在的问题

第一，青海省“走出去”企业数量少，总体规模较小，大型国企“走出去”意愿不足，参与“一带一路”经贸合作的企业数量和质量有待进一步提高。

第二，青海省在区位、产业等方面与东部沿海地区存在一定差距，参与“一带一路”倡议存在一定局限性。

第三，“一带一路”部分沿线国家和地区贸易便利化水平普遍不高、海关清关效率低、过境管理不够透明、通关手续烦琐等不良因素均对贸易畅通起到阻碍作用。

三、下一步工作思路

面对新时代条件下的新机遇、新任务、新挑战和新目标，青海将继续坚持长远规划与阶段目标相结合、目标导向与问题导向相结合、发展速率与发展质量相结合，紧贴省情研究新思路，紧盯短板谋划新举措，力求变革开创新局面。

1. 以稳量提质为目标，厚植外贸发展新优势。完善政策措施，积极应对中美经贸摩擦，持续加快外贸结构调整、动能转换。优化进口营商环境，培育进口经营主体，扩大先进技术和设备、民生产品、农产品和生产原料、服务贸易等商品进口规模，促进对外贸易平衡发展。培育和认定一批新的国家外贸转型基地，将产业集聚效果明显的区域纳入外贸转型升级基地范围。加快贸易促进平台建设，拓展综合性展会功能，提升重要展会国际化水平。积极推进境外营销网络建设，力争在欧洲、南亚等地建立国际营销网点。在优化国际市场布局上，开拓欧洲、中亚、南亚和西亚等“一带一路”沿线新兴潜力市场，抢占市场主动权。在优化商品结构上，深挖省内特色产品潜力，扩大牦牛、枸杞等特色农畜产品出口规模，加大对战略性新兴产业及高端服务出口的支持力度。在优化经营主体上，加强对省内重点企业的跟踪服务和重点监测，力争重点企业进出口业务有新进展。在优化贸易方式上，做强一般贸易，提升加工贸易，探索开展服务贸易，推进外贸新业态新模式发展。在优化服务上，创新服务方式，培育服务型企业，为省内外贸企业提供物流、报检、通关、保险、退税、外汇等环节的集成化、便利化服务。

2. 以效益提升为重点，实现双向投资新突破。坚持“引进来”与“走出去”并重，优化投资环境，聚集资源优势，寻求重点突破，多措并举稳外资、促投资。创新招商引资模式，注重资本招商，引进国内知名基金，吸引国内外优秀企业落户，实现以商招商。坚持招大引强与招新引高相结合，突出专业招商，探索点对点、小分队、专业化招商模式，注重引导内外资更多投向新一代信息技术、生物医药、新能源新材料等高新技术产业，争取招商引资特别是引进外资工作取得突破。拓展经贸合作领域，对接“一带一路”沿线国家或地区基础设施建设和市场消费需求，引导企业“借船出海、抱团出海”。鼓励省内企业在俄罗斯、中亚等地区开展农业种植加工业务，推进省内骨干企业积极参与塔吉克斯坦、安哥拉、埃塞俄比亚、玻利维亚等国家电力、交通、高速公路和矿产勘探项目合作，寻求在南非、泰国等国家开展对外承包工程项目。开展国际产能合作，坚持“走出去”开拓市场，带动青海省装备、技术、材料出口。发挥国有企业综合实力优势，支持有发展潜力和比较优势的企业在电力、光伏、有色金属、盐湖化工等领域开展国际产能合作，实现互补需求。

3. 以拓口兴岸为支撑，打造内陆开放新高地。完善口岸功能，改善通关环境，增强平台支撑，服务全省开放型经济持续、快速、健康发展。联通对外开放通道，紧紧抓住国家将格尔木作为陆港型物流枢纽承载城市、西宁作为商贸服务型物流枢纽承载城市的机遇，着力打造贯通俄罗斯—欧洲、中亚—西亚、南亚三条青海绿色通道。深度融入国际陆海贸易新通道建设，逐步扩大中欧班列常态化运营规模效益，拓宽“海上丝绸之路”通道，努力在全国物流网络中发挥关键节点、重点平台和骨干枢纽作用。健全完善平台服务功能，强化曹家堡保税物流中心开发利用，积极申建西宁综合保税区，填补青海省没有海关特殊监管区域的空白。依托西宁、海东、格尔木3个对外开放节点城市，申报建设进境肉类、水果指定口岸的查验场和进境木材监管区。推动海关、税务、外汇等部门信息共享，加快青海电子口岸信息服务平台建设。加强与省外电子口岸的联系与合作，推动建立丝绸之路经济带沿线统一口岸平台，实现电子口岸互联互通。

（撰稿：穆林）

新　疆

新疆维吾尔自治区商务厅

2015 年 3 月，国家发展改革委、外交部、商务部经国务院授权发布《推动共建丝绸之路经济带和 21 世纪海上丝绸之路的愿景与行动》，明确新疆通过深化与中亚、南亚、西亚等国家交流合作，形成丝绸之路经济带上重要的交通枢纽、商贸物流和文化科教中心，打造丝绸之路经济带核心区。建设丝绸之路经济带核心区商贸物流中心是自治区党委贯彻落实党的十八大、十八届三中全会、第二次中央新疆工作座谈会精神，深刻把握党中央“政策沟通、设施联通、贸易畅通、资金融通、民心相通”的总体要求，抢抓新疆发展历史新机遇，依托独特区位交通优势和向西开放重要窗口优势，扎实推进丝绸之路经济带核心区建设，充分利用两种资源、两个市场，发挥好丝绸之路经济带桥头堡、排头兵、主力军作用的重大部署。

一、政策沟通方面

落实《中巴经济走廊建设远景规划（2017—2030)》、对巴农业合作、促进对巴投资合作的建议及措施。

自治区商务厅积极协调，自治区人民政府与商务部签署《商务部新疆维吾尔自治区人民政府关于建立合作机制的框架协议》并认真抓好跟进落实。多次赴国家商务部、发改委、海关总署协调解决商务工作重点、难点问题，争取国家层面对新疆开放工作的支持。积极落实自治区与对口援疆省市经济交流与合作机制，做好与援疆省市合作框架协议、产业合作对接工作。加强与自治区发改、财政、外事、海关等有关部门联系，拓宽合作领域，提高合作水平，实现资源共享，形成开放合力。主动与商务部国际贸易经济合作研究院对接，达成《商务部国际贸易经济合作研究院与新疆商务厅战略合作协议》，主动加强与兵团商务局沟通对接，签署了《自治区商务厅、兵团商务局贯彻落实兵团深化改革和向南发展，促进深度融合合作协议》，共同参与“一带一路”建设中的经贸促进活动，加快形成对内对外开放新机制。

二、设施联通方面

推进乌鲁木齐陆港区建设，其中，乌鲁木齐多式联运海关监管中心、中欧班列集结中心、乌鲁木齐综合保税区已建成投入运营。2018 年，乌鲁木齐陆港区累计开行西行国际货运班列 1002 列，较 2017 年增长 41. 1%。注册企业达 35 家，其中注册资金 1000 万以上企业 15 家，吸引邮政速递、百世物流等国际大型跨境电商企业入驻。由顺丰股份公司组织的“中国阿拉山口—波兰马拉舍维奇”中欧班列顺丰号实现首发，标志着顺丰以铁路为骨干，在阿拉山口打造的国内首个多式联运行业平台正式落地。中巴光缆完成对接，新疆与周边国家直连跨境光缆达 18 条。签署了《关于合作共建中新（重庆）战略性互联互通示范项目“国际陆海贸易新通道”的框架协议》，一方面发挥重庆运营中心的服务职能，推动西部省区和东盟国家区域联动，另一方面发挥乌鲁木齐作为向西开放的物流枢纽作用，推动西部省区与中西亚、南亚和欧盟等国家区域联动，同时以阿拉山口、霍尔果斯为国际陆路联通的重要交汇点，构建区域东联西出、通边达海的运输大通道。

三、贸易畅通方面

“一带一路”倡议为沿线国家发展提供了新机遇，也为新疆的开放发展开辟了新空间。2018 年，新疆货物进出口总额达 200 亿美元，进出口超亿美元的企业 73 家，与“一带一路”沿线国家或地区进出口占比达到 86%。新疆企业在电力、新能源、油气开发、矿产能源开发、农业、境外产业园建设等领域拥有较强的产业基础和技术、产品、服务等优势，积累了丰富的经验，涌现了诸如特变电、金风科技、中泰集团、广汇集团、中亚食品等一批“走出去”龙头企业和骨干企业。2018 年，新疆企业对境外 22 个国家和地区的 50 家企业直接投资约 8.2 亿美元，同比增长 7%，增速高于全国 8.6 个百分点，在全国排第 20 位。实现“单一窗口”报关单覆盖率 100%，乌鲁木齐海关进出口货物通关时间较 2017 年压缩 40%以上。2018 年，全区口岸进出口货运量 5941 万吨，同比增长 19.8%。其中：进口货运量 5463.41 万吨，同比增长 21.1%；出口货运量 477.59 万吨，同比增长 6.6%。全方位协调推进“中哈检验检测技术交流中心”和“中亚检验检疫检测技术研发交流中心”的建设，推进与中亚各国的技术标准、实验室互认，为中国企业“走出去”形成持续的核心竞争力提供质量技术保障。

四、资金融通方面

积极推动中哈霍尔果斯中心跨境人民币创新业务发展，2018 年 3 月，新疆农行与哈人民储蓄银行在中哈合作中心完成首笔 1000 万尖戈现钞跨境调运业务。跨境人民币业务呈现从贸易领域向投资领域逐步拓展的态势，新疆与哈萨克斯坦的硫黄贸易首次采用人民币计价结算。

五、民心相通方面

印发了《丝绸之路经济带创新驱动发展实验区总体实施方案（2018—2020）》。组织参加阿尔泰区域合作国际协调委员会第 15 次工作会议。组织区级文艺演出团赴香港参加“2018 年春节及元宵彩灯会”演出活动，举办塔什干新疆电影展。组织完成国外教育调研访问学者项目、中俄政府奖学金等项目的申报、审核和推荐工作。新疆农业大学与乌兹别克斯坦塔什干农业大学共建孔子学院工作稳步推进。组织“中医关怀团”前往哈萨克斯坦阿拉木图市开展健康咨询和义诊活动。在旅游方面，2018 年，全区 99 家 4A、5A 级景区共接待国内外游客 1.5 亿人次，比上年同期增长 40.09%。

（撰稿：罗剑）

专文

不断深化经贸合作
推动共建“一带一路”高质量发展

商务部综合司

2018年是贯彻落实党的十九大精神的开局之年，也是改革开放40周年和“一带一路”倡议提出5周年。商务部认真学习贯彻习近平总书记在推进“一带一路”建设工作5周年座谈会上的重要讲话精神，按照党中央、国务院决策部署，坚持共商共建共享原则，加强与部门横向协作、与地方纵向联动，深入实施“一带一路”合作行动计划，推动“一带一路”经贸合作取得积极成效，合作规模不断扩大，合作领域不断拓宽，合作成果惠及各方。主要体现在五个方面：

一、平台引领成效显著

成功举办首届中国国际进口博览会。举办中国国际进口博览会，是以习近平同志为核心的党中央着眼推进新一轮高水平对外开放作出的一项重大决策，是我国主动向世界开放市场的重大举措。首届进口博览会取得圆满成功，共有172个国家、地区和国际组织参加，3600多家企业参展，80多万人进馆洽谈采购、参观体验，成交额达578亿美元，4500多名全球政商学研各界嘉宾出席虹桥国际经济论坛，创造多项国际博览会纪录，树立了新时代高水平开放的里程碑，赢得国内外广泛赞誉。

全力做好高峰论坛等相关工作。2017年首届“一带一路”国际合作高峰论坛成果丰硕，商务部认真落实各项经贸合作成果，牵头负责事项已经全部完成或转为常态化工作；同时，按照中央部署，全力筹备第二届“一带一路”国际合作高峰论坛，积极谋划经贸合作新举措，推进在更高水平上的互利合作。在推动全面落实中非“十大合作计划”的基础上，精心设计中非合作论坛北京峰会务实合作举措，启动“八大行动”落实工作，为中非共同发展注入新动力。

完善“一带一路”经贸合作机制。推动在双边经贸联（混）委会框架下常设贸易畅通工作组、投资合作工作组，进一步加强工作对接，推进务实合作，与泰国、肯尼亚建立贸易畅通工作组，与科威特、约旦建立投资合作工作组。与7个国家建立服务贸易合作机制，与9个国家建立电子商务合作机制。积极开展与国际组织对接合作，推动国际组织申请南南合作援助基金项目立项，在有关发展中国家开展妇幼健康等社会民生领域合作项目。支持港澳参与和助力“一带一路”建设，内地与港澳在经贸合作委员会框架下，分别成立“一带一路”建设合作专责小组。

二、贸易往来快速发展

提高贸易自由化便利化水平。落实世贸组织《贸易便利化协定》，配合国务院关税税则委员会大幅降低日用消费品、工业品等商品进口关税，我国关税总水平从9.8%降至7.5%。推动有关部门做好农产品进口检验检疫准入工作。配合有关部门畅通“一带一路”能源资源国际通道，建立高效稳定的能源供应体系。2018年，我与沿线国家或地区货物贸易额达1.3万亿美元，同比增长16.3%，高于外贸整体增速

3.7个百分点，占货物贸易总额的比重达到27.4%。截至2018年底，中欧班列已联通亚欧大陆16个国家的108个城市，累计开行1.3万列，运送货物超过110万标箱。

促进服务贸易创新发展。深化服务贸易创新发展试点，推动17个试点地区与沿线国家或地区加强服务贸易合作。完善多双边服务贸易促进平台，与中东欧国家达成服务贸易合作倡议，与日本、俄罗斯、乌拉圭等国签署服务贸易合作谅解备忘录。拓宽文化贸易平台载体，启动建设13个国家文化出口基地。深化与沿线国家或地区服务外包合作，2018年承接沿线国家或地区服务外包执行额达到1117.1亿元，在我离岸服务外包中占比达到19%。

加快发展“丝路电商”。积极与有关国家在无纸贸易、在线消费者权益保护、电子认证等方面开展联合研究，完成与多个国家自贸协定电子商务章节谈判，促成《金砖国家电子商务合作倡议》《中东欧16+1电子商务合作倡议》。举办“一带一路”跨境电商研修班。支持电子商务企业开拓沿线国家或地区市场，协调海关等部门为走出去企业提供指导和支持。新设22个跨境电商综试区，出台跨境电商过渡期后监管方案，加快培育贸易新业态新模式。2018年，通过中国海关跨境电商管理平台零售进出口商品达203亿美元，同比增长50%。

积极开展贸易促进活动。在广交会、京交会、中国—东盟博览会、中国—亚欧博览会、中国—东北亚博览会、中国—南亚博览会、中国—阿拉伯博览会等大型展会主题、会议论坛、展览展示等设计安排上突出“一带一路”元素，推动我与沿线国家或地区经贸合作和人文交流。2018年，我组展单位赴沿线国家或地区参办展718次，参展企业达2.6万家，为各国企业合作创造了更多商机。

三、投资合作不断深化

营造高标准国际营商环境。报请国务院出台《关于积极有效利用外资推动经济高质量发展若干措施的通知》(国发〔2018〕19号)，提出23项政策举措。推动自贸试验区和国家级经济技术开发区在通关便利化、园区合作、科技创新等方面积极探索与沿线国家或地区深化合作。放宽外资准入限制，2018年全国适用版外商投资准入负面清单限制性措施由63条减至48条。深化“放管服”改革，简化外商投资企业设立程序，大幅下放审批权限。2018年，我营商环境国际排名比上年提升32位，沿线国家或地区对华直接投资60.8亿美元，同比增长11.9%。

推动对外投资合作创新发展。扎实推进对外投资创新行动计划、援外综合效应提升行动计划。完善双边投资合作机制建设，稳妥推进与有关国家开展第三方市场合作，与日本、西班牙、荷兰、比利时等国签署第三方市场合作协议。继续做好对外投资真实性、合规性审查，深化对外承包工程“放管服”改革，研究建立“备案+负面清单”管理模式。开展对外投资立法研究，加快推进对外投资立法进程。2018年，我对沿线国家或地区非金融类直接投资156.4亿美元，同比增长8.9%，占同期总额的13%；在沿线国家或地区对外承包工程完成营业额893.3亿美元，同比增长4.4%，占同期总额的52%。

加强走出去管理和服务。加强对外投资备案报告管理，印发《对外投资备案（核准）报告暂行办法》，加快建立部门间信息统一归集、分级分类管理、违规联合惩戒的管理模式。加强走出去合规制度建设，会同有关部门制订《企业海外经营合规管理指引》。全面推行“双随机、一公开”，加强事中事后监管。推进境外企业和对外投资联络服务平台建设，加强对重点企业和重大项目的信息报告、联络服务和风险处置。完善走出去公共服务平台，编制发布《对外投资合作国别（地区）指南》《中国对外投资发展报告》等公共服务产品。加强对企业走出去培训，引导企业增强风险和合规意识。

四、重大项目落地见效

稳步推进重大项目建设。启动实施“丝路明珠”工程，着力打造一批综合效益好、带动作用大、各方面都欢迎的项目。会同有关部门加大对项目建设的支持和推动力度，一批重大项目取得实质性进展，如马尔代夫中马友谊大桥通车，亚吉铁路开通运营，雅万高铁和中老、中泰、匈塞铁路等项目平稳推进，瓜达尔港具备完全作业能力，有力改善了相关国家生产生活条件，激发了当地经济活力，受到普遍欢迎。

推动境外经贸合作区高质量发展。支持企业按照市场化运作模式，结合所在国国情建设境外经贸合作区，吸引各国企业入园投资，形成优势互补、良性互动的产业集聚区。推进境外经贸合作区创新工程，优化合作区国别和产业布局。制定境外经贸合作区高质量发展方案。推动与有关国家签署合作备忘录、建立政府间合作区磋商协调机制，确保合作区的法律地位和投资权益。截至2018年底，我企业在沿线国家或地区建设一批境外经贸合作区，累计投资超过300亿美元，带动东道国就业近30万人，对促进东道国经济社会发展、推动工业化进程和产业升级、深化经贸合作发挥了积极作用。中国—白俄罗斯工业园、埃及苏伊士经贸合作区、柬埔寨西哈努克港经济特区、泰国泰中罗勇工业园、越南龙江工业园、中匈宝思德经贸合作区等建设成效显著。

五、自贸网络加快建设

推进双边自贸区建设。与格鲁吉亚自贸协定正式生效，与毛里求斯完成自贸协定谈判，与新加坡签署自贸协定升级议定书。积极推进与以色列、巴勒斯坦、摩尔多瓦自贸协定谈判和与巴基斯坦自贸协定第二阶段谈判。截至2018年底，已与25个国家和地区达成17个自贸协定，正在开展14个自贸协定谈判或升级谈判，以及8个自贸协定联合可行性研究或升级联合研究。

深化区域次区域合作。区域全面经济伙伴关系协定（RCEP）谈判取得实质性进展，RCEP第2次领导人会议在新加坡举行，宣布谈判进入最后阶段。与欧亚经济联盟签署经贸合作协定，标志着我与欧亚经济联盟及其成员国经贸合作从项目带动进入制度引领的新阶段。完成中俄欧亚经济伙伴关系协定联合可行性研究。推动亚太自由贸易区建设，《亚太贸易协定》第四轮关税减让成果文件正式生效实施。深入推进大图们倡议（GTI）、大湄公河（GMS）和中亚（CAREC）等区域次区域合作，推动提高区域次区域贸易投资便利化水平。

2019年4月25日至27日，第二届“一带一路”国际合作高峰在北京成功举行，在习近平主席的亲自主持和引领下，与会各方就高质量共建“一带一路”达成广泛共识，取得丰硕成果。习近平主席发表一系列重要讲话，为推动共建“一带一路”高质量发展指明了方向。下一步，商务部将以习近平新时代中国特色社会主义思想为指导，全面贯彻党的十九大和十九届二中、三中全会精神，全力落实第二届“一带一路”国际合作高峰论坛成果，秉持共商共建共享原则，坚持开放、绿色、廉洁理念，追求高标准、惠民生、可持续目标，以绘制“工笔画”的精神，进一步深化“一带一路”经贸合作，推动基础设施互联互通，做优做精重大合作项目，提高贸易和投资自由化便利化水平，精心筹办第二届中国国际进口博览会，加快推进自贸试验区建设和探索建设自由贸易港，取得更多实实在在的成果，推动共建“一带一路”走深走实、行稳致远、高质量发展。

推动“一带一路”贸易畅通迈向高质量发展

商务部外贸司

共建丝绸之路经济带和21世纪海上丝绸之路（以下简称“一带一路”）是习近平总书记亲自提出、亲自推动的重大倡议。2013年以来，“一带一路”建设取得丰硕成果，正成为中国参与全球开放合作、改善全球经济治理体系、促进全球共同发展繁荣、推动构建人类命运共同体的中国方案。六年来，在中方和各方共同努力下，我国与“一带一路”国家互联互通水平不断提升，经贸合作领域不断拓宽，贸易畅通不断向高质量发展转变，合作成果惠及各方。

一、夯实多双边贸易畅通机制，贸易规模迈上新台阶

我们积极在双边经贸联（混）委会框架下商建贸易畅通机制，充分发挥经贸论坛等多双边经贸合作机制和平台作用，加强与“一带一路”国家政策对接和交流沟通，聚焦贸易畅通机制务实运行，取得积极成效。目前，已与泰国、沙特阿拉伯、罗马尼亚、匈牙利4个沿线国家建立贸易畅通工作组，快速反应，务实解决双边贸易“堵点”。

六年来，我国与沿线国家或地区贸易额累计超过6.4万亿美元，增速高于我国同期外贸增速。2018年，我国与沿线国家或地区进出口、出口、进口均实现两位数增速，增速为16.4%、10.9%和24.1%，金额分别达到12678亿、7047.3亿、5630.7亿美元，均创历史新高。“一带一路”沿线国家或地区在我国整体进出口、出口和进口中占比稳步上升，较2013年分别提高2.4、2.5和2.4个百分点。我国成为俄罗斯、泰国、新加坡等20个沿线国家或地区最大贸易伙伴。

二、成功举办进博会和贸易畅通分论坛等重大活动，贸易畅通平台展现新气象

2018年11月，首届中国国际进口博览会成功举办，成为我国与“一带一路”沿线国家或地区贸易畅通的重要平台。共有172个国家、地区和国际组织参加，3617家境外企业参展，展览面积达30万平方米，80多万人进馆洽谈采购、参观体验，130多个参展国家实现成交，成交总额超过578亿美元。其中，来自58个“一带一路”沿线国家或地区的1153家企业参加了企业商业展，展览面积约4.5万平方米，企业数和面积占比分别为31.9%和16.5%，意向成交额47.16亿美元，占总成交额的8.2%。

2019年4月，我们牵头举办了第二届“一带一路”国际合作高峰论坛贸易畅通分论坛，广泛凝聚共识，扩大“一带一路”朋友圈。来自65个国家、11个国际组织约600名中外嘉宾和代表参会。本次分论坛以“开放包容、创新引领、深化‘一带一路’贸易畅通合作”为主题，阐释了中方进一步推进贸易畅通的立场和重要举措，有力宣示了中国主张，发出了中国声音。与会代表高度评价六年来“一带一路”建设在经贸领域取得的重大进展，论坛成果丰硕。

中国国际进出口商品交易会（广交会）持续加大对沿线国家或地区招商招展力度，近年来广交会沿线国家或地区到会客商、进口展参展商及我国对其出口成交平稳增长。2018年，“一带一路”沿线国家或地区到会客商人数

17.5 万人，增长 2%，我国与沿线国家或地区出口成交额 193 亿美元，增长 5.6%。

2018 年，商务部外贸发展局在印度、印尼、俄罗斯、尼泊尔、阿联酋、菲律宾、马来西亚、匈牙利、波兰等 12 个沿线国家或地区举办 14 场品牌展。围绕我国与“一带一路”沿线国家或地区经贸合作优势举办的中国纺织品（缅甸）品牌展、中国陶瓷厨卫（土耳其）品牌展、迪拜投资年会中国能源行业展、中国机械和智能制造（马来西亚）展等展览项目，已成为我国与沿线国家或地区开展贸易畅通合作的重要载体，对支持企业开拓国际市场起到了积极作用。

三、推动中欧班列“提质增效”，贸易畅通渠道实现新发展

中欧班列被称为丝绸之路上的“钢铁驼队”，是欧亚大陆贸易畅通的重要桥梁。近年来，在各方的参与和支持下，布局更趋合理、开行更加有序，品牌更加响亮，已经成为广大市场主体深耕“一带一路”沿线国家和地区市场，进口“一带一路”沿线国家或地区优质产品的重要贸易通道。2018 年，中欧班列全年开行 6363 列，增长 73%，创年度开行数量历史新高，几乎与前七年开行数量的总和相当，回程班列 2690 列，增长 111%。截至 2018 年底，中欧班列已经联通亚欧大陆 1 个国家（含中国）的 108 个城市，累计开行 1.3 万列，运送货物超过 110 万箱，中国开出的班列重箱率达 94%，抵达中国的班列重箱率达 71%①。

班列运送的进出口货源、品种更加丰富，促进我国与中欧班列相关国家贸易更加平衡。出境的主要商品已经由初期的手机、电脑等 IT 产品，逐步扩大到汽车及配件、服装鞋帽、五金建材、机械设备、化工品等。回程的商品品类也由初期的葡萄酒、机械设备等扩大到精密仪器、环保器材、化妆品、奶制品、蜂蜜、粮食等。

四、着力扩大自沿线国家或地区进口，贸易畅通合作增添新内容

为满足人民日益增长的物质文化需要，中国欢迎包括“一带一路”国家在内的世界各国的优质产品通过进博会等平台进入中国市场，促进贸易平衡发展。近年来，我们积极回应沿线国家或地区的重要关注和诉求，采取有效措施，努力扩大自沿线国家或地区进口。六年来，我国累计自沿线国家或地区进口 2.7 万亿美元，占进口总额的 24%以上。

2018 年，我国自沿线国家或地区进口规模及增速均创历史新高。其中越南、马来西亚、俄罗斯、沙特阿拉伯、泰国等成为主要进口来源国。机电产品和高新技术产品成为自沿线国家或地区进口的重要品类，占比达到 28.1%和 20.4%。值得一提的是，结合国内消费升级需要和沿线相关国家关注，农产品贸易成为沿线国家或地区对华出口的新亮点。2018 年，哈萨克斯坦的菜籽粉、茵稽草、玉米、大麦和牛羊肉等农产品，乌兹别克斯坦的樱桃、绿豆，吉尔吉斯斯坦的甜瓜等国家特色优势农畜产品首次实现对华出口，深受国内客商欢迎。

五、发展跨境电商等新业态模式，贸易畅通方式展现新活力

跨境电子商务等贸易新业态、新模式正成为推动贸易畅通的重要新生力量。2018 年，通过中国海关跨境电子商务管理平台零售进出口商品总额达 203 亿美元，同比增长 50%。其中，出口 84.8 亿美元，增长 67%；进口 118.7 亿美元，增长 39.8%。俄罗斯、中东、南亚、东南亚等国家和地区已成为我国跨境电商发展新的

① 推进“一带一路”建设工作领导小组:《共建“一带一路”倡议选股、贡献与展望 2019》，外文出版社 2019 年版。

增长点。

近年来，我们积极支持与沿线国家和地区跨境电子商务发展。目前，我国跨境电商贸易已覆盖“一带一路”沿线全部国家和地区。全国设立35个跨境电商综合试验区，与“一带一路”沿线国家和地区在数据标准、商业模式等领域合作不断加强。综试区企业积极参与打造互联互通、智能化的新型外贸基础设施，在“一带一路”相关国家布局建设上百个海外仓，成为打通贸易畅通“最后一公里”的重要节点。

对“一带一路”沿线国家或地区投资者的吸引力不断增强

商务部外资司

2018年，商务部以习近平新时代中国特色社会主义思想为指导，贯彻党中央、国务院部署，推进实施高水平的投资自由化便利化政策，着力优化外商投资环境，对一带一路沿线国家或地区的投资者吸引力不断增强，吸收外资取得积极成效。

一、“一带一路”沿线国家或地区在华投资情况

2018年，“一带一路”沿线国家或地区在华新设企业共计4450家，同比增长16.3%，占全国新设外商投资企业数7.4%；实际投资60.8亿美元，同比增长11.9%，占全国实际使用外资金额的4.5%（不含银行、证券、保险领域数据，下同）。截至2018年12月，“一带一路”沿线国家或地区累计在华设立外商投资企业63752家，累计实际投资1252.1亿美元。

从国别看，2018年对华实际投资排名前五的“一带一路”沿线国家是新加坡、马来西亚、越南、沙特阿拉伯、印度，占“一带一路”沿线国家或地区对华实际投资总额的93.7%。

从行业看，2018年“一带一路”沿线国家或地区对华投资主要集中于制造业（实际投资金额占比33%，下同）、房地产业（16%）、租赁和商务服务业（13%）等。

二、中国改善营商环境相关举措

1. 以负面清单制度为核心推进投资自由。发布2018版全国和自由贸易试验区外商投资准入负面清单，全国的负面清单限制措施缩减近四分之一，在金融、交通、汽车、船舶制造等22个领域放宽了外资准入限制，自由贸易试验区负面清单在文化、资源、种业、电信等领域进一步扩大开放，为外国投资者提供了更加广阔的投资空间。

2. 以放松管制为核心推进投资便利。报请国务院发布《积极有效利用外资推动经济高质量发展若干措施》，持续推进外资领域“放管服”改革，将负面清单内投资总额10亿美元以下的外资审批权限下放至省级人民政府，推动投资便利化水平进一步提升。

3. 以法治建设为核心推进投资保护。会同有关方面进一步健全知识产权保护和执法机制，开展外商投资企业知识产权保护专项行动，加大对侵犯商业秘密、专利侵权假冒、网络盗版侵权等违法行为的惩治力度。完善外商投资企业投诉工作部际联席会议机制，推动各地区建立健全外资投诉机制，及时回应和解决外资企业合法诉求。

4. 以优化服务为核心加强投资促进。不断优化外商投资促进服务政策体系，积极引导外资投向现代农业、生态建设、先进制造业、现代服务业，落实境外投资者以分配利润直接投资暂不征收预提所得税政策。完善投资促进工作体系，提升招商引资水平，引导各地政府转变观念，结合区域发展优势和特点，提高服务水平，有针对性地开展投资促进活动。

5. 以改革创新为核心建设开放平台。自由

贸易试验区制度改革创新成效显著，推动改革试点经验向全国复制推广，带动全国营商环境持续优化。推动国务院出台支持自由贸易试验区深化改革创新若干措施，赋予自由贸易试验区更大改革自主权。制定海南自由贸易试验区总体方案，制定进一步深化广东、天津、福建自由贸易试验区改革开放方案，在更广领域、更大范围进行差别化探索试验。推进国家级经济技术开发区创新提升，加强产业集群研究和成果转化。

6. 以协调发展为核心推动区域开放。结合国家“一带一路”建设、京津冀协同发展、长江经济带发展、粤港澳大湾区建设等重大战略，进一步优化外商投资导向。启动修订中西部地区外商投资优势产业目录，积极引导外资投向中西部地区。加大对中西部地区自由贸易试验区、国家级经济技术开发区、边境经济合作区和跨境经济合作区建设支持力度。推动对口帮扶，促进产业转移，带动中西部地区投资环境不断完善。

在各方共同努力下，一系列外资促进政策举措落地实施，外商投资环境持续优化，有力激发了市场主体活力。在全球跨国直接投资持续低迷、国际引资竞争日益加剧的背景下，2018 年，我国实际使用外资达 1383 亿美元，同比增长 1.5%，利用外资规模继续保持稳定增长。

进一步深化对“一带一路”沿线国家或地区的投资合作

商务部合作司

2018年，商务部以习近平新时代中国特色社会主义思想为指导，深入贯彻落实中央经济工作会议精神，坚持稳中求进工作总基调，坚持新发展理念，以“一带一路”建设为重点，加强规划引导，完善监管服务，营造良好环境，扎实推进对外投资合作和对外援助各项工作，取得积极成效，我国对“一带一路”沿线国家或地区投资合作进一步深化。

一、主要工作成果

一是对外投资平稳有序健康发展。2018年，我国全行业对外直接投资1298.3亿美元，同比增长4.2%（快报数）。其中，对“一带一路”沿线国家或地区非金融类直接投资156.4亿美元，同比增长8.9%，占同期总额的13%，主要投向新加坡、老挝、越南、印度尼西亚、巴基斯坦、马来西亚、俄罗斯、柬埔寨、泰国和阿联酋等国家。对外投资并购活跃，并购项目405个，实际交易总额702.6亿美元。其中，对“一带一路”沿线国家或地区并购68起，投资额116.2亿美元，占并购金额的16.5%。

二是对外承包工程成效显著。2018年，我国对外承包工程完成营业额1690.4亿美元，同比增长0.3%；新签合同额2418亿美元，同比下降8.8%。其中，在“一带一路”沿线国家或地区承包工程完成营业额893.3亿美元，占同期总额的52.8%，同比增长4.4%；新签合同额1257.8亿美元，占同期总额的52%，同比下降12.8%，主要市场有印度尼西亚、马来西亚、孟加拉国、埃及、阿联酋、伊朗和沙特阿拉伯等国家。对外承包工程大项目示范效应不断增强，带动设备、技术、服务、标准走出去作用明显，同时还有效改善了东道国基础设施条件，并为当地创造就业岗位39.3万个。

三是境外经贸合作区建设稳步推进。截至2018年末，纳入商务部统计初具规模的境外经贸合作区累计投资383.2亿美元，上缴东道国税费33.4亿美元，为当地创造就业岗位30.6万多个。其中，在“一带一路”沿线国家或地区建设的合作区累计投资319.4亿美元，上缴东道国税费23.8亿美元，为当地创造就业岗位26.5万个。一批有实力、有条件的企业在境外投资建设基础设施完善、主导产业明确、公共服务功能健全的产业园区，帮助国内企业“抱团出海”，形成产业集群，辐射周边市场，带动当地出口、产业发展，促进东道国纳税和就业，取得了良好的经济效益和社会效益，成为推进“一带一路”建设的重要抓手、国际产能合作的重要平台、深化我与相关国家双边经贸关系的亮丽“名片”。

四是对外劳务合作助力扶贫攻坚。2018年，我国对外劳务合作共派出各类劳务人员49.2万人，年末在外各类劳务人员99.7万人，较上年同期增加1.7万人。其中，对“一带一路”沿线国家或地区派出劳务人员20.9万人，年末在外劳务人员37.3万人，主要派往新加坡、沙特阿拉伯、马来西亚、老挝、巴基斯坦等国家。当年劳务人员实际收入达376亿元人民币，对外劳务合作对带动贫困地区经济发展、脱贫致富发挥了积极作用。

五是援外项目有序实施。我国在“一带一路”沿线国家或地区组织实施了众多援外项目，为当地培养高级官员和技术人才，进一步深化了我国与有关国家的友好合作关系，增强了双方经济社会发展的联系和纽带，树立了中国负责任的大国形象，为新时期构建开放型经济营造了良好的国际环境。

当前，世界经济形势正处在大变革时期。随着我国改革开放深入推进，共建“一带一路”走深走实，我国与世界各国投资合作不断深化，面临诸多发展机遇和有利条件。第一，党中央、国务院高度重视走出去工作，为对外投资合作工作指明了方向。第二，“一带一路”倡议赢得广泛支持，首届“一带一路”国际合作高峰论坛成功举办，为对外投资合作搭建了新的合作平台。第三，我国日益成为对外投资和对外承包工程大国，走出去企业实力不断增强，中国资本、中国装备、中国技术越来越受到世界各国特别是发展中国家的欢迎。第四，世界经济总体稳定，全球贸易投资恢复增长，各国与我国合作意愿不断增强，为我国开展国际产能合作、参与境外基础设施合作和产业园区建设带来更多机遇。

但同时，对外投资合作发展也面临一些风险挑战。第一，国际环境不确定因素增多，世界经济面临下行风险，部分国家经济状况和投资环境不容乐观。第二，全球贸易投资保护主义抬头，我国企业海外投资外部障碍增多。第三，局部地区安全形势较为严峻，外部风险增多，影响企业对外投资安全和权益。第四，走出去企业国际化经营能力有待增强，对外投资合作发展质量和效益仍需进一步提升。

二、新思路新办法新举措

2018 年，商务部按照党中央、国务院决策部署，扎实推进对外投资合作和援外改革创新，围绕国际产能合作、境外基础设施互联互通、境外经贸合作区建设、防范对外投资风险、规范企业经营行为等重点任务，推进实施一系列新思路新办法新举措。

一是推动改革创新。加强对外投资创新和援外综合效应提升。完善双边投资合作机制建设，与 16 个国家召开双边投资合作工作组会议，与有关国家签署各类投资合作协议 18 项。加强境外中资企业商会建设。推进对外劳务扶贫，指导对外劳务扶贫试点企业与贫困地区对接。研究推进与有关国家稳妥开展第三方市场合作。创新援外实施方式，委托地方和专业部委组织实施 5 个援外项目。

二是强化制度安排。继续做好对外投资真实性、合规性审查。深化对外承包工程“放管服”改革，研究建立“备案+负面清单”的管理模式。修订对外直接投资、对外承包工程、对外劳务合作统计制度。开展对外投资立法研究，加快推进对外投资立法进程。

三是加强规范管理。加强对外投资备案报告管理，牵头拟定并印发《对外投资备案（核准）报告暂行办法》，加快建立部门间信息统一归集、分级分类管理、违规联合惩戒的管理模式。加强走出去合规制度建设，会同有关部门印发《国有企业境外投资经营行为规范》《企业海外经营合规管理指引》。组织开展对外投资合作领域“双随机、一公开”抽查，加强事中事后监管。完善援外项目管理机构内控体系建设，建立援外项目物资联网核查制度。

四是配合重大外交外事活动。总结中非合作论坛北京峰会经贸成果，成功举办中非企业家大会。利用首届中国进口博览会平台，宣传展示中国企业对外投资品牌和形象。量身打造促贸援助项目，支持受援国积极参加首届进博会。成功举办习近平主席出席援巴新独立大道、塞内加尔竞技场等项目交接仪式，积极推动落实重大援外举措。

五是强化服务保障。发布《对外直接投资年度统计公报》《对外投资合作国别（地区）指南》《中国对外投资发展报告》《跨国经营管理人才培训系列教材》等公共服务产品。完善“走出去”公共服务平台。举办多期对外投资合作政策业务培训。做好境外企业安全风险防范和安全生产的指导和督查工作，发布安全预警信息近百条。

2019年，我们将以习近平新时代中国特色社会主义思想为指导，以共建“一带一路”为重点，坚持“政府引导、企业主导、市场化运作”原则，围绕商务中心工作，进一步完善对外投资合作和对外援助各项制度，强化促进、服务、管理和保障措施，创新对外投资方式，打造中国投资品牌，树立中国投资形象，落实“一带一路”国际合作高峰论坛经贸成果，推动对外投资合作和对外援助高质量发展，为形成全面开放新格局作出新贡献，以优异成绩迎接中华人民共和国成立70周年。

加快推进与“一带一路”沿线国家或地区自贸区建设取得进展

商务部国际司

积极推进与“一带一路”沿线国家或地区的自贸区建设一直是我国促进自贸区建设的重要方向之一。习近平总书记在第一届“一带一路”国际合作高峰论坛上提出，要“将‘一带一路’建成开放之路”，“维护多边贸易体制，推动自由贸易区建设，促进贸易和投资自由化便利化”。《国务院加快实施自由贸易区战略的若干意见》明确提出，自贸区建设要“坚持与推进共建‘一带一路’和国家对外战略紧密衔接”，“逐步构筑起立足周边、辐射‘一带一路’、面向全球的高标准自由贸易区网络”。2018年，我们按照党的十九大有关要求，加快推进与“一带一路”沿线国家或地区的自贸区建设并取得积极进展，增进了我国与“一带一路”沿线国家或地区的政治互信，促进了我国与“一带一路”沿线国家或地区的经贸关系发展，为我国与“一带一路”自贸伙伴的企业和消费者带来了实实在在的利益。

一、2018年我与“一带一路”沿线国家或地区自贸区建设取得新进展

1. 完成中国—新加坡自贸协定升级。2018年11月，中国与新加坡签署《自由贸易协定升级议定书》，对原产地规则、海关程序与贸易便利化、贸易救济、服务贸易、投资、经济合作6个领域进行升级，同时还新增了电子商务、竞争政策和环境3个领域。在金融方面，我国从新方获得第三个特许全面银行牌照（QFB），成为在新拥有QFB数量最多的国家，并可因此进一步发挥新区域金融中心的桥头堡作用，服务“一带一路”资金融通合作。此外，双方首次在自由贸易协定中纳入“一带一路”合作的内容，强调“一带一路”倡议对于深化双方全方位合作、实现共同发展目标、发展和强化互联互通以及促进地区和平发展的重要意义。《升级议定书》实现了全面、高水平、互利共赢的谈判目标，有助于促进双方深化有关领域务实合作，不断增进两国企业和人民福祉。

2. 推动中国—格鲁吉亚自贸协定生效实施。中国—格鲁吉亚自贸协定于2018年1月生效并实施。中格自贸协定是我国与欧亚地区国家签署的第一个自贸协定，也是“一带一路”倡议提出后我国启动并达成的第一个自贸协定。中格自贸协定涵盖领域全面，开放水平高，格方对我方税目数96.5%的产品立即实施零关税，覆盖格方自我方进口总额的99.6%；我方对格方税目数93.9%的产品实施零关税，覆盖我方自格方进口总额的93.8%，其中90.9%的产品（进口总额的42.7%）立即实施零关税，其余3%的产品（进口总额的51.1%）降税过渡期为5年。协定的生效实施将进一步提升双边贸易自由化、便利化水平，为两国人民带来更多质优价廉的产品和服务。中格双方声明，将以协定实施为契机，全面提升两国务实合作水平，扎实推进“一带一路”建设，实现共同繁荣。

3. 启动中国—巴勒斯坦自贸协定谈判。2018年7月，中国与巴勒斯坦完成自贸协定联合可研。10月，双方共同签署谅解备忘录，宣

布正式启动中巴自贸协定谈判，并同意抓紧谈判，争取早日达成协定，从而进一步密切双边经贸关系，为两国企业和人民带来更多利益。

4. 推动《区域全面经济伙伴关系协定》进入冲刺阶段。2018 年，《区域全面经济伙伴关系协定》（RCEP）共举行了 1 次领导人会议、5 次部长级会议和 4 轮谈判，谈判节奏明显加快，货物贸易、服务贸易、投资等市场准入谈判进一步加速推进，并新完成海关程序与贸易便利化、政府采购两章，总体谈判完成度接近 80%。11 月 14 日，RCEP 第二次领导人会议在新加坡举行。国务院总理李克强出席会议，呼吁各国再接再厉，保持积极势头，踢好“临门一脚”。与会各国领导人发表“力争 2019 年完成谈判”的联合声明，为谈判最后冲刺阶段注入新的动力。

此外，《亚太贸易协定》第四轮关税减让谈判成果文件——《亚太贸易协定第二修正案》于 2018 年 7 月正式生效。《修正案》是《协定》各成员国历经 9 年谈判完成的重要成果，是对《协定》的丰富完善和补充提升，其正式生效将进一步提高区内贸易投资自由化和便利化水平，为各成员国经济发展提供新助力，促进各成员国之间贸易继续增长，进一步推动亚洲区域经济一体化和“一带一路”建设进程。

二、我国与“一带一路”沿线国家或地区自贸区建设成效显著

截至 2018 年底，我们已与 13 个“一带一路”沿线国家或地区签署了 5 个自贸协定，正在与另外 11 个“一带一路”国家商建自贸伙伴关系。随着我国与“一带一路”沿线国家或地区自贸区建设的不断深入，自贸区对我与沿线国家或地区经济发展的促进作用也逐步显现。

1. 自贸区建设促进了我国与“一带一路”沿线国家或地区的双边经贸关系发展。通过签署自贸协定，双方降低贸易投资壁垒，扩大双向市场准入，为双边经贸合作建立起稳定、透明、可预见的制度框架，有力促进了我国与有关国家和地区贸易、投资和经济合作的发展。

中国—东盟自贸区建立以来，中国与东盟的双边贸易从 2003 年的 783 亿美元增长至 2018 年的 5879 亿美元，增幅达 7.5 倍。双向投资也快速发展，从 2003 年的 33.7 亿美元增长至 2018 年的 159 亿美元，双方累计相互投资超过 2059 亿美元。尤其自 2016 年 7 月中国—东盟自贸区升级议定书签订以来，中国和东盟的双边经贸关系进一步发展。截至 2018 年，东盟已连续 8 年成为中国第三大贸易伙伴，同时，东盟也是中国第二大对外投资目的地和第三大投资来源地。

2. 自贸区建设提升了企业竞争力。自贸协定减免了进出口商品关税，有助于降低产业链上游原材料、零部件的进口成本和下游最终消费品的出口成本，从而增强我方企业的价格竞争力。同时，自贸协定使得投资环境更加规范、透明，降低了企业“走出去”成本，使企业获得更大的外部市场。

3. 自贸区建设增加了消费者的实际利益。通过自由贸易互通有无，消费者可以更低的价格购买更多、更丰富的商品，提高消费水平和生活质量。得益于中国—东盟自贸协定的实施，我国消费者可以享受到物美价廉的东南亚水果，如火龙果、山竹、榴梿等。中国—格鲁吉亚自贸协定将使我国消费者能够以实惠的价格购买到更多来自格鲁吉亚的优质红酒。

下一步，我们将继续积极推进与“一带一路”沿线国家或地区的自贸区建设，充分考虑“一带一路”沿线国家或地区的实际情况，树立正确义利观，兼顾各方利益和关切，寻求利益契合点和合作公约数，推动早日形成“一带一路”大市场。

我与亚洲周边国家“一带一路”经贸合作内生动力持续增强

商务部亚洲司

亚洲国家①地处“丝绸之路经济带”与“21世纪海上丝绸之路”交汇点，与我方经济利益高度融合，在我方对外开放全局中占据举足轻重的地位，是推进共建“一带一路”落地生根、持久发展的重要伙伴。2018年，我方与亚洲国家秉持共商共建共享原则，进一步凝聚共识，深化贸易投资合作，推动重大项目落地，共建“一带一路”经贸合作取得显著成效。当年，我方对亚洲国家进出口贸易占我方对外贸易总额的31%，对外投资占比26%、吸收外资占比32%，工程承包营业额占比36%。

一、政策沟通不断深化

高层互访进一步凝聚合作共识。2018年，国家主席习近平对文莱、菲律宾进行国事访问，李克强总理赴柬埔寨出席澜湄合作第二次领导人会议并访柬，赴新加坡出席东亚合作领导人系列会议并访新，东盟多国领导人来华出席博鳌亚洲论坛、中国—东盟博览会，中国与东盟全面战略伙伴关系更趋成熟，战略对接和合作路径更加明晰。新加坡政府成立亚洲基础设施办公室，旨在整合企业、金融机构、研究和社会组织等多方资源，积极对接“一带一路”，为推动域内基础设施项目建设搭建合作平台。缅甸政府成立由国务资政昂山素季亲任主席的“一带一路”实施委员会，以更好推进中缅经济走廊建设等“一带一路”合作相关事项。中日两国领导人实现互访，中日韩领导人会议顺利召开，推动我方与日本、韩国等域内大国增进理解和互信。以双边关系发展为契机，中日两国企业积极开展第三方市场合作，首届中日第三方市场合作论坛成功举行，引起较大反响。中韩双方启动了两国发展战略对接和“一带一路”合作1.5轨研究，积极探讨开展第三方市场合作。

二、合作机制日臻完善

多双边经贸机制为合作夯基筑台。2018年，中新（重庆）战略性互联互通示范项目联合协调理事会第二次会议、第四次中日经济高层对话、中泰经贸联委会第六次会议等副总理级高层机制会议成功举行。我先后与印度、蒙古、韩国、老挝、柬埔寨、越南等亚洲国家共同召开双边经贸联委会、贸易工作组等机制性会议，统筹推动与周边国家经贸务实合作取得新进展。中国—东盟领导人会议审议通过关于产能合作和基础设施互联互通合作的联合进展报告。中国—东盟东部增长区合作机制完成升级并召开首次部长级会议。澜湄跨境经济合作联合工作组会议召开，持续推进澜湄跨境经济合作，启动编制澜湄国家经贸合作五年发展规划，提出《澜湄区域合作智能贸易网络倡议》。认真落实中日韩领导人会议共识，探索以“中

① 包括日本、韩国、朝鲜、蒙古、东盟十国（新加坡、印度尼西亚、马来西亚、文莱、泰国、菲律宾、越南、老挝、柬埔寨、缅甸）、东帝汶、南亚八国（印度、巴基斯坦、孟加拉国、斯里兰卡、尼泊尔、马尔代夫、阿富汗、不丹）、伊朗、土耳其，共25国。

日韩+X”合作模式共同开拓第四方市场；推动中日韩泛黄海地方经济合作提质升级。

三、贸易合作发展潜力不断释放

贸易规模显著提高。2018 年，中国与亚洲国家货物贸易进出口总额 14364 亿美元，比上年增长 11%；其中中国出口 7287 亿美元，增长 9%，进口 7077 亿美元，增长 13%。日本、韩国、越南、马来西亚 4 国位居我国前十大贸易伙伴。2018 年，我国是日本、韩国、蒙古、越南、马来西亚、泰国、新加坡、印尼、菲律宾、印度、巴基斯坦、孟加拉国、伊朗、朝鲜等亚洲国家第一大贸易伙伴。我国与日、韩双边贸易额均突破 3000 亿美元，与越南、马来西亚贸易额分别超过 1000 亿美元，与印度贸易额达到 955 亿美元，均创历史新高。自东南亚国家农产品进口额增长 11%，东盟国家已成为我国棕榈油和天然橡胶的主要进口来源地。

贸易新动能逐渐涌现。我国举办首届中国国际进口博览会，为亚洲各国分享中国庞大市场机遇、开展国际贸易提供了国际一流水平的公共平台。2018 年 11 月首届进博会期间，亚洲地区共有 14 个国家参加国家展（包括巴基斯坦、印尼、越南 3 个主宾国），23 国 1200 多家企业参加企业商业展，展位面积 3.6 万平方米，累计意向成交金额 110.7 亿美元。跨境电商等新业态成为贸易增长的新引擎，交易规模指数级增长。2018 年，海关统计的中国与亚洲国家跨境电商零售总额达 19.5 亿美元，比上年增长 137%，增速为对全球增速的 3 倍。其中出口额 12.5 亿美元，增长 233%；进口额 7 亿美元，增长 56%。日本、韩国是我国第一和第三大进口国，进口额占比分别为 14%和 10%。

四、对外投资合作稳步推进

2018 年，我国对亚洲国家非金融类直接投资流量 131 亿美元，比上年增长 5.2%。截至 2017 年底，我国对亚洲国家直接投资存量 1197 亿美元。新加坡（2）、老挝（5）、越南（7）、印尼（10）位居我前十大对外非金融类直接投资目的地国。我国已成为泰国、印尼、马来西亚、新加坡、越南、斯里兰卡、蒙古等国主要外资来源地。

境外合作区为当地引资带来滚雪球效应。截至 2018 年底，中国企业在亚洲国家投资建设了 30 余家经贸合作园区，有效汇聚配套资源，吸引各国入园企业近千家，雇用外籍员工总数超过 11 万人。其中，在印尼、柬埔寨、泰国、越南、巴基斯坦、老挝 6 个亚洲国家通过商务部和财政部确认考核的 8 家境外经贸合作区，累计投资 98.6 亿美元，入区企业 400 余家，上缴东道国税收超过 10 亿美元。

可持续经营增进民心相通。众多中资企业秉持属地化经营、可持续发展等理念，在实施各类项目过程中通过本地采购、创造就业，培训技能、运用先进技术和管理经验等方式为给当地人民和企业带来了诸多发展机遇。在斯里兰卡投资建设的科伦坡南港国际集装箱码头 2018 年被评为亚洲最佳集装箱码头，1500 名员工中，99%员工均来自本地。据 2018 年 12 月统计，中国企业在亚洲国家提供约 32.4 万个就业岗位。同时，中方企业积极履行社会责任，为当地捐建学校、医院等，支持社区建设，改善民生。2018 年 7 月，老挝南部阿速坡省发生水库溃坝事故，造成严重人员财产损失。正在老挝北部中老铁路沿线施工的中国多家企业紧急动员，全力投入救灾。除捐款捐物外，施工企业承建灾区救援通道两座桥梁，紧急抢修受损桥梁公路，数十天内完工并通过验收。老挝卫星公司技术团队为灾区民众和救援人员提供卫星电视和应急通信服务，用实际行动诠释与驻在国守望相助的情谊。

五、利用外资不断提质升级

2018 年，亚洲国家新增对华直接投资逾

142.3 亿美元，比上年增长 16.8%。按单一国别累计投资额计算，截至 2018 年底，日本、新加坡、韩国分列我国第一、第二和第四大外资来源国①。其中，日本累计对华实际投资 1119.8 亿美元，新加坡累计对华实际投资 952.4 亿美元，韩国对华实际投资 770.4 亿美元，三国累计对华投资占我使用外资②总额的 75%。

2018 年，中日两国建立创新合作机制，促进包括产业领域在内的创新领域及知识产权等具体合作。在汽车、机器人等技术密集型产业领域，日本企业对华投资较为踊跃。韩国主要大企业积极扩大半导体、新能源汽车电池、液晶面板等领域对华投资。根据 2017 年底国务院批复在江苏盐城、山东烟台、广东惠州三地设立——的中韩产业园，为我利用韩资搭建了新平台，2018 年全面开展项目招引落户、基础设施建设、制度研究创新等工作。我国与新加坡共同推动第三个政府间合作项目——中新（重庆）战略性互联互通示范项目（简称中新互联互通项目），并在该项目下推动建设覆盖我国西部 12 省（区、市）③ 的国际陆海贸易新通道，进一步提升中国西部与东南亚、中亚、中欧等地区的互联互通水平。截至 2018 年底，中新互联互通项目下签约具体合作项目数量过百个，涉及金额逾 200 亿美元，形成了一批先进商业模式和体制机制创新成果，为西部乃至更广大区域开发开放奠定坚实基础。

六、基础设施合作打造众多标杆项目

中方支持亚洲各发展中国家加大基础设施建设力度，鼓励中国企业发挥自身技术、管理和运营优势，并提供多渠道融资，帮助相关国家建设公路、铁路、桥梁、机场、港口、水利、电力、通信等领域基础设施项目，分享世界经济发展的红利。截至 2018 年底，我国企业在亚洲国家签订基础设施建设合同额 7419 亿美元，完成营业额 4840 亿美元。印尼、马来西亚、印度和巴基斯坦分列我国第二、第五、第七和第八大海外承包工程市场。

2018 年竣工通车的中马（尔代夫）友谊大桥首次实现了马尔代夫国内的陆路交通，是印度洋上第一座跨海大桥，开创了远洋深海无遮掩环境下特大型桥梁建设的先河。南方电网与越南、缅甸、老挝电网实现联通，截至 2018 年底累计实现跨境电力交易约 540 亿千瓦时，成为大湄公河次区域电力合作中最具活力的部分。

以 2019 年举行第二届“一带一路”国际合作高峰论坛为契机，共建“一带一路”已迈向落地生根、持久发展的新阶段。中方将聚焦重点、精雕细琢，与亚洲国家共同绘制好精谨细腻的“一带一路”经贸合作“工笔画”，推动与亚洲国家“一带一路”经贸合作行稳致远、高质量发展。

① 不包括香港和部分自由港。
② 不包括港资。
③ 重庆、内蒙古、广西、四川、贵州、云南、西藏、陕西、甘肃、青海、宁夏、新疆。

中阿稳步推进“一带一路”国际合作取得新成绩

商务部西亚非洲司

2018年7月，中阿合作论坛第八届部长级会议在北京成功召开，习近平主席出席开幕式并发表重要讲话，宣布建立全面合作、共同发展、面向未来的中阿战略伙伴关系，推动中阿全方位合作进入新阶段。年内，中阿稳步推进“一带一路”国际合作，引领中阿经贸合作取得新的成绩，不仅助力中阿各自经济转型发展，也为“一带一路”建设全局作出了积极贡献。

一、经贸合作机制高效运作，政策沟通不断深入

中国—沙特高委会贸易和投资分委会召开第三次会议。与摩洛哥、突尼斯分别召开新一届经贸联委会。与巴勒斯坦召开首届经贸联委会并启动自贸区谈判。与摩洛哥、埃及分别召开贸易救济合作机制会议。与沙特、阿联酋在企业家互访机制项下组织3场对接活动。与阿尔及利亚建立产能合作机制并召开第一次工作组会议。与约旦、摩洛哥分别建立投资合作工作组。与科威特召开福利住房工作组第二次会议。17个阿拉伯参加了首届中国国际进口博览会。

二、双边贸易增长强劲，结构进一步优化

2018年，中阿贸易额达到2443亿美元，同比增长27.7%。其中，中方自阿进口1394亿美元，同比增长50.2%；对阿出口1049亿美元，同比增长6.5%，时隔两年再次实现增长。原油是中方自阿进口最主要商品，2018年中方自阿进口原油961亿美元，同比增长57%。同时，双边贸易结构进一步优化。中方对阿机电产品和高新技术产品出口额分别同比增长10.8%和23%，显著高于出口总额增幅。中方自阿进口非石油产品不断增加，沙特产冻虾获准对华出口，埃及柑橘全年对华出口额达8000万美元。中方还与埃及、突尼斯探讨推动甜菜、蜂蜜、石榴、洋葱、橄榄油等特色农产品进口。

三、对阿投资稳步发展，油气和产能合作成果丰硕

2018年，中方对阿全行业直接投资13亿美元，其中非金融类直接投资12.9亿美元。油气上下游合作多点开花，中方企业中标阿联酋阿布扎比海上石油开发项目和伊拉克三个油田区块开采项目，在沙特投资建设的石化一体化项目，成为沙特首个外商独资的大型石化投资项目。沙特在华投资的盘锦炼厂项目签约，项目规模达700亿元人民币。产能合作进展积极。中方企业在埃及投资的20万吨玻璃纤维生产基地建成投产，在巴林投资的玻璃纤维生产二期项目投产。中国—阿联酋产能合作示范园开工建设。苏伊士经贸合作区基础设施不断完善，已有76家企业入驻。

四、基础设施合作继续巩固，在建大项目顺利实施

2018年，中资企业在阿新签承包工程合同额356亿美元，同比增长8.7%，完成营业额278亿美元，同比增长0.6%。“一带一路”对中阿基础设施引领作用凸显，全年在“一带一路”沿线国家或地区新签合同额同比增长32.3%。在埃及承揽了新行政首都商务区二期、苏伊士

运河经济区炼油厂、汉纳维燃煤电站等重大项目，在沙特中标海尔港船坞项目，在科威特、卡塔尔、巴林承揽了机场、道路、房建、储油等领域项目。低碳能源合作全面铺开。在埃及签署抽水蓄能电站项目合同，在巴林中标阿杜尔水电站项目。与阿联酋合作建设的全球最大的单体光热电站项目和光伏发电项目进展顺利。与摩洛哥合作实施的太阳能聚热发电2号电站投入商业运营。在苏丹实施的上阿特巴拉水利枢纽项目接近完工。

五、金融、创新合作成为新亮点

合作领域不断拓宽，习近平主席在中阿合作论坛开幕式上宣布成立中阿国家银行联合体，并为其配备30亿美元金融合作专项贷款；实施“产业振兴带动经济重建”计划，向阿提供200亿美元贷款额度。我国金融机构与阿联酋等国开展债券承销合作，阿联酋、卡塔尔人民币结算业务开展顺利，伊拉克将人民币作为储备货币之一。创新合作逐步拓展，与阿联酋、科威特建立电子商务合作机制，我国移动电商、移动支付企业与阿联酋就互联网出行、手机支付、云计算、大数据等领域合作签署协议。我国科研团队在迪拜试种海水稻取得初步成果，亩产超500公斤。我国与沙特、阿联酋在航天领域的交流合作稳步推进。

推动“一带一路”建设在欧亚地区取得新发展和新突破

商务部欧亚司

欧亚地区国家是“一带一路”的首倡地，也是“一带一路”建设的先行先试区。2018年，商务部欧亚司在部党组的坚强领导下，以习近平新时代中国特色社会主义思想和党的十九大精神为指引，牢固树立“四个意识”，坚定“四个自信”，自觉做到“两个维护”，紧密围绕商务改革发展六项主要任务和八大行动计划实施方案，推动“一带一路”建设在欧亚地区取得新发展和新突破。

一、政策沟通不断加深

1. 高层交往增互信。中国与欧亚国家元首、总理互访，以及在上合组织、G20、金砖等多边场合举行会晤，中国和哈萨克斯坦两国元首为纪念“一带一路”倡议在哈提出5周年发表祝贺视频，有力推动双边关系向纵深发展。6月，上合组织青岛峰会期间，各国元首发表《关于贸易便利化的联合声明》，中方倡议支持青岛市建设“中国—上合组织地方经贸合作示范区”，丰富《青岛宣言》经贸内容，提出中国主张，推动成员国发出维护多边贸易体制，反对贸易保护主义的共同声音。

2. 合作机制促对接。举行中国—俄罗斯经贸合作分委会第21次会议、中国—哈萨克斯坦经贸合作分委会第10次会议、中国—吉尔吉斯斯坦政府间经贸合作委员会第13次会议、中国—土库曼斯坦经贸合作分委会第5次会议、中国—塔吉克斯坦经贸合作委员会第10次会议、中国—阿塞拜疆经贸合作委员会框架下新疆—阿塞拜疆经贸合作工作组第3次会议，上合组织成员国经贸部长第17次会议，就“一带一路”与各国相关战略紧密对接。

3. 制度安排稳推进。《中国与格鲁吉亚自由贸易协定》正式生效实施，成功签署《中国与欧亚经济联盟经贸合作协定》，完成中国—俄罗斯《欧亚经济伙伴关系协定》联合可研，《中国—哈萨克斯坦投资保护协定》第六轮谈判取得积极进展，《中国—摩尔多瓦自贸协定》举行3轮谈判。

二、设施联通全面推进

1. 陆海运输更加便捷。连云港成为哈萨克斯坦等中亚国家重要的出海口，中哈连云港物流基地示范作用明显。中俄黑河公路桥、同江铁路桥有望2019年通车，“滨海1号”和“滨海2号”国际交通走廊建设稳步推进。2018年中欧班列开行6363列，同比增长72%，其中返程数量升至去程数量的71%；过境哈萨克斯坦的中欧班列数量达3523列，其中返程数量增长80%。途经跨里海运输走廊（哈萨克斯坦、阿塞拜疆、格鲁吉亚）的中欧班列投入运营。上述通道建设有力地推动形成陆海内外联动、东西双向互济的开放格局。

2. 道路进一步畅通。中哈边境“霍尔果斯—努尔饶尔”公路口岸、吉南北公路一期、塔杜尚别28号小区环形路立交桥开放通车，中吉乌公路全线通车，运营效果良好，“双西公路”哈境内段全线贯通。中国企业在亚美尼亚承建的首个基础设施项目——“北南公路”走廊三期项目稳步推进。中国企业在格鲁吉亚承建的现代化铁路项目累计完成合同总额的84.2%。

3. 管网进一步联通。中俄原油管线复线投入运行，年运力提升至3000万吨。2018年，中国自中亚国家进口天然气474亿标方，同比增长23%。中俄东线天然气管道跨越界河项目顺利完成；乌（兹别克斯坦）“卡尔希—铁尔梅兹”铁路电气化，塔直辖区电网500千伏输变电线项目竣工。华为公司为格鲁吉亚首都第比利斯70%居民提供高质量的移动通信、固定宽带、IPTV等服务。

4. 境外经贸合作区日新月异。截至2018年底，中白工业园3.5平方公里起步区基础建设全面完成，入园企业达到43家，产业聚集效应和国际化特色初步显现，带动投资11亿美元。2018年，中国企业投资的格鲁吉亚第比利斯国际经济特区产值超过1.1亿元人民币，库塔伊西自由工业园入驻企业投资超过3600万美元。

三、贸易畅通实现突破

1. 机制持续完善。中哈（萨克斯坦）农产品贸易与合作工作组第4次会议、中乌（兹别克斯坦）贸易合作工作组第1次会议召开，积极筹备成立中乌（兹别克斯坦）投资工作组。商务部与俄罗斯、哈萨克斯坦经贸主管部门签署了关于加强电子商务合作备忘录，与吉尔吉斯斯坦经贸签署了部门间关于加强境外经贸合作园区合作的备忘录。

2. 市场准入提速。2018年，中格自贸协定释放的红利持续释放，中国成为格鲁吉亚第三大葡萄酒出口市场。乌（兹别克斯坦）樱桃、绿豆，吉甜瓜，哈大麦、牛肉、玉米实现对华出口，塔柠檬输华准入工作取得积极进展，中亚（美尼亚）就蜂蜜、肉制品检验检疫标准和程序要求草签合作协议。

3. 贸易大幅增长。2018年，中国与欧亚地区12国进出口贸易额达1628.6亿美元，同比增长23.9%，全年中俄贸易额首次突破1000亿美元，中国已连续9年成为俄最大贸易伙伴。欧亚地区12个国家企业积极参与首届中国国际进口博览会，签约金额合计超过12亿美元。

四、资金融通多元发展

在哈萨克斯坦，中哈两国银行就利用优买贷款实施卡拉干达—巴尔哈什段公路改造项目签署协议，丝路基金认购阿斯塔纳国际交易所股份，中方收购阿尔金银行股份完成交割，中国继续保持哈最大商业贷款来源国地位；在俄罗斯，中俄两国银行签署人民币授信协议；北京燃气企业进入俄上游油气田开发市场；在塔吉克斯坦，中塔银行签署新增人民币授信协议，中方继续提供技术、设备等方面支持；在格鲁吉亚，中国金融机构与格企业局签署了促进两国中小企业合作的战略协议。

五、民心相通惠及民生

中俄地方合作交流年、中哈旅游年成功举办。2018年中国游客首站出境赴俄人数达184.74万人次、俄游客赴华人数达197.75万人次，有力拉动中俄服务贸易；中国赴格鲁吉亚游客数量比上年增长75%。中方援建的保障房、学校、医院，显著惠及当地民众，产生良好社会效益。亚美尼亚友谊学校和救护车项目顺利交付使用，格鲁吉亚日光温室蔬菜种植一期项目已经完成，摩尔多瓦中医中心项目累计服务患者5万余次。中国企业在塔投资金矿、铅锌矿开采项目为塔财政收入和解决就业作出突出贡献。中方还向土库曼斯坦残疾人赠送轮椅，举办面向土残疾儿童、孤儿和孤寡老人的一系列助残扶弱活动，取得良好社会反响。

2019年，商务部欧亚司将认真贯彻落实习近平总书记在“一带一路”五周年座谈会重要讲话精神，坚持互利共赢，围绕商务中心工作，推动“一带一路”建设从“大写意”向“工笔画”转变，集中力量抓好五个方面的工作：

一是建设各方都受益的项目。聚焦产业投资、基础设施互联互通，做优做精一批综合效益好、带动作用大的道路、口岸、港口、通信等重大基础设施项目，改善当地基础设施条件，帮助欧亚地区国家更好地参与全球分工，推动经济发展，提升发展能力。同时，实施一批改善民生的项目，增加当地老百姓的获得感。

二是建好境外经贸合作区。发挥好境外经贸合作区作为中国与相关国家产业合作的重要平台作用，支持中白工业园、中乌（兹别克斯坦）鹏盛工业园、中吉亚洲之星农业产业园等不断扩大规模，持续产生产业集聚效应，加快当地经济和社会发展。

三是开展更多的贸易投资促进活动。利用好各类大型展会，面向欧亚地区国家加大招商招展力度，力争提供更多便利条件。积极吸引欧亚地区国家企业参加第二届中国国际进口博览会、第六届中俄博览会，搭建一些特色突出的贸易投资促进平台，为相关国家的企业创造更多商机。

四是加快发展“丝路电商”。进一步发挥电子商务等新业态对推动国际贸易的积极作用，深挖中国与欧亚地区国家在发展跨境电商方面的巨大潜力，落实好中俄、中哈电子商务合作备忘录，打造“网上丝路”，发展“丝路电商”，充分利用现代信息技术，加快农产品互供准入，培育贸易新的增长点，扩大与地区国家的经贸往来。

五是推进自由贸易区建设。借助《中国与欧亚经济联盟经贸合作协定》生效实施之机，推动“一带一路”与欧亚经济联盟对接合作取得新成果，与更多有意愿的欧亚地区国家积极探讨建设自贸区，商签上合组织贸易便利化协定，探讨商签《上合组织成员国服务贸易框架》，加快推进相关经贸制度安排，进一步提高区域贸易投资自由化和便利化水平，推动形成欧亚地区“一带一路”大市场。

与港澳台携手共建“一带一路”走深走实

商务部港澳台司

一、举办“一带一路”相关活动

2018年2月，香港特区政府在北京举办国家所需香港所长—共拓“一带一路”策略机遇论坛；2018年4月，香港“一带一路”总商会就职典礼在香港举行，商务部副部长钱克明同志出席活动并致辞；2018年6月，第九届国际基础设施投资与建设高峰论坛在澳门举办，同期举办第二届“一带一路”与澳门发展国际研讨会，时任商务部副部长高燕同志出席研讨会，并在活动期间组织内地和澳门企业开展项目对接；2018年6月，第三届“一带一路”高峰论坛在香港举办，时任商务部副部长高燕同志出席论坛并致辞，活动期间组织内地和香港企业开展项目对接；2018年11月，驻港中联办经济部贸易处在香港首次举办“一带一路”贸易投资政策与实务交流会，邀请我国驻“一带一路”沿线6个国家的经济商务参赞到会讲解，为香港业界提供更多投资环境政策信息和投资机会。

二、内地与港澳企业联合“走出去”活动

2013年以来，商务部与香港贸易发展局每年共同组织两地企业联合“走出去”赴“一带一路”有关国家和地区开展投资洽谈。

2018年9月，代表团赴格鲁吉亚、哈萨克斯坦、奥地利三国开拓市场，取得了丰硕成果。据香港贸发局统计，香港参团企业均与当地政府机构、投资伙伴和项目代表建立了联系，平均每个参团企业寻找到近10个潜在业务伙伴，帮助香港企业加深了对“一带一路”有关国家的了解，进一步扩展了商业网络。同时为内地企业利用香港优势“走出去”提供了更国际化的专业服务。“内地+香港+‘一带一路’国家”的品牌效应进一步增强，成为两地优势互补、拼船出海参与“一带一路”建设的一个重要平台。

2018年10月，香港企业和驻港中资企业共同赴白俄罗斯的中白工业园和埃塞俄比亚的东方工业园开展考察，内地与香港企业共同参与境外经贸合作区建设稳步推进。

三、成立内地与香港“一带一路”工商专业委员会

2018年12月，内地与香港“一带一路”工商专业委员会在香港成立，时任商务部国际贸易谈判代表兼副部长傅自应同志出席成立仪式并致辞。“一带一路”工商专业委员会是在商务部和香港特区政府支持和指导下，两地企业和专业机构自发发起的层次最高、涵盖领域最广的企业间合作机制，吸引了活跃在通讯、能源、基础设施建设、金融、制造业、专业服务等各个领域的企业和机构的广泛参与，有利于推动两地企业及专业界别加强沟通交流，推动“一带一路”建设经贸合作再升级。

四、为港澳参与“一带一路”建设提供制度保障

2018年12月，内地与港澳分别成立了经贸合作委员会，经贸合作委员会下专门设立“一带一路”建设合作专责小组，统筹协调内地与港澳在“一带一路”建设中的经贸合作问题，并根据港澳的需要，探索更多的支持港澳参与“一带一路”建设的新模式。

五、协助台商参与“一带一路”建设

在已设立广西、四川海峡两岸产业合作区基础上，2018 年 7 月进一步在湖北设立海峡两岸产业合作区，为台资企业向中西部转移和参与“一带一路”、长江经济带建设提供承接与服务平台。同时，鼓励台商利用中欧班列开拓“一带一路”沿线国家市场。

六、参与首届中国国际进口博览会

2018 年 11 月，首届中国国际进口博览会在上海举办。在商务部积极推动下，中国馆设置港澳台展区，港澳特首均率政府代表团参加，香港特区政府在博览会期间举办了“国际贸易、香港经验”分论坛。

港澳台企业踊跃参加企业专业展。共有 276 家企业参展，展出面积 9865 平方米。其中，香港地区参展企业 145 家，展出面积 6852 平方米；澳门地区参展企业 59 家，展出面积 760 平方米；台湾地区参展企业 72 家，展出面积 2253 平方米。成果超出预期。

深化海关智能合作　推动贸易安全便利 打造安全畅通的国际贸易大通道※

海关总署署长　倪岳峰

尊敬的各位来宾，女士们、先生们、朋友们：

首先，请允许我代表中国海关，诚挚地欢迎国内外的朋友们来华出席今天的论坛！

一年之计在于春。今天的北京，满城春色、繁花似锦，就像我们的合作，开局良好，未来可期。

习近平主席指出：中国的发展离不开世界，世界的繁荣也需要中国。我们要以共建“一带一路”为重点，同各方一道打造国际合作新平台，为世界共同发展增添新动力。

2013年以来，在习近平主席的亲自倡导、推动下，世界各国积极回应和参与，以“五通”为主要内容的“一带一路”建设扎实推进，一批具有标志性的早期成果陆续呈现，惠及参与各国。本届高峰论坛以“共建‘一带一路’，开创美好未来”为主题，贸易畅通分论坛聚焦“畅通　高效　共赢　发展　深化”，核心是把“共商、共建、共享”的思想进一步落实落细，推动“一带一路”建设高质量发展。

贸易畅通是“一带一路”建设的重要内容，海关是保障国际贸易安全与便利的关键力量。6年来，中国海关作为“一带一路”建设的重要参与者和实践者，在推动贸易便利化水平稳步提升、贸易规模持续扩大、贸易方式不断创新方面发挥了重要作用。

一是海关监管服务效能显著提升。圆满完成机构改革任务，出入境检验检疫职责和队伍划入海关，实现深度融合，取消通关单，合并报关单、报检单，229个申报项目精简至105个，口岸和边境管理工作更加高效。全国通关一体化改革实现海关通关作业的集约高效，国际贸易“单一窗口”覆盖全国所有口岸，海关特殊监管区域整合优化取得重要进展，“互联网+海关”建设有效提升海关服务水平，集装箱和行李快件等检查设备智能审图、大数据应用等科技应用攻关取得重大突破，有效提高监管精准度。

二是跨境贸易营商环境显著优化。持续简化通关流程，口岸监管证件由86种减至46种，并全部实现联网核查，2018年进口、出口整体通关时间分别压缩56.36%和61.19%；公开全国口岸收费目录清单，推动进出口环节合规成本显著降低；不断拓展“单一窗口”功能和运用场景，覆盖全国各类口岸以及海关特殊监管区域、自贸试验区、跨境电商综试区等各类区域，实现了一点接入、一次提交、一次查验、一键跟踪、一键办理。中国在世界银行最新发布的跨境贸易营商环境排名由第97位提升至第65位，跃升了32位。

三是“一带一路”沿线贸易快速增长。大力推进沿线海关检验检疫国际合作，加强政策、规制、标准“软联通”，推动信息互换、监管互认、执法互助。与沿线国家（地区）签署近300项海关检验检疫合作文件，与其中已建立AEO制度的33个国家（地区）中的15个签署互认安排，在10个口岸实施《国际公路运输公

※ 在第二届“一带一路”高峰论坛贸易畅通分论坛上的致辞（2019年4月25日北京）

约》，沿线国家（地区）150多种农产品食品实现对华检疫准入。2018年中国与沿线国家（地区）贸易额达到12674.2亿美元，同比增长16.3%，其中农产品贸易额达269.5亿美元，同比增长19.4%。

女士们，先生们，朋友们！

当今世界正在经历新一轮大发展大变革大调整，全球经济增长依旧乏力，贸易保护、单边主义思潮抬头，对我们有效应对挑战提出更高要求。习近平主席指出，今后的“一带一路”建设要从谋篇布局的“大写意”转入精耕细作的“工笔画”。为此，我就促进贸易畅通提3点建议：

第一，积极探索智能海关、智能边境、智能联通合作。打造“智能海关”，完善现代海关制度，应用大数据、云计算、物联网、人工智能等新技术，创新思维和手段，提升海关服务经贸发展的能力和水平。构建“智能边境”，推动海关等边境各利益攸关方共同参与，合作开展风险分析，加强联合监管，锁定共同目标，最终实现高效协调的边境管理。实现“智能联通”，搭建“一带一路”海关信息交换共享平台，推动“单一窗口”、关铁通、AEO互认等合作项目落实做细，促进沿线互联互通。

第二，大力推动贸易便利化建设。坚定维护多边贸易体制，全面实施WTO《贸易便利化协定》《实施卫生与植物卫生措施协定》和《技术性贸易壁垒协定》，消除限制自由贸易的不合理关税和技术壁垒，推动全球商品要素的自由流动。推进改革创新，向改革要活力，向创新要动力，优化操作流程，科学配置资源，打造“智能化”全球价值链，营造安全、便利和包容的跨境营商环境。深化伙伴关系，建立并完善各利益攸关方共同参与的对话机制，互学互鉴、增信释疑，营造“一带一路”沿线贸易发展的良好生态圈。

第三，全方位构筑安全保障体系。促进全球供应链安全，完善法律体系，加强风险防控，提高监管效能，推进基础设施建设，深化政企合作，促进合法贸易发展。践行“一带一路”绿色发展理念，共享信息情报，联合开展执法行动，坚决打击象牙、犀牛角等濒危物种及其制品和固体废物走私，有效维护生态环境安全，保护绿色家园。保障进出口食品农产品安全，加强进出口食品农产品源头监管和疫情疫病联合防控，深化卫生检疫国际合作，构建“一带一路”动植物疫病疫情监测网络，推进食品农产品安全国际共治。

女士们，先生们，朋友们！

习近平主席指出，中国开放的大门不会关闭，只会越开越大。中国海关愿与各方一道，深化多领域、多层次合作，携手应对各种困难和挑战，共同打造“智能海关、智能边境、智能联通”新格局，共同促进沿线贸易畅通，共同推动“一带一路”建设走深走实、行稳致远，共同开创美好未来。

预祝本次论坛取得圆满成功！

深化海关国际合作 推动“一带一路”建设高质量发展

海关总署统计分析司 温 韧

在习近平总书记的亲自倡导和推动下，5年以来“一带一路”建设取得丰硕成果，正在成为我国参与全球开放合作、改善全球经济治理体系、促进全球共同发展繁荣、推动构建人类命运共同体的中国方案。海关总署认真学习习近平总书记在推进“一带一路”建设工作5周年座谈会上的重要讲话精神，坚决落实中央推进“一带一路”建设决策部署，主动作为，尽责担当，连续5年制定推进“一带一路”建设年度工作要点，研究制定《推进“一带一路”沿线大通关合作行动计划（2018—2020年)》《推进“一带一路”海关国际合作指导意见》，重点围绕“信息互换、监管互认、执法互助”，从国内国际两个层面，推动互联互通，服务经贸发展。通过强化海关、检验检疫、标准、认证、过境运输等全方位合作，明确时间表、路线图，确保党中央部署在海关落地生根，取得实效。

一、紧紧围绕建设和平之路，加强机制化海关国际合作

（一）推动建立“一带一路”海关协调联络机制

为构建“一带一路”常态化联络机制，扩大朋友圈，宣传推广“一带一路”合作理念，找准与沿线国家海关的合作利益契合点，充分考虑不同国家的不同合作需求，推动与共识度高、合作意愿强的重点国家搭建“一带一路”海关协调联络机制，开展沟通协调、经验分享、合作成果通报。目前已有30多个国家报名参加该机制，从中使我们感到，共建“一带一路”正在从倡议变为行动，从理念转化为实践，成为凝聚各方合作共赢的新平台。

（二）充分发挥多边区域合作机制作用

以上海合作组织、中国—东盟等区域合作机制为依托，开展区域执法、贸易便利化与互联互通合作。以世界海关组织、亚欧会议、亚太经合组织、联合国等多边海关合作机制为舞台，扩大“一带一路”建设在国际海关界的影响。

1. 在世界海关组织（WCO）框架内：一是2018年2月成功举办首届世界海关跨境电商大会并邀请“一带一路”沿线成员参与，形成《北京宣言》等多项成果，为跨境电商各方协同行动、共同应对跨境电商贸易新业态搭建重要平台；二是牵头起草WCO《跨境电商标准框架》，提升全球跨境电商海关监管与服务水平，推动“网上丝绸之路”联通；三是成功将中国海关提出的“信息互换、监管互认、执法互助”（3M）国际海关合作理念纳入《全球贸易安全与便利标准框架》文本，推进国际海关互联互通；四是利用WCO中国能力建设合作基金（简称“中国基金”）和地区培训中心重点援助“一带一路”沿线国家海关能力建设，2018年中国基金共资助能力建设项目20个，利用地区培训中心（上海、厦门）举办环境保护、单一窗口等领域共计3场研讨班。

2. 在亚欧会议（ASEM）框架内：一是推动将“互联互通—海关过境安排”“贸易便利与

海关手续”“跨境电子商务”纳入ASEM海关2018—2019年度重点合作项目之中；二是于2018年5月主办第九届ASEM海关与商界对话会和第十二届ASEM海关事务工作组会议，并达成推进商界与“一带一路”沿线海关进行沟通对话、深化“单一窗口”领域互联互通合作等多项成果；三是设计制定ASEM海关领域《单一窗口合作倡议》，推动ASEM框架内互联互通合作，服务“一带一路”倡议，并由李克强总理在布鲁塞尔ASEM峰会上正式对外发布。

3. 在亚太经合组织（APEC）框架内：推动《APEC海关“监管互认、执法互助、信息互换”战略框架》继续实施，重点推进单一窗口、跨境电商、《贸易便利化协定》实施等合作，重点推进APEC各经济体的软连通。

4. 在联合国（UN）框架内：一是于2019年5月启动试点实施《国际公路运输公约》（TIR公约），进一步提升我陆路跨境运输通关便利化水平；二是首次参加TIR公约行政管理委员会会议和有关工作会议，探索通过TIR系统推动“一带一路”倡议与其他国家发展战略的对接。

5. 在上合组织框架内：一是5月在西安市牵头举办了“上合组织成员国跨境动物疫病联合防控合作会议”，共同发布《上合组织成员国跨境动物疫病联合防控合作会议联合声明》，并正式开通“上合组织跨境动物疫情疫病监测平台”；二是在10月第十七次上海合作组织成员国政府首脑（总理）理事会期间，在李克强总理及其他成员国政府首脑见证下，王毅国务委员代表海关总署签署了《上合组织成员国经授权的主管部门间跨境动物疫病联合防控和检疫技术合作备忘录》，推动保障人类健康、食品安全、动物及其产品贸易安全和生态安全。

2018年，在澜湄海关执法合作框架下，倡议发起了大湄公河次区域海关打击毒品走私的“湄龙”行动，与有关各方进一步加强联系配合，不断强化区域海关执法合作，牢固树立区域执法合作主导权。“湄龙”行动是域内首次海关联合执法行动，填补了我国主导的澜湄合作框架下海关执法合作的空白，对我国“一带一路”倡议和域内合作战略的落实具有现实意义。

2018年，副署长邹志武赴马来西亚参加第16次中国—东盟海关署长磋商会，在会议上介绍了中国海关机构改革情况和上次会议以来双方合作项目进展情况，并就加快商签新时期下中国—东盟海关合作文件、继续推进能力建设合作等事宜与东盟成员国海关交换意见并达成共识。

2018年，副署长张际文率团访问越南，与越南农业与农村发展部部长阮春强共同支持第六届中国—东盟动植物检疫和食品安全（SPS）合作部长会议，会议审议批准了中国—东盟SPS合作备忘录《行动计划2019—2020)》、第六届中国—东盟SPS合作联络机制会议主席报告和建议、《联合新闻声明》等重要文件，对于加强中国与东盟成员国之间的食品安全合作、贸易规范化、检验检疫合作等方面具有重要意义。

（三）开展“一带一路”检验检疫国际合作

积极推动我国主要贸易国家产品的准入进程。2019年1—11月，共签署卫生检验检疫和食品安全准入文件85份，其中涉及“一带一路”沿线国家合作文件46份。推动免疫区建设和疫情解禁，除与吉尔吉斯斯坦签署口蹄疫免疫无疫区要求备忘录外，还推动“一带一路”沿线国家缅甸、老挝、蒙古口蹄疫免疫无疫区建设，推动德国、荷兰、乌克兰、匈牙利禽流感，波兰疯牛病和哈萨克斯坦牛结节性皮肤病等疫情解禁评估。支持“农业走出去”种植返销。加强与哈萨克斯坦、俄罗斯、蒙古等相关国家检验检疫技术交流，启动哈萨克斯坦大麦、玉米，墨西哥高粱，立陶宛小麦输华实地考察，实现进口粮食来源多元化，推动种植业“走出去”后的粮食返销，目前已回运哈、俄、蒙等国返销粮食70余万吨。主动加强沟通协调，我国对俄出口水产品生产企业的注册申请已获俄方批准，中俄双向禽肉议定书文本已达成一致。通过举办第三届中国—中东欧国家海关检验检疫合作对话会、中国—东盟进出口食品安全风险管理培训班，参与第四届中美欧食品安全三方会议，不断深化国际合作，推动食品安全国际共治。积极推进与中亚、欧洲、东盟、非洲等“一带一路”国家合作，与柬埔寨、土耳其、乌兹别克斯坦、越南、吉尔吉斯斯坦、塔吉克斯坦、肯尼亚、多米尼加等国家签署了植物检疫谅解备忘录。加强与美国、澳大利亚、新西兰、韩国、加拿大等主要贸易伙伴的合作，推动双边水果等植物产品的检疫准入工作，积极服务双边贸易发展。

（四）为“一带一路”建设营造安全稳定的贸易环境

在全球倡议发起打击固体废物走私的“大地女神”第四期国际联合行动，15 个国际（地区）组织及 75 个主要固废进出口国家（地区）积极响应，其中大部分为“一带一路”共建国家海关。在历时 64 天的“大地女神”行动期间，各参与方累计通报查获案件 214 起，其中固体废物案件 199 起（中国海关通报 125 起）；各方发出预警信息 37 条，收到反馈信息 26 条；查获各类固体废物 36 万吨，各项成果创历届“大地女神”国际联合行动之最。“大地女神”国际联合行动为禁止“洋垃圾”入境、加强我国生态文明建设、维护全球生态安全作出了贡献。强化区域海关执法合作，倡议发起大湄公河次区域海关打击毒品走私的“湄龙”行动，该行动是域内首次海关联合执法行动，填补了我国主导的澜湄合作框架下海关执法合作的空白。赴欧参加中欧海关反瞒骗工作组会议，就推动开展打击固废走私和打击商业瞒骗走私第二次联合行动进行协调部署。

（五）服务首届中国进口博览会，扩大重点进口来源地

积极服务首届中国进口博览会，期间举行 30 场部级会谈，签署 20 份合作文件，将“一带一路”相关国家作为重点开拓的进口来源地，增加适应国内消费升级需求的特色优质产品进口，服务扩大贸易规模。

二、紧紧围绕建设繁荣之路，推动陆上、海上、天上、网上“四位一体”联通

（一）支持国际物流大通道建设

积极推动《国际公路运输公约》TIR 公约正式落地实施，对外发布《海关总署关于启动实施 TIR 公约试点有关事项的公告》（海关总署 2018 年第 30 号公告），与交通运输部共同举办 TIR 运输首车发车仪式，在国内启运 6 个 TIR 试点口岸。截至目前，仅霍尔果斯口岸，就共有 61 辆哈萨克斯坦籍 TIR 国际运输车辆从该口岸出境。与匈牙利、马其顿、塞尔维亚三国海关在匈牙利布达佩斯举行了中欧陆海快线海关合作研讨会，在马其顿斯科普里举行了中欧陆海快线海关通关便利化第四次工作组会议。

（二）提升中欧班列通关便利化水平

实施“海关—铁路运营商推动中欧班列安全和快速通关伙伴合作计划”（简称“关铁通”），以贸易便利化与互联互通为合作重点，借助互联网、大数据等先进科技手段，主动加强跨部门、跨地区和国际合作，进一步提高中欧班列货物运输的全程通关效率和便利化水平。与哈萨克斯坦海关开展“关铁通”项目会谈，商定开展中哈海关“关铁通”项目试运行工作，并就项目试运行期限、试运行线路、交换的信息内容、技术交换方式、配套设备供应保障以及相关通关便利措施等事项达成一致意见，与哈萨克斯坦签订《中哈“关铁通”项目试运行议定书》，下一步将正式启动中哈海关“关铁通”项目试运行，促进中哈海关监管互认合作。通过 WCO 秘书处建立安全智能锁小组，借助小组平台建立联系协调机制，加快制定统一适用的安全智能锁技术标准，将“关铁通”项目向

其他中欧班列沿线国家海关进行推介，为“一带一路”更多沿线国家海关共同实施“关铁通”项目奠定基础。继续推进中欧班列运邮常态化运作、扩大班列运邮测试范围等事宜，进一步支持利用国际铁路运输邮件。与波兰海关围绕中欧班列通关便利化建立了成都海关—罗兹海关关际合作关系，就贸易便利化、执法、风险管理等领域开展“点对点”合作，为中欧班列营造良好的通关环境。

（三）促进“21 世纪海上丝绸之路”联通

为落实《推进“一带一路”沿线大通关合作行动计划（2018—2020）》有关部署，针对薄弱环节，聚焦重点国家、重点项目，分类施政，切实加强“21 世纪海上丝绸之路”沿线海关大通关合作，制定了“21 世纪海上丝绸之路沿线重要海关合作计划”，构建全覆盖的海丝沿线海关合作网络，争取实现海关合作与互助协定全覆盖。举办海上丝绸之路国家进出口商品标准、法规与合格评定研修班，增进互相了解，减少贸易壁垒，促进贸易便利化。与菲律宾共同推进《中华人民共和国政府与菲律宾共和国政府关于“一带一路”倡议合作的谅解备忘录》的签署，目前已起草文本，正与菲律宾政府就文本内容进行积极磋商。

（四）助力“空中丝绸之路”和“网上丝绸之路”发展

支持建设郑州—卢森堡“空中丝绸之路”，我驻欧盟使团海关处分别与欧盟税务与海关同盟总司和卢森堡海关就建立郑州—卢森堡空运安智贸航线事进行磋商。中国海关牵头起草《世界海关组织跨境电子商务标准框架》，推介中国经验和方案，推动“网上丝绸之路”联通。标准框架主体部分已在 2018 年 6 月份召开的世界海关组织理事会年会上获得通过。

（五）加强边境口岸互联互通合作

巩固和发展中俄、中哈、中越、中蒙等我与毗邻国家间双边口岸合作机制，推进中蒙、中哈海关联合监管合作，开展载货清单数据交换，进一步提高对进出境货物和运输工具的监管效能。年内相继召开了中俄运输分委会口岸工作组第二十一次会议、中哈口岸和海关合作分委会第十次会议，年底前将召开中越陆地边境口岸管理合作委员会第六次会议，及时研究磋商口岸开放、建设、运行管理中存在的问题。积极推动国际贸易“单一窗口”建设领域合作交流，目前海关总署（国家口岸办）已与新加坡海关建立了“单一窗口”合作机制，制定了框架合作协议，成立了专家工作组，并已开展试点项目建设研究。此外，国家口岸办加大对地方口岸工作指导协调力度，支持边境口岸地方政府和口岸查验机构与毗邻国家对应边境地方政府和查验机构开展协作。

三、紧紧围绕建设开放之路，促进经贸产业合作发展

（一）加大海关重点合作项目推进力度

积极推动经认证的经营者（AEO）互认合作，截至 2018 年 10 月底，在“一带一路”沿线 33 个已建立 AEO 制度的国家中，中国海关已经与其中 14 个实现互认，并正在积极推进与剩余 19 个国家的互认进程。《中国—以色列海关 AEO 互认安排》已正式实施。与蒙古、白俄罗斯、哈萨克斯坦海关完成全部互认磋商，互认文本已进入双方确认和内部审批程序，为提交海关领导人签署做好了准备。与塞尔维亚、马来西亚海关正在对互认文本进行最终商定，有望于年内完成全部磋商。会同外方共同推动进出口贸易量较大、基础设施条件较好的边境口岸开通农产品快速通关“绿色通道”。2018 年 9 月，中蒙边境二连浩特—扎门乌德口岸“绿色通道”顺利开通运行。中哈边境霍尔果斯—努尔饶尔口岸“绿色通道”计划 2018 年底前开通运行。推动“安智贸”第三阶段顺利实施。“安智贸”工作组第三十一次会议于 2018 年 6 月在意大利召开，中欧海关就 2018 年“安智

贸”工作进展情况、数据传输情况、通关时效评估、风险管理、安智贸用户手册等重点议题进行深入讨论，与“安智贸”各参与方开展讨论并交换意见，取得预期成果。目前已在中欧10个国家和地区实施，参与口岸达27个，参与企业的货物避免了重复查验。

（二）助推国际产能合作

不断深化经贸领域务实合作，加强与沿线国家开展海关特殊监管区域交流合作，积极探讨新的合作模式，各方政治互信、发展协同不断增强。在2018年上海合作组织青岛峰会期间，我国与白俄罗斯海关委员会就推广中国海关特殊监管区管理经验，共建中白工业园区，双方进行深入交流并达成共识。

（三）支持“一带一路”相关区域建设

与新疆签署支持新疆“一带一路”核心区建设合作备忘录，并认真落实各项支持措施。倪岳峰署长赴新疆调研，专门召开支持“一带一路”核心区建设座谈会，听取地方政府、有关企业对海关支持核心区建设的意见建议。通过“放管服”改革，优化营商环境，促进中西部从开放边缘走向开放前沿，加快形成多元化国际市场和投资渠道。

（四）支持和服务自由贸易区建设

积极推动与相关国家和地区发展自贸关系，加快形成面向全球的高标准自贸区网络。从海关职能出发，加快推进与“一带一路”有关国家和地区的自贸谈判，顺利完成中国—毛里求斯、中国—摩尔多瓦等自贸协定涉及海关章节的谈判工作，提前结束《区域全面伙伴关系（RCEP）协定》中海关程序与贸易便利化、卫生与植物卫生措施、标准技术法规与合格评定程序等章节的磋商工作。

四、紧紧围绕建设创新之路，推动创新驱动发展

（一）加强海关知识产权保护

继续开展中国制造海外形象维护“清风行动”，部署开展“龙腾”行动，实施出口知识产权优势企业培塑计划，加强跨境执法合作，与美国、俄罗斯海关开展联合执法行动，促成中欧海关、中日韩海关联合执法行动。

（二）加强科技创新合作

积极推动国际贸易“单一窗口”建设领域合作交流，目前海关总署（国家口岸办）已与新加坡海关建立了“单一窗口”合作机制，制定了框架合作协议，成立了专家工作组，并已开展试点项目建设研究。启动编制“一带一路”海关信息互换和共享服务平台建设方案，支持中哈（哈萨克斯坦）“关铁通”项目实施，共享平台基础支撑功能及“关铁通”相关系统于2018年10月31日上线，为业务试运行做好准备。启动中哈（哈萨克斯坦）公路载货清单电子化项目。

五、紧紧围绕建设文明之路，搭建人文交流合作平台

（一）打造能力建设合作品牌

依托中国上海海关学院设立“一带一路”国家和地区海关培训中心，研究设计一批支持“一带一路”的能力建设项目，通过举办培训班、召开研讨会、互派专家、跟班作业和拟写论文等形式，推广中国海关的实践经验、标准与理念，促进了民心相通。截至2018年9月底，我署已成功举办“一带一路”沿线国家研讨班6期，53个国家（含中国）的244名海关中高级关员参加，其中白俄罗斯、斯里兰卡、爱沙尼亚、希腊、罗马尼亚、斯洛伐克、波兰、匈牙利等国海关均由署级代表率团参加。

（二）加强海关智库合作交流

调动全国海关研究力量针对“一带一路”建设开展基础性、战略性、前瞻性研究，创新开展网上丝绸之路、冰上丝绸之路、数字丝绸之路等新问题的研究。先后与欧洲政策研究中

心（CEPS）等有影响力的国际高端智库就探索建立中欧自贸区等问题进行研讨交流。与世界海关组织（WCO）围绕国际海关能力建设提升探索下一步合作的方式和路径。

（三）加强新闻宣传和舆论引导

加强海关服务“一带一路”的新闻宣传，向“一带一路”领导小组办公室建议将“丝路海关行”纳入五周年“一带一路”专题宣传框架。中国海关博物馆举办了“雄关漫道——丝绸之路上的古关”展览，宣传展示海关在“一带一路”建设中的使命与担当。

六、紧紧围绕中心，持久推动共建“一带一路”高质量发展

一是配合国家主场外交，做好第二届“一带一路”国际合作高峰论坛相关工作。根据“一带一路”国际合作高峰论坛筹委会和秘书处的安排和任务，紧密配合，主动作为，为高峰论坛及分论坛圆满成功，贡献海关智慧和成果。在第二届“一带一路”国际合作高峰论坛期间举办的贸易畅通分论坛上，倪岳峰署长首次向外界提出，以海关建设的智能化为核心的“智能海关、智能边境、智能联通”（Smart Customs，Smart Borders，Smart Connectivity，以下简称“三智”）的国际合作新理念，倡议各国海关加强合作，共同推进全球海关治理，促进国际贸易发展。

二是促进对外开放平台建设，全力以赴支持和服务中国国际进口博览会。努力打造推进“一带一路”建设，推动经济全球化的国际公共产品，践行新发展理念，推动新一轮高水平开放的标志性工程。满足国内消费升级需求，促进贸易平衡。

三是强化政策研究，深化能力建设合作。围绕中央关于“一带一路”建设重点工作部署，深化探讨“三智”合作理念及相关政策研究。重点支持西部陆海新通道、连云港中—哈物流基地、郑州—卢森堡“空中丝绸之路”建设，优化多式联运海关监管模式，促进海路空联运，实现通江达海，物畅齐流，“一带”与“一路”的有效衔接。坚持沿线海关兼容并蓄，加强经验与智慧分享，互学互鉴、协同发展。

四是深入推进关检融合，实现沿线更高层次的通关合作。以机构改革为契机，全面推进全国通关一体化改革关检业务全面融合，加强关检国际合作统筹，将口岸进出境监测预警、风险防控作为“一带一路”高质量发展的重要保障，实现更深层次的沿线大通关合作。会同外方共同推动进出口贸易量较大、基础设施条件较好的边境口岸开通农产品快速通关“绿色通道”。

五是创新海关监管方式，加强推动沿线海关国际合作。加强口岸监管部门协作，积极推动与共识度高、合作意愿强的重点国家搭建“一带一路”海关协作联络机制。大力推进AEO互认、“安智贸”等合作项目的覆盖面。第一，加快推进与印度尼西亚、泰国、土耳其、沙特、埃及、约旦、摩尔多瓦、马其顿、塞尔维亚9个国家的互认进程。第二，继续积极与印度、越南和阿曼3国进行沟通接触，争取早期达成合作共识。

习近平总书记指出，过去几年共建“一带一路”完成了总体布局，绘就了一幅“大写意”，今后要聚焦重点、精雕细琢，共同绘制好精谨细腻的“工笔画”。站在新的历史起点，在习近平新时代中国特色大国外交思想指引下，随着“一带一路”建设的深入推进和新海关职能的不断发展，中国海关将以更加积极主动的姿态，融入“一带一路”建设，共同打造“智慧海关、智能边境、智享联通”新格局，为维护国门安全、促进贸易便利化，推动“一带一路”建设高质量发展作出新的贡献。

建立海外投资支撑体系
推进共建“一带一路”向高质量发展转变

商务部国际贸易经济合作研究院 祁 欣 张 威※

2019年“一带一路”建设进入第7年，从理念到蓝图，从方案到实践，“一带一路”建设已从“大写意”步入精雕细琢绘制“工笔画”阶段。2018年，习近平总书记在推进“一带一路”建设工作5周年座谈会上，为下一阶段工作定下基本要求：推动共建“一带一路”向高质量发展转变。“一带一路”高质量发展要以高质量的基础设施等重大项目建设和广泛的产能合作为重点，这需要提升作为海外投资主体的企业的国际化能力，也取决于政府机构、商协会、专业机构及各类民间团体的协调支持，需要有完善的投资环境、金融支持、风险管控、安全保障等配套体系支撑。我国企业“走出去”仅有20多年历史，与美日欧等发达国家或地区百余年的海外发展史有较大差距。与之相对应，我国海外投资支撑体系建设也缺乏系统性、完善性，尚未对企业海外发展提供充足、完备的支撑。因此，推进共建“一带一路”向高质量发展转变，我国海外支撑体系建设步伐需加快，要走在企业需求前，成为推动“一带一路”高质量发展的必要支撑。

一、我国海外投资支撑体系尚不完善

从支撑机构看，尚未形成全面有效体系。我国对外投资业务主管部门主要集中在发展改革委及商务系统。目前，商务部在我国驻各国大使馆及国际组织设有200余个经济商务参赞处（以下简称“经参处”），主要负责促进我国与驻在国（地区）和多边经贸组织发展经贸合作关系，指导中资机构在当地开展业务。作为官方机构，经参处人员少，任务重，很难为所有企业在当地投资提供详细的微观问题咨询。近几年，各省商务主管部门已开始根据省内企业海外业务拓展情况选取重点国别设立代表处，协助企业开展对外投资业务，但往往布点较少，人员配备也有限。中国国际贸易促进委员会（以下简称“贸促会”）作为全国性对外贸易投资促进机构，虽具有半官方职能，但目前海外网络较少，仅在29个国家和地区设有代表处，其中“一带一路”相关国家不足一半，力量有限。我国企业在各国设立的众多商协会组织，作为民间投资促进机构，能为企业在当地投资起到一定支撑作用，但商协会大小不一、良莠不齐、鱼龙混杂，尚需有效管理。各类研究和咨询机构从各自专业领域出发，能为企业海外投资提供相关咨询，但所需费用也是企业，特别是中小企业海外投资的较大负担。

从支撑领域看，严重无法满足企业需求。企业对外投资不仅需要自身较强的国际化能力，还需要信息、金融、网络、知识、风险、安保等多领域服务支撑。尽管如此，我国金融、法律、管理咨询、安保等专业领域机构“走出去”步伐却相对滞后，在“一带一路”相关国家设立分支机构和代表处较少，海外支撑严重不足。以金融领域为例，近几年，我国金融机构“走

※ 祁欣，商务部国际贸易经济合作研究院“一带一路”经贸合作研究所所长。张威，商务部国际贸易经济合作研究院副院长，博士，研究员。

出去”布局“一带一路”相关国家步伐明显加快，但仍严重滞后于企业对外投资步伐。目前，海外布局的金融机构以银行为主，保险、证券等仍处于起步阶段，综合金融服务能力难以满足企业需求，也无法与外资银行匹敌。即便是“走出去”的银行机构，海外网点覆盖面也较低，还存在金融产品单一、同质化，授信门槛较高，信息化管理水平较为落后等问题。

从支撑形式看，“事中事后”支撑不足。当前，我国海外投资支撑体系尚不能有效覆盖企业海外投资全流程，对企业“走出去”后的支撑服务相对缺乏。各级商务主管部门、各专业领域主管部门及各类投资促进机构等提供的服务主要集中在企业对外投资前，如：在公共服务平台提供对外投资需求、国情营商环境报告及风险提示，通过国外参展、组织招商对接会等为企业对外投资提供渠道，开展企业对外投资培训增强企业国际化能力等。对企业“走出去”后的监管和支持工作虽在持续开展，仍需一个过程。金融、法律等专业机构提供的部分服务产品虽可覆盖企业海外经营全流程，但费用成本较高。对于企业海外竞争失序问题，企业在海外经营中所需的专业领域问题，企业在海外发展中与东道国政府、社区、媒体等发生的问题，往往需要企业依靠自身能力解决，很难获得相关机构的支持和服务。当企业自身无法解决一些难题导致恶性事件发生后，只能通过我国驻东道国使领馆解决，造成不必要的损失和恶劣影响。

二、建立海外投资支撑体系刻不容缓

一方面，“一带一路”持续发展的投资合作要求必须尽快建立海外投资支撑体系。经贸合作是“一带一路”建设的重要内容。2013—2017年，我国企业对“一带一路”沿线国家或地区直接投资由126.3亿美元增至201.7亿美元，年均增长9.8%，高于同期中国对外直接投资8.0%的年均增速，总投资额超过800亿美元。在沿线国家新签对外承包工程合同额超过5000亿美元。2018年，我国企业在“一带一路”沿线对56个国家实现非金融类直接投资156.4亿美元，同比增长8.9%，高于同期中国非金融类直接投资同比增长0.3%的增速。在沿线63个国家对外承包工程完成营业额893.3亿美元，占同期总额的52%。目前，我国已成为许多沿线国家的主要投资来源地，投资涵盖加工制造、租赁和商务服务、建筑业、批发零售、农林开发、能源资源等多个领域。投资合作不仅推动中国优质产能走出去，提升了中国利用两个市场、两种资源的能力，也有利于沿线国家融入全球价值链、产业链、供应链，为沿线国家经济发展注入新动力①。随着“一带一路”建设持续走深走实，投资合作规模将进一步扩大，投资领域将进一步拓宽，对投资支撑体系的需求也必将持续扩大，当前的投资支撑体系尚无法满足“一带一路”经贸合作的发展需求，为推动“一带一路”向高质量发展转变，须尽快建立完善的海外投资支撑体系。

另一方面，解决企业参与“一带一路”建设存在的突出问题也对加快海外投资支撑体系建设产生迫切需求。我国企业海外投资成效显著，但仍处于初级阶段，集中产生一些突出问题。一是盲目投资依然存在，生搬硬套国内思维模式。一些中资企业对自身发展缺乏长远和明确规划，对东道国资源、市场等缺乏深入研究，海外投资决策有跟风因素存在，较为盲目。一些中资企业很自然地认为在国内取得成功的模式就是这一行业的成功范式，同样可以直接用到国际市场开拓上，导致投资失败，损失惨重。二是竞争失序问题对共建“一带一路”制造人为障碍。一些中资企业为追求短期利益，通过恶意压低价格等不良手段获取项目，不仅

① 《中国“一带一路”贸易投资发展报告》，商务部国际贸易经济合作研究院，2018年9月。

造成企业间仇视竞争关系，而且影响中资企业在投资所在国口碑，甚至损害国家利益，严重影响共建“一带一路”高质量发展。三是企业“走出去”呈单兵作战态势，整体协调能力较弱。中国“走出去”企业绝大多数为中小型企业，这些企业在国外往往单打独斗，势单力薄，不善于借助当地使领馆和商协会资源，在投资所在国面对风险和争议时无法形成合力与当地政府、协会等进行沟通，缺乏话语权，无法化解本可消除的一些问题。四是履行社会责任能力较弱，对外宣传方式与水平较低。当前，中资企业已具有一定的履行社会责任意识，但缺乏对投资所在国实际情况和民众需求的了解，简单认为履行社会责任就是捐资捐物、修桥修路、盖学校建楼房，结果适得其反，难以得到当地社会与民众认可。同时，中资企业习惯“闷头做事，少说多做”，难以走近当地民众和社区，缺乏与当地媒体打交道的能力，常引发误解。

三、借鉴日本经验加快海外投资支撑体系建设

日本在第二次世界大战后抓住承接美国产业转移的发展机遇，产业国际竞争力日益增强，自20世纪60年代起开始向亚非拉国家输出产业资本，一直是资本输出大国，2017年以1600亿美元对外投资规模位居全球第二大资本输出国地位。几十年来，日本政府不断完善支持海外投资的政策和服务体系，相关做法对完善我国海外投资支撑体系有借鉴意义。

一是制定对外直接投资相关法律法规。日本没有专门出台规范对外投资的法律，而是由多个部门法、行政规章等构成规范对外投资各环节的综合法律体系，可分为国际法和国内法两大类。国际法主要由有关国际条约组成，如《与贸易有关的投资措施协议》、仅对OECD成员国有效的《OECD资本自由化流动规则》、区域性条约、双边投资协定和税收协定等①。国内法如《对外投资企业所得税法》《对外投资公司法》《外汇法》等。

二是建立“半官方机构”助力企业海外发展。“半官方机构”身份灵活，对在海外不宜政府部门出面介入的事件和领域，以及企业无法通过自身力量协调的矛盾和问题，“半官方机构”出面解决会起到润滑、降压作用，为政府和企业争取伸缩空间。日本国际协力机构（JICA）、日本国际贸易促进协会（JAPIT）、日本贸易振兴机构（JETRO）等既是独立机构，又有官方背景支持，这些“半官方机构”在促进日本企业海外发展方面发挥着极为重要的作用，国际影响力巨大。以JETRO为例，针对日本企业需求，JETRO在56个国家设立了74个办事处，海外员工超过800人，占其总人数一半。JETRO以贸易振兴为主线，为日本企业在海外开展业务构建了全面的支撑网络体系，提供相关法规制度咨询、知识产权保护调查、协助贸易投资合作、引进海外优秀人才、帮助所在国经济发展、搭建所在国问题研究网络、开展核心问题研究、培养所在国发展问题专家等全方位服务。

三是开展海外投资企业的统计调查。日本对外投资管理机构财务省和经产省会对日本企业或个人在海外的投资情况从不同角度进行统计、发布。财务省统计产业别和国别对外投资数字，从总体上把握日本对外投资状况；经产省主要掌握日本企业在海外经营活动状况，了解海外经营活动给当地和日本带来的影响，为制定和调整对外直接投资政策提供依据。②

四、加快建设海外投资支撑体系步伐

综上，为促进“一带一路”建设走深走实，

① 亓长东、周燕：“日本对外直接投资法律及行政管理体系的经验启示”，中国经济时报，2013年1月9日。

② 亓长东、周燕：“日本对外直接投资法律及行政管理体系的经验启示”，中国经济时报，2013年1月9日。

我国应尽快建立以政策支撑体系、机构支撑体系和服务支撑体系等为主体的“一带一路”海外投资支撑体系，为企业“走出去”清路护航，绘好“一带一路”向高质量发展转变的工笔画。

（一）构建以“经贸发展促合作”为目标的政策支撑体系

创新投资政策支持方式。加快形成金融支持“一带一路”建设的政策体系。鼓励企业利用数字经济新业态、新模式拓展国际市场，支持电子商务平台走出去发展。鼓励企业在“一带一路”主要市场和重要商品来源地建立海外仓，设立研发中心。引导企业对现有境外经贸合作区升级改造，提升配套能力，打造企业走出去重要平台。抓好重大项目建设，实施“丝路明珠”工程，打造“一带一路”精品和样板，形成国际合作典范。

加强经贸合作机制建设。加强与国际组织对接合作，建立“一带一路”框架下机制化工作机制。积极商签或更新双边投资保护协定，优化企业走出去营商环境。有效利用与沿线国家的双边经贸联委会或混委会机制，建立快速协调机制，及时解决投资合作中出现的重大问题。发挥驻外经参处一线作用，加强与驻在国政府、商协会、专业机构等建立广泛良好联系，为中资企业投资营造良好环境。鼓励地方与“一带一路”重点国别建立省州、城市间合作机制。

规范企业行为防范风险。规范备案管理，确保企业依法依规对外投资，督促企业在投资所在国履行社会责任。建立“一带一路”境外企业和对外投资监测系统，有效提升对境外投资的事中事后监管能力，引导企业合法合规开展境外经营活动。重视境外风险预警及防控，全面提升境外安全保障和应对风险能力，保障境外企业、项目、资产及人员安全。

开展经贸合作促进活动。统筹规划国内各类展会平台，构建各有侧重、各具特色的“一带一路”对外合作交流平台。创新投资促进方式，针对企业对外投资重点产业及新兴产业，加强国外办展宣传力度，为企业开拓国际市场创造更多机遇。

做好新闻宣传推介工作。正面宣传“一带一路”建设可视化成果，提升项目透明度，提升企业公共关系管理能力，培训企业宣传技巧，增强当地民众认同感。加强民生援助宣传力度，加强国内机构与沿线国家社会组织交流合作，提升“一带一路”在各领域专业水平和国际话语权。

（二）组建以“半官方支撑机构”为核心的机构支撑体系

借鉴日本经验，建立支持企业对外投资的“半官方支撑机构”。“半官方机构”对企业在海外经营和发展的作用不可替代。针对当前中资企业在“一带一路”建设中的发展诉求，我国应以日本半官方机构为模板，依托现有机构或成立新机构，建立符合我国“走出去”企业需要的“半官方支撑机构”（以下简称“支撑机构”），如“中国对外投资促进机构”，作为“一带一路”海外投资支撑体系的重要执行部门。“支撑机构”需为独立社团法人，主管机构为商务主管部门，资金以政府注资为主，接受企业项目资助。“支撑机构”应发挥润滑和桥梁作用，对中资企业投资所在国政府、我国商务主管部门及驻外经参处、两国专业支持机构、两国商协会及民间机构、对外投资的中资企业等开展相关工作。

以“支撑机构”为核心，搭建“一带一路”海外投资“支持网络”。一是建立“支撑机构”在“一带一路”相关国家的办事处或代表处体系。海外办事处可按中资企业对相关国家投资合作密切程度、辐射范围分批设立，先选取投资项目较多、问题较突出的国家作为重点，设立分支机构，再以这些分支机构为中心，根据企业需求和发展需要，分设办事处，确保各次区域均有“支撑机构”网络布点。二是充分借助中资企业现有国外分支机构力量，尽快搭建海外支撑网络体系。中石油、中石化、华为、中兴、国开行等很多企业国外子公司或办事处较多，“支撑机构”可在建立自身网络体系前，与特定企业签订战略协议，借助企业海外网络提前开展帮促活动，并依托企业力量建立自身分支机构。三是发挥“支撑机构”半官方职能，以其为核心，搭建政府职能部门、驻外使领馆、金融等专业机构与中资企业间的沟通平台。四是建立“支撑机构”与投资对象国社会团体、中介组织、研究机构、媒体等的长期合作关系。

（三）搭建以“提供全方位服务”为宗旨的服务支撑体系

依托以“支撑机构”为核心的“一带一路”海外投资支持网络，系统开展全方位的企业海外投资支撑服务。

对中资企业投资所在国政府及相关机构，宣介中国政府的经济发展战略、规划及政策主张，举办两国相关机构对接会。参与所在国经济社会发展相关活动，宣介中国政策，推介中资企业，搭建企业与所在国各界的沟通平台。

对我国业务主管部门及驻外经参处，参与多双边投资工作机制有关活动，承担国家与企业海外投资相关的投资促进活动。发挥半官方职能柔性优势，协助经参处做好企业协调工作，尽量避免发生同类企业恶性竞争事件。跟踪所在国经济社会重点问题和关键事件，关注其对中资企业的影响，协助使领馆组织企业探讨和应对。开展境外投资企业经营情况调查，了解企业海外发展情况和诉求，为政府决策提供参考。

对两国专业支持机构、商协会及民间机构，搭建金融等各类专业服务对接渠道，提供各类专业咨询，满足企业对所在国营商环境等方面的深度需求。与投资所在国及中资企业商协会建立联系机制，开展双边产业对接，宣传中资企业投资成效。寻找所在国媒体和社区关切与需求点，帮助中资企业融入所在国社区，真正将企业社会责任资金与活动落到实处，正面宣传企业形象。与所在国高等院校、研究机构建立合作关系，支持所在国专项领域基础研究，支持国内相关领域专家开展交流合作，培养所在国发展问题专家。

对对外投资的中资企业，发现国内所需行业技术与合作领域，协调企业投资意向，为企业牵线搭桥，惠及国内产业发展。协助中资企业引进优秀人才，开展企业派驻人员相关培训。培训可分国内与海外两部分，国内培训注重战略政策、企业合规、日常行为、应急遇险等方面的内容，国外培训可邀请使领馆经参处、所在国咨询机构等授课，注重所在国政治经济、商业惯例、法律法规、风土人文、安全防护等方面的培训。通过培训，规范海外人员言谈行为，了解当地行业规范，预判规避风险。

逆全球化下企业海外投资风险防控的中国方案

——基于“一带一路”视角

中国商务出版社　郭周明※

一、引言

2013 年，国家主席习近平首次提出“一带一路”合作倡议。2015 年，随着《推动共建丝绸之路经济带和 21 世纪海上丝绸之路的愿景与行动》的发布，“一带一路”倡议正式由愿景化作实际行动，进入了全面建设开展阶段。2017 年，党的十九大报告明确指出，要以“一带一路”建设为重点，推动形成全面开放新格局，“一带一路”被赋予了新的历史地位和意义。

“一带一路”建设为我国“走出去”战略作出了突出贡献，加速了企业国际化进程，成为拉动世界经济的重要引擎。在“一带一路”倡议下，我国企业对外直接投资（Outward Foreign Direct Investment，OFDI）呈现出总量规模稳步扩大的特征。2013—2017 年，我国企业对“一带一路”沿线国家和地区的直接投资额由 126.3 亿美元增至 201.7 亿美元，累计超过 800 亿美元。需要注意的是，2016 年，我国政府严控非理性的 OFDI，对“一带一路”沿线国家和地区的直接投资额由 2015 年 189.3 亿美元的高位骤减至 153.4 亿美元，但在非理性 OFDI 逐渐得到有效控制的情况下，2017 年回升至 201.7 亿美元，占同期中国 OFDI 总额的 12.7%（参见表 1）。此外，我国与“一带一路”沿线国家和地区的双向投资潜力呈现进一步释放趋势。据商务部统计，2018 年，我国企业对“一带一路”沿线 56 个国家的 OFDI（非金融类）金额达 156.4 亿美元，同比增长 8.9%，签订的对外承包工程项目的完成营业额达 893.3 亿美元，占比 52.8%；同年，“一带一路”沿线国家和地区对我国的直接投资金额达 60.8 亿美元，同比增长 11.9%。我国和“一带一路”沿线国家和地区的贸易往来与合作共赢持续深化。自“一带一路”倡议提出后的五年间，我国和“一带一路”沿线地区的进出口总额达 64691.9 亿美元，为东道国创造了 24.4 万个工作岗位，建设了 82 个境外经济贸易合作区，上缴东道国的税费共计 20.1 亿美元。

表 1　2013—2017 年中国对“一带一路”沿线国家（地区）及对世界直接投资流量与存量

	流量					存量				
	2013	2014	2015	2016	2017	2013	2014	2015	2016	2017
沿线地区（亿美元）	126.3	136.6	189.3	153.4	201.7	723	924.6	1156.8	1294.1	1544
世界（亿美元）	1078.4	1231.2	1456.7	1961.5	1582.9	6604.8	8826.4	10978.6	13573.9	18090.4
沿线地区比（%）	11.7	11.1	13	7.8	12.7	10.9	10.5	10.5	9.5	8.5

数据来源：2013—2017 年《中国对外直接投资统计公报》

※ 郭周明，中国商务出版社社长，中国国际经济交流中心在站博士后。

然而，由于“一带一路”沿线各国存在着较大的政治、经济、法律和文化等差异，政治局势动荡、经济结构单一以及宗教文明冲突等问题频发，导致我国企业众多海外投资项目受阻，面临着来自东道国政治、经济、法律、环境、安全和文化等多重风险。通过整理美国企业研究所和传统基金会的数据发现，2005 年至 2018 年，我国企业在“一带一路”沿线国家和地区投资遇阻或失败的案例共 81 起，占比 30.3%；涉及金额高达 1017.8 亿美元，占比 26.7%（参见表 2）。

表 2　2005—2018 年中国企业海外投资风险案例统计

年份	总案例数	“一带一路”沿线国家发生案例数	总涉及金额（亿美元）	“一带一路”沿线国家涉及金额（亿美元）
2005	1	0	180	0
2006	9	6	347.6	218.7
2007	11	5	146.1	73.6
2008	15	1	383.5	3
2009	16	3	367.7	22
2010	20	4	198	18.3
2011	25	5	376.6	61.7
2012	24	11	218.8	117.1
2013	18	5	184.2	70.5
2014	25	12	254.6	90.9
2015	23	9	322.1	91.6
2016	34	4	393.3	12.8
2017	29	9	183.3	60
2018	17	7	254.4	177.6
共计	267	81	3810.2	1017.8

数据来源：美国企业研究所和传统基金会“China Global Investment Tracker”数据库

根据中国出口信用保险公司发布的《国家风险分析报告》，2017 年“一带一路”沿线 63 个主要国家的国家风险评级①平均为 5 级，属于中等风险水平，高于（或等于）5 级的国家有 48 个，占比高达 76.2%；2018 年该平均值上升至 6 级，属于中等偏高风险水平，高于（或等于）5 级的国家有 47 个，占比 74.6%（参见表 3）。由此可见，“一带一路”倡议的全面建设开展仍然面临重重困难。

① 该国家风险评级是对一国不同风险因素进行综合考虑的综合性评价指标，包含政治风险、经济风险、商业环境风险和法律风险四个维度，其风险评级按风险水平由低到高依次划分为 1 至 9，共 9 级。

表 3　2017—2018 年“一带一路”沿线主要国家的国家风险评级

地区	国家	2017	2018	地区	国家	2017	2018
东北亚	俄罗斯	5	5	南亚	印度	5	5
	蒙古国	6	6		巴基斯坦	6	6
东南亚	新加坡	1	1		孟加拉国	6	7
	马来西亚	4	4		斯里兰卡	5	5
	印度尼西亚	5	5		马尔代夫	6	6
	缅甸	8	8		不丹	6	6
	泰国	5	4		尼泊尔	8	8
	老挝	6	6	中亚	哈萨克斯坦	5	5
	柬埔寨	7	7		乌兹别克斯坦	6	6
	越南	6	6		塔吉克斯坦	7	7
	文莱	3	3		土库曼斯坦	6	6
	菲律宾	5	5		吉尔吉斯斯坦	8	8
	东帝汶	8	8	中东欧	摩尔多瓦	7	7
西亚北非	也门	8	8		白俄罗斯	6	6
	伊拉克	7	7		乌克兰	8	8
	伊朗	6	6		阿尔巴尼亚	6	6
	以色列	4	4		爱沙尼亚	4	4
	阿联酋	3	3		保加利亚	5	5
	阿曼	4	4		波黑	6	6
	土耳其	5	6		波兰	5	5
	叙利亚	9	9		黑山	5	5
	约旦	5	6		捷克	4	4
	黎巴嫩	8	8		克罗地亚	5	5
	沙特阿拉伯	4	4		拉脱维亚	4	4
	卡塔尔	3	3		立陶宛	4	4
	科威特	4	4		罗马尼亚	5	5
	巴林	5	5		马其顿	5	5
	埃及	6	6		匈牙利	5	5
	阿富汗	9	9		塞尔维亚	5	5
	阿塞拜疆	5	5		斯洛伐克	4	4
	格鲁吉亚	5	5		斯洛文尼亚	4	4
	亚美尼亚	6	6				

注：巴勒斯坦数据缺失。

以缅甸密松水电站项目为例，该项目自2006年缅甸政府向中国电力投资集团（简称“中电投”集团）发出投资邀请起，历经十余年的波折，至今仍被搁置，成为了我国对外投资水电站项目中最大的失败案例，也是我国企业赴“一带一路”沿线国家和地区投资所面临的潜在综合风险的典型代表。根据本研究掌握的一手调研资料，密松项目存在以下风险：一是政治风险。缅甸是亚洲国家中民族成分最为复杂的国家之一，存在大量的民族矛盾与地方分裂势力，而密松项目恰好处于缅甸中央政府与地方势力克钦独立军控制的交叉地带。同时，2011 年缅甸由军政府独裁统治转变为由巩发党执政的民主共和制，其国内政治局面错综复杂，以昂山素季为首的缅甸全国民主联盟（简称“民盟”）深得民意。此外，各类非政府组织（Non-Governmental Organizations，NGO）大批涌现，受西方势力掺杂，大肆煽动和利用民意。由此多方政治势力为自身利益所进行的反对和干扰成了密松项目的最大障碍。二是环境和法律风险。在该项目启动前，缅甸国内尚未出台环境保护法，中电投集团按照协议规定完成了环境影响评估报告并通过核实与批准，但未对外公开。后来缅甸环保 NGO“缅甸生物与多样性保护协会”（BANCA）自行发布了一份关于密松项目的环评报告，重点强调密松大坝修建对克钦生态系统的负面影响，引发了缅甸民众的强烈反对。三是文化风险。密松两江汇合处对克钦族而言有着非常重要的文化价值，当地传说密松是龙父子的诞生地，在克钦人眼中，密松水电站的修建无异于破坏“龙脉”，并且密松是克钦族从蒙古迁徙南下的最后一个重要聚居地，即克钦文明发祥地，因此密松大坝受到了克钦族的强烈抗议。在多重风险冲击之下，缅甸中央政府对外宣布“要遵循人民的意愿”，为密松项目画下了休止符。

值得注意的是，在“一带一路”倡议全面开展后不久，2016 年，全球相继发生“英国脱欧公投成功”“美国特朗普当选总统”和“意大利修宪公投失败”等一系列“黑天鹅”事件，折射出民粹主义与贸易保护主义在全球范围内抬头，“逆全球化”思潮暗流涌动。作为推动构建人类命运共同体的全球化新模式，“一带一路”建设能够对冲美国发动全球贸易战的孤立主义之举，帮助我国缓冲美国对华贸易战的震荡和冲击，但是“一带一路”建设的发展也受到了西方国家“逆全球化”思潮的阻碍。王建秀等基于玻尔兹曼熵理论衡量一国或地区的逆全球化遭遇程度，并使用 2005—2015 年中国对 45 个“一带一路”沿线国家的投资数据进行研究，发现沿线国家的逆全球化遭遇程度越高，中国对其的对外直接投资越少。[①] 这意味着除了传统的海外投资风险以外，我国企业在“一带一路”沿线投资还面临着东道国逆全球化所带来的风险。

在“逆全球化”的国际背景下，为加强我国企业对国际化风险的识别、防范以及应对能力，为中企在“一带一路”倡议下顺利“走出去”保驾护航，安全、稳步和可持续推进企业国际化进程，本文拟就我国企业对“一带一路”沿线国家和地区的直接投资可能面临的潜在主要风险进行探讨，并就如何建立多层次多主体风险防控与利益保障机制提出新时代的中国方案。

二、“一带一路”下我国企业“走出去”的主要风险

（一）政治风险

政治风险包括战争、社会动荡、暴力冲突、东道国与母国或第三国的关系恶化、政权更迭、政府违约和企业国有化等。处理好双边政治关系是降低我国企业海外投资风险的有效途径之一。韦军亮和陈漓高通过研究 2003—2006 年我国企业在 73 个国家的非金融类 OFDI 数据，发现东道国的政治风险显著抑制了企业的跨国经营活动。[②] 王碧珺和肖河将 2005—2015 年我国企业在海外 22 个遭遇政治风险的投资受阻案例和 432 个成功案例结合进行实证研究，发现双边政治关系恶化显著抑制了我国企业投资。[③] 潘

① 王建秀、邵利敏、任建辉：《“一带一路”国家逆全球化遭遇程度抑制了中国对外直接投资吗?》，《中国软科学》2018 年第 7 期，第 117-128 页。

② 韦军亮、陈漓高：《政治风险对中国对外直接投资的影响——基于动态面板模型的实证研究》，《经济评论》2009 年第 4 期，第 106-113 页。

③ 王碧珺、肖河：《哪些中国对外直接投资更容易遭受政治阻力?》，《世界经济与政治》2017 年第 4 期，第 106-128 页。

镇和金中坤、[①] 张建红和姜建刚、[②] 宗芳宇等[③]通过分析我国企业 OFDI 数据，均发现双边投资协定的签订和良好的政治关系能够作为东道国制度缺位的替代性安排，有效促进我国企业在境外的投资。需要特别注意的是，近年发达国家意图通过“逆全球化”战略联合对抗“一带一路”倡议，削弱其国际影响力，并将民粹主义和对“一带一路”倡议的恶意导向舆论蔓延至“一带一路”沿线国家和地区，使其参与“一带一路”建设的信心动摇，导致我国企业对其投资的政治风险水平大幅度提高。

1. 安全风险：战争之殇、恐怖主义之害。企业“走出去”需要和平、稳定的环境。“一带一路”沿线存在大量的伊斯兰国家，它们长期处于经济全球化的“边缘”地位，发展缓慢，开放程度低，贫富差距悬殊，为极端恐怖主义和“反全球化”运动提供了滋生土壤。这些国家“反全球化”的矛头原本主要指向西方发达国家，但也可能反被利用来破坏“一带一路”的投资建设。作为战争、暴力冲突与恐怖主义最为频发的高风险区域，“一带一路”沿线国家和地区主要涉及两类安全风险：一类是传统的战争和武装威胁风险。例如，2011 年我国企业投资的 50 个总价值 188 亿美元的工程承包项目，因利比亚战争爆发对基地、设备的破坏而中断，企业蒙受了巨大的经济损失。目前，“一带一路”沿线的叙利亚、也门和缅甸等仍然战火未熄。另一类是非传统的恐怖主义、疾病蔓延和跨国犯罪等风险。美国《全球恐怖主义形势报告》指出，亚洲和非洲地区的恐怖组织占全球的 90%，中亚、南亚及中东地区的恐怖活动占全球 70% 以上。在澳大利亚经济与和平研究所《2018 年全球恐怖主义指数》排列的十大恐怖主义国家中，“一带一路”沿线的伊拉克、阿富汗、叙利亚、巴基斯坦、印度、也门、埃及和菲律宾八国榜上有名。这些数据都意味着“一带一路”沿线国家和地区中有相当大一部分深陷恐怖主义泥潭，在其投资将面临巨大的安全风险。例如，2014 年，中国水电十六局驻扎在喀麦隆极北大区的营地遭到武装分子袭击，导致 1 人受伤、10 人失联、10 部车辆被劫持；2015 年，中国铁建 3 名高管人员在马里共和国丽笙酒店遭恐怖组织枪杀。此外，中西亚地区则出现毒品泛滥及艾滋病蔓延等问题，严重威胁着我国企业派往海外职员的身体健康安全。

2. 地缘政治风险：美日印俄大国博弈场。“一带一路”沿线国家和地区多处于地缘政治破碎区域，在推进“一带一路”建设的过程中，地缘政治风险是企业面临的首要挑战。由于“一带一路”倡议牵涉部分大国的战略利益，多国试图从地域上切断“一带一路”倡议的合作布局，从而阻滞“一带一路”的基础设施建设和资源、资金与人员融通。比如，美国重返亚太地区意在遏制中国崛起，而我国“一带一路”倡议则旨在对冲美国的“印太战略”；日本警惕中国借助“一带一路”联合海陆两重力量，转变地缘政治格局以牵制日本；印度担心“一带一路”倡议中的“中巴经济走廊”建设会将其联合阿富汗制约巴基斯坦的计划付诸东流；俄罗斯则担忧“一带一路”建设会干扰“欧亚经济联盟”，破坏“后苏联”空间经济一体化。多元力量在“一带一路”中交织博弈，不仅为了争夺经济利益，更为了争夺对“一带一路”沿线国家和地区的战略主导权。这些域外大国势力的干扰将对我国“一带一路”建设造成极大的地缘政治隐患，例如美国已采取措施，对中国企业在美投资并购的审查与监管日益严格，

---

① 潘镇、金中坤：《双边政治关系、东道国制度风险与中国对外直接投资》，《财贸经济》2015 年第 6 期，第 85-97 页。

② 张建红、姜建刚：《双边政治关系对中国对外直接投资的影响研究》，《世界经济与政治》2012 年第 12 期，第 133-155 页。

③ 宗芳宇、路江涌、武常岐：《双边投资协定、制度环境和企业对外直接投资区位选择》，《经济研究》2012 年第 5 期，第 71-82 页。

使中国在美投资面临更大的风险。[①]

3. 政权更迭风险：中缅密松大坝、中马合作项目搁浅。东道国政局稳定是吸引外国直接投资的必要前提。“一带一路”沿线许多发展中国家政治环境脆弱，国家的稳定在很大程度上依赖于强权政府，政权更迭往往是其诱发政治局势动荡的重要因素。一些国家的政权更替频繁，新任政府往往会打压前政府与我国企业签订的项目，使企业蒙受巨额损失。如上述中电投集团耗资36亿美元兴建的密松大坝项目被冻结，首要原因就是缅甸军政府更迭与内部政治斗争。2018年，我国在马来西亚总价值220亿美元的东海岸铁路项目与两个石油管道项目因政权更迭被叫停，这其中包含现任总理马哈蒂尔与前总理纳吉布政治斗争因素。

4. 政府违约风险：中国高铁屡碰壁。“一带一路”沿线国家和地区整体的主权信用水平较低，其政府违约风险处于高企状态，这为我国企业“走出去”带来较大的阻碍。根据《国家风险分析报告》，主权信用风险评级按风险水平由低到高划分为AAA、AA、A、BBB、BB、B、CCC、CC、C共9级，2017年和2018年在“一带一路”沿线63个主要国家中高于（或等于）BB级中等风险水平的国家分别有43个和41个，各自占比68.3%和56.2%，表明“一带一路”沿线国家和地区的整体主权信用风险水平较高（参见下页表4）。以我国重要的先进制造业名片——高铁为例，2013年我国签署的中泰铁路项目屡次遭到泰国政府违约，被多次叫停、重启，最终泰方宣布缩小铁路修建规模；2014年，中墨高铁项目发生了“黑天鹅”事件，中铁建在中标该项目三日后遭墨西哥政府违约。

5. 征收和“国有化”风险：津巴布韦骤提本土化要求。为保护本国产业，东道国政府一般会制定各种政策或措施限制外来经营者有效控制和使用本地企业的资产，这实际上是一种征用外国企业的行为。东道国政府还可能依据本国法律将原属于外国企业的资产强制转化为本国政府所有。考虑到“一带一路”沿线多数国家对国有化行为仅予以适当补偿，其补偿数额远低于市场价值，极不利于我国企业海外直接投资。例如，2016年3月22日，津巴布韦内阁宣布还没有达到本土化要求的外国投资企业必须在当月31日前上交实施计划，即外资企业需将51%的股份转给津巴布韦公民，若不遵循则吊销外企营业执照。中国作为津巴布韦的第二大贸易伙伴和最大投资国，势必受到不利影响。

（二）经济金融风险

Buckley等通过分析我国1984—2001年的OFDI数据，发现我国OFDI偏好选择制度风险较高的国家；[②] Ramasamy等利用我国上市公司2006—2008的OFDI数据也得到类似的结论。[③] 不同的是，后者发现仅国有企业OFDI的制度风险偏好是显著的，非国有企业并不显著。杨娇辉等通过分析2003—2014年我国OFDI区位分布的流量数据对此现象作出了解释：这种制度风险偏好在很大程度上来自于我国OFDI对较高投资收益率的追求，即OFDI大多流向经济发展水平低但自然资源丰富的国家。[④] 相比规避政治风险，我国企业更看重“走出去”如何提高经济效益，更注重对经济金融风险的防控。然而，在“逆全球化”思潮下，西方发达国家将丝路基金与亚洲基础设施投资银行（AIIB）等我国

---

① 郭周明、张晓磊：《高质量开放型经济发展的内涵与关键任务》，《改革》2019年第1期，第43-53页。

② Peter J. Buckley, et al., “The Determinants of Chinese Outward Foreign Direct Investment,” *Journal of International Business Studies*, Vol. 38, No. 4, 2007, pp. 499-518.

③ Bala Ramasamy, Matthew Yeung and Sylvie Laforet, “China' s Outward Foreign Direct Investment: Location Choice and Firm Ownership,” *Journal of World Business*, Vol. 47, No. 1, 2012, pp. 17-25.

④ 杨娇辉、王伟、谭娜：《破解中国对外直接投资区位分布的“制度风险偏好”之谜》，《世界经济》2016年第11期，第5-29页。

倡导的国际金融规则作为攻击对象，削弱其资金融通支撑作用，并且纷纷实行贸易保护政策，使国际资金的市场流动性紧缩，导致投资大、工期长的“一带一路”基础设施建设产生更为巨额的融资需求，我国海外投资企业所面临的资金链断裂等经济金融风险也随之增加。

表4　2017—2018年“一带一路”沿线主要国家主权信用风险评级

地区	国家	2017	2018	地区	国家	2017	2018
东北亚	俄罗斯	BB	BBB	南亚	印度	BBB	BBB
	蒙古国	CC	CC		巴基斯坦	B	B
东南亚	新加坡	A	AA		孟加拉国	BB	BB
	马来西亚	A	A		斯里兰卡	CCC	CCC
	印度尼西亚	BBB	BBB		马尔代夫	CC	CC
	缅甸	B	B		不丹	CCC	CCC
	泰国	BBB	BBB		尼泊尔	CCC	CCC
	老挝	CCC	CCC	中亚	哈萨克斯坦	BBB	BBB
	柬埔寨	B	B		乌兹别克斯坦	B	B
	越南	BB	BB		塔吉克斯坦	CCC	CCC
	文莱	BBB	BBB		土库曼斯坦	BBB	BBB
	菲律宾	BBB	BBB		吉尔吉斯斯坦	CC	CC
	东帝汶	CC	CC	中东欧	摩尔多瓦	B	B
西亚北非	也门	CCC	CC		白俄罗斯	BB	BB
	伊拉克	BB	BB		乌克兰	CCC	CCC
	伊朗	BB	BB		阿尔巴尼亚	CCC	B
	以色列	AA	AA		爱沙尼亚	A	A
	阿联酋	A	A		保加利亚	BB	BB
	阿曼	BB	BB		波黑	CCC	CCC
	土耳其	BBB	BB		波兰	AA	AA
	叙利亚	C	C		黑山	CCC	B
	约旦	BB	BB		捷克	AAA	AAA
	黎巴嫩	BB	BB		克罗地亚	BBB	BBB
	沙特阿拉伯	A	A		拉脱维亚	BBB	BBB
	卡塔尔	A	A		立陶宛	A	A
	科威特	BBB	BBB		罗马尼亚	BBB	BBB
	巴林	BB	BB		马其顿	BB	BB
	埃及	CCC	CCC		匈牙利	A	A
	阿富汗	CC	CC		塞尔维亚	B	B
	阿塞拜疆	BB	BB		斯洛伐克	AA	AA
	格鲁吉亚	B	B		斯洛文尼亚	A	A
	亚美尼亚	CCC	CCC				

注：巴勒斯坦数据缺失。

1. 宏观经济风险：东盟经济增长放缓。一般情况下，东道国的宏观经济态势越良好，企业的投资收益越有保障。以东盟为例，据亚洲开发银行（ADB）公布的数据，2017年东盟整体经济增长率为5.2%，相比2014—2016年的平均增长率4.7%，具有趋向稳定增长的好势头。然而，2018年，东盟经济增长率略有下滑至5.1%。同年，分别作为东盟第一大和第四大贸易伙伴国的中国和美国发生了贸易摩擦，同时，全球货币政策趋紧，因此，英格兰及威尔士特许会计师协会（ICAEW）在最新的东南亚报告中预测2019年东盟的经济增长将继续放缓至5%。东盟遭遇的宏观经济风险，降低了当地市场对外资的吸引力，也给我国驻当地企业的经济收益带来了不利影响。

2. 双重汇兑风险：科伦药业承担重息。“一带一路”沿线众多国家是发展中国家，普遍存在通货膨胀和汇率波动幅度较大的风险，汇率制度差异较大。我国企业在海外投资过程中，需要把东道国货币先汇兑成美元，再结汇成人民币，由此形成了双重汇率风险，降低了资金使用效率，增加了资金成本。如四川科伦药业在越南投资了约7.9亿美元，仅仅因汇率波动就担负了0.67亿美元的利息。再如，2017年埃塞俄比亚的货币贬值15%，导致我国企业在当地的PPP（Public-Private Partnership）项目的利益损失率增加10.2%。

3. 税务风险：中白税法差异引争议。其一，重复征税风险。“一带一路”沿线国家税收制度各不相同，部分税收协定签订时间久远，导致我国企业投资面临被重复征税的风险。例如，白俄罗斯的税法规定，其境内外企常设机构的税前利润不能扣除总部管理费用。而我国税法规定，无论企业的营业行为是否发生在常设机构所驻国，都应在常设机构税前利润中扣除各种营业产生的费用，即包括总部管理费用。两国对总部管理费的应税处理规定不同，导致我国对白俄罗斯投资的企业承担着被双重征税的风险。其二，转让定价风险。在跨国公司经营活动中，企业为了降低税负、减少成本，往往会在不同国家和地区间转让定价，利用地区间的税率差异和税收优惠政策差异避税。王永钦等通过对我国2002—2011年842件OFDI的研究发现，我国OFDI偏好于流向法律体系较不严格的国家，存在着明显的避税动机。① 然而，随着OFDI项目的增多，各国税务部门正不断加强对海外企业投资项目的反避税调查，企业一经被确认存在转让定价等逃避税行为，除补缴税款外，还需缴纳高额罚款。我国企业“走出去”应充分了解“一带一路”沿线各国的最新税收制度和监管制度，避免因转让定价而触犯东道国相关法律法规，从而引起东道国与母国的反避税调查。

（三）环境污染责任风险：理文造纸屡遭投诉

我国企业境外投资常常因自然资源和生态环境问题受阻。首先，我国“走出去”的行业大多具有污染性。《2017中国企业海外可持续发展报告》中选择我国486家海外投资企业作为研究样本，发现其中75%的企业从事第二产业，且集中于能源、制造和基建等污染密集型行业。2017年香港理文造纸公司在越南投资生产期间，存在排放污水、制造噪声、灰尘、难闻气味及使用大量化学品等潜在威胁生态环境行为，因而屡遭投诉与叫停。其次，“一带一路”沿线地区的生态环境问题突出，沿线发展中国家大多存在历史遗留的环境问题以及缺乏强有力的环境监管制度与保护制度，这使得我国海外投资企业在“一带一路”建设中承担的环境污染责任风险更加巨大。再次，部分海外中资企业在造成环境污染事故后，未及时对事故进行处理和赔偿，或者如密松事件中电投集团一般，秉持“多做少说”原则，缺乏开展公关工作的主动性，让某些政治势力有机可乘，以“中国威胁论”“中国污染转移论”等负面舆论对我国“一带一路”倡议进行攻击。宋利芳和武睆利用2005—2015年“中国全球投资追踪”数据库和Wind数据库的匹配数据，发现国有企业OFDI既具有“风险偏好”特征，也具有“自

① 王永钦、杜巨澜、王凯：《中国对外直接投资区位选择的决定因素：制度、税负和资源禀赋》，《经济研究》2014年第12期，第126-142页。

然资源偏好”，且二者之间存在替代效应，即在东道国自然资源丰富的情况下企业会更多地考虑风险水平。[①] 郭周明指出，在我国发展高质量开放型经济进程中，需要借助“一带一路”沿线国家和地区的人口红利和自然资源，以延长我国中低端劳动密集型制造业的生命周期，逐步提升我国企业在全球价值链中的地位。[②]

（四）文化风险：莱比塘项目追加投资保遗址

在文化风险方面，杨勇等采用门槛效应检验方法，通过研究 2007—2014 年我国制造业上市公司在 67 个经济体的 772 件 OFDI 案例，发现过大的文化距离会抑制我国企业经营绩效的增长。[③] “一带一路”沿线地区是东西方多种文明的聚集地，加之“逆全球化”思潮助长了排他性民族主义，该地区存在众多矛盾与冲突，具有文化多样性、复杂性和长期性的特征。基督教、佛教与伊斯兰教之间、不同民族之间以及不同种族之间的任一种冲突的爆发均可能对当地市场及周边国家市场产生剧烈负面效应，不利于我国企业在当地的投资。特别是在信仰伊斯兰教的国家中，由于教派众多，各个教派之间的意识形态存在差异，我国企业在这些国家进行投资时容易对它们一概而论，产生不必要的文化矛盾与冲突。目前，我国企业在“走出去”时普遍没有意识到宗教的敏感性和认真了解文化差异的必要性，因而常常发生文化矛盾与冲突，导致企业运营成本增大，经济效益减少。例如，2012 年中缅莱比塘铜矿项目的矿山上有一处佛教遗址，我国企业原定计划将其搬迁，但遭到当地教徒反对，因而只能追加投资对其进行保护。

（五）法律风险：中铝弃购南戈壁

“一带一路”沿线国家和地区涵盖大陆法系、英美法系、伊斯兰法系等法律体系，各国（地区）之间的法律制度存在较大差异，且大多尚未完备，甚至部分国家存在朝令夕改的问题。此外，伊朗、巴林、阿富汗、伊拉克、叙利亚、黎巴嫩、阿塞拜疆、土库曼斯坦、哈萨克斯坦、乌兹别克斯坦不属于 WTO（World Trade Organization）成员，不受 WTO 规则体系约束。由此产生了诸多贸易壁垒和法律信息不对称的风险，中国海外投资企业的合法权益无法得到充分的保障，并在争端解决的过程中耗时耗力耗财。2012 年，中国铝业与南戈壁公司的大股东艾芬豪矿业签订协议，计划收购 1.05 亿股南戈壁普通股（占普通股总数的 57.6%），但是随后遭到了蒙古国政府的阻碍。为阻止这场交易，蒙古国政府匆忙出台新的外国投资监管法律，规定在其战略行业的企业占股超过 49% 的外国投资需经议会审批，并且一直未批准中铝的收购，导致中铝放弃收购，南戈壁股价呈断崖式下跌，其市值损失超 50%。

三、加强我国企业“走出去”风险防控的中国方案

（一）积极签订双多边投资协定，增强政治互信

政治风险是“一带一路”下我国企业“走出去”面临的首要风险，政府间积极开展政治外交是保障“一带一路”建设得以平稳推动的重要手段。一方面，我国政府对各国在经济、生态和环保等方面的顾虑应予以重视，通过加强对话合作、提升政治互信来消减这些疑虑。另一方面，在我国与“一带一路”沿线各国的外交往来中，可就政治风险、安全风险、制度壁垒等问题进行协商，签署区域性高标准的投资贸易协定。这些双多边贸易协定的签订，不

① 宋利芳、武睆：《东道国风险、自然资源与国有企业对外直接投资》，《国际贸易问题》2018 年第 3 期，第 149-162 页。

② 郭周明：《中国 OFDI 投资风险与对策：以欧美为例》，《国际经贸探索》2019 年第 3 期，第 4-17 页。

③ 杨勇、梁辰、胡渊：《文化距离对中国对外直接投资企业经营绩效影响研究——基于制造业上市公司微观数据的实证分析》，《国际贸易问题》2018 年第 6 期，第 27-40 页。

但能提高东道国政府对我国企业的信任感，还能保障我国企业海外投资合作的安全和合法权益，从而化解潜在的政治风险。

（二）重视开展“一带一路”民间外交活动

在政治局势动荡或营商环境恶劣的国家和地区中，政府对保障企业投资安全所能起到的作用将十分有限。我国应有效利用企业家、社会活动家、国际组织外交领导者等活跃于“一带一路”沿线国家和地区商界、政界、军界的重要力量，充分发挥其在东道国的人际网络关系、社会影响力以及重要话语权等优势，开展密切的、多样式的中国民间外交活动，积极引导当地舆论往正面方向发展，帮助东道国各社会阶层人士知华友华、增信释疑，推动“一带一路”民心相通，为我国企业“走出去”编织结实广阔的“社会关系网”，有效降低我国对外直接投资项目的受阻可能性。

（三）构建“一带一路”国际安全合作平台和机制

恐怖袭击已成为当下我国企业“走出去”的重大现实的安全风险。在“一带一路”沿线的64个国家中，有22个国家失业率高企，刑事犯罪风险和治安问题风险突出。为破解企业海外投资兴业面临的法律文化差异、安全治安风险等问题，我国应构建战略、政策、立法、执法、司法、安保技术等多层次多主体的有效协调机制和国际化合作平台。加强国际间警务合作，开展与境外警方在情报共享、打击跨国犯罪、警务教育培训、互派警务顾问等方面的密切交流，建立友好的跨国警务协作关系。发挥保险公司、安保公司在其中的积极作用，注重境外园区多重安保升级，开展联合巡逻，加强安保人员培训，提高安保工作精细化，着力提升跨境安保企业的核心竞争力，同时推进安保工作属地化，重视与当地群众的民心沟通与融合，积极履行契约责任。

（四）建立“一带一路”风险监控情报系统和预警机制

由政府主导构建“一带一路”投资风险情报信息系统，建立风险监控预警机制，一是加大对高校、科学研究院、智库及咨询公司等机构的相关研究资金和政策支持，提升官方和民间机构对“一带一路”沿线国家和地区的投资风险的信息收集、整合和分析的积极性和水平，从而加强风险预警和动态监测工作。二是在保障我国信息安全的前提下，可与项目所在国或国际上的数据库、咨询机构、保险机构合作，共同建立全面高效的“一带一路”风险情报系统，以提高风险情报传递的及时性和准确性。

（五）完善财税金融保险支撑体系，有效化解经济金融风险

为降低企业在“一带一路”投资建设中的经济风险，我国应完善财税金融支撑体系。一是引入如银行、保险、基金等多元化主体参与我国企业在“一带一路”中的投资项目，保障资金链安全，提高OFDI项目的稳定性。同时，我国应积极与各国签署货币互换协定，以“一带一路”为基础推动人民币国际化进程，扩大使用人民币作为国际结算货币的范围，建立并完善合理的跨境结算制度，以削弱汇兑风险。二是我国与“一带一路”沿线各国应基于共同利益，紧跟国际税制改革潮流，进一步完善税收制度、协定以及争端解决机制，以消除税收壁垒，避免重复征税，保障“走出去”企业顺利享受税收优惠待遇，维护其自身的合法权益。三是由于我国缺乏专门的海外投资保险法，设立海外投资保险机构可能因无法律依据而受阻。例如，保险机构无法获得代位求偿权，不能依法向东道国政府索偿。因此，我国应制定相关法律法规，完善海外投资保险制度，设立海外投资保险机构，为我国在“一带一路”中进行OFDI的企业提供专业的投资保险服务。

（六）广泛团结华侨华人，构建海外经济统一战线

习近平总书记在党的十九大报告中强调："广泛团结联系海外侨胞和归侨侨眷，共同致力于中华民族伟大复兴。"① 华侨华人在"一带一路"建设和我国企业国际化进程中具有双重政治合作优势、深度资源整合优势、跨国信息流动优势、全球网络效应优势和多重文化融合优势，能扮演参与者、建设者、推动者、实践者和联络者等多重重要角色，在助推政治沟通、设施联通、贸易畅通、资金融通和民心相通方面具有不可替代的独特作用。利用华"桥"有助于企业解决国际化视野不开阔、全球化战略不清晰、地方政治政府风险防控不到位、自身认识不充分和信息获取不完全等问题，也有助于构建多层次、全方位沟通机制，推动形成互利共赢、安全稳定的营商环境。充分发挥华侨华人在海外经济中的独特作用和优势，使华侨华人与国内同胞同心协力形成利益联盟，将为我国开展国际经济合作贡献其独特力量。

（七）提高企业自主风险识别和防范能力

首先，企业应重视投资决策前的风险尽职调查，积极成立专门识别和评估风险的部门或小组，加强与咨询公司、投资保险机构、法务公司、安保公司和智库等第三方合作，针对每一个 OFDI 项目发布风险评估报告，以作出正确决策，并培训建设一支针对跨国投资风险防范经验丰富、素质过硬的专业律师人才队伍，加强企业海外职员的法律知识培训，完备相关法律业务资料，从小处抓起，降低法律风险爆发的可能性。其次，我国企业在"一带一路"沿线国家和地区遭遇的投资阻碍，有相当一部分来自企业与当地民众的矛盾和冲突。我们应充分尊重东道国的文化习俗，保护生态环境，安抚迁移居民，积极承担和履行企业在东道国的社会责任，维护企业良好的国际形象和声誉，并努力实现本土化经营，减少与当地政府、民众的矛盾与冲突，化被动为主动以应对征收风险。此外，我国企业应不断增强科技创新能力和品牌营销能力，提高产品生产和项目建设质量，努力提升产品和工程质量，逐步符合国际标准，这不仅能够提高企业竞标能力，还能降低环境污染风险。

① 习近平：《决胜全面建成小康社会夺取新时代中国特色社会主义伟大胜利——在中国共产党第十九次全国代表大会上的报告》，《人民日报》2017 年 10 月 28 日，第 3 版。

加强与"一带一路"沿线国家或地区自贸区建设的对接合作

商务部国际贸易经济合作研究院 张建平 刘 桓
中国社科院亚太与全球战略研究院 王金波

在坚定推动全球发展进程中，我国明确提出要构筑辐射"一带一路"、面向全球的自贸区（基于自由贸易协定的大自贸区）网络，同时也在国内积极加快建设和复制推广自由贸易试验区（小自贸区）的建设，努力形成小自贸区的网络。未来，我国需要通过双自联动，即推动两个网络的叠加与互动，努力构筑我国的开放型经济体系，推动我国的高质量发展。为了推动自贸区建设，我国应当处理好"一带一路"沿线自贸区建设需要优先解决的问题，做好与周边地区或国家的自贸区对接工作。

一、"一带一路"沿线自贸区建设需要优先解决的问题

1. 货物贸易领域继续以关税削减和敏感产品的贸易自由化为主。"一带一路"沿线多以发展中国家为主（部分国家甚至属于联合国定义的最不发达国家范畴），关税壁垒的削减仍将是自贸区建设的关键，而敏感产品的市场准入问题则将成为决定沿线自贸区贸易自由化水平的主要因素之一。以中国—中亚自贸区和中印（度）自贸区为例，中亚5国、印度的实施关税税率均超过10%，远高于美国（3.2%）、日本（4.6%）、欧盟（3.8%）等TPP或TTIP发达成员，也高于中国的8.4%。这表明"一带一路"沿线大部分国家在贸易自由化谈判中都要面对较大的关税减让压力。客观而言，在未来的"一带一路"沿线自贸区建设中，中国在敏感产业领域面临的关税减让和市场开放压力要低于东盟（新加坡除外）、印度和中亚等大部分发展中国家，但高于欧盟和海合会成员。

2. 服务贸易和投资领域成为高标准自贸协定达成的关键。着眼于CPTPP、TTIP和TISA所代表的国际贸易投资规则的新趋势，中国有必要以中美、中欧投资协定谈判为契机，在投资准入、公平竞争、权益保障等中美、中欧分歧集中领域，对准入前国民待遇和负面清单、国有企业、投资者—国家争端解决机制、跨境数据自由流动、金融、税收及补偿标准、知识产权、劳工规则、环境保护等敏感议题作出通盘考虑、整体设计，为后续中国构建前瞻性的地区相互投资秩序和"一带一路"沿线自贸区建设创造有利条件。在未来的"一带一路"沿线自贸区建设中，尤其是在与欧盟的自贸区谈判中，如何就金融、电信、专业服务、海运、信息通信、自然移动、争端解决等服务贸易和投资领域的开放达成共识，将是决定"一带一路"沿线自贸区能否成为一个全面、高质量自由贸易协定的关键。换言之，与RCEP和升级版中国—东盟自贸区一样，"一带一路"沿线自贸区的经济收益和福利效应应更多地来自非关税壁垒的削减，以及贸易自由化后具有比较优势产业和拥有比较利益部门的产出与要素收入的增加。

3. 提高对新条款的涵盖率或接受程度，保证自贸区建设的吸引力。"一带一路"涉及贸

易、金融、投资、能源、科技、人文、海上合作、交通和基础设施等多个领域，地理上则涵盖欧亚大陆数十个国家或地区。不同的利益诉求导致各国对贸易新规则条款的接受程度也各不相同。以“一带一路”沿线TPP和RCEP成员为例，RCEP对于“第二代”贸易政策（涉及环保、劳工、知识产权、竞争政策、投资、消费者保护、税收、财政支持、资本流动等38个议题）的平均覆盖率（23%）要明显低于CPTPP（31%）。其中，韩国对于新贸易规则的接受度最高（47%），日本、新加坡、文莱等TPP成员的覆盖率也超过了30%，均高于中国和东盟等RCEP发展中成员对新贸易规则的接受程度（20%左右）。就具体条款而言，与TPP成员更加重视电子商务、研发、社会事务、信息传播等有关全球价值链和新型生产网络的新议题相比，RCEP成员更加关注中小企业、人力资本、产业合作和经济技术合作等领域，但未涉及劳工、医疗卫生、反腐败、创新政策、财政政策等欧盟、美国关注议题。在未来的“一带一路”沿线自贸区建设中，除了高标准的货物和服务自由化条款外，中国有必要“有选择、有步骤地列入有关投资开放、知识产权、政府采购、中小企业、标准认证，甚至企业经营责任（包括国有企业）等社会条款内容”。唯有如此，才能保证“一带一路”沿线自贸区建设的吸引力。

二、加强合作与对接

1. 建立保税区等贸易先行区为自贸区建设探路。对于谈判中的自由贸易区，国内一些省份已经提出利用“一带一路”倡议加快自贸区建设，如相关部门就一带一路建设征求意见时新疆曾提出建设面向中亚的FTZ（自由贸易园区），宁夏提出建设中国海合会自贸区先行区等，连云港希望在建设连云港自由贸易港区和中哈连云港自由贸易区的基础上申报建设“丝绸之路经济带”自贸区。虽然这几项提案后续均未有进展，但是契合了国家推动建设自贸区网络的战略部署。同时已经有威海获批中韩自贸区地方经济合作示范区（2015年6月），与韩国的仁川成为中韩自贸协定框架下的地方经济合作示范区。示范区实施以来，推动威海口岸对韩国进出口总值比2015年增长近一倍，2017年达到80亿美元。双方不断加强在贸易、投资、服务、产业等领域合作。

喀什综合保税区也同样能证明贸易先行先试区的巨大作用。2014年9月17日，国务院正式下发《国务院关于同意设立喀什综合保税区的批复》，这意味着筹备3年之久的南疆首个综合保税区正式成立。喀什综合保税区的建立，对于本地区外向型纺织业有推动作用，同时是未来建立“中国—中亚自由贸易区”的基础。援疆工作会议后，南疆开始发展纺织等劳动密集型产业，但新疆本地的消费能力有限，纺织产品主要的销路是面对中亚国家，综合保税区的建立可以推动纺织产品的出口。据统计数据显示，喀什综合保税区自2015年4月正式封关运营以来，贸易额由2016年的33.7万美元攀升至2017年的6004.9万美元，成为推动新疆地区贸易增长的重要引擎。

2. 以基建推动经济走廊对接“一带一路”。“一带一路”沿线国家或地区的经济发展水平和基础设施建设状况发展差别较大，大部分国家铁路、港口、电力、通讯和工业等基础设施发展程度较低，制约了其互联互通、贸易以及经济发展的能力。以东南亚国家和非洲国家为代表，各国在经济结构转型时期均对基础设施建设有巨大的需求，而西亚等石油富国则在交通基础设施和石油能源等基础设施改善方面也有巨大需求。经过近30年的发展，中国在铁路、港口、电力及通信等领域的基础设施建设能力已经进入世界前列。2018年，中国有10家工程承包企业进入美国《工程新闻记录》杂志发布的“250家国际承包商”榜单，其中中国交建排名仅落后于西班牙ACS集团、德国豪赫蒂夫两大企业，中国建筑、中国电建均在前十名之列。可见，中国的基建能力在世界已经占有一席之地。尤其是高铁建设更是具有造价低、建设速度快以及技术水平高的优势，成为习近平主席和李克强总理出访他国时反复推销的基建项目，也成为“一带一路”建设中首要推进的建设领域。

在“一带一路”推进过程中，中国参与建设了一批有代表性的跨境铁路项目，包括中老铁路、中土铁路、雅万高铁、伊朗德黑兰至伊斯法罕高铁、俄罗斯莫斯科—喀山段高铁等，在欧亚班列方面已经形成了西、中、动三条中欧铁路运输通道。参与建设皎漂—内比都高速公路、缅甸滚弄大桥、曼德勒—提界—木姐公路等项目建设，还在东南亚地区的电力互联领域建设了一批项目，包括230千伏老挝北部电网EPC项目，正在筹备建设500千伏中国版纳—老挝北本交流输变电项目，同时建成了中缅油气管道。应当说，“一带一路”倡议的成果不仅体现为中国对外资本输出，而是沿线延伸到哪里，中国和沿线国家的友好合作就走到哪里。中国基建走出国门，不仅能输出优势产能，带动经济增长，更是提高相关国家间的基础设施联通，为我国和周边国家建立贸易往来奠定基础。设施联通为五通之基础，道路畅通则使贸易更为便利，将进一步推动中国和周边国家的贸易和投资合作。

从当前基础设施项目推进的进程来看，沿线国家的基础设施指数均有很大程度的提升，据中国对外承包工程商会发布的《“一带一路”国家基础设施发展指数》显示，自2013—2018年“一带一路”国家总指数提高了15个百分点，同时基础设施项目对东道国经济社会发展的支持作用正在显现，以中国承包的许多工程项目“本地化用工比例达到了30%~60%，工业园区的建设也提升了当地的工业化能力，培养了产业工人和企业管理团队”。

未来，中国可以继续发挥在基建推动“一带一路”建设的带动作用，继续加强与东南亚等重点国家的铁路、公路联通、电力能源等基础设施联通，积极参与沿线国家的道路、能源及工业基础设施建设。

3. 加强与RCEP、中日韩自贸区的对接。2019年，对亚太地区以及中国来说，在贸易规则方面将重点推动RCEP和中日韩自贸协定，这两个协定的早日达成将推动亚太地区区域经济一体化及中日韩三国之间的贸易自由化水平。

其中RCEP自2013年5月进行了第一轮谈判以来，已经进入了最后的收官阶段，目前在规则领域完成了七个章节的谈判，另有三个章节谈判接近结束。尽管该协定谈判仍面临着来自印度方面的谈判障碍，但是目前各方均显示出强劲的达成协议的意愿，根据2018年RCEP第二次领导人会议联合声明，各方将力促该协议于2019年底达成。

中日韩自贸协定谈判也出现新的转机。从当前东北亚地区的政治环境来看，中日关系缓和趋势明显，美国贸易保护主义抬头时期，日本推动并促成了CPTPP谈判，表现了明显的维护多边主义的倾向，同时在区域一体化领域取得了不小的进展。在东北亚地缘政治回暖的局势下，中日韩三国对于推动建立中日韩自贸区也均表现出加快谈判的意愿，三方于2018年12月7日举行了中日韩自贸区第十四轮谈判首席谈判代表会议，并商定将自下一轮谈判起恢复工作组会议，标志着谈判开始提速。中日韩自贸区一旦建成，将为三国贸易和相互投资带来巨大红利。山东作为面向日韩开放的排头兵，将首先受益。山东可以此为契机，提前在对日韩合作入手开展顶层设计，争取国家优惠政策和项目落地，提升山东开放型经济水平，做好中日、中韩自贸、双向投资对接。同时修炼好内功，加快地区营商环境改善，在贸易便利化、投资便利化方面下功夫，一旦协定达成可以把握市场开放的先机。

4. 加强自由贸易试验区与“一带一路”倡议的对接。由于“一带一路”倡议所牵涉的范围较广，除了国内各个区域的积极参与之外，还需要沿线多个国家的积极融入与合作。因此“一带一路”沿线自贸区战略布局必须服务于“一带一路”倡议的总体目标，沿线自贸区在地缘上应以周边为主，而在自贸伙伴的选择上则应充分考虑该国的战略重要性、示范性和溢出效应。

目前已经成立的13个自由贸易试验园区在建设过程中均将对接“一带一路”纳入其工作的重点内容，在通关便利化、互认机制、完善跨境交通运输体系、打造对外开放新平台、建设境外经贸合作区等领域做了大量工作，同时各区根据自身的区位有重点地拓展相关国家的经贸合作，如黑龙江省主要拓展与东北亚地区的经济合作，福建则重在构建海洋网络，对接海上丝绸之路建设。

未来各自贸试验园区需要进一步加强与“一带一路”建设的对接，充分利用自身的区位优势和产业优势，突出地区特色，加深与“一带一路”国家的特色关键领域的合作，如上海自由贸易试验园区可进一步深化服务贸易领域与“一带一路”国家的合作，加强金融服务领域开放对“一带一路”建设的支持作用。福建自贸试验区则可以在支持台资企业参与福建港口建设，支持两岸航空港合作、海上运输合作、推动闽台合作等方面发力，广东则需要在提升粤港澳大湾区一体化水平上发力，实现强强联合共同参与国际竞争。

三、政策建议

“一带一路”倡议是一项系统工程，在今后的“一带一路”自贸区建设过程中，中国需要进一步细化与沿线国家不同形式的合作，进而采取差异性的策略予以应对。需要区分沿线不同国家的内部制度，将市场细分和受众分析做得更加到位。

（一）积极应对新一轮国际贸易规则更替

在全球贸易合作不断深化、贸易方式不断多元化的同时，全球经济仍面临结构性增长疲软，贸易摩擦不断加剧的挑战，全球经济治理机制也陷入调整期。特别是美国总统特朗普上台以来对全球多边贸易体系提出批评，并转向双边贸易协定，以WTO为代表的多边贸易体制面临巨大改革压力，CPTPP、TTIP、RCEP的谈判也面临新的困难，新一轮的国际贸易、投资、金融的规则制订已经在推行，这对包括中国在内的发展中国家而言是挑战也是契机。中国要想在新一轮国际贸易规则制定以及WTO规则体系改革中拥有更多话语权，需要充分利用第二大经济体的优势，以更加积极、务实的态度参与新一轮国际贸易规则更替事务。

自贸区建设需要统筹兼顾“高质量”与“可行性”的平衡。未来在“一带一路”沿线自贸区建设过程中，中国的谈判策略是如何实现这两方面的平衡，而不是进行取舍（中国需要做的是在加大关税减让与市场开放的同时，在自贸协定中正式引入“负面清单+准入前国民待遇”模式并增加新议题）。事实上，如何就敏感产业领域的市场开放达成共识，依然是决定“一带一路”沿线自贸区质量和水平的关键因素之一。从长远来看，随着中国国家内生增长机制的建设和中国海外权益的日益增长，中国区域合作战略的目标应是与美国、欧盟、印度等WTO关键成员或中国最重要的贸易伙伴签订自由贸易协定。“一带一路”沿线自贸区的目标应该是向发展中国家提供最终产品市场（而最终产品市场才是发展中国家真正需要的区域公共产品），而不是与发展中国家争夺欧美最终产品市场。在中国的自由贸易政策选项中，作为新兴和发展中大国，中国理应在全球和区域层面积极参与和引领新一轮国际贸易投资规则的制定，通过参与国际规则的构建提高中国的开放水平，在发展中国家贸易、投资规则建设中起到引领作用，同时更多地反映发展中国家的利益。

中国应在面向全球高标准自贸区网络建设进程中，充分发挥经济实力较强的优势，进一步完善祖国大陆、台湾地区和香港地区、澳门地区的自贸体系，积极推动其经济融合，增加中国与他国自贸区谈判的分量。同时，未来需要在一些关键国家及关键领域进行突破，如RCEP谈判、中日韩自贸区谈判、中海自贸区谈判，在负面清单管理、国有企业、知识产权保护、数字经济等相关领域有所突破。

（二）体现“一带一路”发展的整体性和包容性

提到自贸区谈判，人们总是会第一时间想起货物贸易等内容。事实上，中国在已签订的自贸协定中，早已将区域经济合作内容拓展到了服务贸易与投资领域。但这种拓展显然不够，必须为中国经济找到更多突破口，让更多中国企业进入国际市场，将自贸区变成为全方位、立体式、真正的自贸区。在双边经济合作中，每一个领域都有潜力可挖，只要符合本国利益，合作的形式、内容都可以更深更广。

自贸区建设应体现“一带一路”发展的整体性和包容性。考虑到“一带一路”沿线各国经济发展水平和开放水平各不相同，“一带一路”沿线自贸区建设应跳出传统的“先货物、后服务再到投资”的固有模式。在合作领域的选择上，“一带一路”沿线自贸区应充分考虑发展中成员（尤其是最不发达成员）在经济与技术合作和能力建设等方面的利益诉求，同时兼顾发达成员对规则和标准制定的关切。只有这样，才能提高“一带一路”沿线自贸区的向心力，才能保持“一带一路”沿线自贸区在与CPTPP、TTIP和TISA等欧美新贸易投资协定的“竞争性驱动”进程中的凝聚力和影响力。

（三）提供金融支持以深化“一带一路”建设

为配合“一带一路”倡议的推进，2014年，中国与巴西、俄罗斯、印度和南非共同发起成立了规模达1000亿美元的金砖国家开发银行，同时，由中国倡导发起，包括印度、新加坡等在内的57个意向创始成员共同组建了规模为1000亿美元的亚洲基础设施投资银行，其中出资比例达到30%。亚投行于2016年1月正式运营，到2018年底已经有93个成员加入。根据其运营状况来看，至2018年底，共批准了35个项目，累计批准贷款75亿美元。另外，2014年12月，中国出资发起并成立了“丝路基金”，首期资本达到100亿美元。而无论是金砖国家开发银行，还是亚洲基础设施投资银行，或者是丝路基金，共同的目的就是支持所在区域尤其是“一带一路”沿线的基础设施建设。据世界银行测算，从2014年到2030年，全球基础设施投资需要量是70万亿美元，平均每年4万亿美元。然而，这些庞大的基础设施建设都无一例外地存在资金短缺的困扰。中国发起的“一带一路”建设，利用丰厚的外汇储备来对外投资，同时带动资金丰裕国家和国际组织最终带动各国的民间资本参与“一带一路”建设，支持相应国家的经济发展。据世界银行估计，基础设施投资每增加10%，GDP增长率可以提高1个百分点。

金融是“一带一路”建设的基础，发挥着聚集资本、配置资源的关键作用。资金融通仅仅依靠政府的投入是不能满足“一带一路”基础设施建设和产能合作的巨大需求的。在“一带一路”基础设施建设取得初步成果的阶段，应该进一步深化相关国家的金融领域合作，以国家资本撬动更多的社会资本支持“一带一路”建设，包括推动建设多元化融资体系，推动金融机构在“一带一路”地区的布局，为深化“一带一路”建设提供更多个性化的金融服务，包括贷款支持、股权融资支持以及结算、清算、汇兑等便利性支持，同时积极引导各类资本参与实体经济发展和产业链创造，推动相关国家的经济转型和发展。

（四）逐步建立公平透明开放的市场规则

近年来，中国制造业取得显著进步，农产品则出现了供需不平衡，需要外部供给作为补充，因此，在自贸协定下进一步扩大关税减让已经具备一定条件，同时这也可以换取别国的市场开放，为中国的优势产业获得更大市场创造条件。中国在加入世界贸易组织谈判时，对重点服务部门确定了开放底线，并将其写入了有关法规，固化了开放水平。通过自贸区谈判扩大服务业开放，既有利于中国自然人移动、运输、旅游等优势服务业走向国际市场，也有利于在金融、电信等竞争力较差的服务业引入适度竞争、先进理念，打破垄断等限制中国服务业发展的制约因素。在美欧发达国家掌握国际贸易规则话语权的情况下，高标准的服务投资自由化是未来方向，其中很多领域也是中国改革的重点。中国可在牢牢把握政治体制和意识形态这一基本底线的前提下，结合深化改革的需要，通过自贸区谈判逐步打破既定谈判模式，在规则领域突破入世承诺，为未来发展创造制度红利。例如，准入前国民待遇和负面清单已为世界主要经济体所采纳，成为国际投资新规则的范本。目前，在 RCEP 关于投资规则的谈判中已经采用负面清单的模式，今后在其他自贸区谈判中积极推行这一模式已经成为趋势。

自贸区建设需要理性处理负面清单和准入前国民待遇问题。技术上可以通过对“相关投资”进行定义的方式严格享受准入前国民待遇的条件和范围。还可以在上海自由贸易试验区负面清单的基础上，借鉴欧美在“国家安全审查”和“关键基础设施保护”等措施方面的经验，进一步开展准入前国民待遇与“非禁即入”的试点。同时，还可以根据现有的双多边贸易协定谈判进展情况，适时探讨在“一带一路”沿线自贸区中提出对完全准入后国民待遇的保留，为下一步中国参与更高级别的自贸区谈判创造条件、奠定基础。

破解“通而不畅”难题 促进中欧班列高质量发展

商务部国际贸易经济合作研究院　许英明

中欧班列作为推动“一带一路”贸易畅通的重要抓手和载体，正在释放更大贸易通道潜能。中欧班列自 2011 年 3 月开行以来，从“渝新欧”探索到“中欧班列”统一品牌标识，再到顶层设计《中欧班列建设发展规划（2016—2020 年）》实施，再到与沿线国家签署合作协议，以及国内重庆、成都、郑州、武汉、苏州、义乌、西安等 7 家班列平台公司共同发起成立中欧班列运输协调委员会，走出一条“探索—规范—顶层设计—迅速增长”的路径（见图 1），其发展目标也从最初的为本地货物寻求出口通道，到吸引外地货物发展成物流枢纽，再到以通道带贸易、以贸易聚产业发展的转变，直接促进从中国出发经欧亚大陆中部直达欧洲的铁路运输贸易量呈现爆发式增长。如今，中欧班列正在由追求数量扩张向追求高质量发展迈进，贸易便利化机制逐步建立。但看似畅通的中欧班列贸易通道，速度上却呈现“两端快、中间慢”，并且“拥堵”有成为常态的态势。中欧班列贸易通道“通而不畅”的原因，既有换轨、部分国家基础设施滞后，也有班列线路重复、地方竞争无序，更有国际铁路运输规则不统一、通关制约等问题。新时期，需进一步创新方式，引领制定中欧班列运输规则，进一步完善通道网络、提高通道控制力、整合开通城市和线路，以通道带贸易，以贸易聚产业，运贸一体促进贸易通道通畅，提升中欧班列高质量发展水平。

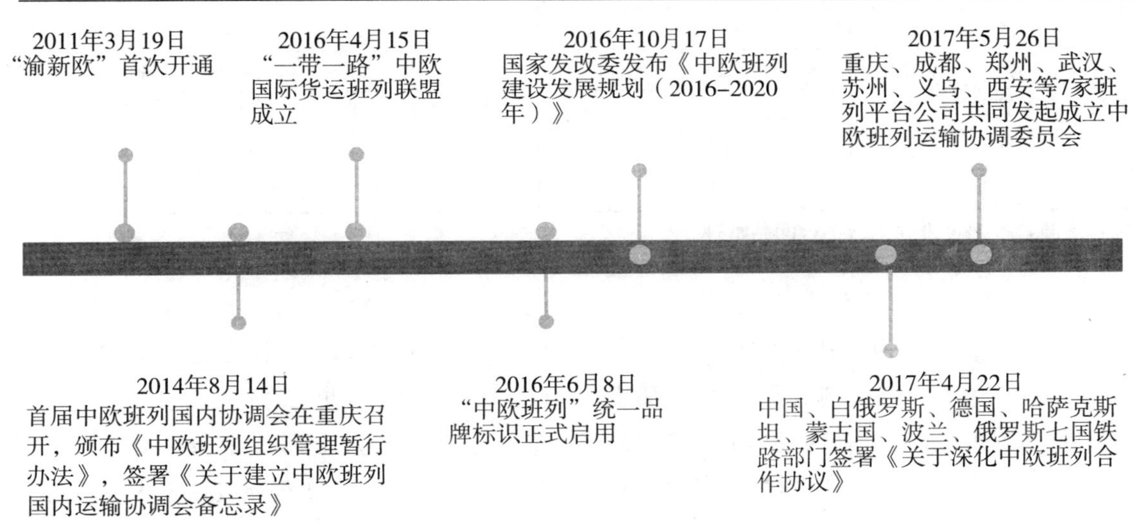

图 1　中欧班列发展时间轴

资料来源：根据相关材料整理。

一、中欧班列正在释放更大“一带一路”贸易畅通潜能

中欧班列打通了“丝绸之路经济带”的贸易通道，不仅成为沿线国家陆上贸易通道和经贸交流纽带，而且成为推进“一带一路”建设的重要抓手，更成为促进“一带一路”贸易畅通的重要载体和共建“一带一路”的标志性成果。未来，有望延伸至非洲，打造一条亚欧非贸易大通道。

（一）中欧班列为贸易提供新的通道选择

“一带一路”建设的一个重要着力点，就是通过打通连接南北东西的物流大通道来打造一个合作和开放的国际贸易投资新平台。中欧班列不仅为贸易商品提供了一个新的通道选择，而且也提供了一种新的运输方式和产业集聚的选择，正逐步成为中国部分省市落实国家“一带一路”倡议、加快对外开放、推动形成全面开放新格局的重要抓手和载体。尤其是对内陆地区而言，中欧班列已成为引领内陆开放的重要举措。传统上，内陆地区贸易通道大致有两种方式，一种是铁海联运或陆海联运，另一种是航空运输。中欧班列既丰富了内陆贸易运输方式，也是内陆对外开放的新型业态，成为内陆融入“一带一路”建设的重要载体，更使内陆直接通过铁路与世界相连，将内陆城市由开放“洼地”推向开放合作的前沿。2011 年以来，特别是 2013 年提出“一带一路”倡议以后，中国各地陆续开通了中欧班列（见表 1）。这既是对接和落实“一带一路”倡议的重要举措，也是地方抢抓国家战略和政策开放机遇，满足新的要素配置需求、新的规则融合要求，带动市场、产业、城市转型升级的重要载体。从目前运营的中欧班列线路来看，成都、重庆、郑州、武汉、西安、苏州、义乌等地开行的线路在规模、货源组织以及运营稳定性等方面更为突出。

表 1　2013—2018 年部分中欧班列班次

（单位：列）

中欧班列	省市	开行时间	全程里程（公里）	2013	2014	2015	2016	2017	2018
蓉欧快铁	四川	2013. 4	9826	31	45	103	460	1012	1591
渝新欧	重庆	2011. 3	11179	37	130	257	420	663	1442
长安号	陕西	2013. 11	—	1	45	95	151	194	1235
郑欧	河南	2013. 7	10214	13	87	156	251	501	752
汉欧	湖北	2012. 1	10324	0	26	164	234	375	417
义新欧	浙江	2014. 11	13052	0	1	60	101	168	300
苏满欧	江苏	2012. 11	11200	1	35	100	120	110	145

资料来源：根据各班列运营平台网站整理。

（二）西、中、东三条贸易通道基本成型

目前，以中欧班列为依托的贸易通道逐步形成，使中国西北、西南等地区与国际市场直接连通，并促成中西亚与东南亚地区的连接，有力推动“一带”与“一路”的有机衔接。根据中欧班列的出境口岸位置划分，中欧班列由西向东运行路线有西、中、东三条通道。具体来说，在国内实行“干支结合”开行方式，西线通道干线为陇海线（兰州—连云港）、兰新线（兰州—阿拉山口），中线通道干线为京广线（北京—广州）、集二线（集宁—二连浩特），东线通道干线为京沪线（北京—上海）、哈大线（哈尔滨—大连），班列始发站至干线间为支线。在边境，西部通道由中国中西部经新疆阿拉山口或霍尔果斯出境，其中经阿拉山口的西部通道按运输径路又分为北（俄罗斯、西北欧方向）、

中（高加索、黑海、中东欧方向）、南（伊朗、土耳其、南欧方向）三条通路（见图2），主要有“渝新欧”“蓉欧快铁”“郑新欧”“汉新欧”“义新欧”“湘欧”等班列。中部通道由中国华北地区经二连浩特出境，主要有“郑连欧”“蓉连欧”“湘连欧”等班列。东部通道由中国东南部沿海地区经满洲里或绥芬河出境，主要有“苏满欧”“营满欧”“津满欧”“湘满欧”“昆满欧”“哈满欧”“沈满欧”“长满欧”“盘满欧”“临满欧”“粤满欧”等班列。据统计，截至2018年底，经阿拉山口、霍尔果斯、二连浩特和满洲里口岸的中欧班列累计分别超过7100列、500列、1700列和3000列。目前，三条贸易通道以其日益成熟的物流组织和便利化举措，有力促进中欧班列沿线国家同中国的贸易往来，成为中国同“一带一路”沿线国家或地区经贸合作的重要通道。

（三）中欧班列国内外覆盖范围持续扩大

从国内始发城市和境外到达城市看，中欧班列覆盖范围和辐射范围快速扩大。截至2018年底，国内开行城市达56个，可通达欧洲15个国家49个城市（见表2）。中国除西藏外的所有省级行政区，均开行或曾开行“中欧班列”。始发城市逐步从重庆（2011年3月）、武汉（2012年12月）、成都（2013年4月）、郑州（2013年7月）等中西部城市扩展到苏州（2012年11月）、东莞（2013年11月）、义乌（2014年11月）、连云港（2015年11月）、厦门（2015年8月）、广州（2016年8月）等东部城市，以及营口（2014年10月）、哈尔滨（2015年2月）、长春（2015年8月）、沈阳（2015年10月）、大连（2016年1月）、通辽（2016年3月）等东北城市。境外到达城市由中欧和西欧地区逐渐扩展至东欧、南欧和亚洲。目前，中欧班列已联通了包括德国、波兰、捷克、斯洛伐克、法国、白俄罗斯、俄罗斯、荷兰、英国、意大利、西班牙、比利时、拉脱维亚、奥地利，以及中亚、中东、东南亚等在内的国家和地区，国际知名度和影响力不断扩大。

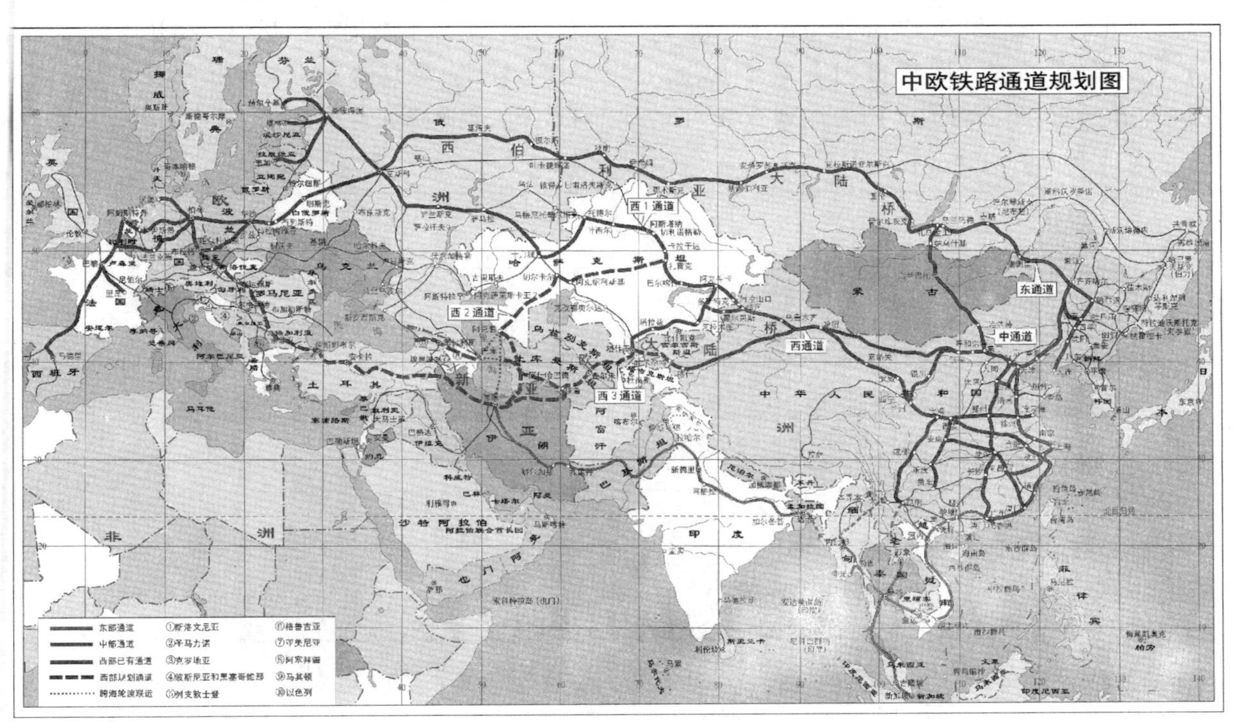

图2 中欧铁路通道规划图

资料来源：推进“一带一路”建设工作领导小组办公室.《中欧班列建设发展规划（2016—2020年）》。

表2　中欧班列部分中国国内始发城市和欧洲直达城市

区域	始发城市	直达城市
东部	北京、上海、天津、广州、东莞、厦门、深圳、苏州、义乌、青岛、连云港、宁波、南京、济南、临沂、保定、唐山等	德国：汉堡、杜伊斯堡、纽伦堡、斯图加特、不莱梅、施瓦茨海德 波兰：华沙、罗兹、马拉舍维奇、波兹南 俄罗斯：莫斯科、车里亚宾斯克、圣彼得堡、卡卢加州、叶卡捷琳堡、伊尔库茨克、切尔科斯克、旧库帕夫纳 捷克：布拉格、帕尔杜比采 斯洛伐克：多布拉 白俄罗斯：明斯克、布列斯特、苓特罗利特 法国：里昂、巴黎 荷兰：鹿特丹、蒂尔堡 西班牙：马德里 英国：伦敦 意大利：那不勒斯、米兰 比利时：安特卫普 拉脱维亚：里加 奥地利：维也纳 匈牙利：布达佩斯
中部	郑州、武汉、长沙、合肥、南昌、太原、襄阳等	
西部	重庆、成都、西安、昆明、贵阳、兰州、西宁、石河子、乌鲁木齐、巴彦淖尔、库尔勒等	
东北	营口、沈阳、哈尔滨、长春、赤峰、通辽、大连等	

资料来源：根据相关资料整理。

中欧班列开行数量逐年保持翻番增长，从2011年的17列增加到2018年的6300列，累计开行数量达12937列。2018年开行数量分别是2011、2013、2015和2017年的370.6、78.8、7.7、1.7倍。同时，回程班列高速增长，从2014年开始有回程时的28列增加到2018年的2690列，增加了95倍（见图3）。2018年回程班列数量与去程班列数量之比达0.71，在中欧班列发展质量进一步提升的同时，对中国进口贸易的支撑能力也在不断提升。其中，在开通城市中，重庆、郑州、武汉等城市去程和回程更为均衡，空载率大幅度降低，发展质量更为突出。

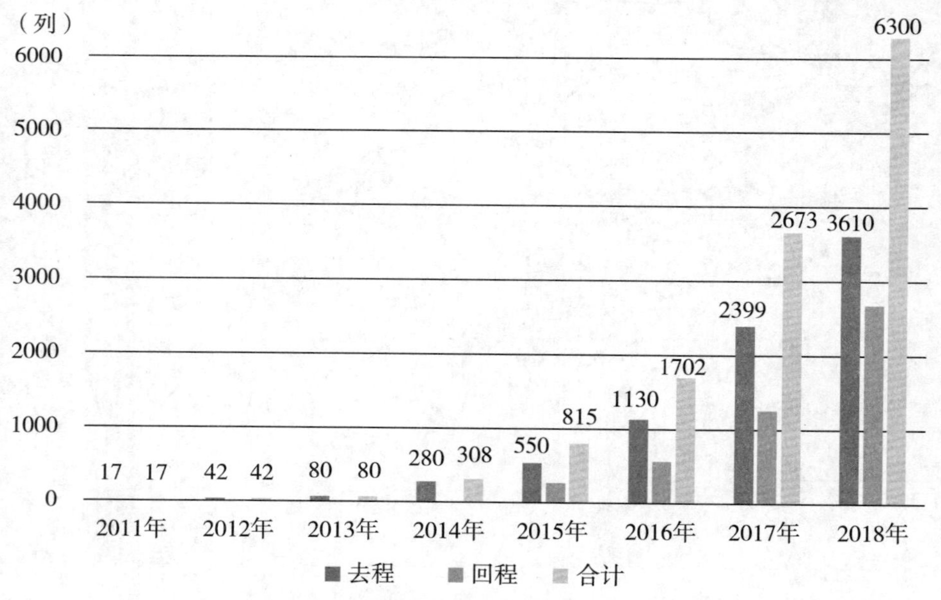

图3　中欧班列运营班列数（2011—2018年）

资料来源：中国铁路总公司

中欧班列运输商品总量快速增长的同时，种类也不断丰富。2011—2017 年中欧班列分别运输 1404、3674、6960、26070、68902、105794 和 317930 个标箱。从出境货源看，中欧班列运送货物由开行初期的手机、电脑等 IT 产品，逐步扩大到服装鞋帽、汽车和配件、粘胶纤维、日用品、箱包文具、装饰材料、建材、钢材、机械设备、PVC、化工品等品类。从回程货源看，回程商品由开行初期的机械设备、葡萄酒、汽车及配件等品类，逐步扩大到精密仪器、环保器材、高档服装、化妆品、奶制品及鲜奶、蜂蜜、食品等品类。而且，越来越多的货源品类是适合中欧班列运输的适箱货源，中欧班列作为中欧贸易新的贸易通道，在运输商品的附加值、时间要求等方面介于海运和空运之间，已成为海运和空运的重要补充。未来，其目标货源更加瞄准的是具有较高附加值，对运输时间有一定要求，又有一定规模要求的商品。

（四）通道运营模式和协调机制不断完善

中欧班列已初步形成相对清晰的运营模式和协调机制。中欧班列的运营组织基本是沿线各参与国各自负责国内部分，中国、俄罗斯、哈萨克斯坦、波兰、德国等沿线国家的铁路公司是中欧班列集装箱运输的实际承运人。中国境内铁路运输承运方主要是中国铁路总公司，境外运输承运方主要是过境国和欧洲的大铁路公司，如俄罗斯铁路公司（简称“俄铁”）、哈萨克斯坦国家铁路货物运输公司（简称“哈铁”）、德国国家铁路公司（简称“德铁”）、波兰国家铁路公司（简称“波铁”）等。具体来说，欧洲部分终端物流服务基本由德铁信可和俄罗斯铁路公司承担，境外平台公司与国内平台公司对接的形式主要是承接中铁公司的运输委托和承接地方平台公司的运输委托。国外承运商作为中欧班列的境外运输服务供应商，也是中欧班列中国国内平台的重要投资方。

目前，中欧班列运输协调方式主要采用“分段包干”模式，主要有以下几种，一是班列平台公司全程运输协调，如渝新欧；二是由平台公司全程委托中铁协调的方式，如汉欧、苏满欧、义新欧；三是由班列平台公司国内段委托中铁协调、国外段委托国际物流商协调，如郑欧、蓉欧快铁、湘欧；四是由发货人国内段委托班列平台公司组织发运，国外段委托国际物流商协调，如营满欧；五是由发货人国内段委托中铁国际多式联运有限公司、国外段客户自办运输，如长安号等（见表 3）。这种运营模式和协调机制，有利于促成运营初期的中欧班列常态化运营。

表 3　中欧班列运输协调方式

<table>
<tr><th></th><th>协调方式</th><th>中欧班列</th><th>铁路总公司职能</th><th>地方政府和平台职能</th></tr>
<tr><td>1</td><td>由班列平台公司全程运输协调</td><td>渝新欧等</td><td rowspan="5">中国铁路总公司旗下的中铁集装箱公司和各铁路局集团公司是承运商，主要负责品牌管理和运力支持</td><td rowspan="5">各地方政府、平台公司是运营组织者，负责国内外货源组织及集结、补贴政策等，决定班列的开行与走向</td></tr>
<tr><td>2</td><td>由班列平台公司国内段委托中铁、国外段委托国际物流商协调</td><td>郑欧、蓉欧快铁、湘欧等</td></tr>
<tr><td>3</td><td>由平台公司全程委托中铁协调的方式</td><td>汉欧、苏满欧、义新欧等</td></tr>
<tr><td>4</td><td>由发货人国内段委托班列平台公司组织发运，国外段委托国际物流商协调</td><td>营满欧等</td></tr>
<tr><td>5</td><td>由发货人国内段委托中铁多联、国外段客户自办运输</td><td>“长安号”等</td></tr>
</table>

资料来源：根据相关资料整理。

2018年，中欧班列创新宽轨段“三并二”运输模式，优化列车编组，即3列41个40尺集装箱的班列在边境口岸换轨时，组合成两列60余40尺集装箱的班列，同时，创新并推行中欧班列多式联运“一单制”等贸易便利化措施，降低班列成本，基本形成便利化大通关体系。经过8年多的运营探索，中欧班列为货运市场提供更加多样化服务，既有常态化开行的“公共班列”，也有服务于大型出口企业的“定制班列”，还有货物随到随走的“散发班列”，更有为小微企业服务的拼箱服务。

（五）中国与班列相关国家贸易较快发展

中国与中欧班列相关国家[①]贸易合作持续较快发展。2018年，中国与中欧班列相关国家进出口贸易总额7059.92亿美元（见图4），同比增长11.86%，是2013年的1.21倍。其中，出口额为4104.62亿美元，同比增长9.14%，是2013年的1.18倍。进口额为2955.3亿美元，同比增长15.87%，是2013年的1.25倍。进口额占出口额的72%，分别比2015年、2016年和2017年提高9.26、8.23和4.2个百分点，使中国与中欧班列相关国家贸易更加平衡。

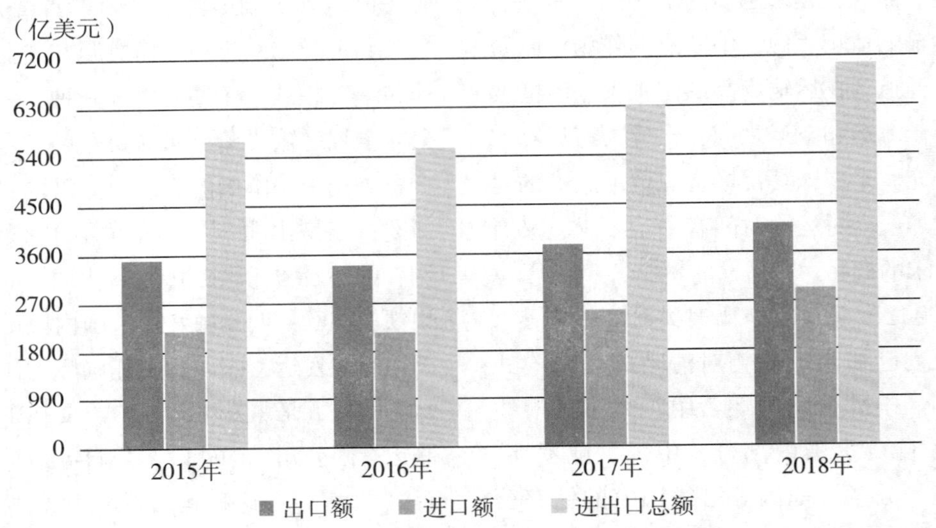

图4　2015—2018年中国与中欧班列相关国家贸易

资料来源：中国海关

从运输方式看，中国与中欧班列相关国家的进出口贸易均以水路运输方式为主。2018年，以水路运输的出口额达2791.89亿美元，占中国对中欧班列相关国家出口额的68.02%，其次为航空运输（19.43%）、公路运输（7.14%）、铁路运输（4.8%）、其他运输[②]（0.23%）和邮件运输（0.12%）（见图5）。2018年，以铁路运输的出口额达197.04亿元，同比增长17.69%。以公路运输的出口额为303.97亿元，同比增长24.14%。以航空运输的出口额为797.51亿元，同比增长10.4%。

在进口贸易中，2018年，水路运输进口额为1695.74亿美元，占所有运输方式进口额的57.38%。航空运输额为835.48亿美元，占所有运输方式进口额的28.37%。其他运输进口额

① 本报告中欧班列相关国家是指中欧班列直达城市所在的国家，2018年中欧班列直达德国、波兰、俄罗斯、捷克、斯洛伐克、白俄罗斯、法国、荷兰、西班牙、英国、意大利、比利时、拉脱维亚、奥地利和匈牙利15个国家，本报中，中国与中欧班列相关国家的贸易数据，均指中国与这15个国家的贸易合作数据。

② 其他运输方式主要包括监管仓库、保税区、非保税区、保税仓库等。

为200.87亿美元，占所有运输方式进口额的6.8%。铁路运输进口额为113.63亿美元，占所有运输方式进口额的3.85%。公路运输进口额为108.34亿美元，占所有运输方式进口额的3.67%。邮件运输进口额为1.23亿美元，占所有运输方式进口额的0.04%（见图6）。从增速来看，其他运输方式增速最快，其次是邮件运输、公路运输、铁路运输、航空运输和水路运输，增速分别为30.21%、20.58%、16%、15.08%和11.12%。

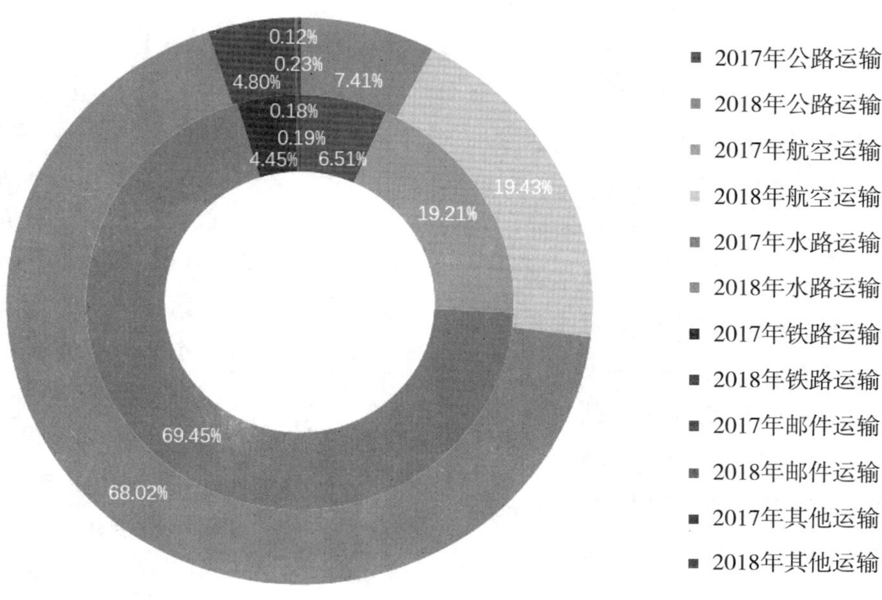

图5 2017—2018年中国对中欧班列相关国家出口的运输方式比重

资料来源：中国海关

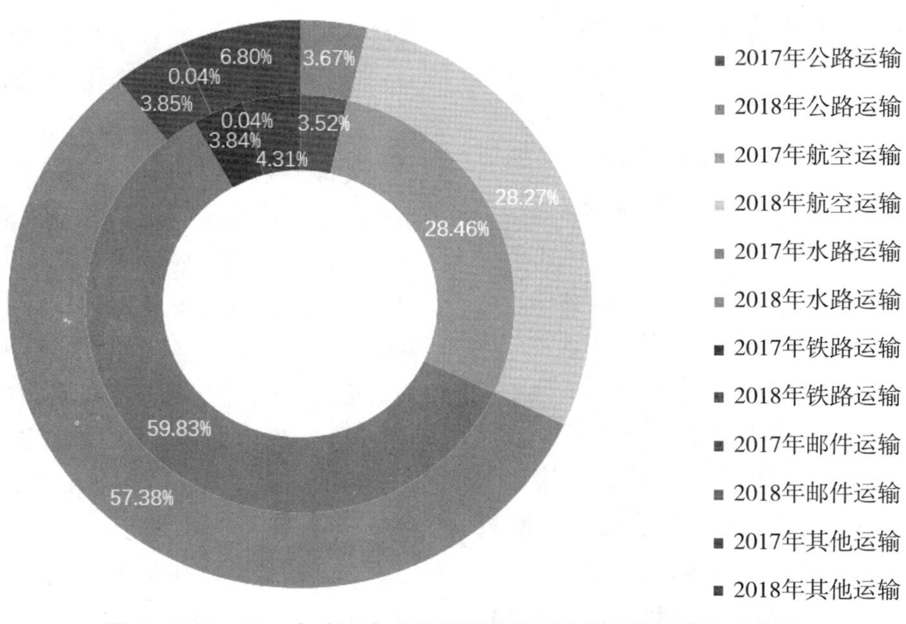

图6 2017—2018年中国自中欧班列相关国家进口的运输方式比重

资料来源：中国海关

二、"通而不畅"成为中欧班列高质量发展的重要制约

(一)"两端快、中间慢",通道"拥堵"成常态

目前,看似畅通的中欧班列贸易通道,速度上却呈现"两头快、中间慢"的现实,并且"拥堵"日益常态化。究其原因,一是需经过两至三次换轨。中国、中亚独联体国家、欧洲及南欧实行的轨距标准不同,中欧班列到达欧洲目的地各国至少经过两次换轨,其中"义新欧"需要经过三次换轨。换轨操作及等待时间短则半天,长则2天或更多。加之过境口岸通关能力制约,大大影响中欧班列的运输时长和服务质量。二是部分国家铁路设施滞后。沿线中亚和东欧国家铁路设施和运输枢纽基础设施不足或落后,列车经过这些国家时运行速度放慢。三是国际铁路运输规则不统一。欧亚大陆的国际铁路运输规则大体上分属《国际铁路货物运输公约》和《国际铁路货物联运协定》两个体系,中欧班列要遵循途经各国的不同铁路运输规定,文件增加、程序繁多、效率降低,有时甚至因单据使用不正确使货物、机车被扣留。

(二)"分段包干"模式,境外通道控制能力弱

境外通道是中欧班列实现高质量发展的关键。中欧班列全程运距大多在1万公里以上,其中国内运行里程3000~4000公里,境外运行里程7000公里以上。目前的组织运营模式,基本上是沿线各参与国各自负责其国内部分,欧洲终端物流服务主要由德铁辛克(德国铁路物流公司DBker)和俄罗斯铁路公司两家公司承担。这种"分段包干"模式,在运行初期有利于促成中欧班列的常态化运营,但随着中欧班列规模快速扩大,境外通道控制力偏弱的劣势逐步显现出来。难以把控境外物流节点仓储、配送等环节的质量和成本,影响中欧班列有效发挥贸易通道作用。

(三)班列线路重复,规模化运行风险大

中欧班列主线过境地单一,径路重复、支线辐射能力弱。一是目的地高度集中,境外运行线路相近甚至完全重合。主线过境地超过90%的班列都是经过白俄罗斯与波兰边境的布列斯特和马拉舍维奇进出欧洲,大部分线路集中发往德国、波兰,再通过公路运输分流到西欧、中南欧、北欧,相互间缺少总体布局和系统的运营网络设计。二是国内线路同质化。线路众多,各线运力分散,货源竞争十分激烈,甚至打起价格战。部分地方为争取列车开行,不计成本争夺冠名权,一些中西部城市舍近求远开行北线经满洲里出境。

(四)地方竞争无序,补贴退出难度大

从2013年起,中欧班列的竞争便渐显激烈,一些城市开始争早开、争多开、争起点、争支点、争枢纽。截至2018年底,国内开行城市达56个,可通达欧洲15个国家49个城市。除西藏外,全国其他省市均开行或曾开行"中欧班列",一些省内有多个城市开通了中欧班列,如江苏省内就有南京、苏州、徐州、连云港4个城市开通。地方竞争加剧甚至出现恶性竞争。一是国内货源竞争日益加剧,甚至出现"抢货"现象。各省市开通的中欧班列,由于自身产业结构和贸易结构等原因,本地货源往往难以支撑班列的常态化运营,需到周边区域甚至全国范围内揽货。二是普遍采取政府补贴方式支撑班列运行。各地大都依靠政府扶持,以保证中欧班列的常态化运营,并在运价方面对标海运价格。目前各地正在实行的政府补贴方式均没有明确可行的退出机制,市场在其中的"决定性"作用无法体现,如若长期没有改善突破,中欧班列的可持续发展将受到影响。

三、破解中欧班列贸易通道"通而不畅"的建议

(一)完善贸易通道网络和设施布局

一是加强合作解决换轨难题。支持中国铁

路总公司与波兰、德国等国家铁路部门合作，特别是对波兰开发的可变轨系统、德国发明的可变轨距火车轮等解决轨距问题方案，进行合作研究并推广应用。二是建设内陆枢纽节点。在郑州、西安、成都等地建立内陆枢纽节点，支持开通阶梯班列，进一步完善境内通道网络，提升境内段路网运能。三是协调推进境外通道建设。充分利用亚投行和丝路基金等资金，积极推动与中欧班列沿线国家共同完善欧亚铁路规划，促进沿线国家对陈旧线路进行升级改造，协调推进境外通道建设，改善沿线过境站、换装站的场站布局和配套设施设备。四是加强过境口岸建设。进一步推进阿拉山口、霍尔果斯、满洲里、二连浩特等境内口岸建设，提高口岸车站的换装、仓储能力。五是强化沿线物流仓储设施布局。支持和鼓励企业在俄罗斯、波兰、德国等沿线国家进行物流仓储设施的投资布局，结合国家市场多元化、海外营销网络建设等战略，提升中欧班列的支线扩散和腹地辐射能力。

（二）联合制定中欧班列运输规则

在中欧班列常态化、规模化、规范化运营的基础上，更大范围吸引沿线国家认可和参与，增强吸引力，提高话语权。一是联合沿线国家与国际组织合作建立国际标准。以组织者和协调者的身份引导沿线国家，与国际组织合作建立国际标准，使中欧班列贸易通道各项解决方案得到更广泛认可。二是赋予运单货权功能。积极推动相关国家的合作，特别是协调《国际货约》和《国际货协》的成员国，赋予运单货权功能并固化“一票到底”模式。三是积极探索班列运单货权地方司法规定，降低铁路运单的不确定性。四是联合制定中欧班列运输规则。协调理顺铁路运单的标准化、法治化、国际化，解决因国际铁路运输规则不统一而导致的通道不畅的难题，并以此促进中欧班列资金支持和贸易融资，促进中欧班列高质量发展。

（三）提高贸易通道控制力

一是提高境外段的参与度。只有改变国外承运商单向参股或投资国内运营平台的现状，支持国内运营平台参股或投资境外平台公司，或者由中国铁路总公司参股（投资）主要的境外运输服务供应商，提高在“分段包干”境外段的参与度，提高控制力，减少中欧班列境外物流节点和贸易通道的运营风险。二是探索中欧班列线路多元化。完善中欧班列总体布局与运营网络设计，继续与巴库—第比利斯—卡尔斯（BTK）铁路线对接的同时，与“乌克兰—波兰恢复铁路计划”“俄罗斯—乌克兰—斯洛伐克—奥地利”宽轨铁路项目等相关铁路线路计划对接，探索中欧班列线路多元化，减少线路重复，拓展通达范围，促进贸易通道通畅。

（四）整合开通城市和线路

一是对国内开通城市进行整合，促进有序竞争。可按区域进行整合，西南以成渝为枢纽，西北以西安为枢纽，中部以郑州为枢纽，东北以营口为枢纽，东部以苏州和义乌为枢纽，对开通城市和线路进行整合，并促进开行模式由“点对点”向“枢纽对枢纽”转变，进一步发挥规模效应。二是加强回程货源组织，降低运营成本。充分利用中国在中欧班列沿线国家的境外经贸（产业）合作园、海外仓和境外加工基地等渠道网络，加强回程货源组织，降低返程空载率，提高中欧班列运行效益。三是挖潜综合收益，建立补贴退出机制。通过与本地产业转型升级融合，发挥其产业带动效应；与现代物流中心建设结合，发挥其物流枢纽效应；与保税平台、电商平台互动发展，发挥其线路聚集效应，政府逐步退出补贴，让市场在中欧班列发展中起决定性作用。

境外经贸合作区助力"一带一路"沿线国家或地区可持续发展

商务部国际贸易经济合作研究院　李志鹏

过去十年中，中国境外经贸合作区从无到有、从小到大、从点到面，在深化与有关国家经贸合作的同时，也助力了东道国工业化进程，成为中国对外开放的重要载体和共建"一带一路"的重要平台。

一、境外经贸合作区的发展历程

各类产业园区蓬勃发展是中国改革开放40年来所取得的重要经验。在过去40年，中国经济发展取得了一系列成就，以制造业为主体的各类产业实现了较快发展，而这与国内各类产业园区和经济特区发展密切相关。以有限资源进行滚动式开发，通过采取扁平化管理、建设现代化园区的模式从而形成高效的产业集聚，是中国改革开放的重要经验。中国的园区发展逐步从劳动密集型的制造业向资金、技术密集型、集约型的高新区、科技园和创业园过渡。中国境外经贸合作区则借鉴了中国过去开发经营各类的国内经济区，包括经济特区、经济技术开发区、高新技术产业开发区、保税区、出口加工区、物流园区和工业园区的丰富经验，不断进行开放式发展。

20世纪90年代末到21世纪初期，是中国企业探索境外经贸合作区发展的早期探索阶段。当时，中国特区的成功经验已经引起了发展中国家的广泛关注，学习和借鉴中国园区发展经验来支持本国经济建设成为部分发展中国家的共识。1994年，时任埃及总统穆巴拉克访华时到天津经济技术开发区参观，在看到这座中国园区强大的生命力后对在埃及建设产业园产生了兴趣，并邀请天津开发区的开发企业天津泰达建设集团赴埃及合作、交流建设园区的中国经验。

同期，一些中国企业自发地在海外建立园区，满足自身海外业务发展需要。在这一阶段，中国境外经贸合作区建设主要是在境外购置或租赁土地，自筹资金完成园区基础设施建设，以满足自身发展需要为主。1998年，福建华侨实业公司在古巴创办了合资企业，2000年该公司在古巴投资占地面积6万平方米的境外加工贸易区；1999年，海尔集团为了开拓美国市场，在美国南卡罗来纳州建立了工业园进行研发设计与生产，形成了海尔美国工业园；2004年6月，天津市保税区投资公司在美国南卡州设立了天津美国商贸工业园。这个阶段的境外开发区主要是为开发企业自身服务，并适度吸引其他企业入驻。

到了2006年前后，在政府间共同推动下境外经贸合作区建设进入了新的发展阶段。海尔—鲁巴经济区成为中国和巴基斯坦双边政府共同推进的第一个中国境外经贸合作区。商务部等部门先后出台一系列关于支持、规范境外合作区的政策文件，境外经贸合作区由此进入较快发展阶段，也逐步形成了两大类具有自身特点的建设运营模式：

一大类是以建区企业为主导的境外经贸合作区产业模式。具备一定技术能力、资金实力的中国企业是东道国招商引资的重点对象，并以建区企业为核心形成了产业主导模式。其中，以青岛海尔为核心企业建成了巴基斯坦海尔—鲁巴经济区，形成了以海尔集团自身优势产业——家电、电子产业为核心的园区产业模式；以中国有色集团为核心企业，建成了赞比亚中国经济贸易合作区，园区内产业以中国有色集团优势产业——采矿、勘探、冶炼为主导。以上模式特点是入区企业围绕建区企业的核心产业服务，形成了以建区企业为主体的园区产业链模式。

另一大类是以专业工业地产开发企业为主导的建设、招商运营的综合性境外经贸合作区模式。招商局等国内优势专业工业地产开发企业在境外通过租用土地、开展七通一平等基础设施建设形成境外经贸合作区，并依靠自身招商能力吸引企业入驻，形成无特定产业主导但综合配套完善、园区商业价值突出的模式。

中国企业在建境外经贸合作区与当地社会经济环境相适应。截至 2018 年底，园区累计投资超过 400 亿美元，上缴东道国税费超过 30 亿美元，为当地创造超过 30 万个就业岗位（中国商务部，2018）。作为中国开展对外投资合作的重要方式之一，境外经贸合作区建设逐渐成为中国与有关国家开展经贸合作的重要载体，有力地推动了东道国工业化进程和轻纺、家电、钢铁、建材、化工、汽车、机械、矿产品等重点产业的发展和升级。在促进产业发展的同时，境外经贸合作区的生产经营为当地创造了就业、税收，改善了当地的收入水平。合作区和入区企业积极履行社会责任。境外经贸合作区的建立和运营，促进了中国民众与东道国民众的文化交流，密切了人民交往和友谊。

二、境外经贸合作区实践与国际经济特区理论的探讨

境外合作区建设不仅是有关国家了解中国对外开放发展理念和模式的重要渠道，也是中国与全球各国分享发展经验的重要平台。目前，国内外学术界有关经济特区的专门理论研究主要集中在国际投资理论、新地理经济学理论以及发展经济学理论等方面。其中，国际直接投资理论重点解释了企业跨境投资活动的动机，新地理经济学理论主要阐释了合作区建设的产业聚集现象，而发展经济学理论则针对境外经贸合作区分布的地域和对东道国经济发展的意义作出理论解读。未来，中国产业园区的国际化发展实践有望继续丰富国际经济特区发展理论和实践。

1. 发展经济学理论与中国境外经贸合作区发展。第二次世界大战结束以来世界各国经济发展的实践表明，古典自由主义经济理念并不完全适用于发展中国家。越来越多的研究表明，早期发达国家更多依赖政府干预和产业政策实现经济起飞。国内外学者们认为，一方面，发展中国家固有的制度不完善制约了市场价格机制的调节作用，刘易斯的二元结构模型（Lewis，1954）、罗森斯坦—罗丹的“大推进”理论（Rosenstein-Rodan，1961）、纳克斯的贫困恶性循环理论（Nurkse，1953）、赫尔希曼的不平衡增长理论（Hirschman，1958）、钱纳里的“两缺口”理论（Chenery，Strout，1966）都对此进行了充分的研究和论证。在总结东亚国家经济发展成就，特别是中国经济发展成就的基础上，经济学家林毅夫（2012）提出“新结构经济学”理论，强调了基于要素禀赋优势、市场资源配置的政府的积极干预作用，支持政府通过产业政策充分促进自身经济发展和产业结构优化调整。另一方面，新结构经济理论认为国际经济体系结构性问题导致了发展中国家无法依靠自身禀赋优势充分参与到国际供应链中并获得相应的回报。对此，该理论支持发展中国家从传统的“中心—外围结构”（Krugman，1991）走向“双循环结构”，形成以发达国家为中心的循环和以新兴经济大国为中心的循环模式，促进世界经济平衡与可持续发展，进一步鼓励“南南合作”。

中国经济园区发展经历了从劳动密集型生产转向资金、技术密集型生产的过程，现在已成为创建复杂产业集群和供应链的创新中心。这些“中国经验”是中国企业参与境外经贸合作区建设的重要优势，并向世界具体展示了通过经济合作区因地制宜实现经济发展的“可视化成果”。从发展成效来看，中国境外经贸合作区是中国企业“走出去”的新尝试，为发展中国家提供了长期的、稳定的引资平台，成为南南合作的新模式。

中国境外经贸合作区在东道国区位选择、产业布局安排等方面充分考虑到当地市场的禀赋优势，依靠企业主导、市场原则的方式开展经贸合作，充分尊重市场和价格机制对于投资流动的调节作用。同时，通过与东道国当地政府合作，充分发挥了东道国政府在依靠自身比较优势的基础上，积极灵活地运用产业政策鼓励经济发展、促进产业集聚，使境外经贸合作区成为带动区域经济发展新增长极，践行了“构建人类命运共同体”的新理念，促进了“一带一路”合作与建设。

2. 新地理经济学理论与中国境外经贸合作区发展。新地理经济学产生以前，关于产业聚集的研究主要集中在古典区位经济理论的讨论中，而后者主要来源于19世纪以来资本主义国家产业聚集发展的实践经验总结。早期学者关于区位理论的研究主要集中在解释生产成本最优规划问题。20世纪30年代，克里斯特（1933）和勒施（1926）等学者将消费市场引入到古典区位理论的分析框架中，综合考虑消费市场（城市）、原材料市场（资源）的分布情况对于产业集聚的影响。以上学者均基于市场完全竞争和企业规模报酬不变的假设，同时认为要素和市场的天然地理分布决定了产业集聚。20世纪70年代以来，迪克西特和斯蒂格利茨（1977）将规模报酬递增和厂商垄断竞争引入区位理论中，推翻了前人关于初始要素禀赋造成产业集聚的观念，强调产业聚集是一个自组织和演化的过程。克鲁格曼（1991）提出“区域核心外围”理论，认为随着运输成本的下降，初始分散的生产和人口开始聚集并形成工业核心区和农业边缘区，解释了城市化发展、大都市成长和周边乡村地区产业和人口消减等问题。随后，藤田昌久（1999）和鲍德温（2003）从聚集演化过程、机制、国际贸易对于内部经济地理和知识溢出的有限性、政府税收竞争以及福利问题等方面拓展了新地理经济学的研究范围。

从中国境外经贸合作区的发展实践来看，早期的园区选址或是靠近消费市场（海尔美国工业园），或是靠近原材料市场（俄罗斯乌苏里斯克经贸合作区、印尼综合产业园青山工业园），或是靠近劳动力密集市场或出口便利地区（越南龙江工业园），属于成本驱动特征明显的园区发展模式，符合古典区位经济理论的一般规律。随着早期境外经贸合作区的成功发展，越来越多的中国企业乃至国际企业逐步入驻园区，园区的产业结构不断丰富和完善，形成园区内产业互补发展，逐步形成了规模经济和依靠自身发展的内生动力。在此基础上，园区发展逐渐摆脱了对天然的地理区位要素的依赖，逐步展现出自组织和演化的特征。近几年，部分东道国政府不仅认识到园区模式对于拉动当地经济、推动产业转型升级的重要意义，也提升了共同商建境外经贸合作区的兴趣。例如，2015年，中白工业园成为首个两国政府共商建立的境外经贸合作园区。中国境外经贸合作区现已发展成为一种新的国际经济合作模式，并在全球范围内获得越来越多的认可。

三、境外经贸合作区是“一带一路”沿线国家或地区实现2030议程的重要平台

在可预见的未来，全球经济增长将很大程度上由非洲和亚洲的发展中国家引领。根据国

际货币基金组织2019年的最新预测，实际国内生产总值增长最快的15个经济体中，7个在非洲（利比亚10.8%、埃塞俄比亚8.5%、卢旺达7.8%、加纳7.6%、吉布提6.7%、塞内加尔6.7%、坦桑尼亚6.6%），5个在亚洲（印度7.4%、孟加拉国7.1%、柬埔寨6.8%、缅甸6.8%、菲律宾6.6%）。上述国家的经济较快增长得益于对工业化和城市化的重视。这些国家中的大多数都尝试设立了经贸合作区以实现经济增长。这些国家实现可持续发展目标在很大程度上取决于其工业化和城市化的成功，其中经贸合作区带动的工业化和城市化发展又是重中之重。因此，展示经贸合作区的规划、开发和经营对实现经济、环境和社会可持续发展的促进作用至关重要。

2015年，经国务院批准，由国家发改委、外交部和商务部发布“一带一路”倡议的愿景以及将这一愿景变为现实的措施（国家发改委，2015）。中国境外经贸合作区是探索“一带一路”沿线“投资合作新模式”的一种方式，强调该模式应该保护环境，保护生物多样性，应对气候变化（国家发改委，2015）。由于将可持续发展概念导入“一带一路”倡议，使得沿线国家工业化、城市化与可持续发展目标保持一致，中国境外经贸合作区则有望在这方面可以发挥重要促进和带动作用。

可持续规划、开发和运营的中国境外经贸合作区将极大地促进可持续发展目标9（产业、创新和基础设施），即建造具备抵御灾害能力的基础设施，促进具有包容性的可持续工业化，推动创新。同时，需要强调的是，可持续发展目标9与其他可持续发展目标之间有很多的相互联系，包括体面工作和经济增长（目标8）、无贫穷（目标1）、零饥饿（目标2）、优质教育（目4）、性别平等（目标5）、减少不平等（目标10）、负责任消费和生产（目标12）、气候行动（目标13）和陆地生物（目标15）等。“一带一路”沿线的境外经贸合作区不仅可以成为推动东道国贸易和经济增长的引擎，还在促进经济、环境和社会的可持续性发展和助力东道国实现可持续发展目标方面具有潜力。这符合“一带一路”倡议为合作伙伴国家的可持续发展作出贡献的愿景，也符合中国政府机构对合作区和海外企业的总体要求。当然，许多中国境外经贸合作区在取得瞩目成绩的同时，仍存在提升的空间。

“一带一路”倡议正在改变全球治理架构

商务部国际贸易经济合作研究院　宋　微

近日，英国智库的一项研究结果显示，当前最大的移民群是在发展中国家之间移动，而这与几十年前的移民图景截然不同——从前更多的是从南半球较穷的国家向北半球移民。移民趋势是财富转移的重要指标，那么是什么原因使得发展中国家间的合作成为当前全球经济活动的主流？而同期经济合作组织发布的《全球发展展望 2019》，给出了答案——中国的“一带一路”倡议是一项将其他发展中国家与中国联系起来的大型国际发展战略，正在进一步深化南南合作。“一带一路”倡议驱动和深化发展中国家间的合作，正在推动全球治理格局的变革，改变了发达国家主导的发展模式，使得发展中国家发挥自身的主导作用探索适合本国的发展模式成为可能。

第一，从全球发展筹资格局出发，受全球经济衰退的持续影响，发达国家保护主义、单边主义抬头，对发展中国家的支持都出现了不同程度的收缩。2017 年，发达国家提供的官方发展援助占全球总额的比例与 2008 年相比下降了 4 个百分点。而以美国为代表的发达国家在削减对外援助总规模的同时，又强化了政治性，弱化了援助的发展属性。在确定重点受援国方面，特朗普政府以美国的政治利益划线，将援助集中于阿富汗、约旦、埃塞俄比亚等与美国国家利益有重要关切的国家上，同时还以援助为“大棒”惩罚与美国立场不一致的国家，例如，特朗普誓言对于谴责耶路撒冷为以色列首都的国家，美国停止援助。在多边援助方面，特朗普政府先是宣布将对联合国的多边捐款削减三分之一，随后又将 85%以上的例行审批程序收归总统，其实质就是加强了对已经缩水的多边援助的政治干预。发达国家此举无疑是将发展中国家实现现代化的发展诉求进一步边缘化，而与此相对应的是，以中国为代表的新兴经济体成为发展融资的重要提供者；新兴捐助者将官方发展援助（ODA）以外的其他官方资金（OOF）在全球发展融资总额中的占比从 6%提升至 13%，南南合作成为推动发展的新动力。

第二，从主导全球的发展理念出发，发达国家从自身发展经验出发强行向发展中国家输入的发展模式导致了不同程度的动乱和冲突，实践证明是错误的。从发展经济学角度审视，早期工业化发展的模式已经不适用全球化时代。尽管诸如全球增长潜在放缓、贸易保护主义抬头、不平等加剧和全球治理削弱等传统的发展挑战依然存在，但是发达国家在工业化早期所不曾面临过的新挑战也日益浮现，包括新的全球规则、各国之间高度的相互依赖、前所未有的人口增长、高流动性、流行病和气候变化风险，以及新技术、持续数字化、自动化、人工智能和生物技术等带来的冲击。一些国家的绝对和相对贫困现象有所增加、收入不平等正在加剧、伴随着工业化和城市化而来的是环境退化。很明显，今天的挑战已和昨日不同，因此急需对发展政策关注的重点和发展蓝图进行根本性的变革。而相形之下，近期实现工业化的新兴国家如中国的发展路径却并没有遵循主流范式，这就在实践中充分证明了推动发达国家实现工业化的发展策略并不应被奉为推动发展中国家发展的铁律；从发展政治学角度评估，发达国家强行推动的民主选举形式导致了大批

“脆弱国家”的出现。这不仅表现在西方强势干预的南苏丹、苏丹、索马里、津巴布韦、委内瑞拉等国家接连陷入动荡，而且就连标榜其动用技术支持的民主选举也遭到了质疑。例如，根据非洲独立调查研究机构“非洲晴雨表”的民调显示，65%的非洲民众对美国近期支持的尼日利亚国家选举委员会表示“一些”或“非常”不信任。

第三，从行之有效的发展工具出发，中国的“一带一路”倡议将中国与沿线发展中国家的发展诉求深度结合，充分动员其他发达国家、企业、民间组织积极参与，是一项多部门、高参与性、因地制宜且与多边主义相融合的综合发展倡议。面对当前的全球发展挑战，尽管联合国制定了17个可持续发展目标（SDGs）以消除贫困、确保发展成果的共享，但各援助方却都没有能力应对在实施过程中面临的挑战。新的全球发展形势要求各援助国加大力度关注基于受援国本身的、差异化的发展战略，并将发展工具拓展到官方发展援助（ODA）之外。而中国的“一带一路”倡议恰恰精准对接了这种发展需要。这是因为对外援助和外部资本固然重要，但却远远不够，如何分配和部署这些资源更为重要。优先发展某一经济部门也许可行，但如果部门之间的联系很差，过分强调一个部门的结果可能会适得其反。宏观经济稳定虽然重要，但对私营部门的激励措施以确保在全球价值链中最贫穷的国家能够分享最终结果也必不可少。“一带一路”倡议在“创新、协调、绿色、开放、共享”五大发展理念指引下，既动员多国、多部门资金支持发展中国家的互联互通，又通过培训、规划以及治国理政交流等多种形式进行知识分享，推动了发展中国家治理能力的提升，从根本上满足了发展中国家的现代化的发展诉求。

六年多的政策实践表明：“一带一路”是一项面向21世纪的发展倡议，将多部门、高参与性、因地制宜、多边主义原则有机融合。“一带一路”倡议从全球发展格局整体上进行了设计和实施，随时准备应对日益复杂化的挑战；囊括了广泛的参与者，利用各种知识和观点；因地制宜，充分反映了农村和城市以及一个国家整体的差异；在多边框架内进行了广泛的讨论和分享，推动新形式的合作、知识共享和全球公共产品保护。此外，“一带一路”倡议在实施过程中还融入了坚实的政治意愿，这是保障其能够有效产出，成为变革全球发展治理格局的根本动力。

财政政策助力“一带一路”建设

中国财政科学研究院　于雯杰　宋　恒

2018年是习近平总书记提出“一带一路”倡议的第五年，也是党中央作出设立自由贸易试验区重大决策部署五周年。五年来，“一带一路”倡议获得国内及国际社会的热烈响应和积极参与，沿线国家和地区在政策沟通、设施联通、贸易畅通、资金融通、民心相通等五个领域不断取得新进展，结出新成果。“一带一路”倡议的不断推进离不开各方的支持，为实现“一带一路”倡议行稳致远的发展，财政部不仅出台了一系列政策，举办和参与了各项活动，而且给予“一带一路”建设大量的资金支持，打造了支持“一带一路”发展的双引擎，为实现“五通”作出积极的贡献，赢得了国内和国际的积极响应。以下为主要内容：

一、政策文件综述

（一）财政部、税务总局联合印发《关于完善企业境外所得税收抵免政策问题的通知》

2018年1月2日财政部、国家税务总局联合印发的《关于完善企业境外所得税收抵免政策问题的通知》，明确在现行分国（地区）别不分项抵免方法（分国抵免法）的基础上，增加不分国（地区）别不分项的综合抵免方法（综合抵免法），并适当扩大抵免层级，进一步促进利用外资与对外投资相结合。

根据2008年起施行的《企业所得税法》及其实施条例和2009年印发的《财政部国家税务总局关于企业境外所得税收抵免有关问题的通知》，我国现行政策允许企业境外所得缴纳的所得税在一定限额内抵减其应纳税额，具体采取分国抵免法，并对我国企业在境外缴纳的所得税的抵免层级规定不能超过三层。

但随着国家“一带一路”建设的推进以及我国企业境外投资日益增加，现行分国抵免法已经难以完全适应新的发展形势需要，主要表现在对同时在多个国家（地区）投资的企业可能存在抵免不足问题，而抵免层级较少则导致一些企业的境外投资最终运营实体缴纳的所得税难以获得抵免。

两部门在通知中赋予纳税人选择权，对境外投资所得可自行选择综合抵免法或分国抵免法，但一经选择，5年内不得改变。同时，将抵免层级由三层扩大至五层。两部门有关负责人表示，此次出台税收支持政策，是继前不久出台“境外投资者以分配利润直接投资暂不征收预提所得税政策”后又一税收新政策，旨在贯彻落实党中央、国务院决策部署，进一步对我国居民企业（包括跨国公司地区总部）分回国内符合条件的境外所得提供税收支持，更好地为企业减负。

（二）财政部表明要更好地服务“一带一路”建设

2018年3月7日，十三届全国人大一次会议新闻中心举行记者会，时任财政部部长肖捷，副部长史耀斌、胡静林就“财税改革和财政工作”相关问题回答中外记者提问。

在回答记者关于“一带一路”建设的问题时，史耀斌表示，“一带一路”倡议为解决全球问题提出了一个多边方案，体现了中国领导人的担当和智慧，将惠及全球各国人民。从这个意义上讲，“一带一路”的倡议源自中国，但是它属于全世界。

史耀斌说，近年来，财政部在资金融通和政策沟通方面为“一带一路”的建设架好桥、铺好路，今后会继续贯彻落实中央的有关决策部署，来加强支持和保障的力度，更好地服务“一带一路”建设。首先，从资金融通方面进一步落实或者夯实已经取得的成就。在融资指导原则、合作谅解备忘录的框架之下，构建长期、稳定、可持续、风险可控的多元化融资体系。财政部正在按照2017年“一带一路”国际合作高峰论坛的成果，这也是习近平主席宣布的，组建国际融资合作中心，来把这些达成的协议变为现实。其次，财政部会继续推进多边和双边的关税谈判，来推动自贸区的建设，务实推动与“一带一路”沿线国家或地区来进行对等的开放，做好与沿线国家已经签署协定的关税减让实施工作。同时，财政部还会促进国际税收协调与合作，推动消除税收政策制定和实施中的税收歧视，鼓励和吸纳更多的国家和税收辖区参与税基侵蚀和利润转移项目，也就是通常所说的BEPS项目。税收在“一带一路”建设过程中，起到的是一个非常关键性的作用。

（三）财政部宣布新加坡核准《“一带一路”融资指导原则》

2018年11月12日，财政部部长刘昆与新加坡财政部部长王瑞杰签署并交换信函，新加坡正式宣布核准《“一带一路”融资指导原则》。该原则是2017年首届“一带一路”国际合作高峰论坛期间的一项重要成果，由包括中国在内的27国财政部门共同核准，旨在深化“一带一路”融资合作，推动建设长期、稳定、可持续、风险可控的多元化融资体系。

（四）加强“一带一路”国际财经合作成重点工作之一

2018年12月27日至28日，全国财政工作会议在北京召开。会议强调，2019年要大幅增加地方政府专项债券，严格控制地方政府隐性债务，有效防范化解财政金融风险。会议明确财政部2019年十项重点工作，将推进国际财经合作作为十项重点工作之一：加强“一带一路”国际财经合作，推动多双边财经合作深入发展，积极参与和引领国际财经等领域的规则制定，坚定维护和增进国家利益。

二、相关论坛概况

（一）中国财政部副部长余蔚平出席亚洲开发银行（亚行）理事会第五十一届年会

2018年5月3日至6日，亚洲开发银行（亚行）理事会第五十一届年会在菲律宾首都马尼拉举行，主题为“连接人口与经济，促进包容性增长”。在技术、贸易与生产网络发生根本性、全球性变化的情况下，亚洲应如何通过投资基础设施建设、贸易便利化等加强互联互通，带动区域需求，以应对贸易保护主义等外部冲击，这成为此次会议焦点之一。与会者认为，“一带一路”倡议发挥着关键作用，激发了区域一体化的活力。

东道主论坛“世界经济的过去、现在和未来”将“丝绸之路及其延伸”作为主要议题之一。中国财政部副部长余蔚平出席年会并表示，希望亚行深化区域合作，加快与“一带一路”倡议等区域合作机制的对接，助力人类命运共同体建设，同时强化融资功能，支持亚太地区基础设施互联互通。中国将一如既往地支持亚行发展，共同为亚太地区乃至全球可持续发展作出贡献。

（二）中国财政部副部长邹加怡参加巴厘岛“‘一带一路’经济学”高级别研讨会

“‘一带一路’经济学”高级别研讨会于2018年10月13日在印度尼西亚巴厘岛2018年国际货币基金组织和世界银行年会期间举行。中国财政部副部长邹加怡在研讨会上阐述了“一带一路”倡议的内涵，并对国际社会关心的实施规则、债务可持续性、项目标准等问题做了解答，获得与会嘉宾的积极反响。

财政部副部长邹加怡表示，中方充分尊重参与国主导权，将继续遵循市场规律，参照国际通行规则，根据各国国情，与各方加强政策沟通和协调，积极推进“一带一路”建设。

针对“一带一路”建设，邹加怡指出要从三个角度看待：第一，“一带一路”倡议坚持和尊重国际通行规则，在包括经济、环境、社会等方面高质量、高标准地推进项目建设。第二，“一带一路”倡议重视本地化。高质量、高标准需要与当地环境相结合，这是中国在过去发展中总结出来的经验。第三，推进“一带一路”建设需要重视成本效益。

她同时表示，中国政府非常重视“一带一路”项目的债务可持续性，中国也鼓励“一带一路”成员国在投资中评估项目的债务可持续性问题。谈及如何确保债务可持续性，她指出，增加优惠资金是其中一种办法，但这远不能满足庞大的需求，中国正在增加尝试多样化的投资形式例如PPP。她也指出，针对消费、基建等不同类型的项目也要从经济全景去分析。

谈及中国经验，邹加怡鼓励发展中国家利用比较优势在全球化过程中获益。同时，她表示中国正在为2020年消除贫困的目标而努力，她认为其他国家也应该就此采取行动。

世界银行负责宏观经济与贸易等事务的官员卡罗琳·弗罗因德表示，“一带一路”倡议的基础设施项目将显著提高区域与世界贸易的效率，减少贸易成本，完善贸易规则，有力促进地区经济增长、就业以及减少贫困，尤其是给经济落后地区带来机遇。

世界银行相关研究表明，“一带一路”倡议将通过加强基础设施建设和互联互通，促进贸易和外国直接投资，从而拉动沿线国家经济增长，并惠及世界。研究还指出，注重防范债务风险和加强信息透明度将有助于“一带一路”倡议充分发挥发展效益。

（三）中国财政部原副部长朱光耀出席中澳“一带一路”金融与投资论坛

2018年10月27日，由中国财富管理50人论坛和澳中“一带一路”产业合作中心共同主办的第三届中澳“一带一路”金融与投资论坛在北京召开。来自中国和澳大利亚的两国政府和企业代表共同探讨两国以及“一带一路”沿线国家和地区的合作机遇。

中国财政部原副部长朱光耀出席会议并在演讲中指出，在全球面临单边主义、贸易保护主义等挑战的当下，“一带一路”倡议变得更加重要。2018年是“一带一路”倡议提出五周年，其核心原则在提出伊始就涵盖进行政策磋商、实现成果共享。“中国是真正地希望能够将‘一带一路’倡议转化成为一个合作平台，来推动基础设施开发，推动贸易，推动金融合作。我们需要加强合作来更好地保护贸易多边主义的框架，更好地倡导自由贸易的原则。”

澳大利亚前投资与贸易部长安德鲁·罗布以澳大利亚自身历史经验为例，强调了开放市场的重要性。他认为，无论是推动国际间商品贸易还是促进科学技术发展，一个强调自由竞争和开放的市场环境是坚实的基础。面对单边主义情绪甚嚣尘上的威胁，捍卫多边主义更显重要，而中方提出的“一带一路”倡议给更多的国家创造了机会。

中国财政部国际财经中心主任周强武则为中澳如何加强“一带一路”合作提出了具体建议。他表示，在加强双方政府间顶层设计和推进双方相关领域，发展战略对接，发挥中澳企业的关键作用，开展第三方市场合作，深化金融领域合作，加强两国学术界和各类团体间交流等方面均可成为今后中澳双方共同努力的方向。

（四）财政部和上海金融业联合会联合举办“2018年第四届中国PPP融资论坛”

2018年11月22日，由财政部政府和社会资本合作中心（以下简称“财政部PPP中心”）

与上海金融业联合会联合举办的“2018年第四届中国PPP融资论坛”在上海国际会议中心开幕。本届论坛以“新时代好时代大时代——实现高质量发展”为主题，财政部PPP中心主任焦小平、交通银行行长任德奇分别做开幕式致辞。

焦小平主任表示，根据十九大报告关于“中国特色社会主义进入新时代”的重要论断，在我国发展新的历史地位下，PPP改革也进入高质量发展的新时代、好时代和大时代。为此，PPP工作必须坚持“规范控风险，创新促发展”两手抓，坚持改革开放，推动转变政府职能、更好地激发市场活力、积极融入并开拓国际市场。

来自联合国和各国官员、专家代表参观了平台并表示与平台开展合作的意向，当天有1300名代表出了此次PPP融资论坛。

（五）陕西省财政厅积极支持举办“一带一路”陕西特色商品展览会

由陕西省人民政府主办，陕西省贸促会等部门协办，马来西亚全国工商总会、马来西亚—中国商务理事会、马来西亚国际总商会、马来西亚创业促进会、东盟连锁加盟联邦等联合承办的2018“一带一路”陕西特色商品展览会，2018年11月30日至12月2日在马来西亚首都吉隆坡举办。

本届特色展以“传承丝路精神，共享发展机遇”为主题，将展览展示、对接洽谈与经贸交流、产业合作相融合，旨在推广陕西各类特色产品，同时展示陕西宜商宜居的营商环境和经济建设成就，助推陕西与马来西亚务实开展经贸合作，实现陕马贸易双向流动互通。2018“一带一路”陕西特色商品展是我省推进落实“一带一路”倡议，大力发展枢纽经济、门户经济、流动经济的具体举措，将为进一步深化陕西省与东南亚国家的经贸交流与合作，为陕马双方务实开展经贸合作奠定坚实的基础。

省财政厅对此项经贸活动高度重视，并给予大力支持，在编制2018年度部门预算时就安排了专项业务经费予以保障。在省政府正式批准商品展具体活动方案后，又根据省政府批示，对调整、新增的活动项目审核追加了经费，确保了此次活动设置的陕西特色产品展区、陕西科技展区、陕西文化展区、陕西美食展区等展区，以及陕西经贸推介洽谈会成功举办。

三、学习交流情况

（一）中国财政科学研究院院长刘尚希在新疆财政厅做“一带一路”与新疆发展的机遇专题讲座

为进一步把握国家推进“一带一路”建设的新思路，2018年11月9日，新疆财政厅与中亚学院联合邀请中国财政科学研究院院长刘尚希进行专题讲座。刘尚希院长以《“一带一路”与新疆发展的机遇》为主题，对新疆在丝绸之路核心区建设中面临的机遇与挑战进行了深刻阐述。刘院长结合国家“一带一路”建设最新成果，从“一带一路”的区域版图、丝绸之路发展的历史维度、全球及区域发展的现实维度等方面，全面深入分析了习总书记提出的“一带一路”的战略构想和倡议的理论内涵，对新疆参与“一带一路”建设和改革开放发展面临的经济区位优势、改革发展与开放新空间等机遇作出了全面与深入的阐释，对今后新疆实施核心区建设存在的主要风险作出深刻的论述。新疆的发展要构建以市场为基础、企业为主体的区域经济合作机制，形成政府、市场、社会有机结合的合作模式，打造新的产业链、供应链、价值链，因地因时因势，全面创新。刘院长提出：今后自治区党委政府可以通过进一步拓展思路，从树立全面创新观念、处理好发展与稳定的关系、改变发展的路径依赖、对接“一带一路”形成经济内外循环等方面着手，抓住“一带一路”建设的发展机遇，将新疆建设成为“一带一路”区域的标志性成果，全面融入并推进“一带一路”建设，推动国家改革开放迈向新征程。

期间，中亚学院第一副院长梁子谦做了《中亚学院：一个国际知识分享平台》专题报告，介绍了中亚学院的成立背景，对中亚学院的发展目标做了展望，对中亚学院助力新疆核心区建设和一带一路倡议发展提出了建议。

财政厅党组书记夏代提·海木都拉对专题讲座做了总结，他指出两位专家的报告非常重要，对自治区各厅局落实自治区“1+3+3+改革开放”决策部署，推进自治区丝绸之路核心区建设和改革开放相关工作具有重要的指导意义。她强调，2013年习总书记向世界发出共同建设“一带一路”倡议以来，新疆始终紧密跟随与支持国家倡议，紧扣核心区建设重点任务，加快五大中心建设，完善核心区建设规划体系，扎实推进重大项目建设，深化与沿线国家的经贸合作和人文交流，推动核心区建设取得积极进展，但也面临着外部环境存在较大制约、外向型经济基础薄弱、互联互通水平有待提高、经贸合作面临诸多挑战、跨境金融合作推进困难以及全球经济环境变化等多重问题与挑战。因此新疆需继续把握历史机遇，务实创新、主动作为，推进核心区建设行稳致远。

（二）2018年服务“一带一路”云岭会计大讲堂和会计对外服务战略研讨会在瑞丽市成功举办

促进云南省会计理论研究及实务交流，2018年5月，服务“一带一路”云岭会计大讲堂和会计对外服务“一带一路”倡议研讨会在瑞丽市召开。活动由云南省会计学会、云南财经大学主办，德宏州财政局协办，瑞丽市人民政府承办，财政部会计司、中国会计学会、北京国家会计学院、云南省会计学会常务理事、云南省财政厅、云南财经大学、德宏州及所属县市财政局、中国会计报、中国财政杂志社等共500余人参加。

在2018年服务“一带一路”云岭会计大讲堂上，上海财经大学孙铮教授讲授了VUAC时期的财务嬗变，中南财经政法大学张琦教授做了中国政府会计改革走向的主题演讲。在会计对外服务专题研讨会上，与会专家学者和领导围绕“一带一路”倡议和云南省开展会计对外服务展开充分讨论并提出建议。

通过开展服务“一带一路”会计大讲堂和会计对外服务研讨会活动，专家学者们以高水平的理论演讲，传授当前我国政府会计改革和国际会计前沿理论知识，将有力推进云南会计事业发展，促进云南省会计实务水平和会计对外服务的广度和深度，提升我国会计准则在湄公河次区域的影响力。

四、国际评价

（一）国经中心：世行官员撰文分析“一带一路”倡议的三大机遇与三大风险

2018年5月，世界银行相关官员撰文分析“一带一路”倡议的“三大机遇”与“三大风险”，旨在帮助成员国政策制定者评估“一带一路”倡议的经济社会影响。主要内容如下：

1. 三大机遇。

（1）“一带一路”建设规模大、范围广。“一带一路”沿线国占全球GDP和贸易总额的1/3，占全世界总人口近2/3。一些沿线国贫困率（日均生活费为1.9美元以下的人口占比）仍然很高，“一带一路”将惠及大量贫困人口及众多经济体，产生巨大的经济社会效应。

（2）贸易潜力巨大。参与“一带一路”的经济体与全球经济日益融合，少数经济体（特别是中国）对全球出口贡献最大。项目成功将帮助沿线国弥补基础设施缺口，挖掘贸易潜力，促进全球贸易和跨境商业发展。

（3）增强互联互通。“一带一路”倡议有助于沿线国开展基础设施合作，提升铁路等交通基础设施的运力并扩大交通网络，增加相关经济体之间的跨境贸易，促进部分最重要经济走廊的沿线贸易。

2. 三大风险。

（1）政策壁垒。沿线国海关程序烦琐程度和对外国直接投资的限制比其他地区更加显著，对外资在开办企业、获取土地、进行商业仲裁等方面均有较多限制，需要加强政策协调和改革以增强制度性互联互通。

（2）基础设施项目风险。部分基建项目可能造成负面的环境和社会影响，甚至滋生腐败。“一带一路”沿线国治理体制往往相对薄弱，需要对此类风险加以识别并制定实施相应措施，世行集团和其他多边开发银行可从中发挥相应作用。

（3）债务风险。就部分沿线国而言，“一带一路”项目所需资金可能会增加债务负担，提高债务对 GDP 的比率。特别是低收入国家可能面临较高风险。以老挝为例，泛亚铁路中线老挝段建设耗资 60 亿美元，几乎占老挝 2016 年 GDP 总额的 40%。老挝政府对该铁路的 7 亿美元投资中，5 亿来自中方贷款。

（二）国经中心：Brookings 发文称美国企业正积极参与“一带一路”项目

2018 年 7 月 11 日，美智库布鲁金斯学会（Brookings）发文称，尽管中美对非洲发展观念不同，但双方正基于“一带一路”倡议开展密切合作，美国企业正积极参与“一带一路”倡议相关项目。

在支持非洲发展方面，中美方式截然不同。中国通过国有企业和政策性银行带动非洲基础设施建设，而美国更倾向于私营企业和市场主导商业发展，美国政府则更重视非洲大陆的能力建设和治理挑战。有消息称，两国曾考虑就推进非洲发展展开讨论，包括美国前任总统奥巴马的“非洲电力计划”曾考虑与中国合作改善非洲电力；中国拟与美国在刚果民主共和国的水电项目上进行合作。然而，出于对政治、经济和声誉方面的考虑，多年来这些猜测并未取得实质进展。

中国在非洲推进“一带一路”后，中美政府间合作仍然较少，但中美企业在非洲基础设施项目上的合作日益加强。早在 2015 年，通用电气（GE）就与中国机械设备工程股份有限公司（CMEC）在肯尼亚基佩托就风力发电场展开合作。GE 提供机械、设备、技术支持和培训，而 CMEC 是项目承包商。虽然基佩托风力电厂不是中国的项目，CMEC 只是承包商，但它为 GE 和其他中国公司在非洲开展更多样化和深入的合作铺平了道路。近期，GE 与中国电力建设集团（Power China）就在尼日利亚等非洲国家建设发电厂和电网开展合作。2017 年 11 月，两家公司在尼日利亚、埃塞俄比亚和肯尼亚路演，并签署了谅解备忘录。GE 与中国电力建设集团合作使得中美企业从由中国扮演承包商角色的传统模式拓展为联合市场开发、联合融资、联合运营的新模式。GE 拥有良好的声誉和信誉，能引进先进基础设施产业能力、技术知识和国际融资渠道。这些项目可能仍由非洲国家所有，由中国公司投标和开发，但由美国公司提供设备和技术，并从其他国家融资。此外，中美企业的共同愿景是设计、规划和系统化非洲市场，将单个项目转变成上下游机遇相互关联的网络。

（三）国经中心：WIIW 称“一带一路”倡议有利于欧亚经济发展”

2018 年 9 月 5 日，欧智库维也纳国际经济研究所（WIIW）发文称，由于地缘政治紧张、反一体化主义抬头、欧亚经济联盟（EAEU）成员国经济不振等，欧亚经济一体化面临挑战。中国“一带一路”倡议将连接欧亚经济体，通过大规模投资改变欧亚经济现状。

“一带一路”旨在促进欧亚经济联通，目前覆盖了西亚、中亚、东亚和东南亚、中东、北非以及中欧、东欧和东南欧的65个国家，并可能最终扩大到100多个国家。“一带一路”希望通过政策协调、基础设施建设、自由贸易和金融一体化等措施改善跨国运输和通信设施，促进贸易、投资、旅游业和金融市场发展。

“一带一路”覆盖国家GDP总和占全球GDP比约为60%，拥有全球1/3的人口，对全球经济影响深远。“一带一路”已得到了丝路基金、亚投行、新开发银行等金融机构，以及中俄、中印、中非发展基金等双边基金、世界银行和欧洲复兴开发银行等多双边开发机构的资金支持。一方面，“一带一路”有助于推动中国经济转型、中国落后地区发展、战略资源获取、新市场开拓、人民币国际化以及地缘战略等。另一方面，“一带一路”更多展现了区域融合愿景，缺乏明确的多边框架，更多依赖灵活的双边安排，有利有弊。此外，由于“一带一路”沿线经过高山和沙漠地带国家，基础设施建设成本较高；部分国家社会经济较为脆弱和波动，对跨境合作提出了新挑战。

目前，欧盟与EAEU对话陷入僵局，“一带一路”为欧亚经济一体化提供了有利平台。交通运输联通和减少贸易壁垒将使中国、欧盟和EAEU生产商之间的竞争更加激烈。在泛欧亚经济一体化背景下，提升监管透明度和确保公平竞争将成为合作的关键。“一带一路”、欧盟和EAEU合作将促进大规模一体化，加强跨境基础设施建设，并有助于西巴尔干半岛、中亚地区以及西伯利亚地区经济增长。在跨区域合作中，应重点建设非歧视性贸易和投资监管环境，促进相关评估程序一致化，提高建设效率。促进中亚和中东地区的和平与繁荣，符合中国、欧盟与EAEU的共同利益。

（四）意大利财政部长：意大利将从三个层次参与“一带一路”

意大利经济与财政部部长乔瓦尼·特里亚2018年在接受《中国日报》独家专访时表示，意大利已经准备好将“一带一路”倡议作为意大利经济的下一个主要增长动力。

特里亚认为，中国进一步改革开放将释放广阔的双边合作机会，并强调维护全球化、巩固两国日益密切的关系，是双方共同的愿景。“意大利必须积极参与（‘一带一路’倡议）合作，不仅要意识到参与主要基础建设项目能带来的潜在利益，而且要在‘一带一路’倡议下的贸易领域长期保持战略地位”，特里亚说。“‘一带一路’倡议是意大利必须搭上的列车。意大利公司在项目中的参与，包括与中国公司在其他国家市场的合作，都十分重要。”

特里亚在博鳌亚洲论坛罗马会议期间发表讲话。该会议吸引了来自15个国家的300名政、商和学术领袖参加。“一带一路”倡议成为热门话题，许多发言者都发表了积极言论，称其是保证全球化稳定发展的重要因素。2018年9月，意大利副总理路易吉·迪马约在北京讲话时说，意大利希望成为第一个与中国就“一带一路”倡议合作签署谅解备忘录的G7国家。由此可见，意大利对参与“一带一路”建设具有强烈的愿望。2018年8月，意大利政府专门组建了“中国特别工作组”，以帮助意大利公司实现“一带一路”发展机遇。对于特里亚而言，意大利参与“一带一路”的设想十分清晰，并且是建立在三个层次上的：直接参与基础设施建设、加强地理联系和增加对新兴市场的出口。

首先，他鼓励意大利公司在咨询、可行性研究、设计、工程、物流、机械、建筑、监控和IT、安全、金融和保险服务等领域积极寻求“一带一路”基础建设的项目机会。

其次，他认为意大利应加强其港口设施建设和运输效率，从而能够利用意大利在亚洲、欧洲和非洲之间的地理位置优势，更多地参与这些地区之间的贸易流动。

再次，意大利公司，特别是在农业和食品，可持续技术，制药、旅游和设计领域的公司，应考虑新兴“一带一路”市场不断增长的消费能力和联合能力，加强出口。

2018年6月上任后，特里亚将中国作为欧洲外的首个访问国家。此举释放了意大利想要与中国建立更加深厚合作关系的信号。除了经济合作，特里亚热衷于谈论中国，他密切关注着中国在过去40年所发生的惊人变化。这一切都得益于1978年开始实施的改革开放政策。1977年，作为罗马大学的一名年轻学生，特里亚到北京完成了一个经济研究项目，并留在北京的一家出版社工作至1979年。回忆起对中国的第一印象，他说:“这是一个重要的国家，拥有非常古老的文化，需要发展经济。”“当时的中国，与今天的中国，是两个截然不同的世界。”

回顾过去，他表示：是中国高瞻远瞩的政策发挥了关键作用，推动了经济奇迹般发展。“中国能够制定战略并坚定实施该战略，长期性和一致性至关重要。”特里亚指出，伴随着中国的经济奇迹，出现了全球经济权重从西向东转移的趋势，看到中国对可持续、公平的全球化和开放贸易越来越具责任感，这非常令人鼓舞。“中国在维护自由贸易方面发挥着领导作用，并积极与国际伙伴合作。世界重视这样的领导力，只有合作和‘非对抗’才是前进的方向。”

发挥开发性金融机构优势 高质量推动“一带一路”建设

国家开发银行研究院　刘　勇※

2018 年，国家开发银行以习近平新时代中国特色社会主义思想为指导，深入贯彻落实习近平总书记在“一带一路”建设五周年座谈会、首届“一带一路”国际合作高峰论坛的重要讲话精神，紧紧围绕政策沟通、设施联通、贸易畅通、资金融通、民心相通，多措并举高质量推动“一带一路”建设。

一、凝心聚力，开发性金融服务“一带一路”建设具有独特优势

对全球而言，“一带一路”建设是推动构建人类命运共同体的重要实践平台，沿线国家秉持共商、共建、共享的原则，共同打造开放、包容、均衡、普惠的合作架构，有利于促进要素有序流动、资源高效配置和市场深度融合。对中国而言，“一带一路”建设将开创海陆统筹、东西互济、面向全球的全方位对外开放新格局，发挥建设能力带动优势产能走出去，深化供给侧结构性改革，推动提高经济发展的质量和效益。

“一带一路”建设内容中的资金融通，对关键项目落地发挥着重要支撑作用。诸多重大项目资金需求量大、投资周期长、回报率低，需要长期、大额、稳定和成本适度的资金支持，市场需要独特的国际化运作。开发性金融较商业金融机构更能体现项目融资优势，开发银行以“政府热点、雪中送炭、规划先行、信用建设、融资推动”的方针，搭建政府与市场良性互动的桥梁，构建国内和国际市场的纽带。

2016 年 11 月，国务院审定批准了《国家开发银行章程》，明确“开发银行定位于开发性金融机构”，诠释了开发性金融“服务国家战略、依托信用支持、市场运作、保本微利”的特征，并在机构性质、支持领域、债信政策、治理结构、组织架构、风险管控、监管评价等方面作出专门安排，为开发银行长远发展奠定了坚实基础。作为全球最大的开发性金融机构、服务国家战略和中国最大的对外投融资合作银行，开发银行在以开发性金融支持重大基础设施建设、推进国际合作方面积累了丰富经验，能够在服务“一带一路”建设中发挥独特作用。

开发银行始终以服务国家战略为宗旨，与相关部委和合作国政府部门建立了密切联系，有利于做好相关政策对接；以国家信用为依托，能够筹集长期稳定的金融资金，匹配重大项目的中长期资金需求；以市场和国际化运作为基本模式，在项目运作中注重推动完善市场机制和信用环境，主动防范融资风险；以保本微利为经营原则，不追求利润最大化，有利于为重大战略性项目提供成本适度资金；坚持规划先行、推动规划合作，能够为合作国经济社会发展提供融智支持；拥有国开金融、国开证券、国银租赁、中非基金等专业化子公司，能够为合作项目提供多元化金融服务。开发银行建立与“一带一路”建设融资特点相适应的融资机制，带动各类资金持续进入。开发银行不断寻

※ 刘勇，国家开发银行首席经济学家兼研究院院长。

求业务蓝海，凝心聚力抓落实，在“一带一路”新实践上走深走实。

二、稳扎稳打，开发银行服务“一带一路”建设硕果累累

开发银行基于中国经济建设和改革开放新进程，正根据社会发展需求不断夯实优势业务基础，国际业务围绕“一带一路”建设不断深化和拓展。截至2018年末，开发银行在“一带一路”沿线国家国际业务余额1059亿美元，累计为600余个“一带一路”项目提供融资超过1900亿美元。

（一）高质量落实首届“一带一路”国际合作高峰论坛成果

首届“一带一路”国际合作高峰论坛成果清单中涉及开发银行的25项具体成果已全部落实。其中，习近平主席在首届高峰论坛开幕式上宣布由开发银行提供的2500亿元等值人民币“一带一路”专项贷款，已完成合同签约2607亿元等值人民币。在推进该“一带一路”专项贷款的过程中，坚持自主开发和选择项目，秉持绿色、环保、可持续发展理念，专门制定专项贷款评审制度，进一步加强对重大项目的社会、环境、利益相关方等方面的评估论证，强化项目自身现金流和风险管理，努力为共建“一带一路”提供长期、可持续、风险可控的金融服务。在该专项贷款的支持下，一批基础设施、产能合作、金融合作和民生环保领域项目取得重要进展，将有效夯实合作国经济社会发展基础，促进中国与相关国家实现互利共赢、共同发展。此外，开发银行统筹全行资源，加强与有关部委在成果设计、政策储备等方面对接，为第二届“一带一路”国际合作高峰论坛酝酿一系列重要成果。

（二）深化银政合作，加强政策沟通

一是开发银行发挥规划先行优势，积极配合高访，加强与相关部委的合作，积极参与“一带一路”框架下政府间经济走廊规划、双边合作规划、产能合作规划、专项规划等多层次、多类别的规划合作，推动“一带一路”合作规划及重大配套项目培育。目前已配合相关部委开展湄澜国家互联互通、中蒙俄经济走廊、印尼区域综合走廊等多边合作规划编制，开展中哈、中伊（朗）、中科（威特）、非洲区域多个国家的双边产能合作规划和研究等。二是开发银行以“一国一策”为指导，主动对接“一带一路”沿线国家基本情况和发展战略，不断加大国际产能合作的广度和深度，加强项目开发和储备，认真谋划推动叫得响、有影响、能落实的关键项目。

（三）支持重大项目建设，推进设施联通

基础设施互联互通是共建“一带一路”的重要基础，开发银行紧密围绕“六廊六路多国多港”主骨架，通过支持中资企业通过设备出口、工程承包、投资等方式参与合作国的基础设施建设。开发银行加强与共建“一带一路”国家和地区交通建设规划、技术标准体系的对接，以中长期贷款的优势，配合合作国公路、桥梁、轻轨、机场、港口等项目建设的资金需求，推进跨区域骨干道路建设，畅通陆海联运通道等。融资支持印尼雅万高铁建设，该项目成为我国首条全系统、全要素、全产业链走出去的高铁项目。支持柬埔寨首条高速公路——金边至西哈努克港高速公路建设；积极推动埃及新行政首都中央商务区项目建设；支持“一带一路”沿线国家新建电站装机容量达2200万千瓦，帮助当地将资源优势转化为经济社会发展动能。

（四）推进国际产能合作，助力贸易畅通

开发银行结合当地资源禀赋，积极推动中国与印尼、老挝、哈萨克斯坦等国的产能合作及产业园区开发，促进合作国产业发展和提升经济活力。支持哈萨克斯坦奇姆肯特炼油厂升级改造、年产50万吨聚丙烯等重大项目，以及文莱恒逸年加工800万吨原油石化项目、万华并购匈牙利项目等，进一步完善当地产业链条，提升工业化发展水平。为印尼青山工业园产业链发展提供融资支持，助力印尼不锈钢产量从零跃升至全球第二，并为当地累计创造了3万个直接就业岗位。澜沧江—湄公河国际产能和装备制造合作专项贷款已超额完成授信承诺，支持十余个项目，涉及电力、交通、境外园区、石化、水利、城市公共设施等多领域。

（五）加强金融合作，促进资金融通

通过银团贷款、联合融资、同业授信等方式，主动联合国内外金融机构参与“一带一路”项目建设，实现互利共赢、共担风险，促进向“一带一路”沿线金融机构的授信，有效助推双边经贸合作、重点项目建设和人民币国际化。一是继续深化多双边金融合作，2018年7月，开发银行牵头成立中阿银联体，创始成员行还包括埃及国民银行等4家具有区域代表性和影响力的阿拉伯国家银行。二是积极探索人民币业务创新，发挥开发银行在多边金融框架中的影响力，助力人民币国际化。推动境外投融资模式和产品创新，推动落实将PSL资金用于“一带一路”建设和国际产能合作等。

（六）支持民生发展，服务民心相通

一是积极支持合作国农业、林业、中小企业等薄弱环节发展，努力提升实体经济活力、增加就业和改善民生，让合作国民众获得实实在在的获得感。二是通过对外交流培训和奖学金为务实合作奠定社会和民意基础。邀请共建“一带一路”国家政府官员、企业代表参加中国商务部和开发银行联合组织的培训班，宣传援外工作和开发性金融有关政策、经验和成功案例。全年举办“一带一路”多双边交流培训21期，培训沿线48国逾600人次，为合作国家政策研讨、业务合作、人才培养和信息交流创办了更加便利的条件。

（七）融资融智融制，促进软联通

开发银行积极发挥“融资+融智+融制”驱动作用。2018年是国家开发银行被纳入国家高端智库建设培育单位的第二年，作为入选单位中唯一的金融企业智库继续发挥建言献策、业务实践的独特作用，坚持以业务实践为基础夯实理论研究。2018年研究成果再上台阶，开发银行与联合国开发计划署继续开展融合“一带一路”投融资标准领域研究。优化升级研究《“一带一路”贸易投资指数报告》，用中、英、俄、葡四种文字发布《金砖国家可持续发展报告（2018）》。开发银行高质量承办“改革开放与中国扶贫国际论坛”，增进了以合作共赢推动实现国际减贫目标、建设美好世界的共识，为国际减贫事业发展注入新动力。用融资融智融制结合的方式，创新金融企业智库研究方式和实践探索，加强合作国的造血功能，改善共商环境。

三、多措并举，高质量推进“一带一路”建设

积极服务国家“一带一路”建设，是经济发展阶段和新时代改革开放的历史任务，更是开发银行国际业务的最重要任务。开发银行将积极参与共建“一带一路”的伟大历史进程，多措并举、开拓创新，为促进区域经济实现联动增长、共同发展作出更大的贡献。

一是创新驱动，以对外开放促改革，对接投融资标准。开发银行将积极配合国家实施审慎、有序的渐进式金融开放战略，促进资本要素的跨国流动和市场化配置，以金融合作增强项目融资能力，以开放促改革，脱虚向实牢固服务实体经济。创新投融资模式，推动银政企协同，积极对接国际投融资标准和规则，创新融资机制制度设计，着力解决“一带一路”铁路、港口等准公益性基础设施项目融资瓶颈，形成可复制、风险可控的开发性金融境外投融

资模式。

二是改革促动，延拓金融市场联通，以项目和贸易推进人民币国际化。开发银行将在“一带一路”区域积极探索跨境人民币业务创新，配合推进人民币海外基金业务。便利人民币资本跨境流动，以互联互通模式促进境内金融市场与国际对接，为人民币资产提供更优质的风险定价平台，推进人民币在贸易结算、直接投资、金融市场交易层面上的跨境循环使用。深度挖掘多边机制下的双边合作项目，在银团贷款、联合融资、双边授信等具体业务上推动人民币国际化。

三是开放带动，丰富风险化解手段，切实做好风险防控。开发银行将针对“一带一路”沿线国家风险特征，增强防范金融风险的战略定力、主动性和前瞻性，提高防范化解风险能力。加强国际业务的风险管控差异化政策研究，积极开展“一国一策”研究，对重点国别、领域、行业开展专项研究，提高风险管理精细化水平。强化风险预警，丰富风险化解手段，切实做好项目风险管理，确保资金安全。

四是融合制动，完善审慎政策架构，深度配合金融监管。开发银行将加强金融开放过程中的风险管理，进一步完善审慎政策下的业务架构。加强金融决策监管、资产管理、支付结算、标准制定的合作，通力合作促进国家金融管理中心落地，并配合相关工作。加强对境外投资者行为和跨境资金的日常监测和风险预警，配合金融监管部门，认真履行一线监测和信息报送义务，防范违规交易和异常跨境资本流动风险。

五是智库联动，重视“三融”作用，强化软联通研究支撑。充分发挥“融资+融智+融制”作用，汇集“一带一路”管理部门、高端智库、金融信息服务提供商等，促进融合并发挥管理决策、信息融通、广泛传播的作用。注重从传统贷款融资服务向国际咨询融智服务的升级，以结对子形式探讨“一带一路”智库间战略合作，全面促进“一带一路”软联通。

“一带一路”建设助推引领全球化 4.0

中国银行国际金融研究所 廖淑萍

一、逆全球化趋势下“一带一路”建设的重要意义

当前“逆全球化”趋势对世界经济增长的制约。客观地说，当前的“逆全球化”趋势主要是由发达国家所主导的。英国《金融时报》首席评论员马丁·沃尔夫曾指出，在他有生之年看不到发达国家推进贸易自由化的动力。

2008年金融危机对世界经济产生了巨大冲击，引发国际政治经济格局的深刻调整。尽管危机爆发至今已超过10年，但世界经济复苏仍不稳固，各种不确定因素仍在增加。特别是，当前的“逆全球化”风潮正在成为影响多边规则的绊脚石，制约了世界经济复苏步伐。作为“逆全球化”的典型表现，英国脱欧一度让全世界惊恐。欧洲政坛选举过程中，一些政党所倡导的民粹主义理念大受欢迎。特朗普在竞选美国总统时提出“美国优先”的口号，正式就任总统上台后一步步兑现其竞选承诺，美国先后退出《跨太平洋伙伴关系协定》(TPP) 和《巴黎协定》，又针对中国发起贸易摩擦，试图以单边主义维护美国霸权，挑战世界贸易组织 (WTO) 的多边贸易规则。

当前“逆全球化”风潮对世界经济的冲击主要表现在：

第一，跨国投资增速下降，生产要素流动受限。“逆全球化”最主要的冲击在于它限制了生产要素的国际流动，制约了国际分工水平和劳动生产率的提升。在全球经济和金融一体化趋势之下，全球生产和融资是一个有机的整体，为国际分工和跨国投资提供了广阔的市场和充足的资金来源，由此带动了国内国际市场的日益融合，实现了全球生产要素的自由流动和生产资源的优化配置。但金融危机以来，受经济增长疲弱、跨国企业信心不足等影响，国际投资始终表现低迷。根据联合国贸发会议 (UNCTAD) 的统计，2018年全球直接投资流量同比减少13%，为1.3万亿美元，连续三年下滑，降至全球金融危机以来的低点（图1）。主要原因是发达国家吸收外资下降40%。发展中国家吸收外资增长3%，保持基本稳定。联合国贸发会议预计2019年全球直接投资将有所回升，但增长仍然疲弱。

不仅如此，许多发达国家还对人才、资本、技术的流动设置种种限制。例如，美国总统特朗普上台后，大幅收紧移民政策，主张在十年内将美国每年入境的合法移民数量减少50%。在英国脱欧方案中，限制欧盟劳动力向英国的流动是其核心诉求。劳动力的减少无论在短期还是长期内都将削弱经济增长的潜力。此外，欧盟、美国均以“国家安全”为理由修改相关法案，对外国投资作出更加严格的审查。

第二，贸易保护主义加剧，国际贸易增速放缓。贸易是世界经济增长的重要推动力。但近年来，贸易保护主义呈现复杂化的趋势，对国际贸易发展产生了冲击。在世界经济持续低迷的情况下，各国为了政治利益或保护本国就业和生产开始主动干预市场，这种情况在发达国家尤其明显。发达国家不仅继续沿用以往的保护举措，而且还通过法律制度和行政干预等设置形形色色的障碍，如征收高额反倾销税、反补贴税，规定优先购买本国产品和服务，提高标准化和技术规定，加强动植物检验检疫、

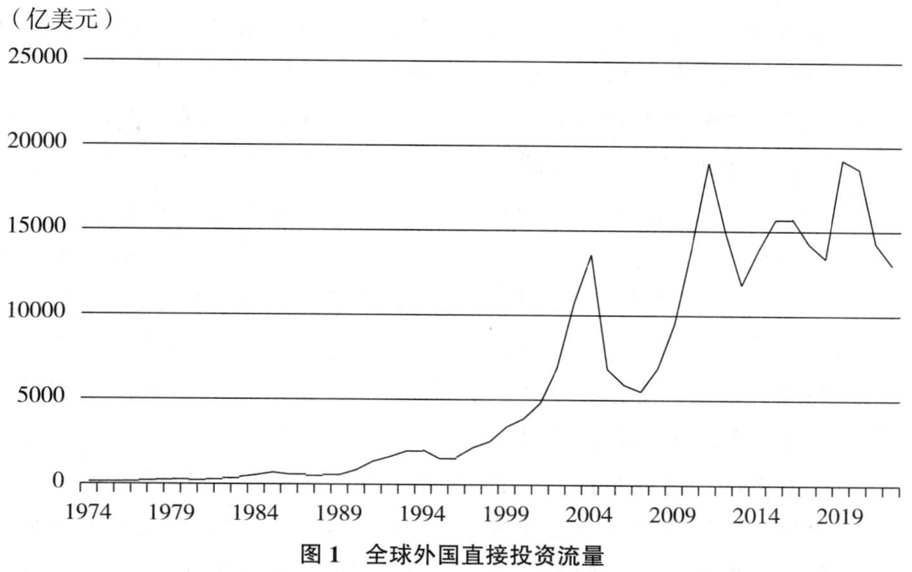

图 1　全球外国直接投资流量

资料来源：UNCTAD 数据库

移民限制等，以达到削弱进口产品竞争力或限制外国企业进入的目的。根据 WTO 统计，2018 年 10 月 16 日至 2019 年 5 月 15 日，G20 国家新出台了 40 项贸易限制措施，平均每个月 3 项，其中进口关税所覆盖的贸易规模高达 3359 亿美元，仅次于上一个记录期间（2018 年 5 月 16 日至 2018 年 10 月 15 日）的 4809 亿美元。受此影响，自 2011 年以来，国际贸易持续低迷，2019 年前三季度全球贸易景气指数分别为 96.3、96.3、95.7，维持 2010 年 3 月以来最低，且连续四个季度低于趋势水平。WTO 在 2019 年 10 月将全年贸易增长预期下调至 1.2%。

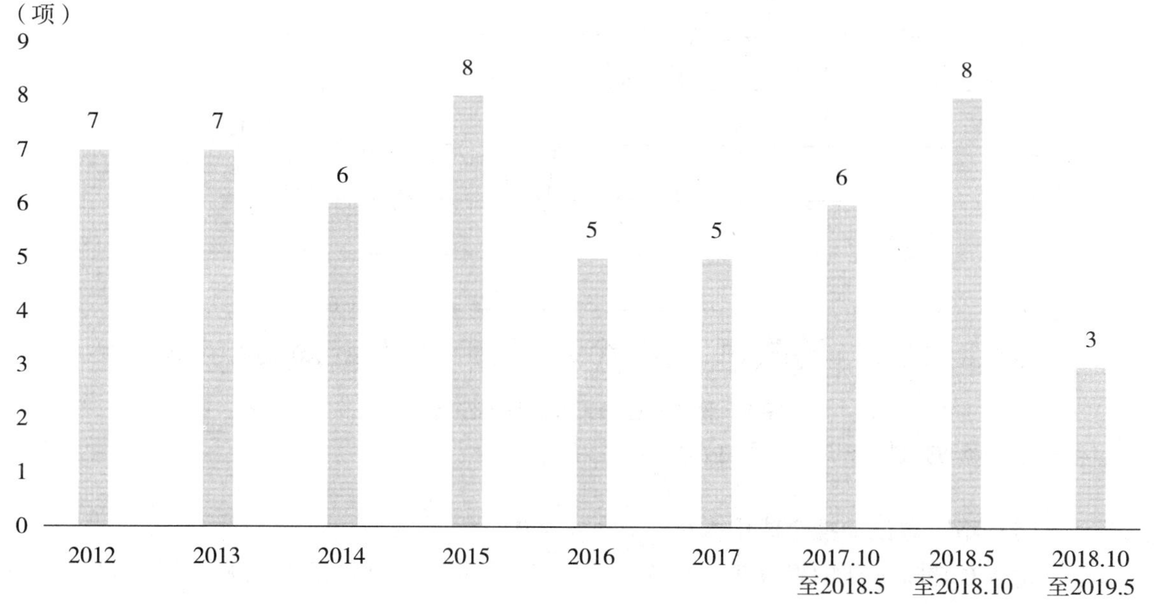

图 2　G20 国家平均每月出台的贸易限制措施

资料来源：WTO

第三，国际政策协调难度加大，加剧金融市场风险。受金融危机以来世界经济增长乏力、贫富差距扩大、国际关系失衡等因素影响，民粹主义思潮在部分国家再度兴起，继英国脱欧和美国特朗普上台之后，德国、法国、意大利、荷兰等国均出现民粹主义政治运动。民粹主义在意识形态上具有反建制、排外主义等特征，进一步加剧了各国的保护主义倾向。这有可能引发各国以邻为壑的经济政策，使正在复苏的全球经济重陷衰退。国际货币基金组织（IMF）指出，一旦全球保护主义情绪进一步加剧，必将放缓甚至逆转国际政策协调和经济全球化进程，阻碍贸易自由化、资本和劳动力流动，并可能引发不可持续的政策，拖累全球生产率和经济增长，加剧金融市场动荡。国际清算银行（BIS）进一步指出，在当前全球高杠杆率的环境下，保护主义政策还可能恶化企业与家庭的利润和收入，破坏其本已脆弱的资产负债表，酝酿新的金融风险。

正是在这样的国际背景下，习近平主席提出的“一带一路”伟大倡议，具有特殊重大的意义。从历史上看，全球化有力地促进了国际分工，加快了资金、技术、产品的跨国流动，带动了各国的深度融合，为世界经济增长提供了强劲动力。第二次世界大战后到2008年金融危机前，欧洲经济的重建（20世纪五六十年代），亚洲“四小龙”的崛起（20世纪八九十年代），中国近40年的高速发展（20世纪80年代以来），始终以开放合作为主线，引领了全球经济的三轮大发展。当前，尽管全球化遭遇一些挑战，但大多数国家仍愿意加强合作，使全球化进程更有活力、更加包容、更可持续。正因为如此，“一带一路”伟大倡议一经提出，就得到了世界上大多数国家的认可和响应。

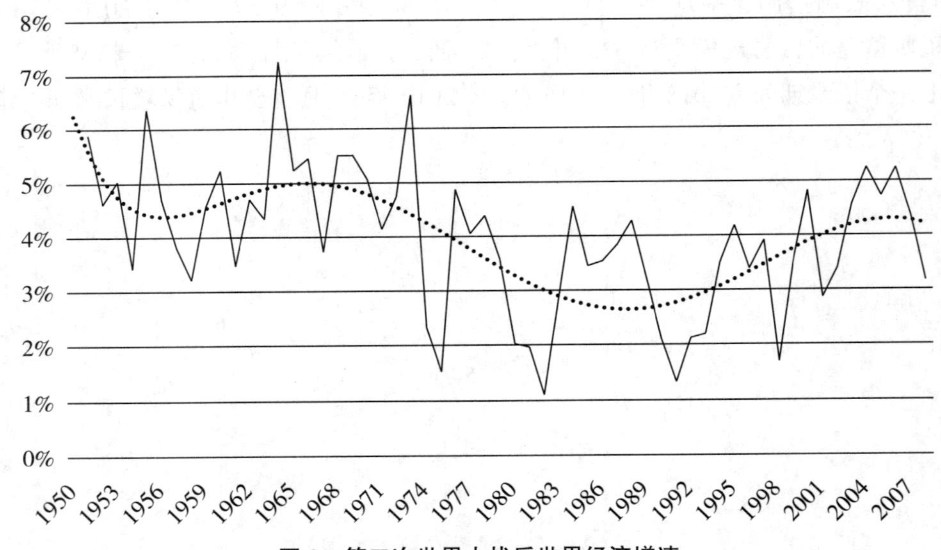

图3　第二次世界大战后世界经济增速

资料来源：根据麦迪逊世界经济千年史数据库整理得出。

二、“一带一路”建设助推全球化4.0

1. 全球化4.0呼唤全新的发展理念。作为人类文明发展的规律之一，全球化的步伐自哥伦布发现新大陆以来就一直没有停歇。在经历了1.0、2.0和3.0阶段后，当前全球化已迈进4.0时代。

根据日内瓦国际关系及发展学院国际经济学教授、欧洲经济政策研究中心前主席理查德·鲍德温的研究，19世纪，随着蒸汽动力大幅降低货物的国际运输成本，全球化迅速发展。

全球化 1.0 开始于 1820 年，结束于第一次世界大战之初。全球化 2.0 开始于第二次世界大战后，结束于 1990 年左右。在两次大战期间，全球化倒退了。全球化 1.0 和 2.0 时期，七国集团（G7）各国的出口、收入和工业增长迅猛，G7 占世界国内生产总值（GDP）的份额由 1820 年的五分之一升至 1988 年的三分之二，在世界贸易中所占的份额超过 50%。全球化 1.0 对全球工业格局的影响显著。英国是第一个工业化国家，它一直保持着巨大的领先优势，直到 20 世纪初被美国超越。七国集团中的其他国家在 19 世纪中后期崛起。自人类文明出现以来，中国、印度、巴基斯坦等国一直是主要的工业强国。但随着七国集团的工业化，这些国家的工业生产能力受到明显削弱。

20 世纪后期，当信息和通信技术（ICT）出现后，国际贸易和生产成本大幅降低，全球化再次向前跃进。这一“新全球化”，即全球化 3.0，对全球 GDP 份额产生了显著影响。20 年间，七国集团在世界 GDP 中所占份额暴跌至原来的 50%，在贸易中所占的份额也降至原来的 32%，成为过去二三十年引发国际政治经济格局的重大因素。1970 年至 1990 年间，G7 国家在全球制造业的份额就开始逐渐下降，从 1990 年开始则加速下降。制造业去了哪里呢？“快速工业化 6 国”（简称为 I6）几乎占去了所有份额，I6 包括中国、韩国、印度、波兰、印度尼西亚和泰国，其中中国表现突出，短短 20 年里，中国在全球制造业中的占比提高了将近 16 个百分点。

与此前三次全球化浪潮不同的是，全球化 4.0 时代是一个碰撞的时代，也是一个层出不穷和前所未有的挑战时代，包括人工智能、大数据、自动化、未来的网络与虚拟经济、新的地缘政治等。理查德·鲍德温教授认为，全球化 1.0 代表了第一次世界大战前世界经济野蛮生长的时代，全球化 2.0 是第二次世界大战后国际秩序与治理体系建章立制的体现，全球化 3.0 以离岸外包的兴起引发了全球价值链革命，那么在全球化 4.0 时代，技术进步以指数化速度推进，服务行业贸易壁垒被消除，发达国家乃至全球数以亿计的服务业岗位将受到人工智能带来的自动化和数字技术推动的“远程迁移”趋势冲击。

全球化 4.0 可以看作是人类新的发展阶段。当前贸易保护主义和单边主义在一些发达国家愈演愈烈，全球经济治理似乎正在失去方向。全球化 4.0 前的三个阶段在相应时期都推动了人类文明的发展进步，但是随着进一步发展，目前全球化带来了一些问题，诸如全球贫富差距拉大、失业现象严重、全球治理不公和失效等问题，逆全球化现象也开始逐渐显现。因此，在全球化 4.0 时代，我们需要以合作共赢、共同发展为核心理念，改革全球治理体系共同推进全球化发展。同时，各国还需就技术进步带来的新变化、新风险展开对话，加强合作，避免全人类再度陷入危机管理的迷雾之中。

2.“一带一路”致力于解决全球化的固有缺陷。自 2001 年加入 WTO 以来，中国快速融入全球化，在全球经济中的地位和贡献不断提升。“一带一路”倡议是中国从“融入全球化”到“引领全球化”转变的标志，也成为中国在全球化 3.0 向 4.0 切换过程中的一份全面而主动的规划。

中国主动适应全球化，不断为全球化作出积极贡献。从开放初期的简单引入资金、技术和资源，到后来更好地理解和全面拥抱全球化，中国逐步融入世界市场，将自身发展战略与世界发展趋势更加紧密地融合在一起。特别是，2001 年加入 WTO 以后，中国践行自由贸易理念，全面履行加入承诺，大幅开放市场，坚定维护多边贸易体制。关税方面，大幅降低进口关税，截至 2010 年，关税总水平由 2001 年的 15.3%降至 9.8%；外贸经营权方面，促进经营主体多元化，激发各类企业开展贸易的积极性，2017年，民营企业出口占比达46.6%，成为对外贸易的第一大出口经营主体；服务业方面，在WTO分类的服务业160个分部门中，中国承诺开放100个分部门，接近发达成员平均承诺开放108个分部门的水平；知识产权保护方面，修订《商标法》《反不正当竞争法》，不断完善知识产权保护法律体系，从2001年起，中国对外支付知识产权费年均增长17%，2017年达到286亿美元。中国为履行承诺付出巨大努力，是多边贸易体制的积极参与者、坚定维护者和重要贡献者。1997年亚洲金融危机和2008年国际金融危机使全球化遭遇重大考验，中国在保持自身经济和金融稳定的同时，积极加强与各国协调合作，参与全球治理改革、危机援助，维护了全球化成果，展现了大国担当。

2013年以来，中国秉持共商共建共享的全球治理观，提出“一带一路”倡议，打造国际合作新平台，构建人类命运共同体，为全球化贡献中国智慧和中国方案。“一带一路”倡议是中国基于自身发展的需要和周边政治经济环境所作出的战略判断和抉择，也是承接历史与现实、进一步提升国际地位和影响力的蓝图。从以往全球化的历程来看，由于全球化2.0以来所形成的全球治理结构存在先天缺陷，绝大部分国家都期望出现一个具有平等互惠基础的全球经济发展体系。而自2008年全球金融危机以来，发达经济体实力相对下降，其主导全球化的意愿、方式发生变化，原来支撑全球化的理念规范（如自由贸易、开放市场、民主政治、多元文化等）面临前所未有的挑战。正是基于中国目前的经济规模和发展需要，以及全球化推动下世界经济合作与分工程度的不断深化和广泛需求，中国在内外部环境日趋成熟的条件下，高瞻远瞩地提出了“一带一路”倡议。

三、“一带一路”引领全球化新格局

“一带一路”建设搭建了中国与世界互联互通的桥梁和纽带，“共商共建共享”的理念不仅极大地激活了全球各国的发展潜力，更为各国实现互利共赢提供了最重要的前提和基础。“一带一路”建设必将凝聚全球共识，引领全球化新格局。

第一，“一带一路”建设将推动各国抓住新一轮产业革命机遇，实现经济转型升级。现代工业将信息网络、先进材料和工艺以及现代管理等新成果，广泛应用于产品研发设计、生产制造、营销管理、售后服务全过程，保障了社会发展的物质供应，同时还具有技术先进、知识密集、附加值大、成长性好、带动性强等特征，是一国综合国力和核心竞争力的重要体现。中国将制造业定位为“立国之本、兴国之器、强国之基”。2008年全球金融危机对实体经济过度虚拟化、服务化的发展模式进行了一次全面洗礼，危机后具有更强经济韧性的经济体都在制造业发展上表现突出，例如中国、美国、德国、日本与韩国等，特别是中国逆势崛起，一举成为世界第一制造业大国。比较而言，一些金融业、房地产和其他服务业较为发达的国家则受到了严峻的挑战，以南欧国家、英国等为典型。正是基于制造业的重要性，发达国家掀起“再工业化”浪潮。在此情况下，工业4.0应运而生，而全球化4.0与工业4.0相辅相成。促进制造业的智能升级是各国把握全球化4.0进程的突破口。只有抓住工业4.0的机会，在信息技术和传统工业融合中，实施以创新驱动，对技术、工业体系、商业进行创新，才能实现经济转型升级，在全球竞争中保持持续发展动力。“一带一路”建设大力推动国际产能合作和第三方市场合作，将有助于各国在新一轮产业革命中找准定位，推动发达国家和发展中国家在资金、技术、市场等方面的优势互补，实现全球产业链和价值链的大联通。

第二，“一带一路”合作为世界提供了全球公共产品。全球公共产品是一个或多个国家提供给国际社会共同使用的资源、制度、物品和设施等。“公共产品”的概念首先由保罗·萨缪尔森在1954年提出，具有两大特征：消费的非竞争性和非排他性。自2008年国际金融危机以来，世界经济遭遇重挫，逆全球化趋势凸显，贸易保护主义有所抬头，全球经济治理乏力，传统的全球化动力正在逐步减退。特别是发展中国家在基础设施建设、工业及贸易发展等领域面临着资金、技术等多重缺口的难题。在现实条件下，传统欧美强国提供全球公共产品供给的可能性逐步降低。自古代丝绸之路起，中国就有提供国际公共产品的先例。改革开放以来，中国一度是“国际公共产品”的消费者，但是随着经济实力的不断增强，中国为国际社会提供公共产品的意愿和能力也逐步上升。中国提出“一带一路”倡议，既填补了发达国家提供公共产品能力下降后的空缺，也为国内提供了一个前所未有的开发开放平台，构建起了前所未有的大棋局。中国可以“一带一路”国际合作高峰论坛为契机，推动建立“一带一路”合作平台，加强合作机制，使其成为新的全球化治理模式。要深化和利用好现有合作平台机制，推进“一带一路”沿线各国务实合作。特别是通过对有关机制进行补充，加强规则的制定与对接，形成照顾各方利益的柔性联动机制。

第三，“一带一路”建设将促进国际治理改革，构建以合作、平等、共赢为核心的新型国际关系。“一带一路”倡议旨在构建一个平等、包容、开放、互惠互利的以合作共赢为核心的新型国际关系，与第二次世界大战后马歇尔计划所谋求的由美国主导的国际秩序完全不同，这种新型关系不仅是“一带一路”倡议顺利推进的保障，也是全球化4.0的核心宗旨。要促进国际治理机制改革，使之反映世界政治经济格局的深刻变化，使新兴市场和发展中国家能够获得与其经济地位和贡献相匹配的话语权。按市场汇率法衡量，新兴和发展中国家经济总量占全球份额从2008年的31.1%已上升到2017年的40.1%，全球贸易份额也从32.6%上升到36.3%，对世界经济增长贡献率超过45%。在此背景下，国际治理规则和秩序理应向新兴经济体倾斜，以适应国际经济和贸易格局变化，让责任和权利相匹配。然而现实却是，世界现有三大经济组织几乎都被以美国为首的西方发达国家集团所主导，某种程度上已成为西方对其他国家进行干涉的主要工具，这种组织的运行模式既不符合绝大多数国家的利益，也不符合世界未来的发展潮流。因此，“一带一路”建设要与国际治理机制改革相结合，通过带动沿线国家经济发展，提升新兴经济体国际话语权和影响力。

例如，加强与相关国家战略对接，建立更加紧密的互利合作关系。积极推进与东南亚、南亚、中亚、东北亚等周边国家产能合作，加快区域全面经济伙伴关系（RCEP）谈判，争取早日建成亚太自贸区；统筹中国—欧盟和中国—中东欧国家“16+1”合作，让中国与欧洲利益深度交融；实施中非工业化、农业现代化、基础设施等十大合作计划，助力非洲经济发展，壮大新兴经济体在国际舞台上的地位。以联合国和国际货币基金组织（IMF）、世界银行、世界贸易组织（WTO）、金融稳定委员会（FSB）等国际机构为重点，维护现行多边体制权威性。充分利用达沃斯论坛、博鳌亚洲论坛等非官方会议组织，促进国际经济多层次合作与交流。注重发挥亚洲基础设施投资银行和新开发银行作用，扩大其影响力。

第四，“一带一路”建设将助力人民币国际化，提高国际货币体系稳定性。美国能长期维持其在全球化进程中的主导地位，一个重要原因在于美元是最为重要的世界货币。凭借这种优势，美国不仅能在世界经济竞争中占据主动权，同时能够通过其货币政策的调整影响全球经济格局。2008年全球金融危机爆发以来，国际社会关于改革“美元独大”的国际货币体系的呼声强烈。在此背景下，人民币国际化成为现实需要。事实上，人民币在过去二十多年已经成为维护全球金融稳定的重要力量，突出表现在两个方面：一是金融危机的“稳定器”。1997年亚洲金融危机期间，东南亚各国由于受到金融冲击，汇率竞相贬值。中国对外公开承诺人民币不贬值，为各国抵御危机冲击增强了信心。2008年全球金融危机期间，人民币不但没有贬值，还保持了一定的升值，为世界经济的稳定发展承担了重要的责任。中国稳定的社会政治环境、快速的经济增长、平衡的财政收支、较低的外债水平和庞大的外汇储备，是避免汇率大起大落、维持人民币信心的重要基石。二是国际汇率风险的“避风港”。随着中国与世界各国经贸往来日益密切，国际上产生了以人民币进行计价结算、规避汇率风险的广泛需求。经过几年的发展，人民币已经成为我国第二大跨境收支货币、全球第一大新兴市场外汇交易货币、第三大SDR篮子货币、第五大国际支付货币和第六大外汇储备货币。近年来，中国人民银行先后与37个国家和地区央行签署了总额超过3.3万亿元的货币互换协议。

据不完全统计，全球已有超过60个国家和地区将人民币纳入外汇储备。这充分说明人民币对各国投资者具有很高的吸引力。“一带一路”沿线大多数国家汇率波动频繁，通过在与沿线国家进行贸易和投资活动的基础上推进人民币结算进程，逐步提升人民币的国际地位和影响力，不仅有利于降低沿线国家汇率波动风险，也将促进中国与沿线国家贸易投资活动，带动沿线国家经济发展，为全球化4.0进程注入新的活力。

“一带一路”境外项目政治风险防范要双管齐下

中国出口信用保险公司　刘　艳[※]

一、引言

政治风险是企业赴海外投资必须关注的一项风险，政治风险具有非连续性、难以预料性，一旦发生，对一个国别甚至相关区域的所有国际投资都产生负面影响。世界银行集团多边投资担保机构（MIGA）[①] 将政治风险广义地定义为：“企业运营遭受政治力量或事件破坏的可能性，不论是由东道国国内还是由国际环境所导致的，在东道国政治风险大多数是由政府或其机构的行为，也包括少数团体或者分裂分子的活动所引发的”。在国家风险评定中，世界政治风险指数（ICRG）对政治风险赋予 50% 的权重，中国信保在国家风险评级体系中赋予 1/4 以上的权重，政治风险从国家安全环境、政治稳定性、国际关系、政府干预和社会稳定方面进行分析。[②] 经济风险和法律风险还会通过一定的传导机制，引发政治风险。政治风险引发东道国投资环境变化，再传导到个体项目，造成外国投资者损失。

政治风险保险（Political Risk Insurance，PRI）是基于投资者或被保险人与保险机构签订的合同，保险机构承诺一旦东道国发生了造成投资者权益损失的事件，将会按照保险合同项目的被保险人履行赔付义务。政治风险保险承保风险，包括政治暴乱、货币汇兑限制和征收，有的将东道国政府违约（如撤销许可），贿赂和腐败，贸易限制，仲裁裁决不履行[③]。保险人为投资者提供一项或者几项政治风险组合保险安排，或者对某些国别和产业部门进行量身定制的安排。

国际投资协定（International Investment Agreements，以下简称“IIAs”）最早出现在双边层面，双边投资保护协定（Bilateral Investment Treaties，以下称 BITs）是两个国家之间签署的关于一国私人投资者在另一国待遇和条件的国际协定，是约束政府履行对来自不同国家投资者相应的待遇和保护承诺的一种国际法。随着区域一体化增强，区域协定的内容也从贸易领域向资本和投资合作领域扩散，投资规则以及与投资有关的问题也纳入 IIAs 的规制范围内。

政治风险有多种风险缓释工具，包括国际投资协定（IIAs）、政治风险保险、外交保护等。[④] 本文将对比分析 IIAs 和海外投资中的 PRI 对政治风险管理能力，探寻一套海外投资政治风险管理的组合拳，为我国海外投资权益提供保障。

※ 刘艳，国际法学（国际经济法方向）博士，应用经济学博士后，现就职于中国出口信用保险公司客户管理和市场开发部。

① World Bank Group，Multilateral Investment Guarantee Agency （MIGA），*World Investment and Political Risk* 2011，available at www.miga.org/documents/WIPR11.pdf

② 主要关注整体安全环境、战争与内乱、政局状况、民族宗教、地缘政治、国际制裁、国有化/征收行为、汇兑限制、罢工游行、恐怖主义和暴力犯罪等。中国出口信用保险公司编著：《2018 年国家风险分析报告》，中国财政经济出版社。

③ 仲裁裁决不履行（arbitration award default，AAD）是指当东道国政府拒绝履行裁决中对投资者有利的货币支付义务。有的政治风险保险考虑扩大 AAD 的覆盖范围，将由于条约产生的 AAD 也纳入政治风险保险的范围，而不限于投资者与东道国政府签署的直接协议提交的仲裁裁决义务不履行，也有的认为将政府的非货币支付性义务视为国际法和保险协议中的征收纳入政治风险的范围。See Frederick E Jenney，‘Political Risk Insurance for Collection of Arbitral Awards’ in R Doak Bishop （ed），Enforcement of Arbitral Awards Against Sovereigns ，Juris Publishing 2009，p223.

④ 中国出口信用保险公司：《2019 年国家风险报告》，绪论部分。

二、PRI 和 IIAs 的联系

（一）IIAs 为信用保险机构的代位求偿权提供了法律依据

为了保护和鼓励本国私人海外投资，第二次世界大战后，一些欧美国家建立了本国的海外投资保险制度。美国最早建立了国内投资保证制度，并以与资本输入国签署 BIT 为实施国内投资保证制度的法定前提。美式 BITs 的特点是重在政治风险保证，特别是着重于关于代位求偿权及处理投资争议程序的规定。① 由此实现了国内投资保证制度的域外延伸与效力衔接。IIAs 中的代位条款一般规定：“若一缔约方或其代理机构依据其对投资者的涵盖投资授予的担保或保险合同向该投资者做了支付，则另一缔约方应承认该投资者的任何权利或诉请均转移给前述缔约方或其代理机构。所代位的权利或诉请不得超过前述投资者原有权利或诉请。此权利可由缔约方行使，或由其授权的任何代理机构行使。”② 基于此条款，国内保险机构在赔偿后自动获得对缔约东道国的代位求偿权。

（二）IIAs 是 PRI 定价的权重因子

按照国际 ECA 的通行做法，保险机构在政治风险承保过程中都要对本国是否与东道国签署了 BIT 充分考量。美国、德国和丹麦等国家将是否与东道国签署 BIT 作为提供政治风险担保的前提。“日本、澳大利亚、挪威等国家实行单边投资保险制，不要求以本国政府同东道国签署 BIT 作为承保的前提，但实践中也积极利用 BIT 作为调整投资环境的重要手段，以确保投资保证的效力。”③ 同时，大多数国家也将是否与投资目标国签署 BIT，目标国是否为《纽约公约》和《解决国家与他国国民投资争端公约》（简称《华盛顿公约》）缔约国，作为风险定价的正面因子，酌情降低保费，作为风险对价。在信用保险实务中，BIT 协定也是法律尽调的内容之一。在理赔追偿阶段，BIT 也是启动对投资者实行预赔付的前提条件。

政治风险承保之所以关注 BIT，是因为从法律效力看，BIT 是两个国家之间的特殊的国际法，仅对缔约双方有约束力，若缔约的其中一国不遵守条约，就要承担国家责任，这比国内法保护有效很多；BIT 可以在互惠的基础上谋求协调一致；资本输出国将 BIT 作为本国投资保险制度的前提，资本输入国可以增强投资者的安全感，有利于吸引外资。④ 投资者所在国政府与东道国签署 BIT 增加了“东道国政治风险可控”的证明力度。

（三）IIAs 规则重构对 PRI 风险保障提出挑战

如今，国际投资规则正在发生重构，以促进可持续发展投资为总政策目标，强调在促进投资保护的同时捍卫国家的规制权⑤，投资规则中关于国家投资管理权的规则越来越多，也愈发精细化，规制的范围由边境外向边境内延伸，一改偏重保护投资者的立法范式，不论从序言、规则设置还是投资仲裁庭对 IIAs 的解释适用都表现出对国家管理权的尊重。

1. 序言对管理权、促进可持续发展政策空间的确认。新一代 IIAs 序言部分多纳入关于确认国家管理权的表述，例如，“进一步认识到需要依据可持续发展的原则促进投资；”⑥ 认识到在不降低对健康、安全和环境的普适措施下也可实现这些目标；认识到投资者遵守缔约一方，即从事对经济、社会和环境的进步作出贡献的投资活动所在地的法律法规的重要性。⑦ 这些原

---

① 余劲松著：《国际投资法》（第五版），法律出版社 2018 年版，第 190-191 页。

② 2014 年《中国—加拿大投资保护促进保护协定》，第 13 条第 1 款。

③ 余劲松著：《国际投资法》（第五版），法律出版社 2018 年版，第 184 页。

④ 姚梅镇：《国际投资法》，武汉大学出版社 1987 年修订版，第 304-305 页。

⑤ UNCTAD：World Investment Report 2018，taking stock of IIAs reform，pp. 95-97。

⑥ 2014 年《中国—加拿大投资与促进保护协定》序言。

⑦ 2014 年《中—日—韩投资促进与保护投资的协定》序言。

则性的表述增强了对 IIA 规则的指引性，为仲裁庭适用规则提供了方向。

2. 例外条款的增加。早期的 BIT 并不含例外条款，只规定了与投资保护和争议解决相关的内容，随着 IIAs 将促进投资自由化、促进可持续发展等政策目标纳入其规制范围，IIAs 中的例外条款成为缔约国作出国际承诺的安全阀。当东道国面临政治危机、国民经济持续发展困难时，国家可采取必要的管理措施，维护国家根本安全利益或公共利益，不承担国际法律责任。例外条款的设置可以平衡投资保护和东道国公共利益，为东道国预留政策空间。从投资者风险角度看，例外条款的设置改变了投资者的预期利益受保障的范围。

IIAs 中的例外条款借鉴了国际贸易协定中的表述和适用方法，[①] IIAs 例外条款主要包括一般例外、国家安全例外、金融审慎例外，有的还包括特定行业或发展例外。以下是常见的三种例外条款。

（1）一般例外。晚近的大多数 IIAs 规定了基于公共卫生、秩序和道德以及国家安全等的考虑例外条款。例如《能源宪章条约》第 24 条规定国民待遇例外是："在能源原料和产品短缺的情况下，为了保护人类、动物或职务的生命健康，或为了保护原著居民、在经济上处于劣势的投资者的利益，缔约国可以对取得、销售此类原料和产品进行限制，只要不构成对能源领域经济活动的变相限制或武断、不合理的歧视。"

（2）国家安全例外。为了保障国家的国防安全、国际和平与安全以及与经济安全，国家采取必要的非歧视性措施，具有国际法的正当性，国家可以自行判断是否可以采取此措施。

（3）金融审慎例外。近来，国际金融危机频发，给有关国家、地区甚至全球都带来严重影响，各国为防范金融危机而采取的金融审慎措施也成为 BIT 的例外之一。[②] 日本和越南 BIT 中规定国际收支困难例外条款："协议签署方可能会采取或者维持与协议中规定的责任不相符的措施：（1）遭遇严重的国际收支和外部财政困难；（2）在特定情况下，资本的流动引发了宏观经济管理的严重困境，尤其是在货币政策领域……"《中国—加拿大投资协定》第 33 条一般例外规定，"三、本协定中任何规定均不得被理解为阻止缔约方基于审慎原因采取或维持的合理措施，（一）保护存款人、金融市场参与者和投资者[③]、投保人、索赔人、或金融机构对其负有信托责任的人的措施；（二）维持金融机构的安全、稳健、完整或其财务责任的措施；（三）确保缔约方金融体系的完整性和稳定性的措施。四、本协定中任何规定均不得适用于公共实体。[④] 为实施货币和相关信贷政策或汇率政策而普遍适用的非歧视性措施。本款不应影响缔约方依据第十二条应承担的义务。"

事实上，国家安全例外与一般例外有密切关系，国家的金融安全也关系到国家安全，国家的金融秩序也关系到公共秩序。为了防范金融危机的发生，国家基于审慎原因有必要采取措施来维护金融体系稳定，保护公共利益，而不应该等到金融危机发生后才采取措施。只要东道国不是恶意地将其作为逃避协定义务的手段，东道国政府则具有采取限制措施的正当性，不承担法律责任。[⑤] 这一规定与投资者的汇兑风险密切相关。

3. 对投资者产生的政治风险评估。在 IIAs 用大量规则确认国家管理权的背景下，为了保障本国的国家安全、公共福祉、特定时期的金融秩序，国家可以将更多的政策目标纳入对外干预的事项范围，虽然一国外资法和 BIT 承诺

---

① 条款规定"在……条件下，不得妨碍东道国政府采取以下措施……"，也被称为不排除措施条款。

② 余劲松著：《国际投资法》（第五版），法律出版社 2018 年版，第 229 页。

③ 本款中"投资者"特指缔约方金融市场中的投资者。

④ "公共实体"系指缔约方的中央银行或货币管理机构，或缔约方拥有或控制的任何金融机构。

⑤ 余劲松著：《国际投资法》（第五版），法律出版社 2018 年版，第 224-229 页。

保障外资的合理预期、非歧视待遇等权利，但是国家将有更多的机会干预投资者，例如在新能源领域，国家财政困难将成为取消对外资优惠政策的正当理由；在国际收支不平衡的情况下，国家可以采取汇率管制政策。即便投资者通过国际投资仲裁寻求救济，仲裁庭也会基于新一代投资规则改革的目标作出不利于投资者的解释。IIAs对国家管理权的确认意味着国家干预投资者的概率增加，加之间接征收与管理性征收边界的模糊性，投资者获得间接征收的有利证明将越发困难，向保险机构索赔的概率进一步降低。

安全例外和一般例外下的风险需要投资者自担。信用保险机构也会将基于公共利益产生的法律变动作为除外责任，“在保险单生效日之前已适用的，为公众所知或理应为被保险人所知悉的任何法律、法规、政策、程序等导致的损失。”[①] IIAs和海外投资保险均将管理政策和法律变化引起的投资损失排除在保障范围之外，这部分风险将作为无法被PRI所覆盖，构成暴露的一部风险，需要投资者自行承担。

此外，新一代投资规则对非经济利益的保护，也将以非经济风险的方式传导给投资者，部分会通过征收风险、违约风险、汇兑限制风险的方式表现出来。[②] 除了投资规则重构增加政治风险的可能性外，基于东道国政治治理能力薄弱，国际安全局势变换也会产生政治风险，例如部分非洲拉美国家逢选必乱，大宗商品价格低迷加大国家主权偿付困难，宗教冲突和暴乱等因素，进一步加剧了政治风险。

（四）PRI与IIAs保障范围重合性高

IIAs的功能和目标决定了投资规则的设置，早期的《友好通商航海条约》投资保护规则中就包括了投资者的待遇、关于征收、国有化及其补偿，关于税收、外汇管制的问题，以及关于争端的处理等规则，这些规则一直是IIAs的本体。早期的IIAs只规定了对投资者的保护规则，没有对东道国管理权确认的规则。表1以2012年签署的《中—日—韩投资促进与保护投资的协定》为例，列举了IIAs与中国信保海外投资保险条款的相关内容，可以看到两者在政治风险保障方面高度重合，IIAs提供的保护覆盖了海外投资PRI的四项损因。

表1　IIAs与PRI的相关性

		IIAs条款	海外投资保险合同
	1	序言	
	2	投资的定义	被保险人和投资项目、被保险投资
待遇条款（保护投资者利益）	3	国民待遇（准入前国民待遇+负面清单）	不涉及
	4	最惠国待遇	
	5	公平公正待遇	不涉及
	6	禁止性业绩要求	不涉及
	7	人员出入境和高管要求	
促进东道国改善治理	8	环境措施	
	9	透明度（稳定条款、信息披露）	
	10	知识产权保护	
	11	促进及保护投资	

① 中国信保海外投资险股权保单（2015年版）第7条除外责任第1款。

② 刘艳：《投资规制重构下的海外投资风险管理》，载于《国际经济合作》2017年第4期。

续表

		IIAs 条款	海外投资保险合同
保护功能 （保护投资者利益）	12	征收和补偿	保险责任
	13	战争暴乱引起的损害损失补偿	
	14	汇兑和转移	
	15	代为求偿权	代为求偿
争端解决	16	投资者与缔约方之间的争端	违约风险项目下预赔付机制
	17	缔约方之间的争端	不涉及
例外 （保护东道国利益）	18	安全例外	除外责任
	19	临时保障措施（金融审慎措施）	
	20	税收条款	不涉及
	21	拒绝授惠条款	
其他	22	联合委员会	
	23	与其他协定的关系	
	24	最后条款	

注：以 2012 年签署的《中—日—韩投资促进与保护投资的协定》为参考。
资料来源：作者整理。

三、IIAs 和 PRI 对政治风险管理的优劣比较

（一）PRI 的海外投资政治风险管理优势

1. 宏观调节作用突出。PRI 的政策性属性能够发挥宏观调节作用。第一，如果一个国别风险较高，信用保险机构通过保费和限额两大支点，可以实现限制企业赴该区域投资的政策目标，同时，还可以引导企业赴国别集中度较低、风险可控的区域投资，增强企业的海外市场多元化开拓的能力，促进一国海外投资的多元化、可持续发展。

2. 政治风险管理专业。PRI 为投资者提供专业的风险管理。从风险管理过程来看，PRI 规范化的管理制度和保险机构丰富的理赔追偿经验，可为投资者在事前提供风险识别和投资指引，在事中提供风险预警，在事后及提供风险补偿，避免外部风险直接传到国内，造成企业破产。从管理的精细化程度看，PRI 保单明确了投资者的履行责任。PRI 保单对被保险人提出一些履行责任和要求，明确了被保险人在风险事件发生期间所要采取的措施，确保投资者最终获得索赔时证据充分、依据有效。相比而言，IIAs 对征收、转移、战争暴乱损害补偿等条款的规定模糊，界定不清，缺乏明确的解释，并没有规定在提起仲裁过程中投资者需要履行的责任和义务，也未提及在法庭需要提供的证据，外国投资者面对这样模糊的规则无法主动利用 IIAs 维护自身的合法权益，在实际操作中，仲裁庭也会鉴于证据不充分否决投资者的仲裁请求。

下文以 2002 年阿根廷金融危机期间，阿政府实施比索汇兑限制为例，从等待期设置、穷尽合理措施规定等方面分析 PRI 政治风险管理的优势。

在 IIAs 中，汇兑限制与转移条款概括性地规定了保证投资者货币兑换或者转移，PRI 保单详细规定了一系列要求，帮助投资者在项目的开始阶段就重视承保、保后管理和定损核赔阶段规范操作，保留证据。一般而言，保单明确规定了东道国政府从最初实施货币限制到提

起有效索赔所需的时间、义务等法律要件。

（1）汇兑限制索赔的等待期。PRI 保单汇兑限制条款均会规定“等待期”，即被保险人首次试图转移资金被东道国拒绝与货币汇兑限制遭受损失之间的时间。[①] 等待期为被保险人进一步确定东道国中央银行是否会撤销货币汇兑和转移的限制。以等待期为 180 天为例，如果被保险人兑换或转移的努力最初发生在 3 月 1 日，但是在 179 天之后获得了汇兑请求批准，那么这种索赔就是不成立的。如果在第 180 天限制依然存在，甚至是第 181 天被撤销，被保险人依然能够获得有效索赔。保险合同安排中的等待期设置实质是对投资者的一种有效保护。而 IIAs 只规定了缔约方承诺对货币汇兑不会进行“不合理的延滞”，并未明确“不合理的延滞”是多长时间，而投资者要获得仲裁庭支持，必须证明在不合理的时间内受到了限制，这种模糊的规定对投资者获得救济提出了挑战。

（2）穷尽合理措施要求。保单通常要求被保险人及时报告潜在损失，并要求被保险人采取一切必要的合理措施避免政治风险损失，然而 IIAs 并不对这些义务作出明确的要求。从赔付历史看，被保险人遭到保险机构拒赔，投资者无法在国际投资仲裁中获得索赔案件的支持裁决，其中大量的案例是“因未穷尽合理措施”而失去投资保护的机会。

2002 年，美国私人投资公司（OPIC）拒绝了一起来自阿根廷金融危机期间实施的因资本控制措施引起货币兑换限制的索赔。TGN 的担保方——纽约第一信托公司称跨国公司在从东道国央行转移资金之前需要获得批准，这一措施引起了 TGN 汇票收入的不可兑换性。OPIC 拒绝了纽约第一信托公司的索赔，一定程度上是因为 TGN 在整个等待期只采取了两种有限的措施来获得阿根廷央行的批准。OPIC 关于货币汇兑限制的索赔，需要被保险人付出所有合理的努力与东道国政府共同解决问题，被保险人有义务在整个等待期作出兑换限制的多种努力，而纽约第一信托公司的索赔情况被拒绝，其中还有一个重要的原因是 TGN 没有按照 OPIC 的政策将无法兑换为本地币的总额设置在特定的“非兑换性账户”中。

从投资仲裁庭索赔的案件来看，阿根廷 ICSID 索赔案件证明了仲裁庭如何审查 BIT 货币兑换限制条款。在 CNA 诉阿根廷案中，原告就东道国限制本币兑换成其他币种返回母国的权利提出索赔，BIT 没有明确规定投资者“在合理的延滞期内”“作出所有的努力”，ICSID 仲裁庭因 CAN 证据不足否决了赔付的仲裁请求。

（3）汇兑类型和参考日期。与 PRI 保单不同的是，BIT 中的货币兑换条款并不包含汇兑类型、参考日期以及计算损失的参考汇率等内容，仅仅规定了缔约国要为投资者提供投资者待遇等保证。两者规定的差异与保险工具的核心目标有关，PRI 更偏向于技术性的金融管理，其目的是对遭受损失的被保险人提供损失补偿，因此规定了较为详细的技术性内容；BIT 的目标是东道国政府承诺给予投资者良好投资环境和保护的一系列承诺，并不关注一旦东道国未能履行相应的义务，投资者将如何获得赔付。

3. 对特定政治风险提供补偿。第一，对投资者的战争暴乱损失提供风险补偿。在 IIAs 中东道国并不承诺给予投资者因战争暴乱而产生的损失补偿，只规定了在战争暴乱发生时保障投资者的非歧视待遇。[②] 从保险机构赔付后追偿的经验来看，在对投资者进行赔付后，取得代

---

① 中国出口信用保险公司海外投资保险（股权）保单等待期为 30 日，参见保单第三章—保险责任第三条汇兑限制：在本条第一款列明的事件发生之后，被保险人和项目企业应持续采用所有合理努力，通过一切可行方式兑换和/或汇出该货币；且在损失日期后 30 日内尝试进行汇兑，但仍不能完成汇兑。

② 缔约一方的投资者在缔约另一方的领土内，如由于发生在缔约另一方领土内的武装冲突，或革命、暴动、内乱等紧急状态或其他类似事件而遭受与缔约另一方领土内投资有关的损害或损失，缔约另一方在给予投资者恢复原状、补偿、赔偿或其他解决方法的待遇方面，不应低于缔约另一方给予其本国投资者、缔约第三方投资者或非缔约方投资者的待遇中的最优者（2012 年《中—日—韩投资促进与保护投资的协定》第 12 条损害和损失补偿）。

位求偿权向东道国成功索赔的概率很低，东道国不会对反对派或第三方造成的政治风险进行赔偿。如果投资者没有购买海外投资风险保险，如果发生风险，基本是血本无归。第二，对金融审慎项下的外汇限制提供风险补偿。中国信保海外投资保险对汇兑限制的保障可以延伸到东道国政府在经济收支不平衡时期采取的限制将当地货币兑换成保单货币及任何自由兑换的货币，或者向被保险人实行歧视性汇率。[①] 也就是说，在国际投资仲裁所不支持的金融审慎例外对投资者造成的损失，可以获得海外投资风险保险的保障。

（二）IIAs 对政治风险管理的比较优势

1. IIAs 在某些政治风险损因项下具有保障优势。上文以政治风险中的汇兑风险为例分析了政治风险保险的优势，并不能说对于其他政治风险，IIAs 就必然比 PRI 保障能力弱。对投资者来说，IIAs 中的某些措施，如国有化和征收等，能起到一定的保证效果，对于政治事件，如战争、内乱或资本输入国经济陷入困境、外汇短缺，限制外汇兑换等问题，则未必能收到协定的预期效果。[②] 在征收风险方面，由于国际投资仲裁积累了大量的案例经验，而且有相对成熟的判断标准，投资者可以经过一定的成本和时间，获得与政治风险保险相似的补偿。如果是战争和暴乱风险、货币兑换和转移风险，PRI 具有更强的风险管理和补偿优势。

2. IIAs 能提供更多损因下的政治风险保障。投资者购买 PRI 是为了防范、使风险和不确定性最小化，因为他们通常不知道风险事件会何时具体发生。[③] 然而，PRI 有限的损因也受到诟病。在政治风险事件中，除四项损因外，投资者受到东道国政府的不公正对待、拒绝司法、非基于政治原因的暴乱等事件也会给遭受损失。IIAs 所提供的国民待遇和最惠国待遇等非歧视投资待遇、公平公正待遇所包含的最低待遇标准、完全的保护与安全、投资仲裁等实体和程序性国际法保护依然是 PRI 不可替代的。特别是，当投资者与东道国政府间争端基于商业性原则磋商，最终不能获得有效解决时，诉诸国际法解决仍是较好的解决方式。“总的来说，BIT 仍然是目前保护国际投资最有力的国际法措施，只要各国相互尊重主权，贯彻平等互利原则，就能使 BIT 发挥应有的作用。”[④]

3. IIAs 促使东道国政府提升投资治理水平。IIA 是东道国政府之间达成的对来自对方东道国投资的承诺，准入前国民待遇+负面清单模式进一步推动了国际投资自由化的发展，该准入待遇一般与东道国的国内对外投资法相衔接，提升东道国投资的透明化和便利水平；公平公正待遇等准入后投资规则进一步约束了东道国政府对外资的管理行为，为投资争端解决提供良好的法治环境，这些规则促进东道国政府不断提升国际投资治理水平。从这个意义上说，投资治理水平和东道国契约精神的提升，才是投资风险获得有效管理的根本路径。

四、结论和建议

对于跨境投资者来说，PRI 和 IIAs 两种工具都是政治风险管理的有效方式，然而，大多数投资者并没有将两者结合考虑，片面地认为其中之一就可以提供有效的政治风险保障。从上文分析可知，两种工具各具优势，缺乏任何一种都会降低政治风险管理能力。大多数投资者都没有将母国与东道国的 IIAs 作为尽职调查的一部分来认真分析，特别是 IIAs 文本的具体

① 中国信保海外投资股权保险条款第三条汇兑限制。

② 姚梅镇著：《国际投资法》，武汉大学出版社 1987 年修订版，第 305-307 页。

③ World Bank Group, Multilateral Investment Guarantee Agency (MIGA), ‘World Investment and Political Risk 2012, available at www.miga.org/documents/WIPR12.pdf

④ 余劲松著：《国际投资法》（第五版），法律出版社 2018 年版，第 193 页。

内容。对于保险机构来说，把握 IIAs 规则的发展趋势，在保单条款除外责任设置，在定损核赔时风险准确认定都具有重要指导意义，这将最终传到投资者的对风险的认识和判断中。

从多边投资保证/保险制度、IIAs 的发展历史来看，这两项制度的完善和数量的增长都与国家海外经济发展的规模正相关，一国的海外利益规模越大，资本流向的区域越广，这两项制度获得发展的潜力越大。因此，在我国“一带一路”为引领的海外经济发展进程中，我国需要积极扩大与投资目标国政府的 IIAs 签署，更新、续签已有的协议，提升 IIAs 的保护水平，为我国政治风险保险制度和投资争议解决奠定基础。我国政府和保险机构都应当积极推动这一发展态势，使两种制度互相促进，不断优化顶层设计和具体技术安排，推动我国海外投资保护制度愈加立体和全面，为投资者出海保驾护航。

“一带一路”：第三方市场合作的逻辑与建议

北京大学全球互联互通研究中心 柯银斌

第三方市场合作主要是指中国企业与发达国家企业合作，共同在作为第三方的发展中国家市场开展商业经营活动。

从理论视角来看，这是战略联盟的一种创新方式，此前国内外的战略联盟研究文献并未涉及这个议题；从共建“一带一路”来看，这是企业之间较为合适的国际合作方式，可以较好地执行“共商、共建、共享”的原则。

从目前的实践来看，中国政府积极倡导这种战略联盟方式，并且与法国、意大利、西班牙、日本、葡萄牙等国政府签署了第三方市场合作文件，但中国企业的行动还有待加快速度和加大力度。

企业行动不力的原因可能在于：对第三方市场合作没有透彻理解（学术界更滞后，未提供相应的适用的知识产品）；较双边合作涉及因素较多，实际行动起来困难较大；前期准备时间较长，短时间内难以看到效果。

本文试图在有限资料的基础上，说明第三方市场合作的基本逻辑，并为中国企业提供建议。

一、第三方市场合作的基本逻辑

首先是商业的逻辑。第三方市场合作是商业行为，应遵循市场的基本逻辑。双方都是具有法人地位的公司，应先从各自的战略定位和价值主张出发，通过沟通、协商寻找合作领域和共同利益；然后再对具体合作项目开展可行性研究，探讨双方资源和能力是否可实现共同的利益；如果以上两个问题的答案是肯定的，双方就可以共同制定项目运作方案并投入资源，进入到实施阶段。第三方市场合作中的共同商业利益是首要的，需要“共商”才能找到共同利益。有共同利益就做，没有则不做。

其次是合作的逻辑。合作是双方或多方为了实现共同目标和利益，持续投入资源开展经营业务的行为和过程，即“共建”。合作各方拥有其不同的资源和能力，且这些资源和能力是实现共同目标和利益所需要的，这是合作的客观基础；合作各方愿意投入资源和能力，而且是持续性地投入，这是合作的主观意愿。

主客观条件全部具备，合作才能启动和进行。在第三方市场合作中，合作方至少是中国企业和发达国家企业，如果加上第三方市场中的当地企业则更好。这三类企业各拥有其优势且形成互补关系：发达国家企业拥有标准规则制定权、核心技术、全球化管理等优势，中国企业拥有成本创新、生产制造、工程施工等优势，发展中国家企业拥有当地市场经验、熟悉当地文化、劳动力成本低等优势。这是客观条件。主观条件则取决于中国企业或发达国家企业的战略意图和决策者的倾向。

再次是历史的逻辑。什么样的第三方市场合作方式成功率高呢？虽然目前案例较少，难以作出准确的回答，但历史因素在其中的作用值得关注。这种历史因素有两个层面：

第一，中国企业与发达国家企业在中国市场上合作的历史，如果合作历史较长，则第三方市场合作成功率就较高。这其中的逻辑是不言而喻的。

第二，发达国家企业所在的母国与第三方市场国家之间的历史关系，如果该发达国家曾是第三方市场国家的“宗主国”，那么发达国家企业与第三方市场国家的历史文化积累和交往经验，将有助于弥补中国企业的劣势，这类第三方市场合作成功率将提高。

最后是政企的逻辑。目前看来，第三方市场合作是中国政府在推动，其方式是：(1) 与发达国家政府签署合作文件；(2) 政府首脑出席企业合作协议的签约仪式。这无疑是第三方市场合作的重要推动力量，但企业才是第三方市场合作的主体，只有双方企业的参与和投入，第三方市场合作才能落到实处，取得实质性进展。实际上，在中国政府倡导之前，有些中国企业已经开展过此类合作。

据报道，中国与法国、日本都召开过第三方市场合作研讨会和论坛，双方政府官员和企业代表参加，这对推动第三方市场合作无疑有帮助作用。如果今后在这些研讨会和论坛中，邀请第三方市场国家的政府和企业加入其中，其效果将会更好更实。这其中的政企逻辑需要关注和重视。

二、针对中国企业的行动建议

中国企业应从现有的发达国家企业合作伙伴中，选择第三方市场的合作者。这虽是一种自然而然的决策，但奠定了成功的基础。反之，中国企业选择新的合作伙伴，再去开拓新的第三方市场，这两“新”将对中国企业提出双重挑战，其成功率自然就低。

实际上，从现有合作伙伴中选择，对中国企业并非难事。因为近四十年的中国企业发展史，正是中国本地企业与发达国家企业交流、学习、合作、竞争的历史。对特定的中国企业而言，往往与多家、十几家甚至几十家发达国家企业建立了合作关系。

其中，中外合资企业是典型形式。在这些合作伙伴中，中国企业应优先选择这类外国企业：其政府与中国政府签署过合作文件或者该企业在第三方市场经营多年。两者兼有则首选。

采取股权或契约方式进入第三方市场。这是中国企业与发达国家企业在中国市场的合作方式，今天根据具体情境再运用到第三方市场，其形式主要有：以在中国的中外合资企业为行为主体，把市场范围拓展到第三方市场国家；中国企业与发达国家企业合作伙伴共同在第三方市场新设合资企业，可能包括当地企业在内；中国企业与发达国家企业合作伙伴以契约的方式进入第三方市场国家。

从逻辑上讲，中国的中外合资企业最有优势和条件到第三方市场国家开展经营活动，但目前这方面的案例极少。媒体报道中的案例主要是契约方式。在第三方市场中，中国企业依旧通过“干中学”，在中国市场中，中国企业凭着“干中学”发展到今天，已在全球市场上取得了可观的地位和业绩。提升中国企业非市场行为能力。

但在“一带一路”沿线国家或地区市场，中国企业将面临新的挑战，这种新挑战主要来源于中国与沿线国家之间的“制度距离”，尤其是非市场环境中的“制度距离”。例如，不少沿线国家经济发展虽然落后，但非政府组织却较发达，包括国际非政府组织驻当地机构和当地本土非政府组织。与中国不同，这些非政府组织颇有影响力，中国企业必须具备与其打交道的本领，并与当地政府和企业合作，逐渐提升自身的非市场行为能力。

“一带一路”倡议格局下的企业转型模式

宁波诺丁汉大学 李 平 杨政银

以“一带一路”倡议为最高标志，中国企业开启了“走出去”的全新阶段，在新的全球化征程上，中国企业将面临新的挑战，在把握新机遇的过程中使自身“走上去”。但是，我们必须明白，“一带一路”倡议不应该只是中国单方倡议，而应该是中国与世界的共同倡议，尤其是中国与欧洲的共同倡议。中国与意大利签订的双边备忘录正是这一中欧共同倡议理念的典型代表。

一、新格局与新视野

“一带一路”倡议的实施，为中国企业转型升级与突破发展，带来了前所未有的新格局与新机遇。在空间上，“一带一路”与第二条欧亚大陆桥和中国西行远洋航线基本重合，分别从欧亚大陆北面的大陆核心地带和南面的大陆边缘地带贯通了这块大陆上几乎所有的重要战略枢纽，并把世界经济版图中三大经济板块（西欧、北美和东亚）的两块（西欧和东亚）紧密地连接在一起。在占世界人口三分之二的经济圈域中，这里的经济产出还不到世界总产出的三分之一，而且这片区域的经济发展水平差异极大，这样的现状蕴藏着巨大潜力。挖掘并满足“一带一路”沿线不同发展水平层次国家和地区的发展需求，将开创中国企业战略转型发展的新格局。

“一带一路”倡议旨在促进经济要素有序自由流动、资源高效配置和市场深度融合，推动开展更大范围、更高水平、更深层次的区域合作，共同打造开放、包容、均衡、普惠的区域经济合作架构，同时包含了中国提倡的全新经济全球化理念，即“和平合作、开放包容、互学互鉴、互利共赢”，并强调“共商、共建、共享”的原则。从要素禀赋和技术水平看，中国与沿线国家在产业发展上具有高度的互补性，这为中国在转型发展背景下通过经济输出发展贸易提供了市场空间。例如，利用资金与市场优势并购沿线发达国家的技术领先或拥有知名品牌的企业，通过并购获取战略资源，并以中国企业独特的海外并购“隐形整合”模式，促进中国企业技术与品牌的培育与塑造，与发达国家优质企业共生共荣；利用资金和技术优势帮助沿线欠发达地区进行基础设施建设，尤其是在当地设立工业园区，一方面承接中国劳动密集型产业转移，另一方面可构建因地制宜的独特产业。建设当地工业园区是中国与欧洲，以及沿线地区当地等三方合作共赢的有效手段与机制。

从中国企业战略转型和企业组织管理角度，“一带一路”倡议的大格局为中国企业通过国际化实现转型战略带来两个方面的重要启示。供给侧改革与“一带一路”倡议是一个硬币的两面：供给侧改革在后倒逼推动，“一带一路”倡议在前拉动牵引，两方面力量共同作用促使中国企业的战略转型升级。中国企业的国际化过程，也是国际战略创业的过程，通过国际化实现企业战略转型的“第二次创业”，其难度和复杂程度不啻第一次创业。经过改革开放 40 年的发展，在中国“新常态”背景下，中国企业在整体上肩负着从产业链的低端向高端攀登、由粗放型发展向精益型发展模式转变的重任。中国“新常态”的宏观背景，其核心特征是中国经济整体发展速度减缓，供求结构矛盾日益凸显，突出表现为供给低端严重过剩，而供给高端严重短缺；供给侧过于低端且单一，而供给侧高端多元化不足，供给侧结构调整势在必行。因而中国经济的结构调整，产业与企业的转型升级是唯一的方向与出路。中国政府推动的两创（即创业与创新）正是为了在“新常态”背景下加速供给侧改革，实现产业与企业转型升级。然而，企业国际化为中国企业走出当前困境提供了另一条重要路径。

具体而言，在国际化战略转型的进程中，实现企业的转型升级，跃升到产业链、价值链的高端，提升企业的技术研发能力，经营管理水平及塑造全球知名的品牌，这将是中国企业在当前阶段可资利用的难得历史机遇。西方主要资本主义国家经济的疲软和收缩，新兴经济体力量的提升及其带来的市场和需求的增长，均为中国企业走向全球，沿着产业链、价值链攀缘而上提供了宝贵的时机。此外，企业的国际化战略也需要进行转型，需要采取创造性的国际化转型战略模式。目前日益严重的反全球化趋势（例如英国脱欧，美国特朗普当选总统），表面看是对全球化的反弹，但其深层的因素却是人们需要全球化利益的新平衡，在经济层面上是要求全球与本土之间的新平衡，而在政治层面上是要求多元统一。

在全球新的治理模式背景格局下，以企业新的国际化战略，承接大国担当的载体，是具有中国特色的中国崛起在全球经济领域的具体体现。新的恢宏实践，需要新思想理论的指导。“一带一路”倡议的核心精神理念，其实已经非常鲜明地提出了深具中国文化内涵的主张，如“义利合一”的义利观，“合和共赢”的竞合观，“合作共生”的天下观。同时，这些在全球化新阶段的新理念、新思维，如何具体落实到经济活动的实处，则需要创造性的战略举措和别具一格的行动办法，而不能完全照搬西方企业传统的国际化老路，因为西方主流企业国际化战略的路径及其知识与理论，均是建立在西方跨国企业的实践之上，都反应西方老旧过时的经济学及管理学基本理论假设，如完全理性的经济人、自私的社会人，你输我赢的零和博弈观念等。关于企业国际化战略，西方已有的知识、理论与经验，可以给中国企业提供一定的指导和启发，但是中国企业还得在借鉴外部经验，把握自身传统与文化智慧，立足自身实际的基础上，勇敢走出新的企业国际化转型之路。中国企业“走出去”国际化转型模式的成功创新，在更广泛的意义上，是中国企业作为一个群体的经验和智慧的集中体现，也是更有意义的转型升级。为此，我们提出“第二故乡”国际化战略，可为中国企业当前迫切需要的跨国经营与战略转型提供一个有效的管理模式。具体而言，中国企业需要加速国际化，应该全力构建欧洲布局，尤其是通过并购实现欧洲布局，将欧洲作为第二故乡（将美国市场当作最后目标，通过农村包围城市方式达到曲线救国效果）。中国企业国际化面临的最大挑战之一是国与国、企业与企业之间信任严重不足，“第二故乡”战略可为有效建立信任提供独特贡献，尤其是在当地设立工业园区，将此作为中国、欧洲、当地三方合作共赢的有效机制与手段。

二、新思维与新战略

从自然地理角度看，“一带一路”倡议的起点是中国，落脚点是欧洲。中亚、俄罗斯及前苏联加盟国、东欧等地区正是连接中国与欧洲的桥梁，而延长线是非洲。从经济地理角度看，“一带一路”倡议的两端是中国和欧洲，沿途是连接两端的通道，一个形象的比喻就是三个“跷跷板”，首先通过欧洲撬动中国，然后再由中国与欧洲合作共同撬动沿线国家与地区，最后还有可能由“一带一路”所覆盖国家与地区的共同发展撬动全球经济社会向前发展。这三个“跷跷板”比喻蕴含了独特的战略布局，即处于“一带一路”倡议版图一端（即第一个跷跷板的高端，位于全球供应链的高端地位）的欧洲，在经济发展层次、技术创新能力、品牌与管理水平上均具有引领性的地位，但欧洲也有其自身的问题，如内部增长乏力，外部扩张缺乏统一部署。欧洲企业所拥有的高端品牌与先进技术及优良管理能力，恰好与处于“一带一路”倡议版图另一端（即第一个跷跷板的低端，位于全球供应链的中端地位）的中国企业形成绝佳的优势互补。中国企业坐拥充足资金，满怀积极进取的企业家精神，还有强悍的市场开拓能力。中欧企业的联姻，尤其中国企业通过并购欧洲企业获取技术和品牌等资源，对于中国企业提升自身的创新能力，转型升级经营模式和水平将是百年机遇。中国企业在欧洲的战略布局是重中之重，特别是以“逆袭并购”（reverse M&A，即发展中国家企业在发达国家进行的并购）将欧洲优秀企业（尤其是德国、意大利，及北欧的“隐形冠军”企业）收入囊中，以此为杠杆撬动提升中国企业的全球竞争能力与优势。中欧的紧密连耦与融合（即第二个跷跷板的高端，位于全球供应链的高中端地位），为中欧双方共同开发作为桥梁的沿线国家与地区，以及延长线的广大腹地市场（即第二个跷跷板的低端，位于全球供应链的低端地位），提供了必要条件，为沿线国家的自身发展注入了强大的拉动力。鉴于此，我们认为“一带一路”倡议可分三步走：第一步，通过与欧洲战略合作，实现中国企业战略转型，借用欧洲的高端全球竞争力优势提升中国的中低端全球竞争力（即第一个跷跷板的作用）；第二步，中国与欧洲通过战略合作将双方优势互补形成的全球竞争力作用于沿途，即连接中欧两端的通道地区，以及延长线地区（即第二个跷跷板的作用）；第三步，最终以“一带一路”参与方的共同繁荣发展，拉动全球经济社会的进步（即第三个跷跷板的作用）。“一带一路”倡议的长远目标与核心主题，首先是建立“中欧经济一体化”或“中欧经济共同体”，然后形成“亚欧非经济一体化”或“亚欧非经济共同体”。简言之，先两端（第一个跷跷板），后中间（第二个跷跷板），最后全球（第三个跷跷板）。“一带一路”倡议的核心正是中国与欧洲、

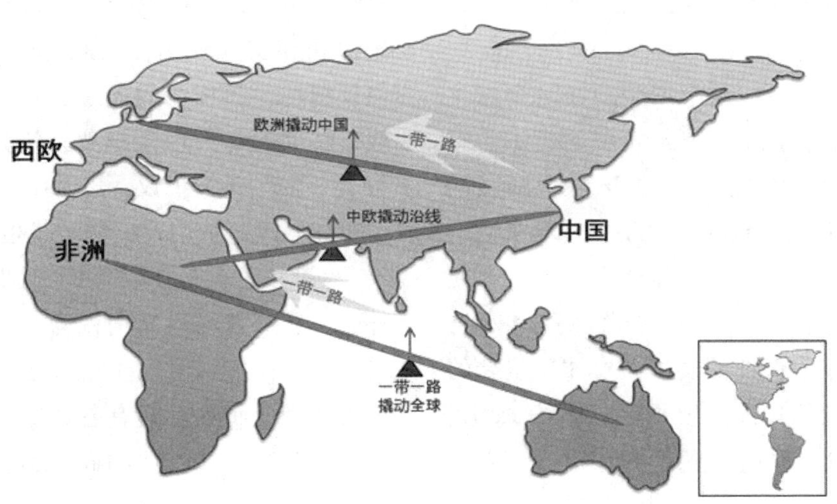

升级整合亚欧非大生态圈

非洲等沿线国家与地区开展长期全面战略合作，共同努力构建“亚欧非经济一体化”或“亚欧非经济共同体”，最终努力实现全球经济社会的协同发展（“后全球化”时代的共赢游戏）。

我们设想的长期战略意图其实就是以此为基础，构建美—中—欧“三足鼎立”的未来全球格局（内含经济、文化、社会、政治等领域）。需特别指出的是，中国企业与欧洲企业具备高度互补潜力，而中国企业与美国企业的互补性却远不及中欧企业。这是因为中国企业目前还总体处于全球供应链的中低端，大全有余，精尖不足，与处在行业高端、又小而精的欧洲企业（例如“隐形冠军”）形成鲜明对比，因而具有高度互补。相比之下，中国企业与美国企业互补性较低，因为两国的企业多是大而全，双方市场定位高度相似。此外，欧洲企业历史悠久，成熟稳重，而中国企业则具有朝气蓬勃、灵动不拘的特点，中欧企业在这一方面也有高度互补潜力。因此，我们认为，中国企业可以将“一带一路”倡议视为构建中国与欧洲长期全面战略合作关系的契机，应借此东风加速在欧洲的战略布局，并将美国当作全球化的最后目标，通过“先欧后美”的方式达到“曲线救国”效果。

共建“一带一路”是中国版的经济全球化方案，是探索推进全球化健康发展的尝试。它并不是中国的“特立独行”，更不是中国版的“马歇尔”援助计划，而是在经济全球化机制下促进区域共赢发展的一个国际合作平台，其使命是促进沿线国家和平发展、合作共赢和和谐共存。“一带一路”倡议的实施，要体现全新的全球化发展思维和理念，要摒弃“前全球化”时代的零和游戏、你输我赢等旧思维，树立共赢多赢、共生共荣的新理念，在追求自身利益时兼顾他方利益，在寻求自身发展时促进共同发展。因为“一带一路”倡议旨在将沿线国家和地区的经济社会融为一体，以相互尊重、平等相待为基础，以合作共赢和和谐发展为主旨，与西方国际经济关系中“胜者通吃”、唯利是图和霸权主义的规则完全不同，是中国倡导的“求同存异”“和而不同”“和为贵”“阴阳平衡”“义利合一”与“和谐共生”等一系列新思维的具体体现，这对于树立形成新型国际经济理念、新型国际经济社会规则具有重要意义。因此，将“一带一路”倡议理解为主要是为了解决中国产能过剩，这种想法是流于表面的，带有旧时重商主义的严重痕迹，不宜提倡。我们对“一带一路”倡议先两端（中欧之间的相互借力撬动），后中间（沿线国家与地区的撬动）的解读将有利于“后全球化”时代共赢游戏的实现，即中国与沿线国家与地区的长期全面共生共荣。这对中外企业最有意义的启示是：企业国际化过程中需把握全球化与本土化的平衡，做到“全球本土化”“本土全球化”。而“第二故乡”战略模式正是有效实现这一战略平衡的关键。

“第二故乡”理念，作为比喻形象表述了中国企业通过国际化实现战略转型的实质概念和深刻内涵。为了高度概括中国企业国际化及战略转型历程，我们赋予“第二故乡”全新的理论内涵和实践外延，以此构建与“一带一路”倡议精神一脉相承的通过企业国际化实现企业战略转型的有力理论框架，使其为中国企业践行“一带一路”倡议，以及中国企业未来发展，提供核心理论解读及关键实践指导。

“第二故乡”，顾名思义，把公司诞生地之外的所有经营场所，均视为其出生故乡一般对待，不仅在情感上赋予所在国或地区浓厚的深情与眷恋，而且对其有着如同家乡一样的深刻了解与洞察。在具体的商业运作战略、举措和行为方式上，如同建设自己家乡一样对待，长远着眼，谨慎入手，杜绝短期行为。从当地具体情况出发，构建“最接地气”的独特当地核心能力，为建设家园采取最为契合及有效的方式。简言之，建设“第二故乡”如同开拓“第二战场”或“第二根据地”，通过两个“故乡”之间互补互动，实现杠杆式的协同效应。这样的理念与方法，与主要西方国家曾经的国际化截然不同，从新大陆发现之后的以西方企业主导的国际化扩张，均打上深重的掠夺式、利用式，甚至竭泽而渔、以邻为壑的国际化方式。虽然西方主导的国际化在客观上对人类进步和全球化进程产生了不可磨灭的作用，但其负面影响产生的灾难性后果也是不可撤销的，而且这样的方式也是不可持续的。在新全球化阶段，引领当下及未来全球化走向的新兴力量，必然要突破西方原有国际化方式的弊端，以更利于全球福祉的思维和举措促进全球化向纵深发展。

“第二故乡”战略旨在把企业国际化过程中的东道国，尤其是一大类东道国群体，当作第二个故乡来对待，用心经营，用情浇灌，使这个全球化的分支与总部一样。或者建立两个全球总部，互补互利，互为杠杆，长期合作，共生共荣。新兴发展中国家与发达国家之间存在一个“全球落差”或“全球分割”（global divide），即发达国家与新兴发展中国家这“两个世界”之间的巨大差距与不对称。由于这两个世界客观存在的落差，导致双方在资源禀赋（resource pool，包括有形与无形资源）与制度规则（game rule，包括正式与非正式制度）两大维度方面存在严重的不对称性。这两大维度方面的不对称性恰恰正是“第二故乡”战略的必要起点。正是由于不对称性，“第二故乡”才具有战略创业与战略转型的重要意义；也正是由于不对称性，“第二故乡”战略有别于西方主流跨国经营模式。更深层次的原因是“第二故乡”需要对原有“第一故乡”的心理依赖与认知习惯实行“反向学习”（unlearning，其中包括三大步骤，即顿生疑惑、暂时搁置、永远放弃），即挑战原有的心理依赖与认知习惯，犹如学习外语以及外国文化一般。“反向学习”正是为了建立以“第二故乡”为基础的全新“第二核心能力”（second core competence）或“第二基本原则”（second dominant logic），有别于以“第一故乡”为基础的已有“第一核心能力”（first core competence）或“第一基本原则”（second dominant logic）。这两大“故乡”，以及以它们为基础构建的两个核心能力或基本原则，可用“阴阳平衡”与“和而不同”的理念来统辖，使之互为依托，相互转化，共同构成成熟跨国企业应该拥有的整体核心能力或基本原则。从阴阳平衡的视角观之，两大“故乡”之间的巨大落差与不对称既是独特挑战，又是独特机遇，而“第二故乡”战略恰好就是有效利用此落差与不对称的巧创模式。

三、结语

“一带一路”倡议的成功，最终的标志是沿线国家相互间经济、社会及文化交流更加顺畅，发展更加繁荣，融合更加紧密。而实现这些长期目标的主要载体，就是参与“一带一路”建设的各国跨国公司。跨国公司，作为全球化社会最重要的基本经济单位，决定着全球化市场与经济的兴衰，因而作为区域经济新型合作平台的“一带一路”倡议，其成败的关键就在于区域内的跨国公司是否能够采取有效战略措施。心怀故乡，奔赴远方，“第二故乡”战略为中国企业提供了一个跨国经营与战略转型的有效管理模式，这一模式有助于中国企业在“一带一路”倡议下实现自身的国际化战略转型，或将是“一带一路”格局下将中国企业“走出去”（企业国际化）与“走上去”（企业战略转型）融为一体的绝佳战略选择。

“一带一路”倡议的对外投资促进效应※

对外经济贸易大学　吕　越　王　勇
清华大学　陆　毅
环境保护部环境与经济政策研究中心　吴嵩博

一、实证方法和数据

（一）计量模型设定

“一带一路”东接太平洋，西连波罗的海，贯穿亚欧非，覆盖中亚、西亚、北非、东南亚、南亚和中东欧 65 国，分别涉及东盟 11 国、西亚 18 国、南亚 8 国、中亚 5 国、独联体 7 国以及中东欧 16 国。其中，海上丝绸之路沿线国家 25 个，陆上丝绸之路沿线国家 40 个①。本文将采用双重差分法，以“一带一路”倡议提出作为准自然实验，考察其对中国企业“走出去”的带动作用。借鉴 Lu 和 Yu（2015）的做法，选取“一带一路”沿线国家或地区作为处理组，非“一带一路”沿线国家或地区作为对照组，构建如下双重差分模型：

$$y_{ct} = \beta silk\_ \ dum_{ct} + X_{ct}\gamma + \alpha_c + \psi_t + \varepsilon_{ct} \quad (1)$$

$$silk\_ \ dum_{ct} = silkroad_c ? \ pos \ t_t \quad (2)$$

方程（1）为考虑了时间和国家固定效应的双重差分估计模型。

其中，y_{ct} 表示中国企业对特定东道国经济体的绿地投资项目数量（经过对数变换）。$pos \ t_t$ 为处理效应时期虚拟变量，由于“一带一路”倡议在 2013 年提出，故将 2013 年及之后年份的 $post_t$ 设定为 1，之前的年份设定为 0。$silkroad_c$ 是处理组虚拟变量，表示东道国是否为“一带一路”沿线国家或地区，如果是沿线国家将该变量设定为 1，否则为 0。$silk \ dum_{ct}$ 表示“一带一路”倡议提出后时期虚拟变量与处理组虚拟变量的交互项，也是双重差分法关注的核心变量。X_{ct} 是一组随时间变化的东道国特征变量。ψ_t 表示年度固定效应，α_c 为国家固定效应，ε_{ct} 为随机误差项。我们关注核心解释变量的系数 β，其经济含义可解释为“一带一路”倡议对于中国企业海外绿地投资项目的增长率。

我们的控制变量 X_{ct} 包含：（1）目的地的经济规模（GDP 取对数，lngdp）和人均收入水平（人均 GDP 对数，lnpgdp）；（2）GDP 增长率（gdp_ growth），增长率越高，商业机会越多，对于企业投资更具有吸引力；（3）根据王永钦等（2014）的研究，我们控制了东道国的关键制度变量，包括：腐败控制（corruption）、监管质量（regulation）、政府效率（government）以及法制水平（law）。

（二）数据说明

本文采用了 fDi Markets 提供的 2005—2016

※ 本文得到国家自然科学基金项目和国家社科基金重大项目的资助，感谢对外经济贸易大学中国世界贸易组织研究院屠新泉教授、西南财经大学国际商学院逯建教授的建设性意见和帮助，原载于《经济研究》2019 年第 9 期。

① 海上丝绸之路航线大体分为三段，分别是东南亚航线、南亚及波斯湾航线、红海湾及印度洋西岸航线（陈万灵和何传添，2014）。将该沿线的国家界定为海上丝绸之路沿线国家，其他“一带一路”国家界定为陆上丝绸之路国家。其中海上丝路国家为：巴林、孟加拉国、文莱、柬埔寨、埃及、印度、印度尼西亚、伊朗、伊拉克、科威特、老挝、马来西亚、缅甸、阿曼、巴基斯坦、菲律宾、沙特阿拉伯、新加坡、斯里兰卡、泰国、阿联酋、越南、也门、马尔代夫、卡塔尔；陆上丝路国家为：土耳其、叙利亚、约旦、黎巴嫩、以色列、希腊、塞浦路斯、尼泊尔、阿富汗、哈萨克斯坦、乌兹别克斯坦、土库曼斯坦、塔吉克斯坦、吉尔吉斯斯坦、俄罗斯、乌克兰、白俄罗斯、格鲁吉亚、阿塞拜疆、亚美尼亚、摩尔多瓦、波兰、立陶宛、爱沙尼亚、拉脱维亚、捷克、斯洛伐克、匈牙利、斯洛文尼亚、克罗地亚、波黑、黑山、塞尔维亚、阿尔巴尼亚、罗马尼亚、保加利亚、马其顿、不丹、巴勒斯坦。

年《全球对外绿地投资数据库》、世界银行《World Development Index》和《Worldwide Governance Indicators》数据库的合并数据。其中fDi Markets数据库由金融时报开发于2003年，是汇集全球企业开展海外绿地投资业务最全信息的数据库，涵盖了全球范围内所有国家的绿地投资项目。因此，我们可以基于这个目前可获得的较为全面的绿地投资数据考察中国当前的海外投资项目情况。由于中国对外直接投资主要发生在2005年以后，所以我们将样本的时间维度设定为2005—2016年，样本的观测为2328个，其中包含了199个国家和地区的相关信息，涉及60个“一带一路”沿线国家或地区①。

二、实证结果分析

（一）基准回归结果

在本部分，我们将考察“一带一路”倡议实施对中国企业“走出去”的实际影响效应。具体来说，我们根据方程1的设定对倡议实施的投资效应进行检验，同时控制国家和年份的固定效应以及国家层面的控制变量，结果见表1。表1的第一至三列汇报了使用新增项目作为因变量的回归结果。为了结果的稳健性，在第四列中，我们使用项目存量作为因变量。我们进一步考虑了潜在的内生性问题。相比其他国家，对“一带一路”沿线国家的投资可能具有某种固有的变化趋势，而非“一带一路”倡议带来的政策效果，例如，许多沿线国家是发展中经济体，这些经济体投资环境的逐渐改善会使得中国企业更愿意对其进行投资。忽略处理组因变量的潜在趋势变化将产生遗漏变量偏误，并使估计结果不可信。参考Li etal.（2016）的方法，在表1的第三列中我们加入陆上丝绸之路以及海上丝绸之路与时间趋势的交互项。上述交互项控制了对陆上丝路与海上丝路处理组国家投资项目数量自身可能的变化趋势。通过表1的结果可以发现，“一带一路”倡议对于企业投资具有显著正向的政策效应。无论使用项目流量还是项目存量作为度量，“一带一路”倡议提出后处理组国家的投资项目数量均有显著提升。值得注意的是，对数变换后的因变量可被解释为项目数量百分比的变化，由于非沿线

表1 基准回归结果

	（1）	（2）	（3）	（4）
silk_ dum	0.1590** （0.0631）	0.1364** （0.0665）	0.3130*** （0.0941）	0.1704*** （0.0640）
国家控制变量	否	是	是	否
国家固定效应	是	是	是	是
年度固定效应	是	是	是	是
控制组时间趋势	否	否	是	否
聚类数量	194	177	177	194
样本数	2328	2063	2063	2328
R^2	0.740	0.739	0.742	0.751

注：（1）括号中为聚类到国家层面的标准误，* p<0.10，** p<0.05，*** p<0.01。下表同；（2）后续所有回归结果均控制了国家和年度固定效应，受篇幅限制，在回归结果表格中将不重复汇报。

① 由于数据缺失，不包括不丹、马尔代夫、卡塔尔、巴勒斯坦、黑山。

国家的项目存量显著高于“一带一路”沿线国家，因此项目存量的百分比变动会受到现有项目数量的影响。从这一角度来看，项目数量的流量更为符合DID模型的共同趋势假设要求，因此，选取项目流量作为因变量更为合适。综上，表1的结果与我们的预期一致。

（二）DID估计的有效性分析

基准模型报告的实证结果可行度取决于倍差法估计的有效性。因此，在本部分中，我们将进行一系列有效性检验，包括平行趋势检验和若干安慰剂检验。

1. 平行趋势检验。

双重差分的前提假设就是，在政策事件发生前，处理组和对照组的变化趋势应该是一致的。为此，借鉴Liu和Qiu（2016）的研究方法，我们对处理组和对照组的变化趋势进行进一步考察。具体采用的实证方程设定如下：

$$y_{ct} = \beta_k \sum_{k \geq -5}^{3+} silkroad_c ?\ year_{2013+k} + X_{ct}\gamma + \alpha_c + \psi_t + \varepsilon_{ct} \quad (3)$$

其中$year_t$为年度虚拟变量，对于当年观测值为1，其他年份观测值为0。其他变量与基准模型一致。我们检验了2013年“一带一路”倡议提出之前5年直到我们样本最后一年的趋势变化。图1汇报了分析结果。从结果来看，我们发现2013年以前的所有回归结果均不显著，即表明在“一带一路”倡议实施前，处理组和对照组的变化趋势是一致的，不存在显著的差异。而在2013年及之后，处理组国家的项目数量显著上升。因此，本文采用的样本通过了双重差分法估计所需的平行趋势检验。

2. 安慰剂检验。

（1）安慰剂检验一：假设政策事件发生在2013年之前。类似Topalova（2010），我们的第一个安慰剂检验为将“一带一路”倡议推行的政策事件设定在2013年之前的某个时期，且样本期设定在2005—2013年，以考察是否仍然存在投资促进的效应。正如前述分析所言，倍差法使用的前提条件是在政策冲击之前，企业的投资行为没有出现较大的差异，因此我们预期如果将政策冲击设定在2013年之前的某个时期，那么我们关心的核心变量的估计系数将不显著。如果我们得到的结果与预期相反，那么就意味着确实存在某些潜在的不可观察因素也会驱动中国企业“走出去”，而不仅仅是因为“一带一路”倡议实施带来的促进效应。为了确

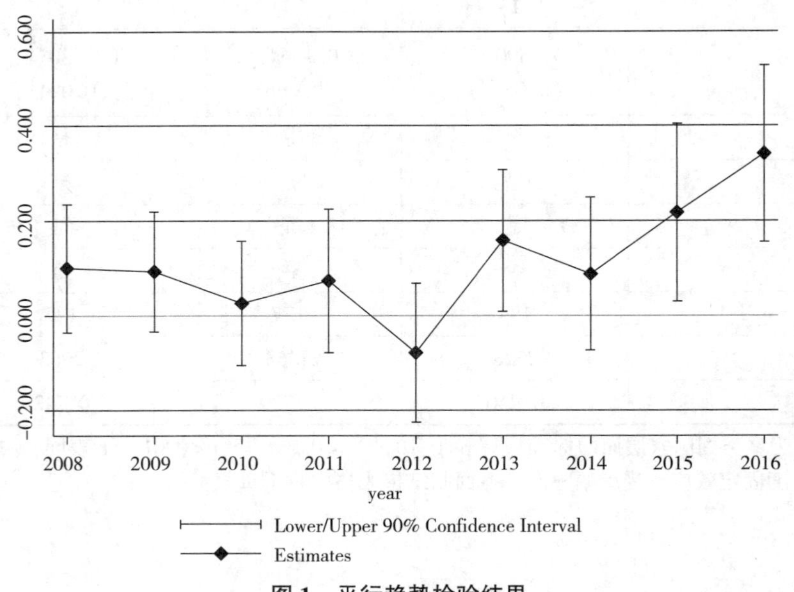

图1　平行趋势检验结果

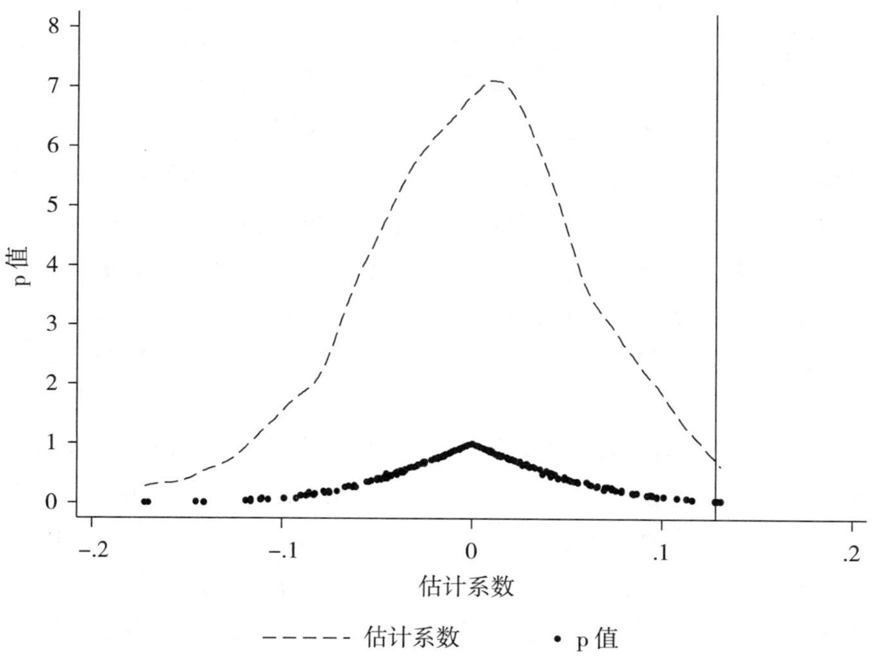

图2　随机分配处理组的估计系数和p值

保实证结果的稳健性，我们分别将政策冲击时间设定为2006、2007、2008、2009、2010、2011、2012年，表2中的（1）至（7）列分别汇报了相应的估计结果。根据表2可以发现，我们关心的核心变量的估计系数并不显著，因此我们可以排除其他潜在的不可观测因素对本文研究框架中企业对外直接投资行为的影响。

表2　安慰剂检验

	(1)	(2)	(3)	(4)	(5)	(6)	(7)
silk_ dum	0.0608 (0.0758)	0.0322 (0.0666)	0.0477 (0.0593)	0.0525 (0.0600)	0.0073 (0.0619)	0.0193 (0.0618)	0.0655 (0.0590)
国家控制变量	是	是	是	是	是	是	是
样本数	1254	1254	1254	1254	1254	1254	1254
R^2	0.7764	0.7763	0.7764	0.7765	0.7762	0.7762	0.7765

（2）安慰剂检验二：随机抽取实验组国家。导致我们估计结果偏误的另外一个可能原因是遗漏国家—时间层面的变量。借鉴Cai et al.（2016）、La Ferrara et al.（2012）等的研究思路，我们通过从样本中随机抽取“一带一路”沿线国家或地区对本文的主要结果进行安慰剂检验。本文的样本共包含199个国家和地区，其中60个为“一带一路”沿线经济体。据此，我们首先从199个国家和地区中随机选取60个经济体，将其设定为“伪”处理组“一带一路”沿线经济体，并将剩余国家设定为“非一带一路”沿线经济体，从而构建一个安慰剂检验的虚拟变量 $silkroad_c^{false}$ 。之后我们构建安慰剂检验交叉项 $silkroad_c^{false} \times pos\ t_t$ 。由于“伪”处理组是随机生成的，因此安慰剂检验交叉项应该不会对模型因变量产生显著影响，即 β^{false} =

0。也就是说，如果没有显著的遗漏变量偏差，安慰剂处理变量的回归系数不会显著偏离零点。反之，如果 β^{false} 的估计系数在统计上显著偏离于零则表明我们的模型设定存在识别偏误。同时，为了确保其他小概率事件对估计结果的干扰，我们重复了 200 次上述过程进行回归分析。图 2 汇报了 200 次随机生成处理组的估计系数核密度以及对应 p 值的分布。可以发现，这些回归系数的均值接近于 0（系数为-0.0002），且绝大部分的 p 值大于 0.1。同时，图 2 中竖线代表的实际估计系数在安慰剂检验的估计系数中明显属于异常值。综合来看，我们的估计结果并没有因为遗漏变量导致严重的偏误。

（三）异质性分析

接下来，考虑到企业对外直接投资行为在很多维度上存在的异质性特征，我们在本节中详细讨论可能的异质性因素对“一带一路”倡议的投资促进效应的影响。

1. 海上与陆上丝绸之路的区分考察。从路线和运输方式来看，“一带一路”分为海上丝绸之路和陆上丝绸之路。其中海上丝绸之路包括中国至东南亚航线、中国至南亚及波斯湾航线、中国至红海湾及印度洋西岸航线。陆上丝绸之路则包括东北方向的中蒙俄经济走廊，西北方向的新亚欧大陆桥经济走廊，向西通过新疆连接哈萨克斯坦的中国—中亚—西亚经济走廊。我们认为，虽然同为“一带一路”倡议实施背景下的沿线国家，但是由于倡议落实本身的侧重点和沿线国家的发展水平和历史因素都存在巨大的差异，所以有必要予以区分考察。我们首先按照陈万灵和何传添（2014）的方法识别出属于海上丝绸之路经济带的沿线国家，然后将其他的“一带一路”沿线国家界定为属于陆上丝绸之路经济带，再进行分组回归，结果列于表 3 中。其中（1）列的对照组包括其他陆上“一带一路”国家，(2）列的对照组不包括其他陆上“一带一路”国家，(3）列的对照组包括其他海上“一带一路”国家，(4）列的对照组不包括其他海上“一带一路”国家。从回归结果来看，“一带一路”倡议对中国对外投资的影响主要体现在海上丝绸之路沿线国家，对陆上丝绸之路沿线国家的效应尚未显著呈现，这一结果在考虑两种不同对照组选择、区分总项目和新建项目的情况下依旧稳健成立。

表 3　海上与陆上丝绸之路以及邻近与非邻近“一带一路”国家的区分考察

	(1)	(2)	(3)	(4)	(5)	(6)
	海上丝绸之路		陆上丝绸之路		邻近国家	非邻近国家
silk_ dum	0.1786* (0.0958)	0.2050** (0.0968)	0.0690 (0.0876)	0.1005 (0.0896)	0.4154** (0.1831)	0.0919 (0.0718)
国家控制变量	是	是	是	是	是	是
样本数	1683	1341	1683	1469	1227	1573
R^2	0.7707	0.8037	0.7699	0.7454	0.7872	0.7722

2. 邻近“一带一路”国家与非邻近“一带一路”国家的区分考察。基于引力模型，地理距离一直是影响企业对外直接投资和国际贸易的重要影响因素，已有文献已经对地理距离如何影响企业国际化行为展开了诸多讨论（如 Tinbergen，1962）。因此，我们认为有必要将“一带一路”沿线国家或地区按照地理距离的远近做进一步的区分考察。将与中国邻近的“一

带一路”沿线国家或地区（邻近“一带一路”国家的定义为与中国存在陆地接壤的国家）界定为：俄罗斯、蒙古、哈萨克斯坦、吉尔吉斯斯坦、塔吉克斯坦、阿富汗、巴基斯坦、印度、尼泊尔、不丹、缅甸、老挝和越南，其他则为非临近的“一带一路”沿线国家或地区。我们发现，总体而言，“一带一路”倡议显著增进了对邻近“一带一路”国家的投资，而对非邻近“一带一路”国家投资促进效应的影响相对有限①。

3. 高低风险国家的区分考察。由于投资的不可逆性，不确定性和高风险是阻碍企业对外直接投资的关键因素（Conconiet al. 2016）。因此，在本部分中我们将进一步考察引入国家政治风险因素后，“一带一路”倡议如何影响企业对外投资。为了更好测度目标国家政治风险，我们借鉴 Conconi et al.（2016）的研究思路，采用 PRS 集团（Political Risk Services Group）公布的 ICRG（International Country Risk Guide）提供的 140 个发达国家和新兴市场经济体的政治、经济和金融风险评级和预测，本文使用该数据库提供的政治风险评级指标，具体是政府稳定、投资项目政治风险、宗教与政治风险以及民主化程度四个指标②，通过匹配最终获得 138 个国家的研究样本。我们按照政治风险指标进行分类设置，其中若各指标值位于中位数以上，即为高风险国家，反之为低风险国家。表 4（1）（3）列表示政治风险较低的国家样本，（2）（4）列表示政治风险较高的国家样本。从回归结果可以看出，在政治风险较高的国家，“一带一路”倡议的投资促进效应并未得到有效的发挥，其表现为估计系数显著为负或即使不显著也为负这一估计结果。因此，值得重视的是，在推行“一带一路”倡议实施时，有效的风险管控应进一步加强，从而为更多的企业对外投资提供保障。

表 4 高低风险国家的区分考察

	(1)	(2)	(3)	(4)	(5)	(6)	(7)	(8)
	政府稳定		投资项目		宗教政治		民主化程度	
	低风险	高风险	低风险	高风险	低风险	高风险	低风险	高风险
silk_ dum	0. 1960* (0. 1066)	0. 0680 (0. 1439)	0. 3365** (0. 1371)	−0. 0332 (0. 1103)	0. 2157* (0. 1174)	−0. 0593 (0. 1289)	0. 3241*** (0. 1064)	−0. 0585 (0. 1283)
国家控制变量	是	是	是	是	是	是	是	是
样本数	633	637	573	697	505	765	611	659
R^2	0. 7695	0. 7818	0. 6551	0. 8123	0. 7576	0. 7852	0. 7416	0. 7941

4. 企业投资存续类型的区分考察。借鉴 Conconi et al.（2016）的方法，我们将中国企业对外直接投资分为三种类型：（1）将“一带一路”政策发生前中国已经进行投资，且在样本期内尚未退出的国家界定为持续投资国家（continue）；（2）将之前已经发生投资行为，但在接下来连续五年内未发生投资的国家界定为终止投资国家，即投资退出（exit）；（3）针对

① 由于篇幅限制，正文中并未汇报此项结果，感兴趣的读者请联系作者提供。

② PRS 模型是用于预测和量化政治和国家风险的有效系统，NBER 的诸多学者以该模型的准确性和实际相关性进行了反向测试，该可靠模型为 100 个国家提供了有效的预测。https://www.prsgroup.com/explore-our-products/international-country-risk-guide/.

之前未发生投资行为的国家进行的投资界定为投资进入（enter），包括投资退出后再进行的投资。根据样本时期，将2003—2007年间进行投资的国家界定为之前发生过投资行为的国家。为此，针对投资动态的回归样本为2007—2016年。具体回归结果列于表5。我们发现，总体来说，“一带一路”的投资效应主要是通过对已有投资国家的延续投资增长来实现，表现为在持续存在投资的目标国样本中，“一带一路”倡议实施显著促进了总项目和新建项目的投资增长。这与Nocke & Yeaple（2007）所强调的以往投资经历对企业后续投资行为存在巨大影响的发现类似，开展新的投资项目需要克服更多的固定成本，必然会面临更多的不确定性和风险。因此，现阶段“一带一路”倡议的投资促进效应主要表现为在集约边际的扩张，这符合倡议开展初期的实际情况。

表5 企业投资存续类型的区分考察

	(1)	(2)	(3)	(4)	(5)	(6)
	持续存在投资		投资进入		投资退出	
silk_ dum	0.2456*** (0.0742)	0.1987** (0.0835)	−0.0284 (0.0195)	−0.0331 (0.0221)	0.0401** (0.0168)	0.0397* (0.0209)
国家控制变量	是	是	是	是	是	是
样本数	1676	1123	1940	1355	1940	1355
R^2	0.8164	0.8218	0.0806	0.1108	0.0984	0.1195

（四）进一步的考察：基于行业—国家和省份—国家维度的三重倍差法分析

《推动共建丝绸之路经济带和21世纪海上丝绸之路的愿景与行动》明确了基础设施互联互通是“一带一路”建设的优先领域。包括标准对接、交通贯通、能源联通和信息畅通，涉及铁路、港口、机场、电站、输电和输油输气管道、通信设施等。根据fDi Markets提供的投资项目行业分类，这些基础设施建设涉及煤、油和天然气、可再生能源、建筑材料、通信、运输以及仓储行业。由于“一带一路”倡议于2013年提出，目前尚属前期推进阶段，基础设施建设涉及的重点行业即为“一带一路”建设的优先领域，为此采用三重倍差法分析来进一步考察“一带一路”倡议对不同行业的异质性投资效应。为此，我们将基准方程（1）分别拓展为：

$$y_{cit} = \beta silk\_dum\_sector_{cit} + \eta_1 silkroad_c \cdot dumyear_t + \eta_2 silkroad_c \cdot sector_i + \eta_3 sector_i \cdot dumyear_t + X_{ct}'\varphi + \gamma_t + \kappa_c + \lambda_i + \varepsilon_{cit} \quad (4)$$

$$y_{cjt} = \beta silk\_dum\_province_{cjt} + \eta_1 silkroad_c \cdot dumyear_t + \eta_2 silkroad_c \cdot province_j + \eta_3 province_j \cdot dumyear_t + X_{ct}'\varphi + \gamma_t + \kappa_c + \lambda_j + \varepsilon_{cjt} \quad (5)$$

其中$silk_dum_sector_{cit} = silkroad_c \times sector_i \times dumyear_t$，也就是特定行业和前述“一带一路”经济体与冲击年份变量的三重交叉项。$sector_i$为虚拟变量，$sector_i = 1$表示前述的重点行业，否则为0。类似的，$silk\_dum\_province_{cjt} = silkroad_c \times province_j \times dumyear_t$，也就是特定省份和前述“一带一路”与冲击年份变量的三重交叉项，$province_j$为虚拟变量，$province_j = 1$表示前述的重点省份，否则为0。λ_i和λ_j分别表示行业和省份固定效应，其他变量与基准模型一致。

首先，我们考察对重点行业的影响效应是否超过其他行业，估计结果列于表6。其中，第一列仅控制了模型（5）中的核心解释变量及交互项，第二列在第一列的基础上控制了国家、行业和年度固定效应，第三列进一步加入了国家层面的控制变量。表 6 的回归结果显示，在不同模型设定下，三重交叉项 $silk\_dum\_sector_{cit}$ 在统计上都是正向显著的。“一带一路”倡议实施显著地增加了对沿线国家的优先领域行业的投资，这一影响效应超过了对其他一般行业的影响。

表 6　基于行业—国家—年份维度的三重倍差法分析

	(1)	(2)	(3)
silk_ dum_ sector	0.0241** (0.0110)	0.0241** (0.0110)	0.0250** (0.0103)
方程中其他交互项	是	是	是
方程中其他虚拟变量	是	否	否
国家控制变量	否	否	是
国家固定效应	否	是	是
行业固定效应	否	是	是
年份固定效应	否	是	是
样本数	93132	93132	65637
R^2	0.0051	0.1575	0.1487

此外，该文件还重点圈定了 18 个省，包括新疆、陕西、甘肃、宁夏、青海、内蒙古（西北 6 省），黑龙江、吉林、辽宁（东北 3 省），广西、云南、西藏（西南 3 省），上海、福建、广东、浙江、海南（东南 5 省），内陆地区则是重庆。我们继续考察“一带一路”倡议对不同省份对外投资的影响。由于 18 个重点省份圈定时间为 2015 年 3 月底①，因此我们这一部分的分析使用 2015 年作为政策事件的时间节点，对回归方程（5）进行了实证分析，结果列于表 7。根据回归结果，“一带一路”倡议引致的重点省份对外投资并没有显著多于非重点省份。这个结论在很大程度上与我们的样本区间只到 2016 年有关，因为重点省份政策才推出一年，的确可能存在政策效果尚不显著和时滞性问题。因此，针对这一问题有必要在后续的研究中展开进一步的跟踪讨论和分析，尤其是待更长时间维度的数据可以获得以后，政策效果的评估将会更加准确和全面。

表 7　基于省份—国家—年份维度的三重倍差法分析

	(1)	(2)	(3)
silk_ dum_ province	-0.0110 (0.0074)	-0.0110 (0.0074)	-0.0074 (0.0097)
方程中其他交互项	是	是	是
方程中其他虚拟变量	是	否	否
国家控制变量	否	否	是

① 由于重点省份的确定时间为 2015 年，导致我们的数据区间能涵盖的政策效应时间段比较有限（仅到 2016 年）。但我们的研究不失为对“一带一路”倡议政策的有效评估提供了最早期的经验证据，同时我们也发现重点省份圈定的投资效应在短期中未显现出来，也恰好说明这一政策的影响可能有时滞性问题，因此更有效的评析重点省份圈定的效应必然需要更完善的时间维度数据。

续表

	(1)	(2)	(3)
国家固定效应	否	是	是
省份固定效应	否	是	是
年份固定效应	否	是	是
样本数	76416	76416	49024
R^2	0.0064	0.1793	0.1756

（五）机制分析

基于前述文献综合和机制分析，我们分别从政策沟通、贸易畅通、资金融通、设施联通以及民心相通五个角度对“一带一路”促进中国企业 OFDI 的机制进行了探索。表 8 汇报了“一带一路”促进互联互通的机制分析结果。在表 8 的（1）中，我们参考张建红等（2012），使用双边高级官员互访数量（lnvisit，访问、问候以及第三国会晤之和的对数变换）作为政策沟通的代理变量。数据来自外交部网站。在（2）中，我们使用 WITS 发布的贸易密集度指数衡量中国与各经济体之间贸易联系的紧密程度（trade intensity）①。该指数越高，说明中国与目标经济体的贸易联系越为紧密。在（3）中，我们考虑了中国参与目标经济体金融发展的情况（findev），使用中资银行在目标经济体的全部分支机构数量作为资金融通的代理变量。该数据来自各主要中资银行网站。在（4）中，我们使用中国与目标经济体之间的直飞航班数量作为设施联通的代理变量（airline），对设施联通的政策效果进行分析。数据来自国际民航组织（ICAO）。在（5）中，我们根据联合国教科文组织（UNESCO）发布的《2009 年 UNESCO 文化统计框架》识别了中国货物出口中的文化商品（culture goods）。出口数据来自 UN COMTRADE 提供的 2007-2015 年中国货物出口统计②。我们使用纯文化商品和文化产品支持材料与设备两类产品出口之和分别作为因变量带入模型。此外，考虑到控制组因变量潜在的变动趋势，我们参考表 1 第三列基准模型的做法，加入处理组与时间趋势的交互项加以控制，估计结果列于表 8 中。

在表 8 第一列中，我们检验了“一带一路”倡议对于政策沟通的影响。可以发现，倡议提出后，中国与沿线经济体双边及多边政策沟通频率明显提升。这表明“一带一路”倡议在政策沟通方面的推动作用是显著的。第二列从贸易联系视角汇报了“一带一路”倡议对于贸易畅通的政策效应。可以发现，中国与沿线经济体对外贸易中的联系密切程度在倡议实施后显著提高。这显示出“一带一路”倡议对于完善沿线经济体贸易畅通能力起到积极作用。第三列从金融发展角度检验了“一带一路”倡议对中国与沿线国家资金融通便利程度的政策效果。可以发现，相比其他经济体，中资银行金融机构在沿线经济体分支机构数量显著增加。这一结果显示出倡议对中国与沿线经济体资金融通产生了积极影响。第四列考察了倡议对于设施联通的影响。构建基础设施互联互通网络是倡议中设施联通的核心内容③。我们从民用航空航

① 资料来源：https://wits.worldbank.org/trade_outcomes.html，我们使用 WITS 中的 COMTRADE 中国报告数据生成该指数。产品分类代码使用 HS2002，更高版本的 HS 代码均转换为该版本。

② 我们使用 HS2007 版本识别文化商品，并对 2012 年之后的 HS2012 版本编码进行了转换。

③ 习近平在第二届“一带一路”国际合作高峰论坛开幕式上的主旨演讲：《齐心开创共建“一带一路”美好未来》http://www.xinhuanet.com/silkroad/2019—04/26/c_1124420187.htm

班角度衡量设施联通的政策效果。第四列显示，倡议实施后，中国与沿线经济体之间的直飞民航航班数量相比其他经济体显著增加。这不仅表明倡议对中国与沿线经济体的互联互通程度产生了积极政策效果，也表明便捷的人员、文件以及货物互联互通网络为中国企业在“一带一路”沿线开展海外绿地投资创造了积极的条件。最后，第五至六列分别汇报了上述两种口径文化商品出口回归结果。可以发现，“一带一路”倡议提出后，由于文化沟通有所加强，沿线国家进口中国文化商品的规模显著提升。这一效应无论是从纯文化商品还是广义文化商品来看均显著。

表 8 “一带一路”倡议的“五通”机制检验

	(1)	(2)	(3)	(4)	(5)	(6)
	lnvisit	trade intensity	findev	airline	culture	goods
silk_ dum	0.0909** (0.0391)	1.2787*** (0.1815)	0.9531*** (0.1521)	0.6882*** (0.0283)	0.3213** (0.1600)	0.2293** (0.1096)
国家控制变量	是	是	是	是	是	是
样本数	2052	2198	2052	907	1636	1636

三、结论和政策意涵

本文采用的数据中较为完整和准确的是2003—2016年《全球绿地投资数据库》，运用事件评估的有效识别方法——双重差分法，对“一带一路”倡议的投资促进效应进行全方位的评析。我们的研究的主要结论是：

首先，“一带一路”倡议实施显著促进了中国企业对外绿地投资的增长，对“一带一路”沿线国家或地区的投资项目数量增长幅度高达15.9%~31.3%。该实证结果通过了双重差分有效性的检验——安慰剂检验、平行趋势检验、多重固定效应控制以及多重稳健性检验。

其次，“一带一路”倡议对中国企业绿地投资的积极促进效应会通过“五通”实现，即设施联通、政策沟通、资金融通、贸易畅通、民心相通，这是“一带一路”倡议促进对外直接投资的有效机制。

再次，通过异质性分析，我们发现“一带一路”倡议的对外投资促进效应更明显地表现为针对海上丝绸之路沿线国家和邻近“一带一路”国家的投资增长。此外，当目标国家面临较高政治风险时，“一带一路”倡议实施的积极投资促进效应无法体现。从投资动态来看，现阶段“一带一路”倡议的投资促进效应主要表现为集约边际的扩张，即主要带动已有投资基础或投资项目国家的投资增长。

最后，本文进一步地基于行业—国家和省份—国家维度的三重差分法研究发现，“一带一路”倡议的对外投资效应主要集中在煤、油和天然气、可再生能源、建筑材料、通信、运输以及仓储行业。但是，该倡议并未对“一带一路”的重点省份产生立竿见影的对外投资促进效应，这也是今后政策实施所亟须关注的重点。

2013年提出共建新丝绸之路经济带和21世纪海上丝绸之路经济带的合作倡议，即“一带一路”倡议，旨在开创中国对外开放新格局，其中又以鼓励本国企业参与沿线国家基础设施建设和产业投资为倡议合作重点。“一带一路”倡议历时已五年有余，有效地促进了中国企业对沿线国家的直接投资，尤其是在海上丝路沿线国家、具有重点支持产业和已有投资基础的国家表现最为突出。同时，需注意当前倡议实施中，对“一带一路”重点省份的投资激励效应仍然有限，且投资增长方式还是以集约型为主，今后倡议的调整方向应以如何加快广延边际投资增长以及切实推动经济落后地区重点省份对外直接投资增长为重心。最后，值得重视的是在推行“一带一路”倡议实施时，有效的风险管控应进一步加强，从而为更多的企业对外投资提供保障。

“一带一路”沿线国家或地区基础设施发展正处于黄金机遇期※

中国对外承包工程商会 张 锴

一、“一带一路”沿线国家或地区基础设施发展形势

2018年，全球地缘政治风险、经济格局、贸易环境、产业结构特征等发生深刻调整，贸易保护主义、民粹主义不断抬头，既有的全球经济治理体系正面临新的挑战，内外部环境的变化对全球基础设施行业发展产生重要影响。与此同时，各国政府纷纷推出基础设施行业发展措施，通过吸引相关投资以实现刺激经济增长、熨平经济周期波动、优化产业结构等发展目标。随着各国政府越来越重视基础设施行业发展，多维度的政策支持孕育了多样化的投资机会。总体而言，国际基础设施行业发展呈现出稳中有变、变中有机的局面。

1. “一带一路”基础设施发展放缓但指数仍保持较高水平。2019年，“一带一路”沿线国家或地区基础设施发展指数稳中微降，从2018年的121下调到119。全球政治风险居高不下，世界经济复苏步伐有所放缓，大国博弈扰动全球政经格局，“一带一路”沿线国家或地区国内外形势复杂多变等因素，拖累发展环境、发展需求、发展成本、发展热度四个一级指数得分略有下降，但发展总指数得分仍维持在近五年的较高水平。

2. 基础设施行业发展呈现区域不平衡的状况。东南亚地区保持强劲发展势头，已连续三

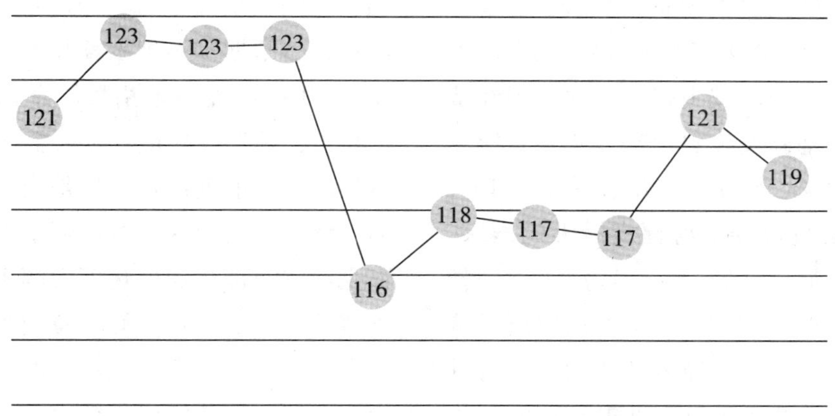

图1 “一带一路”沿线国家或地区基础设施发展总指数变化（2010—2019）

资料来源：中国对外承包工程商会、中国信保国家风险数据库

※ 本文源自《“一带一路”国家基础设施发展指数报告2019》。

年在地区排名中位居第一；南亚、西亚北非地区指数排名均较上年上升一位；葡语国家、中东欧地区的排名均下滑一名，其中中东欧地区指数得分在七个区域中最低。

得益于庞大的人口基数、快速发展的经济实力和相对有利的基建环境，东南亚地区基础设施建设需求持续旺盛，能源、交通等领域的投资建设市场空间巨大。2019 年东南亚地区指数为 125，主要国家的指数排名均比较靠前。在东南亚 10 个国家中，有 6 个国家的指数得分位列 2019 年度排行榜前 20 位。

表 1　2019 年东南亚地区国家指数排名

东南亚	发展指数	发展指数排名	发展环境排名	发展需求排名	发展成本排名	发展热度排名
印度尼西亚	138	1	8	2	27	1
越南	123	2	7	35	14	7
马来西亚	119	10	33	36	8	6
菲律宾	119	11	31	25	3	12
新加坡	116	13	1	71	26	21
泰国	115	14	21	65	2	22
柬埔寨	111	25	43	11	43	25
文莱	110	32	22	34	32	44
老挝	109	35	41	14	55	29
缅甸	109	36	65	5	66	18

资料来源：中国对外承包工程商会、中国信保国家风险数据库

中东欧地区国家数量较多，各国经济基础、资源禀赋、基础设施建设需求差异较大，2019 年度该地区基础设施发展指数为 109，排名较上年下降一位，在七个区域中得分垫底。因经济增长未达预期、基础设施建设动能不足，捷克的发展指数由 2018 年的 115 大幅下降至 109，成为本区域内指数得分下滑幅度最大的国家。塞浦路斯、爱沙尼亚、黑山、立陶宛等国的指数几年来一直在低位徘徊，其中塞浦路斯经济高度依赖外资支撑，外部经济环境的变化对其基础设施建设发展造成了较大冲击，2019 年指数得分仅为 102，位列区域最后一名。然而，作为连接亚欧两大洲的重要区域，匈牙利、斯洛伐克等中东欧国家在地理位置、劳动力成本等方面具有较大优势，相关国家基础设施建设潜力仍然不容忽视。

3. 各国基础设施发展指数得分差异性较强。从国家层面来看，印度尼西亚、越南、阿联酋、巴基斯坦、俄罗斯位居指数排行榜前 5 位。其中印度尼西亚指数得分 138，连续三年排名榜首，其发展环境、发展需求、发展热度指数排名均处前列；安哥拉是指数得分和指数排名下降最多的国家，本币贬值严重、通货膨胀高企造成安哥拉发展热度大幅下降是拖累指数下滑的主要因素；沙特阿拉伯为指数得分增长最多的国家，该国在能源、港口等方面的投资表现活跃，带动发展指数出现大幅上扬；埃及和匈牙利为指数排名上升最快的国家，其中私人投资表现活跃带动埃及指数排名大幅上升，匈牙利则得益于区位优势，发展热度大幅上升带动指数表现优异。

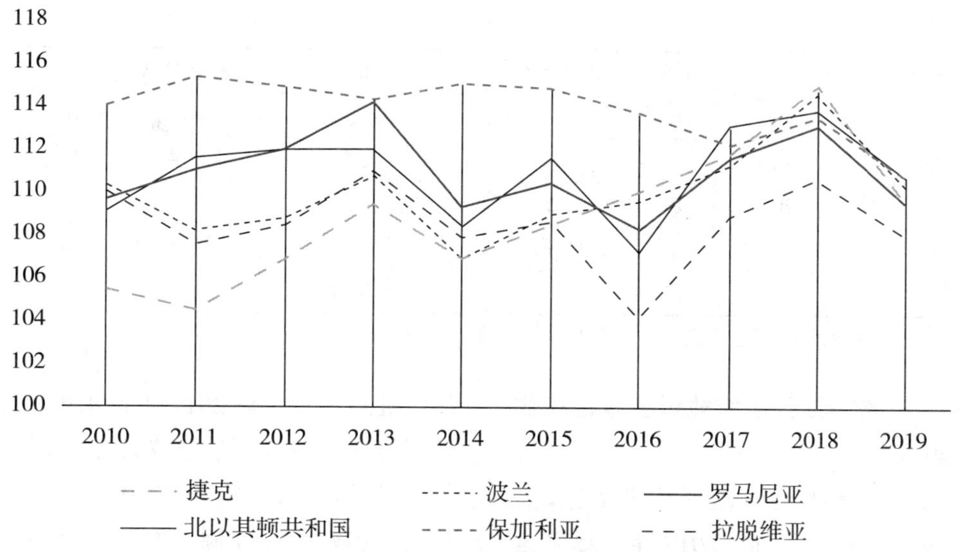

图 2 中东欧地区基础设施发展指数波动较大的国家情况

资料来源：中国对外承包工程商会、中国信保国家风险数据库

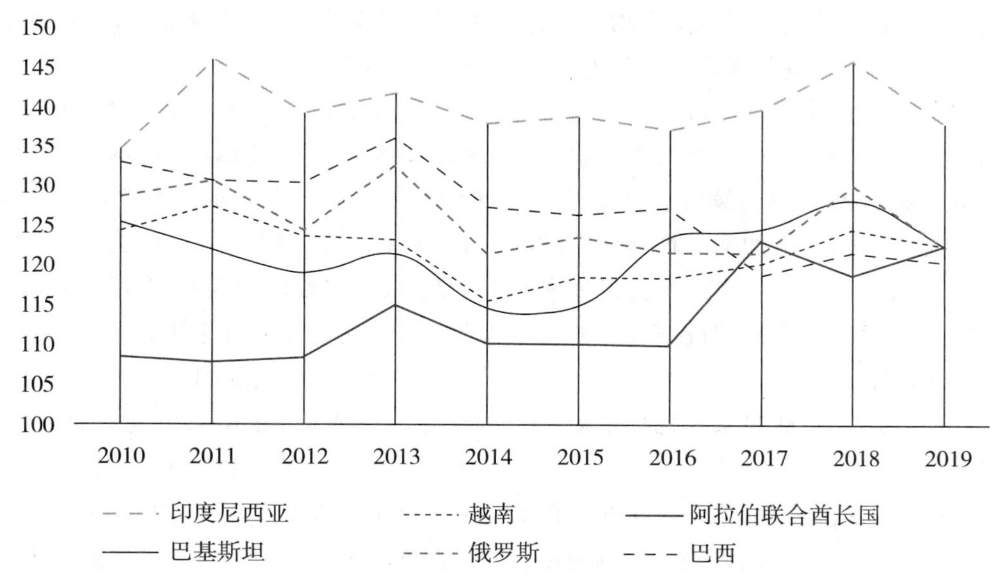

图 3 部分国家基础设施发展指数（2010—2019）

资料来源：中国对外承包工程商会、中国信保国家风险数据库

表 2 2019 年国家指数排名及变动（TOP20）

国家	发展指数	排名	排名变动	国家	发展指数	排名	排名变动
印度尼西亚	138	1	持平	菲律宾	119	11	↓↑5
越南	123	2	↑3	卡塔尔	117	12	↑16
阿联酋	123	3	↑7	新加坡	116	13	↓1
巴基斯坦	123	4	↓1	泰国	115	14	↓6
俄罗斯	123	5	↓3	孟加拉	115	15	↓4

续表

国家	发展指数	排名	排名变动	国家	发展指数	排名	排名变动
巴西	120	6	↑1	埃及	114	16	↑22
沙特阿拉伯	120	7	↑12	科威特	114	17	↑1
印度	120	8	↑5	斯洛伐克	113	18	↑11
哈萨克斯坦	119	9	持平	蒙古	113	19	↓5
马来西亚	119	10	↓6	克罗地亚	113	20	↑10

资料来源：中国对外承包工程商会、中国信保国家风险数据库

二、"一带一路"沿线国家或地区基础设施前景展望和建议

"一带一路"沿线国家或地区基础设施发展处于黄金机遇期，需求方面，2019年，尽管全球经济增速放缓，贸易形势不容乐观，但"一带一路"沿线国家或地区经济增长和贸易投资均实现快速增长，整体表现好于全球平均水平，这将进一步拉动基础设施建设需求；供给方面，各国营商环境的改善以及多维度政策支持为基础设施行业投资提供了保障。此外，"一带一路"倡议与联合国2030年可持续发展议程实现了有效对接，提出要建立更加平等均衡的全球发展伙伴关系，为沿线国家带来了经济发展和环境改善的双重效益，也为基础设施行业的可持续发展注入了新动力。

（一）"一带一路"沿线国家或地区基础设施发展机遇

1. 政策支持为基础设施建设提供重要保障。自"一带一路"倡议提出以来，得到越来越多国家和国际组织的积极响应，基础设施建设政策环境不断改善。比如，沙特阿拉伯将"2030愿景"和"一带一路"倡议进行了有效战略对接，不仅为基础设施建设注入了新的动力，更有效促进了该国的经济转型。瑞士宣布积极支持"一带一路"倡议，在欧洲国家中率先加入了亚洲基础设施投资银行。哈萨克斯坦财政部与"一带一路"有关国家和地区共同起草完善了《"一带一路"税收征管合作机制谅解备忘录》，共同构建"一带一路"税收合作长效机制。菲律宾2017年推出的"大建特建"计划与"一带一路"倡议相互契合，并于2018年11月同中国达成了近30项合作协议，涵盖基础设施建设、能源、农业、金融、海关等领域。相关战略措施的出台不仅为国际基础设施行业发展营造了良好的政策环境，也对促进国际基建投资行业可持续发展，吸引各方共建"一带一路"发挥了重要作用。

2. 基础设施建设需求依然庞大。根据全球基础设施中心（Global Infrastructure hub，简称GIH）发布的数据显示，2019年，全球交通行业投资需求将达到1. 6万亿美元，能源行业0. 9万亿美元，通信行业0. 3万亿美元，水务行业0. 2万亿美元，而这其中投资需求主要集中在"一带一路"热点国家。另据亚洲开发银行（Asian Development Bank）发布的报告12的预测，作为"一带一路"重点地区的亚洲，其2019基础设施投资需求约为4590亿美元，相当于亚洲GDP的2. 4%，其中南亚、东南亚和中亚地区的投资需求将分别达到GDP的5. 7%、4. 1%和3. 1%。考虑到各国经济、政治、法律环境的复杂性，以及许多国家存在的不可避免的项目拖期等因素，"一带一路"沿线国家或地区实际需求缺口可能较预测值更大。

3. 投融资合作为"一带一路"基础设施建设提供资金支持。为支持基础设施投资建设行业发展，国际多边金融机构以及各类商业银行在积极探索投融资模式创新，各国主权基金和投资基金也加大了对基础设施项目建设的支持

力度。截至2018年底，已有28个国家核准了《“一带一路”融资指导原则》，世界银行、亚洲基础设施投资银行、亚洲开发银行等多边开发银行参与了“一带一路”投融资合作，金融合作支撑作用逐渐显现。值得一提的是，在共建“一带一路”中，政策性出口信用保险覆盖面广，在支持基础设施建设上发挥了独特作用，截至2018年底，中国出口信用保险公司累计支持中国企业对沿线国家[①]的出口和投资超过6000亿美元，参与研究并起草的《“一带一路”债务可持续性分析框架》已在第二届“一带一路”国际合作高峰论坛发布，为基础设施的可持续发展提供了重要的依据。未来，资金融通领域取得的丰硕进展将不断拓展“一带一路”基础设施项目的融资渠道，为“一带一路”基础设施发展提供重要的支撑。

4. 基础设施示范效应改善市场投资环境。近年来，一大批惠及民生的基础设施项目示范效应不断释放。2018年1月，连通埃塞俄比亚和吉布提的亚吉铁路正式运营，两地行程由原来的7天缩短为10多个小时。根据巴基斯坦《民族报》报道，中巴经济走廊预计将为巴基斯坦带来超过200万个就业机会。中巴经济走廊的胡布电站项目建成后不仅可满足400万巴基斯坦家庭的用电需求，其相对低廉的发电成本可为用户每年节省数亿美元。中国援约旦供水网改造工程项目解决了近50万当地居民的用水问题，将用水时间从每周只有三四个小时提升到了全天，极大提升了民生生活水平。随着越来越多的项目建成并投入运营，民众口碑效应不断显现，社会舆论环境逐渐向好，基础设施项目的示范效应不断释放，将会带来更多的市场机会。

（二）“一带一路”沿线国家或地区基础设施项目面临的挑战

1. 地缘政治环境复杂多变，基建项目极易受到冲击。基础设施项目由于投资规模较大，往往由政府部门推动或由国际社会援建，具有鲜明的政治色彩，一旦东道国发生社会动荡或出现政权更迭等风险事件，基础设施项目很容易受到影响。例如，2015年斯里兰卡举行了总统大选，西里塞纳新政府上台后推动了外交政策的调整，对中国企业投资建设的多个重大工程项目进行了重新审查，中国与前政府合作的标志性工程科伦坡港口城项目因为环评手续等问题被迫停工。2019年“一带一路”沿线多个国家将举行总统或议会选举，政府权力更迭将对行业政策连续性与政局稳定性造成扰动，导致政治风险有所上升，基础设施项目可能因此受到影响。

表3 2019年5至12月部分“一带一路”沿线国家或地区选举情况

国家	类型	日期	主要侯选人/执政党	其他侯选人/主要反对党
立陶宛	总统选举	5月12日	达利娅·格里包斯凯特（独立）	吉塔纳斯·纳尔希达（独立）
菲律宾	议会选举	5月13日	菲律宾民主党—人民力量党联盟	自由党
拉脱维亚	总统选举	6月30日（预计）	莱蒙德斯·韦约尼斯（拉脱维亚绿党）	—
阿富汗	总统选举	7月20日（预计）	穆罕默德·阿什拉夫·加尼（独立）	阿卜杜拉·阿卜杜拉（民族阵线）

① 这里是更广范围的“一带一路”沿线国家或地区，不仅限于本报告特指的71国。

续 表

国家	类型	日期	主要侯选人/执政党	其他侯选人/主要反对党
葡萄牙	议会选举	10月6日	社会民主党	社会党
莫桑比克	总统/议会选举	10月15日	菲利佩·纽西（莫桑比克解放阵线党）	阿方索·德拉卡马（莫桑比克全国抵抗运动）
乌克兰	议会选举	10月27日（预计）	波罗申科联盟	人民阵线
波兰	议会选举（上院）	11月30日（预计）	法律和公正党	公民议坛党
波兰	议会选举（下院）	11月30日（预计）	法律和公正党	公民议坛党
罗马尼亚	总统选举	12月31日（预计）	克劳斯·约翰尼斯（独立）	候选人待定（社会民主党）
克罗地亚	总统选举	12月31日（预计）	科琳达·格拉巴尔—基塔罗维奇（独立）	佐兰·米拉诺维奇（社会民主党）

资料来源：中国对外承包工程商会、中国信保国家风险数据库

2. 经济环境变化加大了基础设施行业发展前景的不确定性。2018年以来，全球经济增长逐渐放缓，主要经济体增长乏力，外部宏观环境的变化为基础设施行业的发展带来了风险和挑战。一方面，主要发达经济体货币政策转向，引发资本逐渐向发达国家回流，这在一定程度上增加了正在大力发展基础设施的新兴市场和发展中国家的财政支付压力。另一方面，自2017年特朗普上台以来，美国在全球范围内挑起贸易战，实施多项贸易保护政策，针对钢、铝等产品加征关税，不仅对全球经济发展造成扰动，更导致全球大宗商品价格波动频繁，也进一步增大了基础设施行业原材料成本的不确定性。

3. 自然灾害会对基础设施项目造成较大负面影响。“一带一路”沿线部分国家自然环境恶劣，极端天气及自然灾害问题显著。根据EM-DAT自然灾害数据库14的统计，“一带一路”沿线国家或地区在1980至2015年间共发生自然灾害4581次，其中，东南亚地区遭受自然灾害的影响最大，共发生1348次；其次是南亚地区，共发生1120次；中东欧共发生自然灾害583次；中亚与西亚共发生自然灾害509次；中东与非洲自然灾害较少，共发生263次。自然灾害不仅直接影响基建项目安全形势，交通受阻、原材料短缺等问题也会拖延工程进度。

表4　2018年“一带一路”沿线部分国家自然灾害事件梳理

（单位：亿元,%）

国家	自然灾害事件	月份	死亡人数
印度尼西亚	地震海啸	9月	3400
印度尼西亚	地震	8月	564
印度尼西亚	地震海啸	12月	453
印度	洪水	8月	504
巴基斯坦	热浪	5月	180

资料来源：the International Disaster Database

4. 基础设施施工标准差异易导致项目进程受阻或工期延长。目前，国际上广泛使用的工程技术标准种类较多，主要包括美标、英标、欧标、俄罗斯标准等，各个标准之间存在较大差异，“一带一路”沿线国家或地区使用的标准也各有不同。因此，在开展国际工程项目时，会经常遇到技术标准不一致的情况，如不能快速有效的协商解决，将会对整个项目进程包括基础资料收集、投标、设计、采购、施工、劳务管理、计量与支付和竣工验收等各方面造成严重影响。

5. 企业拓展国际市场面临更加激烈的竞争压力。目前来看，欧美等发达经济体的工程承包企业在技术水平、资本规模、信息和装备等

方面都具有较大优势，其在中东、欧洲等地区均占据多数市场份额。发展中国家工程承包企业进入此类市场面临一定挑战。与此同时，欧美等发达国家也在积极推出相关政策支持本国企业进入新兴市场，例如美国推出“新非洲战略”、欧盟对非提出“四大关键行动方案”、日本提出“高质量基础设施伙伴关系”计划等。预计随着“一带一路”沿线国家基础设施建设需求不断释放，各国家的基建行业市场竞争将更加激烈。

（三）“一带一路”沿线国家或地区基础设施发展对策建议

2019 年 4 月，习近平主席在第二届“一带一路”国际合作高峰论坛上指出：我们应构建全球互联互通伙伴关系，实现共同发展繁荣。加强全方位、多领域合作，继续推进陆上、海上、空中、网上互联互通，建设高质量、可持续、抗风险、价格合理、包容可及的基础设施。为支持企业把握市场机遇、规避风险，推动“一带一路”沿线国家或地区基础设施的可持续发展，本报告提出以下政策建议：

1. 抓住“一带一路”倡议机遇，强化质量优势。自“一带一路”倡议提出以来，已有 100 多个国家和国际组织积极响应。工程承包企业要充分利用“一带一路”合作平台和机制，以基础设施互联互通建设为重点，针对不同国家和地区发展特点与资源禀赋，制定差异化的发展策略。同时要根据东道国发展需求及时调整企业自身角色定位，依托自身发展特点和东道国市场环境，着力推动产业链向前后两端延伸，提高基础设施投资建设对东道国产业链上下游企业的拉动作用，强化质量意识和管理意识，帮助东道国搭建科学、合理、可持续的全产业链发展格局，最终实现以工程项目带动贸易与投资发展，更好地促进双边和区域经济的交往互动。

2. 坚持合作共赢原则，展示企业“软”实力。不同国家之间存在语言、风俗习惯、宗教信仰、商务惯例等较多文化差异，重大工程项目更容易因文化差异而受舆情所左右。各国基建参与者应当秉承共商、共建、共享的原则，坚持合作开发、互利共赢的原则，加强与东道国政府、企业的合作，实现本土化经营，重视当地公共关系的维护，提升企业公关能力，树立负责任、国际化的品牌形象。要尊重东道国文化习俗，积极履行企业社会责任，真正将企业自身发展与东道国经济社会建设需求结合起来，共同打造符合当今国际发展潮流的人类命运共同体。

3. 提高风险防控意识，重视政策性及商业保险作用。当前全球工程承包市场面临较大不确定性，中东部分国家政府和政策稳定性较差，地缘政治风险加大；非洲、拉美国家进入债务偿还期，债务违约风险增加；欧美地区贸易保护主义抬头和“逆全球化思潮”兴起。多种风险因素叠加使得工程承包行业整体外部环境不容乐观，也对工程承包企业风险管控能力提出了更高的要求。有效应对外部环境变化首先要求各国基建参与者树立正确的风险观，平衡好市场效益与风险之间的关系，科学评估项目建设风险收益。其次企业要提高风险防控的意识，把风险思维贯穿到项目运营的全周期，建立起全流程的风险预警制度，针对不同金额、不同周期、不同风险的项目分别制定风险预案，做好项目前中后期风险评估与管理工作。最后，各国基建参与者还应当重视政策性保险与商业保险产品的积极作用，特别是依托政策性保险机构，转移分散企业海外投资经营所面临的相关风险，为参与“一带一路”建设提供更加坚实的保障。

中医药“一带一路”发展的战略意义、现状及策略

中国医药保健品进出口商会　徐宁儒

中国倡导的“丝绸之路经济带”和“21世纪海上丝绸之路”（简称“一带一路”）战略构想的提出，契合沿线国家的共同需求，为沿线国家优势互补、开放发展开启了新的机遇之窗，是国际合作的新平台，得到了“一带一路”沿线各国的积极响应，这也为我国中医药国际合作发展提供了良好的发展机遇。

一、中医药对“一带一路”倡议的意义

（一）有力配合国家“一带一路”倡议实施

“一带一路”倡议是新时期由我国首先提出的国际合作平台，同时也是我国整合区域资源优势，增加经济新亮点的国家战略。

“一带一路”合作倡议，对于中医药海外发展来说，即是秉持开放的区域合作精神，通过与沿线各国和地区开展“国内规制”和“市场准入”的医药卫生政策协调，携手推动沿线国家和地区在更大范围、更高水平、更深层次上进行医药卫生领域的开放、交流、融合。中医药领域“一带一路”倡议的实施，不仅可以促进医药产品贸易畅通、政策沟通，以及资金融通，而且也可进一步推动医药服务贸易等设施联通的发展，并最终呈现为中医药在各贸易国中的发展，即实现“民心相通”。因此，我国中医药“一带一路”倡议的实施，恰恰也是国家“一带一路”倡议实施的体现，可以有力配合国家“一带一路”倡议的实施。

（二）增强我国国际化竞争的软实力

随着全球经济一体化的深入，国家与国家之间的联系将日趋紧密，合作将更加多元化，而国家间的多层次竞争也将日趋激烈。医药服务贸易，作为国家经济软实力的体现，也将随着“一带一路”倡议的实施，得到逐步增强。

近30多年来，“一带一路”沿线国家或地区传统医学服务贸易悄然兴起并已形成一定规模，随着中医药对外交流与合作工作的推进，中医药对健康和疾病的认知方法和治疗理念越来越受到国际社会的认同，为中医药服务贸易的深入开展以及中医药国际化发展带来了机遇。

在中医药国际化发展进程中，越来越多的丝路国家与中国开展了中医药的合作与交流。例如，广州中医药大学在越南、泰国等地建立了疟疾等热带疾病研究基地，北京东直门医院与德国合办魁茨汀中医院，山西省中医医院与俄罗斯、中亚等国家合作建立了中西医结合医院，中国中医科学院广安门医院在马来西亚同善医院建立中医门诊部等，成为推动中医药服务贸易的重要基础和内在动力。

随着中医药在全球范围内的推广和实践，越来越多的外籍人士开始参与到中医中药的学习中来。据统计，2003年到2012年这十年间，全国高等中医药院校共招收境外留学生15109人，一直居来华学习自然科学留学生人数的前列，成为中医药服务贸易的重要内容。这一中医药教育需求也推动了海外中医药教育事业的发展，南京中医药大学、北京中医药大学、黑龙江中医药大学、天津中医药大学等采用合作办学、外派教员的方式，直接针对海外教育市

场提供教育服务，培养了大批本地的中医药人才，不断满足临床对中医人员的需求，成为提供中医药医疗保健服务的主力军。

（三）有效拉动我国经济发展

我国中医药具有“治未病”的理念和特点，将中医药的防病治病功能与“一带一路”沿线国家或地区传统医药相结合，可以帮助“一带一路”沿线国家或地区解决医疗卫生问题，塑造健康的生活方式，有利于促进“一带一路”沿线国家或地区经济发展和经济转型。

大力发展中医药产业国际化，做大做强健康产业，可以健康服务为切入口，推动中医药和其他产业融合（“中医药+”），进而促进中医药海外实现跨越式发展。加快我国中医药国际化进程，将我国中医药文化与国际市场相融合，健康产品“走出去”与“走进来”相结合，可反作用促进我国经济发展。此外，中医药对于疾病的防控，可以保证民众健康，减少政府在居民健康卫生保障等领域的投入，进而促进我国经济的发展。

（四）促进行业国际竞争力的提升

“一带一路”倡议的实施，有利于我国中医药行业利用国外中药材资源优势，推动产业国际竞争力的提升。例如，包括印尼、泰国、越南等在内一些东盟国家的药用植物资源丰富，我国可从东盟进口一些特有的药材，实现药材资源的优势互补，从而进一步促进我国中医药产业的发展。

此外，借助“一带一路”倡议的实施，也有助于加快我国中药制剂产品在国外市场的布局。近几年，我国中药在越南、阿联酋和俄罗斯等国以治疗药品形式注册，逐步以药品形式进入国际医药体系；地奥心血康等多个中药品种在欧洲已经完成或正在进入注册程序，表明中药正以药品的形式得到欧美等发达国家的认可。随着“一带一路”倡议的深入贯彻实施，我国中医药产业的国际竞争力也将得到进一步提升，中药海外市场规模将会进一步扩大。

二、“一带一路”沿线地区中医药发展现状

中医药“一带一路”发展具有十分重要的战略意义，对“一带一路”沿线地区医药卫生、经济发展均有明显的促进作用。然而，我国中医药在该地区的发展，同样受到各国药政管理、贸易壁垒、经济和文化差异等诸多限制，中医药国际贸易也呈现出不同的发展特点。

（一）“一带一路”不同市场面临文化差异挑战

“一带一路”沿线国家或地区不同市场存在文化差异，其在文化、信仰等方面均存在不同。朝鲜、韩国、日本、蒙古等东亚国家与中国文化类别同属于东方文化，各国传统医学虽有不同的名称：东医、韩医、汉方医学、蒙医，但和中医没有本质上的区别，可以说是一脉相承，从医学观、医学理论、临床诊疗方式等方面来看基本上都是一致的，均是作为中医主流分支出去的医学，是在自身基础上结合当地文化创新和发展的结果。东南亚国家如新加坡、马来西亚、越南等，由于地理上与我国临近，各国人口中均有一定比例的华人，不仅文化信仰接近，而且提供中医诊疗服务和针灸治疗的大部分也是华人。因此，东亚、东南亚国家人民对中医或者本国的传统医学接受度和信任度普遍较高。

对于欧洲地区，虽然近年来我国中医针灸在该地区发展态势良好，但是整体来看，普通民众对中医药还是缺乏了解和信任，而西医药仍是主流医学，传统医学的影响有限，个别市场的政府和民众对中医甚至抱有怀疑的态度，进而在中医合法执业等问题上提高了准入门槛，使得中医药在该地区的发展面临较大的困难。因此，中医药在该地区的发展，需解决文化差异带来的信任问题，需通过各种传统文化交流方式加强双方的互信和了解。

（二）“一带一路”沿线药政管理制度不均衡

鉴于“一带一路”沿线不同市场对中医药文化的接受程度不一，中医药在“一带一路”沿线国家或地区的立法程度也呈现出发展不均衡的特点。中医药在丝路沿线国家明确立法的国家有新加坡和泰国。朝鲜、韩国、越南传统医学主要来源于我国的中医药学，目前也已被纳入国家法定医疗保健体系。印度、巴基斯坦、斯里兰卡、孟加拉国、缅甸等南亚国家已基本实现对本国传统医学的立法管理。

与亚洲相比，欧洲、美洲等其他地区，对于中医药的态度则呈现出较大的差异。目前，澳大利亚已完成中医立法，是第一个以立法方式承认中医合法地位的西方国家，其对中医、中药师进行注册管理。加拿大的多个省份也已立法承认中医师、针灸师、中药师的合法行医资格。英国是欧洲第一个对补充及替代医学立法的国家，然而2011年，英国突然宣布“不再保护中医师头衔”“中医师作为草药师进行登记注册”，至今中医药立法仍处于停滞状态。意大利、俄罗斯只允许针灸开展医疗活动，但尚不承认中医。捷克、匈牙利等其他欧洲国家尚未为中医立法，亦无明确的监督管理机构，只能由有执照的西医师或挂靠在开业诊所、执业医师名下的中医师开展服务。

（三）“一带一路”发展受限于经济水平差异

在中医药国际化发展进程中，不同市场的经济发展水平不同，各国政府对我国中医药的支持力度不一，民众对于中药的可接受程度和购买能力存在差异。因此，“一带一路”沿线国家或地区经济发展水平的不均衡，也在一定程度上制约着中药在这些地区的发展。

具体来讲，在中亚、西亚和非洲地区，由于受当地经济发展水平的制约，人民正常温饱尚难以解决，医疗卫生保障水平相对较低，因此，对中医药投入极少，中医药发展尚处于较低水平。而在欧洲各国，中医药学虽然受到民众的认可，使用人数也在逐渐增多，但中医师在多数国家并未得到法律认可，无论在中医医疗服务，还是在中医科研、教育及中医宣传、推广方面，投入均显不足，制约了中医药在各国的发展，同时也影响了我国中医药国际合作的发展。

三、中医药海外发展“三步走”策略

基于中药海外发展情况、遇到的困境和挑战，当前中医药海外发展，尤其是“一带一路”发展，必须改变原来“国际化”为“本土化”，从“产品输出”到“资本输出”。简单归纳为中医药“一带一路”发展“三步走”策略：第一步，产品“走出去”；第二步，资本“走出去”；第三步，发展服务贸易，实现全球资源配置。

第一步，产品“走出去”。这是目前我国大部分中药企业正在做的一步，即产品输出。近几年，中成药出口基本维持在2.5亿美元左右，虽有所波动，但很难实现大的增长。中国企业大多通过广交会平台，将中成药产品销售给海外老华侨，海外的销售完全仰仗华侨代理商推动，市场开拓主动性几乎丧失。究其原因，一是现有西药的销售渠道不适应中药销售，二是中国的中药企业未能建立自己的海外销售渠道。

为此，应重点创新海外销售渠道，加快产品“走出去”。中药在“一带一路”沿线国家或地区的发展，不能仅限于药品销售渠道，应根据目标市场及产品自身特性，灵活确定产品的应用范围，包括传统植物药、保健食品、膳食补充剂等类别，先行占领市场，进而向高端严格的植物药市场靠近。中医“治未病”的观念和特点，决定了中药的应用，可以在疾病预防方面发挥积极的作用，包括饮食调理、保健食品、药膳、康复等领域，都可以作为中药产品未来国际化发展的新渠道、新领域。

第二步，资本“走出去”。“一带一路”沿线国家或地区不同的法规制度，为我国中医药国际化发展带来了诸多障碍。为促进我国中药产品与国外市场更好地融合，应鼓励企业实施本土化战略，通过收购、兼并重组、联合投资等方式，在“一带一路”沿线国家或地区建立分公司、子公司，取得当地政府支持，聘用当地员工，并与当地文化、经济模式相适应。利用海外市场已有的成熟市场渠道，尽可能地绕开各种法律法规及市场限制。

通过海外投资、产业落地，实现中医药海外本土化；通过与本地传统药融合发展，破除各种制度与政策障碍；通过本土化影响当地民众和政府，更好地了解、认识、接受中医药，进而影响到当地政策法规的调整，更利于中医药海外发展。

第三步，发展服务贸易，实现全球资源配置。中医药欲在“一带一路”沿线国家或地区取得长足发展，中医中药需共同“走出去”，相互促进，协调发展。中药需要中医的指导，才能发挥更好的疗效，避免药害事件发生；中医需要中药的配合，才能做到疗效明显，康复巩固。

同时，在货物贸易和服务贸易协同发展过程中，实现全球资源配置。中国贡献智力资源，如传统方剂、中医理论、新药创新研发；原材料采购自东南亚或非洲；生产基地可以设在中东欧国家，欧洲生产全球销售，真正实现中药资源全球再配置。

中国农产品行业“一带一路”沿线贸易再创新高

中国食品土畜进出口商会　蒋　婕

2018年是贯彻落实十九大精神的开局之年，是我国改革开放40周年。全球经济实现了有力开局，但受美国加征关税等因素影响，世界经济增长动能减少，制造业和贸易增速放缓。随着我国政府部门推出一系列促进外贸稳定增长政策措施，我国农产品贸易平稳运行，取得超预期的增长，全年进出口额超过2000亿美元，再创历史新高。

2018年是“一带一路”倡议提出的第五年，也是成果丰硕的一年。“一带一路”凝聚各方合作共赢的新共识，得到越来越多国家和国际组织的积极响应和支持，150多个国家和国际组织同中国签署共建“一带一路”合作协议，范围由传统的亚欧地区延伸至非洲、美洲等更广阔的区域。作为“一带一路”建设的重要内容，我国与沿线国家农产品贸易合作得到进一步加强，农业国际话语权和全球影响力显著提升。

一、我国与“一带一路”沿线国家或地区贸易特点

（一）农产品贸易增速高于总体水平

2018年，我国对“一带一路”沿线国家或地区农产品贸易普遍呈增长态势，农产品贸易总额为517亿美元，占我国农产品全球贸易总额的24%，同比增长12.3%，增速比总体农产品贸易额高4.3个百分点。其中我国对沿线国家出口农产品246.8亿美元，占我国农产品全球出口总额的31.1%，同比增长5.3%，增速比上年高2个百分点；我国自沿线国家进口农产品270.2亿美元，占我国农产品全球进口总额的19.7%，同比增长19.6%，增速比上年高10个百分点，比总体农产品进口水平高9.7个百分点。

（二）东盟地区依然是沿线重点出口市场

出口方面，东盟地区依然是“一带一路”沿线重点出口市场。2018年，我国对东盟10国农产品出口合计170亿美元，同比增长7.7%，占我国对“一带一路”沿线国家或地区农产品出口比重的69.1%。我国对东盟出口规模较大的主要品种为大蒜、苹果、柑橘、肠衣、羽绒等。我国对俄罗斯农产品出口金额为20.2亿美元，同比增长3.2%；对印度农产品出口5亿美元，同比下降22.3%；对中东欧16国农产品出口全额增速较快，同比增长13%。

进口方面，我国自东盟农产品进口最多的产品为棕榈油、热带水果、大米和木薯干，占我国对东盟农产品进口总额的一半以上。2018年农产品进口整体增长较快，其中自俄罗斯、印度、巴基斯坦农产品进口增速分别高达51.3%、43.7%、77.8%，以上三国进口农产品中增幅最大的主要是水海产品。

（三）蔬菜、水果、水产品为主要贸易农产品

从出口产品看，2018年我国对“一带一路”沿线国家或地区出口的农产品主要为蔬菜、水果、水产品，出口额分别占对沿线国家农产品出口总额的23%、20%和16%，出口量与上年基本持平。食用菌、饲料、油籽油料增速较快，同比分别增长39.6%、21.1%和32.3%。

从进口产品看，我国自“一带一路”沿线国家或地区进口产品中金额最高的依然是植物油，进口56.9亿美元，基本与上年持平；水海

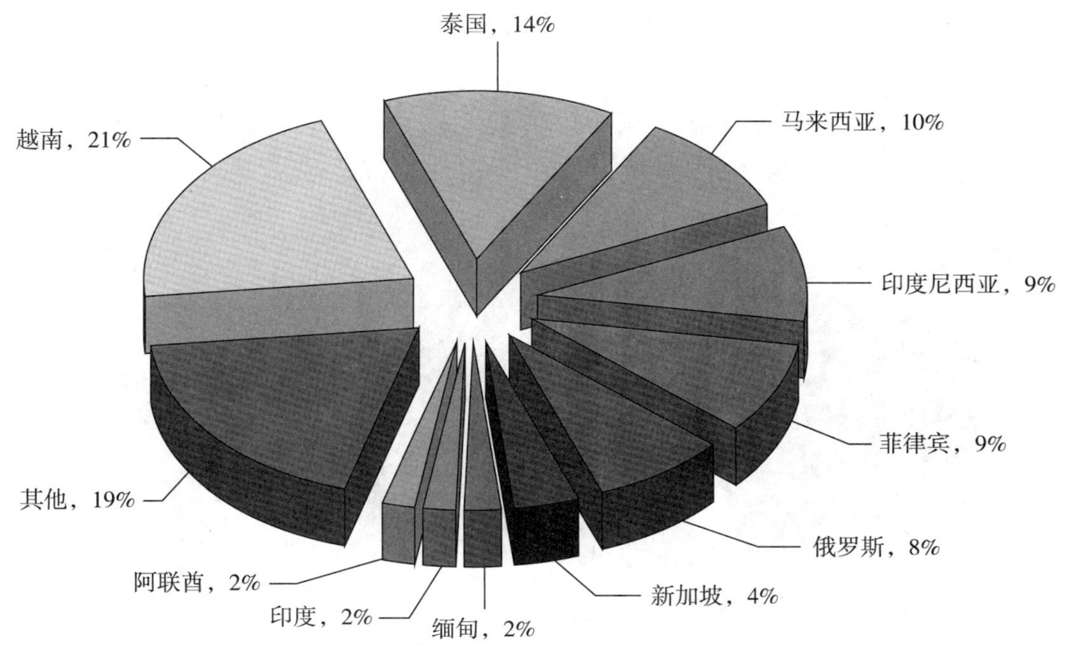

图 1　2018 年我国对"一带一路"沿线国家或地区农产品出口分布

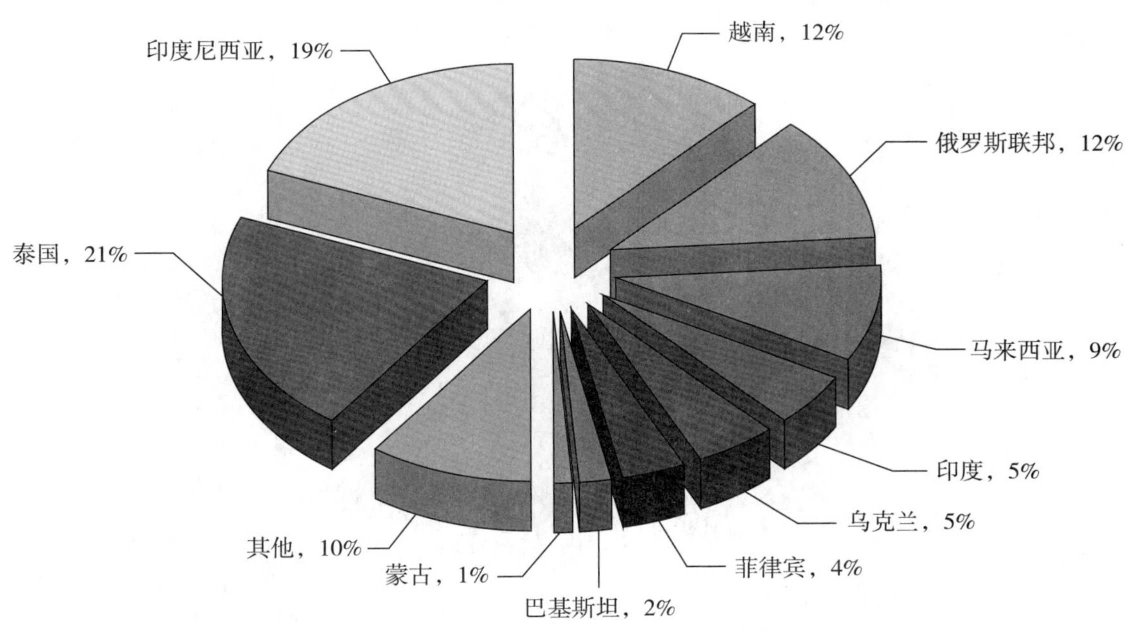

图 2　2018 年我国自"一带一路"沿线国家或地区农产品进口分布

产品及制品、水果、饲料、酒及饮料、油籽油料增速分别为 62.5%、44.7%、41.8%、48.7%和 37%。

二、扩大进口政策加速落地

2018 年以来，我国对外开放加速推进，扩大进口成为其中的重要一环。从关税调降到进口博览会平台搭建，扩大进口各项政策加速落地。

（一）多次降低进口关税

2018 年，我国连续多次降低部分商品进口关税，其中两次涉及食品农产品。根据食土商会测算，7 月 1 日降税清单包含农产品税目 388

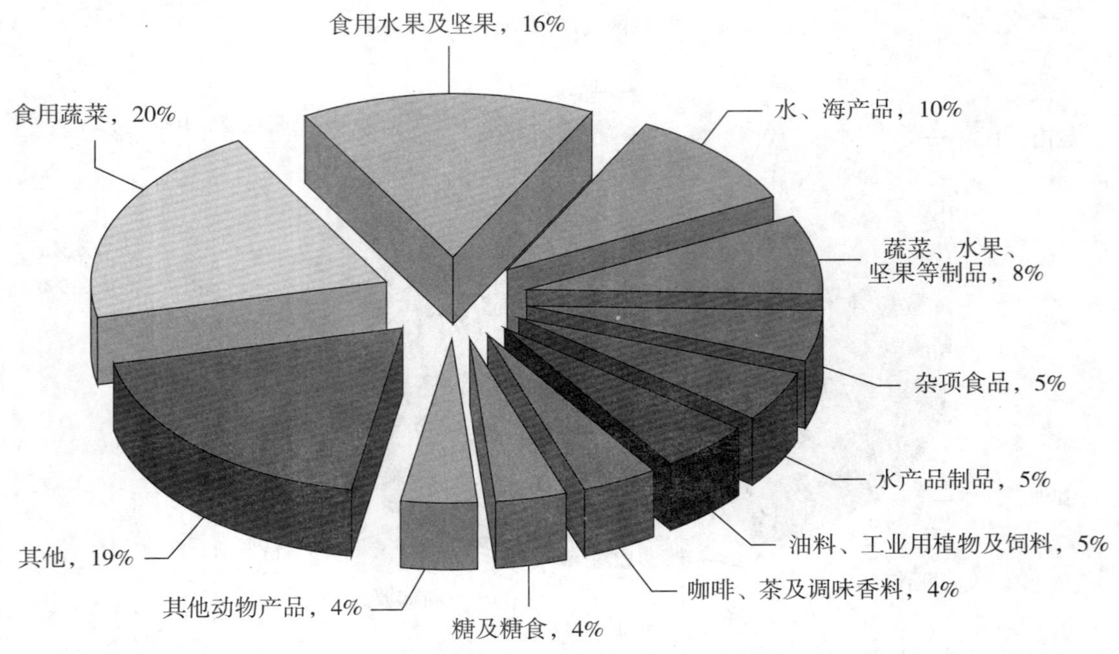

图3　2018年我国对“一带一路”沿线国家或地区农产品出口结构

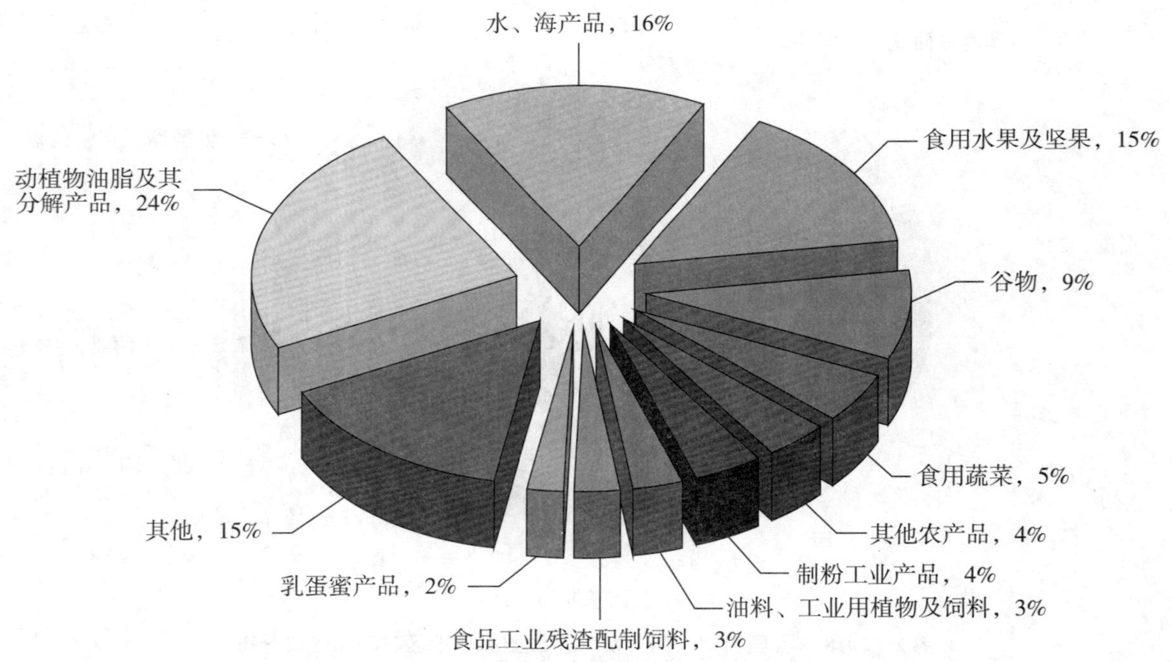

图4　2018年我国自“一带一路”沿线国家或地区农产品进口结构

个，最惠国平均税率从15.2%降至6.9%，平均降幅为54.7%。降幅在80%以上的税目有47个；降幅在50%~80%的税目有146个。相关税目进口额合计为110亿美元，占我国农产品进口总额的8.8%。主要有水海产品、罐头及果蔬制品、水产及肉类制品，平均降税幅度分别为39.3%、75.3%和62.1%。11月1日降税清单其中涉及22个食品税目，最惠国平均税率从14.7%降至7.8%，平均降幅为47%。主要包括水产品（活鳗鱼、活鳟鱼、金枪鱼等）、果汁和饮料等。

此外，自2018年7月1日起，我国对原产于孟加拉国、印度、老挝、韩国、斯里兰卡的进口货物适用《〈亚洲—太平洋贸易协定〉第二修正案》协定税率，对印度等五国进口货物中2323个税目进行降税。其中涉及300个食品税目，平均降幅为34.5%，主要包括水产品、蔬菜、茶叶、杂项食品（方便面、调味紫菜）等，金额合计占我国自上述五国进口农产品总额的31.5%。

（二）进博会是共建“一带一路”的重要支撑首届进口博览会，与2018年年初以来进口关税调降等措施一脉相承，是推进我国新一轮高水平对外开放的重要标志性工程，也是共建“一带一路”的又一个重要支撑，是推动全球包容互惠发展的国际公共产品。首届进口博览会有来自58个“一带一路”沿线国家或地区的超过1000多家企业参展，占参展企业总数将近三分之一，成为“一带一路”沿线各国展示国家发展成就、开展国际贸易的开放型合作平台。

食土商会是进博会农产品食品馆组展组馆单位，食品及农产品馆共有来自120多个国家和地区的1500余家参展商，占进博会所有参展商数量的40%。食土商会充分发挥专业优势，在做好食品及农产品组馆工作的同时，还积极主办、协办、参与了一系列进博会配套活动，包括国际乳业合作论坛、第九届中国国际肉类大会和首届中国进口食品峰会暨中国进口食品行业报告发布会，重点宣传了中国食品农产品进口政策、贸易便利化措施，讲解了肉类、乳制品等特殊农产品进口准入要求。同时，大会首次发布进口食品行业报告，全方位反映了20年来中国食品进口情况，重点分析了肉类及制品、乳品、水海产品及制品和水果及制品四大类产品的进口情况，阐明了改革开放以来，各项贸易便利化措施和国家鼓励进口政策对中国食品行业快速发展的推动作用，为政府、企业和相关研究部门准确把握行业发展方向、制定经营策略提供了参考依据。雀巢、JBS、希杰等世界500强企业以及乳制品、肉类行业领军企业代表，从不同视角分享了在改革开放的大平台上，如何把握中国改革开放机遇，满足中国消费者消费升级需要的成功经验。

（三）搭建精准服务平台，完善进口服务体系

为促进食品贸易的健康发展，食土商会推出了“进口食品公共服务平台”，该平台是服务于国外生产商、集货商和中国进口商与经销商间的B2B进口食品服务平台，免费向行业企业公开食品标准的法规及更新食品相关贸易情况等信息。同时针对中国市场特点，平台提供了包括中文翻译、配方审核、样品通关测试和样品推广等多种专业化服务。食土商会进口食品公共服务平台对全球46个国家和地区的10161个单品完成审核工作，向7105家海内外企业进行推广。

2018年，食土商会组织企业参加17个国外知名食品展，组展面积约8000平方米，其中“一带一路”及新兴市场的展会数量占一半以上。同时举办印度油粕饲料出口中国推介会、中国—印尼棕榈油贸易促进洽谈会，先后组织食用菌企业赴俄罗斯等国家进行交流，为泰国等国的企业找到对口合作伙伴，推动优势出口企业更好对接国际市场。

三、共建“一带一路”新起点

“一带一路”沿线国家或地区中，绝大多数是发展中国家，农业资源禀赋好，市场潜力大，与我国农业合作前景十分广阔。中国作为农业生产消费和贸易大国，随着农业对外开放范围的不断扩大，对世界资源的需求和供给量将大幅增加。综合考虑农业资源条件、生产和贸易增长潜力，以及贸易平衡、运输通道、地缘政治等因素，“一带一路”沿线部分国家可以在我国未来全球农产品供应体系多元化中发挥重要

作用。

共建“一带一路”5年多来，在各方共同努力下，合作取得丰硕的早期收获，为各国和世界经济增长开辟了更多空间。2019年是“一带一路”倡议提出6周年，以第二届“一带一路”高峰论坛为标志，共建“一带一路”站上了新起点，描绘了新愿景。根据习近平主席在高峰论坛期间与各国领导人共同擘画的蓝图，食土商会紧密围绕“一带一路”建设，提高商会的管理水平和服务能力，继续深化与“一带一路”沿线国家或地区相关行业组织的联系，促进中国优势农产品和龙头企业“走出去”，引导企业在“一带一路”沿线国家或地区保税区内设立海外仓，为企业提供海外报关、检验、仓储等配套服务；促进优势农产品和消费升级农产品进口，做好进口服务工作，努力推动我国农产品贸易实现高质量发展，为“一带一路”发展作出新贡献。

2018年中国机电行业参与“一带一路”建设情况

中国机电产品进出口商会　周欣慧　董　明

2013年以来，共建“一带一路”倡议以政策沟通、设施联通、贸易畅通、资金融通和民心相通为主要内容扎实推进，取得明显成效。在机电行业，“一带一路”的丰硕成果也开始显现，各有关企业对共建“一带一路”的认同感和参与度不断增强。本报告将简要介绍当前我国机电产品对外贸易以及企业“走出去”开展大型成套项目建设和海外投资的基本情况，并对行业发展面临的挑战和机遇的一些看法做归纳总结。

一、行业发展概况

改革开放40年来，中国机电产品对外贸易、大型成套设备出口与工程项目、对外投资都有了长足发展，正在顺应时代发展积极转型升级，以更加开放自信、更加注重合作共赢的姿态走向世界。

1. 从机电产品对外贸易看，我国已经成为名副其实的机电贸易大国。据中国海关统计，2018年中国机电产品贸易额为2.42万亿美元，占中国全商品贸易比重的52.4%，占全球机电贸易的市场份额约为17%，连续9年保持全球机电产品出口第一大国地位。其中出口额为1.46万亿美元，同比增长10.6%；进口额为9655.6亿美元，同比增长13%。

随着“一带一路”各项支持政策的相继落实，2015年至2018年，中国企业在“一带一路”沿线国家或地区的出口总额虽有波动，但总体呈现增长趋势，同时，对“一带一路”沿线国家或地区机电产品的出口额占总出口额的比重也逐年稳步提升。其中，2017年与2018年增长尤为突出，2017年对“一带一路”沿线出口额同比2016年增长12.8%，占总出口额的24.8%；2018年对“一带一路”沿线出口额同比增长11.8%，占总出口额的25.1%。

经过改革开放，特别是加入WTO以来的快速发展，我国已经拥有全球最完整的工业体系和完善配套的产业链，在纳入海关统计的169种机电产品细分商品中，中国有近70种出口份额在全球居于首位，还有40余种位列全球前五。整体上，中国机电产品对外贸易已经进入由产品国际化向企业国际化，由货物贸易为主向商品、服务、技术、资本输出相结合转变，竞争优势也正在从以低成本的传统价格优势向技术、质量、品牌、服务、标准为主的综合竞争优势转化。中国企业和中国外贸的竞争优势正在加快由规模数量型向质量效益型、从贸易大国向贸易强国的转型升级。随着国际国内环境及发展形势的变化，同时随着我国机电产品对外贸易额基数的扩大，我国机电贸易已经进入趋稳向好、提质增效和动能转换的新阶段。

2. 从大型成套设备出口和海外承包工程看，随着中国企业更多地参与国际建设和投资合作，以电力装备、轨道交通、通信设备等重大装备和飞机、高铁、卫星等高技术产品为主的大型成套设备出口，也从开始的设备供货起步，逐步形成了以EPC工程总承包为主，具备一定综合集成比较优势、较为成熟的海外项目运营模式，并且正在向投资、建设、运营一体化的全新发展阶段转型。据商务部公开统计，2018年，我国对外承包工程业务完成营业额1690.4亿美元，同比增长0.3%，新签合同额2418亿美元，同比下降8.8%。其中完成营业额与新签营业额的约52%位于“一带一路”沿线市场。通过这些工程项目建设，有效带动了中国的机电产品、成套设备走向国际，并且推动了中国与国际间的标准和认证体系的对标和接轨。

在美国《工程新闻纪录》（ENR）公布的2018年度全球最大250家国际承包商名单中，中国有69家企业上榜，国际营业额达到1140.97亿美元，同比提高15.3%，占比23.7%，较上年提高2.6个百分点。近年来，进入ENR排名的中国总包企业不断增加，其竞争优势已经不仅仅体现在劳动力成本、价格等方面，更体现在技术、成套设备、资源整合和项目管理等多个方面，并且得到了世界范围内的普遍认可。“一带一路”倡议提出以来，中资企业在沿线国家承建的一大批基础设施项目，满足了当地经济发展和生活的迫切需要，受到了当地政府和人民的认可和欢迎。

3. 从对外投资合作看，2018年，中国对外非金融类投资约1205亿美元，其中对“一带一路”沿线的56个国家实现非金融类直接投资156.4亿美元，同比增速远高于平均增速。对外承包工程完成营业额1690.4亿美元，其中在“一带一路”沿线的63个国家对外承包工程完成营业额893.3亿美元。对外投资形式逐步优化，由单一的绿地投资向实物投资、股权置换、联合投资、特许经营、投建营一体化等多种方式扩展。

境外经贸合作区近年来作为中国企业对外投资的创新方式，正在成为我国与“一带一路”沿线国家或地区开展国际产能合作的重要平台。截至2018年末，中国企业已经在46个国家在建初具规模的合作园区113家，其中通过商务部确认考核的合作区入区企业共计933家，累计投资209.6亿美元，上缴东道国税费22.8亿美元，创造就业岗位14.7万个。这些合作园区涵盖了加工制造型、农业开发型、资源利用型、商贸物流型、技术研发型、综合发展型等多种类型。

二、企业“走出去”面临的新形势新挑战

1. 深度参与国际竞争带来的项目模式变化挑战。随着更多私营资本参与国际基础设施建设，项目模式“渐趋复杂和高端”，由简单EPC转向投资、建设、运营一体化，是中资企业“走出去”开展建设与投资合作的必然趋势。面对这种形势，中国企业越来越多地在传统的成套设备出口、EPC工程总承包基础上，主动调整海外经营战略，单独或联合在海外设立专门的投资平台，或与第三国企业合作，实现投资、建设和运营的联动，更多地以PPP/BOT等新的项目运作方式参与竞争，但中企目前的国际融资和项目运营能力与国际知名跨国公司相比仍有一定差距，对中国企业的项目运营能力、财务管理能力、风险防控能力等都提出了新考验。

2. 扎根海外发展所带来的企业合规运营方面的挑战。中国企业“走出去”开展包括冶金矿山类项目在内的对外承包工程建设，仍以亚非拉等发展中国家和市场为主，这些国家市场大、机会多，但不确定性强，存在政治和社会动荡的风险，且不同国家税法政策、市场环境、劳资关系各不相同。中国企业在本地化经营过程中，面临政府关系、法律、税务、环保和认证体系、技术标准等诸多方面的挑战，企业需要加快解决在海外市场产业投资、项目建设和运营一体化，设备生产和营销一体化，能源和资源合作一体化等诸多问题，其中标准和认证是其中的重要环节和难点领域。

3. 由被动承接项目到主动创造可持续发展需求所带来的转型升级挑战。要推动中国企业在海外开展工程建设和投资合作的可持续发展，需要着眼提升广大沿线发展中国家经济发展水平和整体工业化能力，实现由“输血”到“造血”，企业由简单承接工程承包项目到投资、建设、运营一体化以及提升设计、规划、咨询等高端服务能力，进而内生市场需求，带动中国技术、设备、标准和服务“走出去”，形成可持续发展的良性循环。单个企业、单一模式、单一产业“走出去”已经无法适应当前形势发展和“一带一路”、国际产能合作深化开展的需求，需要加强政策层面的统筹规划和行业层面的有效引导，将金融保险、规划设计、施工建设、认证和标准等各方优势资源高效整合，实现真正意义上的“抱团出海”，进而实现对外承包工程的调整升级和高质量发展。

三、几点建议

一是以“一带一路”、国际产能合作为牵引，加快推动对外承包工程转型升级。应以“一带一路”、国际产能合作等国际倡议实施为导向，引导国企、央企为主的对外承包工程主力军，更好结合重点市场、重点领域和重点项目实施，积极探索综合开发、投建营一体化、境外经贸合作园区等以投资为导向的商业运作模式，实现以点带线，投资与工程承包的双轮驱动。

二是以境外经贸园区建设为重点，积极推进国际产能合作。境外合作区建设，不仅提供了大量的基础设施建设项目机会，更可以以园区建设为依托，搭建第三方市场合作的平台，吸引大量发达国家和跨国企业集团与中方企业一道，合作开展规划设计、标准体系、工程建设、财会税务以及招商投资等方面专业合作，还可以直接投资或委托入园企业开展加工制造等，从而获取更长期、可持续的收益回报。

三是加强合规建设，推进长期可持续的高质量发展。加强企业合规管理不仅是企业规避市场风险的内在需求，也是我国对外承包工程高质量可持续发展的必然要求。建议将企业合规建设对标国际标准和国际规则加以重点推动，同时更好地发挥行业层面的自律和协调作用，形成政府监管、行业协调、企业实施的联动运行体系。

当今世界，变革与调整是发展的主题，和平合作仍是时代潮流。展望未来，共建“一带一路”既面临诸多问题和挑战，也充满前所未有的机遇和发展前景。我们相信，随着各方共同努力，共建“一带一路”一定会走深走实，行稳致远，成为和平之路、繁荣之路、开放之路、绿色之路、创新之路、文明之路、廉洁之路，推动经济全球化朝着更加开放、包容、普惠、平衡、共赢的方向发展。

浙江中国小商品城集团股份有限公司

HEJIANG CHINA COMMODITY CITY ROUP CO., LTD.

浙江中国小商品城集团股份有限公司创建于1993年12月，系国控股企业。2002年5月，公司股票在上海证券交易所挂牌交易,股代码“600415”,公司现有总股本54.432亿股。目前公司下属18分公司，55家参控股公司，拥有近5000余名员工。

Zhejiang China Commodities City Group Co., Ltd., founded December 1993, is a state-owned holding enterprise. In May 02, the company’s shares were listed and traded on the anghai Stock Exchange with the stock code “600415”. The mpany now has a total share capital of 5.4432 billion.. At esent, the Company has 18 subsidiaries and 55 participating lding companies, with nearly 5000 employees.

公司是中国商贸领域的龙头企业之一。一直以来，公司以服务全球中小微企业为宗旨，搭建共享式贸易服务平台。依托小商品城优越的商业环境和得天独厚的市场资源，公司以独家经营开发、管理、服务市场为主业，大力发展电子商务、大数据、供应链、金融、物流仓储、会展旅游、房地产等相关行业，形成了市场主业与相关配套行业协同发展的良性局面。

Our company is one of the leading enterprises in China’s business and trade field. For a long time, the Company has been aiming to serve small and medium-sized enterprises in the world and building a shared trade service platform. Relying on the superior business environment and the unique market resources of the Commodities City, the Company takes the exclusive management, development and service market as its main industry, and vigorously develops related industries such as e-commerce, big data, supply chain, finance, logistics warehousing, exhibition tourism, real estate and so on, thus forming a benign situation for the coordinated development of the main market industry and related supporting industries.

当前，公司正依托国家“一带一路”倡议建设，加速体制机制与业务板块创新，向线上线下融合、进口出口联动、境内境外打通的跨国商贸服务集成商转。展望未来，公司将以义乌国际贸易综合改革试验区建设为契机，聚焦融合，深化改革，全力打造贸易服务能力最强、信息化程度最高、营商环境最优的实市场标杆，并围绕产业链上下游，向数字化转型，做强供应链板块、国际板块、仓储板块。同时，充分发挥上市公司功能，加强与资本市场联动，在资源整、市场开拓、资本运作、市场管理等方面实现新的突破。

At present, the Company is relying on the national strategy of “the Belt and Road” initiative to accelerate the innovation of institutional echanisms and business segments and transform to multinational business service integrators with online and offline integration, import and port linkage and domestic and overseas connections. Looking forward to the future, the company will take the construction of Yiwu International ade Comprehensive Reform Pilot Zone as an opportunity, focus on integration, deepen reform, and strive to build the strongest trade service pacity, the highest degree of informatization, the best business environment of the real market benchmark. In addition, the Company will focus the upstream and downstream of the industrial chain to transform itself to digitization and strengthen the aspect of supply chain, international rt and warehousing. At the same time, the Company will give full play to the functions of listed companies, strengthen the linkage with the capital arket, and achieve new breakthroughs in resource integration, market development, capital operation and market management.

蓝图已经绘就，实干成就梦想。商城人将积极投身改革开放新实践，进一步拉高标杆，以只争朝夕的工作豪情，拼命干出义乌市场发展新业绩，为全面打世界“小商品之都”而努力奋斗。

The blueprint has been drawn and only the practice can achieve the dream. People in the Commodities City will actively devote themselves to e new practice of reform and opening up, further elevate the benchmark, and strive for the new achievements of Yiwu market development with the orking enthusiasm of striving for the day and night, so as to strive for building the “Commodities Capital” of the world in an all-round way.

2017年4月1日，中国（河南）自由贸易试验区开封片区正式挂牌。开封片区规划面积约20平方公里，位于中心城区西部，毗邻郑州，处于国家级开封经济技术开发区、开封城乡一体化示范区核心区域，以郑开大道为轴线两侧布局。重点发展服务外包、医疗旅游、创意设计、文化传媒、文化金融、艺术品交易、现代物流等服务业，提升装备制造、农副产品加工国际合作及贸易能力，构建国际文化贸易和人文旅游合作平台，打造服务贸易创新发展区和文创产业对外开放先行区，促进国际文化旅游融合发展。按照功能布局划分为：中央商务中心、健康乐谷、文创艺谷、创智孵化谷、高新智造谷、国际物流港、国际商务信息港，形成特色鲜明“一心四谷两港”的功能空间布局。

制度创新高歌猛进，“苗圃”效应加速释放。推出了百余项亮点纷呈的改革创新经验，多项制度创新经验受到国务院推进职能转变协调小组办公室、国务院自贸区工作部际联席会议办公室的高度认可。梳理提炼了28项成熟的改革经验分别向全省、全市复制推广。四梁八柱基本搭建，营商环境不断优化。率先于全省研究制定了营商环境评估指标体系，确立了营商环境国际化引领区的定位，根据第三方评估报告，2018、2019连续两年开封片区营商环境全球模拟排名一直优于全国内地平均水平，该经验在全省促进非公有制经济健康发展大会上予以推广。招商引资扎实推进，产业框架初步成型。围绕发展定位和功能布局，着力打造“234”产业集群，自贸区“磁吸”效应不断增强，开封片区迎来了新一轮投资兴业热潮，新产业、新业态加速集聚。截至10月31日，入驻企业达5010家，突破5000家关口。注册资本亿元以上企业146家，超10亿元企业13家，最高投资额100亿元；外资企业25家，注册资本9.4亿元，最高投资额3.33亿元。其中今年元至9月税收收入8.13亿元，比挂牌前（2016年1—9月）同比增长354.19%。2019年上半年，开封片区进出口总额8.88亿元人民币，同比增长374.87%，占全市进出口总额的24.76%；带动全市进出口、出口增幅在全省18个地市中排名均列第1位。开放平台建设稳步推进，国际文旅融合发展迅速。8月6日，深圳文化产权交易所河南自贸区运营中心正式挂牌启动；9月20日，河南自贸区国际艺术品保税仓正式获批，落地开封片区。随着河南自贸区国际艺术品保税仓的建设，作为其配套支撑的河南自贸区首家也是目前唯一一家离境退税文创商店已正式落地,文物艺术品鉴定服务中心建设加速推进，综合保区建设进展顺利；10月19日，开封国际陆港铁路专用线接轨意向获批，将为河南自贸区开封片区的建设发展和开封综合保税区建设提供极大助力，是推动全市高质量发展的又一强大支撑。

开封片区打造文旅自贸区的目标和路径越来越清晰，开封片区将对标国际，持续探索文化艺术领域各项创新，全力推动中国文化“走出去”。正如国家领导人所说，开封片区“以古闻名，以新出彩”，正在成为开封对外开放的一张新名片。

自贸试验区开封片区　　邮箱：kfszmb@163.com

自贸试验区开封片区位于开封市中心城区西部，毗邻郑州，处于国家级开封经济技术开发区、开封城乡一体化示范区核心区域，以郑开大道为轴线两侧布局。

开封片区外贸进出口企业奇瑞公司积极开辟“一带一路”市场，2018年公司商用车行业出口从全国第30位跃升至第3位。2019年计划全年出口50000台车。

中国（河南）自由贸易试验区开封片区

KAIFENG AREA, CHINA (HENAN) PILOT FREE TRADE ZONE

中国（河南）自由贸易试验区开封片区政务服务中心

2019年8月6日，深圳文化产权交易所河南自贸区运营中心启动仪式在自贸区开封片区举行。

地理位置优越：依托郑州航空港经济综合实验区及郑州物流中心的区位优势，加强与郑州，港区的对接、互动，打造“郑汴港金三角”，助推郑州国家中心城市建设，深度融入中原城市群和“一带一路”建设。

自贸大厦：截止目前入驻企业1700余家，A/B两座大厦税收均过亿元。

自贸开封：北宋时期丝绸之路和海上丝路的东起点，引领古老中原走向世界的新的历史担当。

中国中铁四局集团有限公司

CHINA RAILWAY FOURTH BUREAU GROUP CO., LTD.

中国中铁四局集团有限公司（以下简称“中铁四局”）是一家具有综合施工能力的跨行业、跨国经营的国有大型建筑企业，是世界500强企业——中国中股份有限公司的骨干成员企业和“标杆”单位。截至2018年底，中铁四局年生产、经营能力在1000亿元以上。

hina Tiesiju Civil Engineering Group Co., Ltd.(CTCE in short) is a large comprehensive construction company with business at ɔoth home a abroad, and CTCE is a model and benchmark subsidiary of China Railway Group Limited(CREC in short), the fortune global 500. By the end of 20 the annual new marketing value and production capability has both reached RMB1000 billion.

埃塞俄比亚克林图工业园项目
主进场路和房建施工区域

创建幸福项目部示范点
蒙华铁路项目-工区驻地全景

杭黄铁路开通运营

安哥拉罗安达NCC社会住房项目一期工程
被誉为“中资企业在安哥拉的一面旗帜”

中铁四局最早的前身，是1950年11月成立的中国人民志愿军铁道工程总队。这支钢铁队伍在战火纷飞的朝鲜战场上，以自己的血肉之躯铸造起一条“烂，炸不断”的钢铁运输线，为抗美援朝战争的胜利谱写了光辉的篇章。1953年11月，从朝鲜凯旋的铁道工程总队，经过多次分立、重组和整合演变，于1年8月正式更名为铁道部第四铁路工程局（简称“四铁局”）；到文革动乱中期的1970年7月，改称为交通部第四铁路工程局（简称“交通部四铁局”），有多的时间实行军事管制；到1975年2月，复更名为铁道部第四工程局（简称“铁四局”）。沐浴着改革开放的春风，伴随着市场经济的步伐，再到世纪之2000年6月，改制为中铁四局集团有限公司，隶属国务院国资委管辖的中国中铁股份有限公司。

China Tiesiju Civil Engineering Group Co., Ltd.(CTCE in short) was firstly recognized as part of the Railway Engineering Team of Chinese Peop Volunteers founded in November 1950. The team built a steel railway with their bodies in the Koran Battle field to ensure the smooth transportat which has contributed a lot to the victory of Anti-American Evasion in Koran. After war in 1953, the team came back to China and with years of de opment and reforming, the team has been officially titled as Ministry of Railway No. 4th Engineering Bureau(Tiesiju in short). In 1970's, it has b titled as Ministry of Transport No.4th Railway Engineering Bureau (Jiaotongbu Tiesiju in short), with two years management from military systen Feb. 1975, it has re-titled as Ministry of Railway No. Railway Engineering Bureau. With years development after the policy of opening up and refo ing, as well as the economic development in China, it has been officially titled as China Tiesiju Civil Engineering Group Co., Ltd in June 2000, and been under direct control and management of SASAC.

中铁四局采用“集团本部+子、分公司（派出机构）+项目经理部”的基本组织架构，目前拥有以施工类为主，包括投资、运营、设计监理、物贸、服务26家子（分）公司，5家直属单位，以及10个区域指挥部，32个国内营销办事处，8个境外营销机构。局本部现有22个行政、党群职能部门，6个后勤机构。

CTCE adopts the management system of 'CTCE head office+branch of subsidiaries+project management office', currently majoring on const tion business, including but not limited to investment, operation, design and supervision business, trade and service business, CTCE now has 26 s sidiaries and branches,5 direct-managing units, 10 regional managing center, 32 marketing offices in China, 8 international regional center. CTCE 32 departments, CPC office and 6 logistic offices.

兰（州）新（疆）铁路客运专线
是国内最长的铁路干线

蒙古残疾儿童发展中心项目

上海白龙港污水处理厂

中铁四局在铁路、公路、市政、房建、机电安装工程等多个领域拥有施工总承包及专业承包资质95项，其中，局层级拥有铁路、公路、房屋建筑、市政工程4项施工总承包特级资质（分别含铁道行业工程设计甲II级、公路行业甲级设计、建筑行业甲级设计、市政行业甲级设计资质），是安徽省首家“四特四施工企业；具有国外承包工程资质和对外经营权，业务范围涵盖建筑安装业绝大部分领域，以及新材料研发生产、工程设计与监理、物流贸易与服务业、产、基础设施BT和PPP等投资项目。目前，业务范围分布在全国31个省、市、自治区，以及海外安哥拉、埃塞俄比亚、蒙古、印度尼西亚等10余个国家。

中铁四局承建的重庆地铁
10号线荣获鲁班奖

CTCE has 95 contracting license and certificates including railway, highway, housing, municipal works, electric installation engineering etc., 1ong which 4 super general contracting certificates are with railway, highway, housing and municipal works. CTCE is the first company with such 4 per general contracting certificates in Anhui Province. CTCE also has international contracting license and marketing certificates, the business of ich covers most fields of infrastructure development, new material research&manufacturing, engineering design&supervision, logistic trade&ser-e, real estate, infrastructure BT, PPP investment mode. At present, CTCE has business in more than 31 provinces in China and more than 10 other untries in the world like Angola, Ethiopia, Mongolia and Indonesia.

截至2018年底，中铁四局在册员工23047人，其中，管理人员13447人、研究生及以上学历365人、本科9874人；拥有各类专业技术人员15209人，其中高 识称1617人（其中正高级107人）、中级职称4871人；拥有技能人才6190人，其中特级技师37人、高级技师540人、技师851人。拥有局级及以上各类专家69（其中3人享受国务院特殊津贴，另有7名享受国务院特殊津贴的退休老专家）、一级注册建造师1213人。

By the end of 2018, the total staff of CTCE is 23047, with the management team of 13447, 365 are with master degree or even higher, 9874 with chelor degree.15209 are with types of technical certificates, and 1617 are with professional-level certificates(107 with Doctor Professional level), 71 are with deputy professor level. 6190 are technical talents, among which 37 are with specialized certificates, high technicians of about 540, other el 851. CTCE also has 60 experts in all level and fields(3 experts receiving the special allowance from SASAC). The number of registered architects CTCE is about 1213.

60多年来，中铁四局累计参与新建、改扩建铁路干、支线和专用线总里程近2万公里，建成大型铁路枢纽10余个，以及一大批公路、市政、房建、水务环 汽车试验场等项目和海外工程项目，是国内铁路建设名副其实的“排头兵”，是国内城市轨道交通市场中进入城市最多、中标项目最多、中标金额最多的中 建筑企业二级单位，是中国中铁系统和安徽省的外经骨干企业。2018年，中铁四局实现企业营业额1019亿元，完成施工产值980亿元，建成桥梁158公里、隧 79公里、盾构区间75公里、房屋37万平方米，完成土石方1.12亿立方米，完成的产值和主要实物工程量均创历史新高，承建的杭黄、哈牡、京沈、南龙、石济 各，蒙古国残疾儿童发展中心、援毛里塔尼亚排水工程等一大批有重大影响的项目竣工或投入使用。

For the past 60 years, CTCE has totally constructed more than 20000km railway, regardless of the newly-built or upgrading, main or branch line, h more than 10 terminals. Besides that, CTCE has also constructed many famous projects in the fields of highway, municipal works, housing, water nservation project, auto testing field projects. CTCE is considered as one of the pioneer in infrastructure development in China. CTCE is a keen player he metro development in China, for CTCE has participated in the urban traffic development in most cities in China, with the largest marketing re, is the backbone company under CREC system and in Anhui Province. In 2018, the new marketing value and turnover of CTCE is specifically ching RMB101.9billion and RMB98 billion. CTCE has totally constructed 158km bridges and 79km tunnels and 75km TBM construction, 370thousand using building, 112 million m3 earthworks. CTCE has made a new history for both turnover and main engineering works. A large number of import- projects undertaken by CTCE are to be completed to put into use such as high-speed railway from hangzhou-huangshan, Haerbin-Mudanjiang, jing-Shenyang, Nanjing-Longyang, Shijiazhuang-Jinan, Handicapped Children Development center in Mongolia, Foreign-aid Municipak Drainage ject in Mauritania etc.

中铁四局承建的合福高铁获詹天佑奖

建设中的印尼雅万高铁

中铁四局承建的成都基础设施
维修基地工程荣获国家优质工程奖

新建杭州东站扩建工程东站站房及相关工程
荣获第十五届中国土木工程詹天佑奖

石济铁路通车运营

CRDC

中国铁路设计集团

CHINA RAILWAY DESIGN CORPORATION

中国铁路设计集团有限公司（简称中国铁设）是中国铁路总公司所属的唯一设计企业，前身为铁道第三勘察设计院集团有限公司（铁三院），成立
1953年，资产83.7亿元，是以铁路、城市轨道交通、公路等工程勘察、设计、咨询、监理、工程总承包、产品产业化业务为主的大型企业集团，度具有工
设计综合资质甲级证书，是国家首批认定的高新技术企业。企业综合实力位居行业前列，2017年度ENR“中国工程设计企业60强”第6位，2017年度ENR“
球工程设计公司150强”第56位。

Founded in 1953, China Railway Design Corporation (CRDC), formerly named as The Third Railway Survey and Design Institute Group Corporatic
(TSDI), is the only design enterprise subordinated to CHINA RAILWAY. As one of the first batches of hi-tech enterprises identified by the State, CRDC is
large-scale enterprise group with assets of RMB 8.37 billion and possessing the qualification of integrated Grade A engineering design, mainly engaged
the business of survey, design, consulting, supervision, engineering general contracting, and product industrialization in the sectors of railway, urban r
transit, highway and etc. It ranks in the top list of the industry by its overall strength, ranking the 6th place of “Top 60 Chinese Design Firms” and t
56th place of “Top 150 Global Design Firms” in the 2017 ENR lists.

中国铁设技术力量雄厚，专业设置齐全。建有轨道交通勘察设计国家地方联合工程实验室、院士专家工作站、博士后科研工作站等研发平台，建立了
量管理、职业健康安全管理和环境管理三大体系。城市轨道交通数字化建设与测评技术国家工程实验室正在建设中。

CRDC has a strong technical force with full range of specialties. It has established the state and local joint engineering laboratory of rail transit surv
and design, academician expert program, post-doctoral scientific research program and other R&D platforms. It has also established the Three Major Sy
tems, i.e. quality management, occupational health and safety management and environmental management. The national engineering laboratory sp
cialized in digital build of urban rail transit and evaluation technique is under construction.

中国铁设累计勘察设计铁路通车运营里程4万余公里，高速铁路运营里程8000余公里，占全国铁路通车运营里程的三分之一，市场占有率居行业前列。
高速铁路、重载铁路、综合交通枢纽、城市轨道交通、新型轨道交通、磁浮交通等领域具有突出优势，部分技术已达到国际先进水平。在综合交通枢纽、综
监测检测、综合勘探、航测遥感、三维（BIM）技术、无砟轨道、高品质桥梁、沉降变形控制、减振降噪等领域取得了世界先进水平。

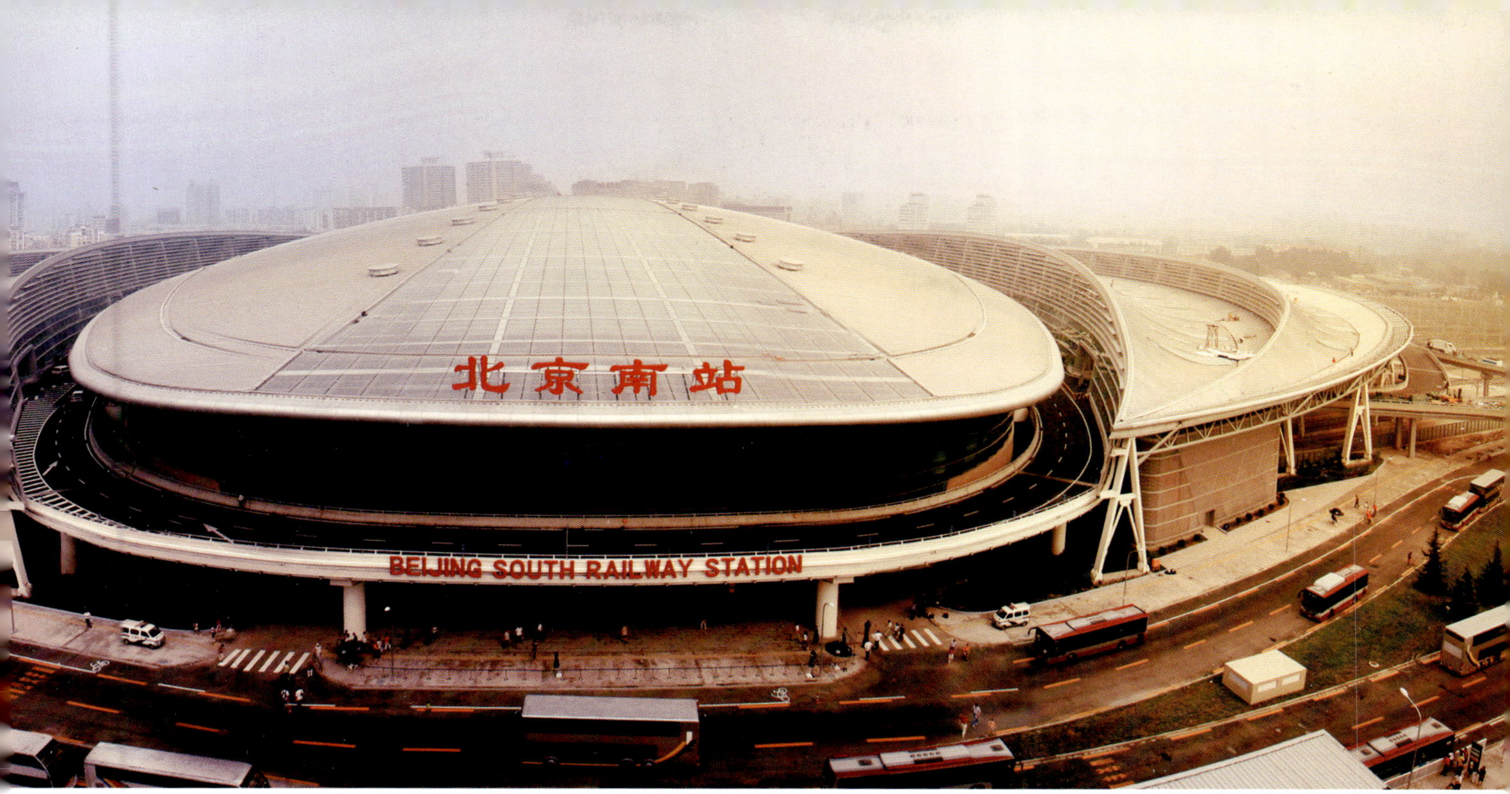

CRDC has accomplished railway survey and design of more than 40,000km accumulatively, over 8,000km high-speed railways, which takes one third total kilometrage of railways in operation in China, and ranks the top in the market share of the industry. It has outstanding advantages in fields of gh-speed rail, heavy-haul rail, integrated transport hub, urban rail transit, new-type rail transit and maglev system, some technologies have reached in-rnationally advanced level. Significant achievements have been gained in the fields of integrated transport hub, comprehensive monitoring and in-ection, integrated exploration, airborne survey and remote sensing, 3-dimensional (BIM) technology, ballastless track, high-quality bridge, settlement d deformation control, noise and vibration reduction and etc. The survey and design methods of CRDC have reached the world advanced level.

企业成立以来，荣获国家级科技进步奖15项，其中京沪高速荣获国家科技进步特等奖、京津城际荣获国家科技进步一等奖，国家级优秀勘察设计43项、程咨询成果23项；编制《高速铁路设计规范》《城际铁路设计规范》《重载铁路设计规范》等现行国家及行业标准21项、铁总标准8项；持有有效专利490（其中发明专利118项），登记软件著作权225项。

Since the establishment of the enterprise, it has won 15 national scientific and technical progress awards (in which, Beijing-Shanghai HSR awarded e Grand Prize, and Beijing-Tianjin Intercity Railway awarded the First Prize), 43 national excellent survey and design awards and 23 engineering consult-g achievements; compiled 21 current national and professional standards and 8 CHINA RAILWAY standards, including Code for design of high speed rail-y, Code for design of intercity railway, Code for design of heavy haul railway, and etc.; held 490 valid patents (118 of which are patents for invention) d 225 registered software copyrights.

中国铁设全体员工恪守“诚信为本、追求卓越”的企业核心理念，秉承“至诚、博厚、开放、创新”的企业文化主流，致力于把中国铁设建设成为战略前、技术领先、文化先进、管理科学、组织高效、产品优秀、服务优质、企业和谐、资产结构优良、员工积极性创造性得到充分发挥的以高端咨询引领的际工程公司。

All the employees of CRDC insist on the core corporate mentality of 'Pursue for excellence with faithfulness as foundation', and the main stream of rporate culture of ' Sincere, Broadminded, Open and Innovation'. They are dedicated to constructing CRDC to be an international engineering corpora-n led by high-end consultation, providing excellent products and high-quality services with the ahead-of-time strategy, leading technology, advanced lture, scientific management, efficient organization and great assets structure, bringing the employees' initiative and creativeness into full play.

中韩（盐城）产业园

SINO-KOREA (YANCHENG) INDUSTRIAL PARK

建设中韩产业园，是国家着眼我国改革开放新形势做出的重大决策部署。2015年6月1日，中韩自贸协定签署，盐城被确定为中韩产业园地方合作城市。2017年12月11日，国家正式批复同意设立中韩（盐城）产业园，依托国家级盐城经济技术开发区建设。

进入新时代，站在长三角一体化的新坐标系上，盐城牢记国家设立中韩产业园的战略“初心”，积极担当推动口韩（盐城）产业园发展的光荣使命，全力打造开放合作标杆，加快建设产业发展高地。

开局良好，新坐标中稳落子

将中韩（盐城）产业园打造成长三角地区对外园区合作的典范，是盐城奋力拼搏的目标，站在更宏阔的发展格局中谋篇落子，彰显出盐城的开放胸襟、积极姿态，对韩交流合作也更加密切。

不断增强改革创新活力是中韩（盐城）产业园建设的题中之义。积极复制推广自贸试验区改革试点经验，全面推进“不见面审批”、行政审批“2330”改革，率先实施“三测合一”改革；在全国首家推行“三书合一”，推进数字化多图联审做法，建设“24小时自助政务服务大厅”；率先开展人民币跨境结算便利化试点，引进韩资金融机构新韩银行。在全省国家级开发区中首家获得行使辖区内外国人来华工作许可审批权限。

首届中韩投资贸易博览会开幕

东风悦达起亚第三工厂

中韩文化交流中心

打造开放合作标杆 建设产业发展高地

BUILDING A BENCHMARK FOR OPEN COOPERATION AND BUILDING A HIGHLAND FOR INDUSTRIAL DEVELOPMENT

首届“一带一路”圆桌会议盐城峰会

东风悦达起亚汽车总装线

硬核支撑，“国标”建设大手笔

紧扣高质量发展要求和“两海两绿”发展路径，中韩（盐城）产业园坚持国际化视野，对照国家级标准，出台“2+6”工作意见，建立“1+2”考核体系，细化落实“7个100”目标任务。

聚焦产业定位抓招商。围绕三大主导产业，理清招商路线图，动态更新项目库，推行“投招基金、基金招投”模式，开展产业链、精准化招商。2019年1—10月份，核心区——盐城经济技术开发区新签约项目259个，协议总投资1346.38亿元，其中设备投资超亿元项目55个、超10亿元项目15个；汽车产业项目36个，电子信息产业项目44个，新能源装备产业项目16个，三大主导产业项目总投资达970.01亿元，占71.51%；外资项目35个，韩资项目21个。

聚焦重大项目快建设。全面推行“三个一”工作机制，成立重大项目建设指挥部，组建重大项目办，一个项目、一名领导、一套班子、一抓到底，每天跟踪问效，每周集中会办，每月督查通报。

聚焦龙头带动建基地。依托区内世界500强、国内100强、行业20强企业，突出以商引商，强化总部对接，加快建设韩国动力电池、美国德纳、中国台湾正崴、苏州润阳、深圳英锐等盐城产业基地，打造一批百亿企业。

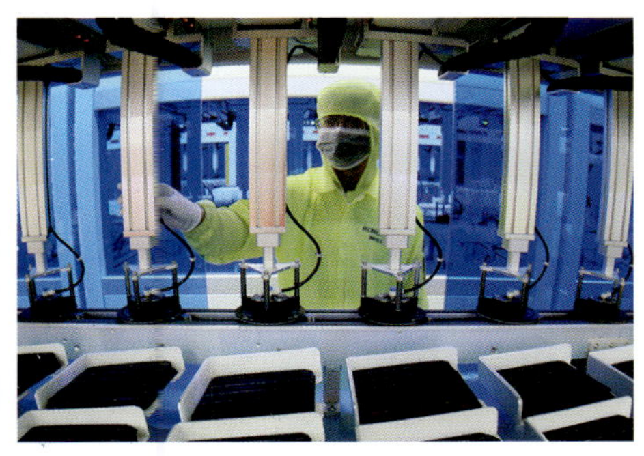
润阳高效太阳能电池

韩国社区

未来科技城

未来可期，开放高地正崛起

不断完善的配套功能，为园区建设和未来发展提供重要支撑。研究制定中韩（盐城）产业园建设三年行动计划，推动省政府实施方案各项目标任务细化落实。加快建设产业载体，韩资密集区积极培育新能源动力电池产业集群，汽车科技园加快发展新能源汽车产业集群，电子信息港聚力建设集成电路产业集群，东部光谷全力打造光电光伏产业集群，现代服务名城完成韩风国际文化名城规划并加快建设，聚力打造“一中心四街区”，未来科技城2020年6月将全面开放。

着力培塑合作交流新标杆。组建“1+5”驻韩经贸代表处，每月派员赴韩开展经贸活动。成功举办中韩产业园合作交流会、第15届泛黄海中日韩经济技术交流会议、首届“一带一路”商协会圆桌会议（盐城）峰会、中韩公共外交论坛、中韩CEO圆桌会议等，园区知名度和影响力不断提升。10月31日至11月2日举办的首届中韩投资贸易博览会，集中签约了产业项目18个，计划总投资203.37亿元，协议利用外资7.13亿美元；促进对外贸易额超17亿美元。盐城在全省对韩开放格局中不断凸显权重、提升份额，正加快建设中韩产业园建设发展示范区。

中铁第四勘察设计院集团有限公司
CHINA RAILWAY SIYUAN SURVEY AND DESIGN GROUP CO.,LTD.

现代交通建设领域的领跑者
THE LEADER IN MODERN TRANSPORTATION CONSTRUCTION

六大核心品牌之一：高速铁路。铁四院勘察设计的京沪高速铁路2011年6月30日开通运营，荣获2015年度国家科技进步特等奖。

中铁第四勘察设计院集团有限公司（铁四院）成立于湖北省武汉市，是世界500强企业中国铁建的国有全资子公司，现有职工4900余人，是国家认定企业技术中心及国家委托铁路、城市轨道交通专业投资咨询评估单位，综合实力居全国勘察设计百强前列。40多个勘察设计专业，20余项甲级及专项资质，使铁四院具备了服务现代交通建设全产业链的综合技术优势。

在60多年发展历程中，铁四院积极投身铁路等交通基础设施建设，是我国铁路勘察设计的领军企业。设计建成高速铁路1万余公里，约占全国投入运营高铁的一半。累计承担30余个城市的80余条城市轨道交通总体总包设计项目，业务量位居行业前茅。创建并确立了高速铁路、现代铁路站房、水下隧道、城际铁路、市域铁路、磁浮轨道交通“六大核心品牌”以及路网规划、铁路枢纽、复杂山区铁路、重载铁路、铁路现代物流、城市轨道交通、桥梁、四电集成“八大成套技术”。

铁四院积极推进“一主两翼”发展战略，经营领域覆盖铁路、公路市政工程、城市轨道交通、水下隧道、高层建筑、机场、港口工程、物流规划、城市地下管网、海绵城市建设、城区一体化建设等基础设施建设各方面，构建了勘察设计、工程总承包、监理咨询、海外工程、资本运营、房地产和高端制造七大业务板块协同发展的格局。

六大核心品牌之二：现代铁路站房

六大核心品牌之三：水下隧道

六大核心品牌之四：城际铁路

六大核心品牌之五：市域铁路

六大核心品牌之六：磁浮轨道交通

作为国际工程咨询工程师联合会（FIDIC）团体会员，铁四院积极开辟海外市场，经营足迹遍及亚洲、欧洲、美洲、大洋洲和非洲等20多个国家和地区。先后获得“全国文明单位”“全国五一劳动奖状”“中央企业先进集体”“全国优秀勘察设计院”“中国AAA级信用企业”“全国守合同重信用单位”“全国文明诚信示范单位”等荣誉。目前，正向打造具有全产业链服务能力的国际型工程公司破浪前行。

中铁十六局集团有限公司

CHINA RAILWAY 16TH BUREAU GROUP CO.,LTD.

中国铁建

1984年10月1日，由中铁十六局集团公司员工组成的国旗方队行进在天安门广场，接受党和国家领导人的检阅，展示了共和国骄子——铁军劲旅的爱国情怀、优秀品质和飒爽英姿！

央企铁军 国之支柱

中铁十六局集团隶属于世界500强企业——中国铁建，由铁道兵11师、13师及运输团组建而成，是集规划设计、资本运营、科技研发、工程施工、轨道交通、地产开发、铁路和地铁运营、四电工程、机械制造、物流贸易、工程监理等业务为一体的国有特大型现代建筑产业集团，拥有铁路、公路、房建、铁路运营"四特四甲一证"资质能力和全产业链、全生命周期项目运作实力，拥有国家企业技术中心、院士专家工作站、博士后科研工作站和12家高新技术企业。

中铁十六局集团先后参与了400多项国家重点工程的建设，已建成的工程有300多项荣获国家和省部级优质工程，24项创国家优质工程，19项捧鲁班奖，21项夺詹天佑奖，获国家科学技术奖8项、省部级以上科技进步奖64项，获国家级工法22项、国家专利534项、软件著作权4项，参编国家及行业标准23项。拥有三家投融资平台公司，在内蒙古、宁夏、河南分别创造了国内首个全产业链、全生命周期地铁、高铁、市域铁路PPP项目。

中铁十六局集团积极响应"一带一路"倡议，实施"走出去"战略，协同推进国内和海外两个市场，改制重组中国友发国际工程设计咨询有限公司，构建了大海外经营格局，成功进入中亚、南亚、东南亚、欧洲、非洲等市场。加快发展海外工程业务，参建了莫斯科地铁、哈萨克斯坦公路改造、沙特麦加轻轨、越南北方铁路、孟加拉N8公路、塞浦路斯公路、埃塞俄比亚-吉布提铁路运营项目等一批有影响力的海外项目。集团子公司中国友发在全球近百个国家和地区开展了海外工程设计、监理、经济技术咨询、国际项目策划融资等业务，赢得了广泛赞誉，"FDDC"品牌深入人心。

莫斯科地铁项目受到中俄两国的高度关注，被誉为"中俄合作典范"和"两国友谊的桥梁"，带动了中国技术、中国质量和中国装备走进欧洲

埃塞俄比亚-吉布提760公里铁路运营项目，实现了中国铁路全产业链"走出去"的历史性突破

中沙友谊项目麦加轻轨铁路工程阿拉法特1号站和穆兹达理法赫3号站，被沙特政府和国际BRA认证机构树为全线仅有的样板工程，成为穆斯林人民朝觐之路上圣洁的殿堂

创新资本运营模式，具有强大的投融资核心竞争力，已成功实施了数十项资本运营项目

中铁十六局集团是长大隧道、桥梁施工的王牌军，成功攻克世界高原铁路第一长隧关角隧道，世界最长重载煤运铁路隧道崤山隧道，国内最长最大公路跨铁路双福转体桥。

中铁十八局集团有限公司

CHINA RAILWAY 16TH BUREAU GROUP CO.,LTD.

中铁十八局集团有限公司系世界500强——中国铁建的旗舰企业，具有对外承包工程经营权，具有铁路、建筑、水利水电、市政、公路工程5项施工总承包特级资质和5项甲级设计资质，20项施工总承包一级资质，22项专业施工总承包一级资质以及11项其他专业承包资质。企业生产经营涉及工程施工总承包、资本经营、房地产开发、勘察设计试验检测、物资贸易与工业制造等多个领域。

集团公司原系中国人民解放军铁道兵第八师，组建于1958年10月，1981年3月铁道兵第十四师所属部队并入，1984年1月集体转业并入铁道部，改称铁道部第十八工程局，1999年12月更名为中铁第十八工程局，2000年9月随中国铁道建筑总公司整体移交中央企业工委管理，2001年4月改制为中铁十八局集团有限公司，2003年3月随中国铁道建筑总公司归属国务院国资委管理，2008年3月随中国铁建股份有限公司整体上市。现辖12个全资子公司，3个专业分公司，10个区域经营指挥部和若干个工程指挥（项目）部。现有职工2.1万余人，其中各类专业技术人员1.3万余人，中、高级工程技术人员4200余人，专业类别注册执业资格人员1200余人。全集团注册资本金30亿元，资产总额360亿元。拥有以TBM全断面隧道掘进机、盾构机和900吨梁制运架设备为代表的各类机械设备8800多台（套），年施工生产能力600亿元以上。

集团公司始终与时代同步，在六十多年的发展历程中，创造了优良的施工业绩。先后参加了100多条铁路新线、复线施工和京津城际、京沪高铁、武广客专等57条高铁、城际铁路、客运专线建设；巩固并拓展了北京、天津、上海、重庆、广州、深圳等29个大中城市的轨道交通市场；承建了工业与民用建筑工程730多项，市政工程1500多项,大型水利与电力工程290多项，修建了京沪、京沈、武昆、大广等高速公路240多条，总里程超过4500公里；承接了19个国家和地区的200多项海外工程；实施了30多个投融资项目，总投资500多亿元，开发运作的房地产项目17个，总建筑面积300多万平米。所承建的工程大面积创优，相继获得国家优质工程金质奖6项、国家优质工程奖60项、中国建设工程鲁班奖21项、中国土木工程詹天佑奖21项、全国市政金杯示范工程16项、中国钢结构金奖2项、全国用户满意工程奖7项、“新中国成立六十周年百项经典暨精品工程”6项、省部市行业级优质工程奖250余项。

集团公司系国家高新技术企业，建有国家级企业技术中心、博士后科研工作站。全集团拥有7家省级企业技术中心、1家TBM工程实验室。累计获得国家科技进步奖10项、中国施工企业管理协会科技进步奖46项，省部级科技进步奖82项，国家级工法25项，省部级工法187项，国家住建部科技示范工程3项，全国建筑业绿色施工示范工程7项，拥有国家专利授权446项，其中发明专利55项。

集团公司及所属公司全部通过ISO9001:2015质量管理体系、ISO45001:2018职业健康安全管理体系、ISO14001:2015环境管理体系和GB/T50430-2017工程建设施工企业质量管理规范标准认证，实现了质量、安全、环境管理与国际标准接轨。先后荣获“全国优秀施工企业”“全国守合同重信用企业”“全国五一劳动奖状”“全国文明单位”“创鲁班奖特别荣誉企业”“中国对外承包企业社会责任金奖”等诸多荣誉称号。

集团发扬“不畏艰险、勇攀高峰、领先行业、创誉中外”的企业精神，坚持以提高发展质量和效益为中心，大力实施转型升级、创新驱动、管理提升、协同发展四大战略，正为建成新时代竞争力卓越、引领力强劲的质量效益型现代化企业集团而扬帆远航。

ZHONGSHUI NORTH SURVEY AND DESIGN RESEARCH CO., LTD.

中水北方勘测设计研究有限责任公司

中水北方勘测设计研究有限责任公司是水利部直属综合性科技型企业，前身是水利部天津水利水电勘测设计研究院，1954年成立，1979年落户天津，2003年改制为企业。公司是全国百强设计单位、全国水利优秀企业、行业信用评价最高等级AAA单位、国家高新技术企业，在国内外享有盛誉。

公司以水利水电为核心行业，在新能源、生态环保、城乡建设等行业快速发展，形成了投融资、规划、勘测设计、工程建设管理、智慧运维等全产业链一体化服务能力。

公司业务遍布全国几乎所有省份，承接了多项具有挑战性的大型水利枢纽和引调水工程，创造了多项行业之最。

公司自20世纪70年代起开始承接国际项目，先后承担了50余个国家的百余项水利水电、市政、建筑工程设计、咨询、监理任务，承担了阿根廷、巴基斯坦、刚果（布）、喀麦隆等国家最大的水电站勘测设计任务，积累了丰富的国际工程经验，培养了一大批技术精、懂外语、熟悉欧美规范标准、了解国际市场体制和国际工程运作模式的复合型人才。

公司将继续秉承“以人为本、创造价值、合作共赢”的核心价值理念，打造员工自豪、行业尊重、国际知名的行业一流综合型科技公司。

巴基斯坦高摩赞大坝枢纽工程
堪称巴基斯坦人的“百年梦想”工程

公司副总工程师、刚果（布）英布鲁水电站
项目设计总工程师席燕林获得总统骑士勋章

喀麦隆共和国曼维莱水电站

黄河万家寨水利枢纽工程

宁夏黄河沙坡头水利枢纽工程

格兰德物贸园区 | GRAND TRADE PARK

格兰德物贸园区位于非洲马拉维共和国首都利隆圭市46区2058号，占地20.26公顷，整体建筑面积约为170000平方米，投资总额约人民币10亿元，分三期建设，五年完成。

格兰德物贸园区投资主体为山西长风建设集团有限公司以及旗下山西锦盛商贸有限公司，实施企业为中国利隆圭格兰德控股集团有限公司。

格兰德物贸园区是集建材、装饰、家居、家电、汽车、汽配、商贸、金融、物流为一体的综合场所，另外有办公、会议、住宿、休闲、健身、仓储、线上平台等一系列配套齐全的现代化设施。目前，正在申请计划列入马拉维经济特区。格兰德物贸园区建成后将成为东南非地区规模最大、功能最全的综合性现代化产业园区。

2017年11月22日，马拉维总统彼得•穆塔里卡、副总统及内阁部长、国会议员、各行商会代表等重要国家领导人亲自出席园区的奠基仪式，充分体现出马拉维政府对园区的重视；中国驻马拉维大使王世廷更是将格兰德物贸园区视为中马友谊的象征，由此揭开了中马两国贸易合作的新篇章。

格兰德物贸园区，不仅是中国民营企业走向非洲马拉维的首例“一带一路”项目，也是中马两国自建交以来，首个由中国商人投资的项目，更是马拉维经济改革开放第一个落地项目，同时还是马拉维境内的第一个商业园区。

山西锦盛商贸有限公司
地址：山西省太原市晋源区西峪东街15号长风建设三层
联系人：高晋俞
电子邮箱：sxcfjs@163.com

成都 经济技术开发区

CHENGDU ECONOMIC & TECHNOLOGICAL DEVELOPMENT ZONE

成都经开区位于龙泉驿区境内，2000年2月获批为国家级经开区，规划管理面积356.34平方公里，是成都中法生态园的承载区，是中德合作智能网联汽车、车联网标准及测试验证试点示范基地，成都汽车产业功能区的所在地。综合实力位列全国汽车产业基地第6位，先后被评为“跨国公司最佳投资开发区”、“全国投资潜力百强区”。

成都经开区区位优势突出，是成渝经济城市群的交通枢纽、成都“东进”桥头堡，25分钟直抵天府国际机场、双流国际机场，紧邻成都国际铁路港，拥有四川省唯一的成都公路口岸，向东连接宜宾、泸州等长江黄金水道，向南直连“蓉桂新”（成都—广西—新加坡）海铁联运通道，开通成都至泰国曼谷（新加坡）、越南河内（胡志明）、缅甸皎漂3条国际公路货运班线。

成都经开区产业发展基础良好，围绕“先进汽车智造区”建设目标，已聚集一汽大众、东风神龙等11家整车企业和德国博世、美国德尔福等300余家关键零部件企业，基本形成轿车、SUV、商用车、专用车等全系列整车产品体系。2018年，实现整车产量124万辆，占成都市的95%、四川省的90%以上，带动地区生产总值突破1300亿元，总量位居四川省第一。

当前，成都经开区正积极抢抓国家“一带一路”倡议特别是“南向开放”机遇，大力实施全域开放战略，积极鼓励沃尔沃、大运汽车等企业“走出去”拓展国际市场，深度参与全球产业分工合作，加快构建立体全面开放新格局，努力打造世界级汽车产业集群。

聚集一汽大众、东风神龙等11家整车企业

第33届成都桃花节——“花开龙泉驿 香飘南丝路”经贸交流活动

成都经开区区位优势明显

第16届东盟博览会“成都造”汽车展示展销活动

成都国际铁路港

CHENGDU INTERNATIONAL RAILWAY PORT

成都国际铁路港是中欧班列（成都）的始发地，地处“丝绸路经济带”和“长江经济带”的重要交汇点，是成都陆港型国物流枢纽的载体。规划面积33.6平方公里,拥有亚洲最大铁路装箱中心站并入选全国示范物流园区、成都最大散货场站大弯站及成都唯一的铁路货运口岸。先后获批国家对外开放口岸、式联运海关监管中心、跨境电商综合试验区、国家首批多式联示范工程，整车进口口岸、进境肉类指定口岸、保税物流中心B型），粮食口岸建成投运。成都国际铁路港依托四川自贸试区青白江片区、成都国际铁路港综合保税区、蓉欧铁路港国家经开区、金青新大港区、临港服务业功能区及国家物流枢纽，现“五区一枢纽”的优势叠加。

近年来，成都国际铁路港坚持深化西向，突出南向，打造以“东蓉欧”为主通道的全球货运配送体系，对外形成12条国际铁路和铁海联运通道，连接境外26个城市、境内14个城市，构建起以四川成都为枢纽，东南西北“四向拓展”，基本覆盖以亚欧为主的世界主要国家和地区的国际班列通道体系。中欧班列（成都）开行量从2013年31列到2016年460列，再到2017年858列、2018年1591列，年复合增长率达155%，累计开行量约占全国1/4，成都国际班列和中欧班列开行量连续三年保持全国“双第一”。

下一步，成都国际铁路港将按照国家领导人来川视察的重指示和调研要求，“要强化网络和拓展网络，利用蓉欧快铁张名片，打造蓉欧枢纽”，对标德国法兰克福、西班牙萨拉萨、美国芝加哥，牢牢把握“国际一流铁路港、全国最具特的临港服务业功能区”的定位，提升成都国际铁路港能级，准成都建设西部国际门户枢纽和“一带一路”最具影响力供链枢纽城市。

内江经济技术开发区

NATIONAL NEIJIANG ECONOMIC AND TECHNOLOGICAL DEVELOPMENT ZONE

内江经开区园区全景

成渝经济区示意图

内江经济技术开发区

园区交通五支立交

数据恢复企业效率源

汽车曲轴生产企业四川浩物

笔记本外壳生产企业巨腾（国际）

抗癌药剂生产企业汇宇制药

百年老字号梓橦宫

国际家居商贸城

内江经济技术开发区是1992年7月批准成立的四川省首批省级开发区之一，2013年11月获批国家级经济技术开发区。位于成都、重庆两个特大城市的黄金中心，在以经开区为中心200公里、2小时车程范围内，有12座特大、中型城市，4座机场，3大港口，通过4条铁路和6条高速公路，可辐射人口达2亿的巨大市场。

内江经开区产业优势明显，形成了汽车及零部件、电子信息、生物医药、现代服务业“3+1”特色产业，先后获得“中国汽车（摩托车）零部件制造基地”“成渝经济区电子信息产业配套基地”“四川省特色高新技术产业化基地”“四川省信息安全产业示范园”“四川省台商工业园”“四川省新型工业化示范基地”“四川省中小企业服务中心”“四川省园保贷试点园区”“四川省电子商务聚集区”等称号。

内江经开区发展定位为转型发展先行区、高端产业集聚区、产城融合示范区、创新创业试验区、辐射引领核心区。始终坚持扩大总量，优化结构，集聚发展，外向拓展，提升层次，打造一批产业规模大、创新能力强、国内一流、具有较强国际竞争力的特色产业集群，努力建成西部地区极具活力和竞争力的国家级经济技术开发区。

内江经开区重点合作及招商领域主要包括：整车及零部件、新能源汽车、电子信息、生物医药、电子商务、现代物流、现代金融、科技服务等企业。

遂宁经济技术开发区

JINING ECONOMIC AND TECHNOLOGICAL DEVELOPMENT ZONE

经开区俯瞰图

遂宁经济技术开发区成立于1992年6月，)12年7月经国家批准为国家级开发区，是国新型工业化产业示范基地、国家知识产权质融资试点园区、国家创新型产业集群试点园、国家“大中小企业融通型”双创特色载体区、中国光电产业基地，也是四川省电子信产业配套基地、四川省外向产业园区和省政重点培育的“千亿产业园区”。园区规划面138平方公里，城市规划建设面积48.7平方里、建成区面积24.5平方公里，辖2镇、5个道办事处，常住人口30.1万。

赛伯乐双创中心

近年来，园区按照“产业兴、园区兴”发展理念，以建设“全省现代产业发展示范区和全国百强经济技术开发”为总体目标，统筹推进产业壮大、经济发展和城市建设，基本建成产业规模聚集、功能配套完善的现代产业园。目前，园区有规模以上工业企业215家，初步构建了以电子信息为主导，机械装备、食品饮料、生物医药等为撑的现代产业体系。建成“电子薄膜与集成器件”国家重点实验室遂宁分室等国家级研发机构6个，省级研发机构个，综合型创新平台3个，院士工作站7个，搭建“政用产学研”合作平台46个，成功培育高新技术企业26家。引国家“千人计划”专家3人，国家“青年千人计划”专家2人，教育部长江学者1人，硕士研究生以上学历人才445。2018年，实现地区生产总值增长8.6%；规上工业增加值增速11%；社会固定资产投资完成190.08亿元，增长.95%；社会消费品零售总额完成66.97亿元，增长12%；服务业增加值增速完成10.2%；实现一般公共预算收入55亿元，增长9.3%；完成进出口总额21.39亿元，增长6.6%；在全国国家级开发区综合评价考核中排第74位。

喜之郎外景

摩天时代

广义微电子厂区

当前和今后一个时期，园区将认真贯彻落实省委十一届三次、四次、五次全会和市委七届六次、七次、八次全会精神，紧紧围绕“现代产业城、魅力经开区”发展愿景，以建设“全省现代产业发展示范区和全国百强经济技术开发区”为总体目标，着力构建“一区两翼、产城一体”的发展新格局，推动经济社会高质量发展，加快实现“三个翻番、四个提升”奋斗目标，努力打造遂宁中心城区经济发展极核样板，建设产业基础更加牢固、产业结构更加优化、创新能力更加强劲，在全省范围内具有较强带动作用的产业发展示范区。

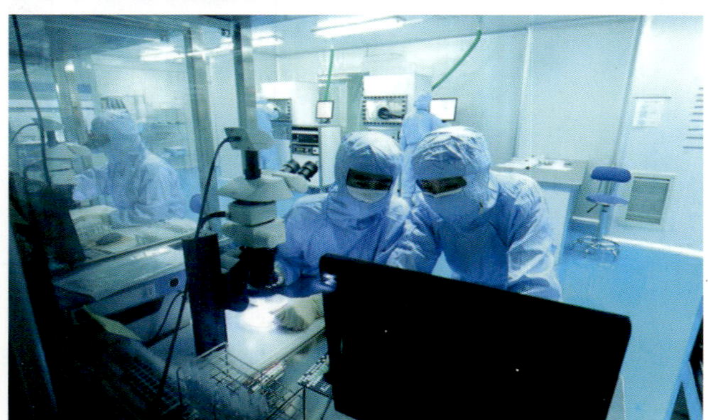

天津经济技术开发区(简称：泰达)是1984年成立
全国首批国家级开发区之一。泰达，在中国传统文化
具有安泰、通达之意，是全球华人喜爱的吉祥名字。
国改革开放的总设计师邓小平同志在1986年8月视察
津开发区时，亲笔题词“开发区大有希望”，激励了
代代泰达人奋勇拼搏、接续发展、勇攀高峰。

多年来，在天津市委、市政府和滨海新区的正确
导下，天津开发区始终站在我国北方对外开放的最前
现已成为中国经济规模最大、外向型程度最高、综合
资环境最优的国家级开发区之一。自1997年起，天津
发区主要经济指标和综合发展水平在国家级开发区中
续领先。2017年，原中心商务区并入泰达，一个“新
发区”重整行装再次出发。

目前，天津开发区拥有先进制造业、现代服务业
新兴产业等多个高端产业集群以及具有规模优势和良
多元的产业生态，营商环境持续优化。开发区具有自
创新示范区、自由贸易区等政策优势，以及优质的教
资源、医疗资源，区内智慧泰达企业服务系统全国领
城市配套完善。开发区已发展成为一个配套齐全、功
完善、环境优美、社会安定的宜居型生态新城区。

天津港，世界等级最高的人工深水港，码头等级30万吨级，航道水深-22米，同世界上200多个国家和地区的800多个港口保持航运贸易往来，年货物吞吐量5亿吨以上，集装箱吞吐量超过1600万标准箱，位列世界港口前十位。

中蒙俄国际铁路班列

天下港口 津通世界

津蒙物流保税仓库

天津国际邮轮母港

天津港集装箱码头

作为国家的核心战略资源，天津港不仅是京津冀以及“三北”地区的海上门户、距离雄安新区最近的港口，还是一带一路”的海陆交汇点、新亚欧大陆桥经济走廊的重要节点和服务全面对外开放的国际枢纽港。一端连着“21世海上丝绸之路”，拥有21世纪海上丝绸之路集装箱班轮航线50余条，年集装箱吞吐量500万标准箱以上。另一端连“丝绸之路经济带”，内陆腹地设立了40多个无水港，打通了30余条海铁联运通道，是中蒙俄经济走廊的东部起点，国唯一拥有三条亚欧大陆桥过境通道的港口，2018年完成海铁联运跨境运输7.4万标准箱，连续多年名列全国港口一位。

牢记国家领导人殷切嘱托，天津港（集团）有限公司主动对标“交通先行、世界领先、智慧港口、绿色港口”重要求，志在万里，勇攀高峰，加快建设世界一流的绿色智慧枢纽港口，全力打造世界一流的港口营运集团，更好服共建“一带一路”。

承载期盼，集散文明！

地址：中国·天津市滨海新区津港路99号　　网址：www.ptacn.com

中国天津武清开发区于1991年12月28日设立，是国家级经济技术开发区和国家级高新技术产业园区，2014年底纳入天津国家自主创新示范区核心区。期规划面积55平方公里，其中，40平方公里已建成，15平方公里正在规划、开发。

区位优势得天独厚，武清是天津离北京最近的区县，处于京津双城连接地带，是京津发展轴的重要节点，也是中部核心功能区的重要组成部分。距北京区71公里，距天津市区25公里，距北京首都国际机场90公里，距北京大兴国际机场45公里，距天津滨海国际机场35公里，距天津港71公里。

交通体系开放便捷，周边10分钟车程范围内，有京津塘、京津、京沪、滨保等高速公路4条、高速公路出入口6个；有京津城际铁路经停站1处，京山铁客、货运站各1处；规划的京、津地铁将在武清驳接；103、104国道在区内通过；武清自建的九横九纵立体化交通网络通达。

自然生态环境良好，开发区东临京杭大运河，北有龙凤新河，西有龙凤河故道，中间镶嵌着美丽的天鹅湖，建成湿地风格的700亩中央湖公园,园区绿化达42%，空气和水质优于国家标准。多年来，无环保不达标企业入驻，2019年获批天津市唯一市级生态工业园区。

服务环境优质高效，始终秉承“服务他人就是发展自己”理念，设有开发区行政服务中心，项目手续免费全程代办。另设有海关、税务、人才交流中心人力资源服务中心、金融中心等机构，特别是与普华永道、世邦魏理仕等国际知名咨询机构建立战略合作，可为企业提供政策、管理、工程、技术、金融、律等高水平咨询和培训服务。

配套功能设施完备，基础功能设施达到“十一通一平”，建有大型商务写字楼、会议中心、星级酒店、温泉公寓、高新公寓、国际学校、三甲医院、主乐园、奥特莱斯购物小镇等，能够提供会议、住宿、餐饮、医疗、休闲等服务。

科技创新体系完善，获批国家专利试点园区、国家知识产权质押融资试点园区、国际健康产业示范区、天津市双创示范基地、天津市留学生创业园、天市人力资源产业园。现有国家级科研院所66个，重点研发机构22个，检验检测机构9个，孵化器6个，众创空间4个，科技型中小企业1606家，超亿元企业1家，国家级高新技术企业达84家。开发区内建有大学2所，国家级职业学校1所，正在规划建设国家大学创新园区，高端人才、创新人才加速聚集。每年高中段毕业生1万人以上，本科以上毕业生4000人以上。同时，借助区位和交通优势，接受京津两地百余所大学和科研机构的辐射。建有博士后科研工作站（1站+12分站）、院士工作站、专家服务基地等，可为企业科技创新提供强有力的智力支持。目前，开发区正在以集研发设计、小试中试、产业化、营销服务投融资服务“五大创新平台”为抓手，着力打造功能完备、充满活力的创新体系。

多重政策优势叠加，入区企业可享受国家级高新技术产业园区、国家级经济技术开发区、天津国家自主创新示范区、京津冀协同发展等叠加政策，并享武清区“六层次”人才引进、培养和奖励政策，促进科技型中小企业发展政策，以及天津市企业转型升级、民营经济发展等扶持政策。

建区以来，共吸引投资1200亿元（其中外资57亿美元），引入50个国家和地区的企业5400余家，其中有世界500强投资企业41家，包括美国艾默生、马逊、安波福，法国苏伊士、家乐福、佛吉亚，日本东棉、住友，韩国LG，新加坡丰树，澳大利亚沃利帕森，奥地利奥钢联，中国中粮、中交、国电投等；国外龙头企业100余家，包括丹麦绫致、丹佛斯、格兰富，德国GEA、万可，英国哈克尼斯，瑞典戴纳派克、贝格，芬兰玻石，西班牙海斯坦普，比利时蒙，法国库恩，美国麦格昆磁、维益，土耳其欧德亮法尔宝，突尼斯科斐凯博，韩国日进等；有国内龙头企业120余家，包括天狮集团、红日药业、诺禾源、太平洋电信、信义玻璃、娃哈哈饮品、伊利、奥克斯、畅联等。

形成了高端装备制造、生物医药、现代服务业三大主导产业。高端装备制造业包括轨道交通、智能装备、专用设备、新一代信息技术、汽车核心部件等生物医药产业包括智能生物制造、医药产品、精准医疗、医疗器械、健康管理等；现代服务业包括生产服务业、商务服务业和消费服务业，涵盖时尚创意、业设计、研发服务、智能物流、投融资服务、营销服务、专业咨询、商业、医疗、教育等。

武清开发区是武清区对外开放的窗口，引领创新、带动转型、支撑发展的龙头。2018年，完成批发零售销售额441亿元、工业总产值553亿元、固定资投资77.7亿元、税收收入85.5亿元，吸引直接就业10万人。

目前开发区正以打造“协同创新门户、生态科技园区”为目标，着力提升发展的质量和效益，重点开发3个载体功能区：

1.中欧产业园。2015年10月经商务部投资促进事务局同意，由中国国际投资促进中心与武清开发区合作共建，规划面积5.5平方公里。是为外商投资企打造的发展平台载体。发展定位是建成高端产业基地，重点发展生物医药、智能科技、新能源、新材料等产业。目前，为外商投资企业量身建设的5万平米保节能厂房和中欧园服务中心已投入使用，正在规划建设环保节能厂房二期和生活配套区。已有美国安波福、法国佛吉亚、奥地利奥钢联、德国欧文托普、玛松、格立莫、科罗尼、吉孚动力等外资企业入驻。

2.创业总部基地。规划1.45平方公里，建筑面积120万平米。包括中心服务区、企业总部区、商务酒店区、服务外包区、综合办公区、专家公寓区等6个域。主要发展专业咨询、金融商务、研发转化、文化娱乐和总部经济等现代服务业，提升武清开发区功能环境，促进产业结构优化升级。目前，已有中国华水务、三英精控、军科正源、卓越亚马逊呼叫中心、希尔顿酒店、欧莎服饰、诺禾致源、阿芙精油结算中心等多家知名企业入驻。

3.国际企业社区。规划面积5平方公里，着力打造产城融合核心区。主要发展新一代信息技术、科技研发、文化创意、现代金融、高端商贸等具有鲜明色的现代服务业。国际企业社区自建部分占地300亩，建筑面积40万平米。已有诚通人力、万里红、金橡基因、中水电电力发展公司、中信证券、中南地产及武汉大学、京津科学技术研究院等多家国内外知名企业和院所入驻。

中欧产业园

创业总部基地

国际企业社区

一个典型的生态城市样本
——中新天津生态城

人与人和谐共存
人与经济活动和谐共存
人与环境和谐共存
能实行 能复制 能推广

中新天津生态城是中国与新加坡两国政府间的重大合作项目，2008年9月28日，开工建设。

从一片盐碱荒滩起步，环境基础条件恶劣，充分体现了自然条件约束下建设生态城市的示范意义。在人与环境和谐共存方面，生态城大力实施盐碱地治理和土壤改良，建成区绿地率达到50%；中新合作区入选国家绿色建筑示范城区，全部1400万平方米建筑均达到绿色建筑标准；先后获批“无废城市”试点、国家海绵城市试点。在人与经济活动和谐共存方面，生态城确立了绿色、低碳的产业发展方向，着力发展文化创意、智能科技、旅游和健康等支柱产业，累计注册企业超8000家，注册资本超3000亿元。在人与人和谐共存方面，生态城建立了“生态细胞+生态社区+生态片区”三级居住模式；坚持品牌化、集团化办学；积极推进国家全域旅游示范区创建，2018年游客数量达到550万人次。经过十余年发展，生态城在城市规划建设、生态环境修复、社会治理、资源能源开发利用、绿色发展等领域取得了丰硕成果，一个资源节约、环境友好的生态新城已然呈现。2012年，生态城被联合国可持续发展大会评为“全球绿色城市”；2013年，国务院批准生态城建设首个“国家绿色发展示范区”。

2018年，在生态城联合协调理事会第十次会议期间，中国住建部与新加坡国家发展部签署合作备忘录，确定了共同推进生态城建设经验在中国其他城市以及“一带一路”沿线国家和地区复制推广的任务。按照合作备忘录，生态城将充分利用自身发展优势，边建设、边总结、边推广经验，向中国和世界其他城市提供咨询服务和城市化解决方案，努力成为生态文明建设的实践者和创新者，成为落实联合国“2030年可持续发展议程”和“新城市议程”的典型案例，在可持续发展领域发挥示范作用。

站在新十年的起点上，生态城以习近平新时代中国特色社会主义思想为指引，认真贯彻落实国家领导人到生态城考察时的重要指示和要求，实施“生态＋智慧”双轮驱动发展战略，着力打造生态城市升级版和智慧城市创新版，加快建成国际合作示范区、绿色发展示范区、产城融合示范区、智慧城市示范区，为建设“五个现代化天津”和滨海新区创建“繁荣宜居智慧的现代化海滨城市”做出新的贡献，向两国政府和人民交上满意的答卷。

智慧城市运营中心

首批智能公交车上路运行

中新友好图书馆

中国（湖北）自由贸易试验区襄阳片区

XIANGYANG AREA, CHINA (HUBEI) PILOT FREE TRADE ZONE

襄阳自贸片区户外标识

金鹰重工公司生产车间

5G智能网联项目

湖北自贸区襄阳片区综合服务中心

襄阳片区位于襄阳国家级高新区范围内，重点发展高端装备制造、新能源汽车、大数据、云计算、商贸物流、检验检测等优势产业。

航空航天、轨道交通、工业机器人等处于行业领先地位。东风德纳车桥中重型车桥产能亚洲第一，三环车桥汽车前轴产能全国第一，中航精机座椅调角器产能全国第一，航宇嘉泰是国内第一家波音公司旅客座椅供应商。涌现出中航工业、中车、金鹰重工、东风井关等行业龙头。

拥有新能源汽车研发生产企业30多家，基本形成了整车、电池、电机、电控、充放电系统以及检测中心的完整产业链条，是全国唯一具备新能源汽车全产业链检测能力、全过程数据分析能力的城市。被列为国家公共服务领域节能与新能源汽车示范推广试点城市、国家新能源汽车推广应用城市。

在优化营商环境方面，襄阳片区“放管服”改革走在湖北省乃至全国前列。85%的审批事项可在3个工作日内办结，70%不需要现场踏勘的审批事项即办即取。片区自成立以来提炼总结的230个创新经验案例中，6项在国家层面推广，22项在全省推广，3个案例入选全国自贸区第三批“最佳实践案例”，3项入选全国自贸片区典型创新经验案例。

实现海关通关一体化，通关无纸化比例达到100%，通关时间压缩超过三分之一。襄阳保税物流中心〔B型〕满足年物流作业量160万吨（仓储量80万吨）的要求，进口保税、出口通关一体化、即进即出三大模式已全部实施，综合成本平均降幅达20%左右，正全力申报建设综合保税区。国际贸易“单一窗口”已建成使用，跨境电商公共服务平台即将投入运营。8月17日—24日，襄阳航空口岸临时对外开放，襄阳机场国际区口岸配套设施建设、申报一类航空口岸有序推进。片区目前共开通8条国际货运班列，其中襄汉欧班列已实现常态化运营。

未来，襄阳片区将建设成为特色鲜明的自由贸易园区，成为区域协调发展引领区，长江经济带建设拓展区以及中西部地区对外开放合作先行区。

襄阳自贸片区内襄北编组站发出货运班列

阳逻港，中西部地区最佳“出海口”

武汉港航发展集团有限公司

WUHAN PORT AND SHIPPING DEVELOPMENT GROUP CO., LTD

武汉港航发展集团有限公司是湖北省抢抓国家“一带一路”和长江经济带战略机遇而组建的武汉长江中游航运中心核心企业，由武汉、黄石、黄冈、鄂州、咸宁市府出资70亿元成立，总资产335亿元，年营业收入74亿元。

中欧班列（武汉）实现“五龙出关”。2018年首次开通到英国、越南线路，启动空运业务；2019年开通中越冷链班列，新开行至匈牙利、西班牙、比利时货运班，现通达37个国家、100多个城市。2018年发运423列，同比增长12.2%。2019年开行400列、货值超过100亿元，实载率达98.2%，位居中欧班列第一位。

开通“武汉—日本”江海直航。新建2艘560TEU级汉亚直达集装箱船，2019年11月“华航汉亚1号”轮成功首航，直达日本大阪（神户）、名古屋。2艘船对开，月开行4班，正与汉欧班列联动构筑国际海铁联运大通道。

阳逻港打造中西部最佳“出海口”。湖北省80%以上外贸货物经阳逻港中转。2018年完成146万标箱，2019年有望突破170万标箱，其中46.7%为外贸箱。毗邻头的阳逻综保区已有38家企业入驻， 2018年完成进出口货值2.34亿美元，2019年1-11月完成10.24亿美元，同比翻了两番。集装箱铁水联运被授予“国家多式联示范工程”。华中首个智慧供应链综合服务平台——“云上多联”上线运营10个月，订单货值突破52亿元。

兴建阿拉山口国际木材产业园。项目占地近300亩，“当年立项、当年开工、当年封顶”，促进“产业援疆”，预计年木材交易量60万立方米，年贸易额约6亿元。

中欧班列开行第10000列仪式在汉欧公司基地举行

在中国首届进博会上签约5亿美元平行进口车大单

5G无人驾驶转运车在花山港（一类口岸）投入使用

560TEU“华航汉亚1号”开通“武汉—日本”航线

汉欧国际“长江号”班列首发

华中首个智慧供应链综合服务平台

阳逻铁水联运基地实现外贸箱作业

山东自贸试验区青岛片区

QINGDAO AREA OF SHANDONG PILOT FREE TRADE ZON

建设自由贸易试验区，是以国家领导人统筹国内国际两个大局，全面深化改革和扩大开放作出的一项战略部署。设立中国(山东)自由贸易试验区，承载着国家对山东的信任和重托。建设山东自由贸易试验区青岛片区，既是青岛开放发展的重大机遇，也是重大政治责任和光荣使命。

2019年8月26日，国家印发《中国（山东）自由贸易试验区总体方案》。2019年8月31日，中国（山东）自由贸易试验区青岛片区正式挂牌运行，实施范围52平方公里。

片区功能定位：发挥国家赋予的“新亚欧大陆桥经济走廊主要节点城市”和“海上合作战略支点”的双定位功能，重点发展现代海洋、国际贸易、航运物流、现代金融、先进制造等产业，打造东北亚国际航运枢纽、东部沿海重要的创新中心、海洋经济发展示范区，助力青岛打造我国沿海重要中心城市。

片区目标定位：建设成青岛深化改革和扩大开放的试验区、打造“一带一路”国际合作新平台的引领区、推进高质量发展的先行区、建设现代化国际大都市的示范区。

片区根据产业基础和区域特点规划了特色海洋、国际贸易（现代物流）、创新服务中心、先进制造、中外地方经济合作（主要面向日韩）五个功能区。其中，海洋特色产业发展区重点发展海工装备、智慧物流、多式联运、涉海服务等产业，国际贸易（现代物流）区重点发展港航贸易服务、大宗商品交易、离岸金融等产业，创新服务中心重点发展科技教育国际合作、生命科学、科技服务等产业，先进制造业基地重点发展集成电路、智能制造、新能源等产业，中外地方经济合作区重点发展节能环保、医疗健康、新材料等产业。

自获批设立以来，山东自贸试验区青岛片区以制度创新为核心，大胆试、大胆闯、自主改，加快形成法治化、国际化、便利化的营商环境，青岛片区的开放窗口引领作用也日益彰显。展望未来，一大批创新创业、成果转化平台陆续建立，创新创业生态活跃发展欣欣向荣；智慧港口作业繁忙，一大批来自日韩和欧美的商品、服务将在此集散，日本商品亚太体验中心等进口商品直营中心将加快布局，成为国际品牌的重要集聚地；国际贸易、现代海洋、航运物流、现代金融、先进制造等产业发展壮大，跨境电商、数字贸易、文化贸易、融资租赁等新业态新模式蓬勃发展，真诚欢迎各界朋友能搭乘自贸试验区这班“改革开放高速列车”，共享发展新机遇，开启发展新征程。

青岛西海岸新区海岸鸟瞰图

西海岸新区夜景图

自贸试验区青岛片区功能规划图

开放创新高地 投资兴业热土

中国（山东）自由贸易试验区烟台片区

YANTAI AREA, CHINA (SHANDONG) FREE TRADE PILOT AREA

中国（山东）自由贸易试验区烟台片区（以下简称“烟台片区”）位于国家级经济技术开发区——烟台经济技术开发区范围内，实施范围29.99平方公里，其中包括中韩（烟台）产业园、烟台保税港区西区两个国家级园区，是继烟台市被列为中国首批沿海开放城市之一、山东省新旧动能转换“三核”之一之后，推动烟台改革突破、创新发展的又一重大开放平台和创新高地。

烟台片区紧紧围绕制度创新核心，聚焦“加快推进新旧发展动能接续转换、发展海洋经济，形成对外开放新高地”，重点发展高端装备制造、新材料、新一代信息技术、节能环保、生物医药和生产性服务业，在加快转变政府职能、深化投资领域改革、推动贸易转型升级、深化金融领域开放创新、推动创新驱动发展、高质量发展海洋经济、深化中日韩区域经济合作等方面开展创新实践，着力打造中韩贸易和投资合作先行区、海洋智能制造基地、国家科技成果和国际技术转移转化示范区。同时，立足烟台区位、制造业、海洋资源等优势，在深化中日韩区域合作、助推产业升级、推动经略海洋上谋创新，实现特色化、差异化发展。

为保障烟台片区加快建设、快速起势，烟台市下放首批696项市级行政权力事项和64项市级公共服务事项，出台进一步优化政务服务的20条意见，围绕高端智能制造、现代服务业、对外贸易、科技创新等整合推出60项配套措施，赋予片区更大自主权、营造最优营商环境。

中俄丝路创新园

SINO-RUSSIAN SILK ROAD INNOVATION PARK

在“一带一路”的历史机遇下，作为两国政府战略层面的合作项目之一，2014年10月13日，在中俄两国政府领导人的见证下，时任陕西省常务副省长江泽林代表陕西省政府与俄方共同签署了《关于合作开发建设中俄丝绸之路创新园的合作备忘录》，且初步确定项目纳入中俄投资合作委员会定期沟通机制，项目正式上升到中俄两国政府战略层面。目前该项目已被纳入中俄地方合作交流重点项目，并入选国家发改委“一带一路”建设重大标志性工程、陕西省“一带一路”建设十大成果、2018“一带一路”经贸园区建设模式创新案例。

中俄丝路创新园由陕西省政府和俄方按照“一园两地、两地并重”的原则，共同开发。中方园区位于中国陕西西咸新区沣东新城地区，规划一期建设7.5万平方米，于2018年4月19日开园。俄方园区位于俄罗斯莫斯科格林伍德，一期开发建筑面积3300平方米，2018年8月开园并投入使用。

目前，中俄丝路创新园中方园区已成功引入俄罗斯立德集团、俄罗斯KetchUp集团等40余家一带一路沿线国家机构和企业，独联体科技成果库、中俄海洋联合实验室、外籍院士专家工作站等科技项目和科研平台相继落地，并成功建设一站式国际企业服务窗口、俄罗斯国家对外语言等级考试中心。同时，园区依托陕西省科研资源优势，积极开展与俄罗斯产业技术交流合作，联合西工大、俄罗斯科学院祖耶夫大气光学研究所、北京凯盾共建“中俄激光技术及应用研究所”；和俄罗斯中小企业联盟、亚洲工业企业家联合会深度合作，构成了中俄丝路创新园完整的产业联盟，为园区产业建设发力，加速对外交流合作，增添内生动力。此外，近期俄罗斯联邦总商会将在园区开设中国首个分支机构。俄方园区企业涵盖创新科技、汽车销售、跨境物流、教育文化等领域。目前，以陕汽集团、陆港大陆桥国际物流等陕西知名企业已通过中俄丝路创新园“走出去”。中俄丝路创新园先后举办了第一届中俄工业创新大赛、丝绸之路拉力赛暨中国越野拉力赛、中俄工业与科技创新论坛、莫斯科大学科技园项目路演会等具有国际影响力的大型活动，进一步深化了国际合作交流。

主动对接“一带一路”沿线经济体的发展需求，中俄丝路创新园成为搭建“一带一路”一站式服务平台，连接经济合作的“高速通道”，不断提高外向型经济发展水平。

园区立足国外国内两个大局，不断加强中俄科技领域合作，构建科技研发转化平台，打造产学研合作新模式，成为西部地区对外科技合作的前沿阵地。未来，中俄丝路创新园将充分利用陕西的科教资源优势，加强陕俄高校及科研院所科研合作；引进俄知名双创机构，与沣东新城已落地的腾讯、京东、中技所等双创孵化中心相结合，构建国际科技成果转化平台；同时，进一步开展与俄罗斯莫斯科大学科技园等科技园区的合作，构建“一园两地”跨境孵化的协同发展模式。

中俄丝路创新园将作为陕西省建设“丝绸之路经济带新起点’的重要举措，把陕西打造成为西部地区对俄科技合作的前沿阵地，陕西省将由此而成为对俄科技、人才、信息等资源的引进与输出、积聚和辐射的增长极。同时为响应国家“一带一路”倡议，中俄丝路创新园在不断探索一带一路合作的新路径，在对俄合作的基础上进一步向丝路沿线国家扩展，可为欧亚经济合作注入强大的新活力，运用先进的国际化、创新型管理模式，深入落实“一园两地”的开发战略，复制成功园区经验，与丝路沿线国家实现互通共赢，成为促进丝路沿线国家科技经贸合作和人才交流的标杆和典范。

2018年4月，中俄丝路创新园中方园区开园

2018年8月，中俄丝路创新园俄方园区开园

2018丝绸之路拉力赛暨中国越野拉力赛成功举办

第一届中俄（工业）创新大赛成功举办

“一带一路”国际创新论坛

2018“一带一路”经贸园区建设模式创新案例

中俄丝路创新园

中俄丝路创新园荣获“2018一带一路经贸园区建设模式创新案例”

郑州国家高新技术产业开发区，1988年启动筹建，是河南省第一个开发区，是1991年国家批准的第一批国家级高新区，是2016年国家批准建设的郑洛新国家自主创新示范区核心区。区域管辖面积99平方公里，下辖5个办事处，总人口35万，拥有各类市场主体4万余家。据初步统计，2018年实现GDP 350亿元，同比增长10.3%;实现规模以上工业增加值88.6亿元，同比增长14%;实现一般公共预算收入41.1亿元，同比增长12.5%。郑州高新区已经成为中国中部颇具竞争力的高新技术产业高地。

郑州大学

资源之魅——高端创新资源富聚

作为高端创新资源富聚之地，河南省唯一的“双一流”高校郑州大学、“军中清华”之称的中国人民解放军战略支援部队信息工程大学、河南工业大学、郑州轻工业学院等一本高校主校区坐落于此。集聚了郑州机械研究所、郑州磨料磨具磨削研究所、中国烟草郑州烟草研究所、中船重工713研究所等8个部属院所，汇聚了数学工程与先进计算、盾构及掘进技术、新型钎焊材料、棉花生物学、超硬材料磨具共5个国家重点实验室，拥有郑州信大先进技术研究院等5个产业技术研究院，国家数字交换系统工程技术研究中心等11个国家级工程中心，45个市级以上院士工作站和747家市级以上研发机构。拥有高新技术企业564家，科技型中小企业备案1380家。拥有各类金融机构97家，其中，股权投资和资产管理类金融机构61家，管理资金总规模超过700亿元。拥有诺贝尔化学奖得主丹•谢赫特曼(Dan Shechtman)工作站、诺贝尔医学奖得主厄温•内尔（Erwin Neher）工作站和绿色钎焊材料与技术、盾构及掘进技术、高分子材料成型及模具等3个国家级创新团队，市级以上创新团队122个，市级以上创新杰出人才129个，各类科技人才8万余人，驻区院士18人，科技人才和创新资源密度中部领先。

大学科技园孵化器

体系之魅——创新孵化培育体系完善

郑州高新区凭借其强大的培育能力，在650万平方米的面积内，构建起“创业苗圃+孵化器+加速器+产业园”的全链条创新孵化培育模式。在创业苗圃期，辖区拥有UFO、金源、腾讯、融易等37家众创空间，为创业创新提供了优质的土壤。在孵化期，辖区建立了郑州高新区创业中心、河南省大学科技园、河南专利孵化转移中心、郑州高新区大学科技园、中原广告产业园等5个国家级综合孵化器。同时，在企业加速期，区内拥有郑州高新企业加速器、电子商务产业园、电子电器产业园、中部软件园等企业加速器和科技产业园区。形成了电子电器产业园等5个产值超百亿的产业园区，孵化培育了汉威电子、光力科技、威科姆等一批掌握行业核心技术、发展潜力巨大的公司，带动各类创新资源高频互动。

科技之魅——知识产权优势突出

凭借强大的培育体系，郑州高新区万人有效发明专利拥有量突破100件，2016—2018年连续三年专利申请量突破1万件。半双工通讯收发控制方法及装置、基于北斗卫星的多通道授时拟合方法、刀头毛坯及其合成工艺及其合成磨具及刀头生产方法、驻波约束的大面积硬质合金钎焊方法等12项行业前沿技术获得国家专利优秀奖。先后获批国家知识产权示范园区、国家知识产权质押融资试点区域、河南省专利导航产业发展实验区。

金融之魅——上市挂牌助推服务体系完备

在配套金融方面，郑州高新区拥有中原证券、国泰君安证券等40家创新类券商及50余家审计、法律机构，汇聚了盈富泰克、达晨创投，深创投、河南投资集团等知名投资机构，搭建了挂牌公司服务协会、全景河南路演中心、新三板资本园区等服务平台。已累计助推12家公司上市，约占河南全省的1/10;助推73家企业新三板挂牌，约占河南全省的1/5。

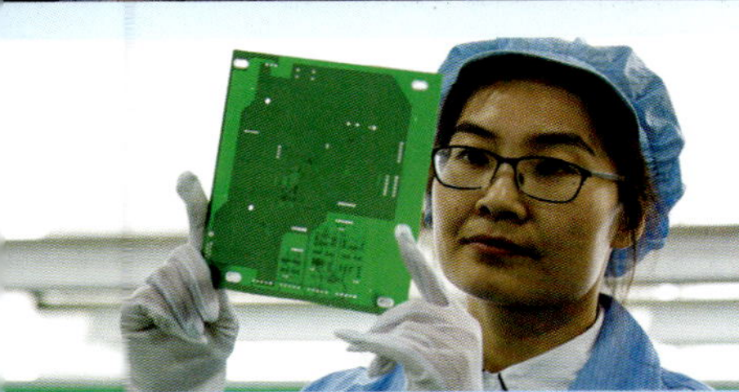

城市之魅——城市功能齐备

作为一座正在启航的智慧新城，郑州高新区生态环境优美、交通便利、基础设施完善、生活配套服务齐全、中小学教育资源全省领先。拥有外国语中学、郑州中学等一批知名中小学，中科院、北师大等优质教育资源合作项目，成功获批建设中部唯一的基础教育课程改革示范实验区。

进入新时代，郑州国家高新技术产业开发区，以习近平新时代中国特色社会主义思想为指引，深入贯彻落实党的十九大精神，持续践行新时期推进郑州发展的实践体系。全面推进的管理体制与人事薪酬制度改革阶段性任务顺利完成，实现了改革发展双促进。同时，高新区正在实施十大具战略性、基础性、支撑性的抓手级工程，作为头号工程，高质量党建工程引领高新区的高质量发展。

在未来，高新区将坚定“发展高科技、实现产业化”的功能定位，把握国家自主创新示范区“创新体制机制、政策先行先试两个使命和培育新产业、引领新业态、打造新模式三项任务”的基本内涵，树立“积累经验、核心带动、形成示范”的发展境界，明确“聚焦智慧产业、建设智慧社会”的主攻方向，确立2025年建成千亿级世界一流高科技园区的奋斗目标和“围绕产业链，布局科创链，完善金融链，强化政策链，建设宜创、宜业、宜居智慧新城”的“四链一城”实践路径，开启全面建设国家自主创新示范区新征程，发扬“自强不息、耘艾未来”的精神，努力在郑州建设国家中心城市、中原更加出彩的进程中担当高新责任、奉献高新智慧、做出高新贡献。

广东茂名滨海新区

MAOMING BINHAI NEW AREA, GUANGDONG PROVINCE

广东茂名滨海新区成立于2012年，起步区为电城镇和博贺镇，根据规划划分为：博贺新港区、吉达港区、博贺湾新城、博贺渔港区、滨海旅游开发区等。茂名滨海新区位于中国南海之滨，广东省的西南部，地处粤港澳大湾区、泛北部湾经济区以及中南、大西南经济圈交汇点和重叠核心地带，是我国通往马六甲海峡最近的出海口，也是距离南海油气田最近的港口。

中南、大西南最便捷的新出海口

博贺新港区是孙中山先生《建国方略》中提出“可容巨船”的中国十大商港之一。首期工程中，在建设的万吨级生产性泊位有33个，包括：30万吨单点系泊码头1个；30万吨级干散货泊位2个，20万吨级干散货码头3个，10万吨级干散货码头3个；1万~10万吨级成品油及液体化工泊位12个，30万吨级原油泊位1个；5万~10万吨级通用泊位9个；LNG码头泊位2个。港口拥有全国最大的单点系泊原油码头、亚洲最大海底输油管线。港区将打造成为原油上岸、成品油出海的南海能源新通道，建设成为面向南海的重化工业转型发展和产业配套基地，成为支撑中国南海资源开发利用的后方基地。

2019年3月22日，博贺新港区正式开港启用。预测2025年和2030年，该港区吞吐量分别达到6500万吨和11200万吨。

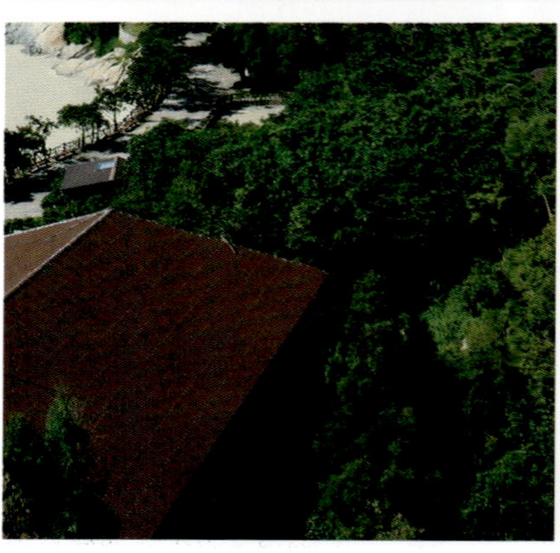

打造世界级绿色化工和氢能源产业园

2019年9月16日，长三角石化巨头东华能源签约落户广东茂名滨海新区吉达港区，将投资400亿元建设茂名烷烃资源综合利用项目，打造一个以丙烷脱氢为龙头的世界级绿色化工和氢能源产业园。该项目将在茂名产业基础上，打造新的千亿级临港产业集群。

南海首湾、海韵绿城、千年古港

滨海新区海蓝沙细，气候温和，绿色长城防风林带绵延十多公里，目前已形成由浪漫海岸、放鸡岛、冼太夫人故里3个国家4A级景区为重要支撑，众多天然海湾为补充的滨海旅游度假胜地。

滨海新区历史悠久，拥有逾600年的神电卫遗址城。这里也是“巾帼英雄第一人”冼太夫人的故里，她正是从这里出发，收复了脱离大陆政权管辖600年的海南岛。她“唯用一好心”的精神，千百年来扎根在世代茂名人的心灵深处。

博贺渔港作为中国十大渔港之一，拥有1500多年的历史，是广东海上丝绸之路的重要始发港。

广西东兴国家重点开发开放试验区

Guangxi Dongxing National Key Experimental Zone for Development and Opening-up

东兴口岸二桥国门大楼

2019年3月19日，广西壮族自治区党委书记鹿心社与越南广宁省委书记阮文读等领导共同出席中越北仑河二桥通车仪式

2010年6月，中央决定建设广西东兴重点开发开放试验区，提升广西沿边开发开放水平。2012年7月，国务院批准《东兴试验区建设实施方案》，东兴试验区建设正式启动。

东兴试验区规划范围为防城港市所辖的东兴市、港口区和防城区的沿海乡镇，国土面积1226平方公里，人口44.97万人。2012年以来，东兴试验区取得了7个全国第一、21个广西第一的瞩目成效，引领带动作用明显。2019年，东兴试验区地区生产总值同比增长4.8%；财政收入同比增长6.9%；城镇人均可支配收入同比增长5.9%；农村人均可支配收入同比增长9.4%；固定资产投资同比增长18.3%。

2016年以来，东兴试验区按照广西壮族自治区党委政府的决策部署和防城港市委政府的工作安排，聚焦东兴试验区核心区暨中国东兴—越南芒街跨境经济合作区（中方园区）开发建设。该跨境经济合作区是按照中越两党两国领导人达成的重要共识，在中越界河——北仑河两岸各规划10平方公里左右的特殊监管区域开展跨境经济合作，实行“两国一区、境内关外、自由贸易、封关运作”管理方式，实现“一线放开、自由流动、二线管住、高效运行”。中方园区重点发展跨境商贸旅游、跨境金融、国际医药、纺织服装、电子信息、机械制造、现代物流、保税加工、总部经济、大宗商品交易市场等十大核心产业，打造成全区开放发展新的增长点。

钦州市
防城港市
十万大山山脉
临港工业区
390平方公里
国际商务区
125平方公里
生态农业区 398平方公里
国际经贸区 275平方公里
越南
图例
试验区范围线

广西东兴国家重点开发开放试验区空间布局图

中国东兴—越南芒街跨境经济合作区示意图

曲靖经开区一角

曲靖经济技术开发区

QUJING ECONOMIC DEVELOPMENT ZONE

曲靖经济技术开发区于1992年经省政府批准设立；2010年6月，升级为国家级经济技术开发区；2014年7月，经省政府批准认定为省级高新技术产业开发区。现托管麒麟区西城、翠峰2个街道和马龙区大海哨社区，共10个社区65个居民小组，管理面积157平方公里，总人口14万余人（其中常住人口5.18万人），区内有曲靖师范学院和曲靖医学高等专科学校2所高等院校。27年来，经开区务实创新、敢为人先、拼搏进取，经济实力不断增强，产业集聚优势明显，投资环境日臻完善，发展质量逐步提升，已逐步建设成为曲靖市产业发展的聚集区、新兴产业高新技术企业发展的示范区。经开区下辖西城工业园区和南海子工业园区2个省级工业园区。2018年，区域生产总值（GDP）341.3亿元，同比增长9.6%；工业增加值258.65亿元，同比增长9.8%；固定资产投资108.3亿元；社会消费品零售总额43亿元，同比增长12.5%；财政总收入25.8亿元，同比增长23.1%；全年引进国内到位资金144.79亿元，同比增长17%。

多年来，经开区把加快发展作为第一要务，结合功能定位，突出产业发展核心主导地位，千方百计打基础、调结构、强产业，构建功能清晰、布局合理、产城融合的现代产业新区，经济社会呈现快速发展态势，产业开发和新区建设取得了明显成效。硅晶新材料产业初具雏形——以曲靖阳光、曲靖晶龙为重点，加快上下游产业链培育和重点企业引进，整合优化产业发展要素，突出全产业链布局，加快发展硅硅晶新材料产业，建设中国西部绿色水电硅谷。有色金属深加工产业迅速延伸——以驰宏锌锗、驰宏国际锗业为依托，加强冶炼技术研究与合作，引进先进的产品深加工工艺，加快铅、锌、锗新材料研发及产业化，加快产业链延伸，提高产品附加值。发展铅基合金、锌基合金、铅电极、镀锌原料、纳米氧化锌、光纤四氯化锗、锗单晶、红外光学材料等产品，推动有色金属产业做大、做强。先进装备制造产业提质增效——提升装备制造在园区经济份额中的比重，依托三元德隆、驰宏重型装备、曲靖重型机械、长力春鹰、荣科机械等企业，加大技术创新和提质增效，推动以机床、农用机械、工程机械、铝型材为代表的装备制造业向中高端转型。生物医药产业持续发力——充分利用云南物种多样化、中药材种类繁多、资源丰富、药物成分含量高等优势，因势利导，依托康恩贝、希陶药业、博晖生物、博欣生物、康创健康等企业，促进产业链延伸和新产品研发，重点发展集血液制品、疫苗、基因及精准医疗产业、中药饮片和中成药生产加工一体化的生物医药产业聚群。依托今麦郎、威毅马铃薯、环球食品等项目，重点打造马铃薯加工、饮品加工、其他农产品加工等绿色食品产业板块。城市经济新业态快速发展——以万达广场、曲靖外滩、九龙国际、红星美凯龙、富康国际会展中心、爨文化小镇等项目为支撑，完善以商贸物流、数字经济、会展经济、楼宇经济、城市旅游为主的现代服务业体系，服务园区实体经济，以产城融合为载体培育城市经济新动能，打造健康生活目的地。

区内花园式工厂

区内生产型工厂

区内现代化工厂

曲靖经开区道路街景

青海省海西州格尔木工业园

昆仑经济技术开发区

KUNLUN ECONOMIC AND TECHNOLOGICAL DEVELOPMENT ZONE

格尔木工业园（昆仑经济技术开发区）地处素有“聚宝盆”之称的柴达木盆地西南部、巍巍昆仑山下，区域周边矿产资源富集、自然资源独特。格尔木工业园诞生于1992年6月，前身是经省委、省政府批准成立的昆仑经济开发区。2012年10月，升级为国家级经济技术开发区，定名为格尔木昆仑经济技术开发区；2013年，更名为柴达木循环经济试验区格尔木工业园管委会，并保留昆仑经济技术开发区管理委员会牌子，规划面积为120平方公里，主要由45平方公里的昆仑重大产业基地和75平方公里的察尔汗重大产业基地组成，确立了园区在柴达木循环经济试验区的核心地位，成为了青藏高原上的工业重镇。

盐湖宣传

昆仑山矿泉水

南向通道铁海联运盐湖首发

镁锭

近年来，园区按照“做实园区、增强活力”的工作要求，围绕昆仑、察尔汗两个重大产业基地和“五个千”产业集群建设，紧紧抓住国家“一带一路”倡议，依托中欧班列、南向通道班列的国际陆海贸易新通道和“成渝经济带”、“陕甘青藏经济带”的全国性综合交通枢纽区位优势，不断强化运行载体，通过打造昆仑重大产业基地南部片区、察尔汗重大产业基地盐湖生态镁锂钾园、中小企业创业基地三大功能区建设，推动了园区承载能力的不断提升；以高起点规划、高标准建设为牵引线，规划建成了一批事关园区长远发展的水、电、路、气、通讯、绿化、排污、废渣处置配套项目，基础设施日趋完善；先后建立了国家盐湖资源综合利用工程技术研究中心、盐湖资源综合利用国家地方联合工程研究中心（青海）、青藏高原复杂矿种处理国家地方联合工程研究中心(青海）3个国家级研究中心、3个省级工程技术研究中心、2个重点实验室，科技创新作用日益突出；通过不断引进实施延链、补链项目和加大技术改造力度，培育和发展了一批充满生机和活力的大中型企业，初步形成了以盐湖化工、油气化工、金属冶炼三大支柱产业为主，培育壮大新能源、新材料、特色轻工业、装备制造业和新型化工五大产业的特色循环经济体系框架，为融入“一带一路”奠定了坚实的产业基础。

今后一个时期，园区将主动引领经济发展新常态，继续按照“四个全面”战略布局和“四个扎扎实实”重大要求，紧紧围绕省委、省政府“一优两高”战略部署，抢抓时代新机遇，积极融入“一带一路”建设，充分发挥得天独厚的资源、区位和交通等优势，进一步加强与东部发达地区、省内兄弟市州和周边省区的沟通联系，着力推动形成优势互补、互利共赢的新格局，继续引进一批增长后劲强、科技含量高的项目，充分释放开发开放和创新创造活力，加快形成内生增长与外向发展互补的开放型经济体系，努力赢得发展新优势、拓展合作新空间，不断提升园区外向型经济发展水平，为打造“一带一路”中国名片作出新的贡献。

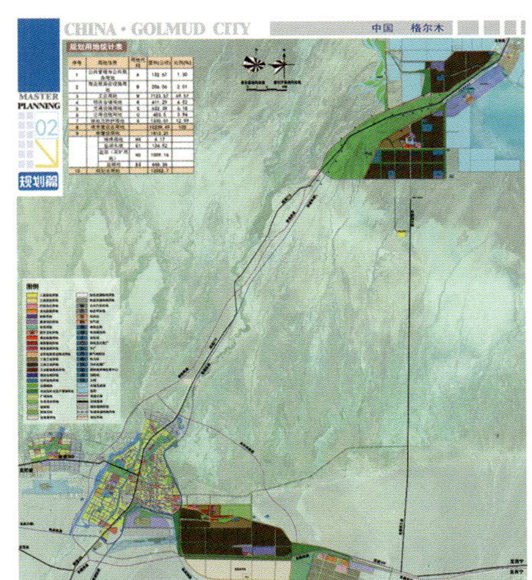

格尔木工业园用地布局图

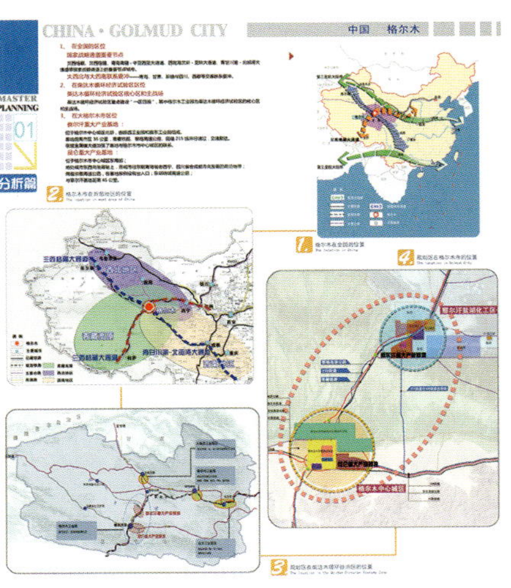

格尔木工业园区位图

重庆东盟国际物流园

重庆公运东盟国际物流有限公司

CHONGQING ASEAN INTERNATIONAL LOGISTICS PARK

CHONGQING HIGHWAY TRANSPORTATION ASEAN INTERNATIONAL LOGISTICS CO.,LTD.

随着国家“一带一路”倡议、长江经济带发展战略的实施，凭借突出的区位优势，重庆已成为与东盟时空距离最短的国际合作伙伴。为有效加强与东盟自贸区对接和联系，促进国际物流产业发展，加快推进重庆市对外开放步伐，提升重庆在共建“一带一路”中发挥的带动作用，进一步加快“陆海新通道”建设，重庆公运东盟国际物流有限公司（以下简称“东盟公司”）在巴南区公路物流基地投资建设了重庆东盟国际物流园（以下简称“园区”）。

东盟公司成立于2015年，注册资金3.7亿元人民币，为全国有股份制公司，位于重庆市巴南区公路物流基地南区，区位交通条件优越，北邻内环高速、南接绕城高速、东连包茂高速（G65）、西邻兰海高速（G75），高速路直达重庆水运、航空、铁路枢纽。

东盟公司投资建设的重庆东盟国际物流园作为重庆“陆海新通道”在重庆的承接地，是重庆对外开放的重要窗口，提升重庆作为“一带一路”与长江经济带联结点功能；打造的重庆东盟公路班车（以下简称“东盟班车”）更是沟通重庆与东盟各国的桥梁和纽带。

园区占地面积约73万平方米，总建筑面积约42万平方米，建设有重庆南部货运枢纽、城市物流（渝南）中转站、重庆南彭公路车检场、重庆南彭公路保税物流中心（B型）四大核心功能板块。同时，配备有高档办公区、休闲区、生活区等，设施完善，功能齐备，能够围绕物流经营开展全产业链服务。

东盟班车以园区为“0公里”起点，建立重庆面向东南亚的跨境公路运输网络，积极融入国家“一带一路”倡议，助推“陆海新通道”建设。东盟班车采用“互为物流服务供应商”的运营模式，聚集物流全产业链上境内外企业集群，相互合作、资源共享、信息互通，通过整合国内外的物流资源，为重庆及周边省市商贸企业、制造企业提供丰富的国际物流服务。

目前，开行线路5条，国内外合作伙伴20余家，在东南亚地区可供客户选择使用的仓储分拨点近30个，形成重庆面向东南亚各国的跨境公路运输网络，覆盖了越南、老挝、缅甸、泰国、柬埔寨、新加坡等东南亚大部分国家的经济和政治中心。

保税物流中心

保税物流中心

东盟班车集装箱

班车特点：时效性快、安全性高、灵活性强

运营线路

东线（陆运）： 重庆—凭祥/龙邦—越南河内（1400km,约45小时）—越南胡志明（全长3200km,约108小时）；
重庆—凭祥/龙邦—越南河内（1400km,约45小时）—柬埔寨金边（全长3400km，约148小时）。

东线复线（陆海联运）： 重庆—钦州港—新加坡（全长4300km,约240小时）。

中线（陆运）： 重庆—磨憨—老挝万象—泰国曼谷（全长2800km,约98小时）。

亚欧线（公铁联运）： 东盟地区—重庆南彭—欧洲(全长12400km，约480小时)。

西线（陆运）： 重庆—瑞丽—缅甸仰光（全长2700km,约79小时）。

重庆-新加坡线路（陆运）： 重庆-越南-老挝-泰国-马来西亚-新加坡（全长4500km，约168小时）。

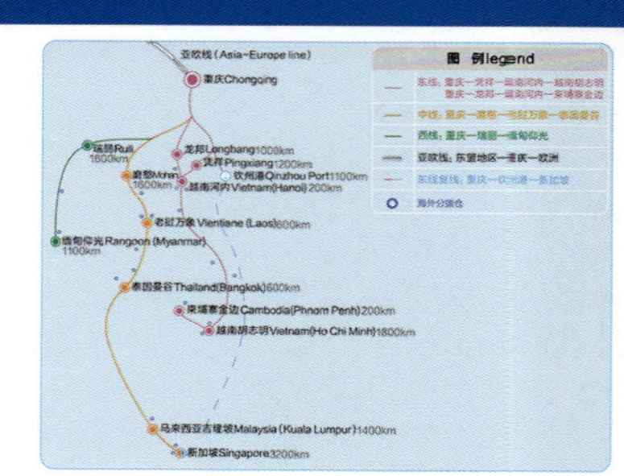
东盟班车线路图

邮箱：chris.zeng@cail56.com
网址：www.cail56.com
地址：重庆市巴南区重庆东盟国际物流园

东盟班车

德鲁亚国际
ELUYA International
КОМПАНИЯ ДЭЛУЯ

新疆德鲁亚国际物流集团有限公司

XINJIANG DELUYA INTERNATIONAL LOGISTICS GROUP CO.,LTD.

关注了解更多资讯

哈铜项目管网建设施工现场
Kazakhmys Plc Pipeline Network Construction Site

中色股份回转窑运输项目
NFC Rotary Kiln Transportation Project

国内运输（车辆自购）
rnal trasportation(self-purchased vehicles)

阿拉木图分公司办公楼
Office Buliding of Almaty Branch Company

2004年，新疆德鲁亚国际物流集团有限公司应运而生，历时十五载，已发展成为以国际贸物流和国际贸易为主业，全心全力为客户量身定制跨国物资采购和全程运输方案的综合性物流企业，是中国国际物流协会会员单位、AAA级国际物流企业和新疆建设兵团国际货运代理物流协会副会长单位。现已在北京、上海、青岛、郑州、成都、西安、徐州、伊宁、霍尔果斯、都拉塔、吉木乃、阿拉山口以及哈萨克斯坦阿拉木图、阿斯塔纳等城市设立了分公司、办事处或合资公司，公司80%以上的员工具备丰富的运输、外贸经验，并拥有多名精通中、英、俄语的专业翻译。近年随着国家“一带一路”倡议的实施，新疆德鲁亚国际物流集团有限公司依托新疆的地缘优势，业务范围更是拓展至建筑工程、能源开发、农业合作等多个领域。新疆德鲁亚国际物流集团有限公司愿意与广大客户携手同唱丝路发展之歌、共筑民族复兴之梦。

Xinjiang Deluya International Logistics Group Co.,Ltd. founded in 2004, has developed as an integrated international logistics enterprise over 15years development which is mainly focused in international logistics and trade, and is fully committed to provide a customized transnational material purchasing programme and shipping solution for the customer. As an international business conglomerate, Deluya is a member of China International Logistics Association, 3A-class international logistics enterprise, and vice-president company of the Xinjiang Construction Corps International Freight Forwarders Logistics Association. The Group Company established branches, offices and joint-ventured companies in many cities of China, such as Beijing, Shanghai, Qingdao, Yining, Horgos, Dulata, Jeminay, Alashankou, Kashgar, and Kazakhstan cities, such as Almaty and Astana. More than 80 percent of employees have rich experience in transportation and international trade. The Company also have many professional translators in Chinese, English and Russian language. In recent years, with the implementation of “Belt&Road” initiative, relying on the geographical advantages of Xinjiang, the business scope of Xinjiang Deluya International Logistics Group Co.,Ltd. is expanded to the fileds of construction, energy development, agricultural cooperation and so on. Xinjiang Deluya International Logistics Group Co.,Ltd. is willing to join hands with customers, singing the song of silk road development and building the dream of national rejuvenation together.

址：新疆乌鲁木齐市通安南路1999号阳光恒昌•万象天地总部办公2-10栋
ldress: Office Building 2-10, Sunshine Hengchang•Wanxiang Tiandi, o.1999, Tong’an South road, New Urban District, Urumqi, Xinjiang.
nail: deluya888@163.com Website: http://www.deluya.com

杭州水秀文化集团有限公司

杭州水秀文化集团有限公司，总部位于杭州紫荆港科技城，是水秀行业的领军企业，公司旗下子公司杭州西湖喷泉设备成套有限公司是中国水景行业的龙头企业、国家级高新技术企业、中国水景喷泉副主任委员单位、国家行业技术规范参订者，一直以来专注于水景喷泉项目设计、生产、施工及售后的全案服务；在国内率先将文学、影视、戏剧、实景演艺和数字成像技术、激光投影及人工智能科技等多种元素融为一体，以原创作品形式呈现的水秀企业。

近年来，公司在文化创意策划制作等方面加强服务，加大科技投入，积极开发新技术、新产品，应用到水舞秀演绎中。公司参与建设的国内多个地标水景景观屡次获得全国优质工程一等奖、行业突出贡献奖。公司积极参与“一带一路”建设，曾多次代表中国水秀企业在与世界顶级团队的公平竞标中胜出，为国家赢得荣誉。公司致力于为客户量身订制高科技、独具地方文化特色、颠覆传统表演模式的感官盛宴。我们做的不止于美丽的水秀，更是代表城市文化名片的艺术作品。公司致力于成为一家全球性、综合性、专业性的全媒体实景水秀、演艺秀的整体和集成方案的解决商。

地址 /Add：浙江杭州紫金港科技城西园八路 6 号　　电话 /TeL：+86-571-87915815
邮箱 /E-mail: wscg@watershowwcg.com　　网址 /Web：www.watershowcg.com

董事长周昱与土耳其首都安卡拉市长合影

土耳其国家公园项目

首届联合国世界地理信息大会《星耀九天》光影水舞秀

成功签约埃及艳后广场大型水舞秀

总裁周书剑与印度 ROMA 集团签订合作协议

总裁周书剑 在安卡拉项目现场

手把手教刚果小伙安装音乐喷泉

刚果共和国成立 50 年庆典晚会音乐水舞秀

总裁周书剑考察塔什干项目现场

越南富国岛游乐园项目

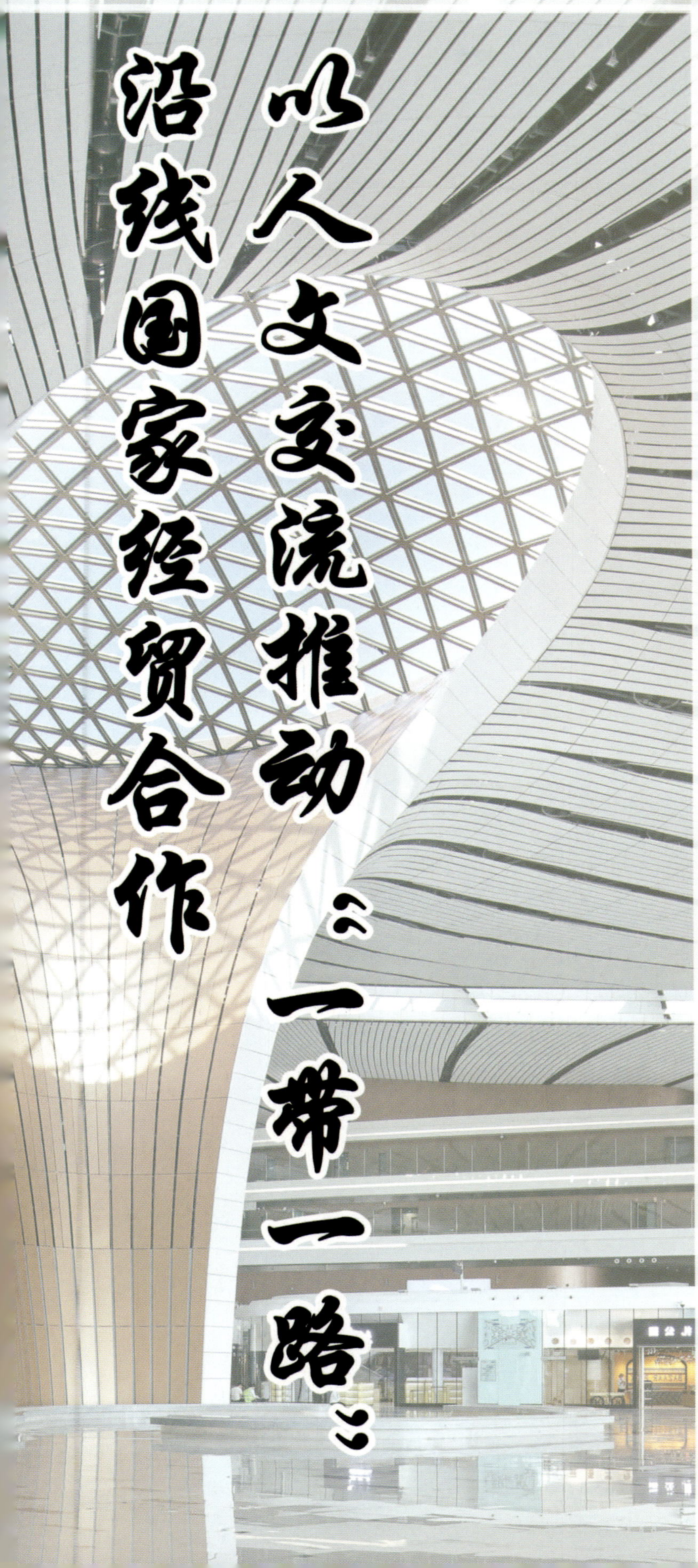

以人文交流推动“一带一路”沿线国家经贸合作

2016

2016年5月，宝鹰集团与广东广播电视台携手举办国际性文化赛事——“宝鹰杯·国际书画印创作大赛”

2016

2016年5月24日，印尼宝鹰中国书画邀请展中国组委会代表团在雅加达向印尼红十字会捐赠20亿印尼盾善款

2017

2017年5月16日，宝鹰股份董事长古少波应邀参加“一带一路”国际合作高峰论坛

2017

2017年8月29日，广东广播电视台、深圳宝鹰集团联合制作广东首部4K超高清纪录片《通海夷道——丝路上的岭南文化》

2018

2018年8月6日，宝鹰集团助力“AR 城市科技”落地 马六甲首个“AR人文空间”建成

2018

2018年12月14日，宝鹰集团与宝鹰太平洋未来有限公司在马六甲“和人文空间”协办“共建美好未来”图片展

2019

2019年4月26日，古少明应邀参加第二届“一带一路”国际合作高峰论坛开幕式、欢迎宴会

实践案例

践行大行使命担当　金融共建“一带一路”

中国工商银行

古丝绸之路绵亘万里，延续千年，积淀了以和平合作、开放包容、互学互鉴、互利共赢为核心的丝路精神，是人类文明的宝贵遗产。2013年秋，习近平总书记首次提出共建“丝绸之路经济带”和“21世纪海上丝绸之路”的倡议，传承丝路精神，为深入推动国际多边经济合作，完善全球治理贡献中国智慧。

“一带一路”倡议秉持“共商、共建、共享”原则，遵循市场原则和国际通行规则，以其开放、多元、共赢的特质，逐步成为受到国际社会认同和欢迎的国际公共产品。6年多来，“一带一路”合作取得丰硕成果。“一带一路”朋友圈持续扩大，加强“一带一路”合作成为国际社会广泛共识；“一带一路”第三方市场合作稳步推进，基础设施互联互通；我国与“一带一路”沿线国家或地区贸易往来和双向投资合作加快发展，金融、科技、人文、环境等各领域合作走深走实，互惠发展动力持续增强。“一带一路”建设经过夯基垒台、立柱架梁，已迈向落地生根、提质发展的新阶段。

在中国人民银行、中国银保监会的指导下，中国金融行业积极发挥资金和信息中介优势，积极推动“一带一路”资金融通合作。截至2018年末，共有11家中资银行在27个“一带一路”沿线国家或地区设立了71家一级分支机构，来自21个“一带一路”沿线国家或地区的55家银行在华设立机构。中方与世界银行、泛美开发银行、欧洲复兴开发银行、非洲开发银行等多边机构积极开展联合融资合作，各类金融机构积极推进产品和业务模式创新，为“一带一路”建设创造稳定融资环境。

中国工商银行作为全球资产规模最大的商业银行，坚守金融服务实体经济本源，致力于发挥国有控股大型银行优势，依托一流的产品服务能力、深厚的客户基础和广泛的国际化网络布局，为“一带一路”建设提供全方位、优质金融服务，为创新深化“一带一路”国际金融合作贡献中国智慧和解决方案。

一、优化境外网络布局，提升“一带一路”服务能力

目前，工商银行在境外47个国家和地区建立了428家机构，通过参股南非标准银行集团间接覆盖非洲20个国家，与145个国家和地区的1491家境外银行建立了代理行关系，构建了牌照完备、运营高效、服务优良，覆盖六大洲和全球重要国际金融中心的全球业务网络。在“一带一路”沿线21个国家拥有131家分支机构，特别是在东南亚、非洲、中东、南美、中东欧地区形成了自身的特点和优势。

透过全球服务网络，工商银行稳步推动项目融资、现金管理、投资银行、金融市场、资产管理、金融租赁等重点产品线纵深发展，创新服务“一带一路”建设和国际产能合作。一方面为“走出去”中资企业提供综合全面的投融资产品及服务；另一方面通过专业的金融服务能力，帮助“一带一路”沿线国家或地区及优质企业联通中国金融市场。

二、发挥比较优势，为“一带一路”重大项目提供长期、有效金融支持

工商银行已成为“一带一路”建设的主要

金融服务商之一，携手客户及合作伙伴广泛参与“一带一路”相关投融资合作，业务遍及30多个国家和地区，推动沿线国家完善基础设施、优化能源结构、提升产业效率、合理开发资源。截至2019年6月末，工商银行累计支持“走出去”和“一带一路”项目超过400个，承贷总金额超过1000亿美元，参与了一系列具有市场影响力的重大项目，专业金融服务能力得到业界认可。

在产品体系方面，主要融资产品包括出口信贷、资源支持融资、境外项目融资、海外营运资金贷款、跨境并购贷款、国际银团、飞机船舶融资、租赁保理等。在业务领域方面，重点支持资源、电力、基建、电信、科技、装备制造等领域，覆盖“一带一路”重点建设领域。在委托代理业务方面，与国家开发银行、中国进出口银行等政策性金融机构密切合作，为中老铁路、雅万高铁、中巴经济走廊等40余个项目提供结算清算、账户监管、多币种外汇交易、风险管控等委托代理业务，涉及项目总投资额900多亿美元，打造了委托代理服务“一带一路”建设的重要品牌。

三、坚持商业化与可持续发展原则，造福带路沿线国家

工商银行在服务“一带一路”项目过程中，始终坚持商业化原则，把项目的经济可行性作为评审的首要方面。同时，坚持将环境保护、社会效益等因素纳入对外投融资合作决策框架，充分考虑投融资标的项目对东道国环境、社会可持续发展的影响，引导金融资源配置遵守绿色投资融资原则，推动“一带一路”建设可持续发展。

在业务实践中，坚持商业化运作，用商业行为助力政治交往，从商业角度作出专业判断；坚持“专业、专营”，坚持理性稳健发展，注重收益和风险的平衡；坚持开放合作、互利共赢，把共同实现可持续发展放在优先位置，积极对接国别、区域发展战略和全球发展议程。

从项目效果看，将绿色金融要求嵌入前、中、后台业务流程，将环境与社会风险因素纳入项目风险评价体系，执行环境评估一票否决制，实现经济效益和社会效益、短期利益和长期利益的有机统一。支持的“一带一路”项目创造了良好的经济效益和社会效益，一批清洁能源、生态环保、节能减排、循环经济项目有力地支持了东道国可持续发展。

四、搭建特色国际合作平台，促进带路资金融通

“一带一路”倡议源自中国，属于世界，凝聚了国际社会广泛共识。2017年5月首届“一带一路”国际合作高峰论坛（带路峰会）期间，工商银行成功举办首次“一带一路”银行家圆桌会（BRBR会议），发起成立“一带一路”银行间常态化合作机制（BRBR机制），切实推动“一带一路”资金融通国际多边合作。该机制作为唯一商业机构项目纳入首届带路峰会官方成果清单。经过2年多的发展，BRBR合作取得一系列进展，逐步成为国际金融同业共享信息、共商政策、互荐项目、互助发展的重要平台。

一是合作支持了一批优质项目。机制成员发挥在市场动态、客户需求、风险偏好方面的互补优势，围绕“一带一路”金融服务，广泛开展联合融资、信用保险、银团贷款、股权投资、跨币种风险管理等合作。截至2019年8月末，工商银行与BRBR成员机构累计合作支持“一带一路”项目57个，各方承贷总金额超过450亿美元。尤其重点落地了一批第三方市场合作项目，例如，工商银行联合花旗银行、美国银行、瑞穗银行为墨西哥国家电力公司筹组国际银团；工商银行与渣打银行、法国外贸银行、土耳其实业银行等21家机构共同支持土耳

其恰纳卡莱大桥及高速公路项目；工商银行与摩根大通银行共同为国家电力投资集团收购巴西圣西芒水电站特许经营权项目提供融资等。

二是规模和影响力持续扩大。机制成员机构从创立之初的34个国家和地区的49家金融机构，扩大到目前的48个国家和地区的92家金融机构，涵盖国际多边开发机构、全球大型商业银行、“一带一路”沿线国家或地区代表性银行和保险公司等，有利于调动各方力量，为“一带一路”建设提供稳定、多元的融资支持和融智服务。

三是打造了信息互通、互惠发展平台。BRBR机制借助合作论坛、产品研讨、项目对接、业务培训等形式丰富的活动，打造成员间信息共享和协调机制，促进成员间对话交流、业务拓展和能力提升。如举办中国金融市场开放与“一带一路”金融合作论坛、中亚投资论坛、进博会“一带一路”贸易金融合作与创新论坛、BRBR信用风险管理合作研讨会等。

四是释放金融示范效应，激发创新动能。机制通过分享多边合作优秀案例，示范推广行业最佳实践和国际通行融资标准，促进成员机构产品和合作模式创新，丰富多层次的“一带一路”金融服务体系。例如，工商银行与南非标准银行合作打造“中非跨境现金管理平台”，为在非投资企业账户查询、付款与发薪、理财与对冲等跨境现金管理需求提供了处理高效、成本低廉的解决方案。又如，工商银行于2019年4月发行等值22亿美元的全球首支“一带一路”银行合作绿色债券，18家BRBR成员参与承销发行，切实带动国际资本市场参与“一带一路”投融资。

五是为第二届带路峰会贡献成果。2019年4月24日，工商银行在北京举办第二次BRBR会议，来自全球40多个国家和地区的80余家金融机构嘉宾应邀与会。会议见证达成7个第三方市场合作项目，投资总金额超过88亿美元；评选表彰了BRBR机制2017—2018年度最佳项目；发布“一带一路”绿色金融（投资）指数框架；并通过了《BRBR机制支持“一带一路”绿色投资原则（GIP）》《加强BRBR绿色债券合作》和《加强信用风险管理合作》三大倡议。其中，工商银行协同BRBR机制成员发行首支BRBR绿色债券、发布“一带一路”绿色金融（投资）指数以及举办BRBR发展中国家成员机构经济政策培训三项具体合作被纳入第二届带路峰会官方成果清单。工商银行成为纳入峰会成果数量最多的商业性金融机构。

五、多措并举，深入推动“一带一路”合作高质量发展

进入“一带一路”合作新阶段，工商银行将紧随中国经济全球化进程，持续完善全球服务网络，加强在境外市场精耕细作，全面提升合规与风险管控能力，大力推动BRBR机制开放性合作走深走实，不断为促进“一带一路”合作高质量发展作出应有贡献。

第一，进一步做优做强项目融资。以支持中资企业“走出去”和本地优势产业项目为重点，将突出“中国元素”与突出本地特色相结合。发挥工商银行集团优势，内外联动推动“一带一路”投融资业务纵深发展。培养具备国际视野的区域专家、具备产业知识的行业专家以及擅长信贷结构设计的产品专家。加强与境内外金融同业在结构性融资、跨境担保、投资组合等多种形式项目合作，实现与各方风险共担，收益共享。

第二，着力加强全流程“走出去”金融服务。加快从单纯提供融资服务转向提供一揽子的综合化金融服务。在银团安排、资产交易中配套高端财务顾问等投行服务，促进商投结合；在跨境融资中强化账户行、代理行、履约担保行角色，提高外汇资金和全球结算服务能力；引入QDII理财、PE等股权投资支持“一带一

路”建设；综合提供远期结售汇、利率掉期、货币互换等金融市场服务，解决客户风险管理需求。

第三，夯实全球伙伴关系，建设可持续发展的绿色“一带一路”。工商银行于2010年率先提出建设“国内领先、国际一流的绿色金融机构”战略愿景，在绿色信贷体系建设、绿色信贷投放、绿色金融工具应用、绿色金融国际标准制定和环境风险披露前瞻性研究等多领域走在同业前列。截至2019年8月末，工商银行投向生态保护、清洁能源、资源循环利用等节能环保项目的境内绿色信贷余额超过1.1万亿人民币。工商银行过去3年在境外市场累计发行约100亿美元绿色债券，其中超过60亿美元投向“一带一路”绿色资产。

同时，作为联合国全球可持续发展投资者（GISD）联盟唯一中方代表和联合国《负责任银行原则》签署行，工商银行将立足于发展绿色金融、普惠金融的领先实践，对标国际最佳做法，与“一带一路”沿线商业银行及政策性银行、多边开发机构、机构投资者和国际组织等多方加强交流与协调，不断推动提升“一带一路”绿色资产定价、绿色项目激励机制、绿色金融产品创新和上市公司环境、社会、公司治理（ESG）信息披露等方面的国际合作水平。

“一带一路”倡议的提出和6年来的丰富实践，为推动中国形成更高层次全面开放格局，为世界经济稳定和健康发展注入了新的动能。展望未来，工商银行将以客户为本，携手八方伙伴，以绘制“工笔画”的精神，更好地服务“一带一路”沿线发展需求，开辟金融共建“一带一路”行稳致远，进而有为的新篇章。

风从东方来　百花自盛开

——水电七局"一带一路"海外工程巡礼

中国水电七局

一、驼铃古道丝绸路，胡马犹闻唐汉风

"一带一路"，这个名词让人不禁想起那个连接了古代中国与世界的绵长贸易之路、神秘文化之路、通畅交流之路。提到丝绸之路，我们不会忘记：两千多年前把自己最美好年华贡献其中的丝路开拓者张骞；将线路首次延伸到了欧洲罗马帝国的班超；七次远洋航海留下千古佳话的郑和。穿越千年、绵延万里的古老丝路，因习近平主席提出的"一带一路"重大倡议而重返全球视野。六年里，通过全球100多个国家和国际组织的努力，"一带一路"逐渐从理念转化为行动，从愿景转化为现实。

二、发挥核心优势，与"一带一路"共命运

作为"一带一路"倡议践行者的水电七局，坚决贯彻习主席提出的"共商、共建、共享"的原则，着力具有自身特色的"八个坚持"，发挥"六大优势"，强调"六大底线"，以创新为突破、以质量占高地、以责任显担当，成为"一带一路"建设的排头兵，开启了逐梦全球化的"七局模式"。

自积极融入"一带一路"倡议以来，水电七局实现了海外业务快速增长，经营业绩快速攀升，企业发展呈现良好态势。2014—2019年3月，水电七局新签项目共计55个，覆盖11个国别市场，共计合同签约额人民币484.12亿元，其中一带一路国别市场新签项目51个，涉及8个国别市场，签约额人民币459.63亿元，占比为94.94%。业务板块涉及水利水电、公路桥梁、工民建筑、高速铁路、火力发电、市政工程、输电线路、港口码头、新能源等。水电七局正以实际行动，努力实现政策沟通、设施联通、贸易畅通、资金融通、民心相通，打造国际合作新平台，增添共同发展新动力。

三、天高任鸟飞，市场大作为

随着国家"一带一路"倡议规划的落地，水电七局聚焦重点、深耕细作，致力于绘制精谨细腻的"工笔画"，推动共建"一带一路"沿着高质量发展方向不断前进。目前，水电七局超前布局，已形成"三大区域市场"格局。

以马来西亚为中心，向菲律宾、印度尼西亚等国辐射，形成了厦门大学马来西亚分校、菲律宾考斯瓦根火电站等多个在建项目为支撑的亚太区域项目群。

图1　马来西亚巴贡水电站项目

1998年，水电七局首次进入马来西亚，在东马承建了有"东南亚三峡"之称的巴贡水电站，此后更是开疆辟土，相继承建了水电、火电、交通、房建等业务。

承建中国首个海外大学——厦门大学马来西亚分校。这是中国第一所在海外全资设立的、具有独立校园的分校，是促进中马人文交流、高校海外办学的“探路者”，更是服务“一带一路”倡议的节点。六年前，由中国国家主席习近平和马来西亚总理纳吉布共同奠基，自此国与国、民与民的命运紧紧联系在了一起。作为本项目的承建方，水电七局以一种敢为人先的精神和拓荒者的智慧，让一所中国的大学校园在不到两年的时间内在海外拔地而起，创造了令马来西亚总理称赞的“厦大速度”。如今，芙蓉湖、嘉庚风格的图书馆、现代化的游泳池……厦大校园的基本元素已在分校成功“克隆”，2800余名学生入住就读并顺利开课。作为两国高等教育合作新的里程碑，学校将为深化中马两国友谊起到重要作用，在未来为“一带一路”沿线国家或地区培养大批国际化人才。

图2　厦门大学马来西亚分校

承建马来西亚最高高架桥——万捞高架桥。这是水电七局在马来西亚拓展的首个市政项目和路桥项目，也是实现公司在海外由传统的水电施工向多元化经营发展的重要举措。高架桥位于距离吉隆坡二十公里处的万捞镇，北接霹雳州首府怡宝，南通吉隆坡一号公路。2016年3月21日，万捞高架桥项目主体工程全线完工，建成后项目有力缓解了当地的交通压力。

承建中国公司在国外承包的首个单机容量百万千瓦的项目——曼戎火电项目。这是东南亚首座100万千瓦超临界燃煤电站和单机容量最大的燃煤机组，是马来西亚国家能源公司（TNB）计划系列大型火电项目重要组成部分，2015年荣获美国《电力》杂志评选出“年度最佳工程项目奖”。2017年9月28日，业主马来西亚国家能源公司签署了临时接收证书，标志着由水电七局承建的首个海外火电项目正式移交业主并投产发电。建成后的曼戎火电站，成为东南亚单机容量最大、技术最为领先的清洁燃煤机组，可满足整个马来西亚半岛22%的电力需求，能够为超过200万家庭供应电力。

承建马来西亚沙捞越再生能源走廊（SCORE）开发计划核心——巴莱水电站。这一计划旨在开发马来西亚沙捞越州自然资源，提供经济发展的工业基础，创造当地就业机会。巴莱项目作为本计划的核心，由水电七局承建。2018年3月9日，巴莱水电站4标导流洞项目荣获由马来西亚沙捞越州能源局主办的“2018年度承包商环境影响评估合规奖”。

马来西亚市场，十年砺风雨，扬帆炫舞“中国红”，施工合同项目实现从一到八的“量变”；业务领域由传统水电领域向输变电、市政工程、工民建机电等多元化项目类型“拓变”；经营模式由传统单一施工向EPC项目模式“质变”。在世界经济全球化的趋势下，电建集团作为走出去“航空母舰”，水电七局作为“排头兵”，乘风破浪、搏击海外。

故事还在继续，从埃塞跨过红海，来到千岛之国——印尼。印尼是“21世纪海上丝绸之路”首倡之地，中国提出的建设“21世纪海上丝绸之路”倡议同印尼提出的“全球海洋支点”构想高度契合。自中印两国政府签署共同推进“一带一路”和“全球海洋支点”建设谅解备忘录以来，双方发展战略对接加速推进。

在这里，中国高铁“走出去”的第一

单——印尼雅万高铁，正以国际合作的新模式闪亮登场。雅万高铁是中国“一带一路”倡议和印尼海洋支点倡议对接的重大项目，是国际上首个由政府主导搭台、两国企业对企业进行合作建设和管理的高铁项目，也是中国高速铁路全方位整体走出去的第一单项目。

图 3　建设中的印尼雅万高铁项目

2019 年 6 月 28 日，习近平主席在大阪 G20 峰会期间会见印度尼西亚总统佐科时提出，要建设好雅万高铁，推动共建“一带一路”合作提质升级。佐科表示印尼方愿同中方共建“一带一路”，推进雅万铁路等重点项目建设，支持东盟国家深化同中国的协调合作。

作为雅万高铁的主要参建方之一，水电七局充分认识雅万高铁建设的重要性、复杂性、艰巨性，肩负起应负的责任，确保工程高质量高效率推进，打造电建海外品牌；进行整体统筹安排，对标铁路系统标准，加强项目管理水平；尊重当地宗教、民族文化，牢固树立法规意识，积极推动本地化管理；针对项目特殊性构架特殊性体系，强化项目精益管理。

万隆市内，1955 年 4 月第一次亚非会议会址已经作为博物馆保留下来。亚非国家在这里提出了处理国际关系的十项原则，形成了以“团结、友谊、合作”为核心的万隆精神。如今，水电七局正以雅万高铁为契机，践行“一带一路”建设所秉承的“共商、共建、共享”原则，续写和平合作、开放包容、互学互鉴、互利共赢的友好篇章。

六载硕果各方分享，橙黄橘绿满园芬芳。“一带一路”建设行进在开拓和平、繁荣、开放、绿色、创新、文明之路的非凡征程中，水电七局在海外开疆拓土，孕育生机和活力，汇聚信心和期待。

四、贯通中巴经济走廊，串起南亚闪耀珍珠

作为服务“一带一路”建设的龙头央企水电七局，拥有懂“水”、熟“电”、擅“规”、深“设”、能“建”、可“投”、运“营”、深“管”等独特优势，以巴基斯坦为中心市场，向尼泊尔、印度、孟加拉国等周边国家辐射。巴基斯坦塔贝拉四期项目、KAROT 项目、苏雷曼吉渠道项目、布特科西等多项目为依托的南亚区域项目群正在深耕细织，绘制着“一带一路”精谨细腻的“工笔画”。

图 4　巴基斯坦塔贝拉水电站项目

塔贝拉四期扩建工程项目——巴基斯坦的“三峡工程”，印度河西水东调的关键项目，发电量占巴基斯坦全国的三分之一，也是“一带一路”和“中巴经济走廊”的关键项目。2013 年末，塔贝拉第四次扩建升级，发电量提升 40%，成为巴基斯坦最大的电站。而升级手术的建设者正是拥有世界能源建设第一品牌的中

国电建，深耕巴基斯坦16年的水电七局。项目负责人说：“塔贝拉水电站经过半个世纪的沉淀，对我们而言是一个很好的技术积累，对我们的后续水电项目改造市场也是一个积极的信号。”2018年3月10日，塔贝拉水电站四期扩建项目举行首台机组发电仪式。在仪式上，时任巴基斯坦总理阿巴西高度赞扬了中国电建为项目建设作出的积极贡献。

卡西姆港燃煤电站项目——中巴经济走廊签署后首批优先实施项目和首个落地的能源类旗舰项目，电建集团的“一号工程”，第一个中外合作（电建集团与卡塔尔Al-Mirqab公司）投资的大型能源类项目。它采用国内最先进的超临界燃煤机组，整个项目从设计建设到运行都将采用中国标准以及中国最先进的技术，实现中方优质产能与当地资源的对接。2018年4月24日，巴基斯坦卡西姆港发电有限公司收到巴基斯坦中央购电局签署的批准函，同意卡西姆港燃煤电站始进入商业运行，标志着该项目开发建设任务全部完成并取得圆满成功，开创了中国公司和国外公司联合在境外开展电力项目投资的先河。

图5　巴基斯坦卡洛特水电站项目

卡洛特水电站——“一带一路”倡议提出后首个大型投资建设项目，“中巴经济走廊”首个水电投资项目，迄今为止，中国公司在海外投资在建最大的水电项目。卡洛特项目被列入中巴全天候倡议合作伙伴关系联合声明中，这是“中国水电航母编队”抱团出海史上的第一次经典之作。作为巴基斯坦首个完全使用中国技术和中国标准建设的水电投资项目，中国企业要在这里展示和推广中国标准，寻求从国际标准的学习者到参与者，再到主导者的角色转变，推动中国标准与中国设计、中国建造和中国资本的深度融合，让世界认可中国标准。

放眼七洲四海，还有很多由水电七局倾情建设的电站，就像一颗颗璀璨的明珠，镶嵌在“一带一路”上。“世界是平的”正式升级为“世界是通的”，民众在更大范围间加强了相互信任与友谊，实现了民心相通。

五、顺势勇为，开启欧洲之门

以北马其顿为中心，向波黑、塞尔维亚等周边国家及泛俄语国家辐射，由北马其顿KO公路、MS公路、KK公路、波黑GM高速公路、ULOG水电站及塞尔维亚环城公路等项目为代表的东欧区域高端市场项目群渐为起势。

2014年，中国与中东欧国家启动了“中国—中东欧国家合作100亿美元专项贷款”。北马其顿具备为电建集团和水电七局进入欧洲市场的先天优势。资金有保障、完备与成熟的市场资源配置、便捷的全球采购渠道等等，是谓选择北马其顿的理由。

最终，北马其顿米拉蒂诺维奇—斯蒂普高速公路项目（简称“MS公路”）和基切沃—奥赫里德高速公路项目（简称“KO公路”）成为“中国—中东欧国家合作100亿美元专项贷款”的首批落地项目之一。作为泛欧8号走廊的一部分，它是北马其顿30年来最大的基础建设工程，也是“一带一路”倡议在欧洲巴尔干地区落地的重要项目。两条高速公路建成后将有效改善北马其顿交通运输现状，并带动沿线经济发展，同时也为中马两国乃至中国—中东欧国家在基础设施建设领域继续拓展合作起到了良好示范作用。

2019年3月15日，KO高速公路隧洞段右洞、左洞相继贯通，这标志着该项目施工难度

图 6　已建成通车的北马其顿 MS 高速公路项目

最大的隧道段顺利全线贯通。2019 年 6 月 11 日，MS 高速公路正式向公众开放双向交通，标志着 MS 高速公路正式通车。两条高速公路的顺利实施，不仅赢得了北马其顿共和国政府、人民、企业、社区等高度认可与赞扬，也得到了其他东欧国家的关注。水电七局的欧洲之行更加明亮，中国电建的世界之景更加繁茂。

志同者，不以山海为远。六年的发展与奋进，“一带一路”从理念转化为行动，连点成线到面，在广袤大陆上落地生根，在浩瀚海洋中乘风破浪，千年丝路再次焕发出蓬勃生机，为当今世界开启发展新航程。对于水电七局而言，“一带一路”倡议勾勒的清晰海外蓝图，是海外业务拓展的指挥棒，是战略升级的良好机遇，是新形势下的目标和追求。山高愈前行，梦好起宏图。水电七局在参与实施“一带一路”倡议项目中，讲义利，行大道，利他为先、舍得为上，主动把发展融入推进国家战略实施的整体目标中，以“绘制工笔画”理念引领思路，融入区域经济和当地社会发展体系。与“一带一路”务实同行，水电七局将与全世界携手，向着构建人类命运共同体的宏伟目标坚实迈进。

（撰稿：李思）

建功中老铁路　树誉占巴国度

中国中铁二局老挝分公司

老挝，古谓之“寮国”，亦称“占巴花之国”。地处中南半岛北部，北邻中国，南接柬埔寨，东接越南，西北达缅甸，西南毗连泰国。“陆锁国”的属性成为老挝发展之困。2013 年习近平主席提出了建设“丝绸之路经济带”和“21 世纪海上丝绸之路”的“一带一路”合作倡议，积极发展与沿线国家的经济合作伙伴关系，共同打造政治互信、经济融合、文化包容的利益共同体、命运共同体和责任共同体。中老铁路实现了中国“一带一路”倡议与老挝“变陆锁国为陆联国”战略对接。中老铁路的开工建设，不仅深化了老中传统友谊，也是老中命运共同体的具体体现。

中老铁路是中老两国最高领导人推动和关注，两国政府间合作的战略项目，2015 年 11 月 13 日，中老两国政府在北京签署了《关于铁路基础设施合作开发和中老铁路项目的协定》。2015 年 12 月 2 日，中老铁路项目奠基仪式在老挝万象举行，时任中央政治局常委、全国人大常委会委员长张德江与老挝国家主席朱马里出席了开工奠基仪式。2016 年 12 月 25 日全线开工仪式在琅勃拉邦举行，老挝总理通伦参加仪式，项目全线进入实质性实施阶段。2017 年 11 月，习近平主席访问老挝，两国领导人提出加快推进中老铁路项目，解决好工程建设、配套政策、安全保障、后续融资等问题，推动实现中老铁路早日竣工。2018 年 5 月，本扬主席访问中国，两国领导人提出着力推动“一带一路”框架下重大项目合作，推动中老命运共同体建设取得新成果，更好造福两国和两国人民。

在这条承载重大意义的中老铁路上，共和国的长子，具有 60 多年历史的中国中铁二局扛起“开路先锋”大旗，毅然奔赴老挝，以实际行动响应习近平总书记的号召，践行和见证了中国“一带一路”倡议在东南亚落地生根，并以“勇于跨越　追求卓越”的企业精神在中老铁路上书写着建功海外新篇章。

中铁二局承担着中老铁路“一头一尾”的施工任务，“一头”是指中老铁路北端起点，连接中国和老挝的友谊隧道出口段，“一尾”是指中老铁路南端，连接老挝和泰国的第 VI 标段。

第Ⅵ标段位于老挝万象省丰洪县和万象市境内，线路起讫里程 DK343+300～DK409+000，正线长度 65.7 千米，合同工期为 60 个月，合同造价 22.785 亿元。主要工程为路基、桥梁、涵洞和站场。标段范围内新建车站 4 个，全段路基长度 51.893 千米，占比 79%，路基土石方 757.7 万方，其中区间土石方 578.3 万方，站场土石方 179.4 万方；桥梁共有 13.757 千米/16 座，占比 21%，包含特大桥 11195.64 米/5 座，大桥 2144.87 米/6 座，中桥 417.45 米/5 座，制运架简支 T 梁 409 孔，涵洞 181 座，共 3096 横延米。重点难点控制工程主要为路基软基处理、楠科内河特大桥、主席路立交现浇混凝土连续梁和宋普瓦 1～56 米钢筋混凝土系杆拱桥等。

I～1 标起点为友谊隧道老中边界分界点，终点至磨丁海关大桥万象端台尾，管段里程 K0+000～K4+089.65，全长 4.08 千米。合同总价约 5.62 亿元，1 座隧道－2.425 千米，1 个车站，2 座桥梁－823.75 米，涵洞 4 座，土石方

210万立方米。

两段均是国境线上的标志性工程，工程质量的水平直接展示了中国中铁二局的建设和管理水平。中国中铁二局深知责任重大，项目伊始便超前谋划、科学组织，按照“标准化”“精细化”的管理要求，推行专业化、工厂化、机械化和信息化的“四化”建设，工地施工管理“常态化”，以试验段为起点，示范段、样板段引路，团结协作，奋勇拼搏，在中老铁路建“精品工程”、铸“廉洁之路”，努力将中老铁路建设成中老传统友谊的新象征。

一、科学谋划，精心施工，建精品工程

工程推进过程中，中国中铁二局紧紧围绕“精品工程”建设目标，建立健全质量、安全、工期、投资、技术创新和环保水保等目标管理体系，全面推进标准化管理，落实“工厂化、信息化、机械化、专业化”施工要求，严格执行验收管理办法，规范验收流程，确保工程实体质量；从施工管理、地质灾害、水保环保、恶劣气象、防洪防汛、医疗救护、舆论影响等各方面强化安全风险研判、分析和预控，确保建设全过程的施工安全和人身安全；强化环保工程的过程控制，确保最大限度保护生态环境、最大限度防治环境污染。

高起点谋划。从项目建设开始，统筹谋划管理手段、要素资源和最终结果，高标定位，实现管理科学、建造优质。坚持施工组织设计的纲领性作用，结合现场实际细化施工组织设计，针对重点工程、控制性工程，组织专项论证会，保证方案的科学性和实用性。

高标准管理。严格执行技术标准、创新管理标准、优化作业标准，构建科学严密的考核评价体系，动态学标、对标和达标，实现“标准成为习惯、习惯符合标准、结果达到标准”。

高质量建设。充分认识高质量精品工程建设的源头和基础，是职业底线，落实质量终身负责制，以优质的工程质量保证建设过程安全、开通运营安全，实现质量安全长治久安。按照公司标准化、精细化管理要求，以试验段为起点，示范段、样板段引路，严格卡控施工生产的每一个环节，确保工程质量。

二、内外联动，齐抓共管，铸廉洁之路

2017年5月14日，习近平总书记在“一带一路”国际合作高峰论坛上指出，要加强国际反腐合作，让“一带一路”成为廉洁之路。2018年9月23日，中央政治局常委、中央纪委书记赵乐际在对老挝进行友好访问期间，要求中老铁路各参建单位强化廉洁风险防控，培育廉洁企业文化，把中老铁路建成友谊之路、廉洁之路、幸福之路。

中国中铁二局中老铁路指挥部在上级党组织的正确领导下，以强化项目党建为基础，以党建促廉洁建设，以风险排查、制度建设和廉洁教育为抓手，制定风险防控措施，将廉洁制度体系潜入项目日常管理流程，筑牢防腐拒变的堤坝，加强宣传教育，在项目内部、在领导干部队伍中、在广大的职工群众中培育廉洁文化，让廉洁外化于行，内化于心。

按照“项目建设到哪里，党组织就延伸到哪里”的原则，在中国中铁二局中老铁路项目部同步成立了1个党委、3个党工委、7个支部，13个党小组，1个纪委、3个纪工委，4个工会组织，4个共青团组织。每个项目党组织均配置了经验丰富的专兼职党务工作人员。贯彻落实习近平总书记提出的“要充分发挥党组织在国有企业中的领导核心和政治核心作用”指示精神，将项目重大事项决策、劳务队伍使用、物资设备采购、大额资金支出等重大事项纳入项目集体研究决策范围，实行项目重大事项党政会签制度。同时通过各种方式，加强党员思想政治教育和廉洁教育，为廉洁建设工作夯实基础。

以风险排查为基础，构建廉洁风险防控机制。从个人、部门、项目三个层面，通过岗位自查、内部互查、集体排查、上级核查等方式，全面开展风险排查。针对排查过程中发现的问题，集中分析讨论，拿出解决办法，通过对现有管理办法的修订和制定新的管理办法来堵住管理漏洞，将项目生产管理全过程纳入制度规范，全面构建不敢腐、不能腐、不易腐、不想腐的体制机制。

广泛开展廉洁教育。建立了廉洁文化长廊、“廉洁教育室”，宣传以教育知廉、文化育廉、关爱养廉、亲情助廉、制度固廉、监督守廉、执纪护廉、正气树廉为内容的“八廉”文化；通过将中老双语的廉洁宣传展板装进工地、廉洁宣传标语挂进工班、廉洁宣传画贴进宿舍等方式，增强项目一线人员的崇廉意识，扩大廉洁文化的影响。定期组织学习项目规章制度和老挝当地法律法规，增强参建人员的合规意识和风险意识。

三、履职尽责，社会担当，建幸福之路

中老两国山水相连，友谊源远流长。中老铁路建设秉承“创新、友谊、协作、共享”建设理念，坚持一切工作在中老友谊大局下开展，切实履行企业社会责任，积极为当地民众生活提供便利。

在施工过程中，中国中铁二局优先聘用当地员工，缓解了当地劳动力就业问题。通过技能培训和工地现场的“传、帮、带”，提升老挝籍员工的技能。优先保证老挝工人工资的发放，保障与地方的和谐相处。积极为老挝当地修桥铺路，为当地人民群众平整宅基地、生活场地，为老挝公共机构、企业、学校、个人等捐款捐物，履行了应有的社会责任。

2018 年 7 月，老挝南部阿速坡省一水电站发生溃堤，造成下游村庄 134 人死亡或失踪，6000 多人受灾。中国中铁二局在大灾大难面前挺得出来，在关键时刻冲得上去，发扬“一方有难，八方支援”精神，向正在老挝开展中老铁路建设的全体员工发出募捐倡议，筹集善款 3000 余万基普，送达急需救助的灾民手中。同时，第一时间成立了“阿速坡抢险救援突击队”，迅速投入抢险救援工作。仅用 40 余天，率先完成 2 座救援通道桥梁的建设，创造了同类施工的新纪录，打通了严重制约阿速坡灾后重建的咽喉要道，为后续灾后重建工作赢得了时间，创造了条件，赢得了两国政府人民和社会各界的广泛赞誉。为此，老挝政府总理通伦签发嘉奖令，授予了中国中铁二局“老挝国家发展勋章”。

四、勇于跨越，追求卓越，我们都是逐梦人

中老铁路项目是老挝党和政府高度关注的“一号工程”，承载着老挝从“陆锁国变陆联国”的国家梦想，寄托着中老两党两国的殷切期望，承载着中老两国人民的深情厚谊。立足巩固和发展中老两国传统友好关系，聚焦命运共同体建设，将中老铁路建设成为新时代中老传统友谊的新象征，是中老铁路建设者责无旁贷的历史使命。中国中铁二局中老铁路全体建设者将继续保持高昂的斗志，建功中老铁路、树誉占巴国度。

丝路上的“开路先锋”

中国中铁二院工程集团有限责任公司

2019年，是中国向世界发出具有历史意义的“一带一路”倡议的第六个年头。六年来，中国以“道路通，百业兴”的历史经验，践行着拉动经济从发展和改善基础设施做起的实践。六年来，“一带一路”从蓝图变为现实——商路熙熙攘攘、心路联结互通，古老的丝路再次焕发勃勃生机。中铁二院工程集团有限责任公司（以下简称“中铁二院”）作为国内首批进军海外的勘察设计企业，早在半世纪前就迈开了走向海外市场的第一步，六年来更是借着国家“一带一路”倡议的东风，助推中国铁路“走出去”，成为丝路上的“开路先锋”。

中铁二院工程集团有限责任公司党委副书记、副董事长、总经理朱颖：“作为世界双‘500强’企业，中国中铁的设计咨询旗舰企业，中铁二院积极响应国家‘一带一路’倡议，充分发挥勘察设计龙头作用，切实发挥了国有企业作为国民经济中坚力量和骨干支柱的作用。我们有能力、有信心、有责任推动中国铁路技术、标准‘走出去’，让‘中标’成为与‘欧标’‘美标’比肩的国际通用标准。”

图1　奠基仪式：老挝民主主义共和国副总理宋沙瓦·棱沙瓦（左五）、中铁二院总经理朱颖（左四）、中国中铁总裁李长进（左六）

一、使命担当铸辉煌

中铁二院成立于1952年，隶属于世界双“500强”企业——中国中铁股份有限公司，是国内最大型工程综合勘察设计企业之一，两次获得国家科技进步最高奖。建院六十余载，中铁二院积极响应国家号召，全面参与国家交通基础设施建设，向祖国和人民交出了一份满意的答卷。

一座座桥梁通江达海，一条条轨道连通八方。六十多年来，中铁二院先后完成了成渝、成昆、宝成、南昆、遂渝、贵广等全国数百条铁路重要干线和支线、专用线的勘察设计，已通车里程超过三万公里，占全国运营版图的四分之一。2018年10月10日，党中央、国务院正式作出全面启动规划建设川藏铁路的重大决策，中铁二院作为川藏铁路勘察设计总体单位，积极响应国家号召，全力以赴推进项目各项前期工作。

在城市轨道交通和公路市政市场，广州地铁1号线、重庆轻轨较新线、深圳地铁11号线、成都地铁1号线等一批人们耳熟能详的项目皆出自中铁二院之手；广州新机场高速公路、广深沿江高速公路、南京赛虹桥立交枢纽等地标性建筑皆源于中铁二院的匠心铸造。

面对国内市场的累累硕果，中铁二院并未止步不前，凭借探索未知的勇气，挥洒敢于开拓的豪情，毅然踏上了海外征途。万事开头难。被誉为中非友谊象征的坦赞铁路，成为中铁二

图 2　阿尔及利亚东西高速公路项目

院走向海外的第一步，这一步步履艰辛，却赢来举世瞩目的成就。

20 世纪 60 年代，中铁二院受国家委托派遣技术专家前往坦赞两国开展全线勘察设计工作。坦赞铁路横贯东非高原，跨越裂谷天堑，老一辈二院人在坦桑尼亚和赞比亚的崇山峻岭之间，历经磨难，于 1969 年 12 月完成了翔实的踏勘报告，为铁路施工建设打下了坚实的基础。正是这成功的第一步，为中铁二院“走出去”参与海外项目积累了宝贵经验，奠定了良好基础。

二、“走出去”三部曲

时间来到 20 世纪 90 年代，随着国家改革开放的持续推进和“走出去”战略的实施，中国企业抢抓机遇，开启了拓展海外市场的热潮，中铁二院也成为时代的弄潮儿。回望过往，中铁二院的海外之路经历了“借船出海”“搭船出海”和“造船出海”三个阶段。

海外拓展初期，受政策及自身经验、技术条件的限制，中铁二院只能从国内具有海外工程贸易资质的企业手中承接项目，这就是“借船出海”的起步阶段。2002 年以后，中铁二院对开展海外业务进行了更多的探索和尝试，值得一提的是 2004 年 8 月承担的柬埔寨“泛亚铁路”技术研究项目，虽然只有 80.15 万美元的合同金额，但对中铁二院来说，却是真正走出国门、初试锋芒的破冰之旅。随后，中铁二院以援巴布亚新几内亚公路监理、援缅甸腊戍至木姐铁路项目考察工作内部总承包等国家援外项目为基点，稳扎稳打，积极推广中铁二院的企业品牌。

图 3　孟加拉国栋吉至派罗布巴扎尔铁路

2006 年是中铁二院海外发展史上具有标志性意义的一年。从这一年起，中铁二院陆续与中土公司、中铁国际、中海外等企业进行合作，积累了海外经营开发经验，提高了市场拓展能力。2009 年，中铁二院签署了项目金额高达 75 亿美元的委内瑞拉北部平原铁路 EPC 项目合同，成为当时中国企业在国际建筑市场承揽的金额最高的铁路项目，中铁二院作为勘察设计总体单位，一举使企业海外业务取得了长足发展。

在克服了起步初期经验少、市场规则生疏、信息来源匮乏、无合作伙伴关系、技术标准难以适应等诸多困难后，中铁二院在“搭船出海”的航程中沿着既定发展方向劈波逐浪，奋勇前行。

2010 年 9 月，中铁二院适时召开第一届海外工作会议，深刻认识海外工作的重要性及面临的形势任务，科学谋划了企业新一轮海外工作发展蓝图和经营策略，同时提出了在更高的层次和更宽广的领域内参与国际竞争的目标。

这次会议仿佛一盏明灯，既消除了二院人心中隐隐的徘徊和不安，也指明了中铁二院进军海外市场的行驶方向和发展路径，更让中铁二院站在了“造船出海”的全新起点上。这一阶段，中铁二院更加注重独立自主开发，业务模式也由最初单纯的勘察设计逐步向工程总承包等多领域转变。“大海航行靠舵手”，中铁二院“出海”的过程并非一帆风顺，最终成功到达彼岸，正是靠上下一心与奋勇拼搏。

三、扬帆丝路正当时

习近平总书记强调:“设施联通是合作发展的基础。我们要着力推动陆上、海上、天上、网上四位一体的联通，聚焦关键通道、关键城市、关键项目，联结陆上公路、铁道道路网和海上港口网络。我们也要促进政策、规则、标准三位一体的联通，为互联互通提供机制保障。”在“一带一路”倡议推动下，六年来，中铁二院在海外的交通基础设施建设中规划实施了一大批互联互通项目。

图4　亚的斯亚贝巴轻轨东西线和南北线并轨地段

在俄罗斯，中铁二院代表联合体与俄罗斯铁路股份公司正式签署《高速铁路干线“莫斯科—喀山—叶卡捷琳堡”莫斯科—喀山段工程勘测、区域土地测量设计和建筑用设计文件编制的作业合同》，标志着中俄两国间的高铁合作进入实质阶段。莫喀高铁项目由莫斯科交通计院、下洛夫哥罗德地铁设计院和中铁二院三家设计院组成联合体共同实施，中铁二院在路基、桥梁、无砟轨道、通信信号、建筑、机务等主要专业承担绝大部分的设计工作，成为本项目勘察设计工作的实质牵头方。同时中铁二院通过举办中俄工程师技术交流会、研讨会等方式，有意识地将中国标准与世界其他国家技术进行对比，用翔实的数据和案例取得了俄方工程师的信任，助推中国标准和装备“走出去”，将中国高铁设计元素与俄罗斯国情相结合，做强做优做好中国高铁“出海”，树立了中国高铁的良好品牌。作为中国高铁真正意义上“走出去”的第一单，莫喀高铁是中俄基础设施和互联互通建设的新亮点。

在埃塞俄比亚，中铁二院先后承担了亚的斯亚贝巴轻轨 EPC 项目和亚的斯亚贝巴—吉布提铁路项目，将中国标准带到非洲，为非洲经济发展插上了腾飞的翅膀。其中，亚的斯亚贝巴轻轨项目在执行过程中，培养锻炼了一大批海外人才队伍，为该国后续项目拓展和其他国家同类项目的开展奠定了良好基础，为我国城市轨道交通项目“走出去”奠定了坚实基础。由中铁二院承担主要规划设计的非洲第一条跨境现代电气化铁路——亚吉铁路，是中国企业在海外建设的首条全产业链中国化铁路，也是习近平主席在中非合作论坛约翰内斯堡峰会上宣布的中非“十大合作计划”实施的重要早期收获项目，以及中非产能合作和“三网一化”合作计划的标志性工程，将为埃塞俄比亚、吉布提两国的经济社会发展注入强大动力。

在埃及，中铁二院作为中国中铁的代表，与中国航空技术国际控股有限公司组成联合体，与埃及国家隧道局签署了埃及斋月十日城铁路项目 EPC 合同。该项目是埃及第一条采用交流牵引供电制式、具有完备 CBTC 信号系统的市域轨道交通线路。项目建成后将在中东地区、阿拉伯世界、非洲国家产生良好的示范作用，是贯彻“一带一路”倡议的有效举措。该项目的成功签署标志着中埃在“一带一路”倡议下务实合作取得重大成果，对于深化中国与埃及长期战略合作具有重要意义。

在孟加拉国，由中铁二院承担的栋吉至派罗布·巴扎尔铁路增建二线已经成功运营通车，该项目是连接孟加拉国首都达卡至第一大港口吉大港铁路通道的重要组成部分，有效疏解了吉大港与首都之间的客货运压力，提高了孟加拉国进出口贸易的效率。同时也是中铁二院独立承揽的首个海外工程总承包项目。此外，中铁二院还代表中国中铁股份有限公司与孟加拉国铁路局签订了帕德玛大桥铁路连接线项目合同，该项目对于“孟中印缅经济走廊”的建设具有重要意义。它将极大提高中国政府和企业在南亚国家铁路建设发展中的影响力和话语权，是“一带一路”倡议的重要成果。

图5　亚吉铁路首发列车

在老挝，经过8年的跟踪与孵化，执着的二院人“守得云开见月明”，由中铁二院承担勘察设计的中老铁路正式落地实施。中老铁路建设将有利于推动老挝国家现代化综合交通骨干网络的建设，有利于带动沿线社会经济发展、资源开发和城市化发展，有利于贯通泛亚铁路中通道、加强通道沿线各国的全面经贸合作、促进东盟相邻国家间大能力铁路网的建设。

在巴基斯坦，2017年中铁二院与巴基斯坦铁路总公司于“一带一路”国际合作高峰论坛举办期间在京签署了巴基斯坦既有铁路ML-1线升级改造和哈维连陆港初步设计咨询服务合同，合同金额9999万美元。本项目是在“一带一路”倡议下，中国铁路“走出去”历史上由外方出资一次委托中国设计的最长的铁路项目，是“一带一路”西线、“中巴经济走廊”铁路通道的重要组成部分，铁路通道的全线贯通，将为我国开辟一条全新的陆路大能力铁路通道，直面印度洋出海口，对破解“马六甲海峡”困局起到关键的杠杆作用。

相知无远近，万里尚为邻。在秘鲁、巴西、委内瑞拉、尼日利亚、阿尔及利亚等国，中铁二院还深度参与当地基础设施建设，与项目所在国建立了友好联系，让中国铁路品牌深入人心，享誉海外。

四、着眼未来树品牌

随着“一带一路”倡议的不断深入，数十个项目纷纷落地生根、开花结果。亚吉铁路开通运营，中老铁路开工建设，中巴经济走廊项下交通基础设施建设等项目也在稳步推进。

百舸争流，勇进者胜。中流击水，奋击者进。中铁二院超前谋划、敢为人先，站在国家发展战略的高度，提前开展了“一带一路”铁路网总体规划、南方丝绸之路铁路通道规划、非洲大陆互联互通铁路骨架网规划、南美两洋铁路通道战略布局等4项洲际规划，先后完成了泛亚铁路通道、孟中印缅铁路通道等11项跨国规划和伊朗、埃塞俄比亚等20多个国别规划。主动与国际标准和管理模式接轨，加强全球FIDIC认证咨询工程师培训工作，积极引进和转化FIDIC条款等规范性文件，并在实践中加以研究运用，目前FIDIC条款已成为企业深耕海外市场、参与国际竞争的重要工具。

与此同时，中铁二院人全面开展海外技术标准分析，翻译整理欧盟标准、美国规范、俄罗斯铁路标准等1000余册，编制完成汉英、汉西等9个语种铁路常用词典，选择具有市场需求和国际合作基础的非洲、拉美、俄罗斯作为“中国标准”首批输出地，因地制宜选用合适的工程技术标准，推动和协助所在国建立铁路规范体系，抢占海外基建产业链制高点。

2013年，习近平主席在出席亚非领导人会议、万隆会议60周年纪念活动、联合国成立70周年峰会以及中非合作论坛约翰内斯堡峰会等重大活动中宣布在未来五年，将为“一带一路”沿线国家或地区培训3万名各类人才，并将向其他发展中国家提供12万个来华培训和15万个奖学金名额，培养50万名职业技术人员。

借此东风，中铁二院紧紧抓住国际教育培训业务的良好机遇，积极与国家铁路局、国家商务部、国家科技部等部委沟通联系，国际教育培训任务接踵而至，全球化高层次官员研修班相继开班，外国友人在中铁二院总部学习交流。截至目前，中铁二院国际教育培训中心共为来100多个国家和地区的1400余名外籍官员提供了国际铁路知识专业培训。

2017年5月20日，埃塞俄比亚时任总理海尔马里亚姆·德萨莱尼率队到中铁二院参观考察期间特别强调，“中国有句谚语说‘授人以鱼不如授人以渔’，所以我认为学会钓鱼对于埃塞的工程师来说非常重要。我们感谢中国工程师的慷慨，他们通过公开的教育和培训，与我们的工程师分享经验，毫不吝啬、毫不藏私地传授技术。希望我们接下来能继续进行技术转让，因为它对中埃合作项目中的产能发展至关重要。”

习近平总书记强调，要加快实施创新驱动战略，创新是推动发展的重要力量，搞好“一带一路”建设要向创新要动力。中铁二院将持续瞄准世界科技前沿，加大重点领域的科研力度，持续以莫喀高铁、埃及斋月十日城铁路等重点工程项目为依托，力争在高寒地区重大工程建造、盐渍土工程特性及路基修建等方面，掌握一批引领行业发展的核心技术，取得一批具有自主知识产权、达到国内和世界一流水平的创新成果，树立中国铁路品牌。

潮平岸阔风正劲，扬帆起航恰逢时。作为中国中铁勘察设计领军企业，中铁二院将全力推动企业向“具备工程建设全过程一体化服务能力，成为国内领先，世界一流的国际型工程公司”的目标迈进，争当“一带一路”上的“开路先锋”。

宝聚山河秀　鹰翔天地春

——“一带一路”上的文化建筑商

深圳宝鹰建设控股集团股份有限公司

深圳市宝鹰建设控股集团股份有限公司（以下简称“宝鹰股份”）是一家控股平台型上市公司，下属主要经营主体的主营业务为建筑装饰工程设计与施工，主要为高档酒店、大型企业、政府机构、跨国公司、大型房地产项目等客户提供装饰设计和施工综合解决方案及承建管理服务。现注册资本13.41亿元人民币。

深圳市宝鹰建设集团股份有限公司（以下简称“宝鹰集团”）是宝鹰股份的全资子公司，也是宝鹰股份开展国内主营业务的重要载体。国内业务遍及全国33个省级行政区，公司在北京、上海、武汉、广州、昆明、成都等地成立了分支机构并在各大城市设立了业务联络点。

宝鹰集团是全国建筑装饰行业中拥有最齐全专业资质的企业之一。业务范围涵盖：工程总承包、装饰装修、幕墙门窗、集成智能化、建筑消防、机电安装、安防技术、钢结构和展览展会工程，专业为客户提供设计、施工、安装的综合解决方案及承建管理服务。形成公共文化工程、幕墙门窗工程、体育场馆工程、高端酒店工程、交通枢纽工程、医院学校工程、办公综合体、商业综合体、智能化家居九大拳头产品体系。

凭借着雄厚的品牌和资质竞争优势、专业工程竞争优势、人才竞争优势、管理竞争优势、营销竞争优势以及企业文化与艺术营销竞争优势，宝鹰集团完成建设“新世纪世界七大奇迹”中北京大兴国际机场、港珠澳大桥两项，连续打造出武汉国际博览中心、深圳大运会体育场馆、大梅沙京基喜来登国际酒店等一系列著名、优秀的经典工程，并获得全国建设工程鲁班奖、全国建筑工程装饰奖、全国建筑工程幕墙奖、省市级优质工程奖（施工、设计）上百项次。

宝鹰集团业务网络遍布全国并逐步走向世界，在国际建筑领域上大放异彩。集团自2014年起开拓海外市场，相继在印尼、缅甸、马来西亚、柬埔寨、越南、澳大利亚、新西兰等国家和地区承揽或完成一系列代表工程。

宝鹰集团连续多年入围“中国建筑业竞争力200强企业”“中国建筑业成长性100强企业”，多年位居中国建筑装饰行业100强企业前5名，并获得“中国守合同重信用企业”“中国优秀诚信企业”“中国建筑业AAA级信用企业”“中国建筑装饰行业AAA级资信企业”“广东省优秀企业”“广东省著名商标企业”“广东省全国名牌企业”“广东省守合同重信用企业”“广东省最佳诚信企业”“深圳老字号”“深圳知名品牌”等荣誉称号。

因在“一带一路”沿线国家或地区特别是东盟国家中的突出表现，宝鹰集团先后被评为“2015年度、2017年度中国走进东盟十大成功企业”，入选“中国最佳海外形象企业”。2016年，宝鹰集团成功跻身首届“一带一路”企业贡献排行榜。2017年，宝鹰集团入围“中国最佳海外形象企业”“2017中国走进东盟十大成功企业”。2017年5月14日，宝鹰集团董事长古少波获邀参加“一带一路”国际合作高峰论坛开幕式与高级别会议。2019年4月26日，宝鹰集团董事局主席古少明获邀参加第二届“一带一路”国际合作高峰论坛开幕式、欢迎晚宴。

一、国内建筑装饰行业佼佼者率先打开“一带一路”市场

2019 年 9 月 25 日，北京大兴国际机场正式通航。作为献礼新中国 70 周年的国家标志性工程，北京大兴国际机场定位为辐射全球的大型国际枢纽机场，同时承载着推动京津冀协同发展的历史使命。

在被外媒誉为“新世界七大奇迹之首”的超级工程规划和建设过程中，凝聚着宝鹰建设者们的辛勤汗水和智慧心血。宝鹰股份全资子公司宝鹰集团参与了机场最核心区域、最大最受关注标段的建设，充分展示了国内建筑装饰行业佼佼者在规划、设计、管理、施工等方面的领先技术优势，助力祖国的“金凤凰”展翅高飞。

大兴国际机场凤凰展翅的造型吸引了世人的目光，许多人都好奇这座机场伟大在何处？2019 年 4 月底，即北京大兴国际机场建设进入施工关键期、冲刺期的时候，第二届“一带一路”国际合作高峰论坛新闻中心组织邀请了多个国家媒体记者走进机场，了解机场工程建设和运营筹备情况。世界各地的记者们都对中国速度和中国质量称赞不已。与此同时，正在北京出席第二届“一带一路”国际合作高峰论坛的宝鹰集团董事局主席古少明多次前往机场施工现场了解进度，得知宝鹰集团参建标段获得世人的认可后，站在 40 多米高空直臂车上的他，仰望着标段内悬挂的五星红旗，深感骄傲与自豪。

时光倒回至 2018 年的 10 月，同样被列为“新世界七大奇迹”的中国重点标志性建筑工程——港珠澳大桥建设正式通车。加强基础设施的互联互通，是“一带一路”倡议的重要内容，港珠澳大桥的建成，能够实现粤港澳大湾区的互联互通，并辐射至内陆地区乃至世界，成为粤港澳大湾区参与“一带一路”建设的重要支撑。

港珠澳大桥集桥、岛、隧于一体，全长 55 公里，是世界最长的跨海大桥。宝鹰股份全资子公司宝鹰集团承接了港珠澳大桥的重点项目——东人工岛的建设。在大桥建设过程中，宝鹰集团充分发挥建筑装饰方面的专业优势，根据工程建设的需求开展多项技术难题攻关，为大桥的建设提供了强有力的技术支撑，助力“中国标准”走向世界。

宝鹰股份作为中国建筑装饰行业的领军企业，近年来，凭借精益求精的工匠精神，相继打造出了国家会议中心、武汉国际博览中心、深圳大运会体育场馆、天津医科大学总医院、山西图书馆等一系列国家重点工程，获得众多国家级优质工程奖项，得到社会各界的充分肯定和高度评价，在业界享有盛誉。

除了立足国内市场，实力雄厚的宝鹰股份还成功走向了国际市场。早在 2014 年初，完成 A 股上市后的宝鹰股份就将企业发展战略向开拓海外市场方向转移。在国内，宝鹰股份拥有 20 余年的设计施工管理经验，工程项目遍布全国各地，如何把国内的成功经验移植、融合到海外市场？恰逢国家“一带一路”倡议的提出，“造船出海”与“借船出海”并举成了宝鹰股份的最终选择。

为了能够尽快地融入“一带一路”沿线国家或地区，宝鹰股份制定了开拓海外市场的“三步走”战略：第一步，充分调研海外市场，制定走出去的实施方案；第二步，与当地企业进行战略合作，使海外战略方案正式落地；第三步，重视海外文化交流，以人文交流促进经贸合作。

至今，宝鹰股份拜访多个“一带一路”国家，并受海外国家领导人接见 12 次；在深圳接待“一带一路”来访国家团体 30 个，共计 200

余人次，举办海外文化交流活动 13 场。

从立足国内建设业务，到走出国门享誉海内外，从率先开拓“一带一路”市场，到建立海外业务版图……宝鹰股份以“宝鹰智造”的国际化品牌，书写着一份亮丽的时代篇章。

二、海外平台不断扩大精品项目遍布全球

五年多来，宝鹰股份在“一带一路”沿线国家或地区相继成立子公司，海外市场版图不断扩大。公司建筑装饰设计与施工、智慧城市、智能电网、建材开采、酒店公寓等多元化海外业务已覆盖东南亚、中亚、欧洲、澳洲、北美洲等 20 多个国家和地区。

顺应“一带一路”的趋势，乘着国家政策的春风，宝鹰股份迅速打开了广阔的海外市场空间。2016 年 7 月，宝鹰股份在香港成立全资子公司宝鹰国际建设投资有限公司（简称“宝鹰国际”），随后，宝鹰国际积极开拓海外业务版图，相继在越南、缅甸、澳大利亚、新加坡、英国、柬埔寨、马来西亚、新西兰等地成立子公司，逐步向多元化业务领域和全球化发展空间迈进。

在宝鹰股份全新的国际姿态推进下，一大批高质量的海外精品工程成为闪亮世界舞台的“中国名片”：

宝鹰股份承建的缅甸钦邦敏达—马都比 66 千伏输电线路以及变电站工程项目将于 2019 年底竣工。该工程是缅甸政府大力发展电力事业、改善人民生活水平、提升缅甸经济工业发展活力的标志性工程，建成后可有效缓解缅甸电力分配不均、线路老化损耗严重的现状，对缅甸工业民生有着深远的影响。

2017 年 6 月 13 日，中国和巴拿马正式建立外交关系，宝鹰股份紧跟国家政治经济外交布局，承接了位于北京的巴拿马共和国驻华使馆室内装修项目，共同见证了中巴关系的重要发展。

2018 年 1 月，宝鹰集团与太平洋未来科技公司共同成功在马来西亚打造首个“AR”人文空间。该空间以 600 多年前郑和下西洋的历史文化为设计理念，既沉浸了历史厚重感也糅合新时代 AR 科技艺术气息，让每一位访客都能体会到有温度的历史人文情怀。

此外，宝鹰股份凭借专业的设计、施工能力和良好的口碑，连续打造了一系列广受认可的海外精品工程，如泰晤士河别墅、新西兰塔卡普纳精品住宅、澳洲莫宁顿半岛酒店式公寓、澳大利亚碧桂园高档别墅区、香港赛马会跑马地会所装修项目、香港大埔白石角嘉熙住宅大堂及会所装修项目、澳门路氹诚主题公园度假村装修项目等，成功打响了公司的海外工程品牌。

宝鹰股份海外业务的蓬勃发展，得益于“一带一路”倡议的大力推进。作为中国建筑装饰民营企业的佼佼者，公司积极为“一带一路”经济带沿线国家和地区提供专业的产品与服务，把深圳最先进的技术、管理经验带到海外。接下来，宝鹰股份将充分利用自身优势，努力拓展多元化海外业务，以智能化安装、智慧城市、智慧医疗等方面作为合作切入点，力争在更多国家承接项目，进行海外投资，树立中国民企品牌，并致力于改善全球居住与服务环境，融入全球化进程。

三、打造命运共同体谱写友谊新篇章

真诚合作、开明互通、互利共赢，构建利益共同体、命运共同体，是“一带一路”建设的责任和使命。宝鹰股份在海外搭建平台，打造无数精品项目的同时，主动把人文交流的责任和担当扛在肩上，在“一带一路”沿线国家或地区传播中华文明精神，争当中华文化和灿烂文明的传播者、对外交往的“民间大使”。“以人文交流促进经贸合作”是宝鹰股份成功开拓海外市场的重要经验。宝鹰股份最初在海外

的发展并非一帆风顺，不同国家的社会状况复杂多变，加之政治、文化、宗教等差异明显，让公司的市场开拓举步维艰。为此，宝鹰股份选择先打感情牌，主动融入当地社会，再去寻求发展。

宝鹰股份在海外设立自有平台以后，严格遵守当地法律，入乡随俗，雇用当地员工，尊重其宗教信仰，并在薪资待遇上适当提高，制定薪酬上升体系。在工作中遇到观念的不统一，公司则邀请当地合作伙伴、工程师和施工人员到深圳参观交流，以推进项目的顺利进行。

为了传承和弘扬丝绸之路的友好合作精神，宝鹰股份全资子公司宝鹰集团与广东广播电视台联合制作纪录片《通海夷道》，以“海上丝绸之路”上的岭南文化为主要切入点，从广州出发，沿越南、缅甸、泰国、马来西亚、新加坡、印尼、斯里兰卡等国寻访纪录，通过一个个与岭南文化密切相关的人物、文化符号和故事，展现“一带一路”新时期，岭南文化在“海上丝绸之路”上的传播与交流。

2018 年是中国改革开放 40 周年，是“一带一路”倡议提出 5 周年，也是中国和马来西亚建交 44 周年。在这个特殊的年份，宝鹰集团协助中国驻马来西亚大使馆、马来西亚—中国文化艺术协会等单位在马六甲新路“和人文空间”举办了“共建美好未来”图片展。图片展选取了约 200 幅珍贵照片，回顾了中马关系走过的非凡历程。宝鹰集团常务副总裁古朴向马六甲州首席部长阿德里、中国驻马大使馆文化处主任张杰鑫赠送了“天地交　万物通”中国书法作品，寓意中马共创“一带一路”经贸合作关系及共筑友谊桥梁，期待中马友谊与经贸合作前景无限，更上新台阶。

通过一系列人文交流活动，宝鹰股份收获了“一带一路”沿线国家或地区的友谊，并获得了海外民众、政界、商界的资源人脉，还吸引了很多国际友人到宝鹰就业。未来，在开拓更多国家市场过程中，宝鹰股份依然会打造命运共同体，聚民心、得民意，达成和平、共享、交流、互利的美好愿景。

宝鹰股份全资子公司宝鹰集团因在“一带一路”沿线国家或地区特别是东盟国家中的突出表现，被中国—东盟商务理事会、东盟北京委员会评为“2015 中国走进东盟十大成功企业”。2016 年，宝鹰集团成功跻身首届“一带一路”企业贡献排行榜。2017 年，入围“中国最佳海外形象企业”“2017 中国走进东盟十大成功企业”。能够获评“中国走进东盟十大成功企业”是对宝鹰股份及其子公司的高度认可，作为一家民营企业，这是殊荣，也是鼓励，宝鹰股份将继续深耕海外，扎根中国，走向世界。

四、结语

宝鹰股份走向国际以来，所取得的一系列业绩成果，即是和建筑装饰主业关联，又和文化有着千丝万缕的关系。作为“2017 年中国走进东盟十大成功企业”之一的宝鹰股份，既成为在“一带一路”上创建中国民营建筑装饰品牌的开拓者，又主动担当起了传播中国优秀传统文化的重任。

“宝聚山河秀　鹰翔天地春”，这是悬挂在宝鹰股份公司总部的一副对联。作为“一带一路”上的建筑商、中华文化的传播大使，宝鹰的天空将更加广阔，前景也将更加美好。漫漫丝路，惠泽千年。

“一带一路”是历史潮流的延续，是面向未来的正确抉择，宝鹰股份将不忘初心，步伐坚定，在新的起点上向纵深迈进，主动挑起“一带一路”上的中国民企大梁，将深圳质量、中国品牌带向全世界，为全球社会经济发展提供更多助力。

乘“一带一路”东风　四川路桥破浪前行

四川路桥建设集团股份有限公司

当您驻足世界最北港口城市挪威纳尔维克，您可以看见一座独特的悬索桥跨越奥福特峡湾，与天空中飘舞的极光交相辉映。当您来到美丽的密克罗尼西亚，您会惊喜地发现，有一座现代中式风格的大桥与这异域的碧海与蓝天相映成趣。或者请您来到古老的埃及，在苏伊士运河上您会见到一座双翼平旋开启铁路钢桁架桥正在热火朝天的建设着……这一座座惊艳了时光与你我的经典工程，犹如一个又一个独特的标记，镌刻着“中国建造”的高效与品质，丈量着四川路桥融入“一带一路”蓝图的旅程，诠释着四川路桥加快“走出去”的步伐与信心。

一、承载辉煌历史，四川路桥构建大海外市场战略

20世纪60年代，为了实现与“第三世界”国家的密切联系，成功攻克川藏天险的第一代四川路桥人，背负国家和人民重托，以极大的热情参与了坦赞铁路的修建，并受到党和国家领导人的高度评价。改革开放后，四川路桥积极开展对外合作项目，1979年开展对外承包以来，先后承担海外工程110多个。1993年，四川路桥取得了商务部对外承包工程和劳务合作经营权，历经50多年的不懈努力，四川路桥的建设版图涵盖西亚、非洲多个国家，以优质的工程连接了深厚的中外友谊，多次获得“外经贸合作一等奖”，是中国最重要的对外工程承包商之一。

新时期以来，四川路桥肩负着辉煌的海外发展历史，继续将触角向外延伸，目光向远眺望，积极抢抓国际化发展的战略机遇。近年来，随着国家“一带一路”倡议的实施，四川路桥积极响应、深入实践，持续加大“走出去”力度，贯彻国家“共商、共建、共享”原则，优化海外业务布局，拓展海外业务领域，加强海外合作联营，以“借船出海”“抱团出海”“驾船出海”“造船出海”等模式着力构建“大海外”的市场战略格局。目前，四川路桥的海外市场足迹已遍布非洲、欧洲、中东、东南亚、大洋洲等19个国家和地区，海外区域总产值达160多亿元。四川路桥在法国、挪威、俄罗斯、德国、坦桑尼亚、厄立特里亚、阿联酋、柬埔寨、密克罗尼西亚等设有办事处及公司，并于2019年成功入选“全球最大250家国际承包商”榜单。

为了与“大海外”战略相适应、相匹配，四川路桥在组织机构、职能分配、制度流程、薪酬激励等方面构建海外业务管理体系和运行机制，改变各驻外机构画地为牢的经营格局，积极实施本土化、属地化经营，建立公司总部——海外公司的管理架构。以海外项目部/办事处为依托，向周边国家和地区辐射，构建较为完善的海外经营网络，逐步扩大海外市场份额。除了工程施工以外，四川路桥利用管理、资金和技术优势，深度参与亚非拉国家的基础产业起步与发展，探索投融资承包工程模式，积极稳健启动海外投资业务，实现总承包业务和投资业务“两轮驱动、协调发展”；并与国内大型央企合作联营，“携手抱团”“借船出海”，利用他们成熟的国外营销网络平台和相关资源优势，合力共赢。

二、借力“一带一路”倡议，四川路桥深度融入世界舞台

目前，四川路桥在科威特、柬埔寨、孟加

拉国、埃及、挪威及非洲等国均有在建项目，秉持着“干一项工程、树一座丰碑、交一方朋友、拓一方市场、育一批人才”的“五个一”思路，四川路桥的海外版图逐步扩大，海外事业发展呈现出了多点支撑、百花齐放的势态。

（一）海外工程承包，以品质厚植中外友谊

近年来，四川路桥先后承建了一大批具有国际影响力的经典工程，先后荣获了菲迪克项目杰出奖、古斯塔夫·林德撒尔奖等一批世界级奖项，赢得了社会各界的广泛赞誉。

1. 北极圈内最大跨径的悬索桥——挪威哈罗格兰德（Halogaland）大桥。2013 年，四川路桥在与美国、德国、丹麦、瑞士等国家的知名建筑承包商激烈竞争中，成功中标挪威哈罗格兰德大桥，成为首个在欧洲发达国家承建大跨径桥梁的中国企业。

挪威当地时间 2018 年 12 月 9 日 14 时 30 分（北京时间 9 月 21 日 30 分），挪威新的地标名片——哈罗格兰德大桥举行通车典礼，挪威首相索尔贝格出席了仪式。挪威当地民众也不顾凛冽的寒风前来观礼，他们或手持火炬、或挥舞中挪国旗，与大桥建设者们携手穿越大桥，共同庆祝和见证这座破冰友谊之桥通车的历史时刻。

这座大桥，是欧洲 E6 公路（连接挪威和瑞典西海岸的主要南北路）的重要捷径，位于北极圈以北 200 公里处，被称为“与极光相伴的桥”。大桥主跨 1145 米，长 1533 米，是欧洲第五大、挪威第二大跨径桥梁，位列世界第 17 位。这座大桥，是中国企业首次在欧洲发达国家修建的大跨径桥梁，被交通运输部誉为中国企业实施“中国建造”走出去的典范。

这座承载着世界最严苛的建设标准并常年伴随北极圈严酷自然环境的大桥，为远道而来的中国建设者提出了极大的挑战。面对极端恶劣的自然环境，建设团队没有退缩，他们发扬“攻坚克难、甘于奉献、勇于胜利”的新时代路桥精神，战胜了极端恶劣的风雪天气、战胜了时速 130 公里的风暴，用 3 个月时间完成了全桥 92 根主缆索股的架设，在满足挪威严苛的质量及安全要求下，创造了欧洲桥梁工程的“中国速度”，受到参建各方的高度赞扬。面对大桥新颖的设计——在千米大跨径悬索桥上首次采用空间线型索面，建设团队结合实际情况，携手西南交大、中交公路规划设计院等，大力开展科技攻关和技术创新，克服了建造的技术难题。首次在大跨径悬索桥施工时采用整体式猫道安装主缆，并安装抗风系统，顺利经受 35 米/秒飓风考验。首次采用顶推工艺（设 7 道顶推装置）将跨中主缆顶开 15.65 米形成空间线型。在挪威境内首次采用 PPWS 法（预制平行索股法）制作和架设主缆。通过设置浮箱+锚+拖轮结合的锚泊系统，保证了钢箱梁运输船和浮吊的安装定位精度，主缆、钢箱梁等主要结构件均来自中国。中国标准、中国制造、中国技术获得欧洲认可，挪威当地盛赞“中国制造”不负盛名。

在哈罗格兰德大桥建设过程中，中国企业的高效率、高质量赢得了挪威政府、业主认可，在当地官员的主动推动下，四川路桥又拿下了挪威另一个大桥项目——贝特斯塔德桑德大桥。

在挪威，四川路桥不仅在积极参与当地交通建设，也在积极搭建文化友谊的桥梁。2018 年，四川路桥赞助了挪威易知基金举办的“1+1”国际青少年足球与 SDG 伙伴行动项目，挪威青少年足球队来到中国，进行了多场友谊赛与文化交流活动，使两国青少年加深了对彼此国家的了解，结下了深厚的友谊。2019 年，四川路桥出资并联合四川省教育厅在全省中小学选拔优秀球员组建熊猫足球队，远赴挪威首都奥斯陆，代表中国青少年参加国际青少年足球锦标赛“挪威杯”，展示当代中国少年的风采，传递中国和平友好的愿望。

2. 公司第一个经援项目——科斯雷州（Kosrae）大桥。2013 年四川路桥获得了公司开展外经工作以来的第一个经援项目密克罗尼西亚桥梁项目——科斯雷州大桥。

面对密克罗尼西亚当地资源匮乏，自然环境恶劣、缺水缺电等困难时，建设团队克服重重困难，提前四个月顺利竣工并完成对外移交，为密克人民交付了一座质量过硬、外形现代美观的大桥，为中密两国友谊留下了深深的足迹。该项目的成功不但得到了商务部、驻密使馆、当地政府，及社会各界的一致好评，也为公司争得了荣誉，还创造了良好的效益。

3. 横跨海上丝绸之路的桥——埃及苏伊士运河铁路桥。2018 年四川路桥与中国建材院“抱团出海”，联合中标埃及苏伊士运河铁路桥 EPC 项目，该项目中标金额约 7.5 亿元人民币。项目位于阿拉伯埃及共和国伊斯梅利亚省，跨越苏伊士运河，连接伊斯梅利亚省和西奈半岛（亚、非大陆），是一座地理位置特殊、意义重大的大陆连接桥。

该项目主要工程为在新苏伊士运河新建一座 340 米跨径的双翼平旋开启铁路钢桁架桥，为同类型开启桥梁跨径世界第一，也是新苏伊士运河上的第一座桥梁。同时需将旧苏伊士运河上已建成的铁路桥梁由单线列车通行升级改造为双线列车通行，桥梁开启时间需由原来的 25 分钟缩短到 18 分钟以内。

由于桥梁改造升级技术难度大，无经验可循。桥梁结构对加工、制造、安装精度要求高，工期要求短，所需的主要机械设备（转动、锁紧装置）和钢结构均在国内加工，制造后运输至现场安装，特别是如此大型的转动、锁紧装置在国内还没有加工、制造先例，组织及技术难度大。目前，项目正在如火朝天的建设中，四川路桥与中国建材院也在积极攻克建设难题，在不久的将来，将向埃及人民呈现一座造型独特、品质优良的地标式桥梁。

（二）海外投资，四川路桥造船远航

从 2006 年开始，四川路桥在顺应国际工程承包趋势的前提下，一直在谋求海外多元化转型，积极探索海外多元发展的新方向。特别是国家“一带一路”的倡议的全面实施，促使我们加快了探索投资带动工程承包的“走出去”步伐。

1. 进军海外矿产资源开发领域。2014 年 6 月，四川路桥与厄立特里亚国家矿业公司组建了 KERKEBET MINING SHARE COMPANY（克尔克贝特矿业合资公司）。同年 6 月 6 日，克尔克贝特矿业股份公司取得厄特安塞巴省 Kerkebet 探矿权。该项目属于风险勘探投资，矿权面积 1000 平方公里，主要矿种为铜、金多金属，该项目位于厄特碧沙—扎拉成矿带中段一条重要的与火山成因有关的块状硫化物和剪切带型金及多金属成矿带，成矿条件非常优越。经过 3 年的勘查工作，目前共发现 3 个矿化带，11 个矿体，矿区远景可达大型金矿规模。

2015 年 11 月，与厄特国家矿业公司合资设立阿斯马拉矿业股份公司，实施阿斯马拉铜金多金属矿项目开发、建设和运营。项目位于首都阿斯马拉北部、南部和西部，覆盖了厄立特里亚中部 111 平方公里，矿床探明矿石储量为 7610 万吨，主要采用露天开采的方式开发。该项目为全球大型矿产开发项目之一，被评为中国国家“一带一路”重点项目。矿业项目目前与中国恩菲设计院携手共同进行开发建设，项目目前正在融资阶段。

在矿产资源开发实施过程中，四川路桥高度重视风险管控和风险规避：一是四川路桥扎根厄特多年，与厄特多个政府部门建立了良好的信任和友好合作关系，与我国驻厄大使馆、经商处也保持密切联系和沟通，及时了解当地政治动向。二是为防范地质资源风险，专门聘请了国际专业的机构出具了标准的勘探报告，并聘用国际著名的评估机构对勘探报告和可研报告进行尽调和评估。三是为防范收购风险，聘请了具有海外矿业并购经验的知名法律事务所、国际著名专业审计师事务所、国际著名矿业咨询机构、国内矿业设计院等第三方机构，对项目的法律风险、税收和财务风险、资源评估、技术经济评估等诸方面进行了充分的尽职调查，取得了专业的意见和建议，也为公司决策提供了依据。四是在项目实施和运营过程中，还将紧紧依靠当地律师事务所和当地审计师事务所，使公司的经营符合当地的法律法规和相关税务规定。在项目的建设和实施过程中，我们聘请国内大型设计院为项目的设计单位，并聘用国际著名的矿业咨询公司对初步设计进行验证和审核，以制定较优的项目建设和实施细化方案，保证项目获得较优的投资回报。

2. 参与孟加拉国交通基础设施起步——第一个海外 PPP 项目。2018 年 12 月 6 日，四川路桥与孟加拉国政府 RHD（公路及高速公路局）签订了孟加拉国达卡绕城公路（Dhaka By-Pass Road）PPP 协议，此举是四川路桥积极践行国家“一带一路”倡议，顺应国家“孟中印缅经济走廊”发展趋势以及主业创新的重要突破。

孟加拉国达卡绕城公路项目，总投资 3.84 亿美元，以 PPP 投资形式在 25 年特许经营期里，由四川路桥负责设计、建设并运营。项目位于孟加拉国达卡东北部，主要建设内容为对既有的 N105 国道全程 48 公里进行升级改造，将现有双向两车道公路升级改造成双向四车道公路，并修建两侧车道辅路和相应收费系统。该项目连接了孟加拉国 N1、N2、N3、N4 等主要国道，将对连接孟加拉国南部吉大港区和北部拉杰沙希区、拉动孟加拉国经济发展起到重要作用。目前，该项目正处于设计、融资阶段。

三、四川路桥“走出去”的几点体会

1. 走企业合作之路，整合各方资源，形成合力，实现共赢。四川路桥虽在国内有较强的实力，但在强手如林的国际市场上单打独斗、仅凭一己力量打天下非常困难。顺应潮流，四川路桥采取国际上“强强联合”型或“优势互补”型的公司间合作模式；或加强与国际知名企业的联合与合作，建立战略联盟或形成战略伙伴关系，通过交流和项目合作提升自己的国际知名度和经营管理水平；或借助于合作伙伴的品牌、市场资源进入门槛较高的发达国家市场；或积极与项目所在国公司开展合作，打开当地市场，以合作代替你死我活的竞争以求共赢，越来越获得国外有实力的公司的认同。

2. 加强风险管理，提供有力保障。首先，要树立风险管理意识，加强国际工程项目合作中的风险管理，建立国际项目风险管理网络的协同机制，认真进行市场调研，重视标前预估和调查，减小合作中意外风险的可能，降低在合作中产生重大损失的概率。其次，要建立其全面风险管理体系，利用专业人才，运用系统规范的管理方法，对企业风险进行全方位、多角度的识别、评估以及应对，为“走出去”提供有力保障。

3. 完善人才培养机制，培养国际化、复合型人才。国际化人才是决定企业海外业务发展的关键因素。从四川路桥现状来看，目前最紧缺的是既懂技术、熟悉工程管理，又懂商务和外语的复合性国际工程管理人才，特别是优秀项目经理、合同管理专家、采购专家、项目融资专家等。在开拓国际工程市场过程中培养了一批人才，但数量和质量均有较大差距，远远跟不上市场要求。国际人才短缺已经成为束缚公司快速发展的主要瓶颈之一。完善国际人才培养机制，加大国际人才培训总体投入，提高国际工程管理培训的专业化程度和层次，是公司目前最重要的一项工作之一。

“一带一路”倡议植根于历史，但面向未来；源自中国，但属于世界。四川路桥作为改革开放和“一带一路”的践行者，将在国家强有力的支持下，乘风破浪、披荆斩棘，不断将“中国建造”“中国标准”推向国际，让“川桥建造”国际品牌蜚声海内外。

开拓创新铸就水电传奇

中国水利水电第十四工程局有限公司

一、辉煌的历程

中国水利水电第十四工程局有限公司（以下简称“公司”）具有水利水电工程施工总承包特级资质，市政公用工程、公路工程施工总承包和土石方工程、隧道工程专业承包一级资质，地铁工程施工专业资质、工程设计水利行业甲级及承包经营国外工程资质，并通过了质量管理、职业健康安全管理和环境管理三大体系认证。经过65年艰苦创业，在大型地下系统工程、当地材料坝、高水头大容量水轮发电机组安装、城市轨道交通工程施工等四方面具有突出的核心竞争力，被誉为“地下铁军”和“水电劲旅”。

图1　厄瓜多尔CCS水电站项目

公司自1954年建局以来，已在国内外建成各类大中小型工程400多项，安装水轮发电机组超过380台，完成总装机容量达到1870万千瓦，并在公路、地铁、市政、环保等领域承建了多项工程。近年还进入了核电、大型露天煤矿剥离、火电工程领域。具有年挖土石方2500万立方米、混凝土浇筑300万立方米、人工砂石料生产600万立方米、各类钻孔灌浆40万米、发电机组安装550万千瓦、金属结构制作安装5万吨、公路施工300公里的综合施工能力。

多年来，公司培养出以中国工程院院士马洪琪为代表的大批专家和专业技术人才共计4001人，形成了明显的人才优势；获省部级以上重大科技成果奖122项（其中国家级科技成果将26项），优质工程奖42项……

图2　荣获中国土木工程詹天佑奖

从20世纪70年代开始，公司就充分依托自身强大的施工能力和丰富的项目管理经验，积极探索走出国门承建工程，努力争当中国水电产业“走出去”的排头兵。

经过多年发展，公司国际业务已由单一的公路项目施工，逐步向公路、桥梁、市政工程、轨道交通、电站等多种项目类型拓展；由单一的施工承包模式到施工承包、勘察设计、咨询、EPC、D-B等多元承包模式并存；由单一竞争性项目到目前的竞争性项目、融资性项目并存。公司国际业务规模从小到大，国别由少到多，模式由单一到多元，逐步实现了从“量”到

图 3　斯里兰卡莫罗嘎哈勘达水库渠首工程项目

“质”的飞跃。

公司已有厄瓜多尔水电站和公路项目群、加蓬水电站和公路项目群、刚果（布）水电站和公路项目群、刚果（金）水电站、公路及铜钴矿开采项目群、喀麦隆水电站和公路项目群、马达加斯加水电站和公路项目群、中非公路项目、马里公路项目、塞内加尔高速公路项目、缅甸水电站项目群、斯里兰卡公路和水利枢纽大坝项目群、马来西亚地铁项目、新加坡轻轨等项目，分布在亚洲、非洲、南美洲等十几个国家，实现了“巩固中西部非洲市场，依托地域优势拓展东南亚、南亚市场，进军拉美市场，择机进入其他市场”的国际业务战略布局。

图 4　喀麦隆芒菲 RN6-LOT2 公路项目

二、良好的企业形象

在实施对外承包工程过程中，公司秉承了“完全平等、互相尊重、互利互惠”的原则，不断探索与所在国合作的新领域、新模式，积极回馈当地社会，在干好工程、赢得项目经济效益的同时，通过修建学校、医院、农贸市场、供水系统和节假日拜访部落酋长、慰问学校、赠送学习用具及预防艾滋病宣传等方面，为当地社会进步、经济发展、人民生活以及部落族群等社区贡献一分力量，并在尊重所在国风俗文化方面获得良好口碑，塑造了“中国水电”的优良国际形象。近年来，公司海外涌现一批为项目所在国作出突出贡献的优秀个人。加蓬布巴哈电站项目部项目经理、刚果（布）英布鲁项目部常务副经理先后荣获所在国总统颁发的“骑士勋章”，刚果（布）北方公路项目经理荣获中国大使馆颁发的“中国、刚果（布）合作项目优秀员工”，厄瓜多尔 CCS 电站项目部荣获当地政府颁发的“社区贡献奖”。

在项目实施过程中，公司为项目所在国创造众多就业机会的同时，派出高水平的熟练技工，手把手地将技术传授给当地工人，最大限度地为当地提供就业岗位。

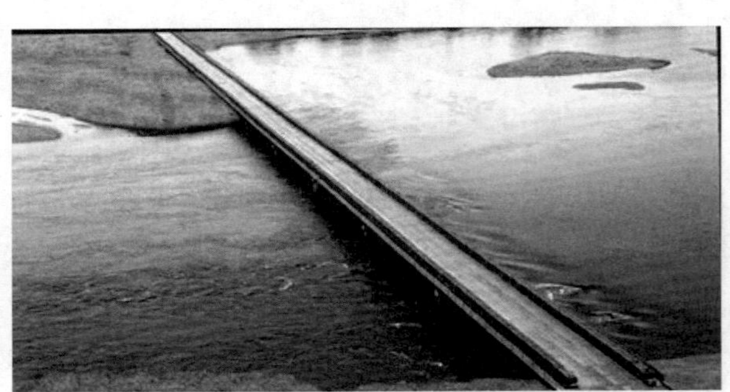

图 5　刚果（金）RN1-LOT6&7 大桥项目

作为央企驻滇企业，公司成为云南省实施“跨国公司培育计划”和“走出去企业培育计划”的重点扶持企业，因在推动云南省桥头堡建设和促进经济社会全面协调可持续发展等方面成绩卓著，公司连续多年获得“云南外经企业第一名”殊荣。

今后，中国水电十四局将不断强化海外区域经理部的建设，深入实施国际业务转型升级，努力实现海外业务的国际化、标准化、信息化、本土化等战略目标，更加昂扬地创造公司海外业务的新辉煌！

守初心担使命　践行“一带一路”倡议

中国成套设备进出口集团有限公司

中国“一带一路”倡议提出近6年来，得到了国际社会的广泛响应与高度好评。截至目前，已有124个国家和29个国际组织与中国签署了“一带一路”合作文件，在当前世界经济复苏乏力、国家间贸易摩擦跌宕起伏的背景之下，“一带一路”沿线的一批重大合作项目相继落地，为世界经济增长注入强劲动力，为国际合作开辟全新空间。

6年间，“一带一路”建设由理念变为行动，由愿景化为现实，积极促进沿线国家的经济发展，有力造福当地人民，由点及面，由面成圈，成果远超预期，对维护世界和平，促进共同发展有着重大而深远的意义。

近年来，中国成套设备进出口集团有限公司（简称“中成集团”）积极响应习近平主席共建“一带一路”的伟大倡议，全力参与“一带一路”沿线国家或地区的发展建设，在全球培育经济增长新势能的刚性需求下，中成集团为推动世界经济的新一轮发展，加快全球治理变革的脚步，贡献出自己的智慧与力量，很好地诠释出大国企业应有的高度责任与使命担当。初心不改，奋力建设水平一流的国际化企业；共谋发展，谱写“一带一路”上的时代篇章。

一、践行“一带一路”倡议

中成集团前身为“中国成套设备出口公司”，成立于1959年。60年来，公司紧跟时代步伐，适时调整经营发展战略，从代表中国政府统一组织实施国家对外经济技术援助到积极投身市场化改革的浪潮中，先后建成了坦赞铁路、塞内加尔国家大剧院、中非班吉体育场、牙买加国际会展中心等1600多个各类对外工程及成套项目，用匠心品质向亚非拉100多个国家和地区递上了“COMPLANT”这张闪亮的名片。

2009年，公司整体并入国家开发投资集团有限公司（简称“国投集团”），成为国投集团重要的国际业务平台。在国投集团的正确领导和大力支持下，公司加大“一带一路”沿线市场开发力度，形成了跟踪一批、签约一批、实施一批的良好经营格局，建成了一批社会影响力较大，经济效益良好的工程项目，充分打造出公司独特的竞争优势，将公司经营战略与业务发展深度融进“一带一路”建设的新征程中，迎来了崭新的发展机遇。

（一）明确市场定位

中成集团依托海外市场资源优势和丰富的实战经验，将国家既定战略、公司商务优势、东道国实际发展三者缜密规划、统筹考虑，深入挖掘潜在市场，灵活对接“一带一路”沿线基础设施建设、国际产能合作等重点项目，将自身业务拓展与东道国国家发展有机结合。公司在继续巩固传统亚非拉市场的前提下，积极拓展孟加拉国、伊朗、印尼、马来西亚、老挝、白俄罗斯等“一带一路”新兴市场，不断深化市场间合作机制，为海外市场的合理布局聚力谋划、把舵定向。在探究东道国产业产能发展现状的基础上，公司进一步明确市场定位，聚焦化工、轻工、电力、环保等重点行业，主动作为、顺势而上，力求实现工程项目上马计划与东道国产业发展规划在更高层次上的匹配，准确把握“一带一路”沿线国家或地区的市场动态趋势与行业发展规律。

（二）创新项目模式

近几年来，公司在“一带一路”沿线的实践中，大胆重塑项目实施流程，坚持“以我为主”的指导思想，按照科学化、规范化、细致化的“三化”标准，全面精准地把控设计、采购、运输、土建、安装、调试等整个项目实施中的突出关键环节，努力规避潜在风险，大幅提升项目效益，让“中成造”深入沿线国家民心。在具体实施过程中，公司始终保持宏观审慎的全局思维，注重发挥集成优势，通过签署战略合作协议等方式，主动与产业链上下游公司进行战略对接、合作，形成“抱团合力”，携手共同“出海”。一大批产品质量过硬、售后服务完善的中国企业借助中成集团海外项目实施的契机开始走向国际市场，“一带一路”上的“中国制造”与“中国标准”在东道国的国民经济与产业发展中发挥着重要的作用，与此同时，中成集团自身也完成了从“独自扬帆”到“协同出海”的能力提升与角色转变。

（三）探索区域差异化发展路径

当下，公司根据战略调整部署及业务转型需求，审时度势、攻坚克难，在抓住重点市场不放的大前提下，认真细致地研究、对比各大区域的发展水平、经济特点及国家政策导向，对标国际先进企业在“一带一路”沿线特定国别的经营思路与管理方法，探索出一条适合中成自身情况，以区域差异化经营为指导理念的发展路子，让公司在“一带一路”沿线的不同区域、不同国别真正做到有的放矢、精准发力，以发展差异化带动效益最大化，用效益最大化助力经济全球化，尽可能催生区域业务发展的内生动力，形成海外项目持续健康推进的良好局面。2018 年，中成集团成功并购海外环保公司——新加坡亚德集团，这是公司在推进东南亚区域环保产业发展，实现业务转型升级上的重大突破，此次并购不仅打造了公司在环境工程领域的专业优势，大幅提升公司在东南亚市场的竞争力，更是公司依据国别差异化发展理念，在“一带一路”沿线部署生态环保行业的成功例证。

二、匠心打造品质工程

作为国投集团国际业务开展的“排头兵”与“先行者”，中成集团正加快前进脚步，持续铆足马力，在巩固国际工程承包主业的前提下，奋力开拓国际合作、境外投资等业务，为建成水平一流的国际化企业而努力担当作为。随着“一带一路”倡议的不断深入推进，公司在“一带一路”沿线建设中已开花结果，精品项目的成功实践口碑载道，赢得了东道国政府和人民的高度信任。

（一）用中国速度创造项目建设奇迹，为埃塞人民每天的生活加勺糖

在埃塞俄比亚，中成集团参与了肯色、OMO2、OMO3 三座现代化大型糖厂的开发建设，是目前参与非洲糖厂项目建设数量最多，规模最大的中央企业。糖厂项目建设是埃塞俄比亚落实中国“一带一路”倡议的重要举措，也是埃塞本国工业化发展进程的必然选择。作为公司在埃塞承建的第一个糖厂项目，肯色糖厂在不到一年时间内就完成了项目的建设，创造了埃塞工程建设领域的一项奇迹，被当地政府及国际媒体誉为“中国速度”的创造者。

继肯色糖厂项目后，公司还顺利签约了埃塞 OMO2、OMO3 两个糖厂项目，这两座从埃塞原始部落的蛮荒之地上顺势拔起的现代化糖厂，寄托着埃塞人民与埃塞政府的殷切希望。埃塞总理、苏丹总统都曾亲赴现场考察项目，并对项目的专业化建设予以高度评价。在项目实施过程中，公司一直高度重视项目本身与埃塞当地社会、经济、环境的和谐发展，成功树立起中非产能合作的典范。具体有以下几个特点：

1. 社会方面：糖厂的顺利建成，给生产力

落后的埃塞俄比亚带来了三座现代化大型糖厂，成为埃塞工业发展进程中一个重要的里程碑，不仅加快推进当地现代化文明进程，还为周边居民及当地技术人员创造了2万多个就业岗位。

2. 经济方面：三个糖厂满负荷投产后，将有效缓解埃塞当地食糖短缺的现象，给一亿埃塞人民每天的生活加勺糖，且部分产品可实现出口创汇，促进当地经济发展。

3. 环境方面：项目积极贯彻先进的环保理念，从设计源头开始严格把关，将污水处理、静电除尘等相关设备投入项目使用，用心建设生态宜居、生产有序、技术先进的现代化新型糖厂。

（二）传承鲁班精神，精细化打造南亚次大陆的农作物“营养补给舱”

在南亚次大陆的孟加拉国，中成集团通过承建沙加拉化肥厂项目，深层次参与了该国工农业发展的春潮当中。为提高孟加拉国化肥工业生产水平，更好地满足孟国内对化肥的巨大需求，公司在孟东北部锡莱特地区建设了一座年产3万吨合成氨、58.08万吨大颗粒尿素的化肥厂，致力于打造南亚次大陆上的农作物“营养补给舱”，助力孟国农业生产的可持续发展。沙加拉化肥厂的成功建设不仅有效缓解了孟国化肥供不应求的现状，而且推动了中孟两国经贸关系在更高层次、更宽领域实现互利共赢。

沙加拉化肥厂是目前中孟两国间最大的经济技术合作项目，同时，也是孟加拉国最先进的现代化化肥厂。2016年10月，国家主席习近平在访问孟加拉国期间，与哈西娜总理共同为项目揭牌，并发表了题为《让中孟合作收获金色果实》的署名文章，盛赞该项目对中孟友谊作出的突出贡献。

在沙加拉化肥厂项目的执行过程中，公司项目团队始终遵循施工流程专业化和施工技术精细化两大“王牌准则”，凭借精益求精的匠心品质与好上加好的技术水准，积极打造这座科技含量高、项目效益好、产品质量优的现代化化肥厂。2017年，沙加拉化肥厂项目喜获中华人民共和国住建部和中国建筑业协会颁发的首批中国建设工程鲁班奖（国家优质工程），标志着在中国建筑工程质量领域的最高成就。

三、“一带一路”建设的经验与思考

过去60年里，中成集团因新中国援外事业而起，在市场化改革浪潮中而兴，随时代发展趋势而变，一路栉风沐雨，砥砺前行。公司经过不断的发展酝酿，业务范围已从最初的政府援外项目，逐步拓展到国际工程、海外项目投资、国际贸易、劳务输出及培训等国际综合业务体系，涉及交通、电力、冶金、化工、轻工、纺织等十多个行业。

最近几年，公司积极践行国家“走出去”战略，在“一带一路”沿线与东道国一起奏响普世发展，共同繁荣的和谐乐章。在此过程中，公司不断增加对“一带一路”倡议的深层次理解，总结积累了许多科学做法和有益经验。

一是战略先行，前瞻布局，继续加强驻外机构建设。公司根据国投集团的战略规划部署，结合自身市场定位，及时修缮战略规划，强化战略引导作用，让前瞻性发展战略真正赋能于公司的长效经营，顺利推动规划落地实施。公司宏观战略制定与工作细化执行有效地促进了驻外机构的职能转变，让驻外机构更好地发挥“探头”与“触角”作用，充分搭建起项目资源寻找、项目信息跟踪、项目建设实施等多功能的海外优势平台，大大加强了海外工作效率。未来，公司还将逐步加大对孟加拉国、缅甸、埃塞俄比亚、乌干达、俄罗斯、牙买加等多个重要驻外机构的建设，致力于打造布局区域化、优势集中化的海外业务发展桥头堡。

二是加强海外党建工作，发挥基层党组织战斗堡垒作用。随着公司“一带一路”沿线业务的不断拓展，有越来越多的公司员工奔赴海外一线工作。新形势下，继续强化党的领导作用，加强海外基层党建工作，突出精神引领作用已成为公司党委工作部署的一项重要内容。在海外党建工作的探索与实践中，公司党委注重实效，从制度、技术等多个层面予以保障，运用创新型方式手段，多维度开展工作，铸就强大的精神力量：(1) 公司领导班子成员建立党建工作联系点制度，按照分管工作负责境外党建联系点，努力做到海外基层党支部、党小组的全覆盖。(2) 领导班子定期赴海外授专题党课，将主题教育与海外工作融合，突出实效，扎实有序推进海外工作。(3) 有效利用互联网+方式，升级海外党建工作平台，减少工作受限，尽量让各种形式、内容的党建工作开展成为可能，充分发挥好海外基层党组织的战斗堡垒作用。

三是多元融合深度践行央企海外责任，苦练精兵打造专业化的国际人才队伍。公司在参与“一带一路”建设的过程中，高度重视与东道国的多元融合，尊重东道国文化风俗习惯，真诚友好地融入当地社会，善尽央企海外责任。为维护当地社会稳定，推动当地经济发展，公司最大程度实行属地化经营管理，积极带动了当地员工就业，提高了当地员工的劳动技能与管理水平。此外，公司在深耕海外市场的同时，还结合项目所在地的现实需要，通过修桥造路、修建学校、捐赠医疗设备等多种方式，解决当地民众的实际困难，深化了彼此间的友谊。

跨海扬帆，人才先行。近几年，在“走出去”的过程中，公司加大了对专业化复合型人才的需求，不断加强人才队伍的建设，成功打造出一支业务过硬、作风正派的专业化国际人才队伍。一批德才兼备的年轻干部通过海外一线的锻炼，不断成长成熟起来，开始走向各级领导岗位，在公司海外事业的发展中发挥着越来越重要的作用。公司通过建立和完善选人用人机制，培养出了一批想干事、能干事、干成事的干部员工队伍，充分激发出他们干事创业的热情，坚定了他们投身海外事业的决心。

2019 年，是新中国成立 70 周年，也是中成集团成立 60 周年，公司将深入贯彻落实党的十九大关于“一带一路”的决策部署，认真总结发展经验，科学谋划未来远景，按照新形势下国投党组的要求，凝心聚力、不断开拓，以“钉钉子”的精神，求真务实的工作作风，扎实推进公司各项事业的持续发展，为把中成集团建设成为水平一流的国际化企业而奋发努力。

“世界能源经济中心”对接“世界工厂”

沙特丝路产业服务有限责任公司

一、中国—沙特产能合作项目概况

中国—沙特吉赞经济城产能合作项目（以下简称“中沙产能合作项目”）于2016年1月19日在习近平主席和沙特萨勒曼国王的见证下，由广州、银川的国资平台以及沙特阿美石油公司共同签署了战略合作谅解备忘录，商定中沙双方组建合资公司合作建设沙特吉赞基础工业和下游产业城中国企业特别发展区，重点发展石油化工、机电装备、家电、食品加工、汽车零部件、橡胶、造纸、建筑以及装修材料等产业。

一方面，中国拥有完整的产业链，世界1/3的产品生产来自中国，有代表和引领国际社会产业发展的潜力；“一带一路”倡议鼓励实现产能输出和加强沿线互联互通伙伴关系，让中国品牌、产品走出去。

另一方面，沙特位于亚洲西南部阿拉伯半岛，东濒海湾，西临红海，地处亚、非、欧三大洲交汇处，是我国“一带一路”倡议的交汇地带，是阿拉伯世界“领头国家”，拥有全球最大的石油储备、全球第四的天然气储备、全球第三的外汇储备，是隐形国际金融中心；沙特“2030愿景”也规划将沙特打造成一个不再过度依赖石油产业的多元化国家。在两个伟大战略高度吻合的背景下，两国将利用中沙产能合作项目实现双赢，通过“世界能源经济中心”对接“世界工厂”，共同引领世界产业发展。

目前，中沙产能合作项目已通过广州高新区投资集团有限公司与银川育成投资发展有限公司组成中方公司——广银国际投资发展有限公司，与沙特阿美石油发展公司、沙特朱拜勒及延布皇家委员会组建了中沙合资公司（命名为“沙特丝路产业服务有限责任公司”）作为平台，共同推动沙特招商引资、投资服务和工业供应链贸易，协助沙特产业多元化，并在合作过程中为中国政府及企业带来利益。项目团队与沙特各级政府机构和当地的大型企业建立了稳定的沟通对接及合作机制，定期召开对接工作和商谈会议，共同推进中沙专题投资推介以及重点项目落地等工作。工作团队面向全国，积极参加各种展会、论坛，开拓招商资源，发掘潜在项目，在谈储备项目40个以上，首个化工聚酯类产能项目于2019年1月于吉赞园区正式落地，陆续新增多家企业有意赴沙投资，重点项目如中沙电商平台项目、中鼎汽车零部件项目、沙特水产项目、双边产业园、港口运营合作、沙特3D打印中心等在中沙双方合力下稳步推进。

中沙产能合作项目公司沙特方股东：

1. 朱拜勒和延布皇家委员会：沙特最具经济和政治实力的园区开发管理机构之一；沙特十大油田有六个在皇家委员会的管辖范围内；沙特基础工业公司（SABIC）由皇家委员会主导设立；吉赞经济城管理者和运营者。

2. 沙特阿美石油公司：全球最大的石油化工企业，在全世界所有的石油天然气生产公司中位列第一。平均原油日生产量为800万桶，占全球日生产总量的11%，大概每9桶就有1桶来自阿美石油。

预计总市值在两万亿美元以上，相当9个中石油、18.5个中石化、9.5个壳牌，6个埃克森美孚的市值。不仅独揽了沙特的石油资源，而且在沙特境内拥有自己的行政系统、电台、机场、港口、教育卫生设施，甚至安全部队。

吉赞基础工业及下游产业城（简称“吉赞经济城”）情况：吉赞经济城位于沙特阿拉伯西部，距吉赞市区约 60 公里，远期面积将达到 106 平方公里，拥有年产 2000 万吨的大型油田（沙特十大油田之一）。由南向北依次规划有重工业区、制造业、轻工业、物流区、预留用地和生活区。沙特阿美公司负责一期开发建设，延布皇家委员会负责园区运营，且园区已基本完成“七通一平”。中沙合资公司将辅助中国企业落户园区并提供投资服务，包括选址、企业注册、融资、税务、法务、清关、维护政府关系等。

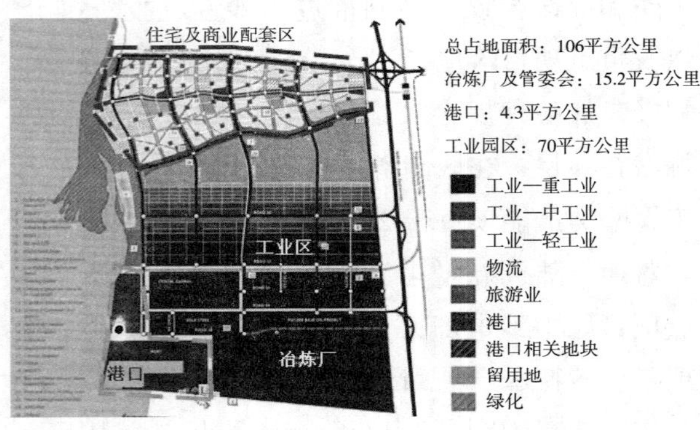

二、沙特投资环境及项目发展优势

1. 投资优势。沙特为鼓励外商投资，对沙特投资总局批准认可的沙特籍资本不少于 25%的项目可提供 5 年的免税期。对项目需要而当地又无法解决的机械设备、原材料的进口可免除关税。

在哈伊尔、吉赞、纳杰兰、巴哈、朱夫等地区，若企业投资规模超过 100 万沙特里亚尔，且 5 名及以上沙特籍员工担任企业技术或管理职务（合同至少 1 年），可享受更多的税收优惠措施。

2. 贷款优势。沙特政府为企业出口提供资金支持，例如为买方提供贷款购买沙特生产的产品。沙特“工业发展基金”最多可向投资者提供项目资金总额 50%、不超过 6 亿沙特里亚尔的 10 年低息贷款。沙特投资项目最高融资可达总额的 75%，最高额为 12 亿沙特里拉尔，最长可实现 20 年免息贷款。

3. 税收与其他优势。沙特无个人所得税、财产税、销售税等，且出口收入免税，研发投入抵免。部分地区政府将资助 50%的年度培训沙特雇员费用和沙特雇员的 50%工资。

4. 成本优势。

类别	沙特	中国
电	0.32 元/度	0.83 元/度
水	10 元/吨	4.5 元/吨
天然气	0.3 元/标方	3.1 元/标方
95#汽油	1.3 元/升	6.96 元/升
重油	300 元/吨	4000 元/吨
0#柴油	0.6 元/升	6.57 元/升
土地租金	2~9 元/(平方米/年)	远超

5. 位置优势。吉赞经济城位于非洲、欧洲和亚洲的中心，是通往非洲和欧洲的重要通道，能作为进入海湾地区、中东及北非地区的桥头堡，旁畔红海航线，是连接亚非欧的航运中心，世界 20%的石油以及 40%的货物经此航线，4 小时飞行内可覆盖 15 亿人口。

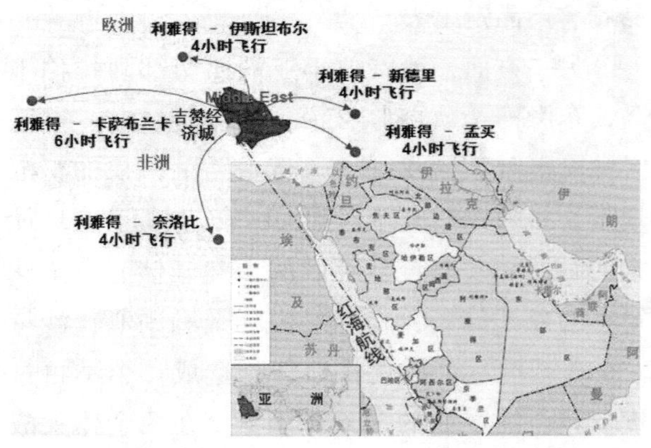

6. 市场优势。中东和北非地区（MENA）市场需求大，增速快。例如，对基础化工产品以及家电产品的需求均超千亿美元，对汽车、建材、智能消费电子产品等需求均加速增长。目前，中国品牌和产品在该地区市场占有率低，可借此契机扩大市场份额。

让中国水舞秀绽放在世界的每个角落

杭州水秀文化集团有限公司

习总书记提出的“一带一路”倡议，为中国开放发展开辟了新天地，也为世界跨国合作发展提供了新机遇。“一带一路”是中国的，更是世界的。共建“一带一路”倡议的核心内涵，就是促进基础设施建设和互联互通，加强经济政策协调和发展战略对接，促进协同联动发展，实现共同繁荣。为积极响应“一带一路”倡议，杭州水秀文化集团紧跟国家战略，积极推进的“一体化智造水舞秀文化装备”在一带一路沿线国家及地区广受欢迎，开展的水舞秀建设项目在世界各地打造文化地标、丰富文化旅游基础设施的同时，也是以水为媒介讲述中国故事，传播中国好声音。

杭州水秀文化集团有限公司，是一家融合数控喷泉、水雾、激光、舞美机械、音响、影像、裸眼3D等多媒体创新技术和艺术表现形式的企业，致力于打造多维度艺术创新与先进科技元素完美融合的视觉盛宴。目前，公司已经相继顺利完成了几十余项国内及海外大型山水实景演出、城市广场喷泉水景及文旅演艺秀项目工程，客户遍及大中华区，东南亚、非洲、中东、北美和欧洲地区的英、法、阿、俄等多语区国家。公司现已成为国家“一带一路”国际合作战略的重要伙伴，并致力于成为一家全球性、综合性、专业性的全媒体实景水秀、演艺秀集成方案的“智造商”，贯通策划、设计、到制作、打造城市滨水公园、商业广场和各类生态综合体中的园林景观、艺术环境，开发并落地实施文化旅游IP及特色小镇项目。

2013年，习总书记提出建设“新丝绸之路经济带”和“21世纪海上丝绸之路”的合作倡议。水秀文化积极响应，将公司2016—2020五年发展战略规划确定为：大力推广“一带一路”国家的大型都市跨媒体音乐激光水舞秀，目前在“一带一路”沿线的众多国家都有水秀的印记。杭州水秀文化集团的创意设计、产品质量和施工工艺均已达到国际一流水准，我们结合当地文化、影视、戏剧等内容，采用最先进的设备，创意展现地区文化，致力于为客户量身定制高科技、独具地方文化特色、颠覆传统表演模式的感官盛宴，我们做的不止于美丽的水秀，更是代表城市文化的艺术作品。目前“一带一路”沿线国家经济处于发展上升阶段，人们的生活水平不断提高，对精神与娱乐方面的需求日益增长。文旅项目的投资与建设成为人们文化休闲需要的首选。中国是水秀项目实施经验最丰富的国家，我们看到商机，洞悉各国需求，多次代表中国水秀企业与世界顶级团队的公平竞标中胜出，本着“一带一路”建设的“共商、共建、共享”原则积极与当地政府沟通，带来一个又一个举国震撼的项目。在众多海外项目建设过程中，不断获得当地政府和业主的好评与信任，我们与当地政府及知名大企业建立了紧密合作关系，不仅促进当地科技应用、文化旅游经济的发展，更为国家赢得了荣誉。

2018年1月，杭州水秀文化集团有限公司受到浙江省文化厅邀请，组技术专家团出访埃及，就沙姆沙伊赫“欢乐春节”大庙会音乐喷泉表演进行了设备安装和调试，2018年埃及“欢乐春节”大庙会走进沙姆沙伊赫活动取得巨大成功，并将项目辐射至开罗、沙姆沙伊赫两地。活动中，音乐喷泉表演开始，在多彩色水下灯的映照下，伴随着《茉莉花》《爱我中华》《我的中国心》等中国乐曲，喷泉高低起伏，展现出气势磅礴的中式气派，“欢乐春节”以文化传播的方式推动中国春节成为全球性节日，为世界了解中国文化和社会创造又一良好窗口。我司文创人员和技术专家对待工作精益求精，以极高的专业水准和奉献工作精神，展示了中国技术的高超，体现了中国人民友好热情、快乐自信的精神风貌，树立了良好的形象，受到埃及多位政要和各界观众的一致好评和广泛赞誉，并获得中国驻埃及大使来函感谢的高度评价。

习总书记提出“精品”之所以“精”就在于其思想精深、艺术精湛、制作精良。而文化创意则是“精品”的基础。水秀文化演艺要运用丰富的表现形式，但也不能过于崇拜技术、或过度注重冲击感官刺激，忽视当地文化体验和观众互动，容易使水秀演艺内涵空心化，很难得到市场认可。科技的发展为水秀表演提供了更多的手段和可能，如何将文化变成看得见摸得着的具象，就要花心思细细考量，以文化为魂，以技术为骨，方能撑起一场有血有肉的水秀演艺。

在埃及的另外一个项目中，我们的创意团队多次采风，以“埃及艳后之眼”为创作灵感，通过一场高科技水舞秀生动演绎埃及的千年文明。我们的设备编程完美展现了古埃及的传统风情。为体现埃及文化，我们将埃及开罗水舞秀取名《艳后之眼》，赋予它两层含义：埃及艳后是全球著名的埃及代表性文化符号；我们策划设计的演艺场地外形宛若埃及艳后深邃灵动的眼睛，通过点线面的设备布局，结合声、光、电、气、水、火、雾、舞等的展现形式，引起人们对埃及艳后无限美丽的遐想，使其成为开罗新城的夜景新地标。音乐是整场水舞秀的灵魂，在《艳后之眼》水舞秀项目中，配有我公司专利产品水下炫彩激光系统、旋转型水幕喷头、花瓣喷头、加气涌泉喷头、高度可调喷头等，并采用裸眼3D视频投影系统、景观人造雾系统、喷泉水舞系统、大型全自动音控喷泉控制系统、智能物联网中央控制系统等。设备安装过程中，拟采用圆筒状工作焊接等新工艺。“一带一路”是机遇之路，也是繁荣之路，埃及是“一带一路”沿途的重要节点，在埃及这片古老的土地上，我们将科技与文化结合，用充满埃及文化元素的水舞秀，向古老的埃及文明致敬。埃及开罗新城的音乐喷泉《艳后之眼》既包涵了当地的历史传统文化特色，也体现了埃及的未来展望，对经济提升和促进旅游事业发展都起到了极大的作用。项目建成后业主方提出要求与我们成立合资公司在埃及和北非地区共同推广水秀业务。

水秀文化输出的这些项目，在一定程度上有效促进了当地经济的发展，不仅提升当地社会文化水平，也有带来巨大的经济效益。经典案例有越南最大的主题公园打造的水秀项目、土耳其安卡拉国家公园大型激光音乐喷泉。项目建设之前，由于缺少夜间娱乐活动，主题公园到了晚上就十分冷清。在项目的建设过程中，我公司克服了各种困难，用先进的技术、优质的服务深深地感动了业主和国际监理团队，项目在试运行期间已吸引周边国家多家媒体和新闻机构争相报道。项目落成之后，灯光绚丽、音效华丽、视听效果震撼的水秀，让主题公园一跃成为当地最具人气的休闲娱乐场域。园方的营业收入比项目建成前有了大幅提高。安卡拉市长梅利先生亲自来访杭州感谢我们为土耳其人民带来如此美丽震撼的水秀，希望今后能有更多的合作项目落地在土耳其，他代表当地政府大力支持我们，为“中国智造”点赞。

同样在越南知名景区富国岛、芽庄、岘港的会安古城和下龙湾广场都留下了我们优秀的作品，我们的水秀演艺项目为当地旅游事业和经济建设起到了巨大促进作用，上述项目是我公司顺应国家“一带一路”倡议下文化输出和智造输出的成功案例，在国外实施创意、策划、生产、施工的数个大型多媒体演艺水舞秀的成功案例。其中越南的项目均由越南著名的Vingroup公司和Sun Group公司投资我司承建，是越南迄今为止最具代表性的项目，节目内容丰富、色彩艳丽、表现形式多样并与真人舞蹈表演相结合的大形音乐喷泉表演项目。在创意策划之初，创意团队对项目的定位是具有越南地方特色的“三位一体”文化、科技、景观水秀，我们将极具越南风情的民族文化底蕴，跨界结合多种表现形式的高科技装置与大型乐园主体景观在这里深度结合。文化是内容，科技为形式，景观做画卷，水秀成载体；我们运用最新多媒体创新技术，将水、火、雾、舞蹈与声、光、影、电、气、机相结合，营造出如梦似幻的意境，为每场水舞秀提供有效的艺术与技术支撑。同时，我们运用丰富的水秀行业国际创意经验，融入独家设计制造多样性的特殊表演手法，突出水秀与舞蹈演员、激光、投影等多种艺术表现手段的多维度融合，呈现令人惊叹的水秀演艺效果。夜色中，当水舞秀的音乐响起，当地的优美故事在水色声光中熠熠生辉，这一张拥有当地文化特色风情的地标性名片，吸引着来自世界各国的游客驻足观赏。随着演出成功，我们的水秀得到了业主的高度认可，3000多个观众席几乎场场爆满，受到所有观众一致好评，观看水舞秀已然成为游乐园的精彩压轴项目。

继越南的富国岛珍珠乐园项目后，我们又相继在越南芽庄珍珠岛、岘港会安以及下龙湾广场成功完成了大型的文艺水舞秀，岘港的《多彩会安》的竣工，标志着我司已经占据越南大型水秀表演市场，具有重要战略意义，自此我司大型水秀项目已完全覆盖越南主要大型旅游城市。

坐落于乌兹别克斯坦首都塔什干新城中央公园正中心的水舞秀，长162米，宽40米，覆盖水域面积约7000平方米，装机总功率808千瓦。水舞秀外部整体造型宛如一只巨大的金元宝，代表着喜气与吉祥。整场水舞秀展现效果以大气、繁荣、经典为主题。乌兹别克斯坦，地处中亚交通要冲的十字路口，是著名的“丝绸之路”古国，历史上与中国通过“丝绸之路”有着悠久的联系，是“一带一路”所经过的中亚地区重要连接国，其区位、政治和经济的地位十分重要，在促进“一带一路”建设过程中发挥了重要的作用。因此，我们在策划时不但考虑了业主希望展现首都塔什干新城现代化的标志，更要通过通俗易懂又美丽的方式展现乌兹别克斯坦的人文历史，同时有效促进文化旅游经济发展的诉求，也考虑了我们水舞秀设备在乌兹别克斯坦及中亚五国后续市场的无限空间。

该水舞秀的策划理念和思路是既要以国际最先进的水秀演艺手法展现出带有文化底蕴的壮观奇美实景，同时综合造价及后续运营要符合当地实际发展状况，实现可持续发展的业务模式。我们的创意和设计理念得到了当地政府和业主的高度肯定，他们坚信此项目实施出来的效果，定会给当地居民与游客带来对美好生活的喜悦感受和美好未来的无限憧憬，既让当地社会为家园的美好建设而感到无限自豪，也让外国游客对当地文化旅游现代化建设表示肯定与赞美。塔什干新城中央公园音乐喷泉目前已经成为首都新城夜景地标，从项目立项到安装调试，该国总统和总理多次亲临视察和指导，对建成后的效果给予高度赞扬，给予杭州水秀集团充分肯定，后续大量业务已经在深入交流当中。

10月4日，我司正式将乌兹别克斯坦首都新城音乐水舞秀交付塔什干政府，当天表演结束后全场观众起身朝我方在场人员鼓掌致敬，一位年轻母亲还特意领着她两个儿子走上后台用中文说了声“谢谢”。壮丽70年，奋斗新时代，水秀铁军用实际行动在一带一路前线践行着伟大的中国梦！

我们本着在合作国家及地区建设高端水舞秀是有利于提高所在地人民的幸福指数，拉动当地的文化和旅游消费出发，以“中国智造”帮助“一带一路”沿线国家或地区打造新的旅游文化名片、综合科技景观新地标；努力为沿线国家的基础设施和旅游度假区建设以及文化艺术交流活动增光添彩，大大提升当地文化旅游的整体价值，带动项目所在地的经济社会发展；紧跟国际最新技术创新和产业发展动态，高标准、大范围、跨领域与国际化企业进行技术交流合作，提升水秀行业的技术创新能力和产业发展水平，使建设双方能够在合作中共同发展，共荣双赢。

我们在“一带一路”合作过程中朋友圈越来越大，好伙伴越来越多，合作质量越来越高，发展前景也越来越好。我们的发展离不开充分信任的朋友们，近年来，我们在“一带一路”沿线国家或地区产品服务和项目落地足迹遍及：马里援外工程喷泉、老挝国家文化中心喷泉、伊朗城市公园、乌克兰大型音乐喷泉、阿塞拜疆水景工程、吉布提海水高喷、刚果共和国国家庆典音乐喷泉、罗马尼亚首都广场音乐喷泉、埃及皇家花园喷泉、土耳其国家公园音乐水舞秀、越南富国岛音乐水舞秀、越南芽庄音乐水舞秀、越南会安《多彩会安》音乐水舞秀、埃及沙姆沙伊赫“欢乐春季”大庙会音乐喷泉、埃及艳后广场水舞秀、乌兹别克首都塔什干新城水舞秀，以及丹麦、尼日利亚、菲律宾、印度尼西亚、巴基斯坦、巴西、美国等地。

今天在中国，人人都在谈机遇。对于企业来说何为机遇？机遇就在“一带一路”！随着“一带一路”的逐步推进、旅游市场的日益开拓，文旅项目将会占据更加重要的位置，很多“一带一路”地区水舞秀市场目前依旧处于蓝海状态，我们将会跟随政策，落实“一带一路”倡议，努力拓展国内外市场，将水舞秀行业的文化创意与高新技术有机结合，创新人文交流方式，丰富文化交流内容，高水平打造“一带一路”合作项目，让中国水舞秀绽放在世界的每个角落，感受“丝路中国，古今交融”的大国自信，为国际合作和竞争新优势作出新的贡献。

"走出去"的新样本

——柬埔寨七星海旅游度假特区

优联发展集团有限公司

一、投资主体

优联集团成立于1994年，作为一家优秀的城市综合运营商，集团专注于开发优质建筑产品，同时涉足物业管理、景观园艺、媒介广告等多种经营范围，为人们的美好居住生活提供系列的优质服务。集团在2004年天津百强私企排名中名列前茅，并荣获功勋企业、行业排头兵等众多历史荣誉。

2005年，海南优联集团的正式成立标志着集团全国化战略的开始。其后，集团的房地产开发足迹开始走出天津，进入全国。在华北、华中、华南多个区域均有所建树，落子多个省会、二级城市，初步形成了全国化发展的战略布局，在国内已完成住宅开发项目30多个，总开发量超过1500万平方米，土地储备超过375平方公里。

2007年，优联集团进入柬埔寨发展，获得国公省柬中综合投资开发试验区即柬埔寨七星海旅游度假特区的独立开发权。项目肩负着中柬经济走廊、柬埔寨新型城市引领者、柬中文化产业的领跑者、柬埔寨旅游示范者的使命重任。中柬两国政府关注，于2016年10月和2019年4月先后两次被纳入"中柬产能与投资合作重点项目"，2019年9月，被纳入"2019'一带一路'文化产业和旅游产业国际合作重点项目"。2019年10月，被列入2019中国（天津）自由贸易试验区创新发展行动方案。

经过十二载的开发建设，已经初具规模，得到中国政府和柬埔寨两国政府及人民的高度认可，并与柬埔寨中央政府和国公省地方当局，以及当地民间都建立了长期良好的合作关系，为"一带一路"倡议在柬埔寨的落地实施作出自己的贡献。

二、项目概况

2013年，中国国家主席习近平提出"一带一路"倡议，柬埔寨作为海上丝绸之路的沿线国家，响应积极。两国围绕"一带一路"倡议在众多领域开展了务实合作并取得丰硕成果。

近年来，随着"一带一路"倡议在柬埔寨的落地开展，中柬关系呈现出更加良好的发展势头。两国高层互访频繁，民间经贸交流日益增多，战略合作全面展开。柬埔寨GDP已连续8年保持7%增长率领跑东南亚各国。大量到访的国际游客，快速便捷的落地签证，待人友善的佛教国家，使柬埔寨已成为东南亚最活跃的旅游和投资目的地。在柬埔寨首相洪森的领导下，柬埔寨王国执行开放、包容的经济政策，对柬埔寨各个行业，包含旅游业的投资企业和投资人制定了一系列关于减少税收、简化投资手续、提供投资支持相关政策。

最近几年，柬埔寨旅游业稳定增长，访柬国际游客持续增加，新旅游产品开发、旅游设施建设、拓展航空运营、丰富旅游服务、提升服务质量将成为柬埔寨旅游业发展的工作重点。此外，柬埔寨正在沿海区域、生态旅游区域及第二家园区域建设旅游发展特区。柬埔寨旅游部重点关注数字化、智慧城市、智慧旅游，确保柬埔寨旅游业可持续发展。在为数众多的中柬合作项目中，由优联集团开发建设的柬中综合投资开发试验区即柬埔寨七星海旅游度假特区肩负着国际产能及旅游发展的重要战略意义。

项目位于柬埔寨国公省西南沿海的著名生态区。地理位置优越，3 小时飞行航线覆盖东南亚各国及中国部分沿海城市，5 小时直飞北京；距金边 260 公里，车行 3.5 小时可抵达；距西港海上距离 40 公里，快艇 50 分钟可抵达。项目内部具有禀赋的 7 大源生自然资源，依托 90 公里的优质海岸线，涵盖 47.74 平方公里的世界第二大红树林、4 座珍稀附属岛屿，傍依 18 万公顷的国家森林公园。优越的地理位置和禀赋的自然资源使项目具备成为世界顶级旅游度假目的地、航空海港物流中心、产业加工核心的天然条件。

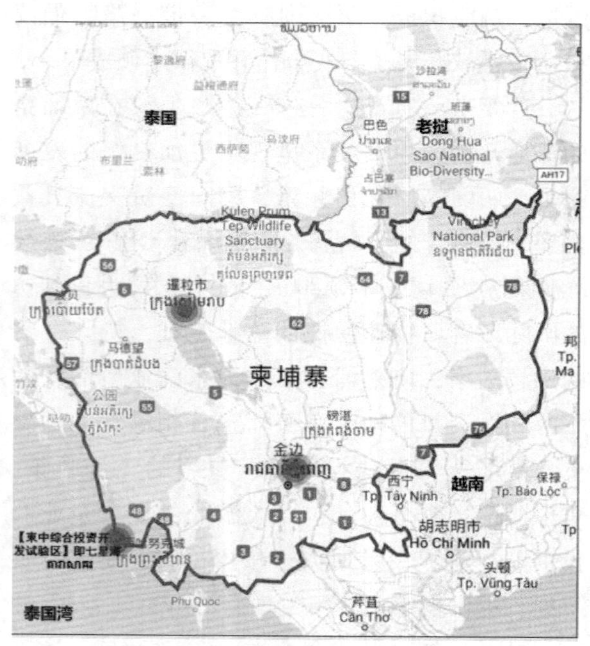

图 1　柬中综合投资开发试验区区位图

项目享有柬埔寨王国合格投资项目相关优惠的政策便利。拥有 99 年最长土地使用年限，无外汇管制。享受《经济特区法》《投资法》所规定的优惠政策及特别优惠政策。对外资与内资给予同等待遇，所有投资者，不分国籍和种族，在法律面前一律平等。已准予投资项目产品价格和服务价格无管制，可设立国籍购物免税商贸区。特别值得一提的是，柬埔寨王国政府专门成立的相当于国家部级管理机构的特别委员会，为项目提供一站式服务和一系列优惠政策。域内企业可享有最长为期 9 年的利得税减免优惠。各项优惠政策，为企业投资开发创造最便利的条件。

从项目的开发伊始，集团将绿色低碳与智慧智能作为未来的发展方向，将全球滨海旅游度假目的地与新兴宜居智慧创新城市作为未来的发展目标。在项目的未来规划中重点塑造生态和人文特色海滨环境，导入旅游度假、商业服务、科技生产等高端功能，关注多样宜居的生活环境设计，吸引人才留驻。并兼具临空临港商贸物流功能，生产、生活服务功能，海滨休闲、旅游度假功能，生态保育涵养功能四大主要职能；涵盖旅游度假、绿色商业科技、制造业 & 物流、康体养生四大产业方向。并根据区位、地形和自然条件，共规划分为三大功能区：

（1）七星海国际新区，规划总占地面积约 100 平方公里，将柬埔寨文化和七星海自然资源深度挖掘、融合，通过金融中心、旅游度假产品和滨海景区开发为重点，打造成为东南亚柬埔寨全新的综合旅游度假目的地；（2）七星海世贸新区，规划总占地面积约 60 平方公里，作为七星海的门户、商务商业及产城融合的发展区，将成为未来东南亚的新兴投资热点和主要的经济增长点；（3）七星海未来新区，规划总占地面积约 200 平方公里，定位为打造智能化、科技化的未来新城，以创新研发、智能科技等新兴产业和高品质的生活配套吸引外来科技人才为重点，是七星海国际精英的聚集地。

根据规划预期，项目计划中期内实现 130 万常住人口、提供 100 万就业岗位、吸引 680 万人次游客到访、满足 9.45 万套酒店客房接待数量。

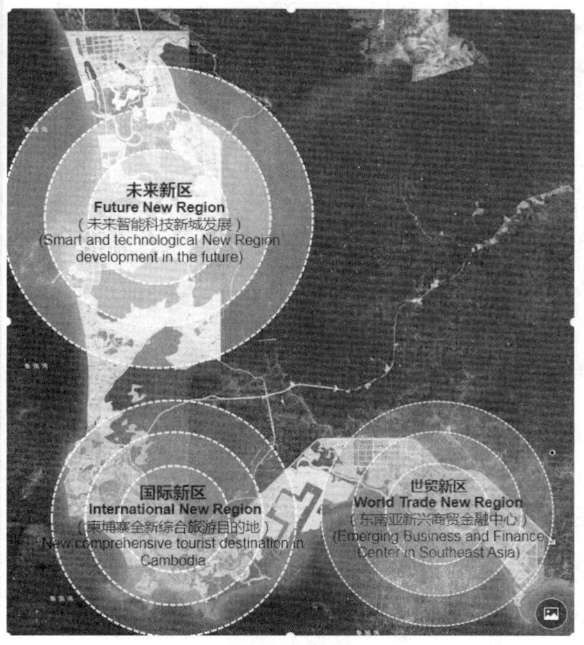

图 2　三大功能区

优联集团自进入柬埔寨以来，积极推动地方经济、文化、旅游等事业的发展，肩负着带动柬埔寨海洋经济发展的重任。柬中综合投资开发试验区即柬埔寨七星海旅游度假特区的建设发展，拓展柬埔寨国家多年来以金边和吴哥两点发展的格局，紧跟“一带一路”倡议与柬埔寨四角战略设想，积极推动柬埔寨海洋经济发展。多年来，项目的建设深受两国各级领导人关注：

2008 年 11 月，时任中共天津市委书记张高丽出席并见证优联集团与柬埔寨政府签署土地移交协议；2011 年 5 月，国家部级管理机构特别委员会成立，对项目进行统一规划、统一招商、统一管理，并提供一站式的服务和一系列优惠政策；2015 年 9 月，柬埔寨王国首相洪森将项目纳入中柬两国“一带一路”重点合作项目，并命名为柬中综合投资开发试验区；2016 年 10 月，项目纳入中柬产能与投资合作重点项目；2017 年 6 月，柬埔寨王国天津商务中心正式获批建立；2017 年 11 月，项目入编中国商务部研究院《中国一带一路年鉴 2017》；2017 年 12 月，项目获柬埔寨“最佳旅游度假区奖”；2017 年 12 月，优联集团获得柬埔寨旅游部 CHINAREADY 公众平台的独家运营权；2018 年 3 月 3 日，优联集团投资修建的 68 公里高等级道路被柬埔寨政府命名为“赛蒲桐大道”；2018 年 11 月，中国—东盟旅游人才教育培训基地柬埔寨培训中心首期培训在七星海开幕；2018 年 11 月，项目入编中国商务部研究院《中国一带一路年鉴 2018》；2018 年 12 月，洪森首相携政要视察七星海，充分肯定优联集团为柬埔寨发展所做贡献；2018 年 12 月，项目获柬埔寨第二届“最佳旅游度假区奖”；2019 年 4 月，项目第二次纳入“一带一路”中柬产能与投资合作重点项目；2019 年 7 月，项目纳入中国贸促会建设行业分会“民营建设企业参与共建‘一带一路’课题研究”；2019 年 9 月，项目纳入 2019 年度“一带一路”文化产业和旅游产业国际合作重点项目；2019 年 10 月，项目被列入 2019 中国（天津）自由贸易试验区创新发展行动方案；2019 年 11 月，项目获柬埔寨第三届“柬埔寨模范旅游度假村特别奖”。

三、发展战略

项目处在中柬经济走廊之上，其旨在加强中柬两国之间交通、能源、海洋等领域的交流与合作，加强两国互联互通，促进两国共同发展。以协助柬埔寨进行基础设施扩建与升级为基础，积极推进和深化两国在多领域的合作，实现发展战略的有效对接。以中柬经济走廊为引领，以沿海经济开发、能源、交通基础设施和产业合作为重点，形成经济共振，具有较强的示范效应，辅助柬埔寨经济发展成为引领东南亚的后起之秀。项目的建设将直接为当地民众提供大量工作机会，必将功能和方式辐射到相邻区域，对“一带一路”大区域产生重大影响，是打通“21 世纪海上丝绸之路”与“丝路经济带”两个战略的连接区、交汇区、受益区，正在成为中柬深层经贸合作的新平台，开创高质量发展新格局。

作为柬埔寨新型城市引跑者，紧随“一带一路”倡议，探索境外大体量造城项目新路径、新标准，倡导可持续发展，通过向传统城镇导入“产能投资”相关产业，带动当地经济转型升级，为柬埔寨经济发展进程提供了新的实践范本。同时，遵循“可持续发展的土地伦理观”，坚持“以人为本”的开发理念，尊重、保护和融入当地历史文化，构建“望得见山、看得见水、记得住历史、留得住文脉、两国互通共赢”的美丽图景。城区内的海、陆、空多维度的立体交通网络将为区域国际化发展赋能，低碳环保的开发宗旨将为未来经济发展赋能。

作为柬中文化产业领跑者，集团得到柬埔寨驻华使馆、天津柬中文化交流中心、柬埔寨王国天津商务中心的支持，依托项目实体平台，组织两国师生文化交流及互动，成立中国首个柬埔寨文化艺术馆及全国首个柬语高校联盟平台。集团与多所高校合作，设立国内及柬埔寨学生实习基地，依托东盟教育、培训，成立跨企业跨国的培训中心“中国—东盟旅游人才培训基地”，填补了柬埔寨职业技术及本土语言人才的空缺，搭建了传播中柬文化的桥梁。

作为柬埔寨旅游示范者，项目具备禀赋世界旅游目的地的全域资源优势，享有“玻璃海水、奶粉沙滩”的美誉，区域内90公里优质海岸线，占柬埔寨优质海岸线的二分之一，海水水温终年保持在22~23℃，适宜四季嬉戏游泳。背靠柬埔寨最大的国家沿海森林公园以及世界第二大原生态红树林保护区，四个附属珍稀生态岛屿。项目内PM2.5实测最好值为3，符合欧美国家对于空气质量“优”的标准，且远优于中国海南的空气质量。2017年、2018年连续两年被授予首届柬埔寨“最佳旅游度假区奖”。自2011年柬埔寨沿海海滩被列入“世界最美海滩俱乐部成员”后，柬埔寨沿海旅游已是继暹粒吴哥窟历史古迹后更具瞩目的绿色金子，落子沿海经济带核心区位是撬动整个项目的最佳支点，得天独厚的自然资源，更是启动项目全域旅游经济的助推器。项目的发展必将会带动整个沿海区域的就业与经济发展，助力柬埔寨国家的经济发展。

2018年柬埔寨海洋节在国公省举办。海洋节期间，洪森首相携政要亲自莅临项目，并为“洪森杯”高尔夫球赛开球。洪森首相对优联集团为柬埔寨发展所作出的贡献给予充分肯定，并提出了5年内将实现沿海地区国际游客数量达到300万人次的目标。

四、阶段性成果

优联集团本着互利共赢，促进柬埔寨及国公省经济发展，提高民众生活水平的原则，积极响应“柬埔寨2015—2025工业计划”及国家四角战略要求，大力发展沿海经济。截至目前投资已近20亿美元，在基础设施及平台方面取得了一定成绩，同时在城市基础设施、能源建设、产能发展、文化教育、旅游、大健康、农业研发及深加工等领域作为与国内外各企业、资本之间的重点合作发展方向，搭建多元化平台，引入各领域龙头企业，参与项目职能建设，制定相关产业及领域的标准，辐射东盟市场。

（一）基础建设

“有路就有发展”这句柬埔寨谚语道出了交通建设对柬埔寨发展的重要性，这与“要想富先修路”的中国民谚不谋而合，优联集团从进入柬埔寨开始就将发展交通等基础设施建设放在了首要位置。

1. 公路建设。目前已完成约300公里的各等级公路建设，完成区域的内通外联的交通条件。2018年3月3日，柬埔寨王国政府正式将优联集团出资修建的“优联大道”，以开国将军赛蒲桐的名字，命名为“赛蒲桐大道”。作为连接48号国道重要交通要道，它也是进入项目的主干道，长约60公里，是目前柬埔寨境内最高等级的公路，双向四车道，并在规划中考虑到城区未来的发展，于道路两侧预留了30米的提升空间，为将来的道路拓宽和道路两侧建设提供了足够的发展空间。未来，金边—西港高速公路分支线也将计划开通“赛蒲桐大道”，届时从金边出发到项目的陆路客货流时间缩短至两小时内，大大缩短了到达的时间。

2. 航空建设。区域内规划最高飞行区等级4F级国际机场。2017年正式开工，截至目前已完成跑道施工，航站楼正在修建，计划于2020年底实现4E级国际机场通航条件。届时从项目机场出发，可在两小时内抵达东南亚国家及中国部分沿海城市，五个小时左右直飞北京及亚洲大部分国家。

图3　七星海国际机场效果图

3. 海运建设。项目所处海域具备建设深水港的条件，向西正对克拉运河东面河口，未来运河的开通将更加提升项目的海运区位优势。目前项目已规划两个10万吨级综合性港口及一个主体完工的2万吨的邮轮港口。未来10万吨综合性港口建成后将成为柬埔寨最大的综合性港口，大力推动柬埔寨海洋经济的发展。2019年10月，项目被列入2019中国（天津）自由贸易试验区创新发展行动方案，标志着项目已提升至京津冀协同开放的国际合作示范区，肩负天津自由贸易试验区企业“走出去”开拓者和创建“一带一路”产能及经贸合作全新平台的使命。

图4　七星海十万吨综合性港口及东部港湾区

4. 其他配套设施建设。水、电、网络、通信等基础设施建设已到位，具备各产业投资企业的入住条件。区域内已具备同时接待600人以上的各类承接配套，其中包括：2个18栋高尔夫国际标准的球场（其中一个为柬埔寨唯一的滨海灯光球场，一个为柬埔寨唯一的山地球场）、数个度假酒店及别墅村、特色餐厅、海边休闲区等度假休闲设施等。

（二）产业园合作

2017年5月，优联集团与国家发改委国际合作中心签署战略合作协议。国合中心将根据各国产业差异，结合柬埔寨产业优势，指导优联集团调整项目内的产业结构和产业布局；指导优联集团搭建不小于60平方公里的中国优质产能输出承接平台，协助优联集团将该区域建设成为国际产能合作示范园区，并得到中方相关部门的支持。

2019年4月20—22日，中国国家发改委国合中心代表团莅临柬埔寨开发区的代表“柬中综合投资开发试验区”即七星海旅游度假特区，探讨澜湄产能合作方案，开展澜湄国家“多国多园”研究，探讨各国园区标准和规划，对接项目合作。

（三）教育人才培训

1. 设立文化交流中心，促进中柬文化交流。集团利用国际企业优势，主动承担起中柬文化交流的重任。于2017年，历时三年修旧如旧还原了始建于1902年的天津奥匈俱乐部原址，被命名为柬埔寨王国天津商务中心、柬埔寨文化艺术品藏馆及柬中国际文化交流中心，并邀请柬埔寨驻华大使凯·西索达夫人参与揭牌仪式。在文化交流中心内全年常态化举办与柬埔寨文化相关会展和庆典，搭建中柬两国企业间的商务洽谈平台、中柬文化在互动平台，为中柬商务及文化交流作出贡献。

2. 搭建校企合作平台，推动校企产学研合作。集团与高校联动，以语言文化及职业技术交流为契机，搭建我国高校外语专业及职业技术专业的平台。让学习不再局限于书本教材、视频资料，让学子“走出去，看世界”，实现学习从输入到输出的闭环，真正做到“掌握一门技术，学习一国语言，走进一个世界”，学以致用，回报国家。已落地成果有：

（1）产学研合作基地：与天津外国语大学、天津中德应用技术大学云南旅游职业学院及云南红河学院校企合作，设立国内及柬埔寨学生实习基地；持续培养柬语语言及职业技术人才，补充市场缺口。

（2）专业人才培训基地：与云南旅游职业学院成立跨企业跨国的培训中心“中国—东盟旅游人才培训基地柬埔寨培训中心”标志着柬埔寨国家旅游学院未来落地七星海实施的第一步，也是中国云南旅游职业学院“中国—东盟旅游人才教育培训基地”在东南亚重大关键性项目的启幕。

（3）实习生海外学习实践：2019 年 8 月，云南旅游职业学院首批 10 名实习生到项目实习，对实习期工作内容全面统筹规划，无论从岗位技能及专业能力培训、个人能力挖掘与培养、柬埔寨语言能力培训等方面，全方位引导实习生快速适应角色转变，迅速融入工作环境，为实习生发挥自身优势、确定未来职业发展方向提供了广阔的平台。实习生们已在各个岗位展开工作，自身能力获得不断提高。

（4）校企文化合作交流：2019 年 9 月，优联集团选派优秀柬埔寨籍员工参与红河学院举办的秋令营活动；优联集团与红河学院共建“中柬文化双创中心”。双方将不断加强创意设计产业合作，作为首个产学研战略项目的落地合作，该中心将成为促进“一带一路”沿线国家或地区文化及旅游消费的新试点项目。

图 5　红河学院秋令营

（四）社会影响

项目优美的自然景观，现代化的建筑群，吸引了电视台及影视剧组前来取景拍摄。中央电视台对“一带一路”沿线最具代表性的中国企业进行跟踪报道，“一带一路”特别节目《远方的家》拍摄剧组前来专访取景，并在《远方的家》第 100 集中对项目开发建设现状及未来规划、投资建设所带来的就业、区域内经济发展影响作用进行了详尽的专辑报道。

天津电视台《Hello，天津》《天津新闻》走访报道天津“走出去”的企业，节目组带队走进项目，对天津籍员工在境外生活和工作进行了专题重点报道，高度肯定了优联集团在“一带一路”倡议中作出的贡献。

广西电视台拍摄的《家在青山绿水间》专题片，对奋斗在异国他乡的华人华侨的生活和工作进行了采访，特别就职在项目建设的华人华侨的真实工作状态和他们积极努力的生活态度作出报道，深深地感染着每一个人。

以留学生学成归来创业为题材的现实主义

大热影视剧《归去来》因七星海的美丽景观而在此取景拍摄，该剧自开播起收视率节节攀升，一时间引起公众热议，也把七星海的自然美景带到了公众视野中。

图 6　各媒体报道、影视剧外景拍摄

五、亮相国际型会议和展会

优联集团与柬埔寨王国旅游部、柬埔寨王国商务部以及中国国家发展改革委员会国际合作中心、中国国际商会建设行业商会、香港贸发局、江泰国际合作联盟等政府机构和协会组织保持良好合作，受邀亮相多项大型国际会议和展会，进行项目路演，推介柬中综合投资开发试验区即柬埔寨七星海旅游度假特区项目的同时，展示柬埔寨优质旅游资源及投资开发潜力，吸引大量旅游业、产能及投资合作领域企业关注。近年来部分优联集团受邀参加的展会、会议及活动：2019 年 11 月，澜湄合作博览会。2019 年 11 月，中国国际进口博览会。2019 年 10 月，国际山地旅游联盟（IMTA）2019 年会。2019 年 9 月，第 16 届中国—东盟博览会。2019 年 9 月，第四届香港“一带一路”高峰论坛。2019 年 8 月，第五届新加坡即区域商务论坛及首届新加坡即区域基础设施峰会。2019 年 6 月，南亚东南亚国家商品展即投资贸易洽谈会。2019 年 5 月，中国国际服务贸易交易大会；中国机场服务大会。2019 年 1 月，香港亚洲金融论坛。2018 年 9 月，第十五届中国—东盟博览会。2018 年 6 月，第三届香港“一带一路”高峰论坛。2018 年 5 月，中国—柬埔寨旅游合作论坛。2018 年 4 月，柬中国际产能合作论坛。

一直以来，在投身项目开发建设的同时，优联集团作为中国“走出去”企业的先锋代表和优秀范本，作为在“一带一路”倡议下大体量大规模项目的开发商，柬埔寨旅游、经济发展的优秀合作伙伴，脚踏实地地探索“走出去”的更优模式。在各大论坛、展会和会议上，优联集团将柬中综合投资开发试验区即柬埔寨七星海旅游度假特区的优质资源与发展经验与各政府机构、企业分享和探讨。十二载来保持初心，砥砺前行，不断汲取国际先进理念，接受各行业各领域的建议，在基础设施建设、机场运营、港口开发、旅游管理等领域深入钻研，推动招商工作进行。

六、全面践行企业社会责任

集团自 2007 年进入柬埔寨发展以来，全面践行社会责任、坚持传递企业正能量，利于社会，利于人民，在当地民生改善、推广文化传播等方面均有所建树。

（一）保障七星海原住民生活

集团秉承政府、社会、企业三方共赢的经营理念，积极参与社会公益事业，协助当地政府建设公共基础设施，改善公共服务，承担起企业的社会责任感。切实解决当地民众生活用水、用电、出行及物资运输等配套设施的问题，也为百姓解决居住、上学、就医、工作等问题；为当地百姓修建教育、医疗等设施。

截至目前，优联集团为柬埔寨当地援建 1005 套民房，修筑了 75 口手摇泵井、76 口水泥涵管水井，为新村区域修建约 65 公里的道路、3 座警察所、2 所乡政府办公楼、1 座乡党办公楼、1 座陆军兵营、1 座卫生院、1 座寺庙、2 条人工河、9 个水池等等。还为这些公共设施捐赠了配套硬件如救护车、摩托车、电脑、测量仪器、学校的办公柜等教具用品。为解决当地百姓生活困难，优联集团为困难户定期捐助大米以及其他生活用品，在旱季为当地群众送水。

（二）热心公益环保及慈善事业

集团用心投入慈善事业，先后设立“优联慈善基金”和“优联发展基金”，深耕柬埔寨公益事业，援助当地居民，受到柬埔寨政府的多次嘉奖及当地民众的拥戴。优联集团每年向柬埔寨红十字会捐款，2019 年向柬埔寨红十字会捐款 100 万美元，至今已坚持十年，累计捐赠超过 550 万美元。

为您提供全方位服务

澳门贸易投资促进局

澳门贸易投资促进局是澳门特别行政区政府负责促进对外贸易、引资、会展业务发展、中国与葡语国家经贸合作等工作的部门。本局致力透过投资者“一站式”服务、经贸推广活动、葡语市场服务等系列服务，为海内外企业和投资者以及本地中小企业创造更为有利的营商和投资环境。

一、澳门投资环境

- “一国两制”、自由港及单独关税区
- 简单低税制，企业所得补充税税率最高仅12%
- 辐射八个葡语国家以至全球的市场网络
- 会展设施齐备，较完善的对外交通枢纽
- 港珠澳大桥已投入使用

二、投资者“一站式”服务

本局的投资者“一站式”服务，为投资者在澳门落实项目的过程中提供全方位的支持和协助，除通过约见、互联网、电话等渠道接待投资者之外，本局亦会委派专人由简单的咨询开始全程跟进项目，直至协助落实在澳门投资计划涉及的各项行政程序。

服务内容：

- 澳门投资环境咨询
- 委派专人协助跟进落实在澳门投资计划
- 专责公证员成立公司
- 协助跟进涉及牌照申领等各项在澳门营商行政手续
- 提供在澳门投资相关法律事务的咨询
- 向投资者提供商业配套服务信息
- 提供临时办公室及公共办公设施等支持服务

三、会展发展及经贸推广活动

本局每年主办及协办的各类大型经贸展览会议活动包括：

- 澳门国际环保合作发展论坛及展览
- 国际基础设施投资与建设高峰论坛
- 澳门国际品牌连锁加盟展
- 粤澳名优商品展
- 澳门国际贸易投资展览会
- 葡语国家产品及服务展

参与在澳门、内地及全球各地举行的各类大型经贸展览会议活动。此外，组织澳门企业界代表团外出考察访问及接待内地和海外代表团来访，以促进澳门与海内外工商企业界的交流合作。本局亦透过会展竞投及支持“一站式”服务，为有意在澳门筹办活动的会展组织者提供全方位支持服务。

四、葡语市场服务

本局属下的葡语市场经贸促进厅，为葡语国家企业开拓中国内地市场，亦为中国内地、澳门本地及其他地区有意开拓葡语国家相关业务的企业，提供一系列对外服务：

- 葡语国家经贸考察活动
- 葡语国家市场经贸推广
- 中葡商贸导航和为葡语国家企业及其产品提供在线、线下推广宣传
- 葡语国家食品展示中心
- 中国—葡语国家经贸合作及人才信息网

（www. platformchinaplp. mo）

五、澳门贸易投资促进局内地代表处

- 杭州代表处
- 成都代表处
- 沈阳代表处
- 福州代表处
- 广州代表处
- 武汉代表处

主要功能及服务：

- “一站式”服务，为内地投资者在澳门提供商事登记
- 便利化服务
- 为有意在澳门办会办展的组织者提供会展信息
- 对会展提供专项扶助计划提供会展“一站式”服务
- 增加送服务上门的质素，并遍及当地主要城市
- 支持澳门青年在内地实习、就业、创业

坚持双向开放　深度融入世界

——全力打造内陆地区融入“一带一路”的桥头堡

湖北自贸试验区宜昌片区管委会

宜昌，通江达海，辐辏八方，世界最大水利枢纽三峡工程所在地，世界水电之都、全国文明城市、中国最佳投资城市。中部崛起、长江经济带等重大机遇面前，宜昌正加速建设国家区域性中心城市，在“一带一路”波澜壮阔的开放大潮中与世界深度融通。

2017年4月1日，湖北自贸试验区宜昌片区（简称“宜昌片区”）正式挂牌，实施范围27.97平方公里。挂牌以来，宜昌自贸片区认真贯彻落实党中央、国务院及省委、省政府关于自贸区建设的决策部署，坚持“为国家试制度、为地方谋发展”定位，扎实推进改革、开放、建设各项工作，着力建设三峡地区有序承接高新技术产业转移的集聚区、长江经济带产业转型和绿色发展示范区和三峡区域对接“一带一路”的重要节点，取得了阶段性成效。

一、改革创新加快破题

在落实改革试验任务和复制改革试点经验的基础上，聚集创新创业难点、痛点、堵点抓改革。累计形成制度创新成果209项，获得了市场主体和上级主管部门认可。国务院总理李克强对“多评合一+区域综合评估”作出批示。“涉税执法容缺容错机制”入选全国自贸区最佳实践案例。“手机版电子营业执照”等2项成果被国务院自由贸易试验区工作部际联席会议简报刊发推介，“网上金融服务平台”被入选为2019年“新华信用杯”全国百佳信用典型案例。“港口岸电”在长江沿线11个省市复制推广。“外国人护照签注免留存”年内有望在全国复制推广。“一窗通办”“企业开办立等可取”等22项成果在全省复制推广。人福、安琪、金宝乐器等企业成功开展境外融资和人民币跨境双向资金池业务，推出财政科技创新贷、出口保单融资、供应链融资等举措，精准聚集解决企业融资难题。率先启动国际商事法律服务体系建设，成功承办全国自贸区改革试点经验复制推广培训班。

二、营商环境加快优化

宜昌片区对接世行标准，以“六多合一”改革为统领，深化“放管服”改革，营造“成本最低、效率最高、服务最优”的国际化一流营商环境，“多规合一”破壁垒，一张蓝图管到底，向世界播撒“亲商、重商、扶商”的种子。“一窗通办”“集成服务”“全程电子化”“多证合一”“多规合一”“多评合一”“多审合一”“多验合一”“多管合一”“区域综合评估”“标准地”出让“投资项目承诺制”“24小时自助政务服务”“24项商标注册业务”“申请材料递减制度”……一大批“放管服”改革举措从宜昌片区走向全省乃至全国，为优化营商环境提供了一个又一个“宜昌样板”。企业开办、施工许可时间分别压缩到1.5~21个工作日，均处于全国领先水平。

三、双向开放加快推进

总投资56.9亿元的宜昌综合保税区今年底

将达到封关运营条件，已储备人福药业、兴发化工、中船重工、金宝乐器、世纪联合创新、奥马电子等32个项目，协议总投资超过80亿元。片区管委会与埃塞俄比亚巴哈达尔市、哈萨克斯坦东方之门经济特区、乌克兰扎波罗热市等地签署合作备忘录，举办宜昌—葡语国家产能合作对接会、宜昌首届进口商品展等，扩大宜昌“朋友圈”。在全国第三批自贸区地级市中率先开通“宜汉欧”“宜新欧”国际班列，打通中部地区始发的首条南向通道（“宜昌—钦州—马来西亚”国际铁海联运货运班列），开通宜蓉班列，东西互通，南北相联，实现向北连接丝绸之路经济带与向南连接21世纪海上丝绸之路和中南半岛经济走廊的无缝连接，构筑起高效的国际物流通道体系。其中，“宜汉欧”到达德国汉堡时间较原江海联运方式节约时间30天，“宜新欧”节约时间22天，南向通道节约时间15至20天，宜昌与世界，越来越近。目前，宜昌片区外经企业达50家，遍布欧美、日本、非洲、东盟及拉美等20多个国家和地区，对外工程承包产业连续多年稳居全省第一、全国地市级前列。区内企业安琪酵母在埃及开辟新“战场”，建设年产15000吨酵母生产线，并以埃及为原点辐射非洲、欧洲、中亚。人福药业坚持全球化战略，在国内及美国、瑞士等地建有五个研发机构和五大生产基地，产品出口至22个国家，实现原料、制剂、技术全方位输出。

四、重大项目加快聚集

挂牌以来，京东、顺丰、厦门建发等世界500强企业多次来自贸区商谈合作项目。百事可乐年产50万吨的百事系列饮料项目已落户片区，成为百事中国在大陆地区产能最大、设备最先进、生产效率最高的生产基地。三峡明珠平行进口汽车项目成功引进，实现天津港、上海港、宜昌港“三港同质同价”。宜昌自贸区国际（跨境）电商产业园正在加快建设，园区2021年12月前将完成全部招商，引入企业100家，围绕新兴产业培育和传统动能修复，打造为中小电商企业提供技术创新、业态创新、营销模式创新的综合服务平台。今年以来，片区新签约项目81个，总投资245.11亿元。引进融资租赁、商业保理企业11家，实现融资租赁业务零的突破。

五、优势产业加速壮大

宜昌片区挂牌以来，新增市场主体6650家，其中新增企业4525余家，以全市0.13%的国土面积吸引了全市近15%的新增企业。为加快开放步伐，宜昌片区全面推行外商投资准入前国民待遇加负面清单管理制度、外资企业工商登记和商务审批“一口式”等改革，两年多来新增外资企业33户，占全市新增外资企业近40%。目前，宜昌片区产业发展态势向好，拥有5个“全球第一”（全球最大的多元醇生产基地、金刚石锯片基体生产出口基地、规模最大和剂型最多的硫酸新霉素生产出口基地、最大的六偏磷酸钠生产基地、全球最大的钢琴生产基地）；4个“亚洲第一”（亚洲最大的活性干酵母研发生产企业安琪酵母、亚洲唯一的全系列最大插齿机和铣齿机研制企业长机科技、亚洲最大的医用丁基胶塞生产企业华强科技、亚洲最大的化肥和井矿盐制造企业宜化集团）；3个“全国第一”（占据全国麻醉药品市场60%的人福药业、全国最大的联碱化工和氯碱化工生产企业宜化集团、全国最大的精细磷酸盐生产企业兴发集团）。

接下来，宜昌片区将深入贯彻落实习近平新时代中国特色社会主义思想，学习“一带一路”沿线国家或地区在对外开放方面的成功经验，紧扣核心使命，大力改革创新，持续提升投资自由化、贸易便利化水平，加快建设三大区域性国际中心，不断增强区域辐射带动能力，打造三峡区域高水平开放引领区和双向开放桥头堡。

六、打造区域性国际商贸物流中心

推动宜昌国际陆港项目落地，全面启动“四中心”（多式联运监管中心、国际快件分拣中心、国际零担转运中心、国际生活体验中心）建设，强化金融、通关、人才等配套，提升国际货物集散能力，吸引进出口贸易在片区聚集，打造三峡区域国际货物集散中心、信息中心和价格形成中心。

一是打通运输大通道。持续巩固宜昌中欧班列运行成果，对宜昌—武汉—汉堡、宜昌—西安—塔什干等既有线路班次继续实施常态运行，打通宜昌—钦州—东南亚海铁联运南向新通道，进一步拓展国际货运线路，缩短运输时间。结合宜昌国际陆港建设，开行从宜昌报关始发的中欧班列，年内开行返程班列，力争3年内达到500列/年规模，推动进出口贸易均衡发展，打造成本更低、速度更快、服务更优的国际贸易通道。

二是建设贸易大平台。坚持宜昌综保区申报、建设、招商同步推进，实现获批、建成、运营无缝对接，加快建成40万平方米标准厂房，今年底实现封关运营，确保入驻企业达到20家以上，实现年产值50亿元以上。对接武汉跨境电商综合试验区政策，引进国内一流的跨境电商综合服务平台运营商，今年年底建成4万平方米的宜昌国际跨境电商产业园，引导一批跨境电商企业入驻。大力支持三峡物流园申报市场采购贸易方式试点。支持宜贸通、汉贸网等外贸综合服务企业发展壮大，建设国家级外贸综合服务体。充分发挥宜昌茶叶、柑橘国际采购商大会和国际茶旅融合发展论坛等特色商贸平台作用，多渠道助推外贸业务发展壮大。

三是提升通关大效应。不断完善口岸功能，争取恢复宜昌铁路监管点，三峡机场一类航空口岸扩大开放，设立白洋港海关监管点，实现水陆空铁多途径通关。进一步深化海关通关一体化改革，大力推行“自主报税、自助通关、自动审放、重点稽核”的通关模式，加大推广应用国际贸易“单一窗口”力度，改革内陆通关放行和口岸监管模式，实施一体化、无纸化、空检铁放、集中监管、第三方检验结果采信、口岸联动、区域联动、口岸延伸、即查即放等通关放行和口岸监管新模式，为企业持续扩大进出口创造有利条件。

七、打造区域性新兴产业集聚中心

紧扣自贸区发展深入谋划产业，全球视野引进项目，全心全意服务企业，全力推动外资外贸特别是“四新经济”相关企业聚集，努力培育以国际物流、跨境电商、现代服务等三个千亿特色产业为代表的宜昌自贸片区产业体系。

一是大力推动产业集聚。结合片区产业主攻方向，瞄准行业500强和掌握核心技术、拥有领先产品、占据市场主导地位的龙头企业，精准对接，引进一批带动能力强的大项目。推动京东、顺丰、远成等一批重大物流项目尽快落地，做强物流全产业链及配套服务，建成千亿国际物流产业园；结合综保区引进电商、贸易及相关配套等企业100家以上，尽快形成规模效应，建成千亿跨境电商产业园；支持文化产权交易中心、泰沐科技等优势企业不断拓展业务，大力发展融资租赁、商业保理等新兴业态，建成千亿现代服务业产业园。

二是全力支持企业壮大。大力实施规上企业倍增、创新型企业培育和上市企业培养“三大”工程，尤其在技术改造、外贸发展转型等方面大力支持，三年内实现规上企业翻番，创新型企业增长20%、突破300家，上市企业增长20%、突破60家，行业“专精特新”的“小巨人”企业增长20%、突破50家。结合“千名干部进千企”“转变作风走基层倾听民生解难题”等活动，深入企业一线，主动了解需求、分析问题、解决难题。加大知识产权保护力度，进一步完善自贸片区商事法律服务中心、国际贸易仲裁服务工作站功能，为外向型企业提供经贸交流、出证认证、法律咨询、贸易仲裁等全方位优质服务。

三是努力营造产业发展环境。加快推动招商引资从靠优惠政策到靠改善投资环境转变，特别是深入推进外资领域“放管服”改革，聚焦外向型企业发展的难点、痛点、堵点，在投资准入、通关便利化、金融改革、外籍人才服务等关键领域靠前服务、大胆革新，努力形成一批改革成果，倾力为外向型经济排忧解难，加快营造法治化、国际化、便利化的营商环境和公平开放统一高效的市场环境。

八、打造区域性国际合作交流中心

发挥宜昌在鄂西渝东区域辐射影响力和参与国际合作取得的成绩，不断放大自贸平台效应，积极对接“长江—伏尔加河”合作理事会，搭建区域合作平台，广泛开展经济、投资、人文合作，打造三峡区域融入“一带一路”的桥头堡。

一是开展产能资源合作。支持安琪集团、金宝乐器、黑旋风锯业等企业海外基地加快发展，以优势企业“走出去”打响宜昌品牌。深入落实与哈萨克斯坦东方之门经济特区签署的合作备忘录，在交通、旅游、贸易、制造等领域深化合作。支持哈萨克斯坦湖北科力生工业园加快建设，扩大规模，输出国内陶瓷、精细化工等优势产能，引入中亚地区能源、锰矿、农产品等优质资源，推动从土库曼斯坦年采购50亿方天然气项目尽快落实定案、启动实施。

二是开展技术领域合作。依托葛洲坝等工程技术领域龙头企业在“一带一路”沿线国家或地区项目布局广、投资规模大、合作成效好的优势，为三峡区域相关企业走出去搭建平台。鼓励片区内企业广泛开展国际技术交流、贸易，支持人福药业等高新技术企业设立海外研发机构，利用全球人才资源，广泛开展技术合作，实现优势互补。

三是开展文旅交流合作。整合宜昌及三峡区域优质旅游资源，依托中国宜昌诗歌节、中国宜昌长江钢琴音乐节、宜昌艺术节、长江三峡国际旅游节等四大品牌，积极与境内外文旅专业公司合作，建设国际文化旅游合作平台，争取出台部分国家旅游团入境免签政策，支持三峡机场开通更多“一带一路”沿线国家或地区航线，助推宜昌打造国际文化旅游目的地，促进宜昌与“一带一路”沿线国家或地区文化旅游交流。

建设高质量内陆临港自贸试验区

中国（四川）自由贸易试验区川南临港片区管委会

自贸试验区川南临港片区位于四川省泸州市龙马潭区境内。自2017年4月挂牌以来，片区突出内陆水港特色，着力打造连接"一带一路"和长江经济带的西部航运枢纽、成渝城市群南向开放、辐射滇黔的重要门户、内陆与沿海、沿边、沿江协同开放示范区和沿江开放型经济新高地，探索建设内陆自由贸易港。

一、坚定不移推进自贸试验区建设

川南临港片区积极贯彻落实《中国（四川）自由贸易试验区总体方案》，聚焦开放制度、开放通道、开放平台、开放产业，着力培育内陆地区参与国际经济合作竞争新优势。

（一）为国家试制度，强力推进制度创新

一是突出《总体方案》总纲。建立"市区一体、三区合一"组织架构，形成《总体方案》工作台账，全面推进各项试验任务落地落实。二是突出内陆水港特色。深度聚焦海关、海事、检验检疫、外汇管理、税务和政务服务六大领域，累计形成创新成果194项，其中22项制度被第三方评估机构评为全国首创，累计在全省推广10项、在全市推广51项，其中"企业开办小时清单制"作为四川4项代表性经验之一，纳入国务院第五次大督查典型经验做法，以国务院办公厅名义全国通报表扬。三是突出打造一流营商环境。高标准对照世界银行营商环境指标评价体系，实施营商环境三年行动计划。目前，"最多跑一次"事项达364项，"一章"运行323项；企业开办从设立到具备一般性经营条件压缩至18小时（2.15个工作日），远低于国家8.5个工作日要求；实施"多规合一"建设项目审批流程改革，备案类项目从立项到获得施工许可证最多22个工作日；泸州港进出口平均通关时间分别为7.9小时和0.34小时，实现大幅提速。

（二）为地方谋发展，加快集聚产业动能

围绕"一核引领、四区联动"，突出抓好外向型经济培育，累计新增注册企业5507家，为原存量企业的6.7倍。一是加快发展航运物流。筹建完成泸州航运物流交易所，推出"省内到泸州港的集装箱高速路车辆通行费补贴"、口岸通关"零费用"、保B仓库"零租金"等系列措施，成都经济区水运货物占泸州港吞吐量60%以上。1—10月，泸州港集装箱吞吐量达48.7万标箱、增长18.5%。二是加快发展港口贸易。启动建设西南大宗商品交易中心，创新平行进口汽车异地监管展销、跨境直邮、保税备货等贸易新业态，新培育进出口贸易企业372家，引进阿联酋塑料粒子、澳大利亚红酒等国货物在泸州分拨。1—10月，完成外贸进出口总额179.9亿元、增长43.5%；泸州港保税物流中心（B型）完成进出口货值22亿元、增长158%；泸州进境粮食口岸完成进口粮食8.1万吨、增长72.3%。三是加快发展智能终端。抢抓东部沿海产业转移机遇，引进手机整机和配套企业44家、已投产28家，建成标准厂房95.9万平方米、在建99万平方米，全部投产后，可实现年产能900亿元、销售收入220亿元。四是加快发展金融产业。引进金融和类金融机构58家、基金8支，融资租赁和商业保理等新兴金融业态初步形成。

（三）为区域搭平台，不断完善开放载体

一是狠抓交通枢纽建设。集合“水公铁空”优势，协调推进自贡—泸州大件路、川南城际铁路、隆黄铁路电气化改造和长江航道（泸渝段）生态整治，云龙机场建成通航。二是狠抓口岸能级提升。获批启运港退税政策试点、进口非特殊用途化妆品备案试点，外贸船舶可临时进出泸州港部分泊位，完成“启运港退税+无水港”首票发运。进口肉类指定查验场建成并通过预验收，全力争创综保区、国家开放口岸、汽车整车进口口岸。天府股权交易中心完成筹建，中国酒城国际人才港、“一带一路”国家馆群建成投用。国际贸易、行政审批、融资抵质押、事中事后监管等11类信息化平台上线运行。三是狠抓开放通道建设。按照“突出南向、提升东向、稳定西向、开拓北向”思路，双向开行“泸州—广州”铁海联运班列，正式开行“泸州—钦州”铁海联运班列，成立川江船队和专业粮运船队，“五定”外贸直航班轮每周4班，“蓉欧+泸州港”号班列稳定发班。在昆明等地设立无水港6个，挂牌成立驻香港办事处，协同开放城市累计达45个。

（四）为百姓增福祉，着力建设自贸新城

一是坚持规划先行。邀请国内外28家一流城市设计机构，经三轮竞赛角逐，确立“两带一路自贸港、川渝滇黔创智城”总体定位，形成“三区协同、五核联动”的空间结构。同时，在总体规划中推行单元开发理念，设置F类服务产业弹性用地和Z类产业弹性用地，推进土地节约集约利用。二是搭建交通骨架。基于“蔓藤城市”理念，科学布局骨干路网，形成“两横三纵”道路骨架。内部交通以一、二环线和轻轨1、2、4号线为依托，推进贤才路、腾飞路等次干路和支路建设，着力形成“两环三轨”网络状的路网体系。三是完善城市功能。坚持SOD规划理念，推进总部基地、天下川江、恒大华府、泸州天立国际旗舰学校、城建学院、京都妇儿国际医院、富森美（泸州）国际家居广场等项目建设，万达广场建成投用。四是提升新城品质。按照“公园城市”理念，推进凤桥河生态景观、学士山公园、玉带河公园、炭黑厂旧城改造等项目，打造山水宜居智慧新城。

二、新形势下发展定位分析

自贸试验区承载着“为国家试制度、为地方谋发展”历史使命。面对当前国际贸易形势突变、全国全域开放态势加速、四川省委“四向拓展、全域开放”总体布局以及泸州市委争创全省经济副中心的重要任务，川南临港片区如何在新形势下、在纷繁复杂的变化中找准自己的发展定位、明确自己的发展方向，走出一条引领区域开放发展的正确道路，亟待思考和解决。

（一）在国家自贸区发展战略中的定位

《总体方案》明确，川南临港片区建设全国重要区域性综合交通枢纽和成渝城市群南向开放、辐射滇黔的重要门户，具有探索内陆与沿海沿边沿江协同开放新机制的重要使命。因此，川南临港片区提升开放要素资源整合能力，建设成为内陆非中心城市开放发展的样板，对于推进西部开放发展、推进全面开放新格局可具有重要的借鉴意义；川南临港片区以开放促发展构建沿江开放型经济发展新模式，对于提供长江经济带开放发展新模式具有重要的现实意义；川南临港片区突出南向，协同川渝滇黔桂粤重要物流节点城市，对接南亚、东南亚国际市场，对于西部地区参与国家21世纪海上丝绸之路建设可提供参考经验。

（二）在四川开放发展中的定位

认真落实四川省委两个《决定》明确“四向拓展、全域开放”的发展方向，对自贸试验区提出建设内陆自由贸易港，推动多式联运和通关便利化，释放空铁公水集成优势的工作要求。川南临港片区做优水运开放枢纽优势，提升四川东向水运开放通道便利化，构建水运开放平台对于四川开放发展不可或缺；川南临港片区是四川“多支”体系中唯一的自贸片区，对于探索除成都外的全省对外开放新高地具有重要试验价值；川南临港片区处于川渝滇黔结合部，位于四川最靠近南向开放区域、经济活力仅次于成都平原经济区的川南经济区，发挥自贸区对接和参与制定国际贸易规则的优势，具有探索构建南向开放新规则的重要作用。

（三）在泸州开放发展中的定位

全面落实泸州市委推进“全域自贸”建设、构建立体全面开放新格局的要求。把川南临港片区作为推进全市对外开放的功能性引领区，侧重于开放制度环境、开放功能平台、对外开放通道和开放产业的发展，推动全市开放经济高地建设。

（四）在龙马潭区开放发展中的定位

按照“三区一体”布局，川南临港片区侧重于建设开放功能承载区、开放型产业聚集区、开放营商环境示范区，成为推动龙马潭区新旧动能转换和转型发展的主要动力之一。

三、面向未来对策建议

深入学习贯彻习近平总书记关于“统筹谋划和改革创新”“建设新时代改革开放新高地”等重要指示精神，牢固树立高质量发展、高水平开放理念，坚持“一张蓝图绘到底”，坚持系统集成和首创性创新，全力发挥片区在营商环境、开放产业、开放枢纽、开放新城建设中的标杆示范带动引领作用，助推全市争创全省经济副中心。

（一）强化“首创性、集成式、差异化”探索，全面提升制度创新整体活力

坚持以《总体方案》为纲，强化内陆水港特色，引领打造法治化、国际化、便利化营商环境。一是着力深化通关一体化改革。推进“关港贸”一体化通关、大宗商品“先验放后检测”、汇总征税、关税保证保险等制度创新，探索财关库银横向联网和税单无纸化，力争口岸整体通关时间再压缩。二是着力实施海事治理智能化改革。推进无人机海事监管治理项目，建立海事综合执法平台，实施证书联合查验机制。三是着力打造金融生态示范区。推进天府（四川）联合股权交易中心泸州大厅建成投运，建设川南金融服务中心，推动周边企业境内外上市融资；探索航运保险、航运提单商业保理等融资服务模式。四是着力创新“人工智能+税务”征管模式。建设智能导税等五大智能系统，探索将“启运港退税+无水港”模式推广至腹地重要物流节点城市。五是着力建设政务服务示范区。重点推进“互联网+政务服务”系统化创新，实施工商登记确认制改革，出台《深化营商环境建设若干措施》，建立片区营商环境示范引领标准，力争营商环境综合评估进入全国领先行列。

（二）强化“新力量、新动能、新业态”培育，全面提升开放经济发展水平

一是突出招大引强。围绕智能终端、航运物流、港口贸易等重点产业，瞄准世界500强、全国行业前十强和央企国企，紧紧依托驻港办事处，发挥香港“超级联系人”作用，针对性制定外资尤其是港资招引办法，设立引进外资贡献奖，推进更多外资项目尽快落地。二是突出产业集聚。加快打造临港大宗商品交易中心、临港进出口商品集散分拨中心和临港进出口加工中心，推进综合保税区申创、建设、获批，力争实现封关运行。加快西部国际物流城、香港科技产业园、高铁跨贸城、和润粮油等项目建设。三是突出业态培育。大力发展总部经济、跨境电商、融资租赁、商业保理、供应链金融等新兴业态，加快推进自贸总部基地建设，积极引进金融和类金融机构，帮助培育新三板挂牌企业，推动企业在天府（四川）联合股权交易中心挂牌交易。启动实施港交所上市培育三

年行动计划。

（三）强化“新权限、新功能、新平台”汇聚，全面提升开放平台支撑作用

一是全力向上争取赋权。认真落实国务院关于支持自贸试验区建设的若干措施，全面做好省上第一、二批权限承接工作，积极争取国家部委和省级部门试点试验。二是全力拓展口岸功能。加快推进综保区、国家开放口岸、跨境电商综试区、汽车整车进口指定口岸争创工作，确保进口粮食、进口木材大幅增长，进口肉类突破发展。三是全力推进自贸新城建设。突出“港产城”联动，推进打造“三大片区、六大产业功能区、九大特色产业”，加快建设天下川江、泸州天立国际旗舰学校暨西南文化教育总部基地、学士山公园、玉带河公园、进港公路等一批城市功能和路网项目。

（四）强化“新通道、新网络、新节点”布局，全面提升陆海内外联动协同架构

主动加大与沿海、沿边、沿江重要物流节点城市开放合作，进一步优化联通粤港澳大湾区、环北部湾经济圈，对接“一带一路”和长江经济带的江海联运、铁海联运、公海联运外贸大通道格局。（1）突出南向，加强与广州、深圳、钦州、防城港、凭祥合作，全年力争开行“泸州—广州—香港”铁海联运班列、“泸州—钦州—东南亚”铁海联运班列，探索开行“泸州—凭祥—越南”国际铁路班列和“泸州—广州—深圳—香港”五定公路班车。（2）提升东向，加强与重庆港、武汉港、南京港、上海港开放合作，加密开行升船机“五定”外贸直航班轮，推进长江航道（泸渝段）生态整治，打造长江上游四川航运中心。（3）稳定西向，争取开行“蓉欧+泸州港”班列，增设雅安、乐山等无水港。（4）开拓北向，探索开行“泸州—石家庄—俄罗斯”铁路班列，优化泸州白酒北上、俄罗斯木材等南下的贸易新通道。

（五）强化“新空间、新纵深、新腹地”拓展，全面提升服务川南及周边水平

一是主动服务全市。全力推进实施“全域自贸”，加强制度创新经验可复制可推广，协同推动航空临时口岸争创工作，让全市共享自贸试验区改革开放成果。二是主动服务川南。深化川南港口群合作，推进“自贸红利区域共享”，加强与川南经济区重点产业园区协同，探索共建改革协同区，稳定和扩大港口腹地货源。三是主动协同成都。认真落实《成都—泸州深化区域协同发展合作协议》等协议，合作共建向东向南多式联运大通道，推进与成德绵地区物流一体化发展，推动构建“总部研发在成都、生产配套在泸州”的新型合作关系。四是主动服务滇黔。积极在遵义、毕节等地布局“无水港”，加强进口木材物流及加工等领域合作，拓展“泸州—昆明”铁水联运班列外贸货源，深度融入孟中印缅经济走廊。

两江达四海　贸易通全球

——两江自贸区加速打造新时代改革开放新高地

中国（重庆）自由贸易试验区

一、两江新区概况

两江新区是中国（重庆）自由贸易试验区（以下简称“重庆自贸区”）和中新（重庆）战略性互联互通示范项目（以下简称“中新示范项目”）的核心载体平台。按照自贸区和中新项目一体规划、一体推进的要求，全力推进“政策+功能+平台+项目”四轮驱动两江自贸试验区改革、创新、开放工作。

两江新区纳入重庆自贸区规划范围为86.33平方公里，占全市71.95%。其中，两江直管区73.83平方公里，占全市61.54%，江北区1.4平方公里，北碚区1.18平方公里，渝北区9.92平方公里，划分为7个功能组团：北碚—悦来—水土新兴产业组团、渝北—空港组团、金山—水港组团、照母山服务贸易和科技创新组团、江北—江北嘴金融组团、龙盛高端产业组团、果园港物流组团等。

2019年1—10月，两江自贸区新增市场主体3042户，注册资本483.45亿元，市场主体累计达到19410户，注册资本3692.38亿元。重点项目36个，投资金额792.08亿元，重点项目累计达到78个，投资金额1419.78亿元。可以说是“小区域、大开放，小空间、大作为”。推动落实国家赋予重庆自贸试验区改革试点任务情况120项，完成率80%；落实重庆自贸试验区创新举措情况87项，完成率89.7%；复制自贸试验区改革试点经验情况104项，完成率94.5%。“市场综合监管大数据平台”被入选为全国自由贸易试验区第三批“最佳实践案例”。

1. 拓展东南西北四个方向，形成铁公水空联运体系。依托水铁公空全方位多式联运为一体的枢纽优势，全力打造果园港国际多式联运枢纽，多方向出海出境通道成效凸显，实现了长江水道、中欧班列、陆海新通道多条国际贸易大通道的相互贯通。

2. 打造创新发展开放平台，形成对外交流合作支撑。依托业态齐全的开放平台，打造两江对外开放提供主战场。在战略平台方面，建设重庆自贸试验区、中新互联互通项目核心区，为产业开放、环境优化、要素流通等提供政策支撑；在功能平台方面，保税港区、江北嘴、开放口岸、果园B保等平台为加工贸易、金融开放、新型贸易、国际物流等产业发展提供功能支撑；在园区平台方面，鱼复、水土、龙兴园区为汽车、装备制造、芯屏器核网、航空等产业提供载体支撑；在创新平台方面，数字经济产业园、礼嘉智慧公园、协同创新区联动发展，为以数字经济为主的机构、企业、项目、技术、体验、人才提供生态支撑；在活动平台方面，悦来会展城建成对外合作的会展支撑。

3. 发展高质量开放型经济，形成特色化集群化产业。依托开放平台功能和优势，推动先进制造业和现代服务业协调发展。汽车、智能电子、装备制造、生物医药4大先进制造业支柱产业集约集聚、提质增效，汽车和电子信息已分别形成千亿级产业集群，装备制造和生物医药已形成百亿级产业集群；现代服务业领域不断扩大开放，形成“保税+服务贸易”、金融开放、国际物流等行业多点开花、齐头并进的发展态势。

4. 推进体制机制改革创新，形成便利化的开放环境。依托商事制度改革、强化法制机构等举措，搭建开放型经济新体制，深入推进政府职能转变，深化简政放权、放管结合、优化服务改革，加快打造市场化法治化国际化营商环境。

5. 建设国际交流合作平台，推动专业化的国际合作。依托两江国际合作中心及多个国别产业园，全方位搭建国际交流合作平台，吸引一批有影响力、号召力的国别商会、行业协会、涉外服务机构、总部企业等机构，创新适应于开放新形势的国际合作平台在发展模式、运行机制、服务体系等工作体系。

二、下一步计划

下一步，两江自贸区将积极主动服务国家战略，强化“领跑”西部开放开发的担当，对标世界顶尖水平，进一步深化内陆国际物流枢纽和口岸高地建设，增强开放平台集聚辐射能力，提升开放型经济发展质量。

1. 进一步拓展开放通道，打造互联互通新枢纽。做强长江黄金水道，重点强化航线完善、航道整治、通道建设。做优中欧班列（重庆）功能，重点优化港口联动、提质增效、班列丰富、政策创新。做大陆海新通道，重点加大降本增效、枢纽合作、协同发展力度。做实其他物流通道，推进渝满俄、中亚等通道建设。做精国际航空通道，设立生物制剂、首次新药进口和快件经转口岸，形成东南亚—重庆—欧洲的航空货源内陆集结点和转运中心。

抓开放通道体系互联互通，扩大在欧、东南亚货物集散能力，提升开放通道覆盖能力和互联互通水平，扩大对通道沿线区域的货源集散能力。抓各类多式联运差异化发展，以江海联运、铁水联运、铁铁联运、铁空联运等联运方式为主，进一步提升果园港国际多式联运枢纽运输服务水平。抓国际多式联运中心建设，为果园港国际多式联运枢纽的联运组织、转运、调节和管理货物流通等各项业务进行统一指挥调度。

加速建设果园港，以港口型国家物流枢纽建设为契机，依托沿海、内河港口，对接国内国际航线和港口集疏运网络。加速建设鱼嘴货运站，以建设中欧班列（重庆）、陆海新通道、沿江班列发运站为目标，提高场站智能化、规模化作业水平，形成与果园港高效互通的铁路货运场站。加速建设联运枢纽智能化，打造果园港、鱼嘴铁路站和中新多式联运基地三个场站升级和建设全自动智能化体系。

2. 进一步提升开放平台，打造开发开放新战场。深入推进自贸试验区建设，加快开展首创性差异化改革，加快构建适应高水平开放的行政管理体制，加快探索建设内陆自由贸易港。深入推进中新项目建设，金融以金融科技为核心，物流以“1+1”项目为核心，通信以中新数据通道为核心，航空以经转口岸为核心，其他领域以国际配套为核心，加深中新全面合作。

持续建设水土园区，瞄准智能产业发展重点方向，全面构建集成电路、新型显示、智能终端、通信产业、物联网等产业集群。持续建设鱼复园区，提升新能源汽车“大小三电”、先进汽车电子、辅助驾驶系统、网联终端系统等关键零部件本地配套能力。持续建设龙兴园区，形成通用航空与运输航空“两翼齐飞”、航空与航天协同发展的集群式发展格局。

加强发挥保税港区功能，加快建设加工贸易创新发展基地、以“保税+”为特色的战略性新兴服务业创新示范基地和内陆国际物流基地，打造“一带一路”商品展示交易中心和“一带一路”商务中心。加强发挥江北嘴金融中心功能，对标国际国内重要金融中心，推进中新金融科技合作示范区建设、渝港合作、产业平台及金融创新平台建设，增强两江金融市场和金融机构的国际影响力。加强发挥开放口岸功能，建设口岸体系全、功能配套齐、通关效率高、服务环境优、集聚辐射强的口岸高地。加强发挥果园B保功能，为打造果园港、多联中心、分拨中心和周边产业壮大提供保税物流服务。

加快数字经济产业园建设，以数字化知识信息为关键生产要素、以现代信息网络为重要载体、以高效利用信息通信技术优化产业结构，打造数字经济产业高质量发展示范、智慧生活应用典范、国际合作重要枢纽。加快两江协同创新区建设，着力引进高校和企业研发机构，打造全球高端人才和创新项目集聚地。加快礼嘉智慧园建设，以生态、绿色、智能为本底，将人工智能、大数据、物联网等现代信息技术贯穿于生产、生活、生态空间，打造智能化生活场景智慧之城和未来之城。

充分发挥悦来会展城在重庆加快国际会展城市建设进程中的作用，继续办好已落户重大会议活动，并争取举办更多重要国际会议活动的举办。

3. 进一步发展开放型经济，打造新兴产业新动能。切实推动对外贸易转型升级，做优一般贸易，做稳加工贸易，积极培育外贸新增长点。切实提高利用外资水平，围绕大数据、云计算、智能制造、现代物流、航空产业、金融服务等开放型经济主导产业和总部经济、平台经济、共享经济、绿色经济等新型业态。切实提升对外投资便利化程度，强化服务“走出去”，提升对外投资便利化程度。

加快提升现代服务业发展水平，推动生产性服务业向价值链高端延伸，生活性服务业向高品质方向提升，着力构建新技术支撑、新业态引领、新模式广泛应用的现代服务业体系，实现现代服务业发展水平的跨越式提升。加快培育“品牌+制造+配套”体系，积极打造新型加工贸易中心，推进全球保税维修集群。鼓励汽车、装备、电子信息等企业扩大技术进出口，促进金融、物流、研发设计等生产性服务贸易与数字化融合发展。加快新型贸易平台发展，搭建大数据公共服务平台，加快实现数据应用服务、产业技术研发等全产业覆盖。

加大招商引资力度，抓住国家大幅放宽外资市场准入、推动外商投资重大项目落地的契机，引进一批能够在国内外产生重要影响的标志性外资大项目。加大支持国内市场主体“走出去”，支持自贸云、一达通、领工云商等外贸平台强化能力和网络，聚焦“一带一路”沿线国家或地区市场。

4. 进一步优化开放环境，打造对外开放新形象。树立“人人都是开放形象、处处都是开放环境”的理念，将营商环境作为加快建设内陆开放高地的基础工程。通过对标世界银行营商环境评价体系、加大“放管服”改革、改善法治环境，营造市场化、法治化、国际化营商环境。通过大力实施负面清单制度、完善市场监管体系、建立守信承诺体制，营造公平、公正、公开的市场环境。通过完善国际化公共服务、社会服务保障体系、城市配套体系、两江特色国际旅游体系，营造宜居、宜业、宜游的人居环境。

5. 进一步深化交流合作，打造国际合作新体系。重点加强国际交流合作，建设中西部国际交往中心。通过加快建设两江国际合作中心、策划打造“两江领事馆集聚区”，强力引进国际领事机构和商务机构。通过建设中瑞、中德、中意、中以、中韩、中日产业园，强力推进建设国际合作产业园。通过与通道、贸易、产业合作、人文交往相关的外国城市发展建立友好城市关系，强力推动友好城市合作互动。

着力打造丝绸之路经济带核心区标志性工程

乌鲁木齐国际陆港区管理委员会

一、推进核心区标志性工程的理解

新疆维吾尔自治区党委九届六次全会上提出丝绸之路经济带核心区建设“一港、两区、五大中心、口岸经济带”的对外开放布局，要着力抓好“一港”建设，把乌鲁木齐国际陆港区建设成为丝绸之路经济带核心区标志性工程。

所谓“核心区标志性工程”是高水平、高标准、在某一区域、某一领域或某一行业具有显著影响力的工程。核心区标志性工程，应指向丝绸之路经济带核心区定位下的、国际化商贸物流战略支撑项目组团，是形式与内容的完美结合、物理设施与产业发展的有机统一、数量增长与质量提升的一致并举、成本节约与运行效率的均衡发展，在全国商贸物流园区布局中特色明显、不可替代，在区域发展中发挥核心辐射引领作用。

乌鲁木齐作为国家物流枢纽城市，应该是辐射区域更广、集聚效应更强、服务功能更优、运行效率更高的综合性物流枢纽，在全国物流网络中发挥关键节点、重要平台和骨干枢纽的作用。将乌鲁木齐国际陆港区打造成为核心区标志性工程，要始终坚持“集货、建园、聚产业”的发展思路，明确陆港区深层次、高质量的发展要求和任务，重点围绕陆港区对于核心区建设在发展上的引领性、功能上的支撑性、成果上的代表性方面集中着力。

1. 在发展上对于核心区建设具有引领性。打造核心区标志性工程，为核心区发展提供可借鉴、可复制的经验，包括体制机制、产业业态、改革创新、政策措施、营商环境等，使核心区标志性工程扩大影响力，成为争相学习的示范和榜样。

2. 在功能上对于核心区建设具有支撑性。陆港区在核心区建设中不仅限于建好自己的“一港”，也要在支撑“五大中心”建设和口岸经济发展方面发挥重要作用。核心区不仅是简单的物理概念，而是以建设丝绸之路经济带上重要的交通枢纽、商贸物流和金融文化科教中心来支撑的核心区。陆港区在建设丝绸之路经济带商贸物流中心和交通枢纽中心方面发挥主要支撑作用。

3. 在成果上对于核心区建设具有代表性。一是发展速度要高：陆港区的发展速度要领先于全疆发展速度。二是综合效益要好：除了促进产业发展等经济方面，在促进人文交往、交融，实现总目标方面也要发挥交流窗口作用，使欧洲、中西亚通过陆港区来感受中国，推进政策沟通、设施联通、贸易畅通、资金融通、民心相通。三是作用发挥要强：不但服务全疆发展，也要服务我国对外开放，还要服务丝绸之路经济带沿线国家商贸往来。

二、核心区标志性工程的要素标准

核心区标志性工程建设，应紧紧围绕社会稳定和长治久安新疆工作总目标，立足服务脱贫攻坚战，立足服务新疆经济高质量发展，基本要素包括但不限于以下几方面：

1. 区域规划高标准。立足全球视野，高标准统筹区域土地利用、功能布局、城市规划、产业定位、交通网络等要素，做到土地集约化利用、资源最大化使用、产业集聚化发展。

2. 开放体系和支持政策系统化。顺应新时代经济高质量发展要求，建设多元平衡、安全高效的全面开放体系，要融入高层次对外开放规划布局和对外合作项目，在国家层面战略规划中形成对外开放的典型和示范；要拥有特殊区域地位的授予和认可，形成开放型功能平台完善的集聚地；要有相应全面系统的政策体系支持，从体制机制管理、改革创新、资金支持、土地利用、金融投资、功能赋予等多方面助推开放型经济发展。

3. 设施建设高水平。区域设施建筑群无论是城市设计、单体结构、建筑外立面设计，还是交通、水、电等配套要素，既要整齐划一，又要张扬个性，形成国际化、产业化地标建筑群，给人以震撼视觉冲击。

4. 功能平台集群化。围绕完善体系化的平台功能，建设门类齐全、促进产业发展的功能平台，集中布局规划建设，包括：①口岸平台，包括各类特殊监管区等功能区。②物流平台，包括公、铁、空物流中心、分拨中心、多式联运中心。③贸易平台，包括线上中心、展示交易中心、大宗商品交易中心。④信息平台，包括报关通关、物流分拨、商品交易。⑤金融平台，包括银行服务、结汇服务、产业基金、出口退税、供应链金融等。

5. 产业发展园区化。突出产业发展核心，规划建设产业园区，以国际化加工贸易产业为重点，引进装备制造、高新技术等产业，构建层次高端、链条完整、结构优化、带动性强、效益显著的现代产业集群，形成专业性、综合性集聚发展的产业链体系。建设兼顾国际与国内，加工、物流与贸易，形成各类产业、各种业态在园区联动发展。

6. 辐射带动最大化。①打造物流组织体系，引入国际化视野和理念，建成覆盖“丝绸之路经济带”重点物流节点网络，形成国际物流通道闭环；打造进出平衡、具有核心竞争力、与产业链发展、供应链建设相匹配的高质量中欧班列平台，强化我国向西开放物流运输组织能力，建设丝绸之路经济带核心区物流组织中心。②打造外向型产业组织体系，提升各类海关特殊监管区的能力，释放综合保税区国际化功能，建设出口加工产业链条，实现出口加工产业规模发展。以国际化产业发展为导向，引进国际一流企业及供应链体系，建成外向型实体经济配套产业园区，实现外向型产业在陆港区集聚发展，建成我国西部具有显著影响力的外向型产业发展集聚区。③打造国际商贸交易体系，创新国际商贸产业发展支持政策，引入国际一流商贸物流企业，引领国际商贸产业集聚发展，建成支撑国际商贸产业发展的各类要素交易中心、金融结汇中心、出口退税中心等开放式平台，提升国际商贸产业的持续发展能力，建成丝绸之路经济带商贸中心。④打造国际陆港服务体系，按照国际一流陆港设施建设标准，第一，要完善港口功能，优化陆港国际化功能；第二，要不断完善国际陆港设施；第三，不断提升国际陆港服务能力和水平；第四，营造良好的营商环境，形成物流组织高效、通关便捷、综合费用节省、富有竞争力的凹地效应，建成服务型国际陆港。

通过以上四个体系打造，最终建成“口岸功能领先，物流设施先进，物流效率最高，物流成本最低，服务质量最优，产业环境友好”，引领新疆向西开放，促进首府国际化建设的创新发展试验区、开放经济引领区、现代化、国际化示范区，成为我国对外开放资源汇集新枢纽、国家智慧商贸物流新典范、区域经济动力转型新支点，构筑丝绸之路经济带更高层次开放型经济高地。

三、核心区标志性工程的主要支撑

1. 理念思路举措创新方面。创新是推进核心区标志性工程建设的重要动力源泉。第一，陆港区“集货、建园、聚产业”工作思路是对陆港区工作理念与路径的创新；第二，创新开展中欧班列“集拼集运”业务，能够有效降低班列运营的物流成本，提升中国货物出口的竞争力；第三，建设中欧班列集拼集运智能场站平台系统，能够实现境内外班列运行数据的实时动态显示，提供货物追踪、共享境外段班列运行信息、平台订舱等服务，同时可拓展开发铁路仓单质押等金融功能；第四，成功开行陆港区至连云港、青岛港、天津港的铁海联运测试班列，促进了新疆本地产业发展。但还需要准确把握新形势、新要求，进一步落实“集货、建园、聚产业”的工作思路、优化完善港口功能、推进集拼集运、发挥智能场站作用、推进海铁联运发展等，持续推进改革创新取得实效。

2. 规划设计方面。核心区标志性工程的高标准区域规划，既需要拥有全球视野，又要立足新疆的现状，充分发挥综合优势。目前，陆港区围绕打造标志性工程的区域规划，完成了总体发展规划及部分项目规划，还需要健全规划体系，加强陆港区各类规划的有机衔接，找准科学合理的规划定位，同时，积极争取国家层面的认可，以更大力度推进标志性工程的落地实施。

3. 体制机制方面。高效运行的工作机制是建设核心区标志性工程的前提保障。目前，已成立自治区层面的乌鲁木齐国际陆港区建设工作协调小组和乌鲁木齐市级层面的国际陆港区管理委员会，统筹陆港区顶层设计和协调管理工作；成立了国际陆港投资开发运营主体新疆国际陆港（集团）有限责任公司，负责陆港区投资、开发、建设、运营等。但需要进一步加强管理体制、工作联系机制、评估和考核机制等方面工作，形成健全高效的运行管理体制机制，加速陆港区打造核心区标志性工程。

4. 开放体系和政策体系方面。建立系统完备的开放体系和政策体系是建设核心区标志性工程的重要内在推动力。我们的对外开放及政策体系建设还不完善，开放型特殊区域设置及功能平台不完善，相应政策体系支持力度有限，投资自由化、贸易便利化程度不高，还需要增强国家层面定位、特殊区域认可、政策体系支持等方面工作力度，建立系统性、完整性的陆港区开放体系和政策体系，为建设核心区标志性工程提供重要支撑。

5. 硬件支撑方面。核心区标志性工程需要高水平基础设施作为基础支撑。目前，陆港区基础设施建设正在有序推进，已形成日趋完备的基础设施硬件条件，但由于产业发展规划、功能布局设计等前置程序还不完善。需要进一步完善基础设施的最后一公里、优化开发建设运作机制、创新投资开发管理模式，夯实建设核心区标志性工程的硬件基础。

6. 人才建设方面。人才是提升陆港区核心竞争力、打造核心区标志性工程的重要支撑。目前，陆港区专业化的人才储备较为匮乏，人才队伍方面，虽然组建了专业的建设发展研究团队，但缺乏物流、金融和产业发展等方面的本地专业人员。还需要建强人才队伍，健全人才培养、引进与激励机制，优化人才建设环境，为核心区标志性工程的打造提供智力支撑。

7. 资金保障方面。资金是各项工作开展的基础前提，也是核心区标志性工程建设的重要支撑。目前，陆港区的建设资金来源主要依托经开区（头屯河区）及市级财政，而陆港区建设投资规模巨大，涉及上百亿资金，财政压力较大。同时，目前陆港集团成立时间短、融资能力有限。需要拓宽融资渠道，争取各类商贸物流政策资金支持，完善政府与社会资本合作模式，做大做强平台公司，为核心区标志性工程建设提供坚实的资金保障。

8. 科技水平方面。科技是提升效率和推进生产力发展的重要手段，也是核心区标志性工程建设的必要支撑。目前，陆港区建设中科技手段的运用还不够完全，需要以智能场站平台建设为依托，建立智能场站常态高效的运行机制，要着力打造技术密集型智慧陆港和虚拟物流链控制中心，发挥新疆地缘优势和陆港区枢纽优势，大力发展研发设计、技术转让、检验检测、科技咨询、科技金融等科技服务，提升标志性工程建设的科技支撑能力。

9. 营商环境方面。营商环境体现着国际陆港发展的核心竞争力。目前，陆港区整体营商服务环境有待改善，“一站式”通关服务及政务服务方面还有欠缺，国际物流全程服务能力远远不足。需要进一步优化贸易投资环境，推进各项政务办理的改革，加强与企业的互动，为企业营造良好的法治环境，搭建完善的功能平台，提供相应的保障服务，为核心区标志性工程建设营造优质的营商环境。

10. 风险防控方面。提高风险防控能力、防范化解重大风险是切实做好陆港区社会稳定各项工作的基础。确保标志性工程的顺利实施，需要紧紧围绕实现社会稳定和长治久安总目标，按照“属地管理、行业监管、预防为主、联动控制、职责分明”的原则，健全管理机制，建立风险防范体系，制定出入境管控、项目建设、金融、财政、安全生产等各方面的风险应对方案，营造良好的社会环境。

打造国际营销服务平台

中欧商贸物流合作园区

中欧商贸物流合作园区作为“一带一路”上连接中匈两国经贸物流的重要桥梁和纽带，沉淀了三代匈牙利华商的智慧和经验，凝结了中欧多国企业家的才智和心血，2015 年 4 月 13 日通过中国商务部和财政部确认考核，成为首个国家级商贸物流型境外经济贸易合作区。

园区抓住“一带一路”倡议，助推境外合作园区发展的机遇之路、繁荣之路，积极探索实践和创新境外“国际营销服务公共平台”建设，沿着“一带一路”以多点联动、多模式并举，建立起基础设施完备、服务功能完善、具有集聚辐射效应的区域投资发展贸易及物流环境，引导中国企业集群式“走出去”抱团出海发展，搭建起欧洲市场的国际营销公共服务平台。通过与匈牙利对外经济和外交政策的有效对接，促进了“一带一路”倡议的政策沟通，实现了中国与欧洲商贸物流合作交流、互利共赢，共享发展所带来的成果。境外园区发展与“一带一路”倡议深度融合，走出了一条境外合作区在“一带一路”倡议下建设国际营销服务公共平台、引领中国企业进入欧洲市场的新路子。

一、园区发展及环境

中欧商贸物流合作园区始建于 2012 年，位于匈牙利首都布达佩斯市。匈牙利布达佩斯山河秀美，是欧洲著名的古城，享有“多瑙河上的明珠”之美誉。匈牙利地处欧洲心脏，与七国接壤，享有欧盟关务一体化便利，欧盟 28 国自由流通。

匈牙利政局稳定、经济结构合理，是欧盟最具发展潜力的国家之一，2018 年 GDP 增速 4.9%。中国是匈牙利欧盟以外的第一大贸易合作伙伴，匈牙利是中国在中东欧地区第三大贸易合作伙伴。匈牙利对华友好，与中国签署多项投资与合作的政府间重要协议，也是第一个与中国签署《关于共同推进“一带一路”建设的谅解备忘录》走进“一带一路”的欧洲国家。匈牙利区位优势优越，交通四通八达，泛欧交通走廊贯穿全境，匈乌是中欧班列三大宽准轨换装通道之一，“一带一路”两大旗舰项目“中欧班列”与中欧海铁快线“匈塞铁路”汇聚匈牙利。

中欧商贸物流合作园区遵循落实国家战略、体现自身价值、建立多维渠道、促使理念融合的发展思路，园区规划总投资 2 亿欧元，已建设完成匈牙利中国商品交易展示中心、切佩尔港物流园、德国不莱梅港物流园。以“一区多园、以展促销、双向引领、内外联动”的经营理念，吸引入驻园区企业达到 172 家，实现年贸易额 5.7 亿美元，带动和拉动国内企业直接出口和间接出口达 8 亿美元，解决当地就业 1499 人。建设完成的商贸和物流两大公共服务平台以及匈牙利切佩尔港企业海外仓、德国不莱梅港跨境电商海外仓，可为进入欧洲的中国企业提供高品质、全方位的公共服务，成为中国企业登陆欧洲市场的桥头堡。

二、建设商品展示营销渠道

运营中，强化国与国、企业与企业沟通合作。中欧商贸物流合作园区沿着“一带一路”建立了多点联动、多模式并举的营销渠道，帮助企业积极探索新的市场营销模式，缩短本地化进程，提升中国品牌的国际化水平和影响力。初步形成了以仓储、装配、运输、通关集散为主的全方位物流体系。这种多式联运头程干线服务，促进了园区经贸平台的效力和作用。例如园区搭建了由11个中东欧国家驻匈大使和参赞组成的“顾问联盟”，以及“顾问联盟”力荐的20多家商会组成的“商会联盟”，覆盖中东欧地区6000多家活跃的会员企业。并由历届参展企业形成了山东品牌产品展示厅、宁波品牌展厅、山西名优产品展示厅、广西品牌展厅，以及敦煌跨境电商的线下体验厅和佛山“泛家居”等特色商品展示厅。集合买卖双方线下实品展示、线上信息交流，形成了面向中东欧16国的买卖双方“商交生态圈”，通过生态圈的建立帮助双方企业彼此寻找潜在的、匹配的合作伙伴，建立企业之间的代理或经销关系。

2019中国品牌商品（中东欧）展览会中国有329家企业参展，展位数量达到375个，是历届展会中参展企业最多的一年。产品涵盖机电、机械设备、建材、健身器材、轻工纺织、日用品和食品等领域。展会吸引了匈牙利、斯洛伐克、罗马尼亚、乌克兰、塞尔维亚、克罗地亚、斯洛文尼亚、波黑、摩尔多瓦、阿尔巴尼亚、波兰、捷克12个国家共5860家企业参展。展会配合国家战略，增加了服务贸易展示，推出了中东欧进口展区，为参展企业搭建进出口双向贸易服务平台，推动了我国与中东欧国家在服务贸易领域的全方位合作。

三、创新市场拓展模式

园区协助国内企业开拓中东欧市场，创新市场拓展模式：

一是提供市场专员服务。通过“线上B2B平台结合线下商展”，在中东欧地区建立“市场拓展人才库”，打造“China Brand境外推广计划”项目。甄选人才库的优秀人员，推荐给国内企业，成为国内企业在中东欧地区的市场推广专员。经国内企业选中的市场专员，将保持与国内企业的日常交流和沟通，了解国内企业在中东地区的市场需求。

二是提供初级代理服务：初级代理通过了解企业的行业和产品，可以自带下级经销商或通过自身资源找到合适的下级经销商，为企业创造销售订单，在中东欧地区为中方挖掘潜在客户，并主动积极跟进；还可代表中方拜访中东欧的客户，出席相关商务活动，收集客户线索，开展市场调研及承办中方在中东欧地区的商务活动。

三是提供高级代理服务。除具备初级代理所有服务功能，还提供更多代理服务：①从中方所有上线产品中，选取最适合本地市场的产品若干，并翻译成本地语言，创建适合本地市场的B2B网店。②通过自身的经销商渠道，积极主动地推销中方产品，完成与客户的沟通，并反馈中方有效的市场信息。③通过CECZ数据库或其他渠道，积极主动地拓展更多的经销商/买家渠道。同客户（买家）取得联系，核对客户的真实性，了解客户目前的经营情况和采购需求。④邀请有意向客户到China Brand Fair现场，协助该客户与中方企业进行商业洽谈。⑤根据中方需求，参加中东欧地区相关的商务活动，收集客户信息，进行市场调研，了解中方产品在该市场的份额和业务拓展潜力，协助中方企业在代理所辖地区进行市场推广活动，并组织客户参加。

四、园区平台作用取得实效

作为中国在欧洲地区建设的首个商贸物流型境外经贸合作区，中欧商贸物流合作园区为中国企业走进欧洲市场搭建起了沟通的桥梁。在“一带一路”建设的大背景下，园区正为中国企业“走出去”发挥越来越大的作用。

中欧商贸物流合作园区CEO吴江在匈牙利

从事商贸、物流工作20多年，他在接受新华社记者采访，谈及亲身感受时他不无感慨地告诉记者："过去，很多中国企业派人来匈牙利设点，注册公司、进行运营，因为语言、法律、环境不熟，大部分时间花在跟会计师、律师和政府机构打交道上，真正投入在业务上的精力和时间不足，经常是兴冲冲地来，灰头土脸地回去。""中东欧地区有它自身的特点，国家众多，各国都有自己的语言和文化。对企业来说，若每个国家企业都去设点，那将面临极高的成本。只有将中东欧地区看成一个整体、一个区域市场，才是解决之道。"

中欧商贸物流合作园区是以商品展览展示、海外仓储物流配送等为主要服务功能的"一带一路"沿线境外合作区。通过中国商品交易展示中心和两个物流园，园区集商品展示、运输、仓储、集散、配送、信息处理、流通加工等功能为一体，初步形成覆盖欧洲的快捷便利的配送网络体系，逐步建立起以现代物流配送中心和高效信息管理系统为支撑的商贸物流型园区雏形。

吴江说："中国商品交易展示中心就是一个商贸平台，它搭建了一座桥梁，促成本地企业跟中国企业'联姻'"。通过举办展会和推介会，展示中心帮助企业介绍客户，在短期展会结束后还举办常年展，不断地给企业介绍合作伙伴。他介绍说，山东的博胜动力公司就是在展会上找到了捷克代理，后来在捷克设立了分公司。雷士照明公司和当地合作伙伴的关系也是在展会上建立起来的。"当地企业熟悉本国和周边国家环境，有现成的销售渠道，在品牌打造方面也有自己的思路和想法。

吴江认为："随着中欧班列和中欧陆海快线的开通，感觉中东欧地区变成了一个'内陆港'，这对商贸物流业产生很大影响，也带来了很多商机。"吴江说，"以前，'一带一路'的各种好处是从媒体上看到的，现在我们在日常经营和生活中就能体会到它带来的好处。"

他说，切佩尔港物流园物流量都快速增长。"我们物流园下辖的卡车公司运量达到了极限，不得不租别人的卡车。我相信，在"一带一路"建设的大背景下，中欧商贸物流合作园区一定会越办越好，为中国企业"走出去"发挥更大的作用。

五、加强与当地企业合作

中欧商贸物流合作园区建设中，抓住"一带一路"机遇，通过各项服务撮合国内走出去企业与本地企业联姻、合作，让当地企业充分地理解到"一带一路"倡议为他们带来的是机遇而不是竞争和威胁。中匈企业共谋发展的全新市场推广理念和模式不仅有效地促进了双方经贸合作发展，更是与当地文化深度融合，加深了中匈文化交流与传统友谊，得到匈牙利政府的高度重视和社会的普遍赞誉。

匈牙利Ghibli物流公司是首批入驻园区的匈牙利本土知名物流公司，入驻前主要为欧洲知名企业提供高水平的物流服务，公司希望拓展中国业务，但是受宣传推广渠道等限制一直无从下手。自从入驻园区以后，通过园区平台为入驻的中国企业提供服务，不仅丰富了公司的客户群体，还在园区的参与和帮助下联手国内企业沿着"一带一路"开通了中欧班列、中欧海铁快线包列、空运包机等服务，建立了专门服务国内跨境电商企业的海外仓。随着新业务的拓展，公司的业务量成倍增长，公司员工由入驻时的160名发展到328人。公司从2014年在匈牙利本土物流业排名十一到2018年排名第三。公司老总萨博·佐尔丹在接受人民日报访问团采访时激动地说，入驻中欧商贸物流合作园区是他职业生涯中作出的最明智的决定，与中国客户的合作非常愉快，他有信心沿着一带一路依托园区把更多的中国产品利用匈牙利桥头堡的优势辐射送达更多的欧洲国家，有信心在不久的将来把自己企业做成匈牙利最成功的物流企业。目前公司已经有二十几名员工在自发学习中文。公司外籍员工连续两年自发编排节目、组织晚会为中国同事庆祝中国节日。当记者采访马哈特集装箱中心总经理佐尔坦·法比安时，法比安高兴地说，“中国是我们最主要的伙伴，中国春节期间货物爆发式增长，有55%~58%的货运量来自中国，‘一带一路’给我们带来实实在在效果。”

六、打造国家级国际营销服务公共平台

中欧商贸物流合作园区积极践行“一带一路”倡议，28次成功组织中东欧国家高级商务代表团访问国内省市，促进国内外商贸往来、投资交流；接待国内外高层访问团和商贸代表团270多次，连续四届出席“16+1中东欧峰会”论坛并做分论坛主旨发言。

园区按照商务部“中国品牌商品展”“中国品牌推广”活动部署，以“展前邀请”“展中洽谈”“展后推广”创新境外展览展示模式，连续6年承办由中国商务部主办的“中国品牌商品（中东欧）展”，成功举办各类推广推介会、产品发布会、展洽会百余次。建立省级名优商品常年展示厅7个，建立品牌体验中心、旗舰店15个，国内参展企业累计1300余家，与会采购洽谈的中东欧采购商累计17000余家。

建立“品牌体验中心”（The Experience Center）独立展厅，开设面向中东欧地区的旗舰店、产品展示中心，共同打造中国品牌产品国家队，塑造“中国制造”乃至“中国创造”在中东欧地区的新形象。园区成为中国商品和品牌在当地市场的宣传者和推广者，提升了企业品牌知名度和影响力。

物流平台头程干线服务。齐鲁号——济南至布达佩斯货运班列、长安号——西安至布达佩斯货运班列、宁波/深圳至布达佩斯中欧海铁快线之海虹班列为国内和本地企业提供中欧班列、中欧海铁快线头程干线运输、港站服务。

仓储平台有切佩尔港物流园企业海外仓和德国不莱梅跨境电商海外仓双仓联动，具有欧盟海关委员会颁发的最高级别“认证经营者”（AEO）F级安全认证等资质，可为企业提供面向中东欧地区的全类型海外仓服务。

“一带一路”春华秋实，园区发展风鹏正举。境外合作区建设促进了我国企业对国际市场的认知，“一带一路”使国家与国家发展深度融合，共商、共建、共赢成为时代发展的主题。万物得其本者生，万事得其道者成。中欧商贸物流合作园区将继续推动实践境外合作园区建设与“一带一路”发展的共同点、合力点，以“一带一路”汇聚的洪荒伟力，开创发展机遇，谋求创新发展，共创中匈合作发展民生社会福祉，为引领中国企业走进欧洲作出自己的努力。

打造南太海洋经济国际合作示范项目

大溪地海洋产业园

一、项目背景

据联合国粮农组织2018年发布的《世界渔业和水产养殖状况》，全球人口不断增长导致对食物的需求日益增加，鱼类养殖在满足这一需求上具有广阔的前景，2016年水产养殖产量占全球渔业总产量的53%。2016年渔业和水产养殖产量初次销售总额达约为3620亿美元，2017年强劲的消费增长和价格提升使鱼品出口额达到520亿美元。按目前的人均消费量，到2030年需要有5000万吨的额外养殖产量来满足需求。

中国政府推动海上丝绸之路建设，法属波利尼西亚将是海上丝绸之路南太平洋路线的重要一环。"一带一路"建设海上合作以中国沿海经济带为支撑，密切与沿线各国的合作，经南海向南进入太平洋，共建中国—大洋洲—南太平洋蓝色经济通道。大溪地海洋产业园不仅是中国和法属波利尼西亚经济合作的产物，更是中国与法国经济合作和友谊的见证。

法属波利尼西亚位于南纬7～29度，西经131～156度，首都：是帕皮提（Papeete），人口约27万人，海洋专属经济区面积为550万平方公里（相当于整个欧洲的陆地面积）。法波由社会群岛、土阿莫土群岛、甘比尔群岛、南方群岛、马克萨斯群岛等组成，共有121个岛屿。

法波岛屿主要为环礁潟湖，是世界最大的环礁潟湖区，海域纯净无污染，是世界少有的优质海洋环境。而潟湖内风浪较小，是海水养殖的天然基地。大溪地海洋产业园的首个中心基地位于豪岛，其岛内潟湖面积达到720平方公里。

二、项目概况

项目目标：打造南太平洋地区最大的海洋产业园。

项目面积：建设初期陆上基地面积为35公顷的海洋园区，720平方公里的潟湖面积，并最终覆盖法波所有环礁潟湖海域的海水养殖。

项目投资：15亿美元以上。

养殖品种：以石斑鱼类为主，包括贝类、海参、鲍鱼、龙虾及藻类等。

产能规模：首期年产海产品20万吨以上。

产业链环节：科研开发、人工育苗、饲料加工、陆基养殖、网箱养殖、精深加工、冷链物流、包装销售等。

三、项目进度

2014年6月27日，与法波政府签订项目基地土地租赁及港口码头委托管理协议。

2015年12月，爱德华 · 弗里奇主席在豪岛主持了大溪地海洋产业园的市政配套项目奠基仪式。2016年3月，市政配套项目建设完工。

2017年3月，大溪地海洋产业园资助的"法波海洋渔业留学生计划"在上海海洋大学实施，为项目储备了专业人才。

2017年6月，大溪地海洋产业园获得法波政府颁发的建设许可和环境评估许可。

2018年5月31日，在大溪地豪岛举行产业园基地揭牌仪式暨大溪地海洋产业园开工庆典。中国人民对外友好协会谢元副会长率团参加并致辞，中国驻法波领馆馆长沈智良，法国高专比达尔，法属波利尼西亚主席弗里奇及议会议长等高官也参与庆典并发表讲话。法属波利西亚主席弗里奇在主席府举办欢迎晚宴，并授予天瑞投资王成董事长法波最高荣誉勋章——指挥官勋章。

四、项目经验

公司团队在法属波利尼西亚已经深耕了6年，2年后大溪地海洋产业园将基本建成并投入运行，在此先分享项目实践中的一些经验。

（一）把握行业宏观趋势

全球水产品供应主要来自捕捞业和养殖业。由于捕捞业受到资源衰退和配额限制的制约，2014年起全球水产品的供应有50%以上来自于水产养殖业。联合国粮农组织的报告数据体现了这样的行业趋势，而且报告对2030年的预测数据表明，未来水产品的增长量将主要来自水产养殖业。

大溪地海洋产业园根据未来行业趋势，瞄准了水产养殖中的中高端海水养殖品种，在全球选取了可靠的原生态无污染海域。

国家开发银行在项目初期就介入项目，在听取项目介绍、充分论证项目的可行性研究报告后，与大溪地海洋产业园的母公司签订了开发性金融合作协议，成为项目的有力支持者。

（二）聚焦当地特有资源

法属波利尼西亚最大的资源是海洋资源，其海洋专属经济区面积550万平方公里，相当于整个欧洲的陆地面积（中国海洋专属经济区面积为388万平方公里）。法属波利尼西亚拥有世界最大的潟湖区，潟湖内平均水深20～50米，是天然的养鱼基地。同时法属波利尼西亚没有极端恶劣天气，风浪较小，可避免因天气原因可能造成的项目损失。

根据法属波利尼西亚的这一特点，大溪地海洋产业园设计为一个中心基地带动周边岛屿联动的运作模式。项目的第一个中心基地位于豪岛，这里拥有完善的港口码头和机场设施。豪岛中心基地将拥有完整的产业链环节，如科研开发、人工育苗、饲料加工、陆基养殖、网箱养殖、精深加工、冷链物流、包装销售等。当然中心基地的育苗还可满足附近所有岛屿的养殖需求。

大溪地海洋产业园与当地渔民成立合作社形式，由公司提供技术支持、网箱设施、饲料和交通船只，由渔民成立3人小组负责一定数量的网箱养殖管理。养殖完成后，由公司统一收回全部鱼货，公司根据养殖操作进行业绩考核并给予渔民应有的经济收益。

（三）依靠法律服务护航

公司注重项目的法律保障，从项目筹备之初，就聘请了法国知名的律师行全程参与项目协议的谈判和起草。公平对等的协议条款赢得了法波政府的尊重和信任，也为与法波政府的长期合作打下了良好的基础。在双方的沟通和努力下，大溪地海洋产业园获得了法波议会优惠税务法案的批准通过。

在项目实施过程中，所有的官方文件和合作协议等均由律师起草。让律师第一时间介入经营过程可及时防范和化解项目实施中碰到的问题。项目实施过程中曾遭遇一合作方的恶意起诉，由于公司律师熟悉合作内容和来龙去脉，公司干脆利落地解决了法律纠纷。

（四）回应当地社会诉求

大溪地海洋产业园的经营团队熟悉南太岛国，特别是岛国经济发展中的痛点和诉求。当地社会的诉求主要有两个：当地就业和当地培训。

为此，大溪地海洋产业园已于2017年输送了首批当地10名学生赴中国上海海洋大学进行培训。经过当地政府严格选拔的10名学生在上海海洋大学进行了系统的水产养殖技术培训，完成培训后他们将融入项目的具体实施中，相信他们在不久的将来将逐步走上公司中高层管理岗位。中国中央电视台对这次培训进行了专题采访，同时当地电视台也进行了跟踪报道，因此首批10个学生的培训在当地社会引起了轰动，当地社会给予大溪地海洋产业园极高的评价，也相信大溪地海洋产业园是一个与他们息息相关的项目。

项目成立之初，公司就承诺本土化运作，在项目成熟阶段当地员工将达到90%以上。预计项目初期将提供500人就业，中期提供2000人以上就业，远期提供10000人以上就业。

（五）建立各界良好沟通

法属波利尼西亚社会民众不熟悉海水养殖项目，也不熟悉外来投资。公司的经营团队在法波议会进行了两次项目宣介，并接受议员们的质询。公司邀请法波政府代表团来中国访问，参观和考察水产养殖产业和设施。公司团队与法波政府举办海洋经济可持续发展论坛，详细介绍世界水产养殖业的行业发展和趋势。公司团队与各主要岛屿的市政部门和市民直接进行对话，解答当地岛民提出的各类疑问。公司团队还与当地媒体积极沟通，电视台和报纸记者们代表民众提出的各种当地关切都得到了满意的答复。

项目还经历了三届政府和三个不同的执政党，由于公司团队的不懈努力和良好沟通，大溪地海洋产业园得到了三个法波主要政党的一致认可和支持。

法国高级专员在听取了项目理念和具体规划的介绍后，代表法国中央政府全力支持大溪地海洋产业园的建设，并希望项目为当地经济转型作出贡献。法国前总统奥朗德在对法波的访问中，向当地媒体和社会正式表示了对大溪地海洋产业园项目的支持并希望该项目成为当地外来投资的示范项目。

（六）采用可信国际标准

项目的养殖流程将采用国际可持续发展养殖认证。为此，公司制定了详细的养殖流程规范，重视制度建设，并全程实施信息化管理。

产品加工将采用美国HACCP标准和欧盟标准，公司已经聘请专业的设计团队负责加工车间的设计。在加工车间的日常管理中也将严格按照加工流程规范，保证为市场提供健康有品质的产品。

（七）坚持可持续发展理念

大溪地海洋产业园立足于打造百年项目的出发点，坚持可持续发展理念不动摇。这不是一句空话，而是用切实的行动落实到项目的具体实施中。

项目将引进国际可持续发展养殖认证标准，建立世界上首个石斑鱼可持续发展养殖认证基地。项目建立产品可追溯体系，使得产品从海洋到餐桌全程保证绿色健康。

项目与上海海洋大学建立了产学研合作，聚焦养殖技术和可持续的环境保护。特别在环境保护课题上，双方建立了海洋水产研究中心。上海海洋大学将派遣国内知名的海洋环境保护专家与国际同行一起进行国际合作，为大溪地海洋产业园的长期经营提供环境保护的强大技术支撑。

（八）扎根助力民心相通

项目抓住当地社会痛点，助力当地就业和当地培训，促进当地经济发展。当地政府和民众给予大溪地海洋产业园很高的期待，希望项目早日建成并投入运行。

为当地10名大学生提供的培训课程还设置了中国文化内容。学生们领略了中国文化的博大精深，同时也在上海海洋大学的国际文化艺术节上展示了波利尼西亚歌舞文化。学生们把在中国的学习生活经历分享给当地社会民众，成为中国文化在当地社会富有说服力的传播者和宣介者。

在基地的开工庆典上，公司专门邀请了15名少林寺武僧来到开工庆典现场进行表演。当地民众被少林武僧的精彩表演所折服，老人们一辈子也没有亲身近距离观看过，小孩子们更是表现出了对中国功夫的仰慕，期望有一天也能学到这样的本领。

公司在与当地法属波利尼西亚大学的合作中赞助了中国电影文化节活动，这样既促进了中国文化在当地的传播和交流，也帮助公司真正融入当地社会并为当地社会贡献自己的力量。

五、项目愿景

通过获得法属波利尼西亚潟湖养殖合作业务及税务优惠政策，大溪地海洋产业园坚定了以面向未来消费者的姿态来打造世界级的绿色海洋健康食品产业园。大溪地海洋产业园依托南太区域特有的海洋资源优势，并结合了中国资金、技术、人才和管理优势，相信产业园一定会发展成为南太地区“一带一路”海洋经济国际合作示范项目。大溪地海洋产业园建成后将为国际市场带来源源不断的绿色健康海产品。

创造海外开发园区新纪录

吉布提国际工业园区运营有限公司

一、开发背景

（一）总体项目背景

吉布提自1949年开始实行自由港政策，1977年独立后仍保留自由港地位，除了满足本国需求外同时也是埃塞俄比亚的重要转运港。吉布提港区位于吉布提东南沿海塔朱拉湾（TADJOURA）的南岸入口处，濒临亚丁湾（ADEN）的西南侧和国际主航道，是吉布提的最大海港，也是东非最大的现代化港口之一。

在吉布提GDP中，以港口服务业为主的第三产业占到了GDP的80%，且政府对外汇无管制，金融自由度高。吉布提政治稳定，社会治安较好，外汇自由流通，实行自由利率，地理位置优越，是通向东非乃至整个非洲市场的重要门户。非洲没有出海口的内陆国家有17个，其中10个处在吉布提辐射范围内的腹地，吉布提具有巨大的投资吸引力。

2013年2月，招商局集团正式收购吉布提港口有限公司23.5%的股份，成为吉布提港的永续股东。从2014年8月吉布提新港多哈雷多功能港口正式启动建设，到2017年5月投入使用，短短两年多的时间，设计年吞吐量散杂货708万吨、集装箱20万标箱的新港一期工程全部完成。新港建成一年来，不仅缓解了吉布提港口的运营能力，而且效益大幅提升。以多哈雷港为依托，集团与吉布提进一步扩大合作规模，通过建设境外产业园区，进一步发展加工制造业和仓储物流业，实现产能转移与合作，带动当地经济发展和安排就业，于是就有了吉布提国际自贸区。

从2015年3月24日招商局集团与吉布提政府签署自贸区项目《合作框架协议》，到2016年11月15日签署自贸区项目《投资协议》，用了仅仅一年半的时间。从2017年1月16日举行自贸区开工仪式，到2018年7月5日自贸区一期建设开园封关运作，又是仅仅一年半的时间。这些标志性的时间节点，像一座座丰碑，携刻在自贸区开园的历史上，是自贸区从无到有的历史见证，也创造了海外开发园区的新纪录。

作为非洲最大的自由贸易区，吉布提国际自贸区项目最大特点是“前港—中区—后城”模式，即PPC模式（Port-Park-City模式）。PPC模式是招商局集团蛇口建设模式的经验总结与推广，早在“一带一路”倡议提出之初便开始谋划在海外布局该模式，以更好地实现国际产能对接与合作。

所谓“前港”，是指新建港口或升级已有港口，包括水港、空港、陆港，是个交通枢纽的概念；所谓“中区”，是指依托港口或者与港航物流密切相关的产业园区，如临港工业区、出口加工区、自由贸易区、保税港区等，是连接“前港”和“后城”的纽带和主要载体；所谓“后城”，主要是指支持和服务港口及产业园区的配套居住和商业。PPC模式的核心在于港口先行、产业园区跟进、配套城市功能开发，即以港区、园区带动城市腹地经济，助推东道国工业化和经济多元化进程。目前，PPC模式正陆续在吉布提、斯里兰卡、白俄罗斯、多哥、坦桑尼亚等国家落地。

在中吉两国政府的支持下，吉布提港口与自贸区管理局和招商局集团强强联手，积极投入自贸区的开发、建设、管理和运营。招商局集团以吉布提作为试点，复制国内园区成功经验，探讨“前港—中区—后城”的综合开发模式，通过建设国际标准的“硬环境”和“软环境”，为中国产品、产业、服务“走出去”搭建平台，为中国企业“走出去”提供全方位支持和服务。

中吉两国关系良好，中国海军军舰定期挂靠吉布提港进行补给。目前中国第一个军事后勤保障基地已于2017年8月1日正式运营，得到吉布提政府的全力支持。

（二）招商局蛇口模式4.0在吉布提的实践

招商局集团（简称“招商局”）是中央直接管理的国有骨干企业，经过一百多年的发展，招商局已基本形成了实业经营、金融服务、投资与资本运营“三大平台”，是央企中唯一一家兼有较强实业和金融的企业。截至2018年底，集团总资产8万亿元。集团利润总额、净利润和总资产在央企中均排名第一。招商局集团成为连续15年荣获国务院国资委经营业绩考核A级的8家央企之一和连续五个任期的“业绩优秀企业”。2018年发布的《财富》世界500强榜单中，招商局和旗下招商银行双双入围，招商局成为拥有两个世界500强公司的企业。

招商局是国家“一带一路”倡议的重要参与者和推动者。集团加快国际化发展步伐，在全球20个国家和地区拥有56个港口，已初步形成较为完善的海外港口、物流、金融和园区网络，大都位于“一带一路”沿线国家或地区的重要点位，“前港—中区—后城”的成熟蛇口模式逐步在海外落地生根。2018年，招商局的“一带一路”建设项目取得可喜进展：完成收购巴西第二大港口巴拉那瓜港口项目（TCP）以及澳大利亚东岸最大港口Port Of Newcastle，实现全球六大洲的布局；参与投资的吉布提国际自贸区正式开园纳客，目前已有超过20家企业入园；中白工业园建设取得重大进展，中白商贸物流园工程完成白俄罗斯国家验收，进入实质运营，至2018年底已累计引进居民企业41家。中欧物流大通道班列数量、频次不断增加，线路布局日益完善并实现运营常态化（中国外运2018年共开行国际班列802列，其中中欧班列总量563列，中亚班列239列，共占全国总班列的13%），助力提升沿线国家和地区互联互通水平。“一带一路”再树合作标杆，多次获得党和国家领导人的高度评价。

1. 蛇口4.0模式。1979年初，招商局第一批创业者来到蛇口，开始了大胆的探索。蛇口的建设首先是从港口开始的。为了吸引外来投资，首先要满足原材料和产品进出的需要，港口是关键。有了港口，再加上通路、通水、通电、通电话，招商局招商引资的条件就具备了，临港的产业园区逐步形成。随着工业区的发展，配套的金融、保险、住宅、商业服务需求日益增长，新兴产业聚集，传统制造业逐步退出了历史舞台。今天的蛇口已经成为广东省自贸区前海蛇口片区的重要组成部分。招商局在蛇口的主要收入来源也转型变成社区运营、园区运营和邮轮运营。

“一带一路”沿线的很多国家目前状况和当年的蛇口类似，结合蛇口的经验，招商局因地制宜，在海外直接复制升级版的蛇口模式4.0，同步开发“前港”、“中区”和“后城”。以港口为龙头和切入点，以临港的产业园区为核心和主要载体，系统解决制约东道国承接产业转移的硬环境短板和软环境短板，打造国际产能合作的平台。其中，硬环境建设包括建设一流的港口设施，打通港口与腹地之间的集疏运通道，开发产业园区、物流园区、自由贸易区等，建设产业发展所需的商业配套设施和生活配套设施；软环境建设则包括通关、结算、支付、物流、培训等服务。

2. 蛇口模式4.0在吉布提的实践。吉布提是“非洲之角”上的丝路驿站，是联通欧、亚、非三洲海上交通贸易的枢纽，是全球贸易航线上的重要节点，它与埃塞俄比亚、索马里和厄立特里亚接壤，遥望位于曼德海峡另一端的也门，战略地位突出，腹地经济优势明显。为充分发挥吉布提的地缘优势，招商局正在将吉布提由一个贫穷落后的小国逐步建设成东非的航运、商贸和金融中心，丝路驿站的领头雁，再创非洲“蛇口”。

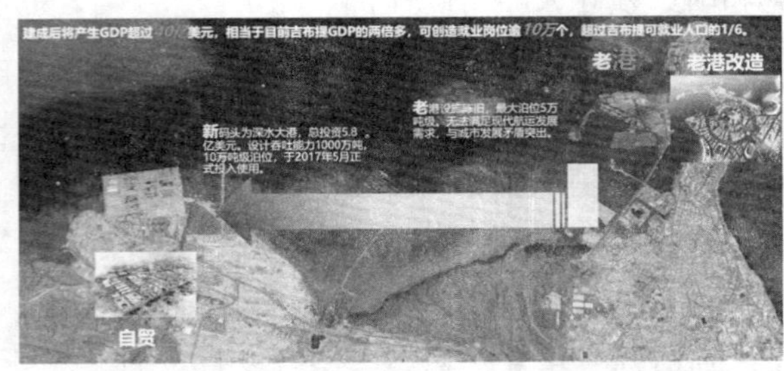

图 1　吉布提港口

（1）前港——建设一个新港口。港口是吉布提最宝贵的资产，吉布提国内生产总值的 80% 以上来源于港口及相关的产业。招商局入股吉布提港后，吉布提港吞吐量快速增长。在我方投资回报快速增长的同时，当地工人收入也在稳步提高，过去 4 年工资总额每年增长约 8%。

在全面提升吉布提港管理水平的同时，招商局提出在远离城市的位置为其建设一个新的现代化深水港，将老港区港口业务整体搬迁。这不仅彻底解决了吉布提港城冲突，而且适应船舶大型化趋势，为吉布提国际航运中心建设提供了有力保障。吉布提多哈雷多功能码头于 2017 年 4 月建成试运行，设计为年吞吐散杂货 708 万吨、集装箱 20 万标箱。新港水深 15.3 米，可以停靠 10 万吨级船舶，是亚吉铁路（吉布提市至埃塞俄比亚首都亚的斯亚贝巴的电气化铁路）的终点和出海口。

（2）中区——建设一个自贸区。2016 年 11 月 15 日，招商局牵头与吉布提政府签署吉布提国际自贸区投资协议。吉布提国际自贸区规划面积约 48.1 平方公里，一期工程 6 平方公里，投资约 4 亿美元。

为了确保自贸区的商业可行性，招商局邀请产业经济专家对吉布提的产业投资环境进行了深入研究，确定了“3+1”联动开发模式，即自由贸易区、临港工业区和中央商务金融特区，加上带动工业原材料进口和工业制成品出口的吉布提国际集装箱码头。三区一港的综合系统性规划，构建了吉布提进出口贸易、基础工业和金融服务的产业链闭环。

目前吉布提国际自贸区已开工建设，2018 年年中将具备运营条件。整个自贸区建成后，可产生国内生产总值超过 40 亿美元，相当于目前吉布提国内生产总值两倍多，可创造就业逾 10 万人，超过吉布提可就业人口的六分之一。吉布提国际自贸区有望成为中非合作早期收获的示范性项目。

（3）后城——打造新的城市中心。新港区于 2017 年投产后，原有老码头的业务将逐步搬迁到新码头。老码头地块将用于城市开发，建设商业、办公、酒店及旅游设施等，打造吉布提新的商业中心。通过港口和园区的发展，吉布提将成为东非最现代化的国际都市之一。

二、开发优势

（一）地理位置优越

位于东非之角、亚丁湾西岸的吉布提，是世界上最繁忙的海域之一，港口条件优良，地理位置得天独厚。同时，吉布提也是“一带一路”海上西线的关键节点，是连接亚欧非市场的首个连接点，更是通往欧洲和非洲的海上必经之地，战略地位极其重要。

吉布提国际自贸区位于吉布提市区以西 20 公里，距离吉布提新港 10 公里，紧邻吉布提所有主要港口，背靠连接吉布提市与其最大腹地市场埃塞俄比亚的公路动脉——N1 公路。

（二）市场潜力巨大

吉布提是东南非共同市场（COMSEA）成员，产品可无障碍进入 21 个成员国 4 亿人口的市场，是欧盟“除武器外全部免税”倡议（EBA）的合格受惠国，有资格享有欧盟市场的准入优惠，同时也是美国“非洲增长与机遇法案”（AGOA）政策的受惠国，吉布提产品进入欧美市场享有免配额和免关税优惠。这些优惠政策将有助于吉布提自贸区出口加工业的发展。

吉布提拥有埃塞俄比亚重要腹地资源和便利交通。作为东非最大、非洲第四大经济体，埃塞俄比亚政局稳定，拥有一亿多人口和丰富的自然资源，工业化进程发展势头良好，与中国经贸往来密切。埃塞主要出口商品包括咖啡、芝麻、鲜花等，同时也是世界上第十大牲畜生产国，存栏量超过1亿头。埃塞外汇管制严苛，埃塞业主在吉布提进行贸易结算，可规避外汇管制；埃塞税收高且税种多，吉布提国际自贸区为完全免税平台，企业进口原材料享受免税政策；埃船对埃塞进出口货物实行垄断式经营，物流商通过吉布提可规避埃船垄断经营。

（三）规划理念先进

吉布提国际自贸区着力培育国际化和法治化的营商环境，力争建设成为具有国际水准的投资贸易便利、货币兑换自由、监管高效便捷、法制环境规范的自由贸易试验区，为吉布提扩大开放和深化改革探索新思路和新途径，更好地为各国企业服务。

吉布提国际自贸区规划面积约48.1平方公里，占吉布提可利用土地面积的1/10。园区按照“统一规划、集中管理、协同开发、分期实施”的原则进行开发和运营。其中，一期工程的规模6平方公里，包括已竣工的2.4平方公里起步区。起步区2.4平方公里共分为三个部分：1平方公里商贸物流区，提供进口货物分拣中心、展示中心、仓储物流及增值加工等服务；1平方公里出口加工区，提供促进吉布提商品出口的简单劳动密集型产业服务；0.4平方公里是商务配套区，提供包括办公楼、酒店、公寓等商业设施的开发运营服务。

结合吉布提自贸区的主要功能定位以及腹地未来发展需求，自贸区内将重点打造以物流、商贸、加工制造、生产型配套服务为主导的四大产业集群：①现代物流产业集群，主要产业门类包括运输、保税仓储、物流配送、冷链物流；②国际商贸产业集群，主要产业门类包括商品展示、保税商品的批发与零售业；③出口加工制造业群，主要产业门类包括包装生产、来料轻加工、食品加工、印刷业、汽车配件组装、建材类等；④生产性配套服务群，主要产业门类包括宾馆宿舍、办公楼、培训、中介服务等。

同时，在空间布局上，起步区以物流、商贸和加工制造业为主要功能区，辅以商务生活配套服务功能区。从潜在的市场需求和长远发展的角度，吉布提国际自贸区为如下产业预留发展空间：①水产品加工贸易，发挥吉布提周边海域、亚丁湾丰富的海产资源，形成育苗养殖、捕捞仓储、冷链物流、加工营销全产业链体系；②金融服务，依托于自贸区内的保税仓储物流、出口加工主业，发展跨境金融、航运物流金融、贸易金融为代表的金融服务。

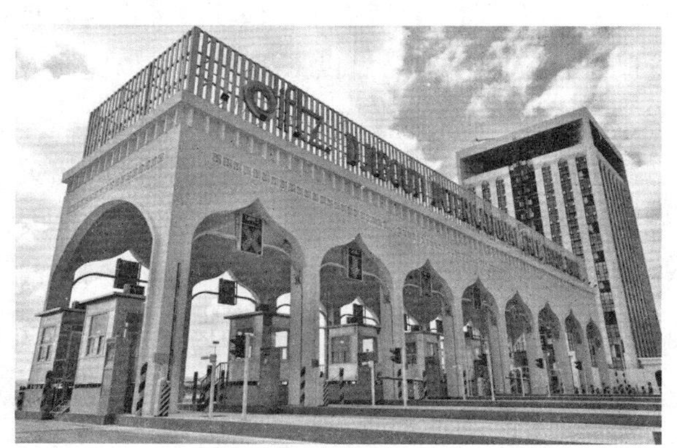

图2 吉布提国际自贸区大闸门口

（四）服务体系完备

中吉双方在吉布提国际自贸区共同设立了两个合资公司：①自贸区资产公司，吉布提政府占60%，中方占40%，为重资产公司，负责自贸区硬件设施投资建设；②自贸区运营管理公司，中方占60%，吉布提政府占40%，为轻资产公司，负责自贸区的具体运营管理。

吉布提国际自贸区的主要股东包括两个：吉布提港口与自贸区管理局、招商局集团。吉布提港口与自贸区管理局是吉布提政府为加强自贸区管理而设立的政府机构，主要负责入区企业的审批和管理、执照颁发，保证自贸区法律和法规的实施，同时为入区企业提供一站式服务等。

招商局集团的主体业务主要集中于交通、金融、房地产三大核心产业。招商局集团拥有百年历史，在全球拥有多个港口，并已初步形成较为完善的海外港口、物流、金融和园区网络。同时，拥有丰富的园区开发、建设、招商引资和运营经验。其主导开发的蛇口工业区和漳州开发区已成为国家级的自贸区和开发区。

1. 政府服务。自贸区可为入园企业提供高效便捷的一站式服务，包括入园申请审批、企业注册、工商登记、报关、税务、签证申请、公用设施（包括水、电、通讯、网络等）接通等。未来将着力打造电子化平台，进一步简化流程，提高效率。在目前的自贸区中，该项服务由吉布提港口与自贸区管理局提供，为了进一步提高效率，在新自贸区中将争取由运营公司来提供。

企业入园后，自贸区公司将为其提供相关配套服务，具体包括物业管理和维护、园区安保、消防、闸口管理、设备出租、停车场管理、广告、签证和证件代办等服务。除一站式服务外，自贸区公司还可为入园企业供行政管理、工程管理和投资咨询等多种专业服务。

2. 金融环境。吉布提实行本国货币与美元挂钩的固定汇率体制，多年来货币汇率相当稳定，1美元约等于177.72吉布提法郎。吉布提无外汇管制，货币可以自由进出。自贸区内的外国公司分红可自由汇出且不征收红利税。

中国银联已进驻吉布提，中国信用卡可以在吉布提正常使用。丝路国际银行已在吉布提获得银行牌照，未来将在吉布提建立银行卡清算系统及本币—人民币清结算系统，实现吉布提法郎与人民币的直接清结算，也将开展个人存取款、对公服务、银行卡制卡发卡、银行卡收单、代发工资、人民币跨境结算清算、贸易融资等业务。预期未来丝路国际银行将成为吉布提管理政府主要收支的银行及当地中资企业贸易结算和资金往来的主要银行。

（五）政策条件优惠

针对吉布提国际自贸区内的经济活动，吉布提自贸区法给出了如下优惠条件：入驻企业可以是外国独资企业；无公司税；无进口税；无外汇管制；资本与利润可自由汇出。

针对吉布提国际自贸区，吉布提在劳工制度方面也给予相当大的政策优惠，主要包括：(1) 社保：雇员承担工资6%，雇主承担工资15.7%（自贸区外）；雇员承担工资6%，雇主承担工资10.1%（自贸区内）。(2) 外劳限制：外劳比例最多30%，但对不能在吉布提找到的工种无限制。自贸区内头5年企业外劳比例可达到70%，5年后需要降到30%以下。(3) 工资签证：自贸区外工作签证为1124美元/人/年，成本较为高昂；自贸区内工作签证约为150美元/人/年，自贸区可以协助办理。

此外，吉布提享受世界范围内的优惠政策：东南非共同市场COMESA、美国AGOA（非洲增长和机遇法案）、欧盟EBA（Everything But Arms）。吉布提生产的产品（当地增值25%以上）出口到COMESA成员国、美国以及欧盟国家没有关税和配额限制。已与中国建交的33个最不发达非洲国家制定了优惠政策，它们97%的输华产品享受零关税。

三、开发成效

（一）基础设施基本完成

1. 园区整体规划。吉布提国际自贸区总占地面积为48.2平方公里，将采用滚动开发策略，一期工程占地 6 平方公里，目前开工建设的为一期工程起步区，占地 2.4 平方公里。主要包括商贸物流园区、出口加工区以及商业辅助区。起步区发展定位是：提升区域辐射力和影响力的新平台，产业集聚的新基地，带动吉布提经济发展的新引擎。

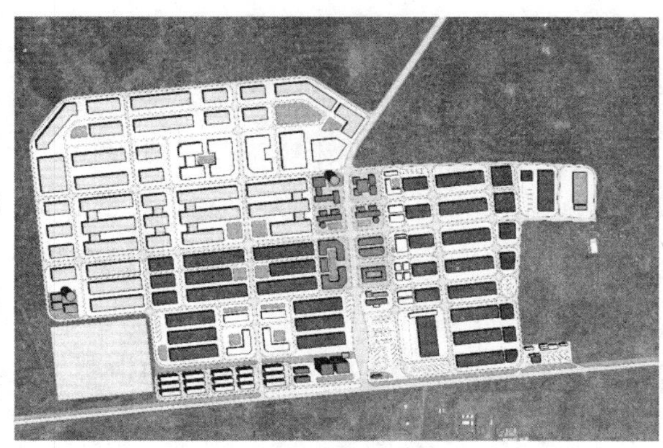

图 3　吉布提国际自贸区 2.4 平方公里规划图

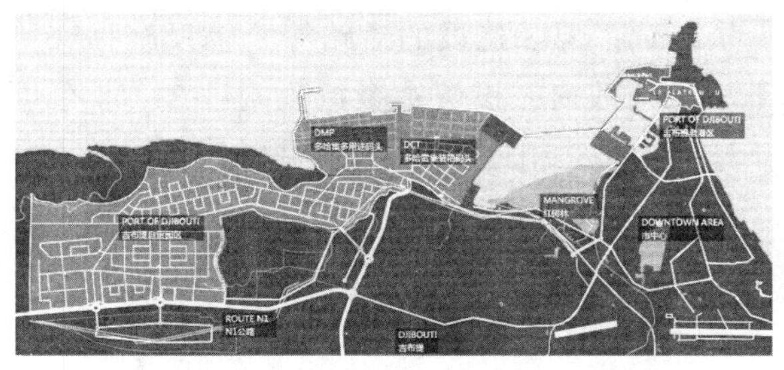

图 4　吉布提国际自贸区 48.2 平方公里平面底图

2. 建设情况。吉布提国际自贸区紧邻 N1 公路，临近吉布提主要码头，距离亚吉铁路的吉布提 Nagad 火车站和吉布提安伯里国际机场只有约半小时车程。吉布提国际自贸区建设于 2018 年 6 月底达到了开园运营条件，7 月 5 日举行了隆重的开园仪式。

起步区现已建成：园区闸口、海关楼、一站式服务中心、7 万平方米仓库、7.6 万平方米堆场、21072 平方米的办公楼、77 个客房的酒店、78 个房间的公寓、道路 20 公里。园区内水、电、通信、道路等基础设施一步到位，酒店、办公大楼、厂房、仓库等硬件设施一应俱全，并可以根据入园企业要求进行定制。

（二）招商引资取得重大进展

开园以来，园区招商引资工作开展顺利，园区以物流产业为基础，进一步探讨建立区域商贸中心，并带动轻加工产业、出口加工业的发展，真正带动吉布提经济的跨越式发展。截至 2019 年 10 月，已经有 69 家中外企业入驻园区。另外，也有多家国内企业明确了合作意向，希望能够将国内的优势产业带到吉布提发展，并且还有百余家企业希望入园开展合作，正在深入沟通洽谈中。

四、开发愿景

1. 发展定位。吉布提国际自由贸易区总体发展目标是将吉布提建设成为吉布提发展的新引擎，东非地区的航运、商贸、金融中心。开发内容包括对现有港区进行升级改造，强化港口建设和相关物流业务，完善增值服务、贸易服务和海事服务等相关服务功能。

2. 发展愿景。随着吉布提国际战略地位的提升与世界经济逐步回暖，吉布提国际自贸区将成为中国企业在吉布提发展的重要载体和平台、中国海外园区的示范园区以及国际化园区的运营投资范例。吉布提国际自贸区将进一步探索达到经济利益与社会效益的双平衡，探索海外园区项目“投资—建设—运营”全新发展模式，使吉布提国际自贸区成为海外标杆项目，未来可复制成功经验到其他国家。

3. 企业文化

企业使命：我们连接非洲与世界。

企业愿景：打造具有国际竞争力的贸易和产业服务平台。

企业核心价值观：综合发展，创新服务，共享共赢。

工作理念：人才第一，团队信任，目标向导，力争一流。

以智慧制造和智慧产业为世界经济贡献中国力量

文旅·山投集团

一、合作区发展概况

毛里求斯晋非经济贸易合作区（以下简称“晋非合作区”）坐落于印度洋西南、非洲东部的美丽岛国——毛里求斯。这里是“一带一路”倡议中海上丝绸之路的重要节点，以其文化多元、贸易自由、市场便利、环境宜居闻名全球，是印度洋上的璀璨明珠。晋非合作区紧邻毛里求斯首都路易港，占地面积211公顷，其中晋非自主开发73.85公顷，是2006年中非合作论坛北京峰会上由时任国家主席胡锦涛提出的，国家商务部首批批准的8个境外合作区之一，是我国对外贸易合作和外交总体战略的重要内容。

2006年8月，山西天利集团中标开发晋非合作区。2009年8月，太钢集团、山西焦煤集团与天利集团合资成立山西晋非投资有限公司，作为毛里求斯经济贸易合作区投资主体。但因种种原因，合作区建设未能全面履行中毛双方签署的合作框架协议，给中毛关系造成不利影响，毛里求斯政府曾一度要求收回园区土地。2014年，文旅·山投集团成为合作区投资建设运营的新主体，同年，毛里求斯新一届政府在金融服务业、文化旅游业、信息通信业、高新技术产业、海洋产业、港口服务业等方面制定和实施了一系列激励机制和奖励政策，推出了意义深远的“智慧城市”计划，致力于实现第二次经济奇迹和2030愿景。文旅·山投积极响应毛里求斯政府的号召，按照“智慧城市”的标准对合作区的发展重新规划，充分挖掘当地各种资源优势与潜能，最终确定了以“智慧”引领发展，以现代服务业为主导产业、以金融服务为中心、以文化艺术为灵魂、以现代科技为支撑，以港口仓储服务为配套，打造“吃、住、行、游、购、娱”为一体的智慧城市综合体和海外文旅基地。

2015年5月，经过与毛里求斯新旧政府长达半年的三轮艰苦谈判，双方最终达成一致意见。根据新的合作协议，园区73.85公顷土地由山西晋非自主开发经营，剩余土地与毛政府合资经营；园区建设的道路等公辅设施移交给毛里求斯政府，投资本金抵顶园区31.65公顷土地的租金，租期为93年；投资利息抵顶园区20公顷土地的租金，同时以原租金价格保留二期22.1公顷土地。2015年7月24日、2016年5月6日，山西晋非与毛里求斯房产与土地部签署了一期31.65公顷土地、二期42.1公顷土地租赁协议。

自此晋非合作区整体规划初步形成，以现有道路管网为基础，布局文化休闲区、金融商务区、临港产业区三大区域，在功能和空间设计上形成了清晰的产业发展轴，为日后园区的发展打下坚实的基础。通过此次谈判，我们避免了毛里求斯政府单方面收回土地，防止了国有资产流失；同时每年减免支付了大量的土地租金，减少了道路等公辅设施的继续投入和维护成本，减轻了企业包袱，优化了产业结构，提高了盈利能力。此次谈判所取得的重大成果，得到了外交部、商务部和山西省委、省政府的充分肯定，被评价为“解决了中毛关系中的最大难题”。

2016年，集智慧政务、智慧金融、智慧旅游、智慧交通、智慧教育、智慧医疗、智慧民生为一体的《晋非智慧城市新规划》得到毛里求斯政府、中国外交部、商务部、中国贸促会、山西省委省政府、山西文旅集团、山投集团、中国驻毛里求斯大使馆的高度认可和充分肯定。毛里求斯晋非经贸合作区有限公司、毛里求斯丝路国际投资有限公司先后荣获毛里求斯政府颁发的智慧城市证书。

二、海外形象建设行动

（一）建立发展新模式

结合毛里求斯旅游业、金融业发达的比较优势，晋非积极响应毛里求斯政府推出的“智慧城市计划”号召，全力打造“工作生活幸福、休闲娱乐一体、产业高端健康、环境生态宜居”的智慧城市新标杆。引入并建立“3+3+2”的项目模式，包括建设三大应用系统，即智慧园区运营管理系统、产业支撑系统、生活服务系统；利用三大网络技术支撑，即光纤通信基础网络、无线宽带接入网络、物联网感知网络；形成两大核心能力，即基于IDC互联网数据中心形成强大的集成运算能力和数据存储处理能力。

园区改变了原有工业园区的固定模式，重新将园区规划成为现代服务业园区，并积极履行社会责任。园区已直接或间接为当地创造了200人以上就业，上缴税收；逢年过节慰问当地福利院，为区议会捐赠食品，赞助当地妇女、儿童举办各类活动，修缮园区周边破损的房屋。园区原有土地由于之前长时间未开发，土地荒芜，杂草丛生，文旅·山投接手后从五通一平入手，平整土地，打通缺失路段，畅通瓶颈路段，配套完善各项设施设备，建立了路网、相关设施、围墙和标准厂房，并建设了诺亚财富中心和职工公寓。现如今，诺亚财富中心作为企业在非总部和智慧城市数据中心，其12800平方公里办公区域已基本出租完毕，4400平方公里的职工公寓和配套设施也已投入使用。

不仅如此，作为现代服务型园区，不断创新经营模式，扩大招商规模也成为园区近年来发展重点。为入园企业提供“一站式”服务，不断引进新的合作伙伴，为客户提供优质资源，从而吸引中国乃至更多国家的投资者扎根毛里求斯，相互合作，共同发展，实现互利共赢。

（二）投资项目新进展

晋非智慧城市一期开发31.65公顷沿海土地，重点发展文化旅游，项目总投资13亿人民币。建设项目主要有伊甸园文化娱乐广场、高档公寓、悬崖餐厅、购物美食街、中式俱乐部，积极与法国亚非欧艺术中心、国际知名酒店管理集团合作，形成吃、住、行、游、购、娱为一体的智慧城市综合体和海外文旅基地。

伊甸园文化娱乐广场，占地面积2.87公顷，已于2016年9月开工，2017年11月主体全面封顶，2019年9月正式投入使用。其现代挺拔的三角几何形体设计和建筑新颖大气，简洁有力，集艺术博览、浪漫婚庆、KTV、电影院、水幕灯光秀、休闲娱乐、广场演艺等功能为一体，荣获“2016人居生态国际建筑规划设计方案竞赛建筑金奖”，建成后将成为毛里求斯地标性景观建筑。

高档公寓项目，总占地约2.8公顷，计划2019年开工建设。公寓双体楼均为橄榄球外形，设计新颖独特，196套68平方公里~580平方公里公寓可商可住，主要客户为在非的企业总部、投资商以及来自世界各地的游客。根据市场调研，毛里求斯每年的游客达到近200万人次，其中来自中国的游客占比10%，其配套有“屋顶花园”“空中泳池”，游客在公寓中可以一览毛里求斯岛西部海岸线的壮美景象，建成后将与伊甸园文化娱乐广场交相辉映。

其余配套项目还包括：游艇造型的悬崖餐厅，独特的建筑外形设计兼具浪漫与现代；构思精巧，独具匠心的徽派中式俱乐部；以及酒吧街、购物美食街等。未来晋非智慧城市将成为毛里求斯新的文化旅游基地。

晋非智慧城市二期开发42.1公顷沿海土地，重点发展金融商务，总投资规模为32.5亿元。建设项目主要有金融CBD、IDC机房、中非金融服务中心、Cyan Villa康养基地等。

在合作区招商步伐的不断努力下，2016年成功引入中国银行毛里求斯子行登陆毛里求斯，2017年吸引中国信达集团入园，共同成立“晋非信达‘一带一路’基金”。基金初始投资规模为2000万美元，目前已获得运营所需的全部牌照，最终投资规模将达到2亿元。

与此同时，双方正在组建的中非金融服务中心，将助力中非金融合作，未来为所有在海外中资企业提供一站式综合金融服务，其业务包括项目贷款、股权融资、资产管理、融资租赁、保险公司、人民币投贷基金等，一站式解决海外中资企业普遍面临的跨境难、汇兑难、融资难等金融难题。IDC互联网数据中心是园区智慧城市的大脑，已于2018年正式投入运行。利用移动通信技术开发了“天下融通”手机App，无论您身处何处，都可以实现方便快捷的移动互联。

蓝湾康养基地项目，位于毛里求斯东南部蓝湾地区，总占地面积22公顷。项目所在区域南邻毛里求斯国际机场，东邻毛里求斯度假胜地鹿岛，交通环境极其便利。项目整体建设将依据地势平缓的坡地、高低采用梯田式逐层开发的理念，位于坡上时可俯瞰毛里求斯南部六座小岛，其周边无与伦比的绿松石海景与壮丽延绵的山峦构成了绝佳的景观，旨在为用户营造视野辽阔、身心舒适的海景康养基地。2019年9月，蓝湾康养基地项目已获得全部建筑及土地使用许可证的申办工作，开始全面建设。通过对蓝湾康养项目的开发，不仅可以加快毛里求斯晋非智慧城市项目建设发展，为晋非园区积累建设经验，为园区的下一阶段的滚动开发提供保障，打造山西海外第一康养品牌。

三、新型经营模式

自2014年文旅·山投接手以来，晋非始终坚持走出去与请进来相结合，面向亚非欧开展国际化大招商，千方百计扩大国际化朋友圈。目前，入园企业来自英国、法国、迪拜、南非、马达加斯加、印度等10多个国家，经营范围涉及金融服务、保险代理、律师事务所、IDC通信服务、新能源、餐饮、建筑设计、建材装潢、自由港贸易、文化旅游、传媒等各个行业，国际化程度达80%以上，成为我国国际化程度最高的境外园区之一。

合作区确立了以实业投资和资本运营为主业，不断拓宽经营范围，从园区内物业租赁延伸到园外旅游和房地产开发，依靠多业并举，合作区一年扭亏为盈，逐渐走向自我发展、盈利不断增加的良性道路，改变了生存靠补贴的宿命。2015年晋非合作区实现利润132万元，实现了经营性首次扭亏为盈；2016年实现利润442万元；2017年合作区实现利润289万元；2018年实现利润356万元，实现了文旅·山投接手后利润连续4年不间断增长，现如今“JINFEI”已成为毛里求斯代表高品质、高规格、高口碑的中国品牌之一。

随着招商规模的不断扩大，智慧成果初见成效，2017年以来已吸引了超过40余家企业入园。智慧城市一期项目伊甸园文化娱乐广场边建设边招商，与法国AEA艺术品投资公司签约，打造亚非欧艺术品交易中心，已正式投入使用。2019年8月，伊甸园婚礼殿堂迎来了首场盛大的婚礼，灯光水幕美轮美奂，美酒佳人温馨浪漫，庄严而神圣的伊甸园婚礼殿堂自此正式开启。高档公寓项目也将于今年内开工，还有悬崖餐厅、中式会所等项目的建设也已提上日程；智慧城市二期土地42.1公顷已全部出租，加上晋非自建、自用14.7公顷，共计56.9

公顷，占园区土地80%以上，是刚接手时园区仅租赁2公顷土地的二十多倍，且租金收入稳定，利润可观。国际化企业的入驻标志着晋非园区面向非洲、走向世界，为打造海外文旅基地迈出坚实的一步。

如今，晋非合作区踏上了良性发展的道路，现代化、智能化的园区吸引了当地媒体的高度关注，产生了良好的社会效益，也为当地经济发展作出了突出贡献。作为山西省对外建设的第一个智慧型园区，是毛里求斯目前建设速度最快、规模较大的智慧城市。项目建成投运后，可为当地创造上百个就业岗位。目前园区当地员工人数占总人数的50%，并将逐步形成当地化管理运营模式，创造更多就业岗位，节约管理成本；根据毛里求斯国家税收政策，智慧城市项目建设期间可享受部分免税，项目建成后进口关税为15%，随着企业员工数量增加，为当地所缴纳的个人所得税也随之增加，目前每年项目运营所缴纳的税款约为120万人民币；晋非智慧城市融合新一代信息与通信技术，将构建庞大的信息网络，重点运用云计算、物联网、大数据、移动互联网、建筑信息BIM、VR+AR、人脸识别、泛在通信等技术，实现智慧城市信息化、系统化、高效化、智能化运营，建成后将带动当地互联互通水平，填补智能信息产业的空白。

2018年7月底，在国家主席习近平过境毛里求斯进行友好访问并取得圆满成功之际，新华社、人民日报、光明日报、文汇报、中国中央电视台、毛里求斯快报、华声报等多家中毛媒体纷纷赴毛里求斯晋非经贸合作区进行了专题采访和报道，JINFEI SMART CITY成为中外媒体热议的话题，JINFEI（晋非）成为中毛两国友谊的桥梁。

2018年12月14日，由《21世纪经济报道》主办的2018“一带一路”国际创新论坛暨“一带一路”建设创新案例征集活动获选案例颁布仪式在北京举行，有鉴于毛里求斯晋非经贸合作区在推动中非全面战略合作伙伴关系及特色园区建设上所做的努力，组委会同意获选2018“一带一路”走进非洲特色园区建设创新案例。

2019年2月25日，山西省作为外交部2019年首个对外推介省份亮相蓝厅，推介主题为“新时代的中国：山西新转型、共享新未来”。在随后发布的“山西8分钟”主题宣传片中，毛里求斯晋非经贸合作区惊艳亮相，作为山西对外开放的重要名片，引起了中外嘉宾的广泛关注。

四、合作区未来展望

未来，晋非合作区将加快推进智慧城市项目建设。融合新一代信息与通信技术，构建一个庞大的网络体系，运用云计算、物联网、大数据等技术，实现智慧城市信息化、系统化、高效化、智能化运营。晋非智慧城市将充分发挥其地处“一带一路”节点的独特优势，紧紧依托毛里求斯稳定开放的金融市场，良好健全的法律体系，建设国际仲裁院，发展金融产业，打造企业总部。为我国与国际商事仲裁提供可靠有力的法律保障，形成产业集聚效应，汇集强大的人流、物流、资金流、信息流，建成“工作生活幸福、休闲娱乐一体、产业高端健康、环境生态宜居”的海外智慧城市，为构建山西对外开放新高地，打造“一带一路”特色海外园区，推动中非全面战略合作伙伴关系作出应有的贡献。

晋非智慧城市是一个庞大的系统工程，也是一项艰巨的发展任务。今后的晋非将以文化旅游为切入点，以金融服务为中心，伊甸园文化为灵魂，电子商贸物流为配套，产生集聚效应，形成强大的人流、物流、资金流、信息流的交汇之地。努力实现“一带一路”建设的支点，对外开放的高地，国际旅游度假胜地的发展目标，成为毛里求斯智慧城市的样板，以智慧制造和智慧产业为世界经济贡献中国力量。

打造中国在埃塞的形象工程

中白工业园区开发股份有限公司

一、园区概况

埃塞俄比亚东方工业园（以下简称“工业园”），是江苏永元投资有限公司在非洲投资兴建的苏州市唯一的一个国家级境外经贸合作区，是中国民营企业在埃塞俄比亚创办的唯一一家国家级境外经贸合作区，是埃塞境内首个建成且已正式运营的工业园区。工业园于2007年11月通过国家商务部、财政部的境外经贸合作区招投标，在两国政府及地方各级的热忱指导和大力扶持下，2008年成立东方工业园有限公司，开始规模性开发，2015年4月通过商务部、财政部确认考核。

二、园区规划及建设进展

工业园协议规划总面积5平方公里，已取得土地权证4平方公里，其中一期土地2.33平方公里，二期土地1.67平方公里。目前，总投资2.5亿美元的一期已全部完成，建成30万平方米标准型厂房，18500平方米员工住宅楼，3000平方米综合办公及生活服务用房，12公里园区主干道、6万平方米绿化，600吨/小时供水系统、日处理13000吨污水站、25.1万KVA总降站。同时配备了消防设备，24小时无死角监控系统等安保设备。

三、园区产业定位及配套服务

东方工业园所具优势明显。埃塞处于“一带一路”重要节点上，是非洲的政治中心、劳动力资源丰富、电力成本低；是中国产品进军非洲、中东和欧美市场的有效跳板，通过东南非共同市场（COMESA）进入21个成员国市场。埃塞俄比亚享受美国《非洲增长与机遇法案》和欧盟等关于非洲产品免关税免配额的政策，国内企业投资可以有效规避反倾销等贸易堡垒，最具成为江苏乃至中国在埃塞“中非产能合作”桥头堡的潜力。

工业园目前享有的埃塞优惠政策主要有：区内企业所得税享受5~10年免税期，产品出口占50%以上的享受更长时间免税；外汇留存30%，比区外多留存10%；埃塞国家船运公司优先承接区内企业海陆运输服务，运费低5%。设立海陆联运的内陆港口（工业园已获批为海陆联运目的港），点对点运输物资。

工业园为入园企业提供政策法律咨询、投资和工作许可、企业注册和有关登记、报关报税、商检、仓储运输、商务会展、与当地政府和机构协调中介服务以及安保服务等。埃塞政府向工业园派驻海关、商检、税务、治安等职能部门的直属办事机构，为入园企业的生产经营提供最大化的“一站式”便捷服务。园区内医疗、消防、培训、餐饮、娱乐等设施配套齐全。园区成立了200多人的安保队伍，24小时不间断巡逻，保护区内企业财产、人员安全。

四、园区综合效益

入区企业100多家，主要涉及建材、鞋帽、纺织服装、汽车组装和金属加工等行业，协议投资9亿美元，实际投资6.4亿美元，总产值11亿美元，上缴东道国税费总额9100万美元，为东道国解决就业20000人。二期建设即将开工，已有30多家企业等待入园。工业园主动承担企业社会责任，为当地学校、孤儿院等提供捐助和善款，工业园尚未开发土地的部分暂时让农民种植；免费提供工程机协助园区周边地区开展水利和工程建设；让当地百姓有了实实在在的获得感，受到了当地百姓和政府的欢迎和认可。

五、园区窗口地位

2007年6月，工业园即被埃塞政府列为该国“工业发展计划中重要的优先项目”。2008年11月，吴邦国委员长（时任）访问埃塞期间，将工业园列入高访三大议题之一，提出“要将东方工业园建设成为中国与埃塞分享中国改革开放30年成功经验的示范区”。埃塞政府高度重视工业园建设，前总理梅莱斯亲自指定工业部牵头成立了筹委会和技术指导委员会，每3个月召开一次现场办公会，并可临时召开紧急会议调解决有关问题。目前，工业园已经成为江苏乃至中国在埃塞的形象工程，中国企业走进非洲的良好平台，国内产业转移的优良载体。十年来，有40多批次的国家和部委领导先后亲临工业园视察指导，国务院总理李克强、时任副总理汪洋、刘延东，中央书记处书记赵洪祝等领导莅园视察指导。各级领导都充分肯定工业园开发建设的成绩，并指示相关部门大力关心、扶持。

六、园区建设发展模式

园区的开发建设采取“总体规划、分期实施，建设与招商同步、开发与使用同步，以及以园养园，滚动式发展”的市场化运作模式。在开发建设的同时强力推进招商引资，在做优硬件的同时精心提升软件，在打造形象的同时力创过硬绩效。

我们将积极参与习近平主席在中非合作高峰论坛上提出的“八大行动”计划，进一步扩大对埃塞的投资，升级东方工业园区，启动二期工程建设，用两年时间完成建设和招商。完成后，再利用10年左右时间打造一个占地约75平方公里的东方工业新城。

助力赞比亚逐步实现工业化及 2030 愿景规划

赞比亚中国经济贸易合作区发展有限公司

赞比亚中国经济贸易合作区发展有限公司（简称“合作区发展公司”）是国务院国资委直属企业——中国有色矿业集团有限公司于 2007 年 1 月 16 日在赞比亚注册的企业，是中国有色集团积极响应国家“走出去”战略、在非洲建立经济贸易合作区而成立的合作区开发企业，主要从事赞比亚中国经济贸易合作区谦比希园区和卢萨卡分区开发建设、招商引资和协调管理。

一、合作区情况

（一）谦比希园区

赞中合作区谦比希园区位于赞比亚铜带省中部，距赞比亚首都卢萨卡 360 公里，距赞比亚第二大城市恩多拉 70 公里，距赞比亚第三大城市基特韦 28 公里，一期规划面积 11.58 平方公里。

图 1　园区大门

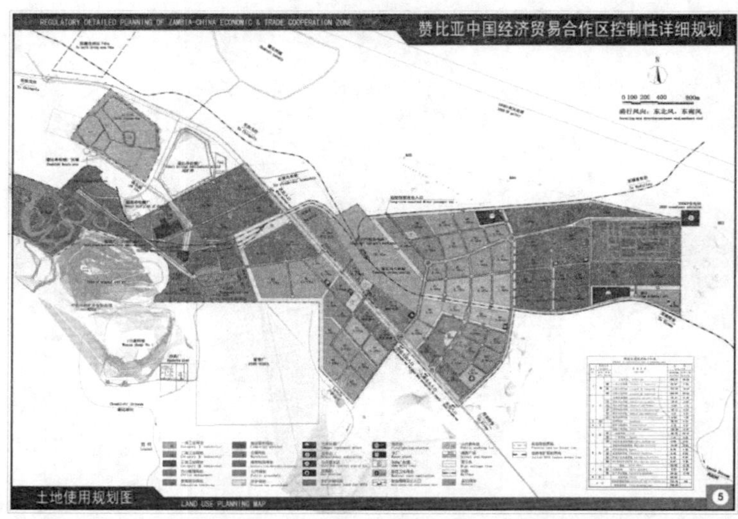

图 2　赞中合作区谦比希园区土地使用规划图

1. 总体开发指导思想。赞比亚中国经济贸易合作区的规划建设将借鉴我国开发区与国外工业园区的发展经验，根据赞比亚国情，结合市场实际，依靠中赞两国政府，实施“总体规划，分期开发，建成一片，循环收益”的策略，以期取得合作区较理想的经济和社会效益。

2. 总体发展战略和功能。合作区的建立主要目的是使赞比亚丰富的铜钴矿产资源得以更有效的开发利用，并延展基础资源的加工深度，进入国际市场，促进赞比亚的经济发展。合作区的发展将遵循技术先进性和实用性相结合的原则，出口导向和进口鼓励的原则，环保生产和资源综合集约利用的原则，经过一段时期的开发建设，把合作区建成一个基础设施较为完善、产业链较为完整、带动和辐射能力强、影响大的现代有色金属工业园，成为我国投资兴建的主要境外有色金属工业基地；成为二十一世纪中赞两国经济合作的新范例；成为国家“境外经济贸易合作区”的示范区；成为辐射坦赞铁路和非洲中部的战略基地。

（二）卢萨卡园区

1. 总体概况。赞中合作区卢萨卡园区位于赞比亚首都卢萨卡东北部，距离城市中心 25 公里，毗邻卢萨卡国际机场（卡翁达国际机场），总规划面积 5.7 平方公里。

图 3　赞中合作区谦比希园区鸟瞰图

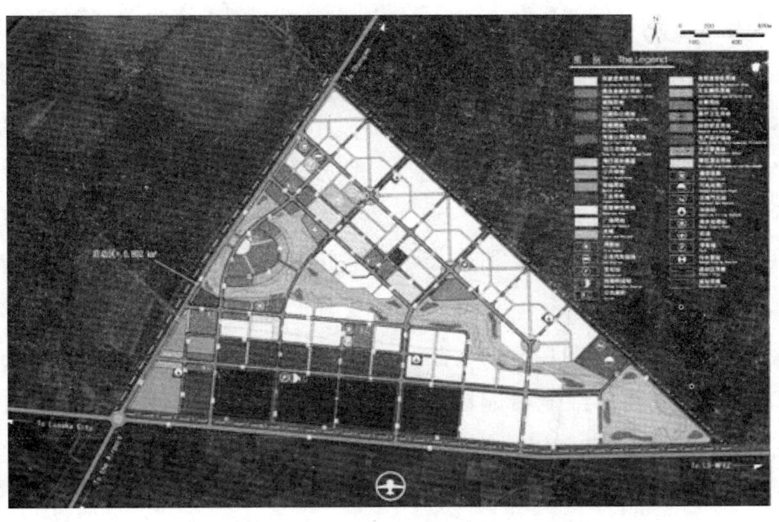

图 4　赞中合作区卢萨卡园区土地使用规划图

图 5　赞中合作区卢萨卡园区鸟瞰图

2. 发展目标。立足于赞比亚地处南部非洲“心脏地带”的战略区位，充分发挥卢萨卡在南部非洲交通枢纽的优势，以首都卢萨卡及国际机场为依托，面向赞比亚和南部非洲市场，重点发展商贸、物流、加工、房地产等产业，至2030年，把卢萨卡园区建设成为基础设施完善，生态环境优美，以自由贸易区为主要功能的现代空港产业园区。

（三）发展成就

截至2019年9月末，园区企业累计投资额超过22亿美元，累计销售收入超过164亿美元。赞中合作区直接投资的基础设施和功能设施投资额达1.92亿美元。约有9000名赞比亚雇员，达到68家企业和租用功能设施的项目。经营的行业包括湿法冶炼、铜冶炼、建筑、物流、采选矿、农业、制酒业、制药业等，其中17家位于卢萨卡园区。初步形成了以勘探、采矿、选矿和冶炼为核心，辅以相关服务和支持行业的产业链。

在谦比希园区、卢萨卡园区和Garneton生活区修建了超过20公里的道路。谦比希园区配有330千伏变电站、66千伏和10千伏输电线路，卢萨卡园区配有10千伏变压器。谦比希园区已完成给水、雨水排水、污水排水等设施，卢萨卡园区修建了地下水井、配有240吨的钢结构水塔。

建成超过6000平方米的办公设施、40000平方米的标准厂房、11000平方米的住宿设施和酒店服务区。此外，赞中合作区还代建了一大批厂房、办公设施、生活用房和道路。中赞友谊医院为市民提供综合性医疗服务，医院配有核磁共振、腹腔镜等先进医疗设备和经验丰富的医疗团队。赞比亚中国经济贸易合作区发展有限公司雇用了超过200名本地员工和40名中方管理人员。

二、赞比亚概况

（一）有利因素

1. 经济连续增长。自1999年起，赞比亚经济连续十五年稳定增长，其中2014年的经济增长率为6%，近年来略有放缓至4%。农业、建筑业、工业、采矿业和旅游业为赞比亚5大支柱产业，共占该国GDP份额50%。

2. 社会高度稳定。在非洲大陆，赞比亚以社会和政治稳定而著称。自1964年独立以来，赞比亚是非洲大陆既无外战、也无内乱的少数几个国家之一。

3. 市场潜力巨大。赞比亚地处非洲大陆中心，与刚果金、津巴布韦、坦桑尼亚等八个国家相邻，是 WTO（World Trade Organization，世界贸易组织）、COMESA（Common Market for Eastern and Southern Africa，东南部非洲共同市场）、SADC（Southern Africa Development Community，南部非洲发展共同体）等国际组织的成员国。COMESA 已经大大突破了东南非区域，现有 20 个成员国，即安哥拉、布隆迪、科摩罗、刚果（金）、吉布提、埃及、厄立特里亚、埃塞俄比亚、肯尼亚、马达加斯加、马拉维、毛里求斯、卢旺达、塞舌尔、苏丹、斯威士兰、乌干达、赞比亚、津巴布韦和利比亚，覆盖 4.3 亿总人口、1287 万平方公里土地和 4470 亿美元。此外，根据 2000 年 5 月美国国会通过的 AGOA（Africa Growth and Opportunity Act，非洲增长和机会法案），包括赞比亚在内的撒哈拉以南非洲国家的 6000 多种产品可以享受免关税、免配额出口美国市场的优惠待遇。国境内分为东西南北主要干道是联通南部非洲和北部非洲，产品进出口运输的主要干线。

4. 经济高度开放。自 1993 年至今，赞比亚实现了外汇自由兑换、利率自由浮动和物价的自由调节，从而成为非洲大陆比较罕见的开放型国家。

5. 资源十分丰富。矿产资源：赞比亚的铜蕴藏量超过 9 亿吨，约占世界的 6%；钴蕴藏量约 35 万吨，居世界第二位。此外还有镍、铁、锌、锡、铀、绿宝石、水晶等矿物。土地资源：赞比亚的土地总面积为 75 万平方公里，其中 47%为可耕地，目前实际耕地面积只有可耕地面积的 14%。森林资源：赞比亚的森林覆盖率为 43%，共有 20 多种木材可供出口。水资源：赞比亚的地表水资源占南部非洲的 25%左右。

6. 中赞密切交往。中赞两国于 1964 年 10 月 25 日建立外交关系，1967 年 4 月签订双边贸易协定，1996 年 6 月签订双边投资保护协定。赞比亚是我国最友好的国家之一，两国人民长期友好，经济合作基础牢固，是我国企业对非洲投资最适宜的国家之一。中国各类经济性特区的成功发展也引起了赞比亚政府的高度关注，希望借鉴我国的成功经验，以赞中合作区为平台，吸引更多的中国企业在赞比亚投资建厂，带动赞比亚的经济发展。

（二）不利因素

1. 配套条件落后。赞比亚的经济结构单一，采矿业贡献了大部分的就业岗位、财政收入和外汇收入，加工制造业的配套条件十分落后，非本国资源和工业制成品大都依赖进口（主要来自南非）。

2. 办事效率低下。赞比亚一直沿用英国的法律体系，事无巨细都要遵守刻板的规章制度和履行烦琐的办事程序，而且社会各界普遍缺乏守时观念，从而导致从许可的审批到合同的履行等方面的效率低下。

3. 运营成本高昂。由于赞比亚地处非洲内陆，又缺乏石油资源，因此汽油、柴油等燃料价格明显偏高；由于赞比亚国民的受教育水平较低，因此熟练劳动力的成本相对较高；由于赞比亚基础设施建设滞后，因此交通运输成本明显偏高。近年来由于南部非洲及刚果金等地气候干旱少雨，导致赞比亚国内电力供应紧张，限制了生产制造性企业落地，据赞政府有关部门报道，电力短缺的情况有望在 2020 年末得到缓解。

（三）近期和远期规划

2006 年赞比亚政府制定了 2030 年远景规划，根据其南部非洲腹地地理位置，宜人的气候，稳定的政局，高速增长的 GDP，赞政府将在 2020 年将卢萨卡国际机场扩建成为即南非，约翰内斯堡国际机场和肯尼亚，内罗毕国际机场后南部非洲第三大国际航空港，并在 2030 年时将赞比亚建设为经济增长强劲，工贸业繁荣的中等收入国家。

三、园区规划

赞比亚中国经济贸易合作区将继续发挥好的产业聚集和辐射作用，积极融入赞比亚工业进程，因地制宜地创新经营模式。积极争取、用好用足国家为新建和升级赞中合作区提供软硬件支持的各项政策，结合非洲大陆自贸区发展及非盟2063发展规划，及赞比亚第七个国家发展规划纲要的要求，助力赞比亚逐步实现工业化及2030愿景规划。

赞中合作区作为中国有色集团在赞比亚出资企业，正在规划建设兼具出口加工区功能的综合保税区，逐步形成自由贸易区。升级后的综合保税区有四大支柱产业：有色金属矿开采、冶炼及衍生品生产加工（铜、钴矿开采及冶炼、矿山配套服务、有色金属矿衍生品生产及加工）、现代国际商贸及服务（国际采购、国际分销配送、国际中转、售后服务、检测维修、展览展示、金融服务、科技研发等）、现代国际综合物流（保税物流、保税加工、口岸操作）、出口加工（农副产品生产加工）。升级后的综合保税区将会兼具内陆集装箱货运中心（ICD）、口岸功能、保税功能、多式联运功能、智慧陆港等功能。综合保税区将赞比亚海关及进出口检验检疫机构引入区内并封关操作，并建设海关、检验检疫等办公楼，及物流服务的配套设施。升级后的综合保税区将提高赞比亚在南部非洲及非洲自贸区中的竞争优势，利用赞比亚的良好的投资环境形成政策洼地，吸引周边国家及国际性生产要素聚集综合保税区。

1. 卢萨卡园区定位。卢萨卡园区依据规划发展目标，结合产业功能、商务功能、生活功能的实际需求，规划设立以自由贸易区为核心，建设国际商务、增值加工、现代生活与科技创新等功能区。园区内围绕中央国际商务区形成公共服务环，提供园区管理、商务、商业和办公等功能，设置园区公共服务中心。总体以国际商务区和生态绿化区为核心，圈层式的向外布置各类功能，依次为现代生活区、增值加工区、科技创新区和自由贸易区。

针对卢萨卡园区，毗邻卢萨卡国际机场的地理区位优势及赞政府给予我司及园区的税收优惠政策，我们将卢萨卡园区定位为：根据现有园区基础设施建设，不断完善产业功能配套设施，以发展会展，国际展览，旅游会展，商务会议，国际物流，高新科技品仓储，轻工业产品组装加工等类型为主的空港产业园。

2. 谦比希园区定位。赞中合作区谦比希园区功能结构主要考虑现有矿区项目，以及集中突出有色金属产业功能开发，在其产业功能中进行功能结构细分，共划分为“一心、两区、四组团”。一心是指产业配套中心区（办公、商贸、展示、培训、标准厂房等），两区是指东部工业区、西部工业区，四组团是指四个功能组团，即铜加工及电子、轻工产业组团、有色金属冶炼及衍生产业组团、有色金属矿冶及配套产业组团、加工贸易组团。着重发展有色金属矿开采、冶炼及衍生品生产加工产业及现代国际综合物流（保税物流、保税加工，口岸操作）、出口加工（农副产品生产加工）等产业，为整个非洲自贸区的发展及资金贸易融通贡献中国智慧。

四、核心竞争力分析

1. 园区发展得到两国领导人和有关部门的大力支持。2007年2月4日，国家主席胡锦涛访问赞比亚期间，与赞比亚时任总统姆瓦纳瓦萨共同为赞比亚中国经济贸易合作区和谦比希铜冶炼公司揭牌并题词，2009年1月15日，商务部部长陈德铭与前任赞比亚总统班达共同为赞中合作区卢萨卡园区揭牌并题词，表明了中赞两国政府都非常重视和支持赞比亚中国经济贸易合作区的建设。两国领导人的题词高屋建瓴、寓意深远，充分表明了对于赞中合作区的肯定与期望。

2011年10月29日，在赞中国工商界午餐会在赞比亚总统府隆重举行。本次活动由赞比亚总统萨塔提议，赞比亚中华商会在中国驻赞比亚大使馆和经商处的支持和帮助下组织实施。赞比亚总统萨塔，中国驻赞比亚大使周欲晓，中国有色集团副总经理、赞比亚中华商会会长陶星虎出席活动并致辞。总统在总统府为华人举办招待会，这在赞比亚历史上是第一次，必将载入中赞友好合作的史册。

2013年9月19日，赞比亚副总统盖伊·斯科特出席赞比亚中国经济贸易合作区与赞比亚贸工部、发展署共同举办的“2013赞比亚国际建材及轻工产品展销会暨赞中合作区投资论坛”开幕式并欣然题词：“赞中友好合作硕果累累，振奋人心，再接再厉!”，展销会期间中国驻赞比亚大使周欲晓，赞比亚财政部长亚历山大·契珂万达、贸工部副部长迈克尔·桑帕、赞比亚央行副行长布瓦利亚·伍安渡，代理常秘齐力社、赞比亚发展署署长契普文迪、等多位中赞高级官员莅临现场指导，展现了赞比亚政府和中国政府对合作区的大力支持和高度关注。展销会的成功举办，谱写了中赞友谊新篇章，为宣传合作区，促进合作区招商打下了坚实基础。

2014年6月21日，正在赞比亚访问的中共中央政治局委员、国家副主席李源潮在赞比亚内政部部长纳萨卡·西姆柏雅库拉、赞比亚贸工部部长罗伯特·斯钦格、赞比亚贸工部常秘塞卡宗戈·塞卡莱格，中国驻赞比亚大使周欲晓、中共团中央第一书记秦宜智、中共中央对外联络部副部长于洪君、商务部副部长李金早、外交部部长助理钱洪山等的陪同下视察了中国有色集团投资建设的赞比亚中国经济贸易合作区卢萨卡园区，并参观了中国有色集团在赞比亚投资发展成果展。中赞建交50周年李副主席一行的视察赞比亚中国经济贸易合作区，充分表明了党和国家领导人对合作区的关注和重视。

2018年9月2日，由中国有色集团与赞比亚驻中国大使馆联合主办的“中国—赞比亚工商论坛”在北京中国有色集团总部举行，赞比亚总统及商贸工部、国家发展规划部、矿业与矿产发展部等部门，中国外交部、发改委、商务部、国资委领导、金融机构及相关部委领导、在赞投资的中央企业代表共同出席论坛。该论坛是本次中非合作论坛北京峰会前夕举办的重要论坛活动是落实习主席构建更加紧密的“中非命运共同体”思想和推动共建“一带一路”走深走实的重要举措，是深化“真实亲诚”的对非政策理念和正确义利观的具体行动，也是落实习总书记9月1日与伦古总统会晤达成“以园区建设为依托，深化两国互利合作，共建‘一带一路’”的重要共识的有力支撑，为中赞两国深化互利合作，吸引中国企业到赞投资注入了强劲动力。

论坛中，在中赞嘉宾见证下，中国有色集团与赞比亚政府签署了《合作区备忘录》，由中国有色集团投资建设的赞比亚中国经济贸易合作区与新达成落户意向的8家企业签署了合作协议，赞比亚政府与部分中外企业签署了合作协议，本次论坛达成的合作项目，签约总额达14.7亿美元，产业涉及有色金属冶炼、铜衍生品加工制造、矿用设备机车维修、物流等。

9月4日，伦古总统亲自致信中国有色集团董事长王彤宙以感谢中国有色集团对赞比亚经济作出的贡献，信中写道“祝贺中国有色集团和赞比亚紧密合作，共同促进赞比亚的矿业发展，我为中国有色集团感到自豪。”

2019年6月27日，首届中国—非洲经贸博览会（简称“非博会”）在湖南长沙开幕。习近平总书记向博览会致贺信，中央政治局委员、国务院副总理胡春华出席开幕式，宣读习近平总书记贺信并致辞。中国有色集团董事长、党委书记、总经理王彤宙，中国有色集团副总经理严弟勇参加非博会。非博会开幕式前，胡春

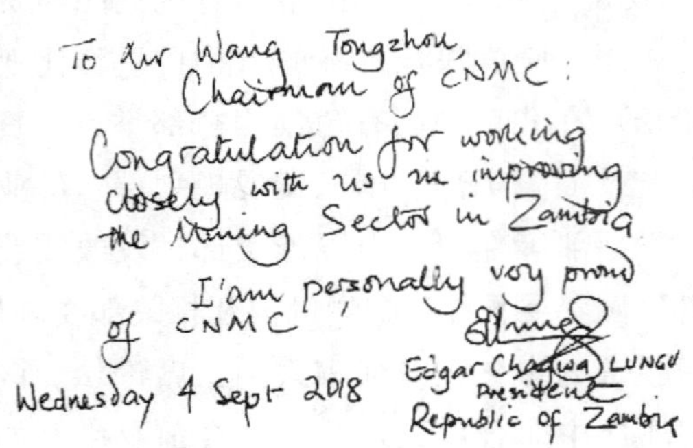

To Mr Wang Tongzhou,
Chairman of CNMC:
Congratulation for working
closely with us in improving
the Mining Sector in Zambia
I'am personally very proud
of CNMC,
Wednesday 4 Sept 2018
Edgar Chagwa LUNGU
President
Republic of Zambia

图 6　赞比亚总统伦古致信中国有色集团王彤宙董事长

华副总理听取了王彤宙董事长就在非投资发展所作的简要汇报。作为走进非洲 21 年的企业，中国有色集团在赞比亚、刚果（金）等中南部非洲国家投资超过 30 亿美元，拥有 20 余家各级出资企业，在非洲投资运营着 5 座铜矿山、6 座炼铜厂、1 个国家级境外赞中合作区，正在建设 2 个采矿选冶一体的大型冶炼项目。

赞中合作区副董事长、总经理廖子彬陪同参加了上述活动，并于 6 月 27 日下午代表赞中合作区在中国—非洲经贸合作区发展研讨会上发言。6 月 28 日上午，廖子彬出席了非洲四国（埃塞俄比亚、肯尼亚、赞比亚、莫桑比克）投资对话会，并在主题对话环节各国参会代表探讨了可持续投资的话题。

图 7　赞中合作区总经理廖子彬出席非洲四国投资对话会

2. 签署投资促进与保护协议，可享受特殊优惠政策（入住我园区企业应该享受的在赞税收方面的优惠政策）。2008 年 9 月 9 日，中国有色集团、赞比亚中国经济贸易合作区发展公司与赞比亚政府、赞比亚发展署的授权代表在我国厦门市共同签署《关于赞比亚中国经济贸易合作区的投资促进和保护协议》（简称“IPPA”）。

按照上述协议，在赞中合作区内投资不低于 50 万美元，并且从事《赞比亚发展署法》规定的优先行业或产品，除了享受有关法律赋予的优惠政策之外，有权获得下列特殊优惠政策：

（1）所得税。1）允许从应纳税所得中抵扣所有因在赞中合作区内进行投资而发生的贷款成本；2）允许从应纳税所得中抵扣所有与收入、资本性支出或贷款相关的汇兑损失；3）管理费用、咨询费用，以及因在赞中合作区内投资而发生的向贷款人支付的利息，免缴预扣所得税；4）向外国承包商支付的服务和供应款项，免缴预扣所得税。

（2）关税。1）企业聘用的承包商或代理人进口的用于相关执照批准的投资范围的货物，免缴进口关税和货物税；2）企业或其承包商在相关执照批准的投资范围内临时进口的任何设备、机械和器具，免缴进口关税；3）企业在赞中合作区内生产的货物，如果符合增值的有关标准，免缴出口税赋。4）其他。企业在原有执照所批准的投资总额之外的追加投资项目，有权享受《赞比亚发展署法》下适用于新投资的投资鼓励政策。

2009 年，赞比亚政府把相关的特殊优惠政策内容纳入 2009 年 1 月 30 日赞比亚政府向国会提交的 2009 年财政预算报告。经过赞比亚国会的审议，IPPA 涉及的主要优惠政策成为赞比亚《所得税法》《关税和消费税法》《增值税法》的 2009 年修正内容，分别从 2009 年 4 月 1 日（《所得税法》）或 1 月 31 日（《关税和消费税法》和《增值税法》）开始生效。

3. 明确特定的产业定位，具备明显的地域优势。赞中合作区谦比希园区经过多年建设已形成了一定的有色金属产业规模，围绕铜矿开采的配套产业初具规模，结合园区内及周边良好的基础设施条件，具有了较强的主导产业发展能力和产业配套能力。谦比希园区的铜矿资源和其配套产业产品，一方面铜产品可以弥补我国铜资源市场需要；另一方面配套产业产品可以满足赞比亚国内采矿业，以及其他行业市场需要，改善赞比亚市场产品结构，拓展周边国家市场空间。

卢萨卡园区立足于赞比亚地处南部非洲“心脏地带”的战略区位，充分发挥卢萨卡在南部非洲交通枢纽的优势，以首都卢萨卡及国际机场为依托，面向赞比亚和南部非洲市场，重点发展商贸、物流、加工、房地产等产业。

赞中合作区依托周边城市和乡镇的基础设施，为投资者带来生产和生活的便捷。现有的基础设施，如医院、水电通讯和铁路、公路交通等，使赞中合作区具备了企业投资基本条件。

4. 拥有一支专门人才队伍。合作区发展公司吸引了一批年富力强、有事业心、有责任心的管理人才和专门技术人才，形成了具备管理、语言和专业技术优势的复合型人才队伍。从集团公司所属重点企业、国内外著名高校中汇聚了一批有事业心、有朝气、素质高的青年人才，成为境外赞中合作区事业持续发展的新生力量。

打造中白友好合作的巨石

中国—白俄罗斯工业园区

一、开发背景

中华人民共和国与白俄罗斯共和国于1992年建交，自建交27年以来，两国关系发展顺利，双边贸易快速稳步增长。尤其是2013年两国建立全面战略伙伴关系之后，双方政府领导积极开展双边合作，加深了两国企业之间的密切交流。

中白工业园是中白两国元首亲自倡导、推动的项目。2010年3月，时任中国国家副主席习近平访问白俄罗斯，两国元首就在白俄罗斯境内合作建立工业园区达成共识。2010年10月，卢卡申科总统访华期间，白俄罗斯经济部与中工国际工程股份有限公司签署了《关于在白俄罗斯共和国境内建立中国—白俄罗斯工业园区的合作协议》，中白工业园应运而生。

中白工业园作为“丝绸之路经济带”上的重要经贸合作平台，得到了中国和白俄罗斯两国政府的高度重视和支持，是中白两国双边合作的战略性项目，对进一步丰富中白两国全面战略伙伴关系内涵，引领两国关系未来发展具有重要意义。

2015年5月11日，习近平主席访问白俄罗斯，提出要把中白工业园建设作为合作重点，发挥政府间协调机制作用，谋划好园区未来发展，将园区打造成丝绸之路经济带上的明珠和双方互利合作的典范。2015年5月12日，国家主席习近平和夫人彭丽媛在白俄罗斯总统卢卡申科陪同下，莅临中白工业园项目视察。两国元首共同见证了中白工业园管委会向首批7家入园企业颁发入园证书和14家意向入园企业向园区管委会提交入园协议，并在中白工业园发展蓝图上题名。习近平主席指出：中白工业园是中白务实合作的“升级版”，是“丝绸之路经济带”上的标志性项目。卢卡申科总统指出：将中白工业园打造成奠定中白友好合作的巨石。两国元首视察园区，极大地促进和提升了园区在中白两国之间的影响力。

为及时解决中白工业园开发过程中的问题，从2014年开始由中国商务部和白俄罗斯经济部共同组建中白工业园协调工作组，双方定期组织召开中白工业园协调工作组会议。到2018年底，已经召开了11次会议，解决了园区开发进程中遇到的规划、建设、招商和政策机制等问题，加快了园区发展。

2016年9月28日至30日白俄罗斯总统卢卡申科访华。习近平主席强调，要加快中白工业园建设，拓展地方合作，实现优势互补和协同发展。卢卡申科总统表示，白方积极支持中方“一带一路”倡议，愿将其与自身发展战略对接，并将两国经贸投资合作提高到新的水平，推动中白工业园成为“一带一路”的示范性项目。

2017年4月17日，时任全国人大常委会委员长张德江视察了中白工业园。张德江委员长指出，在中白双方建设者共同努力下，园区已经完全具备了招商引资的条件，取得了难能可贵的成绩，并代表党中央、国务院对此表示充分认可和肯定；同时希望中白双方共同努力，按两国元首的要求，将中白工业园打造成为“丝绸之路经济带”上的标志性项目和“中白友好合作的巨石”。

2018年5月27日至29日，王岐山副主席视察中白工业园。在与卢卡申科总统会谈期间，王岐山副主席表示，中白工业园是两国元首亲自推动的重点项目，目前已取得积极进展。双方要努力将其打造成为“一带一路”合作标志性项目。卢卡申科总统表示，白方愿积极对接两国发展战略，将中白工业园建设成为“丝绸之路经济带”上的明珠。

2018 年 9 月 21 日，中央政治局常委、中央纪律检查委员会书记赵乐际视察中白工业园。赵乐际书记对园区建设运营取得的成绩给予充分肯定，并指出一定要在中白双方的共同努力下，建设生态化园区，把中白工业园打造成为生态化高质量示范工程。

二、开发优势

1. 地理位置优越。白俄罗斯是“一带一路”的重要节点，位于欧洲中部，总面积 20.76 万平方公里，东部和北部与俄罗斯接壤，南邻乌克兰，西邻波兰，西北与立陶宛和拉脱维亚接壤，是欧洲和独联体国家间的交通要道与贸易走廊，是俄罗斯和中亚国家联系欧洲的重要通道，也是丝绸之路经济带进入欧洲的门户。

中白工业园规划面积 112.5 平方公里，位于白俄罗斯明斯克州斯莫列维奇区，距首都明斯克市中心 25 公里，毗邻明斯克国际机场，距波罗的海克莱佩达港口约 500 公里，距莫斯科约 700 公里，距柏林约 1000 公里，莫斯科至柏林的 M1 洲际公路、连接明斯克市区到机场的 M2 高速公路穿越园区，未来还将有连接机场与明斯克市区的轻轨穿过园区。

2. 市场潜力巨大。白俄罗斯环境优美，因水系较多，被称为“万湖之国”。白俄罗斯社会政治稳定，国民经济持续快速增长，国民素质较高，社会服务体系完备。白俄罗斯作为欧亚经济联盟成员国，入园企业的产品可以免关税销往俄罗斯、哈萨克斯坦、亚美尼亚、吉尔吉斯斯坦等市场，涵盖人口总数超过 1.8 亿。同时，入园企业产品可以便捷地销往覆盖 5 亿人口的欧盟市场，市场拓展潜力巨大。中白工业园为中国企业走向海外提供了良好的发展平台。

3. 规划理念先进。中白工业园在开发初期，

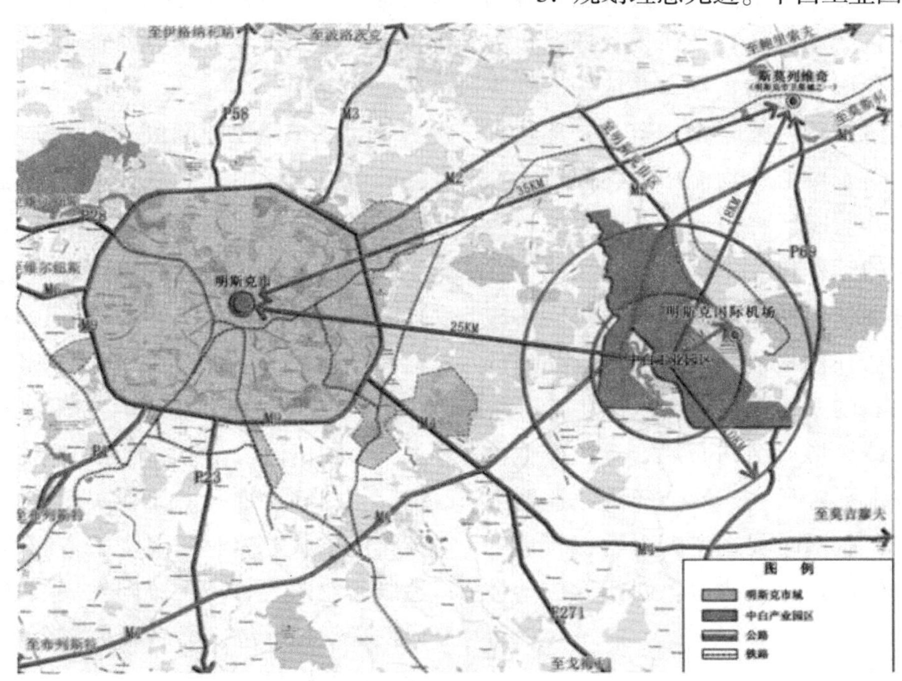

图 1　中白工业园位置图

图2　中欧班列线路图

即明确了面向全球的招商思路，现代服务业的引入和发展，将为入园企业配套服务提供保障，为入园企业由初期的海外生产基地进一步发展成为区域总部中心提供了可行性。

中白工业园重点引入产业包括：电子和通信、制药、精细化工、生物技术、机械制造、新材料、综合物流、电子商务、大数据储存与处理、社会文化活动以及科技研发；通过以先进制造业和现代服务业为支撑，并依托明斯克众多高校、科研机构，整合全球资源，逐步设立制造中心、研发中心、物流中心、商贸中心和财务结算中心。园区将引入专业的服务型企业，以市场化的运作模式，提升服务水平。在大力发展先进制造业的同时，园区还将同步跟进商业配套及居住用地的开发。通过高品质的住宅和商业中心的开发，提升园区的生活环境和商务氛围。最终形成结构布局合理、产业协调发展、科技水平含量高、社会经济效益明显的综合性开发区，同时促进产城融合，打造一座集生态、宜居、兴业、活力、创新五位一体的国际新城。

4. 服务体系完备。

（1）园区设置了三级管理架构：第一级，中白政府间协调委员会，由两国政府部门组建，统筹推进中白工业园事务；第二级，园区管委会，负责园区的招商引资、政策制定、企业服务和行政审批；第三级，中白工业园区开发股份有限公司，负责园区土地开发、招商引资和经营管理。园区将实现服务全通、政策畅通、法制顺通、信息灵通、资金融通、人才流通、生活便通，成为世界各国企业投资运营的最优产业平台。

（2）中白工业园区开发股份有限公司由中外股东组成：中方股东包括：中国机械工业集团有限公司、招商局集团、中工国际工程股份有限公司、哈尔滨投资集团有限责任公司，总计股份比例为68%；外方股东包括：白俄罗斯共和国（管委会代持），股份比例为31.3%；德国杜伊斯堡港股份公司，股份比例为0.7%。

中国机械工业集团有限公司是一家多元化、国际化的综合性装备工业集团，致力于提供全球化优质服务。业务围绕装备制造业和现代制造服务业两大领域，协同发展装备制造、科技研发、工程承包、贸易服务、金融投资五大主业，涉及机械、能源、交通、汽车、轻工、船舶、冶金、建筑、电子、环保、航空航天等国民经济重要产业，市场遍布全球170多个国家和地区。截至2018年底，在全球100个国家和2个地区，共设立了342家驻外机构。海外员工人数逾2万人。

招商局集团的业务主要集中于综合交通、特色金融、城市与园区综合开发运营三大核心产业，并正实现由三大主业向实业经营、金融服务、投资与资本运营三大平台转变。在全球20个国家和地区拥有56个港口，已初步形成较为完善的海外港口、物流、金融和园区网络。同时，招商局拥有丰富的园区开发、建设、招商引资和运营经验。通过其主导开发的招商蛇口、漳州开发区等主体提供城市和园区综合开发运营服务。蛇口工业区和漳州开发区已成为自贸区和国家级开发区。

两大集团的强强联合，优势互补，促进了中白工业园的有效、合理开发，为中白工业园成为具有国际竞争力的高科技、生态园区打下了基础。

（3）政府服务。中白工业园倾力打造“一站式”高效服务体系，全部审批在园区内完成，提供投资洽谈、公司注册、项目准入、土地过户、报建审批、联合验收、进出口审批、优惠政策审批等全过程服务。

（4）投资服务。中白工业园开发公司提供注册、法律、会计、税务、报建、施工、劳务等投资全过程咨询服务。

（5）金融服务。中国国家开发银行对入园中国企业提供“有市场竞争力”利率的融资支持。设立5.85亿美元的中白产业基金支持入园项目。中国—欧亚经济合作基金支持入园项目。

（6）仓储物流服务。招商局中白商贸物流园，总建筑面积10万平方米，已建成展销中心、商务中心和保税仓库，为园区企业提供全供应链商贸物流服务。

（7）海关服务。园区已成功获批海关保税区，并设立海关站，可为投资者提供公共保税、清关等服务。

5. 政策条件优惠。通过《总统令》的形式，赋予符合主导产业的入园企业多项优惠政策：（1）税收优惠至2062年。免除不动产税、土地税。免除用于园区项目建设的进口设备和材料的关税和增值税。使用保税区保税品生产的产品，免征进口环节增值税。园区内自产产品利润税，自利润产生时前10年免收，10年后至2062年减半征收。红利税前五年免除。免除外国籍员工强制保险。（2）土地使用年限长，租期可达99年，也可私有化。

6. 注重绿色发展。园区重视环保发展。根据园区规划，中白工业园总体绿化率将不低于50%。2018年，中白工业园开发公司获得欧盟环境管理与审计计划证书（EMAS），是白俄罗斯首家获得该证书的企业。EMAS被认为是世界上最先进的符合可持续发展原则的体系。

三、开发成效

1. 基础设施基本形成。（1）园区配套分步实施。园区遵循分步实施、滚动开发的原则，分四期开发建设。一期土地开发面积约8.5平方公里。一期用地性质分为工业、物流和公共配套等用地，规划建设高标准生产厂房、保税物流仓库、行政商务中心、快捷商务酒店以及商业中心，为入园企业提供充足的生产制造、物流配送和服务保障等全链条便利条件。

（2）园区一期主体基础设施建成并投入使用。截至2019年9月，园区一期8.5平方公里基础设施主体工程已完成，修建道路32公里以及供电、供水、雨水、燃气、污水、通讯管网等，形成515公顷经营性土地，可为入园企业提供全方位的基础设施服务。2019年底，一期基础设施将全部建成。

1.15万平方米的办公楼正常运营，中白工业园开发公司、管委会、“一站式”服务中心以及二十余家企业入驻办公。中国商务部援助资

图 3　中白工业园一期规划图

图 4　中白工业园主入口

金建设的首栋住宅楼于 2019 年 8 月竣工，援外项目中白科技成果转化合作中心大楼，2019 年底建成。标准厂房已建成 35744 平方米并投入使用，已出租 90%。在建厂房总面积 27610 平方米，已预定 30%。预计到 2020 年前再新建 43000 平方米标准厂房。上述厂房全部建成后，园区开发公司自有标准厂房总面积为 106359 平方米，能够满足企业入园的厂房租赁需求。

园区建设完全符合白俄法律规范要求，不论是建设质量和建设速度都受到了白俄政府的称赞。园区一期起步区市政基础设施建设项目、园区办公楼及标准厂房项目荣获“白俄罗斯杰出工程奖”。其中，办公楼项目还获得了2018年中国境外工程“鲁班奖”。2018年11月13日，“伟大的变革——庆祝改革开放40周年大型展览”国家级大型展览活动在国家博物馆正式开幕。中白工业园作为“一带一路”标志性项目公开对外展示，入选“壮美篇章”展区，充分体现了项目的重要性和战略意义。

2. 招商引资取得积极进展。截至2019年9月，园区居民企业达到55家，企业协议投资总额逾11亿美元。其中，中资企业32家，白俄罗斯企业12家，来自美国、德国、俄罗斯、瑞士、奥地利、立陶宛、以色列等国的欧美企业11家。按照项目属性分类，生产制造项目37个，研发项目15个，商贸物流项目2个，其他项目1个。

图5 园区办公楼和标准厂房

图6 中白商贸物流园

四、发展愿景

根据园区发展规划（2018—2020），计划实现中白工业园一期整体开发建设及运营，形成园区基础规模，为园区长远、健康可持续开发打下坚实基础，成为白俄罗斯经济发展的重要增长点、丝绸之路经济带上的重要发展支点、中白两国经贸合作的综合性战略平台。中白工业园将为中国企业践行“一带一路”倡议创造机会，为中国企业开拓欧亚市场提供便捷通道，为世界各国企业开展国际经贸合作提供平台，发挥辐射带动作用。

青山谱写“一带一路”印尼新篇章

上海鼎信投资（集团）有限公司

“东南亚地区自古以来就是‘海上丝绸之路’的重要枢纽，中国愿同东盟国家加强海上合作……共同建设‘21世纪海上丝绸之路’。”2013年10月3日，习近平主席在印度尼西亚国会的演讲中首倡共建“21世纪海上丝绸之路”，描绘合作共赢美好蓝图。时逾六载，“一带一路”注入的澎湃活力擘画出“共商、共建、共享”的一卷卷华章，作为世界不锈钢行业领导者青山实业在此深耕不锈钢产业链，建成世界最大不锈钢生产基地——中国印尼综合产业园区青山园区（简称“印尼青山园区”），谱写“一带一路”印尼新篇章。

青山实业专事不锈钢行业三十余载，已形成了从镍矿开采、镍铁冶炼到不锈钢冶炼、不锈钢连铸坯生产及不锈钢板材、棒线材加工的全产业链布局，在做大做强不锈钢行业的同时，青山凭借镍矿资源优势进军新能源领域。2018年，青山系企业生产不锈钢粗钢929万吨，实现销售收入2265亿元人民币，荣列2019年世界500强企业第361位（首次进入世界500强），中国企业500强第90位、中国制造业企业500强第30位、中国民营企业500强第18位、中国民营企业制造业500强第9位。员工总数6.6万人，外籍员工3.4万人，综合实力在世界不锈钢行业中稳居榜首。

上海鼎信投资（集团）有限公司（简称“鼎信集团”）系青山实业董事局旗下的五大集团公司之一，为印尼青山园区建区企业。注册资金22亿元，2007年以来，作为青山实业推行国际化经营的主力方阵，鼎信集团已形成了从不锈钢行业的上游原材料开发投资、全球采购、海运物流，到不锈钢制品加工、国际贸易等完整的不锈钢生产供应链，以及与之配套的生产服务体系，主要负责境外投资项目管理、机电产品及其他建设设备出口至印尼青山园区、大宗原材料进口等业务，2017年被上海市浦东新区商务委员会、上海市浦东新区财政局联合认定为“浦东新区大企业总部”，2018年列外贸500强第376位、外贸民营500强第90位。

一、共商共建，印尼青山园区建设成果斐然

2013年10月3日，在中国国家主席习近平和时任印尼总统苏西洛的见证下，青山实业实际控制人项光达和印尼八星系企业实际控制人郑汉烈签署了合作共建印尼青山园区并合资建设第一个入园项目的协议。时逾六载，累计投资达80亿美元，年产200万吨镍铁、300万吨不锈钢的世界级大型一体化不锈钢产业链已经全部建成投产。2016年8月，印尼青山园区被中国商务部和财政部联合确认为境外经济贸易合作区，2018年8月，印尼中央政府将其列为保税区。

印尼青山园区位于印度尼西亚中苏拉威西省莫罗瓦利县，由鼎信集团建投，经过短短几年的大规模建设，现已发展成为拥有海、陆、空立体运输通道、生产和生活配套设施完备的现代化大型工业园区。园区内已建成发电厂装机容量总和2910兆瓦（另1650兆瓦装机容量在建），码头年吞吐量已达到4000万吨，建有10万吨级码头2个、5万吨和3.5万吨码头各1个、5000吨码头20多个，另1座18万吨码头在建，园区还建有1890米跑道自备机场1座，

大型清真寺 3 座，容纳中国员工食宿的食堂及宿舍，供应印尼员工餐食的配餐中心及食堂，以及客房酒店 1 座和若干办公楼。作为“一带一路”示范合作项目，印尼青山园区的建成对促进中国与印尼之间的经济合作和改善当地民生具有重要意义，目前园区有印尼籍员工 3.3 万名，与此同时带动周边 5 万多名居民实现间接就业。

首个入园项目系年产 30 万吨镍铁及其配套电厂项目，由鼎信集团控股的苏拉威西矿业投资有限公司（SMI）实施。项目总投资 5.8 亿美元，由中国国家开发银行提供项目融资，建设有 4 条 RKEF 生产线，同期配套建设 2×65 兆瓦燃煤发电厂及公辅配套设施，年产 30 万吨含镍 10%~11%的镍铁。2013 年 7 月 16 日开工建设，2015 年 5 月 29 日印尼总统佐科亲临现场宣布正式投产。

在其他各入园项目中，除德信钢铁有限公司（DSI）年产 350 万吨钢铁项目（预计 2019 年年末投产）正在建设外，印尼广青镍业有限公司（GCNS）年产 60 万吨镍铁冶炼厂及 2×150 兆瓦火力发电厂项目、印尼青山不锈钢有限公司（ITSS）年产 100 万吨不锈钢连铸坯及 4×350 兆瓦火力发电厂项目、印尼瑞浦镍铬合金有限公司（IRNC）年产 60 万吨铬铁（配套热回收焦化）及 70 万吨不锈钢冷轧项目、印尼青山钢铁有限公司（TSI）年产 50 万吨镍铁项目、SMI 和 GCNS 年产 100 万吨不锈钢项目均已相继建成投产，形成全球最长的镍铁、不锈钢冶炼产业链。此外，运用全新工艺提取低品位镍矿中的镍、钴、锰用于新能源汽车电池和智慧储能电力系统的项目也正在园区部分建成投产。

二、合作共赢，多方见证参与园区建设

从偏僻小渔村到全球最大的不锈钢生产基地，印尼青山园区的建设发展受益于中国“一带一路”倡议与印尼“全球海洋支点”战略的对接。印尼总统佐科先生和印尼政府各部门及省县政府十分关注、支持和促进青山园区建设发展，2015 年 5 月 29 日，佐科总统亲临青山园区为首个入园项目投产剪彩并发表重要讲话，鲁胡特统筹部长等印尼部长、高官多次视察园区并在现场协调解决发展中的问题。时隔四年，2019 年 7 月 6 日，印尼海事资源统筹部长鲁胡特亲赴中国考察青山在国内的各大不锈钢生产基地和新能源工厂，同年 7 月 9 日，佐科总统在总统府亲切会见青山实业董事局主席项光达，印尼各级政府千方百计给予园区便利化支持，工业部还出资为园区建设了培训中心和职工廉租房。

中国政府热情鼓励并给予投资便利化支持，位于中国（上海）自由贸易试验区的建区企业鼎信集团充分运用自贸区营造的优越营商条件全面推进保障园区建设运营，商务部财政部确认印尼青山园区为中国境外经济贸易合作区，中国驻印尼大使馆一直精心指导，在交通等条件很差的园区筹建阶段，时任大使刘建超先生亲临园区现场指导并与当地官员对接洽谈，极大地温暖、鼓舞了园区开拓者。

中国的国家开发银行、进出口银行等金融机构和印尼进出口银行的高强度开发性融资支持给青山园区注入了血液，使之血脉畅通，增长强劲。诸此等等。青山园区得益于天时，凭借了地利，仰仗各方支持走到了大业初成的今天。

三、民心相通，践行社会责任树形象

印尼青山园区在建设发展和运营过程中积极践行企业社会责任，使园区周边的居民切实受惠，在维护园区生产经营环境稳定和提高中国在印尼投资企业声望方面具有重要意义。园区在教育、经济、健康及周边居民生活领域提供设备、技术支持，在尊重民族文化、宗教信仰的前提下开展各项社会公益活动，为当地居

民建设礼拜场所、医院、学校、其他居民基础设施，提供缝纫、养殖、农业设备和传授技艺，树立良好的企业形象。

2017 年 9 月，印尼青山园区与印尼工业部携手合作设立莫罗瓦利金属工业理工学院，并将园区作为学院学生实习场所，学院是印尼青山园区进行技术转移的媒介，学生将极大程度获得今后工作所需的实践经验。印尼青山园区持续向周边 Bahodopi 镇的 13 个村庄供电，2016 年，为了改善周边居民的用电情况，园区与印尼国家电力公司、莫罗瓦利县地方政府合作，建设了长达 42 公里的中压输电线路，为周边居民提供 24 小时用电。随着园区内燃煤电厂的投产发电，园区公司与印尼国家电力公司合作将部分电力输配给周边居民，结合印尼国家电力公司在当地电力供应的优势，园区自备电厂点亮小渔村的每一个家庭。

在自然灾害发生之时，印尼青山园区主动配合印尼相关部门，积极参与到抗灾救援当中。2018 年 9 月 28 日，印尼中苏拉威西省帕卢市地震并引发海啸，园区第一时间组织人员和物资设备投入到抗灾救援当中并进行内部募捐，此前，园区还协助周边居民在雨灾后进行道路修缮，在火灾发生时帮助村民灭火。

印尼青山园区向周边村民提供工作服装缝纫、农产品种植、家畜养殖的技术培训以及必要设备并且回购相关产品，增加周边居民的收入，园区与当地民众在互利合作中，为他们创造了商机，让当地居民真实感受到其中的经济价值。此外，园区还带动周边房屋的租赁，为周边社区居民援建医院提供医疗服务、建设清真寺，向贫困家庭发放生活必需品，并在清真寺发放宗教礼拜用品。印尼青山园区以更大的力度、更切合印尼国情的方式，不断促进当地社会发展。

四、扬帆再出发，纬达贝园区和新能源产业链谋新发展

在做精做强印尼青山园区的同时，青山将哈马黑拉岛镍矿区发展成为青山在印尼的第二个不锈钢生产基地的计划已经在落实，园区将依托世界级的镍矿资源（约 930 万吨）建设镍铁火法生产线及其配套火力发电机组和 5 万吨级以上若干散杂货码头，并着力建成以镍铁产业链为主导的产业集群。

为最大化利用矿产资源，青山已开始在矿区兴建基于全新工艺的生产设施，提炼低品位镍矿中的镍、钴、锰合金，用于研发和生产新能源汽车电池和智慧电力储能系统，目前在国内已经实现相关终端产品的规模化量产和运用，搭载了青山研发生产的模组、电芯及标准箱的商用车辆已经在浙江温州地区投入试点运营。未来，青山将为中国、东南亚乃至世界提供动力、储能锂电池单体到系统应用的研发、生产、销售服务，为新能源汽车动力及智慧电力储能提供优质解决方案，助推新能源产业的升级和生态文明的进步。

印尼青山园区正是中印尼国际产能开放合作的缩影，是园区内两国企业、两国员工的协力奋斗过程、园区和周边社区的和谐共赢过程，始终体现了两国间产能合作要以文明交流超越文明隔阂、以文明互鉴超越文明冲突、以文明共存超越文明优越的原则。相信未来在“一带一路”倡议与“全球海洋支点”战略框架深度对接的大背景下，青山必将开创两国不锈钢和新能源行业更加光明的未来！

城镇化发展和物流地产成“一带一路”沿线国家或地区投资盈利新模式

戴德梁行有限公司

“一带一路”倡议提出了近六年，硕果累累。在投资的大热潮下，中国在“一带一路”沿线国家或地区的投资开始进入新阶段，市场盈利性成了核心的关注问题。

一、“一带一路”投资新趋势

2018 年，中国对外直接投资金额为 1298.3 亿元，同比下降 18.3%，自 2003 年中国发布年度对外直接投资统计数据以来，连续两年出现负增长，但仍为历史第三高位（2016 年为首位）。在国际形势日趋复杂多变的情况下，我国对外投资合作保持平稳有序健康发展。

1. “一带一路”投资逆向增长。2018 年，我国企业对“一带一路”沿线 56 个国家非金融类直接投资 156.4 亿美元，同比增长 8.9%，占同期总额的 13%。在“一带一路”沿线的 63 个国家对外承包工程完成营业额 893.3 亿美元，占同期总额的 52%。主要投向东盟国家，以及俄罗斯、阿联酋等国家，东盟国成为投资热门目的地。

2. 对外投资行业多元化。对外投资主要流向租赁和商务服务业、制造业、批发和零售业、采矿业，占比分别为 37%、15.6%、8.8% 和 7.7%。流向第三产业的对外直接投资 842.5 亿美元，同比增长 3.6%，占 69.9%。房地产业、体育和娱乐业对外投资没有新增项目，非理性投资继续得到有效遏制。2017 年，国务院办公厅印发了《关于进一步引导和规范境外投资方向的指导意见》，房地产、酒店、影城、娱乐业、体育俱乐部等境外投资均在限制行业名单上，中国开发商惯常做的海外房地产开发业务受到了直接的冲击，这也是国家积极打击投机行为的重要手段。自此之后，海外投资朝着产

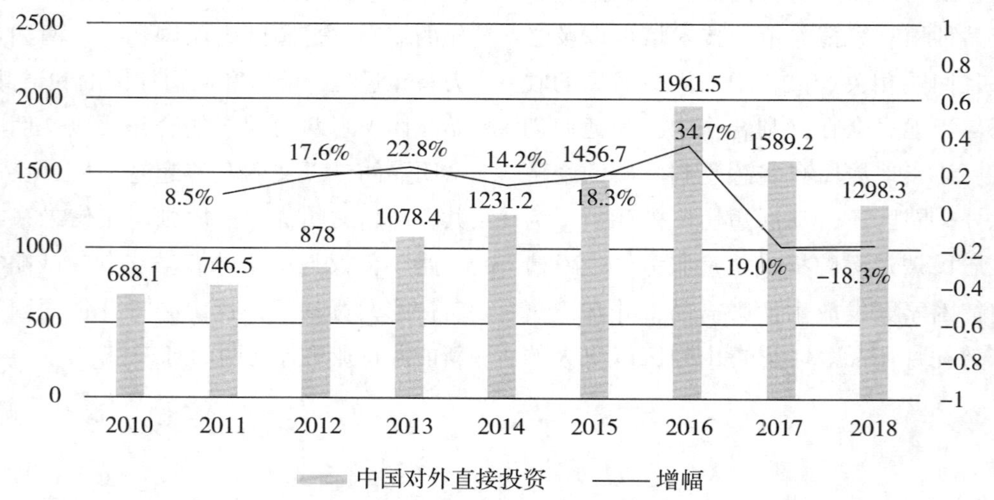

图 1　2010—2018 年中国对外直接投资变化情况

业、实业、高新科技方面有序发展。

3. 海外投资趋向谨慎化。近些年来，国有企业作为境外投资的排头兵和主力军，走出去的步伐在不断加快，然而在境外投资业务取得长足发展的同时，也出现了不少项目资产状况不佳、盈利能力差、投资回报低的问题。国企投资一旦失利、就可能造成国有资产流失。因此，财政部早在2017年就出台了《国有企业境外投资财务管理办法》(以下简称“办法”)，对国有企业境外投资全过程涉及的重要财务问题作出规范，以防范财务风险、提高投资效益。对于非国有企业来说，海外投资存在的种种风险和盈利问题，也是横在企业与境外项目之间重大的障碍。因此，中国对外直接投资金额在过去的两年内同比下降的幅度均接近20%，预计未来的几年内仍将呈现出保守的态度。

4. 境外经贸合作区建设取得积极进展。截至2018年末，通过确认考核的合作区入区企业共计933家，累计投资209.6亿美元，上缴东道国税费22.8亿美元，创造就业岗位14.7万个，实现互利共赢。此外，对外承包工程带动东道国经济社会发展和我国出口。对外承包工程主要集中在交通运输、一般建筑和电力工程建设行业，占比66.5%，有效改善东道国基础设施条件，为当地创造就业岗位84.1万个，惠及东道国民生。同时，对外承包工程带动我国设备材料出口近170亿美元，同比增长10.4%。

综上所述，我们得出以下几点结论：在中国对外投资金额连续下降的情况下，“一带一路”投资逆向发展，在未来相当的一段时间内仍会是海外投资热点，也是国家政策鼓励的方向；境外投资趋向谨慎化、市场化，盈利点、风险管控成为关注重点；从海外投资的类型来看，基础设施、物流设施、城镇化发展成为发展亮点。

二、“一带一路”新型投资盈利模式

(一) 城镇化发展驱动下的大型基础设施+片区综合开发联动模式

在国家经济强劲发展的基础上，城镇化加速驱动大型基础设施开发建设，将带来国家重要节点的人口与经济聚集，为区域周边土地综合开发提供天然优势，同时也给基础设施的开发带来价值提升。“基建+片区综合开发”为中资企业提供走出去发展新路径。

1. “一带一路”沿线国家或地区城镇化发展水平总体不高，但增长速度快，且大多国家处于快速城镇化阶段。“一带一路”沿线国家或地区城镇化发展相对滞后，2015年“一带一路”沿线国家或地区城镇化率总体为47.5%，比世界平均水平低6.4个百分点；“一带一路”沿线国家或地区人均GDP高于中等收入国家平均水平，但城镇化发展却低3.18个百分点。

表1 2015年“一带一路”沿线国家或地区与不同收入水平国家城镇化率对比

	一带一路	世界	高收入国家	中高收入国家	中等收入国家	中低收入国家
人均GDP(现价美元)	5037	10004	39576	7833	4736	1988
城镇化率(%)	47.5	53.86	81.12	64.12	50.78	38.96

资料来源：世界银行WDI数据库

然而，自1973年以来，“一带一路”沿线国家或地区城镇化发展速度快于世界平均速度，城镇化增长快，正处于发展人口红利期。按照美国经济地理学家诺瑟姆的研究，城镇化在30%~70%区间是快速发展阶段，而在30%~50%区间是加速发展阶段，2015年处于加速发展阶段的“一带一路”沿线国家或地区比例达到50%以上。

2018年南亚、中亚以及东盟国家的城镇化率仅相当于中国1998年、2002年、2009年的水平。据估计，随着区域经济发展、村镇人口不断涌入城市，到2021年，三地城镇化率将分别达到35%、41%、54%。

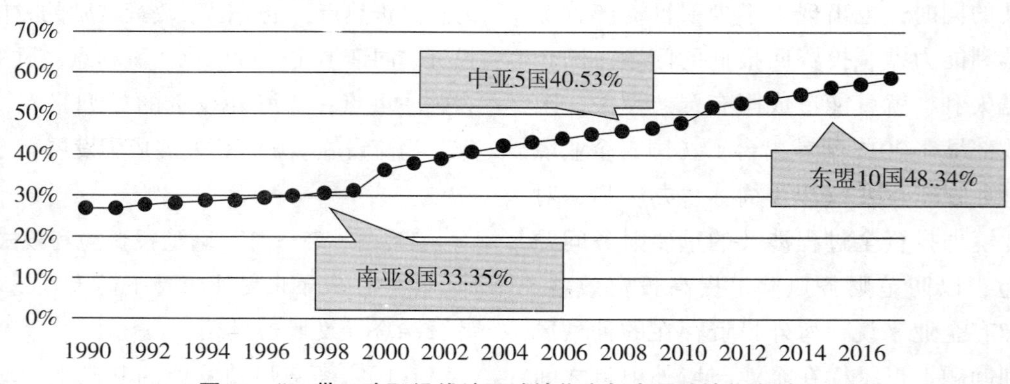

图2 “一带一路”沿线地区城镇化率与中国城镇化率对比

资料来源：国家统计局、戴德梁行研究部

2. 随着城镇化加速发展，“一带一路”沿线国家或地区基础设施需求逐步进入增长阶段，基础设施建设存在较大资金缺口，中国可通过多种融资途径助力“一带一路”国家基础设施建设。“一带一路”国家基础设施发展水平普遍较低，但由于较大的人口基数以及快速发展的经济水平，对基础设施投资需求较大。亚洲开发银行（ADB）2017年预计，到2030年亚太区域“一带一路”相关的基础设施投资需求约为22.6万亿美元。然而多数国家尤其是发展中国家，由于政治局势复杂、经济基础薄弱，经济严重依赖外援，难以填补基础设施建设的缺口。

中国政府一直以来致力于通过创新金融合作模式拓展“一带一路”项目的融资渠道，为“一带一路”国家基础设施投资注入新的资金动力。主要包括通过国内商业银行提供的金融支持以及通过设立丝路基金或政府主导的股权投资基金等提供多方融资渠道。2013年至2018年，中国对“一带一路”沿线国家或地区直接投资超过900亿美元，国家开发银行已向沿线国家项目建设累计发放各类贷款超过1800亿美元。

3. 交通导向型土地片区综合开发成为中资企业“走出去”的发展新路径。“一带一路”沿线国家或地区土地制度多以土地私有制为主，土地权利主体较为分散，城镇化发展的驱动力主要来源于市场。土地一级开发为市场化行为，虽收益较可观，但前期投入较大、投资回收期较长且专业化门槛较高。此外，“一带一路”沿线国家或地区自然灾害、经济环境（如经济水平、投资环境等）及政治环境（如政局形势、政策支撑力度、政府透明度、审批便捷度等）普遍比较复杂，不可预测的投资风险不可忽视。然而，注入片区土地综合开发，注重土地及物业租售搭配助于资金回现，有利于实现资金的有效运用。因此，交通导向型土地片区综合开发成为中资企业“走出去”的发展新路径，基础设施的完善将促进区域经济往来，人口及产业交流与聚集，进一步提升周边土地及空间价值。

案例一：瓜达尔港——传统基础设施开发缺乏一定经济可行性。瓜达尔港于2002年3月开工兴建，2016年11月正式开航，一期工程总投资2.48亿美元。其中中方出资1.98亿美元，以赠款、无息贷款、优惠贷款和买方信贷等进行融资，在开发时遭遇了破坏瓜达尔港建设的恐怖活动、运营权变更等情况。瓜达尔港的建设长远来看助于推动中巴经济走廊建设，具备深迹的战略意义；但从经济的角度来考虑，缺乏一定经济可行性。

案例二：泰中罗勇工业园——“交通基础设施+工业园”带动区域发展。泰中罗勇工业园成立于2006年，由中国华立集团与泰国安美德集团合作开发，园区位于罗勇府331号高速公路旁，周边水、陆、空立体交通网络十分发达，距离泰国最大的廉差邦深水港仅27公里。2018年初，为当地创造3万余就业岗位，引进世界五百强企业十余家，累计实现工业总产值超100亿美元。交通基础设施的开发建设促进工业园的快速发展，产业及人口的聚集也进一步促进了片区交通基础设施的完善。

案例三：斯里兰卡科伦坡港口城——PPP模式助力中资企业跨境基础设施建设。斯里兰卡科伦坡港口城项目位于科伦坡南港以南近岸海域，与科伦坡现有的中央商务区相连，规划范围北至科伦坡南港防波堤，南至Galle Face-Green，东至现有海岸线。项目由斯里兰卡大都市和西部发展部协调海域使用权及负责项目区域外的配套设施建设；由中国港湾工程有限责任公司负责项目投融资并进行填海造地形成269公顷陆域，并负责项目区域内基础设施建设运营维护、土地销售及开发。

表2　斯里兰卡科伦坡港口城项目概况

项目名称	斯里兰卡科伦坡港口城项目
项目意义	加强中斯两国合作关系；践行国家“一带一路”倡议；把握优质投资机会，实现国有资产保值增值
运作方式	BOOT
合作期限	长期
规划内容	项目完成后，将形成269公顷土地，其中用于公共建设土地面积约91公顷，包含公共道路、公共绿化及公共管道（给排水、供电、通信、网络）等；用于商业开发的土地可售面积约178公顷，包括住宅（含公寓和别墅）用地、办公楼用地、酒店用地、商业零售用地、文教卫生设施用地及娱乐康体用地等
项目内容	项目分两期。一期主要内容为：填海造地陆域面积约269公顷，一条长约2000米、宽约70米的运河，一条总长3245米的防波堤（两侧含沙堤）和10公顷面积沙滩，并完成一期规划区域内的道路、绿地、给排水、供电、通信及其他管线等基础设施建设运营维护、土地销售及开发。二期主要内容为：二期规划区域内的道路、绿地、给排水、供电、通信及其他管线等基础设施建设
总投资额	约13.96亿美元，其中，一期项目投资11.50亿美元，二期项目投资2.46亿美元
项目工期	一期项目于2014年9月开工，原计划工期4年，现计划2020年4月建成（2015年3月因政府换届停工，2016年8月复工）；二期项目计划2022年3月开工，工期2年，2024年4月建成
项目公司	中国港湾于斯里兰卡注册项目公司，由项目公司负责该项目的融资和实施

资料来源：财政部PPP中心

4. 以港口为例，“前港—中区—后城”模式带动片区产业发展及城市提升。

（1）“前港—中区—后城”之“蛇口模式”。“前港—中区—后城”（Port - Park - City，PPC）的模式又被称之为“蛇口模式”，是招商局早年基于深圳蛇口片区的建设开发运营，独自探索走出的一套成功经验。这是一种生态圈式可持续发展的模式，更是一套以市场化方案实现城市和园区运营的空间发展模式，由此可实现港、产、城联动，将政府、企业和各类资源协同起来，成为城市转型升级的重要战略。

“PPC”综合开发模式的三个关键组成部分：前港：以港口/物流/邮轮发展为主。中区：以就业创业/商业/配套为主。后城：以生活/商业/配套为主。

(2)“蛇口模式”的海外拓展。“前港—中区—后城”模式率先在海外第一个项目——斯里兰卡科伦坡国际集装箱码头项目复制成功，并升级为具有全链条商贸生态的“丝路驿站”，继而开始在白俄罗斯中白工业园区、吉布提自由贸易区等“一带一路”项目上进行推广。

以吉布提老港改造为例，吉布提地理位置优越，但资源匮乏、经济落后，旧港口设施陈旧、规模小，货物装卸运转慢。2013 年 12 月，招商局正式入股吉布提港口集团，并提出按照“前港—中区—后城”的 PPC 开发模式，通过“产、网、融、城一体化”，推进吉布提新港口开发建设及老港口升级改造，建设多哈雷功能港、吉布提自贸区，并实施老码头改造配套发展商业及住宅中心。

2014 年 8 月，新港口正式开工，项目斥资 5. 8 亿美元，2017 年 4 月投入运营。新港口建成后，港口集装箱吞吐量由 2013 年约 66 万标准箱增长至 2017 年约 98 万标准箱，创造了 3000 个以上就业岗位，并吸引国际投资，解决当地经贸发展的瓶颈问题。在多哈雷新港竣工的同时，吉布提港口与自贸区管理局、招商局集团、大连港、亿赞普出资，开始筹建吉布提国际自贸区。规划建设商贸物流园区和出口加工区，涉及保税仓储、物流配送、商品交易、金融服务、包装生产、来料加工、汽车配件组装等产业，力图将自贸区打造成为产业集聚新基地，增强区域辐射力和影响力新平台。

（二）物流地产

宏观经济发展、收入水平提升、基础设施日渐完善对国家对外贸易及经济活动发展提出更高要求。日益发展的电商平台、三方物流及科技创新应用促进产业结构及消费结构优化升级，围绕重点交通枢纽的物流服务需求将成为促进商品及服务高效运转的关键。境外产业园区/物流园区将成为中国产业走出去、带动当地产业升级的重要载体。

1. “一带一路”沿线国家或地区物流发展现状。“一带一路”部分沿线国家物流行业发展相对滞后，物流运输设施及配套建设程度发展不均衡。世界银行发布的“物流绩效指数”（LPI）依据运输、服务质量、效率等因素对全球物流行业表现进行排名。表 3 汇总“一带一路”部分沿线国家物流绩效指数全球排名。数据显示各国物流绩效指数差距较大，超过半数的“一带一路”国家指数水平低于世界平均绩效。其中，大部分中亚国家、蒙古和缅甸的排名相对落后，东南亚区域内部的指数排名存在较大差距，中东欧国家物流综合表现较好。

表 3　2018 年“一带一路”部分沿线国家物流绩效指数（LPI）全球排名

国家	排名	国家	排名	国家	排名
波兰	28	肯尼亚	68	赞比亚	111
越南	39	哈萨克斯坦	71	巴基斯坦	122
罗马尼亚	48	柬埔寨	98	蒙古	130
伊朗	64	乌兹别克斯坦	99	缅甸	137

资料来源：世界银行、戴德梁行研究部

获得交通设施投资的绝大部分“一带一路”沿线国家或地区整体物流能力得到了提升。图3对比部分获得交通运输基础设施投资的国家在“一带一路”区域合作战略提出前、推行初期和近期的物流能力表现。数据显示，这些国家整体物流绩效相较于“一带一路”倡议提出前均得到了显著的提升。物流效率的提高将吸引更多的物流需求，推动这些国家整体物流行业的发展。

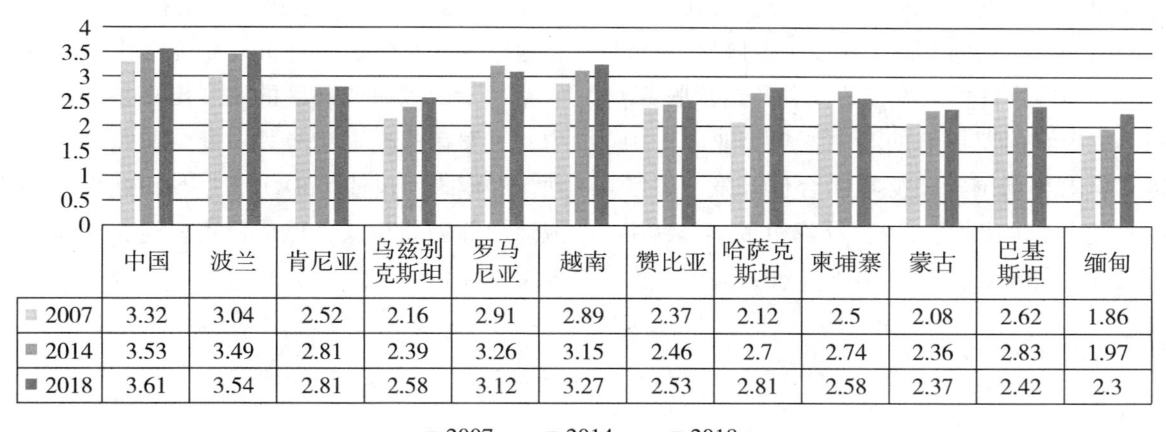

	中国	波兰	肯尼亚	乌兹别克斯坦	罗马尼亚	越南	赞比亚	哈萨克斯坦	柬埔寨	蒙古	巴基斯坦	缅甸
2007	3.32	3.04	2.52	2.16	2.91	2.89	2.37	2.12	2.5	2.08	2.62	1.86
2014	3.53	3.49	2.81	2.39	3.26	3.15	2.46	2.7	2.74	2.36	2.83	1.97
2018	3.61	3.54	2.81	2.58	3.12	3.27	2.53	2.81	2.58	2.37	2.42	2.3

图3　2007年、2014年和2018年部分“一带一路”沿线国家或地区物流绩效指数（LPI）

资料来源：世界银行、戴德梁行研究部

2. “一带一路”沿线国家或地区物流地产发展的机遇。“一带一路”为沿线国家物流地产带来了巨大潜力和机遇。制造商和物流运营商寻求降低高昂的土地成本，物流地产市场前景乐观。与土地供应有限和成本高昂的发达国家相比，许多“一带一路”沿线发展中国家以相对较低的租金为国际采购和仓储物流用户获取更大、更灵活、更集中化的物流空间。位于马来西亚大吉隆坡区域巴生谷是个典型的例子。由于土地成本低廉，政府强有力的投资优惠政策，开发商在巴生谷建造大型立体物流基地的势头持续高涨。

基础设施的完善和跨境电商的兴起为物流地产注入新动力。Google和Temasek联合报告显示，到2025年，东南亚电商市场规模预计将高达87.8亿美元，十年内增幅将达到1626%。随着消费品市场逐渐成为区域市场的主导力量，东南亚对物流地产的需求也随之快速增长。

相比之下，物流地产市场的未来供应十分有限。持续受益于“一带一路”倡议下的贸易增长，陆路通道和海上航线沿线国家的物流地产需求大幅增加。有限的市场供应不能满足日益增长的需求，这也为物流地产投资者提供了空前机遇。

3. 中国企业海外物流地产发展模式。“一带一路”倡议下区域经济贸易联系愈发紧密，中国企业抢占先机，大力拓展海外物流市场。东南亚物流基础设施相对落后，经济处于高速发展阶段，人口密集带来的物流需求给中国企业创造发展机遇。中国企业海外物流地产发展主要有以下两种模式。

（1）满足自身产业链发展为核心的物流园区开发。以阿里巴巴为代表的电商企业在跨境电商的新蓝海重点投资电商和物流领域，紧抓用户信任和物流的“痛点”，建设全球物流网点，加速国际化进程。2016年，菜鸟宣布在全球投资建设全球6大物流分拨中心eHub。其中，在吉隆坡建设的海外物流中心枢纽反馈良好，包含多种物流功能模式，国际贸易中转、仓配、B2B、B2C 等，助力跨境商品流通。该物流枢纽主要对阿里巴巴电商运营的物流需要做支撑，其主要收入来源为物流业务相关的营业收入。

（2）提供工业/物流地产开发及运营全链条的综合服务商。与当地企业成立合资公司，在进行一级开发的基础上开发建设工业园区/物流园区，并为客户提供全流程的投资及经营服务。例如，位于泰国罗勇府的泰中罗勇工业园由中国华立集团与泰国安美德集团合作开发，园区核心业务为土地出售、厂房/仓库租赁、公寓租赁及投资咨询服务。截至 2018 年初，园区开发建设超过 5 平方公里，101 家企业投资入园，带动中国对泰国投资超 29 亿美元，累计实现工业总产值超 100 亿美元，解决当地就业近 3 万余人，成为中国东盟产业合作的重要平台。

随着“一带一路”国家倡议的发展，中国企业走出去的将趋向于更有质量和更有创新性。在地缘政治及全球不明朗的贸易环境下，“一带一路”沿线国家或地区的发展出现新的投资潜力，迸发新的投资趋势。中资企业需要通过落地盈利模式，包括 TOD 开发、城镇化发展和物流地产等创新模式，抓住投资机遇，实现长远发展目标。

重大项目

"一带一路" 国际合作重大工程项目盘点

项目1：皎喜电站

所在国家：缅甸

建设地点：曼德勒地区

项目状态：竣工投产

摘要：皎喜电站是缅甸最大的燃气发电项目，位于曼德勒以南40公里，由8台瓦锡兰18V50SG内燃机组成，为节约型、环保型、资源综合利用型的现代化燃气发电机组，每年可产出12.74亿千瓦时电力。该电站由缅甸NIHC与MCM公司联合投资，中国电建所属山东电力建设第三工程有限公司总承包（EPC）。该项目于2018年7月开工，2019年5月竣工投产，装机容量达145兆瓦，每年可产出12.74亿千瓦时的清洁电力，为曼德勒地区提供可靠的电力保障，解决了当地270万人的用电难题。

项目2：卢赛尔体育场

所在国家：卡塔尔

建设地点：卢赛尔新城

项目状态：工程主体钢结构已完成

摘要：卢赛尔体育场外形就像一个硕大的"金钵"，其主体及看台钢结构总用钢量约3万吨，相当于三个埃菲尔铁塔的重量。V柱是项目主体钢结构的重要组成部分，总重量约为6271吨。卢赛尔体育场将担当2022年卡塔尔世界杯赛开幕式、揭幕赛、决赛、闭幕式等四项重任，场馆内有92000个座位，比"鸟巢"还多1000个座位，建成后将成为卡塔尔的国际化地标性建筑。中国铁建联合体承建该项目，项目总合同额为28亿卡塔尔里亚尔，约合51.7亿元人民币。

项目3：PKM高速公路

所在国家：巴基斯坦

建设地点：苏库尔—木尔坦

项目状态：已完工

摘要：巴基斯坦PKM高速公路是"一带一路"重点工程，也是中巴经济走廊最大交通基础设施项目。PKM高速公路（苏库尔—木尔坦段）南起信德省苏库尔，北至旁遮普省经济中心城市木尔坦，全长392公里，是巴基斯坦南北交通大动脉。设计时速120公里，为巴基斯坦首条具有智能交通功能的双向6车道高速公路。该项目由中建集团承建，合同金额约合28.89亿美元。2019年7月23日，项目整体提前两周完工。项目的建成将两地通车时间从 11 个小时压缩至 4 小时以内，加速推动“中巴经济走廊”建设和中巴两国交流。

项目 4：内马铁路

所在国家：肯尼亚

建设地点：内罗毕—马拉巴

项目状态：一期已通车

摘要：内马铁路一期内罗毕至奈瓦沙段全长约 120 公里，由中国交建以设计、采购、施工、运营维护一体化的 EPC 总承包方式实施，采用中国国铁 I 级标准设计建设，为客货共线铁路，客运列车设计时速 120 公里，货运列车设计时速 80 公里。内马铁路是蒙内铁路向肯尼亚西北部的延伸，起点位于首都内罗毕，终点位于肯尼亚西部边境城镇马拉巴，正线里程全长约 487.5 公里。内马铁路项目建设分三期实施。项目的建成通车将进一步完善东非铁路网，推进地区互联互通和一体化建设，对于促进肯尼亚和东非经济社会发展具有重要意义。

项目 5：柴油发动机厂

所在国家：白俄罗斯

建设地点：中白工业园

项目状态：已建成投产

摘要：中国潍柴集团和白俄罗斯马兹集团合资建设的柴油发动机生产厂位于明斯克机场附近的中白工业园内，占地面积约 3.4 万平方米。据介绍，工厂年设计产能为 2 万台，所产达到欧 VI 排放标准的柴油发动机除了供应白俄罗斯市场外，还将销往俄罗斯和乌克兰等国。该发动机生产厂是中白两国重要工业合作项目，得到了白方大力支持，成为中白两国成功开展工业合作标志性项目。

项目 6：波罗的海化工综合体（BCC）项目

所在国家：俄罗斯

建设地点：乌斯特卢加

项目状态：建设中

摘要：波罗的海化工综合体（BCC）项目是俄罗斯 Gazprom 公司和俄罗斯天然气开采股份有限公司在俄罗斯乌斯特卢加实施的大型天然气液化和加工厂计划之一。根据规划，该项目规模为年产 280 万吨乙烯、288 万吨聚乙烯等石化联合装置，采用世界上最先进的工艺技术。该项目由中国化学旗下的中国化学工程第七建设有限公司承建和具体负责实施，是全球最大的乙烯一体化项目，同时也是目前全球石化领域单个合同额最大的项目，合同金额约120亿欧元。项目建成后，将提供3000余个长期稳定的就业岗位。

项目7：地下排水隧道工程

所在国家：斯里兰卡

建设地点：科伦坡

项目状态：建设中

摘要：地下排水隧道分别位于科伦坡新穆特瓦尔和托灵顿地区。新穆特瓦尔隧道长778米，将采用最先进的土压平衡盾构机技术施工，以减少对环境和当地居民的影响；托灵顿排水隧道长约4300米。此项目由世界银行提供贷款，预计2020年5月完工。该项目由中国石油管道局工程有限公司承建，是英国殖民时期之后修建的首个旨在提高科伦坡北部地区泄洪能力的工程，项目完工后该地区民众将受益无穷。

项目8：埃德武水电站工程项目

所在国家：巴布亚新几内亚

建设地点：莫尔兹比港北部

项目状态：试运营

摘要：埃德武水电站位于巴新首都莫尔兹比港北部中央省境内的Brown River中游河段，是该流域梯级电站上的第二级水电站。项目采用面板堆石坝，坝后式地面厂房，装机54兆瓦，为目前巴新最大的在建水电站项目，受到该国政府的高度重视。此次项目是葛洲坝集团探索高端业务模式，打造“1+4”国际业务发展格局，推进管理咨询业务发展的又一重要成果。项目建成后，将极大缓解巴新首都地区的电力紧张状况，保证稳定供电，改善当地人民生活条件，促进巴新经济发展。

项目9：电气现代化改造项目

所在国家：肯尼亚

建设地点：中部省5个郡

项目状态：施工中

摘要：肯尼亚电气现代化改造项目是肯政府为拉动经济增长、提高就业率、改善居民用电而实施的重要民生工程。该项目由世界银行提供资金，中国电建湖北工程公司承建第四标段，成为首家具备施工条件的单位。该工程施工地点分散在肯尼亚中部省5个郡辖的723个变压器片区，覆盖53750户家庭。目前已经在250多个片区开展了配网施工，架起两万多根电杆，超过5000户家庭已经用上了电。预计项目完工后，将为超过20万城乡居民带来光明。

项目10：新机场高速公路

所在国家：蒙古国

建设地点：乌兰巴托市汗乌拉区等

项目状态：已贯通

摘要：蒙古国首条高速公路——新机场高速公路途经中央省色尔格楞县、阿勒坦布拉格县以及首都乌兰巴托市汗乌拉区，与已建成的中央省宗莫德公路连接，全长32.227公里，路宽32.5米，为双向六车道，设计时速80公里。2019年7月，项目顺利通过验收，等级被评为优良。这条高速公路由中国政府提供优惠贷款、中国中铁四局集团承建，成为中蒙友谊的又一标志性工程。

项目 11：米拉多铜矿项目

所在国家：厄瓜多尔

建设地点：厄萨莫拉—钦奇佩省

项目状态：已投产

摘要：米拉多铜矿位于安第斯山脉最南端的萨莫拉省，是厄瓜多尔规模最大的露天铜矿，被厄瓜多尔列为国家战略项目，工程总投资超过 17 亿美元，预计年产铜精矿 36. 46 万吨。2019 年 8 月 18 日正式投产。米拉多铜矿项目正式投产后，将为厄带来年均 9000 万美元的财政收入。中铁建铜冠投资有限公司还将为米拉多铜矿项目向厄政府支付总额为 1 亿美元矿业特许经营费。

项目 12：美丽山水电站

所在国家：巴西

建设地点：欣古河

项目状态：已完工

摘要：美丽山二期项目是世界上距离最长的±800KV 特高压直流输电工程，全长约 2539 公里，途经帕拉州、托坎廷斯州、戈亚斯州、米纳斯吉拉斯州和里约热内卢州 5 个州、78 个城市，输电能力 400 万千瓦，将对巴西能源分配发挥至关重要的作用。项目工程于 2019 年 3 月 10 日线路全线贯通，计划于 2019 年第三季度投入运营。美丽山二期项目建设遵循“一带一路”倡议的“共商、共建、共享”理念，促进当地经济民生发展，支持关注环保和公益事业。项目为当地增加 1. 6 万个就业岗位，建设和修复了超过 1970 千米的道路和 350 座桥梁，实施社会责任项目 20 余个，向沿线 33 个城市居民捐献了防治疟疾专用物资等。

项目 13：燃煤电厂项目

所在国家：越南

建设地点：海阳省京师河畔

项目状态：建设中

摘要：海阳燃煤电厂项目计划采用两台 60 万千瓦亚临界机组和 4 台 30 万千瓦循环流化床锅炉，是越南国内装机容量最大的项目之一。2020 年两台机组计划实现投产，预计年发电量将达到 81 亿千瓦时，将有效改善越南北部电力短缺状况，提高当地社会经济发展水平。该电厂计划总投资 18. 685 亿美元，由中国能源建设集团（中国能建）联同马来西亚捷硕能源集团公司共同投资，中国能建旗下西南电力设计院有限公司和中国能建国际工程有限公司组成联合体以“设计—施工—采购”的 EPC 方式承建。电厂建成后，中国能建享有25年的特许经营期，期满后将无偿移交给越南政府。这充分说明，“一带一路”倡议从来不是某一国家的独奏，参与方都能从中受益。

项目14：铁矿及钢铁项目

所在国家：菲律宾

建设地点：棉兰老岛

项目状态：建设中

摘要：铁矿及钢铁项目位于菲棉兰老岛卡加延德奥罗市菲佛德克工业园，场地面积3平方公里，由河北钢铁集团与菲律宾亚洲钢铁公司牵头组建的投资联合体承建，是一个集港口、烧结、焦化、球团、炼铁、炼钢、轧制和深加工一体化的钢铁联合企业。铁钢配套生产规模约800万吨/年，总投资约44亿美元，建设周期3~5年。该项目是菲首个综合性长流程钢铁项目，是迄今为止中国对菲最大的投资项目，将帮助菲律宾实现“钢铁梦”，极大推动菲制造业全面发展，进一步提高菲出口产能，有助于减少菲贸易逆差。

项　目15：集装箱码头项目

所在国家：阿联酋

建设地点：阿布扎比哈里发港

项目状态：已开港

摘要：阿布扎比哈里发港二期集装箱码头，于2018年12月开港投入使用，中远海运阿布扎比公司拥有的控制性股权。中方获得1200米岸线，其中800米已建成，年处理能力240万标准箱。阿布扎比港务局和中远海运港口合作发展哈里发港，将把该港打造成中东地区主要集装箱门户口岸和重要枢纽港口，更好地服务贸易往来和经济发展，造福当地社会和民众；将强化阿联酋作为全球贸易的重要支点地位，增进阿联酋经济多元化，进一步合作共建“一带一路”，促进全球互联互通。

指数排名

“一带一路”国别合作度国家排名

排名	国家	总分
1	俄罗斯	90.60
2	哈萨克斯坦	79.77
3	巴基斯坦	77.07
4	韩国	76.15
5	越南	75.25
6	泰国	73.82
7	马来西亚	72.71
8	新加坡	72.16
9	印度尼西亚	69.86
10	柬埔寨	68.46
11	蒙古国	67.26
12	老挝	67.07
13	土耳其	66.92
13	新西兰	66.92
15	印度	65.99
16	缅甸	63.49
17	吉尔吉斯斯坦	62.95
18	波兰	61.10
19	阿联酋	59.32
20	埃及	59.24
21	菲律宾	58.84
22	以色列	57.39
23	斯里兰卡	57.33
24	尼泊尔	56.13
25	匈牙利	56.02
26	南非	55.50
27	沙特阿拉伯	54.80
28	塔吉克斯坦	54.63
29	卡塔尔	52.52
30	白俄罗斯	52.34
31	捷克	50.55
32	乌兹别克斯坦	49.53
33	伊朗	48.89
34	孟加拉国	48.77

续 表

排名	国家	总分
35	乌克兰	47.96
36	罗马尼亚	46.44
37	文莱	45.91
38	塞尔维亚	43.47
39	阿塞拜疆	42.75
40	埃塞尔比亚	41.81
41	马尔代夫	41.66
42	约旦	40.86
43	科威特	40.02
44	格鲁尼亚	38.41
45	巴林	37.81
46	伊拉克	36.68
47	阿富汗	36.42
48	阿曼	36.31
49	巴拿马	36.12
50	摩洛哥	35.97
51	土库曼斯坦	33.57
52	亚美尼亚	33.36
53	立陶宛	33.20
54	拉脱维亚	32.72
55	保加利亚	32.15
56	克罗地亚	31.68
57	黎巴嫩	31.13
58	斯洛文尼亚	28.79
59	斯洛伐克	28.67
60	马达加斯加	28.21
61	爱沙尼亚	26.01
62	摩尔多瓦	25.86
63	东帝汶	24.83
64	巴勒斯坦	22.46
65	波黑	22.09
66	马其顿	21.78
67	黑山	21.40
68	阿尔巴尼亚	20.54
69	也门	19.59
70	叙利亚	17.51
71	不丹	11.65
平均分		47.12

资料来源：国家信息中心“一带一路”大数据中心，《“一带一路”大数据报告（2018）》

“政策沟通度”指标得分排名前20的国家

排名	国家	得分
1	俄罗斯	18.00
2	柬埔寨	17.30
3	巴基斯坦	17.00
4	韩国	16.30
4	老挝	17.00
4	越南	16.30
7	菲律宾	15.30
7	缅甸	15.30
7	沙特阿拉伯	15.30
10	斯里兰卡	15.00
11	新加坡	14.90
12	埃及	14.60
12	白俄罗斯	14.60
12	哈萨克斯坦	14.60
12	吉尔吉斯斯坦	14.60
12	捷克	14.60
12	马来西亚	14.60
12	塞尔维亚	14.60
12	塔吉克斯坦	14.60
12	乌兹别克斯坦	14.60

资料来源：国家信息中心“一带一路”大数据中心，《“一带一路”大数据报告（2018）》

“设施联通度”指标得分排名前20的国家

排名	国家	得分
1	俄罗斯	19.02
2	哈萨克斯坦	16.66
3	越南	15.64
4	缅甸	14.99
5	蒙古国	12.69
6	尼泊尔	12.40
7	吉尔吉斯斯坦	11.67
8	巴基斯坦	11.63
9	老挝	10.66
10	韩国	10.00
11	新加坡	9.72
12	印度	9.34
13	土耳其	8.72
14	泰国	8.69
15	阿联酋	8.68
16	塔吉克斯坦	8.50
17	马来西亚	8.33
18	捷克	7.76
18	匈牙利	7.76
20	印度尼西亚	7.63

资料来源：国家信息中心“一带一路”大数据中心,《“一带一路”大数据报告（2018）》

“贸易畅通度”指标得分排名前20的国家

排名	国家	得分
1	俄罗斯	17.30
2	印度	16.00
3	新加坡	15.66
4	马来西亚	15.55
5	印度尼西亚	15.52
6	哈萨克斯坦	15.50
7	泰国	15.03
8	伊拉克	14.68
9	沙特阿拉伯	14.56
10	土耳其	14.48
11	阿联酋	13.82
12	巴基斯坦	13.26
13	韩国	12.89
14	越南	12.70
15	柬埔寨	12.65
16	菲律宾	12.19
17	伊朗	12.02
18	南非	11.83
19	新西兰	11.77
20	以色列	11.56

资料来源：国家信息中心“一带一路”大数据中心,《“一带一路”大数据报告（2018)》

“投资合作”指标得分排名前20的国家

排名	国家	得分
1	俄罗斯	17.30
2	马来西亚	10.65
3	新加坡	10.50
4	印度	10.20
4	巴基斯坦	10.20
6	阿联酋	10.05
6	泰国	10.05
8	印度尼西亚	9.90
9	柬埔寨	9.75
10	伊拉克	9.60
11	哈萨克斯坦	9.45
12	沙特阿拉伯	9.30
13	土耳其	9.15
14	缅甸	9.00
15	老挝	8.60
16	埃及	8.55
17	以色列	7.80
18	韩国	7.70
19	科威特	7.50
19	新西兰	7.50

资料来源：国家信息中心“一带一路”大数据中心，《“一带一路”大数据报告（2018）》

“资金融通度”指标得分排名前20的国家

排名	国家	得分
1	俄罗斯	20.00
1	马来西亚	20.00
3	阿联酋	19.00
3	巴基斯坦	19.00
5	哈萨克斯坦	18.00
5	韩国	18.00
5	泰国	18.00
5	新加坡	18.00
5	印度尼西亚	18.00
10	蒙古国	17.00
10	新西兰	17.00
10	越南	17.00
13	柬埔寨	16.00
13	卡塔尔	16.00
13	老挝	16.00
13	土耳其	16.00
17	吉尔吉斯斯坦	15.00
17	匈牙利	15.00
19	波兰	14.00
20	菲律宾	13.00

资料来源：国家信息中心“一带一路”大数据中心,《“一带一路”大数据报告（2018）》

“民心相通度”二级指标得分及分布情况

一级指标	二级指标	权重	最高得分	最低得分	平均分	得分率/%
民心相通度	旅游与文化	6	6.00	0.50	2.93	48.83
	人才交流	6	6.00	0.00	2.57	42.83
	双边合作期待	8	7.27	3.65	5.63	70.38

资料来源：国家信息中心“一带一路”大数据中心,《“一带一路”大数据报告（2018）》

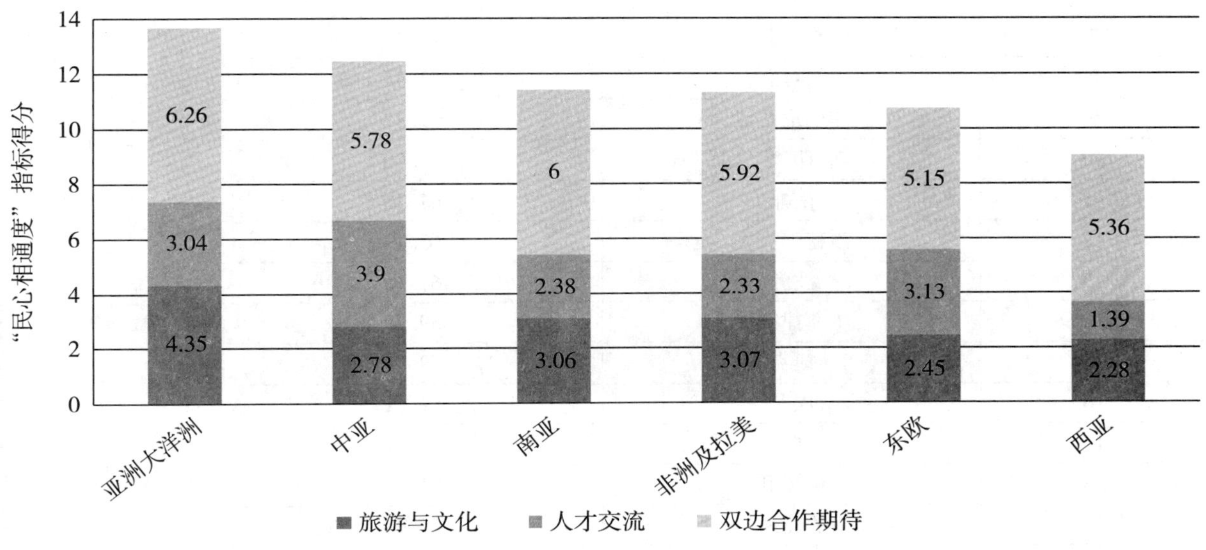

“一带一路”国家数字丝路畅通度得分排名

排名	国家	总分	等级
1	新加坡	85.22	高
2	俄罗斯	81.81	
3	韩国	80.39	
4	马来西亚	80.35	
5	泰国	80.31	
6	阿联酋	78.34	较高
7	土耳其	73.45	
8	越南	73.44	
9	印度尼西亚	72.87	
10	印度	72.50	
11	南非	67.36	
12	沙特阿拉伯	63.79	
13	波兰	61.12	
14	菲律宾	59.99	中等
15	捷克	59.98	
16	埃及	59.82	
17	新西兰	59.81	
18	匈牙利	57.42	
18	哈萨克斯坦	55.88	
20	缅甸	55.32	
21	柬埔寨	52.74	
22	罗马尼亚	52.43	
23	爱沙尼亚	51.81	
24	孟加拉国	48.41	
25	老挝	48.19	
26	塞尔维亚	47.77	
27	卡塔尔	47.48	
28	文莱	46.46	
29	巴基斯坦	45.71	
30	斯洛伐克	44.75	
31	以色列	43.60	
32	立陶宛	43.07	
33	乌克兰	42.47	
34	拉脱维亚	42.19	

续 表

排名	国家	总分	等级
35	斯里兰卡	42. 14	中等
36	阿塞拜疆	41. 06	
37	伊朗	40. 90	
38	科威特	40. 41	
39	保加利亚	40. 16	
40	蒙古国	40. 14	
41	斯洛文尼亚	39. 87	较低
42	白俄罗斯	39. 55	
43	阿曼	39. 26	
44	巴林	38. 99	
45	吉尔吉斯斯坦	38. 87	
46	巴拿马	38. 70	
47	克罗地亚	38. 04	
48	塔吉克斯坦	36. 14	
49	尼泊尔	36. 00	
50	摩洛哥	35. 68	
51	马尔代夫	33. 96	
52	约旦	33. 45	
53	马其顿	33. 31	
54	摩尔多瓦	33. 29	
55	亚美尼亚	33. 13	
56	乌兹别克斯坦	32. 34	
57	格鲁吉亚	32. 22	
58	伊拉克	31. 21	
59	黑山	30. 94	
60	埃塞尔比亚	29. 09	
61	阿尔巴尼亚	28. 29	
62	黎巴嫩	27. 74	
63	不丹	26. 30	
64	也门	25. 17	
64	土库曼斯坦	24. 33	
66	阿富汗	23. 11	
67	波黑	23. 04	
68	巴勒斯坦	20. 43	
69	马达加斯加	19. 27	低
70	东帝汶	18. 43	
71	叙利亚	13. 20	
平均分		45. 55	中等

资料来源：国家信息中心“一带一路”大数据中心,《“一带一路”大数据报告（2018）》

“一带一路”参与度得分排名前10的省区市

排名	省区市
1	广东
2	山东
3	上海
4	浙江
5	江苏
6	天津
7	福建
8	河南
9	四川
10	湖北

资料来源：国家信息中心“一带一路”大数据中心,《“一带一路”大数据报告（2018)》

“政策环境”指标得分高于平均分的省区市

排名	省区市	得分
1	广东	19. 31
2	江苏	19. 25
3	河南	18. 63
4	甘肃	18. 13
5	山东	17. 88
6	陕西	17. 77
7	新疆	17. 51
8	福建	17. 22
9	天津	16. 66
10	上海	16. 88
11	广西	16. 48
12	安徽	16. 16
13	浙江	16. 00
14	江西	15. 88
15	河北	15. 25
15	吉林	15. 25

资料来源：国家信息中心“一带一路”大数据中心,《“一带一路”大数据报告（2018）》

“设施配套”指标得分高于平均分的省区市

排名	省区市	得分
1	广东	19.48
2	辽宁	15.23
3	浙江	15.19
4	福建	15.02
5	天津	14.54
6	湖北	13.83
7	山东	13.13
8	重庆	13.07
9	上海	12.86
10	四川	12.36
11	新疆	12.34
12	河南	11.88
12	江苏	11.88
14	云南	11.87
15	广西	11.85
16	陕西	11.50
17	吉林	11.18
—	—	—

资料来源：国家信息中心“一带一路”大数据中心,《“一带一路”大数据报告（2018)》

“经贸合作”指标得分高于平均分的省区市

排名	省区市	得分
1	山东	28. 55
2	天津	26. 33
3	浙江	26. 24
4	江苏	26. 22
5	广东	25. 75
6	北京	24. 04
7	上海	22. 72
8	河北	22. 52
9	河南	22. 35
10	湖北	22. 09
11	辽宁	21. 94
12	湖南	21. 79
13	福建	21. 65
14	黑龙江	21. 33
15	四川	20. 94
16	新疆	19. 17
17	陕西	19. 13
—	—	—

资料来源：国家信息中心“一带一路”大数据中心,《“一带一路”大数据报告（2018)》

“人文交流”指标得分高于平均分的省区市

排名	省区市	得分
1	上海	15. 77
2	北京	15. 61
3	山东	13. 73
4	广东	13. 52
5	江苏	12. 86
6	浙江	12. 59
7	湖北	12. 41
8	四川	11. 25
9	辽宁	11. 18
10	广西	11. 01
11	河南	10. 90
12	陕西	10. 85
13	云南	10. 57
14	黑龙江	10. 39
15	福建	10. 34
16	内蒙古	10. 29
17	湖南	9. 81
18	吉林	9. 59

资料来源：国家信息中心“一带一路”大数据中心,《“一带一路”大数据报告（2018)》

“综合影响”指标得分高于平均分的省区市

排名	省区市	得分
1	海南	11.66
2	上海	11.56
3	北京	11.03
4	新疆	10.42
5	山东	10.31
6	重庆	9.90
7	四川	9.83
8	云南	9.81
9	广东	9.70
10	天津	9.38
11	浙江	9.19
12	江苏	8.96
13	湖南	8.61
14	贵州	8.54

资料来源：国家信息中心“一带一路”大数据中心，《“一带一路”大数据报告（2018）》

“综合投资吸引力”最高的前 20 名国家及排名变化

排名	国家	较上年排名变化
1	新加坡	—
2	新西兰	—
3	阿联酋	↓-1
4	卡塔尔	—
5	印度	↓-2
6	以色列	—
7	格鲁吉亚	↑11
8	捷克	—
9	爱沙尼亚	↑4
10	拉脱维亚	↑2
11	沙特阿拉伯	↓-4
12	波兰	↓-3
13	科威特	↓-3
14	保加利亚	↑2
15	立陶宛	—
16	马来西亚	↑9
17	俄罗斯	↓-12
18	塞浦路斯	↓-1
19	斯洛文尼亚	↓-5
20	泰国	↑12

资料来源：上海市商务委，《“一带一路”投资指数报告（2019）》

"投资风险"最低的前20名国家及排名变化

排名	国家	较上年排名变化
1	新西兰	—
2	新加坡	↓-1
3	爱沙尼亚	↓-1
4	捷克	↓-1
5	拉脱维亚	↓-1
6	阿联酋	↓-1
7	立陶宛	↓-1
8	斯洛伐克	↓-1
9	格鲁吉亚	↑6
10	卡塔尔	↑1
11	保加利亚	↑2
12	波兰	↓-3
13	匈牙利	↓-1
14	罗马尼亚	↑5
15	马来西亚	↑12
16	以色列	↓-3
17	巴拿马	—
18	阿曼	↓-8
19	塞浦路斯	↑3
20	斯洛文尼亚	↓-4

资料来源：上海市商务委,《"一带一路"投资指数报告（2019）》

“一带一路”国家投资环境指数得分排名

排名	国家	总分	等级
1	新加坡	78.19	较高
2	新西兰	77.76	
3	韩国	76.60	
4	阿联酋	75.14	
5	俄罗斯	74.83	
6	印度尼西亚	74.13	
7	波兰	73.66	
8	匈牙利	73.19	
9	越南	72.29	
10	捷克	71.75	
11	泰国	71.71	
12	卡塔尔	69.69	
13	马来西亚	69.66	
14	沙特阿拉伯	69.58	
15	立陶宛	69.38	
16	拉脱维亚	68.90	
17	以色列	68.83	
18	爱沙尼亚	68.64	
18	罗马尼亚	68.64	
20	印度	68.54	
21	科威特	68.02	
22	阿曼	66.74	
23	哈萨克斯坦	66.54	
24	斯洛文尼亚	66.29	
25	斯洛伐克	66.00	
26	菲律宾	65.67	
27	南非	65.41	
28	文莱	64.73	
29	克罗地亚	64.72	
30	保加利亚	64.53	
31	巴林	63.39	
32	塞尔维亚	63.29	
33	摩洛哥	63.12	

续 表

排名	国家	总分	等级
34	巴基斯坦	62.93	较高
35	土耳其	62.25	
36	马其顿	61.55	
37	蒙古国	60.52	
38	约旦	60.26	
39	柬埔寨	59.65	中等
40	阿塞拜疆	59.63	
41	老挝	59.30	
42	埃及	58.98	
43	伊朗	58.95	
44	亚美尼亚	58.59	
45	白俄罗斯	57.78	
46	阿尔巴尼亚	57.56	
47	塔吉克斯坦	57.24	
48	斯里兰卡	57.09	
49	格鲁吉亚	56.98	
50	缅甸	56.79	
51	乌兹别克斯坦	56.54	
52	黑山	56.15	
53	波黑	55.23	
54	吉尔吉斯斯坦	55.09	
55	土库曼斯坦	55.03	
56	巴拿马	54.72	
57	伊拉克	54.02	
58	埃塞尔比亚	53.75	
59	孟加拉国	53.32	
60	马达加斯加	53.29	
61	黎巴嫩	52.14	
62	尼泊尔	51.69	
63	乌克兰	51.53	
64	马尔代夫	50.35	
64	摩尔多瓦	50.35	
66	东帝汶	46.16	
67	也门	45.83	
68	阿富汗	45.81	
69	不丹	45.26	
70	叙利亚	31.01	较低
71	巴基斯坦	27.47	
平均分		61.13	较高

资料来源：国家信息中心“一带一路”大数据中心,《“一带一路”大数据报告（2018）》

“一带一路”国家基础设施发展指数得分排名

国家	2010	2011	2012	2013	2014	2015	2016	2017	2018	2019	排名
印度尼西亚	135	146	139	142	138	139	137	140	146	138	1
越南	125	127	124	123	116	118	118	120	125	123	2
阿拉伯联合酋长国	109	108	108	115	110	110	110	123	119	123	3
巴基斯坦	125	122	119	121	115	115	124	125	128	123	4
俄罗斯	128	131	124	133	121	124	122	122	130	123	5
巴西	133	131	130	136	127	126	127	119	122	120	6
沙特阿拉伯	121	121	118	117	114	119	115	116	115	120	7
印度	123	129	127	123	111	113	112	113	117	120	8
哈萨克斯坦	119	120	117	120	112	116	117	117	119	119	9
马来西亚	108	109	109	113	108	112	114	121	126	119	10
菲律宾	113	115	116	118	112	117	114	120	123	119	11
卡塔尔	110	108	108	107	104	104	107	113	113	117	12
新加坡	119	117	116	117	123	117	112	116	117	116	13
泰国	112	113	112	114	110	112	112	113	119	115	14
孟加拉	115	117	114	120	111	115	114	118	117	115	15
埃及	116	117	114	115	108	113	115	116	111	114	16
科威特	113	110	113	113	108	107	108	114	115	114	17
斯洛伐克	108	106	107	110	107	109	106	110	113	113	18
蒙古	120	126	120	122	114	116	113	118	117	113	19
克罗地亚	105	106	108	109	106	109	106	112	112	113	20
格鲁吉亚	113	116	111	114	107	110	107	111	115	112	21
葡萄牙	105	102	104	108	105	106	103	107	111	112	22
匈牙利	101	103	104	106	101	103	103	106	109	112	23
乌兹别克斯坦	109	112	108	111	105	106	108	109	110	111	24
柬埔寨	113	116	112	115	105	109	109	110	113	111	25
北马其顿共和国	109	111	112	112	108	112	107	113	114	111	26
保加利亚	114	115	115	114	115	115	114	112	113	111	27
不丹	110	111	105	112	103	108	107	109	110	110	28
斯洛文尼亚	104	103	104	107	103	104	104	107	111	110	29
波兰	110	108	109	111	107	109	110	111	114	110	30
塔吉克斯坦	109	112	109	112	106	105	107	108	108	110	31
文莱	107	106	108	112	106	106	107	111	113	110	32
捷克	105	104	107	109	107	108	110	112	115	109	33
罗马尼亚	110	111	112	114	109	110	108	111	113	109	34

续表

国家	2010	2011	2012	2013	2014	2015	2016	2017	2018	2019	排名
老挝	109	113	113	115	108	111	112	117	116	109	35
缅甸	107	114	111	107	106	112	113	111	111	109	36
斯里兰卡	108	110	105	107	102	106	103	105	106	109	37
波斯尼亚和黑塞哥维那	105	109	111	111	104	109	104	109	111	109	38
阿尔巴尼亚	111	110	109	111	105	108	107	110	112	109	39
吉尔吉斯斯坦	109	111	108	110	107	109	108	108	111	109	40
白俄罗斯	105	110	106	107	105	105	104	105	108	108	41
亚美尼亚	114	113	112	113	105	107	105	108	110	108	42
拉脱维亚	110	107	108	111	108	109	104	109	111	108	43
伊朗	120	113	111	115	106	113	111	113	108	108	44
土库曼斯坦	113	117	113	115	109	114	107	109	110	108	45
安哥拉	106	110	110	119	105	107	116	112	115	107	46
以色列	105	103	102	108	104	104	104	104	107	107	47
阿曼	108	104	103	106	103	103	104	108	109	107	48
伊拉克	108	110	108	113	104	111	104	108	109	107	49
塞尔维亚	104	106	104	105	99	101	102	103	106	106	50
约旦	108	111	108	109	103	105	106	111	114	106	51
尼泊尔	112	115	112	114	107	108	108	106	110	106	52
立陶宛	102	103	103	106	102	104	101	107	108	106	53
土耳其	109	115	114	110	108	108	114	103	106	106	54
摩尔多瓦	105	111	113	114	107	108	106	107	107	106	55
黑山	107	107	105	106	101	104	101	104	105	105	56
佛得角	107	108	112	113	107	107	102	107	108	105	57
莫桑比克	105	107	106	112	104	105	104	100	103	105	58
希腊	98	96	97	103	99	99	97	100	104	104	59
爱沙尼亚	104	102	102	105	102	103	99	102	104	104	60
马尔代夫	111	110	108	110	103	104	105	105	106	104	61
阿塞拜疆	115	116	111	111	106	108	106	111	107	104	62
塞浦路斯	104	102	102	106	102	101	100	102	105	102	63
巴林	101	100	99	101	97	98	100	102	104	101	64
黎巴嫩	101	101	105	107	100	102	102	102	102	101	65
东帝汶	104	108	107	107	98	100	101	101	103	99	66
几内亚比绍	100	104	103	105	98	98	98	96	99	98	67
圣多美和普林西北	100	102	100	103	96	98	96	97	98	97	68
乌克兰	104	103	101	105	96	98	96	95	96	96	69
也门	100	104	101	104	97	99	95	98	97	96	70
阿富汗	99	103	100	105	97	98	98	94	98	98	71

资料来源：中国对外承包工程商会，中国信保国家风险数据库

“一带一路”国家级智库影响力排名

排名	智库名称
1	中国社会科学院①
2	中国国际问题研究院
3	中国科学院②
4	国家信息中心
5	中国宏观经济研究院
6	中国现代国际关系研究院
7	中共中央党校
8	国务院发展研究中心
9	中国旅游研究院
10	商务部国际贸易经济合作研究院

资料来源：国家信息中心“一带一路”大数据中心,《“一带一路”大数据报告（2018）》

“一带一路”地方性智库影响力排名

排名	智库名称
1	上海社会科学院
2	上海国际问题研究院
3	广东国际战略研究院
4	四川省社会科学院
5	广东省社会科学院
6	青海省社会科学院
7	山东省宏观经济研究院
8	福建社会科学院
9	新疆社会科学院
10	陕西省社会科学院

资料来源：国家信息中心“一带一路”大数据中心,《“一带一路”大数据报告（2018）》

① 中国社会科学院下属研究院所较多，本次测评以中国社会科学院世界经济与政治研究所、俄罗斯东欧中亚研究所、亚太与全球战略研究院等为主要对象，其排名为相关院所测评得分的综合排名。

② 中国科学院下属研究院所较多，本次测评以中国科学院地理科学与资源研究所、国际合作局、地球环境研究所等为主要对象，其排名为相关院所测评得分的综合排名。

“一带一路”高校智库影响力排名

排名	智库名称
1	中国人民大学重阳金融研究院
2	华侨大学海上丝绸之路研究院
3	北京大学国际发展研究院
4	兰州大学中亚研究所
5	上海外国语大学中东研究所
6	清华大学中国与世界经济研究中心
7	复旦大学中国研究院
8	西北大学中东研究所
9	北京第二外国语学院中国“一带一路”战略研究院
10	宁波海上丝绸之路研究院（北京外国语大学丝绸之路研究院宁波分院）

资料来源：国家信息中心“一带一路”大数据中心,《“一带一路”大数据报告（2018)》

大事记

“一带一路”建设大事记
(2018年1月—12月)

1月16日，推进“一带一路”建设工作会议在北京召开。会议深入学习贯彻党的十九大和中央经济工作会议精神，贯彻落实习近平总书记重要讲话和指示精神，总结推进“一带一路”建设工作进展情况，讨论有关文件，研究部署下一步重点工作。

1月22日，中国—拉美和加勒比国家共同发表《“一带一路”特别声明》，“一带一路”倡议得到拉美国家广泛认同。

1月23日，中央全面深化改革领导小组第二次会议召开。会议审议通过了《关于建立“一带一路”争端解决机制和机构的意见》。

1月26日，中国政府发表首份北极政策文件——《中国的北极政策》白皮书，其中提出“中国愿依托北极航道的开发利用，与各方共建‘冰上丝绸之路’”。

2月6日，阿塞拜疆、格鲁吉亚、哈萨克斯坦、土耳其四国驻华大使馆在北京联合举办“‘一带一路’上的‘跨里海东西贸易运输走廊’”推介会。

3月11日，“推动构建人类命运共同体”被写入宪法，这体现了中国共产党高度重视“一带一路”建设、坚定推进“一带一路”国际合作的决心和信心，同时也彰显了“一带一路”建设的重要性。

3月24日，在北京举行的中国发展高层论坛上，来自全球的政界、商界人士认为，“一带一路”建设带来的机遇属于全世界。

4月8日，中国与奥地利正式签署《关于未来就共建“一带一路”倡议开展合作的联合声明》，奥地利成为第一个与中国签订“一带一路”合作文件的欧盟发达成员国。

4月24日，全国首个“一带一路”巡回法庭在连云港中哈物流合作基地揭牌。巡回法庭将主动适应“一带一路”建设的需要，积极对接新亚欧陆海联运大通道建设，妥善审理涉“一带一路”纠纷。

4月27日，中国政府与UNDP共同推进“一带一路”建设联合工作组第一次会议在北京召开。会议旨在落实中国政府与联合国开发计划署（UNDP）《关于共同推进丝绸之路经济带和21世纪海上丝绸之路建设的谅解备忘录》和《关于共同推进“一带一路”建设的行动计划》。

5月8日，推进“一带一路”建设工作领导小组办公室综合组组织召开座谈会，介绍当前共建“一带一路”国际舆情，对智库专家讲好“一带一路”故事提出要求和建议，支持智库专家更加有力有效有针对性地对外发声。

5月21日，满载跨境电商“全球购”货物的中欧班列“长安号”驶入西安国际港务区铁路集装箱中心站。这也是中欧班列“长安号”开行以来的首列跨境电商专列。

6月21日，中国与巴布亚新几内亚签署《中华人民共和国政府与巴布亚新几内亚独立国政府关于共同推进丝绸之路经济带和21世纪海上丝绸之路建设的谅解备忘录》，巴布亚新几内亚成为太平洋岛国地区首个与中方签署“一带一路”建设谅解备忘录的国家。

6月27日，中共中央办公厅、国务院办公厅印发《关于建立“一带一路”国际商事争端解决机制和机构的意见》，提出将在深圳、西安两地设立国际商事审判机构、组建国际商事专家委员会并构建多元化国际商事纠纷解决机制。两个国际商事法庭于6月底正式挂牌，国际商事专家委员会也于8月26日正式成立。

7月5日，推进“一带一路”建设工作领导小组办公室召开办公室主任会议。会议传达学习了习近平总书记近期关于推进“一带一路”建设的重要讲话精神，推进“一带一路”建设工作领导小组会议精神。

7月10日，中阿合作论坛第八届部长级会议在北京举行，会议以“共建‘一带一路’、共促和平发展、携手推进新时代中阿战略伙伴关系”为主题。国家主席习近平出席开幕式并发表重要讲话。

7月21日，中国和塞内加尔签署了共建“一带一路”合作文件，塞内加尔成为第一个同中国签署“一带一路”合作文件的西非国家。

7月25日，国家主席习近平应邀出席在南非约翰内斯堡举行的金砖国家工商论坛并发表重要讲话。习近平指出，我们真诚希望金砖国家、非洲国家、广大新兴市场国家和发展中国家加入共建“一带一路”伙伴网络，让共建“一带一路”成果惠及更多国家和人民。

7月31日，中共中央政治局召开会议，分析研究当前经济形势，部署下半年经济工作，释放出推进经济高质量发展的六大信号。会议指出，要落实扩大开放、大幅放宽市场准入的重大举措，推动共建“一带一路”向纵深发展，精心办好首届中国国际进口博览会。

8月16日，满载41节车厢货物的中欧国际货运班列从江西抚州北站驶出，发往德国汉堡。列车装载41个40英尺中欧班列专用集装箱，货物均为抚州本地企业的运动器材和运动服饰，总货值约2500万元。

8月27日，推进“一带一路”建设工作5周年座谈会在人民大会堂召开，中共中央总书记、国家主席、中央军委主席习近平出席座谈会并发表重要讲话。习近平在讲话中系统总结5年来共建“一带一路”取得的显著成就，科学分析共建“一带一路”面临的新形势新任务，对推动共建“一带一路”走深走实提出了明确要求。

8月27日，国新办举行新闻发布会，介绍共建“一带一路”五年进展情况及展望。据悉，目前已有103个国家和国际组织同中国签署118份“一带一路”方面的合作协议。五年来，中国同“一带一路”沿线国家或地区贸易总额超过5万亿美元，中国已经成为25个沿线国家最大贸易伙伴。

9月3日，中非合作论坛北京峰会在北京举行。峰会达成共建“一带一路”重要共识，中非一致同意将“一带一路”同联合国2030年可持续发展议程、非盟《2063年议程》和非洲各国发展战略紧密对接，并同意将论坛作为中非共建“一带一路”的主要平台。峰会期间，28个非洲国家和非盟均与中国签订了“一带一路”政府间谅解备忘录。

9月7日，纪念“一带一路”倡议在哈萨克斯坦提出5周年商务论坛在哈萨克斯坦首都阿斯塔纳举行。国家主席习近平通过视频表示祝贺。

9月12日，习近平出席第四届东方经济论坛全会并发表题为《共享远东发展新机遇　开创东北亚美好新未来》的致辞。习近平在论坛全会上致辞表示，中俄正在积极开展“一带一路”建设和欧亚经济联盟对接，已经取得重要早期收获。

9月20日，第十七届中国西部国际博览会在四川成都开幕。国家主席习近平致贺信指出，西博会是中国对外开放的重要窗口，为中国西部地区参与共建“一带一路”，深化同世界各国交流合作搭建了重要平台。

10月10日，“‘一带一路’国际商事调解论坛暨‘一带一路’国际商事调解中心调解规则评议研讨会”在罗马举行。来自亚洲、欧洲、美洲和非洲12个国家20余个机构代表共同签署并发布了针对“一带一路”国际商事调解具有重要指导意义的里程碑式文件《罗马宣言》。

10月18日，“一带一路”能源部长会议和国际能源变革论坛在江苏省苏州市召开。国家主席习近平致信强调，能源合作是共建“一带一路”的重点领域。我们愿同各国在共建“一带一路”框架内加强能源领域合作，为推动共同发展创造有利条件，共同促进全球能源可持续发展，维护全球能源安全。

11月5日，首届中国国际进口博览会在上海开幕。习近平在开幕式主旨演讲中指出，中国将继续推进共建“一带一路”，坚持共商共建共享，同相关国家一道推进重大项目建设，搭建更多贸易促进平台，鼓励更多有实力、信誉好的中国企业到沿线国家开展投资合作。

11月10日，首届中国国际进口博览会闭幕。此次进博会交易采购成果丰硕，按一年计，累计意向成交578.3亿美元，其中与“一带一路”沿线国家或地区累计意向成交47.2亿美元。

11月15日，在“一带一路”倡议提出5周年之际，国务院新闻办公室举行中外记者见面会，邀请了6位中外企业项目合作方代表，畅谈他们参与“一带一路”建设的感受与体会。

11月16日，习近平主席在莫尔兹比港同建交太平洋岛国领导人以及斐济政府代表、国防部长昆布安博拉举行集体会晤。太平洋岛国领导人表示，愿积极参加共建“一带一路”，加强同中国在贸易、投资、渔业、旅游、基础设施建设等领域合作。此次会晤前，中国与建交太平洋8个岛国已全部签署共建“一带一路”政府间合作文件。

11月20日，习近平主席对菲律宾进行国事访问期间，中菲双方签署《中华人民共和国政府与菲律宾共和国政府关于“一带一路”倡议合作的谅解备忘录》，标志着中国与东盟10国（印度尼西亚、马来西亚、菲律宾、新加坡、泰国、文莱、越南、老挝、缅甸、柬埔寨）已全部签署共建“一带一路”政府间合作文件。

12月16日，“一带一路”国际合作高峰论坛咨询委员会第一次会议在北京举行。会议讨论了“一带一路”倡议与联合国2030年可持续发展议程及世界经济增长、“一带一路”国际合作重点领域及机制和能力建设等议题。

12月18日，中共中央、国务院召开大会，隆重庆祝改革开放40周年，中共中央总书记、国家主席、中央军委主席习近平发表重要讲话。习近平指出，必须坚持扩大开放，不断推动共建人类命运共同体，要以共建“一带一路”为重点，同各方一道打造国际合作新平台，为世界共同发展增添新动力。

12月24日，“丝路海运”开行启动仪式在厦门港海天码头举行。“丝路海运”是国内首个以航运为主题的“一带一路”国际综合物流服务品牌和平台，将吸引国内外港口航运物流企业参与。

附 录

共建“一带一路”倡议：进展、贡献与展望

推进“一带一路”建设工作领导小组办公室

2019 年 4 月 22 日

前言

2013 年 9 月和 10 月，中国国家主席习近平在出访哈萨克斯坦和印度尼西亚时先后提出共建“丝绸之路经济带”和“21 世纪海上丝绸之路”的重大倡议。中国政府成立了推进“一带一路”建设工作领导小组，并在中国国家发展改革委设立领导小组办公室。2015 年 3 月，中国发布《推动共建丝绸之路经济带和 21 世纪海上丝绸之路的愿景与行动》；2017 年 5 月，首届“一带一路”国际合作高峰论坛在北京成功召开。中国还先后举办了博鳌亚洲论坛年会、上海合作组织青岛峰会、中非合作论坛北京峰会、中国国际进口博览会等。5 年多来，共建“一带一路”倡议得到了越来越多国家和国际组织的积极响应，受到国际社会广泛关注，影响力日益扩大。

共建“一带一路”倡议源自中国，更属于世界；根植于历史，更面向未来；重点面向亚欧非大陆，更向所有伙伴开放。共建“一带一路”跨越不同国家地域、不同发展阶段、不同历史传统、不同文化宗教、不同风俗习惯，是和平发展、经济合作倡议，不是搞地缘政治联盟或军事同盟；是开放包容、共同发展进程，不是要关起门来搞小圈子或者“中国俱乐部”；不以意识形态划界，不搞零和游戏，只要各国有意愿，都欢迎参与。共建“一带一路”倡议以共商共建共享为原则，以和平合作、开放包容、互学互鉴、互利共赢的丝绸之路精神为指引，以政策沟通、设施联通、贸易畅通、资金融通、民心相通为重点，已经从理念转化为行动，从愿景转化为现实，从倡议转化为全球广受欢迎的公共产品。

2018 年 8 月，习近平主席在北京主持召开推进“一带一路”建设工作 5 周年座谈会，提出“一带一路”建设要从谋篇布局的“大写意”转入精耕细作的“工笔画”，向高质量发展转变，造福沿线国家人民，推动构建人类命运共同体。

一、进展

2013 年以来，共建“一带一路”倡议以政策沟通、设施联通、贸易畅通、资金融通和民心相通为主要内容扎实推进，取得明显成效，一批具有标志性的早期成果开始显现，参与各国得到了实实在在的好处，对共建“一带一路”的认同感和参与度不断增强。

（一）政策沟通

政策沟通是共建“一带一路”的重要保障，是形成携手共建行动的重要先导。5 年多来，中国与有关国家和国际组织充分沟通协调，形成了共建“一带一路”的广泛国际合作共识。

1. 共建“一带一路”倡议载入国际组织重要文件。共建“一带一路”倡议及其核心理念已写入联合国、二十国集团、亚太经合组织以及其他区域组织等有关文件中。2015 年 7 月，上海合作组织发表了《上海合作组织成员国元首乌法宣言》，支持关于建设“丝绸之路经济带”的倡议。2016 年 9 月，《二十国集团领导人

杭州峰会公报》通过关于建立“全球基础设施互联互通联盟”倡议。2016 年 11 月，联合国 193 个会员国协商一致通过决议，欢迎共建“一带一路”等经济合作倡议，呼吁国际社会为“一带一路”建设提供安全保障环境。2017 年 3 月，联合国安理会一致通过了第 2344 号决议，呼吁国际社会通过“一带一路”建设加强区域经济合作，并首次载入“人类命运共同体”理念。2018 年，中拉论坛第二届部长级会议、中国—阿拉伯国家合作论坛第八届部长级会议、中非合作论坛峰会先后召开，分别形成了中拉《关于“一带一路”倡议的特别声明》、《中国和阿拉伯国家合作共建“一带一路”行动宣言》和《关于构建更加紧密的中非命运共同体的北京宣言》等重要成果文件。

2. 签署共建“一带一路”政府间合作文件的国家和国际组织数量逐年增加。在共建“一带一路”框架下，各参与国和国际组织本着求同存异原则，就经济发展规划和政策进行充分交流，协商制定经济合作规划和措施。截至 2019 年 3 月底，中国政府已与 125 个国家和 29 个国际组织签署 173 份合作文件。共建“一带一路”国家已由亚欧延伸至非洲、拉美、南太等区域。

3. 共建“一带一路”专业领域对接合作有序推进。数字丝绸之路建设已成为共建“一带一路”的重要组成部分，中国与埃及、老挝、沙特阿拉伯、塞尔维亚、泰国、土耳其、阿联酋等国家共同发起《“一带一路”数字经济国际合作倡议》，与 16 个国家签署加强数字丝绸之路建设合作文件。中国发布《标准联通共建“一带一路”行动计划（2018—2020 年）》，与 49 个国家和地区签署 85 份标准化合作协议。“一带一路”税收合作长效机制日趋成熟，中国组织召开“一带一路”税收合作会议，发布《阿斯塔纳“一带一路”税收合作倡议》，税收协定合作网络延伸至 111 个国家和地区。中国与 49 个沿线国家联合发布《关于进一步推进“一带一路”国家知识产权务实合作的联合声明》。中国组织召开“一带一路”法治合作国际论坛，发布《“一带一路”法治合作国际论坛共同主席声明》。中国组织召开“一带一路”能源部长会议，18 个国家联合宣布建立“一带一路”能源合作伙伴关系。中国发布《共同推进“一带一路”建设农业合作的愿景与行动》、《“一带一路”建设海上合作设想》等。中国推动建立了国际商事法庭和“一站式”国际商事纠纷多元化解决机制。

（二）设施联通

设施联通是共建“一带一路”的优先方向。在尊重相关国家主权和安全关切的基础上，由各国共同努力，以铁路、公路、航运、航空、管道、空间综合信息网络等为核心的全方位、多层次、复合型基础设施网络正在加快形成，区域间商品、资金、信息、技术等交易成本大大降低，有效促进了跨区域资源要素的有序流动和优化配置，实现了互利合作、共赢发展。

1. 国际经济合作走廊和通道建设取得明显进展。新亚欧大陆桥、中蒙俄、中国—中亚—西亚、中国—中南半岛、中巴和孟中印缅等六大国际经济合作走廊将亚洲经济圈与欧洲经济圈联系在一起，为建立和加强各国互联互通伙伴关系，构建高效畅通的亚欧大市场发挥了重要作用。

——新亚欧大陆桥经济走廊。5 年多来，新亚欧大陆桥经济走廊区域合作日益深入，将开放包容、互利共赢的伙伴关系提升到新的水平，有力推动了亚欧两大洲经济贸易交流。《中国—中东欧国家合作布达佩斯纲要》和《中国—中东欧国家合作索非亚纲要》对外发布，中欧互联互通平台和欧洲投资计划框架下的务实合作有序推进。匈塞铁路塞尔维亚境内贝旧段开工。中国西部—西欧国际公路（中国西部—哈萨克斯坦—俄罗斯—西欧）基本建成。

——中蒙俄经济走廊。中蒙俄三国积极推动形成以铁路、公路和边境口岸为主体的跨境基础设施联通网络。2018年，三国签署《关于建立中蒙俄经济走廊联合推进机制的谅解备忘录》，进一步完善了三方合作工作机制。中俄同江—下列宁斯阔耶界河铁路桥中方侧工程已于2018年10月完工。黑河—布拉戈维申斯克界河公路桥建设进展顺利。中俄企业联合体基本完成莫喀高铁项目初步设计。三国签署并核准的《关于沿亚洲公路网国际道路运输政府间协定》正式生效。中蒙俄（二连浩特）跨境陆缆系统已建成。

——中国—中亚—西亚经济走廊。5年多来，该走廊在能源合作、设施互联互通、经贸与产能合作等领域合作不断加深。中国与哈萨克斯坦、乌兹别克斯坦、土耳其等国的双边国际道路运输协定，以及中巴哈吉、中哈俄、中吉乌等多边国际道路运输协议或协定相继签署，中亚、西亚地区基础设施建设不断完善。中国—沙特投资合作论坛围绕共建“一带一路”倡议与沙特“2030愿景”进行产业对接，签署合作协议总价值超过280亿美元。中国与伊朗发挥在各领域的独特优势，加强涵盖道路、基础设施、能源等领域的对接合作。

——中国—中南半岛经济走廊。5年多来，该走廊在基础设施互联互通、跨境经济合作区建设等方面取得积极进展。昆（明）曼（谷）公路全线贯通，中老铁路、中泰铁路等项目稳步推进。中老经济走廊合作建设开始启动，泰国“东部经济走廊”与“一带一路”倡议加快对接，中国与柬老缅越泰（CLMVT）经济合作稳步推进。中国—东盟（10+1）合作机制、澜湄合作机制、大湄公河次区域经济合作（GMS）发挥的积极作用越来越明显。

——中巴经济走廊。以能源、交通基础设施、产业园区合作、瓜达尔港为重点的合作布局确定实施。中国与巴基斯坦组建了中巴经济走廊联合合作委员会，建立了定期会晤机制。一批项目顺利推进，瓜达尔港疏港公路、白沙瓦至卡拉奇高速公路（苏库尔至木尔坦段）、喀喇昆仑公路升级改造二期（哈维连—塔科特段）、拉合尔轨道交通橙线、卡西姆港1320兆瓦电站等重点项目开工建设，部分项目已发挥效益。中巴经济走廊正在开启第三方合作，更多国家已经或有意愿参与其中。

——孟中印缅经济走廊。5年多来，孟中印缅四方在联合工作组框架下共同推进走廊建设，在机制和制度建设、基础设施互联互通、贸易和产业园区合作、国际金融开放合作、人文交流与民生合作等方面研拟并规划了一批重点项目。中缅两国共同成立了中缅经济走廊联合委员会，签署了关于共建中缅经济走廊的谅解备忘录、木姐—曼德勒铁路项目可行性研究文件和皎漂经济特区深水港项目建设框架协议。

2. 基础设施互联互通水平大幅提升。“道路通，百业兴”。基础设施投入不足是发展中国家经济发展的瓶颈，加快设施联通建设是共建“一带一路”的关键领域和核心内容。

——铁路合作方面。以中老铁路、中泰铁路、匈塞铁路、雅万高铁等合作项目为重点的区际、洲际铁路网络建设取得重大进展。泛亚铁路东线、巴基斯坦1号铁路干线升级改造、中吉乌铁路等项目正积极推进前期研究，中国—尼泊尔跨境铁路已完成预可行性研究。中欧班列初步探索形成了多国协作的国际班列运行机制。中国、白俄罗斯、德国、哈萨克斯坦、蒙古、波兰和俄罗斯等7国铁路公司签署了《关于深化中欧班列合作协议》。截至2018年底，中欧班列已经联通亚欧大陆16个国家的108个城市，累计开行1.3万列，运送货物超过110万标箱，中国开出的班列重箱率达94%，抵达中国的班列重箱率达71%。与沿线国家开展口岸通关协调合作、提升通关便利，平均查验率和通关时间下降了50%。

——公路合作方面。中蒙俄、中吉乌、中俄（大连—新西伯利亚）、中越国际道路直达运输试运行活动先后成功举办。2018 年 2 月，中吉乌国际道路运输实现常态化运行。中越北仑河公路二桥建成通车。中国正式加入《国际公路运输公约》（TIR 公约）。中国与 15 个沿线国家签署了包括《上海合作组织成员国政府间国际道路运输便利化协定》在内的 18 个双多边国际运输便利化协定。《大湄公河次区域便利货物及人员跨境运输协定》实施取得积极进展。

——港口合作方面。巴基斯坦瓜达尔港开通集装箱定期班轮航线，起步区配套设施已完工，吸引 30 多家企业入园。斯里兰卡汉班托塔港经济特区已完成园区产业定位、概念规划等前期工作。希腊比雷埃夫斯港建成重要中转枢纽，三期港口建设即将完工。阿联酋哈利法港二期集装箱码头已于 2018 年 12 月正式开港。中国与 47 个沿线国家签署了 38 个双边和区域海运协定。中国宁波航交所不断完善“海上丝绸之路航运指数”，发布了 16+1 贸易指数和宁波港口指数。

——航空运输方面。中国与 126 个国家和地区签署了双边政府间航空运输协定。与卢森堡、俄罗斯、亚美尼亚、印度尼西亚、柬埔寨、孟加拉国、以色列、蒙古、马来西亚、埃及等国家扩大了航权安排。5 年多来，中国与沿线国家新增国际航线 1239 条，占新开通国际航线总量的 69. 1%。

——能源设施建设方面。中国与沿线国家签署了一系列合作框架协议和谅解备忘录，在电力、油气、核电、新能源、煤炭等领域开展了广泛合作，与相关国家共同维护油气管网安全运营，促进国家和地区之间的能源资源优化配置。中俄原油管道、中国—中亚天然气管道保持稳定运营，中俄天然气管道东线将于 2019 年 12 月部分实现通气，2024 年全线通气。中缅油气管道全线贯通。

——通讯设施建设方面。中缅、中巴、中吉、中俄跨境光缆信息通道建设取得明显进展。中国与国际电信联盟签署《关于加强“一带一路”框架下电信和信息网络领域合作的意向书》。与吉尔吉斯斯坦、塔吉克斯坦、阿富汗签署丝路光缆合作协议，实质性启动了丝路光缆项目。

（三）贸易畅通

贸易畅通是共建“一带一路”的重要内容。共建“一带一路”促进了沿线国家和地区贸易投资自由化便利化，降低了交易成本和营商成本，释放了发展潜力，进一步提升了各国参与经济全球化的广度和深度。

1. 贸易与投资自由化便利化水平不断提升。中国发起《推进“一带一路”贸易畅通合作倡议》，83 个国家和国际组织积极参与。海关检验检疫合作不断深化，2017 年 5 月首届“一带一路”国际合作高峰论坛以来，中国与沿线国家签署 100 多项合作文件，实现了 50 多种农产品食品检疫准入。中国和哈萨克斯坦、吉尔吉斯斯坦、塔吉克斯坦农产品快速通关“绿色通道”建设积极推进，农产品通关时间缩短了 90%。中国进一步放宽外资准入领域，营造高标准的国际营商环境，设立了面向全球开放的 12 个自由贸易试验区，并探索建设自由贸易港，吸引沿线国家来华投资。中国平均关税水平从加入世界贸易组织时的 15. 3%降至目前的 7. 5%。中国与东盟、新加坡、巴基斯坦、格鲁吉亚等多个国家和地区签署或升级了自由贸易协定，与欧亚经济联盟签署经贸合作协定，与沿线国家的自由贸易区网络体系逐步形成。

2. 贸易规模持续扩大。2013—2018 年，中国与沿线国家货物贸易进出口总额超过 6 万亿美元，年均增长率高于同期中国对外贸易增速，占中国货物贸易总额的比重达到 27. 4%。其中，2018 年，中国与沿线国家货物贸易进出口总额达到 1. 3 万亿美元，同比增长 16. 4%。中国与沿线国家服务贸易由小到大、稳步发展。2017年，中国与沿线国家服务贸易进出口额达977.6亿美元，同比增长18.4%，占中国服务贸易总额的14.1%，比2016年提高1.6个百分点。世界银行研究组分析了共建“一带一路”倡议对71个潜在参与国的贸易影响，发现共建“一带一路”倡议将使参与国之间的贸易往来增加4.1%。（注1）

3. 贸易方式创新进程加快。跨境电子商务等新业态、新模式正成为推动贸易畅通的重要新生力量。2018年，通过中国海关跨境电子商务管理平台零售进出口商品总额达203亿美元，同比增长50%，其中出口84.8亿美元，同比增长67.0%，进口118.7亿美元，同比增长39.8%。“丝路电商”合作蓬勃兴起，中国与17个国家建立双边电子商务合作机制，在金砖国家等多边机制下形成电子商务合作文件，加快了企业对接和品牌培育的实质性步伐。

（四）资金融通

资金融通是共建“一带一路”的重要支撑。国际多边金融机构以及各类商业银行不断探索创新投融资模式，积极拓宽多样化融资渠道，为共建“一带一路”提供稳定、透明、高质量的资金支持。

1. 探索新型国际投融资模式。“一带一路”沿线基础设施建设和产能合作潜力巨大，融资缺口亟待弥补。各国主权基金和投资基金发挥越来越重要的作用。近年来，阿联酋阿布扎比投资局、中国投资有限责任公司等主权财富基金对沿线国家主要新兴经济体投资规模显著增加。丝路基金与欧洲投资基金共同投资的中欧共同投资基金于2018年7月开始实质性运作，投资规模5亿欧元，有力促进了共建“一带一路”倡议与欧洲投资计划相对接。

2. 多边金融合作支撑作用显现。中国财政部与阿根廷、俄罗斯、印度尼西亚、英国、新加坡等27国财政部核准了《“一带一路”融资指导原则》。根据这一指导原则，各国支持金融资源服务于相关国家和地区的实体经济发展，重点加大对基础设施互联互通、贸易投资、产能合作等领域的融资支持。中国人民银行与世界银行集团下属的国际金融公司、泛美开发银行、非洲开发银行和欧洲复兴开发银行等多边开发机构开展联合融资，截至2018年底已累计投资100多个项目，覆盖70多个国家和地区。2017年11月，中国—中东欧银联体成立，成员包括中国、匈牙利、捷克、斯洛伐克、克罗地亚等14个国家的金融机构。2018年7月、9月，中国—阿拉伯国家银行联合体、中非金融合作银行联合体成立，建立了中国与阿拉伯国家之间、非洲国家之间的首个多边金融合作机制。

3. 金融机构合作水平不断提升。在共建“一带一路”中，政策性出口信用保险覆盖面广，在支持基础设施、基础产业的建设上发挥了独特作用；商业银行在多元化吸收存款、公司融资、金融产品、贸易代理、信托等方面具有优势。截至2018年底，中国出口信用保险公司累计支持对沿线国家的出口和投资超过6000亿美元。中国银行、中国工商银行、中国农业银行、中国建设银行等中资银行与沿线国家建立了广泛的代理行关系。德国商业银行与中国工商银行签署合作谅解备忘录，成为首家加入“一带一路”银行合作常态化机制的德国银行。

4. 金融市场体系建设日趋完善。沿线国家不断深化长期稳定、互利共赢的金融合作关系，各类创新金融产品不断推出，大大拓宽了共建“一带一路”的融资渠道。中国不断提高银行间债券市场对外开放程度，截至2018年底，熊猫债发行规模已达2000亿人民币左右。中国进出口银行面向全球投资者发行20亿人民币“债券通”绿色金融债券，金砖国家新开发银行发行首单30亿人民币绿色金融债，支持绿色丝绸之路建设。证券期货交易所之间的股权、业务和技术合作稳步推进。2015 年，上海证券交易所、德意志交易所集团、中国金融期货交易所共同出资成立中欧国际交易所。上海证券交易所与哈萨克斯坦阿斯塔纳国际金融中心管理局签署合作协议，将共同投资建设阿斯塔纳国际交易所。

5. 金融互联互通不断深化。已有 11 家中资银行在 28 个沿线国家设立 76 家一级机构，来自 22 个沿线国家的 50 家银行在中国设立 7 家法人银行、19 家外国银行分行和 34 家代表处。2 家中资证券公司在新加坡、老挝设立合资公司。中国先后与 20 多个沿线国家建立了双边本币互换安排，与 7 个沿线国家建立了人民币清算安排，与 35 个沿线国家的金融监管当局签署了合作文件。人民币国际支付、投资、交易、储备功能稳步提高，人民币跨境支付系统（CIPS）业务范围已覆盖近 40 个沿线国家和地区。中国—国际货币基金组织联合能力建设中心、“一带一路”财经发展研究中心挂牌成立。

（五）民心相通

民心相通是共建“一带一路”的人文基础。享受和平、安宁、富足，过上更加美好生活，是各国人民的共同梦想。5 年多来，各国开展了形式多样、领域广泛的公共外交和文化交流，增进了相互理解和认同，为共建“一带一路”奠定了坚实的民意基础。

1. 文化交流形式多样。中国与沿线国家互办艺术节、电影节、音乐节、文物展、图书展等活动，合作开展图书广播影视精品创作和互译互播。丝绸之路国际剧院、博物馆、艺术节、图书馆、美术馆联盟相继成立。中国与中东欧、东盟、俄罗斯、尼泊尔、希腊、埃及、南非等国家和地区共同举办文化年活动，形成了“丝路之旅”、“中非文化聚焦”等 10 余个文化交流品牌，打造了丝绸之路（敦煌）国际文化博览会、丝绸之路国际艺术节、海上丝绸之路国际艺术节等一批大型文化节会，在沿线国家设立了 17 个中国文化中心。中国与印度尼西亚、缅甸、塞尔维亚、新加坡、沙特阿拉伯等国签订了文化遗产合作文件。中国、哈萨克斯坦、吉尔吉斯斯坦“丝绸之路：长安—天山廊道的路网”联合申遗成功。“一带一路”新闻合作联盟建设积极推进。丝绸之路沿线民间组织合作网络成员已达 310 家，成为推动民间友好合作的重要平台。

2. 教育培训成果丰富。中国设立“丝绸之路”中国政府奖学金项目，与 24 个沿线国家签署高等教育学历学位互认协议。2017 年沿线国家 3.87 万人接受中国政府奖学金来华留学，占奖学金生总数的 66.0%。香港、澳门特别行政区分别设立共建“一带一路”相关奖学金。在 54 个沿线国家设有孔子学院 153 个、孔子课堂 149 个。中国科学院在沿线国家设立硕士、博士生奖学金和科技培训班，已培训 5000 人次。

3. 旅游合作逐步扩大。中国与多个国家共同举办旅游年，创办丝绸之路旅游市场推广联盟、海上丝绸之路旅游推广联盟、“万里茶道”国际旅游联盟等旅游合作机制。与 57 个沿线国家缔结了涵盖不同护照种类的互免签证协定，与 15 个国家达成 19 份简化签证手续的协定或安排。2018 年中国出境旅游人数达 1.5 亿人次，到中国旅游的外国游客人数达 3054 万人次，俄罗斯、缅甸、越南、蒙古、马来西亚、菲律宾、新加坡等国成为中国主要客源市场。

4. 卫生健康合作不断深化。自首届“一带一路”国际合作高峰论坛召开以来，中国与蒙古、阿富汗等国，世界卫生组织等国际组织，比尔及梅琳达·盖茨基金会等非政府组织相继签署了 56 个推动卫生健康合作的协议。2017 年 8 月，“一带一路”暨健康丝绸之路高级别研讨会在北京召开，发布了《北京公报》。中国与澜沧江—湄公河国家开展艾滋病、疟疾、登革热、流感、结核病等防控合作，与中亚国家开展包虫病、鼠疫等人畜共患病防控合作，与西亚国家开展脊髓灰质炎等防控合作。中国先后派出多支眼科医疗队赴柬埔寨、缅甸、老挝、斯里兰卡等国开展“光明行”活动，派遣短期医疗队赴斐济、汤加、密克罗尼西亚、瓦努阿图等太平洋岛国开展“送医上岛”活动。在35个沿线国家建立了中医药海外中心，建设了43个中医药国际合作基地。

5. 救灾、援助与扶贫持续推进。首届“一带一路”国际合作高峰论坛以来，中国向沿线发展中国家提供20亿人民币紧急粮食援助，向南南合作援助基金增资10亿美元，在沿线国家实施了100个“幸福家园”、100个“爱心助困”、100个“康复助医”等项目。开展援外文物合作保护和涉外联合考古，与6国开展了8个援外文物合作项目，与12国开展了15个联合考古项目。中国向老挝等国提供地震监测仪器设备，提高防震减灾能力。中国在柬埔寨、尼泊尔开展社会组织合作项目24个，助力改善当地民众生活。

（六）产业合作

共建“一带一路”支持开展多元化投资，鼓励进行第三方市场合作，推动形成普惠发展、共享发展的产业链、供应链、服务链、价值链，为沿线国家加快发展提供新的动能。

1. 中国对沿线国家的直接投资平稳增长。2013—2018年，中国企业对沿线国家直接投资超过900亿美元，在沿线国家完成对外承包工程营业额超过4000亿美元。2018年，中国企业对沿线国家实现非金融类直接投资156亿美元，同比增长8.9%，占同期总额的13.0%；沿线国家对外承包工程完成营业额893亿美元，占同期总额的53.0%。世界银行研究表明，预计沿线国家的外商直接投资总额将增加4.97%，其中，来自沿线国家内部的外商直接投资增加4.36%，来自经济合作与发展组织国家的外商直接投资增加4.63%，来自非沿线国家的外商直接投资增加5.75%。（注2）

2. 国际产能合作和第三方市场合作稳步推进。沿线国家加快发展产生了国际产能合作的巨大市场需求，中国积极响应并与相关国家推进市场化、全方位的产能合作，促进沿线国家实现产业结构升级、产业发展层次提升。目前中国已同哈萨克斯坦、埃及、埃塞俄比亚、巴西等40多个国家签署了产能合作文件，同东盟、非盟、拉美和加勒比国家共同体等区域组织进行合作对接，开展机制化产能合作。中国与法国、意大利、西班牙、日本、葡萄牙等国签署了第三方市场合作文件。

3. 合作园区蓬勃发展。中国各类企业遵循市场化法治化原则自主赴沿线国家共建合作园区，推动这些国家借鉴中国改革开放以来通过各类开发区、工业园区实现经济增长的经验和做法，促进当地经济发展，为沿线国家创造了新的税收源和就业渠道。同时，中国还分别与哈萨克斯坦、老挝建立了中哈霍尔果斯国际边境合作中心、中老磨憨—磨丁经济合作区等跨境经济合作区，与其他国家合作共建跨境经济合作区的工作也在稳步推进。

二、贡献

共建“一带一路”倡议着眼于构建人类命运共同体，坚持共商共建共享原则，为推动全球治理体系变革和经济全球化作出了中国贡献。

（一）共商：从中国倡议到全球共识

共商就是“大家的事大家商量着办”，强调平等参与、充分协商，以平等自愿为基础，通过充分对话沟通找到认识的相通点、参与合作的交汇点、共同发展的着力点。

——打造共商国际化平台与载体。2017年5月，首届“一带一路”国际合作高峰论坛在北京成功召开，29个国家的元首和政府首脑出席论坛，140多个国家和80多个国际组织的1600多名代表参会，论坛形成了5大类、76大项、279项具体成果，这些成果已全部得到落实。2019 年 4 月，第二届“一带一路”国际合作高峰论坛继续在北京举办。“一带一路”国际合作高峰论坛已经成为各参与国家和国际组织深化交往、增进互信、密切往来的重要平台。2018 年 11 月，首届中国国际进口博览会成功举办，172 个国家、地区和国际组织参加，3600 余家境外企业参展，4500 多名政商学研各界嘉宾在虹桥国际经济论坛上对话交流，发出了“虹桥声音”。中国还举办了丝绸之路博览会暨中国东西部合作与投资贸易洽谈会、中国—东盟博览会、中国—亚欧博览会、中国—阿拉伯国家博览会、中国—南亚博览会、中国—东北亚博览会、中国西部国际博览会等大型展会，都成为中国与沿线各国共商合作的重要平台。

——强化多边机制在共商中的作用。共建“一带一路”顺应和平与发展的时代潮流，坚持平等协商、开放包容，促进沿线国家在既有国际机制基础上开展互利合作。中国充分利用二十国集团、亚太经合组织、上海合作组织、亚欧会议、亚洲合作对话、亚信会议、中国—东盟（10+1）、澜湄合作机制、大湄公河次区域经济合作、大图们倡议、中亚区域经济合作、中非合作论坛、中阿合作论坛、中拉论坛、中国—中东欧 16+1 合作机制、中国—太平洋岛国经济发展合作论坛、世界经济论坛、博鳌亚洲论坛等现有多边合作机制，在相互尊重、相互信任的基础上，积极同各国开展共建“一带一路”实质性对接与合作。

——建立“二轨”对话机制。中国与沿线国家通过政党、议会、智库、地方、民间、工商界、媒体、高校等“二轨”交往渠道，围绕共建“一带一路”开展形式多样的沟通、对话、交流、合作。中国组织召开了中国共产党与世界政党高层对话会，就共建“一带一路”相关议题深入交换意见。中国与相关国家先后组建了“一带一路”智库合作联盟、丝路国际智库网络、高校智库联盟等。英国、日本、韩国、新加坡、哈萨克斯坦等国都建立了“一带一路”研究机构，举办了形式多样的论坛和研讨会。中外高校合作设立了“一带一路”研究中心、合作发展学院、联合培训中心等，为共建“一带一路”培养国际化人才。中外媒体加强交流合作，通过举办媒体论坛、合作拍片、联合采访等形式，提高了共建“一带一路”的国际传播能力，让国际社会及时了解共建“一带一路”相关信息。

（二）共建：共同打造和谐家园

共建就是各方都是平等的参与者、建设者和贡献者，也是责任和风险的共同担当者。

——打造共建合作的融资平台。由中国发起的亚洲基础设施投资银行 2016 年开业以来，在国际多边开发体系中发挥越来越重要的作用，得到国际社会广泛信任和认可。截至 2018 年底，亚洲基础设施投资银行已从最初 57 个创始成员，发展到遍布各大洲的 93 个成员；累计批准贷款 75 亿美元，撬动其他投资近 400 亿美元，已批准的 35 个项目覆盖印度尼西亚、巴基斯坦、塔吉克斯坦、阿塞拜疆、阿曼、土耳其、埃及等 13 个国家。亚洲基础设施投资银行在履行自身宗旨使命的同时，也与其他多边开发银行一起，成为助力共建“一带一路”的重要多边平台之一。2014 年 11 月，中国政府宣布出资 400 亿美元成立丝路基金，2017 年 5 月，中国政府宣布向丝路基金增资 1000 亿人民币。截至 2018 年底，丝路基金协议投资金额约 110 亿美元，实际出资金额约 77 亿美元，并出资 20 亿美元设立中哈产能合作基金。2017 年，中国建立“一带一路”PPP 工作机制，与联合国欧洲经济委员会签署合作谅解备忘录，共同推动 PPP 模式更好运用于“一带一路”建设合作项目。

——积极开展第三方市场合作。共建“一带一路”致力于推动开放包容、务实有效的第三方市场合作，促进中国企业和各国企业优势互补，实现“1+1+1>3”的共赢。2018年，第一届中日第三方市场合作论坛和中法第三方市场合作指导委员会第二次会议成功举办。英国欣克利角核电等一批合作项目顺利落地，中国中车与德国西门子已经在一些重点项目上达成了三方合作共识。

（三）共享：让所有参与方获得实实在在的好处

共享就是兼顾合作方利益和关切，寻求利益契合点和合作最大公约数，使合作成果福及双方、惠泽各方。共建“一带一路”不是“你输我赢”或“你赢我输”的零和博弈，而是双赢、多赢、共赢。

——将发展成果惠及沿线国家。中国经济对世界经济增长的贡献率多年保持在30%左右。近年来，中国进口需求迅速扩大，在对国际贸易繁荣作出越来越大贡献的同时，拉动了对华出口的沿线国家经济增长。中国货物和服务贸易年进口值均占全球一成左右，2018年，中国货物贸易进口14.1万亿人民币，同比增长12.9%。2018年，中国对外直接投资1298.3亿美元，同比增长4.2%，对沿线国家的直接投资占比逐年增长。在共建“一带一路”合作框架下，中国支持亚洲、非洲、拉丁美洲等地区广大发展中国家加大基础设施建设力度，世界经济发展的红利不断输送到这些发展中国家。世界银行研究组的量化贸易模型结果显示，共建“一带一路”将使“发展中的东亚及太平洋国家”的国内生产总值平均增加2.6%至3.9%。(注3)

——改善沿线国家民生。中国把向沿线国家提供减贫脱困、农业、教育、卫生、环保等领域的民生援助纳入共建“一带一路”范畴。中国开展了中非减贫惠民合作计划、东亚减贫合作示范等活动。积极实施湄公河应急补水，帮助沿河国家应对干旱灾害，向泰国、缅甸等国提供防洪技术援助。中国与世界卫生组织签署关于“一带一路”卫生领域合作的谅解备忘录，实施中非公共卫生合作计划、中国—东盟公共卫生人才培养百人计划等项目。中国累计与沿线国家合作培养数千名公共卫生管理和疾病防控人员，累计为相关国家5200余名白内障患者实施免费复明手术。中国每年为周边国家近3万名患者提供优质医疗服务。中国中医药团队先后在柬埔寨、科摩罗、多哥、圣多美和普林西比、巴布亚新几内亚等国家实施快速清除疟疾方案。

——促进科技创新成果向沿线国家转移。中国与沿线国家签署了46个科技合作协定，先后启动了中国—东盟、中国—南亚等科技伙伴计划，与东盟、南亚、阿拉伯国家、中亚、中东欧共建了5个区域技术转移平台，发起成立了“一带一路”国际科学组织联盟。通过沿线国家青年科学家来华从事短期科研工作以及培训沿线国家科技和管理人员等方式，形成了多层次、多元化的科技人文交流机制。2018年，中国接收500名沿线国家青年科学家来华科研，培训科技管理人员逾1200人次。中国积极开展航天国际合作，推动中国北斗导航系统、卫星通讯系统和卫星气象遥感技术服务沿线国家建设。

——推动绿色发展。中国坚持《巴黎协定》，积极倡导并推动将绿色生态理念贯穿于共建“一带一路”倡议。中国与联合国环境规划署签署了关于建设绿色“一带一路”的谅解备忘录，与30多个沿线国家签署了生态环境保护的合作协议。建设绿色丝绸之路已成为落实联合国2030年可持续发展议程的重要路径，100多个来自相关国家和地区的合作伙伴共同成立“一带一路”绿色发展国际联盟。中国在2016年担任二十国集团主席国期间，首次把绿色金融议题引入二十国集团议程，成立绿色金融研究小组，发布《二十国集团绿色金融综合报告》。中国积极实施“绿色丝路使者计划”，已培训沿线国家2000人次。中国发布《关于推进绿色“一带一路”建设的指导意见》、《“一带一路”生态环境保护合作规划》等文件，推动落实共建“一带一路”的绿色责任和绿色标准。

（四）愿景：构建人类命运共同体

共建“一带一路”顺应了人类追求美好未来的共同愿望。国际社会越来越认同共建“一带一路”倡议所主张的构建人类命运共同体的理念，构建人类命运共同体符合当代世界经济发展需要和人类文明进步的大方向。共建“一带一路”倡议正成为构建人类命运共同体的重要实践平台。

——源自中国更属于世界。共建“一带一路”跨越不同地域、不同发展阶段、不同文明，是一个开放包容的平台，是各方共同打造的全球公共产品。共建“一带一路”目标指向人类共同的未来，坚持最大程度的非竞争性与非排他性，顺应了国际社会对全球治理体系公正性、平等性、开放性、包容性的追求，是中国为当今世界提供的重要公共产品。联合国秘书长古特雷斯指出，共建“一带一路”倡议与联合国新千年计划宏观目标相同，都是向世界提供的公共产品。共建“一带一路”不仅促进贸易往来和人员交流，而且增进各国之间的了解，减少文化障碍，最终实现和平、和谐与繁荣。

——为全球治理体系变革提供了中国方案。当今世界面临增长动能不足、治理体系滞后和发展失衡等挑战。共建“一带一路”体现开放包容、共同发展的鲜明导向，超越社会制度和文化差异，尊重文明多样性，坚持多元文化共存，强调不同经济发展水平国家的优势互补和互利共赢，着力改善发展条件、创造发展机会、增强发展动力、共享发展成果，推动实现全球治理、全球安全、全球发展联动，致力于解决长期以来单一治理成效不彰的困扰。

——把沿线国家的前途和命运紧紧联系在一起。人类只有一个地球，各国共处一个世界。为了应对人类共同面临的各种挑战，追求世界和平繁荣发展的美好未来，世界各国应风雨同舟，荣辱与共，构建持久和平、普遍安全、共同繁荣、开放包容、清洁美丽的世界。人类命运共同体理念融入了利益共生、情感共鸣、价值共识、责任共担、发展共赢等内涵。共建“一带一路”主张守望相助、讲平等、重感情，坚持求同存异、包容互谅、沟通对话、平等交往，把别人发展看成自己机遇，推进中国同沿线各国乃至世界发展机遇相结合，实现发展成果惠及合作双方、各方。中国在40年改革开放中积累了很多可资借鉴的经验，中国无意输出意识形态和发展模式，但中国愿意通过共建“一带一路”与其他国家分享自己的发展经验，与沿线国家共建美好未来。

三、展望

当今世界正处于大发展大变革大调整时期，和平、发展、合作仍是时代潮流。展望未来，共建“一带一路”既面临诸多问题和挑战，更充满前所未有的机遇和发展前景。这是一项事关多方的倡议，需要同心协力；这是一项事关未来的倡议，需要不懈努力；这是一项福泽人类的倡议，需要精心呵护。我们相信，随着时间的推移和各方共同努力，共建“一带一路”一定会走深走实，行稳致远，成为和平之路、繁荣之路、开放之路、绿色之路、创新之路、文明之路、廉洁之路，推动经济全球化朝着更加开放、包容、普惠、平衡、共赢的方向发展。

（一）和平之路

古丝绸之路，和时兴，战时衰。共建“一带一路”离不开和平安宁的环境。共建“一带一路”倡议主张建设相互尊重、公平正义、合作共赢的新型国际关系，打造对话不对抗、结伴不结盟的伙伴关系。各国应尊重彼此主权、尊严、领土完整，尊重彼此发展道路和社会制度，尊重彼此核心利益和重大关切。

和平安全是推进共建“一带一路”的基本前提和保证。各国需树立共同、综合、合作、可持续的安全观，营造共建共享的安全格局。要着力化解冲突，坚持政治解决；要着力斡旋调解，坚持公道正义；要着力推进反恐，标本兼治，消除贫困落后和社会不公。各国需摒弃冷战思维、零和游戏和强权政治，坚决反对恐怖主义、分裂主义、极端主义。在涉及国家主权、领土完整、安全稳定等重大核心利益问题上给予相互支持。坚持以对话解决争端、以协商化解分歧，增进合作互信，减少相互猜疑。各国需深化在网络安全、打击跨国犯罪、打击贩毒、打击“三股势力”、联合执法、安全保卫等方面的合作，为区域经济发展和人民安居乐业营造良好环境。

中国始终是维护地区和世界和平、促进共同发展的坚定力量。中国坚持走和平发展道路，坚定奉行独立自主的和平外交政策，尊重各国人民自主选择的发展道路和奉行的内外政策，决不干涉各国内政，不把自己的意志强加给对方，不把本国利益凌驾于他国利益之上。为保证共建“一带一路”顺利推进，中国愿同沿线各国共同构建争端解决机制，共建安全风险预警防控机制，共同制定应急处置工作机制。一旦发生纠纷，当事方能够坐下来就相互利益关切沟通交流，对话而不是对抗，不但为共建“一带一路”营造良好发展环境，而且共同推动建设各国彼此尊重核心利益、和平解决分歧的和谐世界。

（二）繁荣之路

发展是解决一切问题的总钥匙，共建“一带一路”聚焦发展这个根本性问题，释放各国发展潜力，实现经济融合、发展联动、成果共享。共建“一带一路”顺应世界多极化、经济全球化、文化多样化、社会信息化的潮流，致力于维护全球自由贸易体系和开放型世界经济。

沿线国家市场规模和资源禀赋各有优势，互补性强，潜力巨大，合作前景广阔。各国需在充分照顾各方利益和关切基础上，凝聚共识，将共识转化为行动，按照战略对接、规划对接、平台对接、项目对接的工作思路，形成更多可视性成果，实现优势互补，促进共同繁荣发展。

共建“一带一路”将继续把互联互通作为重点，聚焦关键通道、关键节点、关键项目，着力推进公路、铁路、港口、航空、航天、油气管道、电力、网络通信等领域合作，与各国共同推动陆、海、天、网四位一体的互联互通。中国愿意与各国共建“一带一路”空间信息走廊。深化与沿线国家在经贸领域的互利共赢，扩大双多边投资贸易规模。深入开展产业合作，共同办好经贸、产业合作园区。抓住新工业革命的发展新机遇，培育新动能、新业态，保持经济增长活力。第二届“一带一路”国际合作高峰论坛期间，中国将与有关国家签署一批产能与投资合作重点项目清单。建立稳定、可持续、风险可控的金融服务体系，创新投资和融资模式，推广政府和社会资本合作，建设多元化融资体系和多层次资本市场，发展普惠金融，完善金融服务网络。

（三）开放之路

开放带来进步，封闭导致落后。对一个国家而言，开放如同破茧成蝶，虽会经历一时阵痛，但将换来新生。共建“一带一路”以开放为导向，努力解决经济增长和平衡发展问题。

共建“一带一路”坚持普惠共赢，打造开放型合作平台，推动形成开放型世界经济。共建“一带一路”是和平发展、经济合作倡议，不是搞地缘政治联盟或军事同盟；是开放包容、共同发展进程，不是要关起门来搞小圈子或者“中国俱乐部”；不以意识形态划界，不搞零和游戏。不管处于何种政治体制、地域环境、发展阶段、文化背景，都可以加入“一带一路”朋友圈，共商共建共享，实现合作共赢。

中国支持、维护和加强基于规则的、开放、透明、包容、非歧视的多边贸易体制，促进贸易投资自由化便利化，与沿线国家共建高标准自由贸易区，推动经济全球化健康发展。同时，共建“一带一路”也着力解决发展失衡、治理困境、数字鸿沟、分配差距等问题，让世界各国的发展机会更加均等，让发展成果由各国人民共享。

在共建“一带一路”过程中，中国开放的大门只会越开越大，中国愿为世界各国带来共同发展新机遇，与各国积极发展符合自身国情的开放型经济，共同携手向着构建人类命运共同体的目标不断迈进。

（四）绿色之路

共建“一带一路”倡议践行绿色发展理念，倡导绿色、低碳、循环、可持续的生产生活方式，致力于加强生态环保合作，防范生态环境风险，增进沿线各国政府、企业和公众的绿色共识及相互理解与支持，共同实现2030年可持续发展目标。

沿线各国需坚持环境友好，努力将生态文明和绿色发展理念全面融入经贸合作，形成生态环保与经贸合作相辅相成的良好绿色发展格局。各国需不断开拓生产发展、生活富裕、生态良好的文明发展道路。开展节能减排合作，共同应对气候变化。制定落实生态环保合作支持政策，加强生态系统保护和修复。探索发展绿色金融，将环境保护、生态治理有机融入现代金融体系。

中国愿与沿线各国开展生态环境保护合作，将努力与更多国家签署建设绿色丝绸之路的合作文件，扩大“一带一路”绿色发展国际联盟，建设“一带一路”可持续城市联盟。建设一批绿色产业合作示范基地、绿色技术交流与转移基地、技术示范推广基地、科技园区等国际绿色产业合作平台，打造“一带一路”绿色供应链平台，开展国家公园建设合作交流，与沿线各国一道保护好我们共同拥有的家园。

（五）创新之路

创新是推动发展的重要力量。共建“一带一路”需向创新要动力。5年多来，中国与沿线国家优化创新环境，集聚创新资源，加强科技创新合作，将继续促进科技同产业、科技同金融深度融合。

21世纪以来，全球科技创新进入空前密集活跃时期，新一轮科技革命和产业变革正在重构全球创新版图、重塑全球经济结构。共建“一带一路”为大部分处于工业化初中级阶段的国家平等合理融入全球产业链和价值链提供了新契机。随着各类要素资源在沿线国家之间的共享、流动和重新组合，各国可以利用各自比较优势，着眼于技术前沿应用研究、高技术产品研发和转化，不断将创新驱动发展推向前进。共建“一带一路”将成为沿线国家创新发展的新平台，成为沿线国家实现跨越式发展的驱动力，成为世界经济发展的新动能。中国与沿线国家之间的联动发展、合作应对挑战，已经并还将使不同国家、不同阶层、不同人群在开放型世界经济发展中共享经济全球化的成果。

数字经济是继农业经济、工业经济之后的主要经济形态。当今世界正在经历一场更大范围、更深层次的科技革命和产业变革，现代信息技术不断取得突破，数字经济蓬勃发展，各国利益更加紧密相连。共建“一带一路”坚持创新驱动发展，与各方加强在人工智能、纳米技术、量子计算机等前沿领域合作，推动大数据、云计算、智慧城市建设，连接成21世纪的数字丝绸之路。通过沿线国家青年科学家来华从事短期科研工作以及培训沿线国家科技和管理人员等方式，形成多层次、多元化的科技人文交流机制。通过共建国家级联合科研平台，深化长期稳定的科技创新合作机制，提升沿线国家的科技创新能力。构建“一带一路”技术转移协作网络，促进区域创新一体化发展。知识产权是创新驱动发展的基本保障，沿线国家应尊重知识产权，推动更加有效地保护和使用知识产权，构建高水平知识产权保护体系。

（六）文明之路

共建“一带一路”推动文明交流超越文明隔阂、文明互鉴超越文明冲突、文明共存超越文明优越，使各国相互理解、相互尊重、相互信任。

古丝绸之路打开了各国各民族交往的窗口，书写了人类文明进步的历史篇章。共建“一带一路”深厚的文明底蕴、包容的文化理念，为沿线国家相向而行、互学互鉴提供了平台，促进了不同国家、不同文化、不同历史背景人群的深入交流，使人类超越民族、文化、制度、宗教，在新的高度上感应、融合、相通，共同推进构建人类命运共同体。共建“一带一路”推动沿线国家在教育、科技、文化、卫生、体育、媒体、旅游等领域开展广泛合作，促进政党、青年、社会组织、智库、妇女、地方交流协同并进，初步形成了和而不同、多元一体的文明共荣发展态势。

中国愿与沿线国家和有关国际组织共同推动建立多层次人文合作机制，搭建更多合作平台，开辟更多合作渠道。推动教育合作，扩大互派留学生规模，提升合作办学水平。建设好“一带一路”国际智库合作委员会和“一带一路”新闻合作联盟。继续开展历史文化遗产保护、文物援外合作、联合考古合作，推进博物馆交流合作，联合打造具有丝绸之路特色的旅游产品。加强政党、民间组织往来，密切妇女、青年等群体交流，促进包容发展。第二届“一带一路”国际合作高峰论坛期间，中国有关部门将与联合国儿童基金会共同发起“关爱儿童、共享发展，促进可持续发展目标实现”合作倡议。中国社会组织将启动“丝路一家亲”行动，推动沿线各国社会组织共同开展民生领域合作。中国也将继续向沿线发展中国家提供力所能及的支持和帮助。

（七）廉洁之路

廉洁是共建“一带一路”的道德“底线”和法律“红线”。沿线国家需协力打造廉洁高效的现代营商环境，加强对“一带一路”建设项目的监督管理和风险防控，建立规范透明的公共资源交易流程。在项目招投标、施工建设、运营管理等过程中严格遵守相关法律法规，消除权力寻租空间，构建良性市场秩序。各国应加强反腐败国际交流合作，以《联合国反腐败公约》等国际公约和相关双边条约为基础开展司法执法合作，推进双边引渡条约、司法协助协定的签订与履行，构筑更加紧密便捷的司法执法合作网络。各国需推动企业加强自律意识，构建合规管理体系，培育廉洁文化，防控廉洁风险，坚决抵制商业贿赂行为。政府、企业、国际社会三方需共同努力，采取有效措施，建立拒绝腐败分子入境、腐败资产返还等合作机制，通力协作斩断腐败链条、构筑反腐败防线。

中国愿与各国一道完善反腐败法治体系和机制建设，不断改善营商环境，持续打击商业贿赂行为。深化与沿线国家反腐败法律法规对接，深化反腐败务实合作。加强对“走出去”企业廉洁教育培训，强化企业合规经营管理。中国愿与沿线国家共同努力，把“一带一路”建设成为廉洁之路。

世界潮流浩浩荡荡。共建“一带一路”倡议顺应历史大潮，所体现的价值观和发展观符合全球构建人类命运共同体的内在要求，也符合沿线国家人民渴望共享发展机遇、创造美好生活的强烈愿望和热切期待。毋庸置疑，随着时间的推移，共建“一带一路”将进一步彰显出强大的生命力和创造力。通过布局开篇的“大写意”和精耕细作的“工笔画”，共建“一带一路”将久久为功，向高质量高标准高水平发展，为建设一个持久和平的世界，建设一个普遍安全的世界，建设一个共同繁荣的世界，建设一个开放包容的世界，建设一个清洁美丽的世界，最终实现构建人类命运共同体的美好愿景作出更大贡献。

齐心开创共建“一带一路”美好未来

——在第二届“一带一路”国际合作高峰论坛开幕式上的主旨演讲

（2019年4月26日，北京）

中华人民共和国主席　习近平

尊敬的各位国家元首，政府首脑，

各位高级代表，

各位国际组织负责人，

女士们，先生们，朋友们：

上午好！“春秋多佳日，登高赋新诗。”在这个春意盎然的美好时节，我很高兴同各位嘉宾一道，共同出席第二届“一带一路”国际合作高峰论坛。首先，我谨代表中国政府和中国人民，并以我个人的名义，对各位来宾表示热烈的欢迎！

两年前，我们在这里举行首届高峰论坛，规划政策沟通、设施联通、贸易畅通、资金融通、民心相通的合作蓝图。今天，来自世界各地的朋友再次聚首。我期待着同大家一起，登高望远，携手前行，共同开创共建“一带一路”的美好未来。

同事们、朋友们！

共建“一带一路”倡议，目的是聚焦互联互通，深化务实合作，携手应对人类面临的各种风险挑战，实现互利共赢、共同发展。在各方共同努力下，“六廊六路多国多港”的互联互通架构基本形成，一大批合作项目落地生根，首届高峰论坛的各项成果顺利落实，150多个国家和国际组织同中国签署共建“一带一路”合作协议。共建“一带一路”倡议同联合国、东盟、非盟、欧盟、欧亚经济联盟等国际和地区组织的发展和合作规划对接，同各国发展战略对接。从亚欧大陆到非洲、美洲、大洋洲，共建“一带一路”为世界经济增长开辟了新空间，为国际贸易和投资搭建了新平台，为完善全球经济治理拓展了新实践，为增进各国民生福祉作出了新贡献，成为共同的机遇之路、繁荣之路。事实证明，共建“一带一路”不仅为世界各国发展提供了新机遇，也为中国开放发展开辟了新天地。

中国古人说：“万物得其本者生，百事得其道者成。”共建“一带一路”，顺应经济全球化的历史潮流，顺应全球治理体系变革的时代要求，顺应各国人民过上更好日子的强烈愿望。面向未来，我们要聚焦重点、深耕细作，共同绘制精谨细腻的“工笔画”，推动共建“一带一路”沿着高质量发展方向不断前进。

——我们要秉持共商共建共享原则，倡导多边主义，大家的事大家商量着办，推动各方各施所长、各尽所能，通过双边合作、三方合作、多边合作等各种形式，把大家的优势和潜能充分发挥出来，聚沙成塔、积水成渊。

——我们要坚持开放、绿色、廉洁理念，不搞封闭排他的小圈子，把绿色作为底色，推动绿色基础设施建设、绿色投资、绿色金融，保护好我们赖以生存的共同家园，坚持一切合作都在阳光下运作，共同以零容忍态度打击腐败。我们发起了《廉洁丝绸之路北京倡议》，愿同各方共建风清气正的丝绸之路。

——我们要努力实现高标准、惠民生、可持续目标，引入各方普遍支持的规则标准，推动企业在项目建设、运营、采购、招投标等环节按照普遍接受的国际规则标准进行，同时要尊重各国法律法规。要坚持以人民为中心的发展思想，聚焦消除贫困、增加就业、改善民生，让共建“一带一路”成果更好惠及全体人民，为当地经济社会发展作出实实在在的贡献，同时确保商业和财政上的可持续性，做到善始善终、善作善成。

同事们、朋友们！

共建“一带一路”，关键是互联互通。我们应该构建全球互联互通伙伴关系，实现共同发展繁荣。我相信，只要大家齐心协力、守望相助，即使相隔万水千山，也一定能够走出一条互利共赢的康庄大道。

基础设施是互联互通的基石，也是许多国家发展面临的瓶颈。建设高质量、可持续、抗风险、价格合理、包容可及的基础设施，有利于各国充分发挥资源禀赋，更好融入全球供应链、产业链、价值链，实现联动发展。中国将同各方继续努力，构建以新亚欧大陆桥等经济走廊为引领，以中欧班列、陆海新通道等大通道和信息高速路为骨架，以铁路、港口、管网等为依托的互联互通网络。我们将继续发挥共建“一带一路”专项贷款、丝路基金、各类专项投资基金的作用，发展丝路主题债券，支持多边开发融资合作中心有效运作。我们欢迎多边和各国金融机构参与共建“一带一路”投融资，鼓励开展第三方市场合作，通过多方参与实现共同受益的目标。

商品、资金、技术、人员流通，可以为经济增长提供强劲动力和广阔空间。“河海不择细流，故能就其深。”如果人为阻断江河的流入，再大的海，迟早都有干涸的一天。我们要促进贸易和投资自由化便利化，旗帜鲜明反对保护主义，推动经济全球化朝着更加开放、包容、普惠、平衡、共赢的方向发展。我们将同更多国家商签高标准自由贸易协定，加强海关、税收、审计监管等领域合作，建立共建“一带一路”税收征管合作机制，加快推广“经认证的经营者”国际互认合作。我们还制定了《“一带一路”融资指导原则》，发布了《“一带一路”债务可持续性分析框架》，为共建“一带一路”融资合作提供指南。中方今年将举办第二届中国国际进口博览会，为各方进入中国市场搭建更广阔平台。

创新就是生产力，企业赖之以强，国家赖之以盛。我们要顺应第四次工业革命发展趋势，共同把握数字化、网络化、智能化发展机遇，共同探索新技术、新业态、新模式，探寻新的增长动能和发展路径，建设数字丝绸之路、创新丝绸之路。中国将继续实施共建“一带一路”科技创新行动计划，同各方一道推进科技人文交流、共建联合实验室、科技园区合作、技术转移四大举措。我们将积极实施创新人才交流项目，未来5年支持5000人次中外方创新人才开展交流、培训、合作研究。我们还将支持各国企业合作推进信息通信基础设施建设，提升网络互联互通水平。

发展不平衡是当今世界最大的不平衡。在共建“一带一路”过程中，要始终从发展的视角看问题，将可持续发展理念融入项目选择、实施、管理的方方面面。我们要致力于加强国际发展合作，为发展中国家营造更多发展机遇和空间，帮助他们摆脱贫困，实现可持续发展。为此，我们同各方共建“一带一路”可持续城市联盟、绿色发展国际联盟，制定《“一带一路”绿色投资原则》，发起“关爱儿童、共享发展，促进可持续发展目标实现”合作倡议。我们启动共建“一带一路”生态环保大数据服务平台，将继续实施绿色丝路使者计划，并同有关国家一道，实施“一带一路”应对气候变化南南合作计划。我们还将深化农业、卫生、减灾、水资源等领域合作，同联合国在发展领域加强合作，努力缩小发展差距。

我们要积极架设不同文明互学互鉴的桥梁，深入开展教育、科学、文化、体育、旅游、卫生、考古等各领域人文合作，加强议会、政党、民间组织往来，密切妇女、青年、残疾人等群体交流，形成多元互动的人文交流格局。未来5年，中国将邀请共建“一带一路”国家的政党、智库、民间组织等1万名代表来华交流。我们将鼓励和支持沿线国家社会组织广泛开展民生合作，联合开展一系列环保、反腐败等领域培训项目，深化各领域人力资源开发合作。我们将持续实施“丝绸之路”中国政府奖学金项目，举办“一带一路”青年创意与遗产论坛、青年学生“汉语桥”夏令营等活动。我们还将设立共建“一带一路”国际智库合作委员会、新闻合作联盟等机制，汇聚各方智慧和力量。

同事们、朋友们!

今年是中华人民共和国成立70周年。70年前，中国人民历经几代人上下求索，终于在中国共产党领导下建立了新中国，中国人民从此站了起来，中国人民的命运从此掌握在了自己手中。

历经70年艰苦奋斗，中国人民立足本国国情，在实践中不断探索前进方向，开辟了中国特色社会主义道路。今天的中国，已经站在新的历史起点上。我们深知，尽管成就辉煌，但前方还有一座座山峰需要翻越，还有一个个险滩等待跋涉。我们将继续沿着中国特色社会主义道路大步向前，坚持全面深化改革，坚持高质量发展，坚持扩大对外开放，坚持走和平发展道路，推动构建人类命运共同体。

下一步，中国将采取一系列重大改革开放举措，加强制度性、结构性安排，促进更高水平对外开放。

第一，更广领域扩大外资市场准入。公平竞争能够提高效率、带来繁荣。中国已实施准入前国民待遇加负面清单管理模式，未来将继续大幅缩减负面清单，推动现代服务业、制造业、农业全方位对外开放，并在更多领域允许外资控股或独资经营。我们将新布局一批自由贸易试验区，加快探索建设自由贸易港。我们将加快制定配套法规，确保严格实施《外商投资法》。我们将以公平竞争、开放合作推动国内供给侧结构性改革，有效淘汰落后和过剩产能，提高供给体系质量和效率。

第二，更大力度加强知识产权保护国际合作。没有创新就没有进步。加强知识产权保护，不仅是维护内外资企业合法权益的需要，更是推进创新型国家建设、推动高质量发展的内在要求。中国将着力营造尊重知识价值的营商环境，全面完善知识产权保护法律体系，大力强化执法，加强对外国知识产权人合法权益的保护，杜绝强制技术转让，完善商业秘密保护，依法严厉打击知识产权侵权行为。中国愿同世界各国加强知识产权保护合作，创造良好创新生态环境，推动同各国在市场化法治化原则基础上开展技术交流合作。

第三，更大规模增加商品和服务进口。中国既是“世界工厂”，也是“世界市场”。中国有世界上规模最大、成长最快的中等收入群体，消费增长潜力巨大。为满足人民日益增长的物质文化生活需要，增加消费者选择和福利，我们将进一步降低关税水平，消除各种非关税壁垒，不断开大中国市场大门，欢迎来自世界各国的高质量产品。我们不刻意追求贸易顺差，愿意进口更多国外有竞争力的优质农产品、制成品和服务，促进贸易平衡发展。

第四，更加有效实施国际宏观经济政策协调。全球化的经济需要全球化的治理。中国将加强同世界各主要经济体的宏观政策协调，努力创造正面外溢效应，共同促进世界经济强劲、可持续、平衡、包容增长。中国不搞以邻为壑的汇率贬值，将不断完善人民币汇率形成机制，使市场在资源配置中起决定性作用，保持人民币汇率在合理均衡水平上的基本稳定，促进世界经济稳定。规则和信用是国际治理体系有效运转的基石，也是国际经贸关系发展的前提。中国积极支持和参与世贸组织改革，共同构建更高水平的国际经贸规则。

第五，更加重视对外开放政策贯彻落实。中国人历来讲求“一诺千金”。我们高度重视履行同各国达成的多边和双边经贸协议，加强法治政府、诚信政府建设，建立有约束的国际协议履约执行机制，按照扩大开放的需要修改完善法律法规，在行政许可、市场监管等方面规范各级政府行为，清理废除妨碍公平竞争、扭曲市场的不合理规定、补贴和做法，公平对待所有企业和经营者，完善市场化、法治化、便利化的营商环境。

中国扩大开放的举措，是根据中国改革发展客观需要作出的自主选择，这有利于推动经济高质量发展，有利于满足人民对美好生活的向往，有利于世界和平、稳定、发展。我们也希望世界各国创造良好投资环境，平等对待中国企业、留学生和学者，为他们正常开展国际交流合作活动提供公平友善的环境。我们坚信，一个更加开放的中国，将同世界形成更加良性的互动，带来更加进步和繁荣的中国和世界。

同事们、朋友们！

让我们携起手来，一起播撒合作的种子，共同收获发展的果实，让各国人民更加幸福，让世界更加美好！

祝本次高峰论坛圆满成功！

谢谢大家。

高质量共建“一带一路”

——在第二届“一带一路”国际合作高峰论坛圆桌峰会上的开幕辞

（2019年4月27日，北京）

中华人民共和国主席　习近平

尊敬的各位国家元首，政府首脑，
各位国际组织负责人：

现在我宣布，第二届“一带一路”国际合作高峰论坛圆桌峰会开幕！

2017年5月，我同在座许多领导人一起，在此举行了首届高峰论坛圆桌峰会，发表了联合公报，确立了共建“一带一路”的目标、原则、举措，达成了多项具体成果。

两年来，我们本着共商共建共享原则，全面推进政策沟通、设施联通、贸易畅通、资金融通、民心相通，为世界经济增长注入了新动力，为全球发展开辟了新空间。

我们再次举行高峰论坛，就是希望同各方一道，绘制精谨细腻的“工笔画”，让共建“一带一路”走深走实，更好造福各国人民。

第一，我们期待同各方一道，完善合作理念，着力高质量共建“一带一路”。我们要把共商共建共享原则落到实处，做到集思广益、尽施所长、惠及各方。要本着开放、绿色、廉洁理念，追求高标准、惠民生、可持续目标。要把支持联合国2030年可持续发展议程融入共建“一带一路”，对接国际上普遍认可的规则、标准和最佳实践，统筹推进经济增长、社会发展、环境保护，让各国都从中受益，实现共同发展。

第二，我们期待同各方一道，明确合作重点，着力加强全方位互联互通。我们要继续聚焦基础设施互联互通。要深化智能制造、数字经济等前沿领域合作，实施创新驱动发展战略。要扩大市场开放，提高贸易和投资便利化程度，做到物畅其流。要建设多元化融资体系和多层次资本市场。要广泛开展内容丰富、形式多样的人文交流，实施更多民生合作项目。总之，我们要打造全方位的互联互通，推动形成基建引领、产业集聚、经济发展、民生改善的综合效应。

第三，我们期待同各方一道，强化合作机制，着力构建互联互通伙伴关系。我们要共同推动建设开放型世界经济，反对保护主义，继续把共建“一带一路”同各国发展战略、区域和国际发展议程有效对接、协同增效，通过双边合作、三方合作、多边合作等各种形式，鼓励更多国家和企业深入参与，做大共同利益的蛋糕。要本着多边主义精神，扎实推进共建“一带一路”机制建设，为各领域务实合作提供坚实保障。

我相信，在大家共同努力下，今天的会议一定会凝聚更多共识，取得更多成果，推动共建“一带一路”国际合作为各国人民创造更多福祉，为构建人类命运共同体作出更大贡献。

在第二届“一带一路”国际合作高峰论坛记者会上的讲话

（2019年4月27日，北京）

中华人民共和国主席　习近平

女士们，先生们，
记者朋友们：

大家好！

欢迎大家参加第二届“一带一路”国际合作高峰论坛记者会。共建“一带一路”倡议提出5年多来，一直受到媒体朋友们广泛关注。本届高峰论坛开幕以来，记者朋友们持续关注和报道高峰论坛，记录下各个精彩瞬间，传播了各种好声音，展现了共建“一带一路”合作的丰硕成果。我谨代表中国政府和各国与会代表，对记者朋友们的支持和辛勤工作表示感谢！

这是中国第二次举办“一带一路”国际合作高峰论坛。同首届论坛相比，本届论坛规模更大、内容更丰富、参与国家更多、成果更丰硕。高峰论坛期间，我们举行了开幕式，召开了高级别会议，举办了12场分论坛和一场企业家大会，来自150多个国家的各界代表参加。今天，来自38个国家的领导人和联合国、国际货币基金组织负责人在这里举行了领导人圆桌峰会。

这次高峰论坛的主题是“共建‘一带一路’、开创美好未来”。圆桌峰会上，与会领导人和国际组织负责人围绕“推进互联互通，挖掘增长新动力”、“加强政策对接，打造更紧密伙伴关系”、“推动绿色和可持续发展，落实联合国2030年议程”等议题进行深入讨论，完善了合作理念，明确了合作重点，强化了合作机制，就高质量共建“一带一路”达成了广泛共识。这些共识反映在圆桌峰会一致通过的联合公报中，将成为今后共建“一带一路”国际合作的行动指南。

——我们积极评价共建“一带一路”合作取得的进展和意义。我们都认为，共建“一带一路”是通向共同繁荣的机遇之路。共建“一带一路”5年多来，特别是首届高峰论坛以来，在各方共同努力下，政策沟通范围不断拓展，设施联通水平日益提升，经贸和投资合作又上新台阶，资金融通能力持续增强，人文交流往来更加密切。共建“一带一路”合作取得的早期收获，为各国和世界经济增长开辟了更多空间，为加强国际合作打造了平台，为构建人类命运共同体作出了新贡献。

——我们丰富了共建“一带一路”合作理念，一致重申致力于高质量共建“一带一路”。我们将坚持共商共建共享原则，由各方平等协商、责任共担、共同受益，欢迎所有感兴趣的国家都参与进来。我们一致支持开放、廉洁、绿色发展，反对保护主义，努力建设风清气正、环境友好的新时代丝绸之路。我们同意践行高标准、惠民生、可持续理念，积极对接普遍接受的国际规则标准，坚持以人民为中心的发展思想，走经济、社会、环境协调发展之路。这些共识为共建“一带一路”合作的发展指明了方向，我们的共同目标是，携手努力让各国互联互通更加有效，经济增长更加强劲，国际合作更加密切，人民生活更加美好。

——我们明确了未来共建“一带一路”合作的重点，决定加强全方位、多领域合作。我们将继续推进陆上、海上、空中、网上互联互通，建设高质量、可持续、抗风险、价格合理、包容可及的基础设施。我们将推进建设经济走廊，发展经贸产业合作园区，继续加强市场、规制、标准等方面软联通，以及数字基础设施建设。有关合作项目将坚持政府引导、企业主体、市场运作，确保可持续性，并为各国投资者营造公平和非歧视的营商环境。我们将继续拓宽融资渠道，降低融资成本，欢迎多边和各国金融机构参与投融资合作。我们还同意广泛开展内容丰富、形式多样的人文交流，实施更多民生合作项目。我们都支持共建“一带一路”合作坚持发展导向，支持全球发展事业特别是落实联合国2030年可持续发展议程，努力实现清洁低碳可持续发展，同时帮助发展中国家打破发展瓶颈，更好融入全球价值链、产业链、供应链并从中受益。

——我们一致支持着力构建全球互联互通伙伴关系，加强合作机制。为此，我们将深入对接各国和国际组织经济发展倡议和规划，加强双边和第三方市场合作，建设中欧班列、陆海新通道等国际物流和贸易大通道，帮助更多国家提升互联互通水平。我们参阅了高峰论坛咨询委员会政策建议报告，期待咨询委员会为共建“一带一路”合作和高峰论坛发展提供更多智力支持。我们将坚持多边主义，推动形成以高峰论坛为引领、各领域多双边合作为支撑的架构，使我们的合作既有理念引领、行动跟进，也有机制保障。大家普遍认为，“一带一路”国际合作高峰论坛是重要多边合作平台，支持高峰论坛常态化举办。

——我们都支持加强务实合作，取得更多实实在在的成果。在这次论坛筹备进程中和举办期间，各方达成了283项务实成果，包括签署政府间合作协议，开展务实项目合作，发起成立专业领域多边对话合作平台，发布共建“一带一路”进展报告、高峰论坛咨询委员会政策建议报告等。中方作为主席国，将汇总发布一份成果清单。论坛期间举行的企业家大会吸引了众多工商界人士参与，签署了总额640多亿美元的项目合作协议。这些成果充分说明，共建“一带一路”应潮流、得民心、惠民生、利天下。

昨天，我宣布了中国将采取的一系列重大改革开放措施。大家普遍认为，这对中国和世界都是好消息，将为共建“一带一路”和世界经济发展提供重要机遇。

这届论坛对外传递了一个明确信号：共建“一带一路”的朋友圈越来越大，好伙伴越来越多，合作质量越来越高，发展前景越来越好。我多次说过，共建“一带一路”倡议源于中国，机会和成果属于世界。共建“一带一路”是一项长期工程，是合作伙伴们共同的事业。中国愿同各方一道，落实好本届高峰论坛各项共识，以绘制“工笔画”的精神，共同推动共建“一带一路”合作走深走实、行稳致远、高质量发展，开创更加美好的未来。希望媒体记者朋友们继续积极支持共建“一带一路”合作。

谢谢大家。

共建“一带一路”开创美好未来第二届“一带一路”国际合作高峰论坛圆桌峰会联合公报

（2019 年 4 月 27 日，中国北京）

1. 我们，中华人民共和国主席习近平、阿塞拜疆总统阿利耶夫、白俄罗斯总统卢卡申科、文莱苏丹哈桑纳尔、智利总统皮涅拉、塞浦路斯总统阿纳斯塔西亚迪斯、捷克总统泽曼、吉布提总统盖莱、埃及总统塞西、哈萨克斯坦首任总统纳扎尔巴耶夫、肯尼亚总统肯雅塔、吉尔吉斯斯坦总统热恩别科夫、老挝国家主席本扬、蒙古总统巴特图勒嘎、莫桑比克总统纽西、尼泊尔总统班达里、菲律宾总统杜特尔特、葡萄牙总统德索萨、俄罗斯总统普京、塞尔维亚总统武契奇、瑞士联邦主席毛雷尔、塔吉克斯坦总统拉赫蒙、乌兹别克斯坦总统米尔济约耶夫、阿联酋副总统兼总理、迪拜酋长穆罕默德、奥地利总理库尔茨、柬埔寨首相洪森、埃塞俄比亚总理阿比、希腊总理齐普拉斯、匈牙利总理欧尔班、意大利总理孔特、马来西亚总理马哈蒂尔、缅甸国务资政昂山素季、巴基斯坦总理伊姆兰·汗、巴布亚新几内亚总理奥尼尔、新加坡总理李显龙、泰国总理巴育、越南总理阮春福、印度尼西亚副总统卡拉于 2019 年 4 月 27 日聚首北京，出席主题为“共建‘一带一路’、开创美好未来”的第二届“一带一路”国际合作高峰论坛领导人圆桌峰会。我们欢迎联合国秘书长古特雷斯、国际货币基金组织总裁拉加德与会。峰会由中华人民共和国主席习近平主持。

2. 我们相聚于世界经济机遇和挑战并存、世界正发生快速而深刻变化的时刻。我们重申加强多边主义对应对全球挑战至关重要。我们相信，构建开放、包容、联动、可持续和以人民为中心的世界经济，有利于促进共同繁荣。

3. 我们忆及首届“一带一路”国际合作高峰论坛领导人圆桌峰会联合公报及其确定的合作目标、原则和举措，并再次确认对落实联合国 2030 年可持续发展议程的承诺。我们重申，促进和平、发展与人权，推动合作共赢，尊重《联合国宪章》宗旨原则和国际法，是我们的共同责任；实现世界经济强劲、可持续、平衡和包容增长，提高人民生活质量，是我们的共同目标；打造繁荣与和平世界的共同命运，是我们的共同愿望。

4. 古丝绸之路凝聚了和平合作、开放包容、互学互鉴、互利共赢的平等合作精神，为促进互联互通和世界经济增长作出重要贡献。我们期待通过“一带一路”倡议及其他合作框架与倡议，重振古丝绸之路精神。

5. 作为合作伙伴，我们赞赏“一带一路”合作取得的进展及创造的重要机遇，特别是在发展政策对接、基础设施投资、经济走廊、经贸合作区、产业园区、金融和贸易合作、创新和技术、海上合作、商业联系、人文交流等领域取得的合作成果。这些合作为经济增长开辟了新动力，为各国经济社会发展增加了新潜力，为实现联合国可持续发展目标作出了贡献。

6. 展望未来，我们将高质量共建“一带一路”，通过促进政策沟通、设施联通、贸易畅通、资金融通和民心相通，加强各方互联互通，深化务实合作，增进各国人民福祉。在此方面，我们期待合作伙伴作出更多努力。

——我们将坚持共商共建共享。我们强调法治和为所有人创造公平机会的重要性，将在自愿参与和协商一致的基础上开展政策对接和项目合作，责任共担，成果共享。各国都是平等的合作伙伴，尊重开放、透明、包容和公平营商环境。我们相互尊重彼此主权与领土完整。我们认为，根据国内优先事项和法律自主决定本国发展战略，是各国自身的权利和首要责任。

——我们将坚持开放、绿色、廉洁。我们支持开放型经济以及包容和非歧视的全球市场，欢迎所有感兴趣的国家参与合作。我们重视促进绿色发展，应对环境保护及气候变化的挑战，包括加强在落实《巴黎协定》方面的合作。我们鼓励各方在建设廉洁文化和打击腐败方面作出更多努力。

——我们追求高标准、惠民生、可持续。相关合作将遵守各国法律法规、国际义务和可适用的国际规则标准，并将本着以人民为中心的理念，促进包容性和高质量的经济增长并改善民生。我们致力于在各个层面促进合作的可持续性。

7. 我们始于这样一个信念：互联互通有利于推动增长及经济社会发展、促进商品和服务贸易、带动投资、创造就业机会、增进人文交流，在开放、包容和透明的基础上推动构建全球互联互通伙伴关系将为各方带来机遇。今天，我们决心通过包括“一带一路”倡议及其他合作战略在内的这种伙伴关系，在次区域、区域和全球层面加强国际合作，开创共同繁荣的美好未来。我们支持以世界贸易组织为核心、普遍、以规则为基础、开放、透明、非歧视的多边贸易体制。

加强发展政策对接

8. 为促进共同发展，我们欢迎各方采取稳健的宏观经济政策，鼓励就落实可持续发展议程开展相关讨论。我们将在联合国和其他多边机制加强宏观经济政策对话，并在已有进展的基础上促进各方发展规划和互联互通倡议的对接。

9. 鉴此，我们强调有关倡议和合作框架所带来的机遇，包括：三河流域经济合作战略总体规划（2019—2023）、非盟及非洲基础设施发展规划、亚太经合组织互联互通蓝图、阿拉伯国家联盟、东盟及东盟互联互通总体规划2025、东盟智慧城市网络、东盟“链接互联互通”倡议、亚欧会议互联互通工作组、东盟东部增长区、中亚互联互通倡议、拉美和加勒比国家共同体、迪拜丝绸之路战略、欧盟欧亚互联互通战略、中欧互联互通平台、欧盟东部伙伴关系、欧亚经济联盟、欧亚伙伴关系、中非合作论坛、大湄公河次区域经济合作、全球基础设施互联互通联盟、“全球集团倡议”、澜沧江—湄公河合作、美洲国家组织、太平洋联盟、太平洋岛国论坛、地中海联盟及其他次区域和区域合作倡议。

10. 我们决心促进贸易投资自由化和便利化，期待进一步开放市场，反对保护主义、单边主义和其他不符合世界贸易组织规则的措施。我们强调世贸组织协定中“特殊与差别待遇”的重要性。

11. 我们重视通关便利化，鼓励有关部门在边境清关、海关互助、信息共享、精简海关和过境手续等方面增进合作。我们鼓励有关便利化措施符合世贸组织《贸易便利化协定》，同时辅之以打击非法贸易和欺诈等有效的边境管控措施。

12. 我们呼吁各国在符合各自国内法律和国际承诺的前提下，加强在促进外国直接投资和建立合资企业方面的合作。我们鼓励各方为促进投资和创造新商业机会营造有利和可预测的环境。

13. 我们希望加强税收合作，鼓励达成更多避免双重征税协定，促进增长友好型的税收政策。为此，我们将在现有国际税收合作框架内开展工作。

14. 我们将努力建设包容多元、普遍受益的全球价值链。我们鼓励在保护知识产权的同时，在创新领域加强合作。我们也鼓励各方采用电子运单。

15. 我们支持发展可持续蓝色经济，呼吁进一步加强海上联通和国际海洋合作，包括加强港口和航运业界合作，同时以可持续的方式管理海洋和沿海生态系统。

加强基础设施互联互通

16. 为促进联动增长，我们支持构建全方位、复合型的基础设施互联互通，通过基础设施投资促进经济增长，改善民生。我们支持帮助陆锁国成为陆联国的政策措施，包括在过境安排及基础设施方面促进联通并加强合作。

17. 我们将努力建设高质量、可靠、抗风险、可持续的基础设施。我们强调，高质量基础设施应确保在全周期内切实可行、价格合理、包容可及、广泛受益，有助于参与国可持续发展和发展中国家工业化。我们欢迎发达国家和国际投资者投资发展中国家的互联互通项目。我们重视项目在经济、社会、财政、金融和环境方面的可持续性，同时统筹好经济增长、社会进步和环境保护之间的平衡。

18. 为实现项目可持续性，我们支持各国在项目准备和执行方面加强合作，确保项目可投资、可融资、经济可行及环境友好。我们呼吁“一带一路”合作的所有市场参与方履行企业社会责任，遵守联合国全球契约。

19. 我们认识到交通基础设施是互联互通的基础之一。我们鼓励各国通过发展相互兼容和复合型的交通等措施，开发相互兼容的基础设施，增强各国在空中、陆地和海上的联通。我们认识到开发跨区域交通和物流通道的重要性，包括建设联通中亚和高加索、欧洲、非洲、南亚、东南亚以及太平洋地区的通道以促进交通和交流。

20. 我们支持加强能源基础设施，提高能源安全，让所有人都能享有可负担、可再生、清洁和可持续的能源。

21. 在遵守各国法律、监管制度以及各自国际承诺的前提下，我们期待加强金融市场互联互通，同时重视普惠金融。

推动可持续发展

22. 为促进可持续和低碳发展，我们赞赏推动绿色发展、促进生态可持续性的努力。我们鼓励发展绿色金融，包括发行绿色债券和发展绿色技术。我们也鼓励各方在生态环保政策方面交流良好实践，提高环保水平。

23. 为保护地球免于退化，我们期待建设更具气候韧性的未来，加强在环保、循环经济、清洁能源、能效、综合可持续水资源管理等领域合作，包括根据国际公认的原则和义务对受到气候变化不利影响的国家予以支持，从而在经济、社会和环境三方面以平衡和综合的方式实现可持续发展。我们支持落实联合国关于“水促进可持续发展”国际行动十年（2018—2028）执行情况中期全面审查的决议。

24. 我们鼓励在可持续农业、林业和生态多样性保护方面开展更多合作。我们同意在抗灾减灾和灾害管理领域促进合作。

25. 我们支持在遵守各国法律法规的基础上开展国际反腐败合作，对腐败问题采取零容忍态度。我们呼吁各国根据自身在《联合国反腐败公约》等国际公约和相关双边条约下的义务，加强相关国际合作。我们期待在交流有益经验和开展务实合作方面加强合作。

加强务实合作

26. 为实现共同繁荣，我们应加强务实合作。有关合作应坚持以人民为中心，坚持结果导向和增长导向，遵守市场规则及各国法律，必要时政府可提供相应支持。我们鼓励包括中小微企业在内的各国企业参与合作。我们强调在遵守各国法律法规的基础上，采取开放、透明和非歧视的公共采购程序的重要性，并欢迎交流有益经验。

27. 我们支持各国在已有进展的基础上，继续建设经济走廊、经贸合作区（见附件）和同“一带一路”相关的合作项目，加强价值链、产业链、供应链合作。

28. 我们将在遵守国际法和各国法律的前提下，继续加强多式联运，包括运用内陆国的内河水道、公路和铁路网络、陆海空港口及管道。我们鼓励借鉴国际良好实践，加强包括跨境高速光缆在内的数字基础设施，发展电子商务和智慧城市，缩小数字鸿沟。

29. 我们鼓励开展第三方市场合作、三方合作及政府和社会资本合作，欢迎企业和有关国际组织在符合各国法律法规的前提下就此作出更多努力。我们欢迎开展法务合作，包括为工商界提供争端解决服务和法律援助。

30. 我们支持各国金融机构和国际金融机构开展合作，为有关项目提供多元化和可持续的融资支持。在尊重各国国内优先事项、法律法规、国际承诺以及联合国大会在债务可持续性方面通过的有关原则的同时，我们鼓励本币融资和互设金融机构，更好地发挥开发性金融的作用。我们鼓励多边开发银行和其他国际金融机构以财政可持续的方式加大对互联互通项目的支持，并根据当地需求动员民间资本投资相关项目。

31. 为保障粮食安全和支持可持续发展，我们强调发展节水技术和开展农业创新的重要性。我们重视通过加强动植物卫生检疫合作，促进农产品贸易和投资。

32. 我们注意到附件中列出的各专业领域“一带一路”合作平台。

加强人文交流

33. 互联互通让不同国家、人民和社会之间的联系更加紧密。我们相信“一带一路”合作有利于促进各国人民以及不同文化和文明间的对话交流、互学互鉴。我们欢迎扩大人文交流的努力，包括加强青年间的交往。

34. 我们重视加强在人力资源开发、教育和职业培训方面的合作，以增强民众更好适应未来工作的能力，促进就业并提高人民生活水平。

35. 我们期待在科技、文化、艺术、创意经济、农村发展和民间工艺、考古和古生物、文化和自然遗产保护、旅游、卫生、体育等领域进一步开展交流和合作。

36. 我们欢迎各国议会、友好省市、智库、学界、媒体和民间团体加强交往，促进妇女交流和残疾人交流，并在海外劳工方面加强合作。

下一步工作

37. 我们欢迎各方同中国进一步在“一带一路”倡议下开展双边和国际合作，期待定期举办高峰论坛并举行相关后续活动。

38. 我们感谢并祝贺中国举办第二届“一带一路”国际合作高峰论坛，期待举行第三届高峰论坛。

附件：

1. 由互联互通带动和支持的经济走廊和其他项目

（1）亚的斯亚贝巴—吉布提铁路经济走廊及沿线工业园

（2）黑水隧道

（3）巴库—第比利斯—卡尔斯跨国铁路和巴库阿里亚特自由经济区

（4）文莱—中国广西经济走廊

（5）中国—中亚—西亚经济走廊

（6）中欧陆海快线

（7）中国—中南半岛经济走廊，包括中老经济走廊

（8）中国—吉尔吉斯斯坦—乌兹别克斯坦国际公路

（9）中国—老挝—泰国铁路合作

（10）中国—马来西亚钦州产业园

（11）中蒙俄经济走廊

（12）中国—缅甸经济走廊

（13）中国—巴基斯坦经济走廊

（14）泰国东部经济走廊

（15）大湄公河次区域经济合作

（16）欧盟泛欧交通运输网络

（17）欧洲—高加索—亚洲运输走廊

（18）中白工业园

（19）国际南北运输通道

（20）维多利亚湖—地中海海路航线连接计划

（21）拉穆港—南苏丹—埃塞俄比亚交通通道

（22）马来西亚—中国关丹产业园

（23）中国—尼泊尔跨越喜马拉雅立体互联互通网络及中尼跨境铁路

（24）新亚欧大陆桥

（25）中国—新加坡（重庆）战略性互联互通示范项目：国际陆海贸易新通道

（26）非洲北部通道（连接蒙巴萨港和非洲大湖区国家以及泛非公路）

（27）开罗—开普敦南北通道

（28）比雷埃夫斯港

（29）埃塞俄比亚—苏丹港铁路互联互通

（30）印度尼西亚区域综合经济走廊

（31）苏伊士运河经济区

（32）北方海航道货物运输

（33）跨太平洋海底光缆

（34）越南“两廊一圈”发展规划

（35）中国—塔吉克斯坦—乌兹别克斯坦国际公路

2. 专业领域多边合作倡议和平台

（1）“一带一路”国际合作高峰论坛咨询委员会

（2）“一带一路”国际科学组织联盟

（3）廉洁丝绸之路北京倡议

（4）“一带一路”能源合作伙伴关系

（5）“一带一路”税收征管合作机制

（6）“一带一路”新闻合作联盟

（7）“一带一路”国际智库合作委员会

（8）“数字丝绸之路”倡议

（9）《“一带一路”融资指导原则》

（10）国际丝绸之路科学院

（11）“一带一路”绿色发展国际联盟

（12）《关于进一步推进“一带一路”国家知识产权务实合作的联合声明》

（13）中欧班列运输联合工作组

（14）《海上丝绸之路港口合作宁波倡议》

3. 参与方提及的其他倡议和举措

（1）非洲大陆自由贸易协定

（2）希腊发起的文明古国论坛

（3）2019 年将在智利举行的亚太经合组织第二十七次领导人非正式会议

（4）中白“一带一路”专项论坛

（5）蒙古及其他感兴趣的国家在陆地和机场口岸设立“一带一路”通道

（6）2018 年哈萨克斯坦第一届全球丝绸之路国家市长论坛

（7）哈萨克斯坦倡议的全球丝绸之路奖

（8）蒙古倡议奖励促进“一带一路”合作的外交官和青年学者

（9）泛阿拉伯自由贸易协定

（10）2019 年将在智利圣地亚哥举行的第25 届联合国气候变化框架公约缔约国大会

（11）2018 年在肯尼亚举行的可持续蓝色经济会议

（12）联合国关于调解所产生的国际和解协

议公约

（13）2018 年在希腊举行的联合国世界旅游组织丝绸之路旅游国际会议

（14）巴库进程框架下的世界跨文化对话论坛

（15）2018 年在埃及举行的世界青年论坛

开放合作　命运与共

——在第二届中国国际进口博览会开幕式上的主旨演讲

（2019 年 11 月 5 日，上海）

中华人民共和国主席　习近平

尊敬的马克龙总统，

尊敬的霍尔尼斯总理、米佐塔基斯总理、布尔纳比奇总理，

尊敬的各位议长，

尊敬的各位国际组织负责人，

尊敬的各代表团团长，

各位来宾，

女士们，先生们，朋友们：

在这多彩的深秋时节，很高兴同大家相聚在黄浦江畔。现在，我宣布，第二届中国国际进口博览会正式开幕！

首先，我谨代表中国政府和中国人民，并以我个人的名义，对远道而来的各位嘉宾，表示热烈的欢迎！向来自世界各地的新老朋友们，致以诚挚的问候和良好的祝愿！

一年前，我们在这里成功举办首届中国国际进口博览会。今天，更多朋友如约而至。本届中国国际进口博览会延续“新时代，共享未来”的主题。我相信，各位朋友都能乘兴而来、满意而归！

女士们、先生们、朋友们！

去年，我在首届进博会上宣布了中国扩大对外开放的 5 方面举措，对上海提出了 3 点开放要求。一年来，这些开放措施已经基本落实。其中，上海自由贸易试验区临港新片区已经正式设立，我们还在其他省份新设 6 个自由贸易试验区；上海证券交易所设立科创板并试点注册制已经正式实施；长三角区域一体化发展已经作为国家战略正式实施；外商投资法将于明年 1 月 1 日起实行；全面实施准入前国民待遇加负面清单管理制度已经出台；扩大进口促进消费、进一步降低关税等取得重大进展。去年，我在进博会期间举行的双边活动中同有关国家达成 98 项合作事项，其中 23 项已经办结，47 项取得积极进展，28 项正在加紧推进。

女士们、先生们、朋友们！

经济全球化是历史潮流。长江、尼罗河、亚马孙河、多瑙河昼夜不息、奔腾向前，尽管会出现一些回头浪，尽管会遇到很多险滩暗礁，但大江大河奔腾向前的势头是谁也阻挡不了的。

世界经济发展面临的难题，没有哪一个国家能独自解决。各国应该坚持人类优先的理念，而不应把一己之利凌驾于人类利益之上。我们要以更加开放的心态和举措，共同把全球市场的蛋糕做大、把全球共享的机制做实、把全球合作的方式做活，共同把经济全球化动力搞得越大越好、阻力搞得越小越好。

为此，我愿提出以下几点倡议。

第一，共建开放合作的世界经济。当今世界，全球价值链、供应链深入发展，你中有我、我中有你，各国经济融合是大势所趋。距离近了，交往多了，难免会有磕磕碰碰。面对矛盾和摩擦，协商合作才是正道。只要平等相待、互谅互让，就没有破解不了的难题。我们应该坚持以开放求发展，深化交流合作，坚持“拉手”而不是“松手”，坚持“拆墙”而不是

"筑墙"，坚决反对保护主义、单边主义，不断削减贸易壁垒，推动全球价值链、供应链更加完善，共同培育市场需求。

第二，共建开放创新的世界经济。创新发展是引领世界经济持续发展的必然选择。当前，新一轮科技革命和产业变革正处在实现重大突破的历史关口。各国应该加强创新合作，推动科技同经济深度融合，加强创新成果共享，努力打破制约知识、技术、人才等创新要素流动的壁垒，支持企业自主开展技术交流合作，让创新源泉充分涌流。为了更好运用知识的创造以造福人类，我们应该共同加强知识产权保护，而不是搞知识封锁，制造甚至扩大科技鸿沟。

第三，共建开放共享的世界经济。我们应该谋求包容互惠的发展前景，共同维护以联合国宪章宗旨和原则为基础的国际秩序，坚持多边贸易体制的核心价值和基本原则，促进贸易和投资自由化便利化，推动经济全球化朝着更加开放、包容、普惠、平衡、共赢的方向发展。我们应该落实联合国2030年可持续发展议程，加大对最不发达国家支持力度，让发展成果惠及更多国家和民众。

女士们、先生们、朋友们！

站在新的历史起点，中国开放的大门只会越开越大。中国共产党刚刚举行了十九届四中全会，制定了关于坚持和完善中国特色社会主义制度、推进国家治理体系和治理能力现代化若干重大问题的决定，其中包括很多深化改革、扩大开放的重要举措。我们将坚持对外开放的基本国策，坚持以开放促改革、促发展、促创新，持续推进更高水平的对外开放。

第一，继续扩大市场开放。中国有近14亿人口，中等收入群体规模全球最大，市场规模巨大、潜力巨大，前景不可限量。中国老百姓有一句话，叫作"世界那么大，我想去看看"。在这里我要说，中国市场这么大，欢迎大家都来看看。中国将增强国内消费对经济发展的基础性作用，积极建设更加活跃的国内市场，为中国经济发展提供支撑，为世界经济增长扩大空间。中国将更加重视进口的作用，进一步降低关税和制度性成本，培育一批进口贸易促进创新示范区，扩大对各国高质量产品和服务的进口。中国将推动进口和出口、货物贸易和服务贸易、双边贸易和双向投资、贸易和产业协调发展，促进国际国内要素有序自由流动、资源高效配置、市场深度融合。

第二，继续完善开放格局。中国对外开放是全方位、全领域的，正在加快推动形成全面开放新格局。中国将继续鼓励自由贸易试验区大胆试、大胆闯，加快推进海南自由贸易港建设，打造开放新高地。中国将继续推动京津冀协同发展、长江经济带发展、长三角区域一体化发展、粤港澳大湾区建设，并将制定黄河流域生态保护和高质量发展新的国家战略，增强开放联动效应。

第三，继续优化营商环境。营商环境是企业生存发展的土壤。今年10月24日，世界银行发表《2020营商环境报告》，中国营商环境排名由46位上升到31位，提升15位。上个月，中国公布了《优化营商环境条例》。今后，中国将继续针对制约经济发展的突出矛盾，在关键环节和重要领域加快改革步伐，以国家治理体系和治理能力现代化为高水平开放、高质量发展提供制度保障。中国将不断完善市场化、法治化、国际化的营商环境，放宽外资市场准入，继续缩减负面清单，完善投资促进和保护、信息报告等制度。中国将营造尊重知识价值的环境，完善知识产权保护法律体系，大力强化相关执法，增强知识产权民事和刑事司法保护力度。

第四，继续深化多双边合作。中国是国际合作的倡导者和多边主义的支持者。中国支持对世界贸易组织进行必要改革，让世界贸易组织在扩大开放、促进发展方面发挥更大作用，增强多边贸易体制的权威性和有效性。今天下午，中方将主办世贸组织小型部长会议。我们期待各方坦诚交换意见，共同采取行动，为完善全球经济治理贡献正能量。我高兴地得知，昨天区域全面经济伙伴关系协定 15 个成员国已经整体上结束谈判，希望协定能够早日签署生效。中国愿同更多国家商签高标准自由贸易协定，加快中欧投资协定、中日韩自由贸易协定、中国—海合会自由贸易协定谈判进程。中国将积极参与联合国、二十国集团、亚太经合组织、金砖国家等机制合作，共同推动经济全球化向前发展。

第五，继续推进共建“一带一路”。目前，中国已经同 137 个国家和 30 个国际组织签署 197 份共建“一带一路”合作文件。中国将秉持共商共建共享原则，坚持开放、绿色、廉洁理念，努力实现高标准、惠民生、可持续目标，推动共建“一带一路”高质量发展。

女士们、先生们、朋友们！

面向未来，中国将坚持新发展理念，继续实施创新驱动发展战略，着力培育和壮大新动能，不断推动转方式、调结构、增动力，推动经济高质量发展，为世界经济增长带来新的更多机遇。

我相信，中国经济发展前景一定会更加光明，也必然更加光明。从历史的长镜头来看，中国发展是属于全人类进步的伟大事业。中国将张开双臂，为各国提供更多市场机遇、投资机遇、增长机遇，实现共同发展。

女士们、先生们、朋友们！

中华文明历来主张天下大同、协和万邦。希望大家共同努力，不断为推动建设开放型世界经济、构建人类命运共同体作出贡献！

谢谢大家。